几类人士
必读

相关专业的学生必读；
商业界人士必读；
政府管理人员必读；
新媒体从业人员（含网红、网络主播）必读！

诞生于中国的新学科　有世界影响力的新理论
英文版由圣智学习集团翻译出版，并被用作全球教材

策划学

第七版

MASTERMINDING

吴　粲
吴蔚云　著

中国人民大学出版社
· 北京 ·

引 言

很多人平时阅读或教学时，往往忽略引言，但本书此部分必须认真阅读。

● **市场销售正在进行一场全新的革命！**

随着新媒体的快速发展，传统市场营销理论已经落后于市场实践，新媒体时代的产品推广方式、信息及广告传播方式以及围绕此产生的销售方式都发生了巨大的变化。

在新媒体时代，即使是世界知名或国内知名的营销专家、教授，其在营销方面的实践操作也可能尚不如一个没有任何营销基础知识的人。

在抖音等短视频平台上，由一个没有任何营销基础知识的人策划制作的仅时长几秒的搞笑、个性化短视频可能就有上千万的浏览量。这些平台的用户还可以通过各种表演吸引人流，或者通过网络直播，带动产品销售。

以抖音、快手等为代表的短视频平台的快速发展，以及网络直播销售的兴起，正在改变着人们的娱乐及传播方式。所有市场销售都是建立在消费者（在新媒体中称为“人流”，在传统媒体中称为“受众”）的基础上，而所有消费者都需要通过信息传播来吸引。因此，消费者、人流和受众这三个称谓的核心其实是一样的，都是“人”。

● **新媒体的快速发展引爆了策划时代，使人人都能爆发出策划的潜能！**

在新媒体时代，人人都能参与策划，人人都能爆发出策划的潜能。

在传统市场销售中，必须懂得市场营销理论，但目前传统营销理论已经落后于市场的实践，正逐步被淘汰。现在的商品销售更多是以新媒体为平台、以策划为手段进行引流，然后搭售商品，所以新媒体的快速发展引爆了策划时代！

在新媒体时代，要做好市场销售，可以不懂得市场营销理论，但不能不运用策划，不能不懂策划！

在新媒体时代，传统的市场营销理论也许难以发挥作用，但销售变得如此简单，其关键在于发挥每个人潜在的策划潜能，引流为王！专门研究市场的已沿袭了几百年的市场营销理论已逐渐落后，策划学将更加风靡世界。

● **以短视频为内容的抖音（快手）为什么能火？为何迅速扩张？**

除了手机 App 等新媒体形式几乎完全取代了报纸外，从 2020 年起，以手机为载体、以短视频为内容的抖音（快手）也逐步取代电视，成为人们娱乐休闲的首选。

当前视频技术在形式上已经极难突破，只会在质量上进一步提升（除非能够被立体视频取代，但从目前来看，至少 50 年内无法突破并实现普及），所以以手机为载体、以短视频为内容的抖音（快手）等平台会长期存在，就如电视机已经存在了很久。

资料

2020 年 1 月 7 日，国内权威机构《新榜》发布了 2020 年微信公众号的整体数据，其中有两个数据很惨淡：

第一，总阅读量排名前十的公众号中没有一个公众号的平均单篇阅读量可以超过 10 万。曾经衡量一个微信公众号是否优质的基本门槛就是看阅读量是否超过 10 万，现在连排名前十的公众号都达不到这一门槛，其他公众号就可想而知了。

而今天看一个抖音号是不是大号，门槛已经上升到了平均播放量是否超过 1 000万，就算拿公众号顶峰时期的数据做对比，今天抖音的影响力也已经远远超越当年的微信公众号。

第二，在机构监测的 162 万个微信公众号中，2020 年总的信息发布量是 3.87 亿次①，但是其中原创内容的比例不到 6%，这意味着什么？微信公众号的影响力下降了，好好做微信公众号的人也越来越少了。

不比较，我们就不知道今天的抖音到底有多强大！

- **研究与市场有关的策划学越来越重要**

策划学是为了解决市场问题而诞生的一门新学科，同样是为了解决市场问题而诞生的学科有已经存在了 100 余年的营销学。后者主要研究微观市场和方法，而前者主要研究宏观市场和策略。

策划学理论比传统营销学理论更能适应市场。

毫无异议，策划学是 20 世纪末以来全球经济学门类重大的新理论，并且已经被广泛应用于经济实践。

今天的市场销售推广有以下途径：通过大数据计算获取有关个人偏好的信息，从而进行精准营销；突出品牌优势，这适合历史悠久的公司或大品牌；通过精心策划，想方设法借助新媒体平台吸引“人流”，并将吸引到的“人流”转化为消费者。

在如今的新媒体时代，策划学理论变得越来越重要！

---

① 松露．公众号的 2020：一年发文 3.8 亿篇，原创占比不到 6%．https://www.huxiu.com/article/403926.html，2021－01－09.

再版重要说明

▲ 首先给国内读者及世界各地的读者一个真诚的致歉！

经济类理论著作和教材鉴于其自身的特点，必须在三四年内进行修订再版，以补充最新理论并进行案例更新。《策划学》（第六版）于 2012 年 5 月出版后，应该在 2015 年（最迟 2016 年）出版第七版。2012 年 7 月，美国著名出版社圣智学习（Cengage Learning）出版集团用英语以教材形式出版了本书的英文版。这种来自中国经济领域的新理论受到了世界各地的广泛认可和欢迎。同理，英文版也应该及时完成修订，在此期间国外出版社和读者也向我表达了催促和期待之意。

但由于笔者精力实在有限，所以直到现在第七版才与读者见面，内心确实万分愧疚！

主要原因是：从 2013 年起，笔者为了尊重祖传遗训，回老家传承、发扬一个至少有上千年历史的祖传技术工艺——以竹篓窖泥法制作甘蔗酒的工艺，将其由家庭作坊式生产扩展成公司生产，这个过程耗费了我很多精力，导致我没有时间完成策划学理论的更新。

当然，从另外的角度来说，参与公司实践对理论研究也有好处。对于经济学（策划学从学科分类上说应该属于经济学大类）这种应用性非常强的理论来说，如果有条件参与实践，那么当然能使理论研究更深入，但这并非完全必需。如果每个研究者或大学教授都开设一家公司，又怎么能全力以赴地从事理论研究或教学呢？所以只能说，二者各有利弊，从事纯粹的理论研究和教学能有更多时间和精力思考与拓展专业知识，而开设公司能更深入地体会理论的意义，但毕竟管理公司需要时间和精力，所以未必就能静心思考和拓展专业知识。

另外，本人还进入了一个领域：从自然科学角度对时间的最新解释，这相较经济学来说跨度确实有些大。也许有人会说笔者缺乏专业精神，进入了太多的领域，但确实没有办法。笔者早在四川大学上学时就开始认真研究此问题，用了近 20 年的时间进行思考和积累，直到 2017 年才在西南交通大学出版社出版了《时间的终极问题》这本书，并将有关论文投到了世界权威期刊。

说出以上这些，就是请读者原谅，此理论的更新延迟了几年，是因为笔者确实时间和精力有限，并非笔者的懒惰造成。

▲ 第七版在内容上做了很大的修改：

- 理论更加成熟，策划学作为独立学科的特点、研究范围和界限更加明显。
- 对“策划学”的定义更为准确。

● 重新梳理了原理、信息效应，特别是准确界定了策划学与营销学的区别：虽然它们主要都是研究市场，但策划学对市场的研究更宏观，主要研究市场策略和市场信息；而营销学对市场的研究更微观，主要研究具体的市场方法和市场手段。

● 增加了对新媒体的深入研究。策划与媒体紧密相关，本书用了相当大的篇幅来研究新媒体。尤其是新加入的作者（本书共同第一作者）具有电子信息工程的专业背景，能够从新媒体的传播方法、后台流量的角度进行量化技术研究和考察，使得此部分的内容更具有科学性、真实性。

● 用了很大篇幅来研究当前的新商业形态：网红直播销售及全民直播销售。

关于此方面的运用，当前正炙手可热，而中国走在了世界前面！本书的理论研究理所当然也应该领先世界。

▲ 第七版依旧保持了前几版的如下特点：

● 作为世界理论和国际教材的通用性。本书用理论与案例相结合的方式来进行阐述，以中国的案例结合世界各地的案例贯穿全书，并注重案例的时效性、代表性，从而使理论更具说服力、更容易与实践结合，并可用于指导世界各国的经济发展。

● 本书在撰文或构思过程中尽量保持自己的风格，不与同类书籍雷同。也正因为如此，本书在理论创新和实践操作等方面与同类书籍相比都有自己的特点。

▲ 案例说明

本书有部分案例或资料可能发生的时间较早，这并非作者偷工减料所致，而是由于以下几个原因：

第一，这些案例或资料，时效性不强，在各个时代都有代表性；

第二，难以找到更适合的案例或资料来替代它们；

第三，这些案例或资料比较经典；

第四，为了保持理论的延续性，也需要保留一些旧的、没有时效性的案例或资料。

目　录

第一章

MASTERMINDING

策划学诞生、发展、成熟于中国及走向世界的历程

第一节　策划学在中国诞生的大环境

毫无疑问，策划学（策划经济学）是20世纪末期以来经济学门类中重大的新理论，并且已经被广泛用于经济实践。

策划学是一门地地道道的起源于中国并发展于中国的新学科。从学科大类看应该归为经济学门类。

策划学起源于中国改革开放之初的20世纪80年代，它是中国改革开放后实行自由竞争的必然产物。

随着改革开放的深入，原来许多由国家政府部门统一计划的行为转变成自由竞争行为。特别是在经济方面，由原来政府统一安排的计划经济转变成了市场经济，这样就必然形成并加剧各种商业的竞争。

对于普通人来说，时时面临着各种自由竞争，比如择业竞争、公务员公开选拔竞争等。为了在自由竞争中取得成功，每个人必然要时时对生活中发生的事或开展的项目进行周密计划、打算，并在遵纪守法的基础上采取良计妙策，然后才能获得成功。

面对自由竞争，每个行业、每个人随时都要考虑在自由竞争中如何才能取得成功，所以随时随地都得有计划、有打算，找到取胜的计谋、策略；随时都要关注市场的各种信息变化，发现、了解、熟悉、掌握在市场竞争中领先的方式、方法。在这种大环境中，策划自然而然地就成为社会的热门话题，各个行业、各种人都在讲策划，都必须应用策划。

特别是到了20世纪90年代中期，中国改革开放已进行了十几年，经济可以说取得了很大的发展，具有以下三大特点：（1）进入了知识经济时代的初期；（2）商业进入了微利时代；（3）产品已出现了过剩。

尤其是中国的经济开始出现一种新情况，这种新情况是以前从未遇到过的：产品大量过剩，市场竞争非常激烈。

由于以上原因，一些商家迫切希望能有不断满足市场发展的、能解决新问题的新理论。

这是策划学诞生的大环境。

第二节 策划学在中国的起源、发展、现状

（一）起源

策划学是一门地地道道的起源于中国并发展于中国的学科。它起源于中国改革开放之初的20世纪80年代，是中国改革开放后实行自由竞争的必然产物。

对于企业界来说，中国的策划业最初起源于风靡一时的“点子”。在20世纪80年代，“点子”风靡中国，其代表人物是何阳。当时，很多媒体都对何阳的“点子”进行了报道。当时社会上也有很多人自称“点子大师”。

在那段时间，中国的改革开放开始向纵深迈进，企业界热切盼望发展，渴求各种新知识，消费者的心态也不成熟。这时，中国人突然发现，“点子”原来那么有效，于是，何阳成为全国性的风云人物，在全国各地做报告达到400多场。接着，各地的“点子大师”如雨后春笋般冒出，中国的职业“点子大师”开始全面发展。那时也开始出现把“点子大师”称为“策划人”的现象，一时间“点子大师”或“策划人”成为最炙手可热的群体。何阳的“点子”的确催生了不少市场热点。在高峰时期，何阳曾兼任“中国质量万里行”活动的主持人，以及北京大学、中国人民大学、中国矿业大学等12所院校的兼职教授。

一个绝妙的“点子”让何阳赚了40万元，这件事登上了1992年《中国青年报》的头版头条。其后，何阳周游各省，到处应邀帮企业出“点子”、想办法，所到之处受到热烈欢迎，厂长、经理要在门口排队等候“就诊”。何阳的第一本著作《何阳的点子》迅速成为畅销书。1988年其创办北京市和洋民用品技术研究所并担任所长，后来又成立北京和洋咨询公司并担任总经理，实际上该公司就是一个“点子公司”。

但不久何阳就出事了。2000年1月11日，何阳因涉嫌诈骗被银川市公安局刑事拘留。2001年4月25日，“点子大王”何阳诈骗一案经宁夏回族自治区银川市中级人民法院公开审理，作出终审判决：何阳犯诈骗罪，被判处有期徒刑12年，并被处罚金5万元。

当“点子大王”何阳因涉嫌诈骗百万巨款，在宁夏折戟时，中国的“点子”界人士纷纷与之划清界限。从此“点子大师”开始受到社会质疑，很多“点子大师”也不愿再用这个称谓，而是用“策划人”的称谓取而代之，“策划”便成为时髦词语。

如果从今天来回顾和评价何阳，尽管他触犯了刑法，但他对中国策划业的发展还是有功劳的，正是何阳的“点子”推动了中国策划业后来的发展。作为最早提出“点子”可以卖钱的人，何阳的“点子”适应了当时社会的某种需求。此外，在当时提出“点子”的经济价值，的确也需要勇气。在这方面，何阳对中国策划业的发展确实是功

不可没的。

实事求是地讲，正是何阳用其“点子”开启了中国策划人的价值发现之旅。在中国策划业处于完全混沌阶段时，何阳的“点子”，比如说在列车上使用的筷子上刻点儿什么东西，就是最朴素的营销学 4P 要素中的产品改进工作。虽然何阳仅做到这一步，但在当时的环境中，何阳的“点子”确实称得上是一种进步。

当然，从另一个角度看，何阳的成功曾经在两个方面误导了中国的商业界。首先是对于“点子”的作用过于夸大的宣传，导致了中国的企业家们过于迷信“灵丹妙药”式“点子”。其次是“点子”并不等于科学的全面策划，“点子”着眼于跨越眼前的障碍，而无法对企业长远发展战略提出系统整合的方案。

上述便是策划学应运而生的综合原因。

（二）发展

与其他新兴学科的发展一样，策划学在中国的发展并非一帆风顺，也走过了曲折的道路。

20 世纪八九十年代，社会上对策划的理解非常杂乱。有段时间社会上有人把策划吹嘘得神乎其神，片面夸大策划的作用，甚至把策划说成是无所不能的，一个“点子”就能让企业起死回生，一条计策就是灵丹妙药，把自己吹嘘成“策划大师”“点子大师”。

那时策划在理论上也更多地是一些主观的论调，没有进行严密的学术研究，那些没有依据的吹嘘和缺乏学术基础的东西，让很多人对策划产生了一些反感和误解。特别是在大学里，捍卫学术理论严肃性的学院派对社会上杂乱的策划有些不屑，总把策划看作不能登大雅之堂的学科。

但在社会上，策划又是非常热门和受欢迎的话题。有段时间还形成了非常有趣的冲突：一方面，社会需要大量的策划人才和策划方面的知识；另一方面，作为传播知识、培养人才的基地的大学又把策划拒之门外。

随着中国市场经济的深入发展，商业界几乎完全地开放并实行自由竞争，商业竞争日趋激烈，所以商业策划又是各种策划中最热门的话题。

特别是 2001 年 12 月 11 日中国加入世界贸易组织（WTO）成为其正式成员这一事件，对策划学的发展起到了很大的推动作用。

随着中国加入世界贸易组织，在多边原则下，中国经济的运作、管理方式将在很大程度上与世界经济接轨。世界贸易组织各成员在互惠互利的原则下，大幅削减关税和减少其他贸易障碍，取消国际贸易中的歧视待遇，最大限度地向各缔约方开放市场。中国作为成员，其公司、企业必须在国内和国际市场参与竞争，过去的一些计划公司、企业及“政府经济”很难再得到庇护，如果不积极向市场靠拢，主动参与市场的残酷竞争，就很难适应自由竞争的市场，最终必将被市场淘汰。

中国加入世界贸易组织后，中国经济与世界经济融为一体，为各行各业带来了更多的机会，但同时竞争也更加残酷、激烈，中国企业不仅要面对国内的竞争，还要面对来自世界强劲对手的挑战。

各行各业也更渴求各种有用的知识。人们在借用大量外来理论的时候发现了一个问题并对此感到困惑：外来的一些理论由于不是很适合中国的国情，进入中国后有的就显得水土不服，难以发挥作用或脱离实际，所以中国的企业非常渴望一些符合国情的理论来提供指导。

起源于中国的策划学阐述的正好是一些针对中国经济市场的新观点、新理论，也更符合中国的国情，所以它受到了社会各界的关注和青睐。

同时，随着策划学理论研究的深入，它越来越受到社会各界重视，中国很多行业也深感在这方面的不足。而且自中国加入世界贸易组织后，因为社会的需要，很多大学也开始正视策划、重视策划，并逐步开设了这方面的课程。

中国加入世界贸易组织后，策划成为非常热门和受欢迎的话题，在中国从事策划的人不少，而且在各类职业需求调查中，对策划人才的需求总是位于前几位。

策划逐步朝着更好、更高的方向发展，策划学也就应运而生。

虽然策划学在中国经历了许多曲折，很长一段时间策划学因为没有完整的理论体系而不被主流学界所接受，但是随着更多优秀学者的加入以及对市场经验的探索和积累，经过几十年的发展，策划学理论正逐渐成熟并被广泛应用于实践中，策划学也越来越受到社会的欢迎和重视。

2007 年，人民出版社出版了时任新华社记者王志纲的《策划旋风》一书，该书主要从实践角度用故事形式讲述了房地产界策划的事，从而让房地产风靡一时。

王志纲也堪称房地产界十分优秀的策划人，他开启的先建学校再建商品房销售的策划理念，一直被业界沿用到今天，并且一直被作为房地产界的制胜宝典。

在此策划理念、理论下，产生了无数的房地产巨富！

策划学除了在社会上非常受欢迎外，在高校也正为很多人所接受，开设这方面课程的高校也越来越多。

考察美国营销学的发展历程，特别是对美国学术界关于营销学学科地位的争议进行研究、回顾，对目前中国对策划学的认知以及策划学的发展显然具有一定的启示。众所周知，市场营销学发源于美国，营销学在美国已经走过了百年历程。但是，美国市场营销学的百年历程并不是一帆风顺的，而是充满了荆棘与坎坷。市场营销学在美国企业界的发展经历了一个波浪式起伏的过程，甚至学术界内部对其科学性也争论不休。市场营销学的科学性以及学科地位在很长一段时间里也曾受到质疑。

（三）现状

策划学作为新理论已经在中国经过了近 40 年的发展，从诞生、发展到逐渐成熟、完善，并被广泛应用于实践中，它也越来越受到社会的欢迎和重视。到今天，策划学作为一门独立的学科在中国已经没有多少争议和质疑了，它作为一门新学科，正从诞生、发展逐渐走向成熟。

目前策划学在中国表现得非常活跃并朝着非常良性、积极的方向发展，无论是理论研究还是社会应用，它都走在了世界的前面。

策划学理论是新理论，且更能针对中国市场，因而正越来越受到社会各界的欢迎。

在理论方面，策划学在中国已经成为一门较为成熟的学科，中国一些学术刊物发表了有关策划学的研究文章，很多出版社出版了策划类书籍，很多大学目前也开设了策划学专业或课程。通过网上搜索你会吃惊地发现，我国的高校现在几乎都开设了与策划有关的课程，这说明策划学与其他常见课程一样，已经在中国高校普及。

在社会应用方面，策划学的实战在中国发展得如火如荼，已经被广泛应用于中国的社会实践。与策划有关的人才非常受社会欢迎，策划也是各行各业中非常热门的话题，社会对策划人才的需求日益增多。目前在中国从事策划职业的人不少，社会上出现了很多与策划有关的职业或职位，如报业策划、电视节目策划、图书策划等，很多电视节目的片头或片尾、报纸的版面、图书的封底或扉页都放上了策划人的姓名；职位有总策划、策划总监、策划部长、策划师等。

在21世纪初期学习策划学的一些优秀人才已经成为各个岗位的中坚力量或难得的人才。目前高级策划人才在中国还是紧缺人才，很多单位都渴求能把握市场的综合型的懂策划的高端人才。

种种现象表明，策划在中国越来越受社会的欢迎和重视，所以对策划学进行深入的理论研究是适应社会发展的急切需要的。

尤其是在当今，策划学更加实用且成为热门。

∵专题研究

自媒体和电子商务引爆策划时代!

随着新媒体的普及以及传统媒体的完全衰落，信息传播方式彻底改变，策划对经济的影响也发生了根本的变化。

从《策划学》（第六版）出版至今已超过8年，市场已经发生了天翻地覆的变化，很多策划学理论将变得更重要并会发挥更大的作用。

传统媒介轰然倒塌，自媒体引爆策划时代!

高速发展的信息技术彻底改变了信息的传播方式，这对策划学曾经探讨的有效信息理论是一种检验，也更有用处。

划时代的变革导致了传统媒体，如报纸、杂志甚至电视的衰落和以手机、网络为主的新媒体的兴起，彻底改变了传播、广告的影响。特别是以手机为载体的平台的建立，让手机成为制作及传播信息的重要工具，这种媒体被称为自媒体!

过去进行信息传播的传统媒体要借助专业工具——报纸或电视台，有关职业团队——学习过专业知识的编辑、摄影师，然后通过很多渠道才能将信息传播到受众，而自媒体只需要手机，无须太专业的知识，随时可以传播一些灵感或能够引发受众关注的信息，从而使随时随地策划变得可行!

人人都可以做策划人，人人都可以策划出轰动的信息。

与8年前不同的另一重大变化是：电商与传统门店进入了一个分水岭，电商兴起，传统门店倒闭，而最近门店又有返潮之势，电商又开始收购门店。

第七版将紧跟这个时代，探讨这个时代所有这些商业特征。

目前的策划基本是建立在新媒体的基础上，传播媒介几乎全变了，所以策划的方式方法有了很大不同。

第七版相比前几版有很多变化、更新，理论更加成熟。

第三节 策划学在中国火爆的主要原因

策划学在中国越来越受到社会各界欢迎的原因，归纳起来主要有三点：

第一，策划学是时代发展的产物，它是适应时代的需要的。这主要基于两方面原因：一方面，市场在发展，需要产生新的理论来解释和指导市场；另一方面，原来与市场销售有关的理论不能适应新的市场发展，所以也要求产生一些新的理论。

第二，从其他角度来说，策划学作为完全来自中国的学科，它得到认可并很快火爆起来的一个重要原因是：这一学科的实践或理论对中国的企业更有针对性，也更合乎中国的国情。外来的一些理论由于不了解中国的国情，进入中国后有时显得“水土不服”，不能发挥作用或脱离实际，所以中国的企业非常渴望符合国情的一些理论，这样策划学便应运而生。

第三，策划学主要发源于中国，这也印证了一个重要规律：世界经济发展的重心在哪里，理论发展也应出现在哪里。经过多年的改革开放，中国经济发展取得的成果是不容置疑的，中国的经济实力已让全世界瞩目。在经济发展过程中必定会遇到很多新问题，而要解决这些新问题又必然需要一些新理论。

这样策划学便更加火爆起来。

第四节 笔者从事策划学研究的详细过程

笔者（本节指平行第一作者）从事策划学的研究多年，所做的贡献是系统构建起了策划学理论体系，使得策划学成为一门独立新学科的愿景变为现实。基于此方面的研究成果，笔者已经出版了相关专著和教材，目前中国高校使用的策划学教材也是以笔者的为主。

2000 年由四川人民出版社出版了笔者撰写的策划学的萌芽专著《策划与广告技巧及误区》，而真正让这门学科进入规范研究和产生影响的是中国人民大学出版社 2004 年 1 月出版的第一版《策划学》（此后的版本以此版本为基础进行修订和更新）。

【电子资料 1-1】

《策划学》（第六版）回顾

【电子资料 1-2】

《策划学》（第七版）概要

经过笔者及更多致力于此方向的同行的辛勤工作，策划学理论逐渐走向完善，特别是最近几年发展很快。

在 2008 年由北京师范大学出版社出版了笔者的《策划学》（第三版）、2009 年由中国人民大学出版社出版了《策划学精要》（代第四版）后，策划学的理论体系已经完全构建起来，它作为一门独立的学科已经没有多少争议和质疑了。作为一门新学科，它经历了从诞生、发展到逐渐成熟的过程。2012 年 5 月，中国人民大学出版社出版了《策划学》（第六版），此版堪称经典。

2012 年 8 月，美国权威出版社圣智学习出版集团（全球最大的为终身学习提供信息的出版集团之一）翻译并以教材形式出版了本书英文版，并在全球发行，这标志着策划学走向了世界。

以上这些书目前被一些中国高校及世界各国高校作为教材或参考书，也有一些高校将其列入了学生的必读书目，还有很多社会机构在使用这些书作为培训教材。

第五节　策划学能够成为世界性理论的原因及对世界经济理论的作用

（一）策划学为什么能够成为世界性的理论

中国作为一个 20 世纪末崛起的新兴经济体，在经济发展过程中肯定会遇到许许多多的新问题，在这种背景下研究一些经济问题，借鉴、吸收世界的先进经济理论，并针对中国的现实经济问题进行提炼总结，肯定会有新的理论诞生。

虽然策划学以及延伸的交叉理论，如策划经济、广告策划、政府策划是在中国经济的大背景下诞生的，但这些理论也有世界共同性。

中国经济取得举世瞩目的成就，其实也得益于世界经济这个大家庭，中国 2001 年就加入了世界贸易组织，中国经济的运作已经与世界接轨。现代经济越来越强调国际化、一体化，理所当然地，中国经济也会越来越与世界经济融为一体。

作为一门新理论，虽然策划学（及交叉理论）起源于中国并蓬勃发展于中国，但要把这个学科建设成一个世界性的学科，使之得到世界同行的推崇，并推广到世界范围广泛应用，还任重而道远。这是一个非常艰巨而漫长的过程，需要更多同行的加入。

相信在不久的未来，以中国经济发展为大背景诞生的策划学（策划经济学）所探讨的主题，应该会逐渐被世界各地经济学领域的科研、教学工作广泛涉及并被广泛应用于社会实践。

非常值得欣慰的是，美国权威出版社圣智学习出版集团出版了本书英文版，这标志着诞生于中国的这一原创理论已经走向了世界。

本书之所以能够在美国权威出版社出版英文版，主要是由于以下两个原因：

第一，改革开放以来，经过几十年的发展，中国经济取得的成就全世界有目共睹，中国作为世界新兴经济体和“金砖国家”（BRICS）之一，无论是其经济实践还是经济理论引起世界的关注都是理所当然的！

第二，策划学是起源于中国的原创性理论。它是以中国经济发展为背景，以世界经济为舞台的原创性理论！

（二）策划学对世界经济理论的作用

第一，策划学虽然是诞生于中国并发展于中国的理论，它诞生之初是为了解决中国经济发展中遇到的一些问题，然而这些问题本来也是国际性的理论所要解决的问题，所以该理论对其他国家的经济发展同样有理论指导价值，也应该推广到全世界。

第二，经济发展中的各种问题本来是国际性的理论问题，这些理论不只对中国适用，它在世界范围内都应该有共同性，也应该成为国际性的理论。

第三，经济理论研究对经济实践应该具有通用性和国际性，所以反过来它在全世界范围内都应该会引起广泛关注，这样策划学理所当然也应该成为国际性的理论。

第四，从 20 世纪 80 年代实施改革开放到现在，中国的经济取得了突飞猛进的发展，中国经济的整体实力让全世界有目共睹。在发展经济的过程中，需要学习、借鉴国外先进的、有用的经济理论，同时也需要产生更多原创的、符合中国国情的经济理论来指导经济实践，然后可以把这些新理论推广到世界，为世界经济发展提供理论指导。

第五，值得欣慰的是，因为本书的理论就是以中国经济发展为背景，以世界经济为舞台的原创性理论，所以 2012 年美国著名出版社圣智学习出版集团出版了《策划学》（第六版）的英文版，将其作为世界各地通用的教材，因而本书研究的主题对世界经济的发展也应该有共同性，会在科研或者教学领域被广泛提及，并在实践中得到运用。

美国经济学家米尔顿·弗里德曼（Milton Friedman）也曾经说过这样一句话：“谁能正确解释中国改革和发展，谁就能获得诺贝尔经济学奖。”①

第六节　一个重大疑问：中国经济取得了非常大的成就，但为什么很少有本土学者在中国经济背景下提出有世界影响的新理论？

中国自 20 世纪 70 年代末实施改革开放以来，经过几十年的发展，中国经济取得的成就全世界有目共睹。中国的经济总量已经位列世界第二（见表 1-1），但有一个奇

① 应望江. 他们为什么能获得诺贝尔经济学奖?. 人民网，2012-12-12.

怪的现象值得我们深思：中国经济实践取得了举世瞩目的成就，经济理论为什么不能取得相应的发展？

长期在中国本土生活的学者，对中国的国情和文化应该更了解，但为什么很少在中国经济背景下提出影响世界的新理论？

表 1-1 2019 年世界 GDP 排名前十的国家

国家	GDP 总量（万亿美元）	人均 GDP（美元）
美国	21.43	65 280
中国	14.36	10 261
日本	5.08	40 246
德国	3.84	46 258
印度	2.85	2 104
英国	2.82	42 300
法国	2.77	46 194
意大利	2.09	33 189
巴西	1.91	8 717
加拿大	1.73	46 194

资料来源：陈雨．2019 世界各国 gdp 排名前十，中国排名世界第二（第一是美国）．https://www.dugoogle.com/life/1018323.html，2019-05-20.

让人欣慰的是：策划学以及延伸出的交叉理论在此方面做了抛砖引玉的工作。

当然，从另外的角度来看，策划学以及策划经济学的原创主要来自中国，这没有什么值得大惊小怪的。中国经过这么多年的改革开放，经济发展取得的成果是不容置疑的，中国的经济实力已让全世界为之瞩目。各国在经济发展过程中必定会遇到很多新问题，而要解决这些新问题又必然会产生一些新理论。如果经济快速发展的中国没有新的经济理论产生，那才有点奇怪。

正因为这些理论是探讨中国经济发展过程的新理论，所以它们在中国诞生、发展、成熟，然后产生了很大影响。2012 年《策划学》（第六版）英文版的出版标志着诞生于中国的这一原创理论已经走向了世界，成为有世界影响力的重大理论，也已经经过了世界的检验。

这种高兴并不是一种崇洋媚外心理，策划学从学科划分上看属于经济学门类，而经济学是世界性的学科，经济理论对世界经济发展的影响有共同性、广泛性，学科性质决定了其理论的价值体现：要得到世界同行的认可！由于众所周知的原因，我国实行市场经济的历史还较短，我们的市场经济学理论主要借鉴自西方发达国家，我国在这方面的理论也相对落后，很少有影响世界的重大原创理论。所以策划学作为诞生于中国的原创理论能够走出世界就非常难得，希望有更多的优秀人才加入该理论的研究队伍。

策划学得到世界权威出版社的认可只是向世界迈出了第一步，相信在不久的未来，以中国经济发展为大背景诞生的策划学以及其延伸的交叉理论所探讨的主题，会逐渐被世界各地经济学领域的科研、教学工作者广泛地提及并广泛应用于社会实践。

◆ 资料◆

与国内其他理论相比，策划学及其延伸理论的优势

策划学能够走出国门并被世界权威出版社出版英文版作为全球性教材实属难得，加之其属于经济学大类，这又更是难得！

因为我国从20世纪90年代才开始学习市场经济学理论，至今才三四十年时间，而西方已经学习了250年左右，与西方相比，这是中国的弱项！中国学者的理论要走出世界并被西方作为教材，其难度可想而知！

如果从原创性、系统性、全球教材这三个方面来筛选，那么目前国内应该只有极少数学者（注意这三个限制条件，不然可能引起同行的质疑和误解，以为是夸大）取得了这样的成就！国内确实有一些前辈、名家在圣智学习出版集团或同类世界权威出版社出版过教材，但可能不满足前述三个限制条件。

第一，他们所研究的领域可能是西方强手如云竞争激烈的领域，在国内的研究只是所谓的“炒剩饭”，这样就没有策划学这样的原创性；

第二，他们所研究的可能只是西方已经功成名就的某个“名家”已经发现的某个分支，而不是像策划学这样能够成为一门新学科的系统性理论；

第三，他们的研究成果也可能是以教材这种形式出版，但由于理论普遍性不强，所以只能在极小的范围内作为教材，而不像策划学理论源于高速发展的中国，正好受到世界各国的强烈关注，让世界各国都想一探其究竟！

第二章

MASTERMINDING

从引人入胜的案例了解策划学理论的重要性

第一节 策划专题研究：电商策划的“双 11”可能难以成为传统节日

（一）“双 11”的来源

“双 11”购物狂欢节是指每年 11 月 11 日（光棍节）的网络促销日。它来源于淘宝商城策划的 2009 年 11 月 11 日的促销活动，当时参与的商家数量和促销力度均有限，但营业额远超预想的效果，于是 11 月 11 日成为淘宝举办大规模促销活动的固定日期。

在这一天，许多网络商家会进行大规模促销活动。近年来，“双 11”促销已成为中国电子商务行业的年度盛事。

（二）“双 11”的最大法宝：降价促销，这会是真的吗？

问题：人们为什么要在“双 11”期间抢购这么多商品？

回答：人们之所以要抢购，是因为这些商品比平时便宜！

问题：为什么这些商品比平时便宜？是因为这些商品平时的价格水分大，还是因为其他原因？

回答：主要是想通过低价走量，从而实现薄利多销。

问题：如果平时打折，是不是也可以实现薄利多销？

派生问题：第一，真正的品牌商品会采取这种打折促销的策略吗？一般都不会！因为打折会影响品牌形象。第二，目前已经进入微利时代，绝大多数商品平时的定价都非常理性，很多本身就是微利销售，如果“双 11”再打折，还有利润吗？当然没有！那么唯一的手段就是标一个比平时高的价格充当原价格，然后再标一个打折价格，结果消费者能真正以低价买到商品吗？

问题：能够真正采用低价促销策略的商品，只能是以下商品：第一，假冒伪劣商品，因为它们的成本本身非常低，所以确实可以做到以诱人的低价格促销；第二，积压、过期商品，这种情况就非常复杂了，积压、过期商品中可能也有质量好的正规商品，只是过时或被市场淘汰了，于是借“双 11”降价清仓，当然这也是比较好的机会和手段。

（三）消费者抢购商品后用它们来做什么？

人们购买商品肯定是为了消费，难道人们平常都不购买商品，非要等到“双 11”才购买？当然，某些商品等“双 11”打折再购买也行，一些人也有这种打算。但对大多数商品、大多数人来说，为什么要等“双 11”才购买呢？购买后，如何消费呢？

所以，“双 11”购物节缺少消费的动机和基础！

（四）不要一看销售热闹就以为是成功

“双 11”的策划者总拿销售数据来说明这个购物节如何如何狂热！

但是请记住：过去一些假冒伪劣商品经常搞地摊甩卖，商家用高音喇叭加一些很有气势的外围设备，也能吸引很多人围观，然后实现购买，且能有不错的销售量。然而，仅凭销售数据就能得出这是好事吗？

（五）美国类似购物节黑色星期五为什么能够长盛不衰？

美国早就有类似购物节黑色星期五，并且长盛不衰。

黑色星期五是指感恩节后的第一天。每年 11 月的第四个星期四是感恩节，之后的星期五是黑色星期五。购物节一直持续到圣诞节（12 月 25 日），甚至新年元旦。

美国的黑色星期五与中国的电商“双 11”有很大不同。

（1）从时间节点来看，美国的黑色星期五是在 11 月底，这离美国的年度最大节日圣诞节已经不远了，人们之所以大量购物，很多是为一年一度最大的消费节圣诞节做准备，这样就有了购物的基础：人们购物是为了消费。而中国的“双 11”距离春节还有很久，人们不可能这么早就为了春节做准备，人们如果购买了大量商品，只能将它们积压起来。

（2）美国假冒伪劣商品相对较少，而我国电商因为不是现场看货，加之消费者的辨别能力有限，所以容易出现少数商家售卖假冒伪劣产品的问题，虽然部分商家做出了可以 7 天无理由退货等承诺，但实际操作起来较为麻烦。

（六）从经济学角度看，“双 11”产生了水管阻塞作用

在正常水流下，水管能够正常运行，当突然遇到加速加压的水流时，不但不能保持正常运行，还可能出现阻塞或爆裂！

中国的大假旅游就是这样，从经济学角度看非常不合理：虽然在节假日这几天增加了大量的消费，但实际上增加了很高的成本，使资源的配置极不科学。

很多设备、设施都是为了这几天而准备的，之后就闲置。在这几天增加工作人员也是一件非常麻烦的事。所以目前正在考虑通过其他方式来解决这些问题。

“双 11”这几天人们大量购物，除了增加了设备、设施的维护难度外，还对很多环节产生了阻塞作用，特别是物流。

从经济学的制度设计角度来看，这种购物节非常不合理、不科学。

合理、科学的购物节应该是正常水流在水管中持续流动的过程！

（七）狂热的购物节后副作用

狂热的购物节后会产生诸多副作用：

（1）这种狂热的购物节容易使那些不理智的消费者产生不理智的购物行为甚至催生购物狂。笔者就有一同事，每到此节必购买大量商品，不管有用无用，有的商品可

以用一年，然后放置久了后就扔掉了，浪费严重。

（2）对商家来说，几天热闹过后，就是冷清，如何应对这种冷清是一件令它们相当头痛的事。

正常的商家都希望细水长流，而非骤冷骤热。

（八）美国黑色星期五的合理性

因为时间节点的选择较为合理，主要为美国一年一度的圣诞节提前做准备，所以美国黑色星期五购物节比中国的“双 11”更为成功。

虽然美国的黑色星期五购物节也会产生阻塞作用，但这种作用却是正面的：为圣诞节购物提前减塞，因为圣诞节本身要产生大量的购物消费，而在这个时间点举办购物节，虽然也会产生一些阻塞作用，却为一年一度最大的购物消费活动减轻了压力，所以无论科学性还是合理性它都超过中国的“双 11”。

（九）从策划学专业角度的总结与建议

从策划学专业角度分析，中国的电商“双 11”是在当时的情况下为了促进电商销售而策划的一个节日，当时也没有考虑到后面会发展得如此壮大，加之如前面所分析的面临少数商家虚假打折和假冒伪劣商品甩货的问题，所以发展到今天已经越来越显示出它的局限性和弊端，难以成为像美国黑色星期五这样长盛不衰的传统购物节！

（十）建议

（1）中国的电商“双 11”购物节最大的策划问题是时间节点选择不合理，应该重新选择一个临近春节的时间，就如美国的黑色星期五购物节那样选择与圣诞节临近的时间节点，这样就一顺百顺了，很多问题也将迎刃而解！

（2）中国的电商“双 11”购物节还应该解决少数商家借机狂甩假冒伪劣商品的问题，不然这个节日只会积攒过去地摊式的人气，久而久之，自然就会变得冷清！

第二节　失败的策划案例与解析：触目惊心！一个投资近 20 亿元的项目因不懂策划理论如今一片荒凉！

（一）笔者曾经了解过此项目，并与修建单位进行过沟通，但建议并未得到重视和采纳

背景资料：龙潭水乡位于四川成都市成华区的仿古特色街区，投资近 20 亿元，占地面积达 220 亩，历时 4 年打造了清一色的江南仿古式建筑，曾被誉为成都的“清明上河图”。

刚开业的时候，很热闹，不少游客慕名而来，但好景不长，花巨资打造的仿古小镇几乎成为一座空城，不仅影响了城市形象，而且浪费了宝贵的土地资源。如今，绝大多数商铺，如酒店、婚庆基地、饭店等纷纷关门，平时游人很少。不少市民觉得非常可惜，很关心龙潭水乡的未来发展。

即便是节假日，这里也依然一片沉寂，而成都很多景区都人满为患。

图 2-1 和图 2-2 是笔者 2019 年国庆节所拍下的照片，可见景区的凄凉情形！

图 2-1　景区的凄凉情形

图 2-2　景区一片荒凉

是因为项目建筑、设施不好？也不是。

请看图 2-3 和图 2-4，这两幅图中所展示的景区的建筑、设施可谓豪华。

图 2-3　景区内豪华的建筑

图 2-4　景区内豪华的设施

当地政府投资 20 多亿元策划打造龙潭水乡，主要是想效仿江南水乡“周庄”，为此还在景区内挖了一些可以行船的水道，并新建了很多仿古建筑，但开业运营 4 年后景区逐渐走向衰败，竟成了一座“空城”。

原因究竟出在哪里?

这是一个非常典型的策划学案例，可以说包含了很多策划学理论。我们用策划学理论对其进行分析。

这是笔者接触的重大失败案例之一。

这个景区离笔者在成都的住处非常近，步行最多在 30 分钟以内，笔者经常路过那里，某天突然看到如此热门的工地，出于职业的敏感性就打听了一下此项目，并向相关部门了解了情况，当时工程已经完成了一半多。

当时笔者就从专业角度得出了肯定的判断：会失败!

景区试开放时便热闹非凡，我们一大家人也去那里凑了热闹，当时去的时候，还有很多收尾工程正在修建。出于职业的敏感性我又去进行了了解，发现这个景区在策划运作上存在太多的问题，我当时就给同行的家里人进行了分析。

(二) 此案例是不懂策划学理论犯下的严重错误!

该景区失败的主要原因是不懂企业文化信息效应 (理论见后面章节)。

成都是一座文化历史名城，具有丰厚的历史底蕴，特别是蜀文化与水文化。

1. 成都也含有水文化精髓

成都过去是沼泽之地，根据此自然特色，我国古代就修建了世界著名的治水工程都江堰，其中所蕴含的水文化博大精深，再用外来的水文化取代这种水文化，实在非常难以超越和被接受，这样做岂不是费力不讨好? 怎么能得到当地人及外来人的认可?

周庄的水文化与成都的水文化本来是各具特色。周庄的水文化蕴含的是水的灵动与水所折射的隽永、灵秀，成都的水文化则是历史的厚淀，折射的是人与自然的抗争精神及治水人的智慧，都是各自水文化中的极致。偏要在这种极致中去仿造另一种极致，从企业文化内涵的角度来说，这是极大的弱点!

2. 成都有深厚的三国文化及历史底蕴

在打造龙潭水乡时，以古建筑群为特色的成都宽窄巷子、锦里已经非常火爆，所以龙潭水乡建造者就想仿造一个古建筑群来吸引游客。

但策划者根本没有深入考虑与宽窄巷子、锦里相比龙潭水乡在文化因素上的巨大差别。

成都的宽窄巷子为什么如此火爆?

虽然也新修了一些仿古建筑，但很多是经过维修的老建筑，保留了成都老式建筑原貌，而这些正是标准的成都古文化，具有（企业）文化内涵方面的吸引力。游客现场看到这些后，就会交流传播有关成都的过去和现在的题材。

而龙潭水乡主要是想效仿周庄，因此修建了很多仿古建筑、古桥、水道。虽然有豪华的仿古建筑，却缺乏“（企业）文化”这种灵魂，没有任何成都元素。它效仿的周庄的水文化不仅不伦不类（见图 2-5），而且难以超越成都本地深厚的水文化，这样怎么能吸引游客?

图 2-5 效仿的周庄水文化不伦不类

3. 整个景区的策划理念混乱

龙潭水乡本身主题是仿造周庄文化，结果又混杂了小说《红楼梦》中的建筑，使整个景区如一锅东拼西凑的大杂烩，没有任何核心文化价值。

从景区拍的以下照片（见图 2-6 至图 2-9）就会看到：这个景区门牌上标注的景点就像大杂烩。

图 2-6 宝藏村落图布拉格堡

图 2-7　黛玉巷图尔玛寨子

图 2-8　婚庆基地图老树根坊

图 2-9　龙潭阁钱家院子

4. 以为只要投入大量资金就能换来丰厚的回报，这显然是非常大的策划误区！

现实中一些人认为，只要投入大量资金，修建豪华建筑就能吸引游客，这样自然就能换来丰厚的回报，而实际实施时会发现，这种简单的操作导致了很多损失巨大的失败案例。

很多时候理论研究者是非常痛苦的，因为他们常常接触到现实中这样一些案例：

借助专业理论，在策划之初就能得出非常肯定的结论——必将失败，然而，却无力改变最终的结果，因为没有看到失败的最终结果，实施的公司以及相关部门是不会认可理论分析的。

理论只有得到最终结果的证实，才会得到人们的认可，所以这实际上是一个“两难悖论”。

5. 缺乏策划学理论和轻视策划学的结果

可以说，龙潭水乡的失败主要归因于负责人缺乏策划学理论！

平时很多人总觉得理论没有什么用处，对理论的掌握甚至嗤之以鼻，而很多时候正是对理论的轻视最后导致了难以弥补的重大经济损失。笔者接触的案例既有国有企业案例，也有私人企业案例。

第三节 成功的策划案例与解析：一个关键的策划挽救了公司，其进入良性发展轨道后成为具有千亿元规模的公司

（一）解析

1. 一个重要策划导致泸州老窖与岳池特曲今日有天壤之别

1999 年，公司规模和产品零售价差不多的两家同行业公司泸州老窖和岳池特曲，因为当时各自实施的策划战略、手段不同，今天有了天壤之别：2019 年，泸州老窖集团销售额达 316 亿元，集团总资产达 2 000 亿元（数据统计有滞后性）。而岳池特曲已经历四五次转卖，今日的岳池特曲早已经物是人非，老板也已经换了几个，因为市场环境的变化，岳池特曲难以实现突破，只能艰难求生。

这可以说是因为策划战略、手段和实施不同导致后来出现天壤之别的经典案例。笔者从 1999 年起参与了这两家公司的部分策划，并开始跟踪研究。

时光回到 1998—2000 年，当时的泸州老窖日子还没有岳池特曲好过。

2000 年中国白酒正处于分水岭，说中国白酒界“处于大小军阀混战的时期”再恰当不过。就四川来说，当时除了“六朵老金花”外，还有“六朵新金花”，而且除了这“十二朵金花”外，各地具有地方特色的品牌酒也比比皆是，不像目前又只剩下“六朵老金花”。

品牌如此多，加之各县、市都大力支持本地酒厂的发展（因为这直接关系到本地的财政收入），可以想象当时的白酒业竞争是多么激烈。现在保存下来的这些大公司有很多在当时的日子也过得非常艰难！

就全国来说，当时可能只有五粮液、茅台、剑南春这三家大酒厂日子好过，即便今天辉煌的洋河、郎酒也几乎到了山穷水尽的地步。洋河 2000 年销售总额不到 2 亿元，当时员工发工资都成问题。郎酒当时有 3 000 名职工，销售额不超过 3 亿元，日子同样非常难过。泸州老窖面临的情况也差不多。但当时岳池特曲年销售额最高峰可能

达到2亿元，而它的职工不超过300人，日子过得相对比较滋润。

2000年3月，泸州老窖人事变更，原总经理袁秀平荣升董事长并继续兼任总经理，他上任后求贤若渴，遍访高手希望能够摆脱当时公司面临的困境。1998—2000年，泸州老窖花了上亿元资金去央视做广告，而且这笔钱还是贷款，甚至花了巨额资金参与了当时央视一年一度的广告竞拍。之所以有如此大的胆量，主要是受当时山东两大酒厂孔府宴酒和秦池酒的影响。1995年孔府宴酒以0.31亿元的价格中了央视广告标王，1996年秦池酒以0.67亿元的价格摘取标王。1997年秦池酒又以3.2亿元的最高价击败众多对手，再次勇夺央视标王。

泸州老窖想效仿山东这两大酒厂通过广告投入走出困境，其实这条路充满风险，后来事实也证明这种简单的方法其实根本行不通。山东两大酒厂后来连广告费都无法按合同支付。泸州老窖发觉时也为时已晚，花了不少钱做广告，但效果非常差。为此，公司连工资也是从银行贷款发，贷款打广告的费用也还欠着银行，甚至有不少员工离职，笔者就认识两三个正好离职到成都的。

由于笔者在某报做记者时采访过公司前任董事长，加之当时正好在四川人民出版社出版了中国第一本有关策划方面的书《策划与广告技巧及误区》，便又认识了新任董事长。他认真读过笔者的书并且非常认可笔者的理论，便急于找到笔者，希望笔者能够为公司做一些策划。我们于2000年4月15日进行接触，在成都就泸州老窖的整体策划进行了广泛而深入的讨论，并打算进行合作。

经过对公司情况的非常深入的了解以及10多天的深入思考，笔者为泸州老窖写了一个非常深入的策划方案，并很快在成都与红旗商场合作实施了其中一部分方案。

为什么说笔者为泸州老窖所做的策划是非常关键的？原因有以下几个：

第一，为后来泸州老窖的发展起到了承上启下的作用，即在一个最关键的转折口，架起了一座桥梁，起到了一种“摆渡作用”。

第二，之前泸州老窖已经花了巨资做广告，打下了一定的基础，笔者后面的策划正好利用了这些铺垫，使之前的巨额费用没有白花。

第三，笔者的总体策划方案对国窖酒（因带有“国”字不能注册商标，所以后来改名为1573）当时的价格（国内最高）起到了支撑作用，为后来1573迅速成为国内高档酒打下了坚实的基础。

当时的市场情况是：一瓶500毫升的普通酒，五粮液卖18元，泸州特曲（泸州老窖的主打产品）卖12元，茅台卖16元。几个月后，五粮液迅速将价格提到32元，茅台价格大概是24元，再后来五粮液将价格提到160元，茅台价格大概在64元。泸州老窖大概是1998年推出国窖酒，直接将价格提到320元，四川价是290元，当时还被业界当作笑话。虽然做了央视广告，但当时定价如此高，甚至超过当时最火的五粮液和茅台这么多，加之只是做了广告而没有得到消费者的认知和认可，所以很难卖。

正是在这种情况下，笔者认为泸州老窖必须完成从产品到消费者最后认知和认可这一关键过程，即摆渡到对岸的问题。

策划需要解决的核心问题是：通过一系列策划让消费者产生这样的认知，即当时中国白酒界最高价的酒是名副其实的，而不是乱标价。

支撑："国窖酒是酒类中唯一由被作为全国重点文物保护单位的'中国第一窖'精酿而成的白酒。"

总之，此策划方案在泸州老窖前面所做工作的基础上起到了画龙点睛的作用，或者起到了"添加最后一把柴""临门一脚"的作用，很好地把以前所做的铺垫衔接了起来，没有让之前所花的巨额广告费用付之东流，从而让商品信息与消费者购买欲望这近在咫尺的二者衔接了起来。

图 2-10 展示了笔者为泸州老窖做策划时保存下来的陶瓷瓶国窖酒，现在存世的极少，已经很难看到。

图 2-10　陶瓷瓶国窖酒

小瓶酒是当时活动赠送的酒，笔者现在还保存了两瓶以做纪念（见图 2-11）。说到小瓶酒，泸州老窖应该比郎酒做得早，但泸州老窖是将小瓶酒作为赠品，而郎酒是将歪嘴小瓶酒作为主打产品销售，目前仅歪嘴小瓶酒年销售额就超过 10 亿元，这确实也是笔者当年没有预想到的！作为一个优秀的策划人，这确实也是一大遗憾！

图 2-11　当时活动赠送的小瓶酒

锁匙环是当时活动赠送的小礼品（见图 2-12），即便是泸州老窖可能也没有保存这些纪念品了！

另外，泸州老窖的发展史上从没有提到过笔者的功劳，这也不奇怪，因为当事者和知情者本来就少，甚至只有当事者和策划部的几个人知道整个策划的幕后。但此次活动是一次实施过的大型活动，而且有很多新闻媒体报道过此次活动，所以即使公司的发展史上没有记载，这次活动也会留下痕迹。

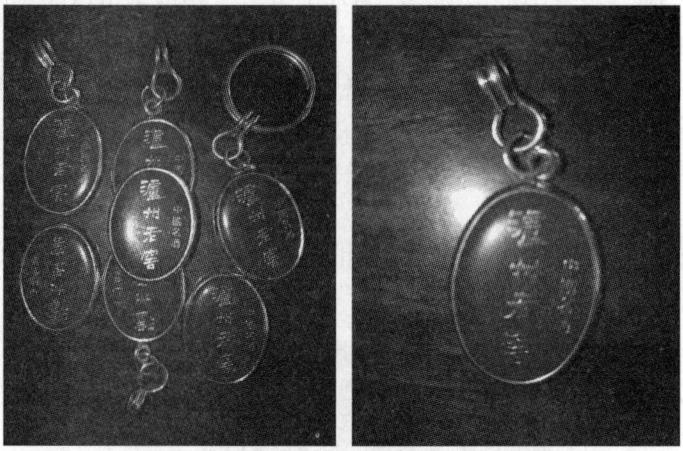

图 2-12　当时活动赠送的小礼品锁匙环

2. 策划不是万能的，不能让任何濒临绝境的公司都起死回生

我们可以看出，策划理论具有巨大的作用，它决定了后来公司的发展是不是良性的，涉及上亿元甚至上百亿元资产的策划案例有很多，有些成功了，也有一些失败了。

当然，策划人也要摆正自己的位置，不能有一点功劳就大吹特吹。一家公司的成功有多方面的原因，肯定离不开管理者的正确决策和管理，不能因为一次策划就抹去管理者的功劳，策划人只是摆渡者，在某个紧要关口起到了衔接作用。而且一家公司要取得成功，后续的良性持续发展才是关键。

有的商业案例之所以失败了，确实是因为没有策划人助其一臂之力。

策划人是在一个没有硝烟的战场上“战斗”，虽然看上去并不是那么惊心动魄，但在悄无声息中起着扭转乾坤或一举定成败的作用！

笔者曾经与岳池特曲的负责人一起谈论业界发展，他感慨道：“如果当年你是给岳池特曲策划而不是给泸州老窖策划，那么今天的岳池特曲就是一家千亿元规模的公司，而泸州老窖就不一定挺得过那场困难，说不定今天已经是另一副样子。”

他同时也希望岳池特曲能够有这样的好机会，并感叹商战的残酷和瞬息万变，在同一时期本来处于同一起跑线上的企业，才 20 余年就产生了如此巨大的差距。

一些企业在生死攸关或面临急剧转型的时候，往往通过一个或一系列策划就能起死回生或扭转乾坤，然后走上截然不同的未来发展之路。但是，因为环境、时代等变了，所以同样的策划另一家公司已经难以复制，即使能复制，也很可能收效甚微。

3. 一个优秀的策划人必须具备一些基本的素质和条件

一个优秀的策划人必须具备以下基本的素质和条件：有扎实的策划学专业知识；对所策划的行业有深入了解；具备综合知识。

笔者出身于酿酒世家，从小便耳濡目染并掌握了很多酿酒的知识，加上长期从事策划学的理论研究，所以更容易将理论与实践结合起来。

一个优秀的策划人，除了能感受到一个突然迸发的策划灵感所带来的惊喜外，还能体验到实施一个策划给别人带来成功和财富的成就感。

当然，策划人也不能太拔高和夸大策划的作用，不能把策划完全独立于公司的整体运作，策划只是公司整体运作的一个方面。策划得再好，如果产品质量不行、管理不到位、人才匮乏等，那么策划也难以发挥作用。但是，一家好的公司在特别关键的时期，绝对离不开一锤定音的策划。

4. 背景

一个偶然的机会，笔者认识了泸州老窖董事长兼总经理袁秀平，我们就泸州老窖的整体策划进行了广泛而深入的讨论，并打算进行合作。我们接触的时间是 2000 年 4 月 15 日。结合以前与该公司前任董事长的多次接触，以及对该公司的深入了解，加上这次与新任董事长袁秀平的长谈，我充分了解了他的想法。经过几天的思索，泸州老窖的战略策划以及最先实施的一个策划在笔者脑海中有了一个清晰的构架及细则。策划的高级技巧之一就是：抢点（后面的理论中将探讨）。因为笔者知道，白酒过了“五一”就开始进入销售淡季，所以为了抢这个点，笔者打算在 2000 年黄金时间“五一”实施一个策划方案。以下是笔者为泸州老窖所制定的策划战略及一个策划实施方案的策划书。

（二）案例

泸州老窖策划战略及实施方案策划书

1. 背景资料

（1）公司概况。

泸州老窖作为中国名酒及四川名酒“六朵金花”之一，其酿酒历史可以说源远流长。

1952 年在全国首届评酒会上，泸州老窖大曲酒与茅台、汾酒、西凤酒并列为全国四大名酒。由于白酒品种繁多，各具风格，所以专家们又根据香型，将它们划分为酱香型茅台、浓香型泸州老窖、清香型汾酒、其他香型西凤酒。泸州老窖大曲酒则被誉为浓香型的典型代表，又称为“泸香型”，号称“浓香鼻祖”。

（2）从简单的广告到策划的转变。

20 世纪八九十年代，企业做宣传、广告时只是用获奖等简单的题材，导致一些企业花钱买假奖或者一些机构专门颁发水分较大的奖来赚钱。后来消费者逐渐成熟，对这些以获奖为题材的广告产生审美疲劳甚至厌恶。他们对那些水分很大，甚至曾经欺骗、诱惑过他们的金奖、自我标榜的称谓不再感兴趣，因为消费者现在终于明白，过去的什么金奖、自我标榜的称谓，很多是不公正的或是没有多少意义的评选，甚至完全是企业用钱买来的。

很多企业开始采用当时正在中国兴起的策划理论，在笔者为泸州老窖制定策划战略和实施策划活动前，泸州老窖就已经在此方面做了一些尝试。特别是，该公司开始从简单地策划广告转向策划企业文化。

（3）在国内第一次把酿酒窖池申请为“全国重点文物保护单位”。

该公司把泸州老窖的酿酒窖池申请为“全国重点文物保护单位”，当时它是最先做此类策划的公司。这是我国历史上第一次把一批古老的酿酒发酵池——泸州老窖的酿酒窖池——列为全国重点文物保护单位。泸州老窖的酿酒窖池也是当时我国白酒行业唯一被确定的“全国重点文物保护单位”。

泸州老窖整理出了 4 口明代窖池，它们呈长方形纵向排列，每一个窖池的容积为 8～10 立方米，加上 53 口清代窖池，总占地面积达 1 960 平方米。

泸州老窖强调，明代窖池的历史可以追溯到明代万历年间（1573—1620 年），这些“窖中元老”经历了四百余载依然完好无损。

泸州老窖还为这些古老的酿酒窖池申请了吉尼斯世界纪录，这些酿酒窖池也是当时世界上唯一被纳入吉尼斯世界纪录大全的酿酒窖池。

2. 策划战略

（1）战略高度。

◆ 在前面所做工作的基础上延伸，使前面所花的巨额费用不至于付之东流。

通过各种努力，国家主管部门确定把泸州老窖的酿酒窖池作为全国重点文物进行保护，这种认定和保护不但具有学术上的权威性，而且是具有法律效力的，它应该是泸州老窖的一件“镇店之宝”。在白酒市场竞争如此激烈的今天，它应该成为战胜对手的有力武器。泸州老窖围绕这一点也展开了很多工作，比如不惜花巨资在中央电视台做广告、承办四川名酒节等，这些确实让泸州老窖有了很大的影响力，并给公司带来了丰厚的回报。

◆ 不但着重强调酿酒窖池有四百年历史，而且还要突出强调已经连续使用四百年。

这在世界酿酒史上恐怕都是一个奇迹。

◆ 还要突出强调，这是中国白酒类中独一份，其他白酒都没有。

泸州老窖的酿酒窖池被国家确定为“全国重点文物保护单位”，而且最重要的是，它是中国白酒行业中唯一得到确认的“全国重点文物保护单位”，也就是说，其他白酒都没有，只有泸州老窖才有。

◆ 不仅要突出强调酿酒窖池群具有文物价值，而且要突出强调更具特色的是它独特的生产实用价值。

它的奇特之处在于：它现在还在使用，而且能创造很大的实用价值，可它又被列为文物。

这与人们理解的文物的一般概念是否有些矛盾呢？由此更可见它的重要性：它具有生产实用性和文物的历史见证性的双重价值。这其中传递的信息是：难怪文物保护单位要把它确认为“国宝”精心保护起来呢！

（2）做好策划的后续性、中长期方案及配套实施方案。

在此基础上，其实泸州老窖还应该为这些策划配套做很多有用的后续工作，才能使此策划的作用发挥到最大。这也体现了一个策划学原理：“策划的后续性、中长期方案及配套实施方案”（本书后面的章节将探讨）。对于有的策划方案来说，能否取得最大的效果，关键在于它的策划的后续性、中长期方案及配套实施方案。

本策划战略还另外设计了后续性、中长期方案及配套实施方案，此处不再赘述。

据科学、准确的调查，广告的阅读率、收视率非常低，最多只有 15%，而且在铺天盖地的广告中，消费者最后能接收到的有关某公司产品的广告信息很少，所以完全依靠广告是难以取得理想的效果的，考虑到高昂的广告费用，这种做法其实是得不偿失的。高级的策划要花最少的钱取得最大的收益，策划中的高级技巧正是在于故意设置“陷阱”吸引记者通过新闻的方式去炒作，因为新闻的阅读率相当高，这样既能获得满意的广告效果，又只需要花最少的费用，可以说这是策划的最高形式和境界，有相当大的难度，优秀策划与一般策划的区别也就在于此。比如，有些一般策划一味花钱去做广告，这样造成大量的广告浪费不说，而且无益于公司的收益、发展，使公司的计划、目标难以实现，有时甚至连投入的巨额广告费用都难以收回。

我们的整个策划要建立在一些策划理论的基础上。

3.“五一”实施策划活动的方案

（1）整个策划活动的宗旨。

整个策划活动的宗旨是：花最少的钱取得最大的广告效果，从而获得最大的实际收益。采取的方式是故意设置“陷阱”吸引记者以新闻的形式炒作。

（2）整个策划活动的目标。

整个策划活动的目标是：通过此次活动产生广告效应，传播国窖酒的品牌，产生品牌效应，提升泸州老窖的整体效益。

（3）整个策划活动的立足点和围绕的中心。

整个策划活动的立足点和围绕的中心是：国窖酒是酒类中唯一由被确定为“全国重点文物保护单位”的“中国第一窖”精酿而成的白酒。

（4）为什么要围绕此主题展开呢？

国窖酒是一种高价位的酒，只有围绕此主题展开才能充分体现国窖酒的价值，也才能让消费者确信国窖酒比其他高价位的酒好；若不围绕此主题来展开攻势，单说国窖酒比其他高价位的酒好，那是非常空洞和缺乏说服力的，也是很难得到消费者的认可的。

因为消费者心中关于“某个品牌的高价位酒是好酒”的认知已经根深蒂固，而且这种惯性是非常强大的，突然冒出一种比它更好的酒，如果给不出充分的理由，那么消费者肯定是难以相信和接受的，所以我们必须找到有充分说服力的理由，而“国窖酒是酒类中唯一由被确定为‘全国重点文物保护单位’的‘中国第一窖’精酿而成的白酒”就是最能让人信服的理由，这可以说是泸州老窖超越其他类似产品的致命“撒手锏”。

如果不是“酒类中唯一”，消费者就可能从另外的角度去理解：文物多的是，其他酒肯定也有。强调“酒类中唯一”“全国重点文物保护单位”，就给了消费者一个准确的信息：只有国窖酒有，而其他酒没有。

再用“中国第一窖”理所当然地突出“第一”，“第一”传递给消费者的信息是：最好的。在广告中往往不准用“第一”“最”等字眼，但“中国第一窖”是经权威部门授予的，所以也能打出广告。

用“第一”自然也就说明泸州老窖超过了其他酒。如果用“国宝窖池”等字眼，会显得比较模糊，给消费者传递的信息不是很强烈，没有“中国第一窖”传递的信息那么清楚、强烈。

围绕"国窖酒是酒类中唯一由被确定为'全国重点文物保护单位'的'中国第一窖'精酿而成的白酒"展开，就给了消费者确信国窖酒比其他高价位的酒好的充足理由，而且这个理由并不牵强附会，也没有丝毫勉强的痕迹。这个主题非常实用，而且非常有针对性，比华而不实的广告语有用得多，因为这个主题是根据实际情况而设。

此外，虽然国窖酒得到了消费者的认可，消费者相信它比其他高价位酒要好，但消费者对其他高价位酒的心理定式及消费习惯已是根深蒂固，所以必须配合另外的策划活动来打破消费者对这些酒的心理定式及消费习惯。比如，围绕此主题必须做一些有关"国窖酒是酒类中唯一由被确定为'全国重点文物保护单位'的'中国第一窖'精酿而成的白酒"的文化背景的介绍，让消费者确信"中国第一窖"不是虚张声势，而是有深刻的文化背景，是货真价实的。

据权威部门调查，现今中国很少有紧缺商品。因此，泸州老窖可以利用被确定为"全国重点文物保护单位"的酿酒窖池做文章，反其道而行之，利用人们的逆反心理，有技巧地宣传产量有限的国窖酒，把它打造成当今社会紧缺商品的代表。

国窖酒为什么会是紧缺商品呢？因为它是采用已有四百年历史的酿酒窖池酿造，所以产量有限。这样一下子就会激起人们对这种紧俏商品的购买欲望，越是紧俏商品，人们就越会千方百计来购买，更何况是人们生活中用来显示身份的酒！

在此背景下，国窖酒自然而然就会很快成为畅销品。毫不夸张地说，国窖酒的地位和身份即品牌效应会很快超过其他高价位酒，国窖酒也会拉升整个泸州老窖的效益。

其实限量生产这种技巧在国外已用得很多，比如法拉利汽车、劳斯莱斯汽车。国窖酒还不是人为限量生产，而是因为用已有四百年历史的窖池酿造，本身产量有限。只不过这种诱导必须做一些技巧性的处理，如果采用直接的广告形式难免会让消费者产生疑问：既然是紧缺商品，为何还要做广告？

这就有一个矛盾要解决：一方面，要大力提高国窖酒的知名度，让消费者知道国窖酒；另一方面，又不能让消费者产生疑问，所以这就需要做一些技巧性的处理。比如，采取在媒体上发表致歉、声明的形式，比如第一天发问："现在有钱了，还有什么东西难买到？"然后第二天才回答："国窖酒有了钱也难买到。""为什么国窖酒难买到呢？""因为国窖酒是酒类中唯一由被确定为'全国重点文物保护单位'的'中国第一窖'精酿而成的白酒，所以产量有限。"或者向没有买到国窖酒的消费者致以歉意等。

(5) 本次活动的目的。

①从广告角度提高公司及国窖酒的知名度。

②公司新上任董事长通过此次活动得到社会的认可，从而塑造新领导的形象。

③通过售酒盈利。

④通过此次活动，产生后续影响，吸引广大消费者购买国窖酒及泸州老窖系列产品。

(6) 详细方案。

①4月19日（星期三），在《华西都市报》《成都商报》A1版刊登面积为8.5cm×6cm的广告（《华西都市报》刊登此广告的价格为6 500元，《成都商报》刊登此广告的

价格为 7 000 元)，内容分别如下：

> **猜一猜，一个很有趣也很难的问题：**
> 1. 如今还有没有紧俏商品？
> 今天日常生活中商品已琳琅满目，该商品为什么还会成为紧俏商品？
> 2. 什么酒，一瓶居然卖了 18 万元？为什么能卖 18 万元？
> **答案请看明日《华西都市报》第一版**

> **猜一猜，一个很有趣也很难的问题：**
> 1. 如今还有没有紧俏商品？
> 今天日常生活中商品已琳琅满目，该商品为什么还会成为紧俏商品？
> 2. 什么酒，一瓶居然卖了 18 万元？为什么能卖 18 万元？
> **答案请看明日《成都商报》第一版**

② 4 月 20 日（星期四)，在《华西都市报》《成都商报》A1 版刊登面积为 8.5cm×6cm 的广告(《华西都市报》刊登此广告的价格为 6 500 元，《成都商报》刊登此广告的价格为 7 000 元)，内容分别如下：

> **昨日第一版猜一猜答案：**
> 1. 如今还有紧俏商品。
> 泸州老窖股份有限公司所产的**"国窖酒"**还是紧俏商品。
> 原因：因为国窖酒是酒类中唯一由被确定为"全国重点文物保护单位"的"中国第一窖"精酿而成的白酒，所以产量有限。
> 2. **"国窖酒"**一瓶卖了 18 万元，原因就是上面 1。

③ 4 月 21 日（星期五)，在《四川青年报》刊登一个整版广告，介绍有关泸州老窖酒文化的一些情况，然后重点介绍由袁总策划的拍卖大典，赠酒给董建华、何厚铧等。

④ 4 月 24 日（星期一)，在成都泸天化大厦举行新闻发布会，发布会的内容大致是：

> 鉴于成都消费者很难买到紧俏的国窖酒，泸州老窖股份有限公司为了感谢成都消费者过去对泸州老窖的支持和厚爱，特别为成都的消费者在"五一"劳动节准备了一份厚礼：公司经过各方面协调，紧急调运一批紧俏的国窖酒到成都以满足消费者的节日需求。
>
> 并且泸州老窖新上任董事长兼总经理袁秀平将在 4 月 29 日亲临成都市红旗商场批发直销九分场（武侯祠横街 1 号）现场包装出售国窖酒及泸州老窖系列酒，并实行 8.5 折优惠。
>
> 凡购买 5 瓶以上国窖酒及 1 500 元以上泸州老窖系列酒的客户，均送成都市红旗商场批发公司 9 折金卡一张、《四川青年报》一个月、畅销书《策划与广告技巧及误区》一本（该书中通过专题"泸州老窖的策划与管理之道"介绍了泸州老窖)，且酒的包装上贴有富有纪念意义的袁总与澳门首任行政长官何厚铧的合影；凡购

买500元以上者均送成都市红旗商场批发公司9.3折优惠卡一张，送畅销书《策划与广告技巧及误区》一本；凡到场购买泸州老窖系列酒者均可享受8.5折优惠，购买30元以上者送成都市红旗商场批发公司9.3折优惠卡一张。

节日买酒送人，还有什么比这更让人心动和更有意义的礼品？

（如果袁总到场，则邀请中央媒体驻川记者站（《人民日报》驻川记者站、新华社四川分社、《经济日报》驻川记者站、《光明日报》驻川记者站、中央人民广播电台驻川记者站等）主要负责人到场，并邀请本地新闻单位《华西都市报》、《成都商报》、四川电视台、成都电视台等到场。

如果袁总不到场，则没必要举行新闻发布会，只是将载有上述内容的稿子发到各新闻媒体。）

⑤ 4月27日（星期四），在《成都商报》A2版刊登17.5 cm×6 cm的广告（费用为8 250元），在《华西都市报》A4版刊登17.5 cm×6 cm的广告（费用为9 700元），广告内容如下：

“五一”劳动节特别礼品！

让人心动和非常有意义的礼品——国窖酒

鉴于成都消费者很难买到紧俏的国窖酒，泸州老窖股份有限公司为了感谢成都消费者过去对泸州老窖的支持和厚爱，特别为成都的消费者在“五一”劳动节准备了一份厚礼，公司经过各方面协调，紧急调运一批紧俏的国窖酒到成都以满足消费者的节日需求。

并且泸州老窖新上任董事长兼总经理袁秀平4月29日将亲临成都市红旗商场批发直销九分场（武侯祠横街1号）现场包装并出售国窖酒及泸州老窖系列酒，并实行8.5折优惠。

凡购买5瓶以上国窖酒及1 500元以上泸州老窖系列酒的客户，均送成都市红旗商场批发公司9折金卡一张、《四川青年报》一个月、畅销书《策划与广告技巧及误区》一本（该书中通过专题“泸州老窖的策划与管理之道”介绍了泸州老窖），且酒的包装上贴有富有纪念意义的袁总与澳门首任行政长官何厚铧的合影；凡购买500元以上者均送成都市红旗商场批发公司9.3折优惠卡一张，送畅销书《策划与广告技巧及误区》一本；凡到场购买泸州老窖系列酒者均可享受8.5折优惠，购买30元以上者送成都市红旗商场批发公司9.3折优惠卡一张。凡到现场者均可品尝价值昂贵的国窖酒，并可获精美小礼品一份。

咨询电话：……

⑥ 在四川电视台一套收视率最高的节目《今晚有彩》中做广告，费用3 000元，并送国窖酒3瓶（赠送给抢答对者）、老窖酒6瓶（赠送给嘉宾）。

A. 在该节目中设置两道问答题让现场观众抢答：

a. 中国酒窖中唯一被确定为“全国重点文物保护单位”的是：

答案：泸州老窖的酿酒窖池。

b. 在近日《华西都市报》《成都商报》上刊登一道“猜一猜”的题：

如今还有没有紧俏商品？今天日常生活中商品已琳琅满目，该商品为什么还会成为紧俏商品？

答案：如今国窖酒还是紧俏商品。

原因：因为国窖酒是酒类中唯一由被确定为“全国重点文物保护单位”的“中国第一窖”精酿而成的白酒，产量有限，所以是紧俏商品。

B. 组成泸州老窖方队到现场（24 人，注意前面几排需选形象稍好者），穿着有泸州老窖标志的服装，并在前面举广告牌，每个字的大小限制为 70 cm×70 cm（限 10 个字），广告内容为：“中国第一窖”，并在后面拉横幅：泸州老窖——国窖酒。

在一定时候将这些镜头播放给观众，并把作为文物的酿酒窖池的照片展现在电视画面上，让现场观众抢答这是什么，抢答对后由袁总上去为该观众颁奖，奖品为一瓶国窖酒。镜头此时拉上来给国窖酒一个特写。

主持人说出：国窖酒是酒类中唯一由被确定为“全国重点文物保护单位”的“中国第一窖”精酿而成的白酒，所以产量有限。为了满足成都消费者“五一”劳动节的需求，泸州老窖股份有限公司将于“五一”劳动节到成都现场以 8.5 折售酒，但国窖酒因为产量有限所以不打折。详细情况请看明日《华西都市报》《成都商报》。主持人在这时请袁总上去给答对者颁奖。袁总在颁奖时又说出简短台词：“我在这里代表国窖人对长期支持、关心国窖酒的消费者致以衷心的感谢。”

当把国窖酒送给嘉宾时，镜头展现礼仪小姐绶带：国窖酒——酒中精品。（注：《今晚有彩》是四川电视台收视率很高的一个节目，该专场是另外一家单位早已预订的，泸州老窖的节目是临时挤进去的，所给的时间有限，所以袁总说话的时间不能太长。）

C. 4 月 19 日（星期三）前把文物酿酒窖池的清晰照片一张交给电视台，便于制作该节目；方队必须穿着有泸州老窖标志的服装，所以在制作节目（4 月 25 日）前必须选好人员并准备好服装。方队及袁总必须在 4 月 25 日中午 1 点前赶到四川省运动技术学院制作节目。

D. 在现场放花篮、彩色气球以增加气氛。

问题：运多少国窖酒及系列老窖酒到红旗商场批发公司，与红旗商场批发公司如何结账？保安问题如何解决？建议：由我公司及红旗商场批发公司各出一部分人员。

停车场安排在哪里？现场交通如何维持？如何与有关部门协调？

此次活动经费概算：4 月 19 日（星期三）《华西都市报》《成都商报》A1 版刊登面积为 8.5cm×6cm 的广告的费用（《华西都市报》价格为 6 500 元、《成都商报》价格为 7 000 元）+4 月 20 日（星期四）《华西都市报》《成都商报》A1 版刊登面积为 8.5cm×6cm 的广告的费用（《华西都市报》价格为 6 500 元、《成都商报》价格为 7 000 元）+《四川青年报》一个整版的费用（4 万元）+4 月 27 日（星期四）在《成都商报》A2 版做面积为 17.5cm×6cm 的广告的费用 8 250 元+《华西都市报》A4 版做面积为 17.5cm×6cm 的广告的费用 9 700 元+《今晚有彩》中做广告的费用 3 000 元+《策划与广告技巧及误区》书费（送了多少再结账）=87 950 元+《策划与广告技巧及误区》书费。

注：这些费用全部转账到相应单位。

为了使策划更上一个层次，最后我们又决定：A. 从销售收入中拿出2万元现场捐赠给希望工程。B. 与四川大学合作，给就读基础学科专业的在校大学生提供更多的勤工俭学机会。由于基础学科自身的特点，就读基础学科专业的在校大学生勤工俭学的机会比就读其他专业的在校大学生要少，而基础学科的重要性是任何人也不容置疑的！为了解决就读基础学科专业的在校大学生的后顾之忧，泸州老窖股份有限公司策划部愿为四川大学就读基础学科专业的在校大学生提供勤工俭学的机会。泸州老窖股份有限公司策划部现办公地址已设于成都，策划部有很多时候、很多工作需要找短时的工作人员，比如市场调查人员、举办各种活动的礼仪人员、挂各种广告的勤杂人员等，这些工作他们都准备交给就读基础学科专业的在校贫困大学生，并且会给他们满意的报酬，以解决他们的后顾之忧，让他们能安心学习，致力于基础学科的发展。

整个活动基本按原定方案的进度在实施。只不过实施过程中出现了一些原来没有预料到的麻烦。比如《华西都市报》的广告要款到才能刊出，笔者到《华西都市报》联系预订广告已是4月16日，而且《华西都市报》的广告本身要提前一周预订，4月19日的广告难以刊出，最后笔者想方设法，甚至用私人押金做担保，广告才得以挤上。

因为为了抢“五一”劳动节这个点，本策划在时间上确实非常仓促，那一段时间，笔者每天工作量几乎都在18小时以上，进餐时也是匆匆忙忙。

本策划最终取得了圆满成功，在泸州老窖股份有限公司董事长袁秀平现场售酒的当天，邀请来的电视台在新闻时间都做了新闻报道，成都的各大报纸也在第二天推出了相关新闻。

这是《四川金融投资报》的新闻：

老总“五一”亲自售酒，爱心撒向希望工程

泸州老窖股份有限公司董事长袁秀平，在“五一”劳动节期间将到成都市红旗商场批发直销九分场现场售酒，并从销售收入中拿出2万元现场捐赠给“希望工程”。

公司经过各方面协调，紧急调运一批紧俏的国窖酒到成都以满足消费者节日的需求。泸州老窖新上任董事长兼总经理袁秀平在4月29日将亲临武侯祠横街的现场销售国窖酒及泸州老窖系列酒，并实行8.5折优惠（国窖酒除外）。

另外，公司还决定为四川大学就读基础学科专业的在校大学生提供勤工俭学的机会。由于基础学科自身的特点，就读基础学科专业的在校大学生勤工俭学的机会比就读其他专业的在校大学生要少，而基础学科的重要性是任何人都不容置疑的！为了解决就读基础学科专业的在校大学生的后顾之忧，泸州老窖股份有限公司策划部愿为就读基础学科专业的在校大学生提供勤工俭学的机会。泸州老窖股份有限公司策划部现办公地址已设于成都，策划部有很多时候、很多工作需要找短时的工作人员，比如市场调查人员、举办各种活动的礼仪人员、挂各种广告的勤杂人员等，这些工作他们都准备交给就读基础学科专业的在校贫困大学生，并且会给他们满意的报酬，以解决他们的后顾之忧，让他们能安心学习，致力于基础学科的发展。

特别是成都一家很有影响力的报纸《成都商报》也做了报道：

不是“冤家”不碰头，老窖全兴昨“销”烟骤起

昨日，“泸州老窖”董事长、总经理袁秀平率一班人马悄然抵蓉签名售酒，而与此同时，“精制全兴”有史以来规模最大的一次促销行动昨日全面铺开。据称，这是今年以来川酒巨头在成都市场上首次正面交锋。

据了解，“泸州老窖”昨日从酒厂调集了 1 000 件、总价值达 230 万元的国窖酒以特惠价“轰炸”成都市场，董事长、总经理袁秀平也在新近接任后首次亲临销售终端体察“民情”，在红旗直销商场签名售酒。与此同时，“精制全兴”酝酿已久的大型品酒、赠礼活动也提前于昨日在成都各大商场、超市全面登场。全兴销售公司有关人士透露，此次活动将持续 3 个月，预算投入超过百万元，最高级别“礼品”为港澳泰十日游。

业内人士透露，在成都市场上，“全兴”“老窖”捉对厮杀的格局由来已久，有人戏称它们为一对“冤家”。特别是近年来，双方营销套路和招式有着惊人的相似之处：“精制全兴”替代方瓶“全大”，价格直逼“泸州老窖特曲”，在白酒大众消费市场上互不相让；而即将面市的“水井坊”与粉墨登场的国窖酒不约而同地将市场价位定在 400 元左右，均雄心勃勃意欲跻身极品白酒之列，誓与五粮液、茅台等酒中之尊比肩。

“五一”劳动节是白酒市场的一大消费旺季，可以预见，因之而起的促销战将形成“蓉城五月酒飘香”的特殊节日风暴。

（7）策划活动收尾工作。

不知怎么回事，记者在写稿时出现了一点误报，本来我们的活动是除国窖酒外其他泸州老窖系列酒均是 8.5 折，国窖酒并不打折，但记者写稿时把国窖酒也放在打折之列，不过这对我们此次活动影响也不大。

在活动期间我们跟踪做了效果调查，我们选取了的士司机、街上的市民、酒类同行作为调查对象。的士司机说知道了国窖酒，他们反映该酒价位太高，因此一般时间不会买，但作为礼品送人时，则可以重点考虑。街上的市民反映知道了国窖酒，也更清楚了泸州老窖被作为全国重点文物保护单位的窖池，但他们以前对它的价值不是很清楚，以为其他酒厂也有，这次才清楚原来只有泸州老窖才有，是酒窖中唯一的全国重点文物保护单位。酒类同行都说知道这次活动，但不妄做评论，也有同行说，白酒市场竞争激烈，也要加紧运作广告、营销策略，以免自己落后。

第三章

MASTERMINDING

策划学的定义及一些重要问题

第一节　策划及策划学的定义

1. 定义

“策划”一词的使用有着悠久的历史。“策划”一词最早可见于《后汉书·隗嚣传》，意为“计划、打算”。

从20世纪70年代末中国开始实行改革开放起，人们的思想逐步解放，经济快速发展，“策划”一词逐渐成为使用频率较高的时髦词汇。

“策划”一词除了有《后汉书·隗嚣传》中的“计划、打算”之意外，又有了一些新的含义，如“统筹、安排、酝酿、计谋、谋策、划策”。

归纳起来，人们所说的“策划”的意思就是对某件事、某个项目、某项活动有何计划、打算，用什么计谋，采取何种谋策、划策，然后综合实施运行，使之达到较好的效果。

特别是随着经济的深入发展，人们开始把“策划”应用于发展经济。在经济领域，“策划”一词除了有以上含义外，还有其他含义，并因此形成了一门新的学科“策划学”。

对经济领域的“策划”进行概括，可以给出有关策划的一个比较准确的定义：

“策划”是对市场进行计划、酝酿、决策并运用谋略的过程，以及对市场信息进行管理、运作、技巧处理或操纵的过程。

“策划”这个词作为一个名词时就是指“策划学”这门学科，而作为一个动词时就是指开展市场活动这一系列行为。

“策划学”是20世纪90年代才出现的一个新名词。

注意

这个定义里有两个要素，一个是“市场活动”，另一个是“市场信息”。通常情况下，“市场活动”包括“商品”“项目”“服务”“活动”等要素。“市场信息”则是指附属于“商品”“项目”“服务”“活动”等的信息。

与“策划”相关的还有一个重要定义，即受众。

受众是指对市场产生行为者或市场信息的接受者。受众也称为消费者、消费方、购买者、顾客等。

（本书后文的“策划”“策划学”一般情况下不再加引号表示突出。）

在进行策划时，经常要用到新闻、广告、营销、公关、谋略等理论，并将这些手段综合起来使用。

◈ 注意

策划中要运用新闻、广告、营销、公关、谋略等理论，但策划学并不是这些理论的简单相加或综合，而是有自己独立的理论系统。

2. “策划”与“计划”的区别

（1）时代背景不同。策划是自由竞争时代的产物，而计划是计划经济时代的产物。

（2）应对市场的方式不同。策划是主动地迎接市场挑战，而计划是被动地选择市场。

（3）服务态度不一样。策划是主动为市场服务，而计划不考虑服务态度能否被消费者接受。

（4）市场的手段和意识不一样。策划时时都在适应市场并力争找到在市场中取胜的手段，而计划只是机械地规划。

3. 策划的种类

策划按行业可分为商业策划、事业策划、文化策划、政府策划、军事策划。

（1）商业策划。商业策划有时又叫企业策划（人们通常将其简称为企划），是商业界、企业界进行的各种商业活动、商品销售策划。

商业策划的终极目的是推销项目或商品。

随着改革开放的深入，我国开始对许多事业单位实行企业化管理，把那些过去吃财政“皇粮”的事业单位完全推向市场，让其自负盈亏，比如报社、电视台等。这样，报社、电视台就要靠提高质量、进行各种自我宣传和策划来吸引读者、观众及广告商，报社、电视台的这些策划实质上就是一种商业策划。

（2）事业策划。事业策划是指事业单位进行的各种策划，比如各大学为获得优质生源进行的招生策划，为吸引优秀教师而进行的各项师资引进策划；医院为树立白衣天使的形象进行的策划；社会上为各种公益事业进行的公益事业策划，包括旨在使人们少吸烟的策划、鼓励人们讲卫生的策划、在风景旅游区提醒人们爱护花草的策划、鼓励人们自愿献血的策划等。

（3）文化策划。文化策划是指为举办各种文化活动、文化演出进行的种种策划，比如为弘扬京剧进行的策划、为各种文化演出进行的策划。

（4）政府策划。政府策划是指政府部门进行的各种策划，也叫行政策划，比如政府为招商引资进行的策划、警察为树立治安守护者的良好形象进行的策划等。政府策划的意义非常重大。美国总统候选人为竞选所进行的策划可以说是独具匠心、费尽心思。总统的身边随时都有一群为总统进行形象策划的人，甚至总统的衣着、发型都属于策划的范围。

（5）军事策划。军事策划是指在军事活动中实施的各种策划，比如各种军事打击行动策划、军事突袭行动策划等。

当然，按行业划分的策划并不是孤立的，有时它们是互相包含、彼此联系的。比如，很多文化活动其实也是一种商业活动，所以这种策划里既有文化策划又有商业策划；而在政府部门进行的各种策划里，既有政府策划又有文化策划。

策划按领域可划分为：经济策划、政治策划、军事策划、文化策划。其实也可以把策划放在前面作为修饰语，这样就变成了：策划经济、策划政治、策划军事、策划文化。

因为策划中经常用到新闻、促销、广告、公关等手段，所以策划按手段可分为：新闻策划、促销策划、广告策划、公关策划等。

策划按对象可分为：选题策划、产品策划、专题策划、项目策划、体育策划、影视策划等。

注意

本书重点讨论商业策划，对其他行业的策划仅做了部分探讨。其实很多商业策划的理论也适用于其他行业的策划，其他行业可借鉴和参考。

第二节 策划学交叉研究的4个方向或领域

策划学最初主要研究的是商业领域，后来在此基础上延伸到了其他方向或领域，形成了交叉研究：

第一，延伸到经济方向的策划经济。从门类分，策划学归属于广义的经济学。

策划学主要研究市场和商业。市场和商业其实也属于经济学门类，但通常情况下人们又根据强调的角度或方向分为经济、市场、商业，其中经济主要突出宏观和微观理论，而市场或商业主要是指商品、项目、服务、活动等。这里的“经济”是狭义的。

策划经济主要研究新技术特别是网络技术高度发达条件下信息对经济的深远影响，以及传统的经济学理论不能与之相适应的一些地方，主要包括有效信息、信息滞后及双性信息等内容。笔者已经分别在清华大学出版社和北京师范大学出版社出版了《策划经济学》《策划经济学理论与应用》这两本著作。

第二，延伸到广告领域的广告策划。它主要研究广告中用到的策划手段。笔者已经在中国人民大学出版社出版了《广告策划学》这本著作。

第三，延伸到公共行政管理领域的政府策划。它主要研究政府与公共事务管理中用到的策划理论。笔者已经在国家行政出版社出版了《政府策划——理论与案例》这本著作。

这样策划学就分成了4个方向：商业策划、策划经济、广告策划、政府策划。

第三节 策划学与相关理论的联系和区别

有人认为，策划学其实就是营销、广告、CIS（corporate identity system，企业形象识别系统）、咨询、公关、智谋等研究的内容，或者这些内容的糅合，下面详细介绍一下这些学科或学派在中国的发展过程以及这些学科或学派的主要研究内容。其实，这些学科或学派传入中国，然后在中国发展、深入、繁荣的过程，也是策划学在中国产生、发展、深入、繁荣的过程。

策划学研究的主要对象是与市场有关的理论，与此相关的理论有广告、CIS、公关、营销。这些理论其实都是围绕市场在展开研究，只不过各自强调的重点不同。但从整合策划的手段来说，广告、CIS、公关、咨询、智谋、营销、策划还有新闻等手段都包含在内。

这只是从策划的综合手段来说的，如果从学科分类来说，这种说法显然是不妥的，因为每一个学科都有其自身的研究范围和界限，不能包罗万象。

即使研究领域比较广泛的营销学也有它的研究范围，“营销是每一件事物”① 指的是营销的应用广泛，而不是从学科分类的角度来说的。从严格的学科分类来说，目前广告、公关、策划与营销一样都是与市场有关的相对独立的学科。只不过广告、公关、策划包含在营销手段里，营销可以借助广告、公关、策划来达到目的。

CIS虽然也是与市场有关的理论，但只是一个学派而不是一门独立的学科。此理论已经淡出，很少再被提及。

咨询既不是一个学派也不是一门独立的学科，而应该是一种服务、行业或机构。

作为一种服务的时候，咨询是指个人或机构利用自己的知识、智慧、情报、网络为需求者提供有价值的服务。

作为一个行业的时候，咨询是指与其他行业并称的一种业态，如中介业、培训业等。

作为一个机构的时候，咨询是指为需求者提供咨询服务的社团，如麦肯锡咨询公司、兰德公司。

如果作为一种市场手段，那么咨询可以包含在营销或策划里面。

新闻也是一门独立的学科，但它不是研究与市场有关的理论，不过，它也可以包括在策划或营销手段里使用。

“智慧”“智谋”表达的含义非常广泛，它更难以形成一门独立的学科。研究“智慧”“智谋”的书有很多，如中国古代著名的《三十六计》《孙子兵法》等。数千年来，中华谋士就如繁星满天，留下的典籍无数，有《六韬》《三略》《孙子兵法》《论语》等，它们或以问传理，或以事寓意，以传谋略之道。

---

① Michael, Saren. “Marketing Is Everything: The View from the Street.” *Marketing Intelligence & Planning*, 25 (2007): 11-16.

策划学、广告学、公关学、营销学的共同点是：它们都研究与市场有关的理论。这些学科都有自己的特点、研究范围和界限，只不过它们的研究范围有时是交叉的。如果某个学科的研究范围和界限不清晰，甚至能够无限延展，那么这个学科就是万能的。以营销学为例，由于其他的学科也可以置于营销学的研究范围之内，所以其他的所有学科都叫营销学而不叫其他学科了。而实际的情况是：目前广告学、公关学加上本书讨论的新学科策划学都是与营销学并列存在的学科，它们是作为独立学科存在的。

注意

尤其要分清策划与营销的区别，到今天二者均已经有非常清楚的学科特点及界限。在研究市场或商业领域时，它们会互相补充而不能互相代替。

策划与营销最主要也最明显的区别是：策划对市场的研究更宏观，主要涉及销售策略及市场信息，营销对市场的研究更微观，涉及具体的销售方式和方法。

从整合策划的角度说，策划时也会综合使用广告、CIS、咨询、公关、新闻甚至营销等手段。

图 3－1 展示了策划学与其他学科的关系。

研究与市场（商业）有关的理论（方框部分）

整合策划的手段

目前分别为独立的学科

营销：
- 4P：产品(product)、价格（price）、地点（place）和促销（promotion）。
- 10 P：前面的4P加上以下6P：市场研究（probing）、市场细分（partitioning）、目标优选(prioritizing)、市场定位（positioning）、政治力量（political power）、公共关系（public relations）。
- 4C：消费者的需求与欲望（consumer needs & wants）、成本（cost）、便利性（convenience）、沟通（communication）。
- 4R：关联（relevance）、反应（response）、关系（relationships）、回报（returns）。

广告：研究的内容主要是扩大市场影响，让更多的人知道，以便更好地推销、经营、交换，包括广告媒体、各种广告的设计制作等。

公关：研究的主要内容是公共关系的沟通、维护，与公众进行双向信息沟通，促成组织与公众之间建立良好的信任合作关系，以便在公众心目中树立组织的良好信誉，包括公共关系工作原则、社会组织的形象塑造、公共关系的传播管理、社会组织与公众的协调等。

策划：主要是对市场进行计划、酝酿、决策并运用谋略的过程以及对市场信息进行管理、运作、技巧处理或操纵的过程。主要原理有：平衡原理、知名度不一定等于策划收益原理、习以为常原理等。主要信息效应有：信息界限及信息倍数效应、点式效应与示范信息效应、聚众信息效应与分散信息效应、联动信息效应等。策划学有一些技巧，也有一些误区。

CIS：它由三个子系统构成：MI（mind identity，可译为组织理念识别）；BI（behavior identity，可译为行为识别）；VI（visual identity，可译为视觉形象识别）。CIS是一个学派而不是一门独立的学科。

咨询：咨询既不是一个学派，也不是一门独立的学科，咨询是一种服务、行业或机构。

新闻：新闻是一门独立的学科，但它不是研究与市场有关的理论。在营销中，我们可以利用新闻作为整合营销的手段来达到营销目的。在策划中，它也可以作为策划手段使用。

图 3－1 策划学与其他学科的关系

第四节　策划学的翻译问题

策划学的对应英语单词是什么?

在很长一段时间内，策划学的研究内容模糊不清且没有形成自己的学科特点、研究范围和界限，因而很多人发出了这样的疑问：策划学究竟研究什么？它来自哪里?

很多人试图去西方的一些著作中寻找策划学或策划经济学的理论源头，希望找到一些权威理论来做支撑，但都未能如愿。从国外的著作中很难找到中国目前正风靡一时的策划学或策划经济学理论，要么牵强附会，要么只有只言片语，根本找不到系统的理论。当与国外同行谈及策划学或策划经济学时，他们往往一脸茫然，不知策划学或策划经济学为何物。

在相当长一段时间里，人们对策划学产生了不同的理解。一些人认为策划学研究的内容其实就是西方的营销学，只不过把营销学换成了一种时髦的中文称呼——策划学，所以他们将策划学翻译为“marketing”。一些人认为策划学研究的内容其实是西方的咨询，所以将策划学翻译为“consulting”。还有以下一些翻译：有人认为策划学是研究策略的，为“strategy planning”或“strategy”；有人认为策划学研究的内容与计划差不多，为“planning”或“plan”；也有人认为策划学研究的是谋略、计谋之类，所以将策划学翻译为“scheme”“devise”“plot”。还有一些人认为策划学研究的内容其实是广告学、公关学、营销学、CIS、咨询，或是它们的混合，所以将策划学翻译成其中的任何一个都可以。

在策划学研究的内容模糊不清，策划学没有形成自己的学科特点、研究范围和界限的时候，出现不知如何翻译“策划学”或“策划经济学”的局面就不足为怪了。

随着对策划学研究的深入，以及在市场中的实践运用，策划学形成了自己的学科特点、研究范围和界限。它是一门诞生于中国、主要研究与市场有关的理论的新学科，这门学科的称呼所包含的汉语意思，没有准确的对应的英语单词。

在这里只能用一个大概相近的英语单词来表示：“masterminding”，这个单词作为一门学科就是“策划学”，而作为一种市场手段就是“策划”。

对于这门新学科的英语翻译是笔者独创。

在与市场有关的理论中，广告学、公关学、营销学、CIS、咨询这些理论基本上是诞生、发展、成熟于西方，在西方都有清晰的学科或学派特点、研究范围，所以它们的英语单词所表达的意思，也非常清楚地对应了这些理论。

与市场有关的理论的对应英语翻译如下：

advertising：广告学；

corporate identity system（CIS）：企业形象识别系统；

public relations：公关学；

marketing：营销学；

consulting：咨询；

masterminding：策划学。

策划经济学理论是根据策划学理论扩展而来，只要“策划学”的英语翻译问题解决了，“策划经济学”的英语翻译问题就迎刃而解了，它的翻译为“masterminding for economics”。

第五节　策划定义中要注意的几个问题

（一）“点子”与策划的联系与区别

策划学起源于20世纪80年代大家急于发展经济而实施的“点子”。所谓“点子”，就是人们通常说的“出主意”。故有人认为“点子”就是策划，策划就是出“点子”，这种说法是不正确的。

1. “点子”与策划的联系

(1) 好的“点子”是策划必不可少的基础与核心，一个杰出的策划往往包含一个好的“点子”。

(2) 正是由于围绕“点子”进行系统的、完整的、全面的策划，运用各种手段、方式、方法，“点子”才得以成功实施。比如，在各种“点子”下围绕“世界足球杯”这个话题进行系统的运作，最后才使得围绕此进行的各种策划获得了成功；奥运会期间围绕奥运主题，在各种“点子”下进行商业策划。

(3) 一个“点子”并非对所有同行业企业都是“灵丹妙药”，最好能根据每家企业的实际情况来想出好的“点子”，然后进行系统策划并加以实施。

当然，在各方面都相差不多的情况下，也许有的“点子”对每家同行业企业来说都能变成“灵丹妙药”。比如，一个能使汽车行业销售领先的“点子”，也许对别克、比亚迪、特斯拉都比较适用。特别是对那些竞争激烈、相持不下、管理先进、管理层对来自各方面的信息以及好的建议都能采纳的企业来说，一个关键的“点子”再经过系统的策划也许就能让企业超过对手，这时好的“点子”对企业来说举足轻重。

2. “点子”与策划的区别

(1)“点子”毕竟只是一个“点”，而策划则是一个“面”或“体”。

(2) “点子”只是策划中的一个环节，而策划则应是一个整体的、系统的实施过程，而不是一个片面的环节。一个好“点子”从产生到获得成功，这中间需要实施具体的、系统的、全面的策划。此外，还必须考虑实施过程中的诸多因素，因为每一个细小问题都可能影响整个“点子”的成败或能否达到预期效果。

就一个公司、单位来说，一个“点子”从产生到精心策划到最后取得良好效果，需要公司、单位各方面综合协调、系统实施，并不是只要有了“点子”就能获得成功。能否借助好的“点子”获得成功，还要看公司、单位自身各方面的管理、实力、人才等因素。即使对于同一个行业的企业来说，也可能出现一个“点子”在这家企业能取得成功，但在那家企业就很难取得成功甚至失败的情况。举一个例子，在手机行业，一个好的“点子”也许因为这家公司的管理、销售、人力、财力等能跟上而得以顺利实施，最终使公司获得很大效益；也许因为那家公司缺乏人才或管理松散而难以顺利实施，导致最终效果也大打折扣。

(3) 有的“点子”从表面上、理论上看是好的“点子”，而在系统策划、具体实施时，因为受诸方面因素制约，却难以落地。

(4)“点子”不是不切实际的空说或空想。

有些人自认为“脑子聪明灵活、嘴巴能说会道”，就自诩“点子大师”“策划高手”，闭门造车或只从理论上进行不切实际的空想，而没有从实际的方方面面包括很多细微之处考虑“点子”能否通过策划实施，所以很多人自认为绝妙或很有把握成功的“点子”实际上却因难以操作或实施而失败。

面对今天市场的激烈竞争，发动每个员工想出好的“点子”、策划方案或广泛采纳来自社会各界的“点子”、策划方案，对每个公司、单位的生存和发展都非常重要。

(二) 策划作为学科的含义与通常情况下人们所说的策划含义有很大区别

“策划”这个词是当今日常生活中使用频率较高的词汇之一，有几种原因使这个词汇的使用频率增加，但要注意它们表达的含义可能有很大区别。

(1)“策划学”是目前较热门的理论，此种含义的使用频率自然增加。

(2)“策划”在《现代汉语词典》中的意思是“筹划、谋划”，而“筹划、谋划”的通俗解释就是“出主意”“出点子”。

(3)“策划”成为当今社会时髦、热门词汇及使用频率增加，背后折射出时代的变化。

自 20 世纪 80 年代以来，人们不再秉持过去那种被动的生活态度，对生活的追求变得更加主动，迫切希望过上一种新的生活，加之市场竞争的加剧，人们不得不更加主动地迎接生活的挑战。

生活中经常听到“请帮我策划一下”或者“我帮你策划一下”这样的话，这类句子中使用的“策划”一词，往往反映的是对解决生活中某种问题的“渴求”，一种急切需要得到别人帮助的心态。

这同时反映了中国人的心态、处事方式甚至生活态度的变化：从被动变主动、从冷淡变热切。“我帮你策划一下”中使用的“策划”一词，往往反映的是双方在某方面的一种合作，也是一种积极向上的生活态度。

可见，在日常生活中“策划”一词具有较高的使用频率。所以“你帮我策划一下”“我帮你策划一下”折射的是时代的变化，反映的是人们的心态从被动向主动的转变。

(4) 策划在生活中也有贬义。受一些负面的策划事件的影响，有时人们在表达“策划”的意思时也带有贬义，主要指使用一些虚假手段。

（5）要注意作为学科的策划有特定的含义，没有人们日常生活中使用的策划的含义广泛。人们所说的策划一词的含义与策划作为学科时的含义有很大区别。

（三）策划学并不是万能的，它有自己的学科特点和范围

策划学的研究和适用范围是有界限的，并不是万能的，它所能解决的问题仅限于学科研究的特定范围之内。

有人把策划学研究的范围扩大化，比如，认为策划学是一门综合性的学科，它与许多学科有紧密的联系，包含了运筹学、经济学、决策学、预测学、系统论、控制论、信息论、艺术学以及古代的谋略学说和现代的市场竞争理论等，似乎策划学是一门包罗万象、无所不能的学科。

然而，策划学有严格的界限和研究范围，不能包含那么多学科的内容和功能。

有的书名虽然出现“策划”字样，但研究的内容与策划学不沾边，只是为了书的发行蹭上这个热门词汇；有的书中只提出了一些与策划有关的模糊概念。

还有人认为策划学的定义和研究内容太过狭窄，列举出了很多种类的策划学，比如工程策划学、农村策划学等。策划学适用于很多行业，但并不是在每个行业都能形成一门系统的学科。此外，策划学也无法适用于所有行业及领域。

应该始终清楚地牢记策划学这门学科的特定研究范围和领域。策划学并不是无所不能的。

从学科分类来说，把策划学说成是无所不能的学科显然是不妥的，因为每一门学科都有其自身的研究范围和界限，不能包罗万象。不过，策划学可能与其他学科有交叉的地方，但这些学科都有自己的特点、研究范围和界限，只不过它们研究的范围有时是交叉的。

如果没有清晰的学科范围和界限，那么策划学就是万能的了，其他的学科都可以置于策划学的研究范围之内，其他所有学科就都叫策划学而不叫其他学科了。

目前社会上乃至学术界都存在这个问题，即学科界定不清，把一些学科混为一谈。认为策划学研究的范围可以无限广。

此外，如前所述，生活中表达的策划的含义与策划作为一门学科所表达的含义也有很大区别，生活中有时所表达的策划含义并不完全是策划学作为学科所研究的内容，也不一定完全适合作为策划学研究的内容。

策划的种类如此多，只是说明策划学可以在这些行业或领域里运用，但并不是每一个行业或领域都能形成一门系统、严谨的学科。

社会上有人把策划吹得神乎其神甚至无所不能，把自己吹嘘成“策划大师”“点子大师”，这当然也不是策划学研究的本意。

（四）策划并不是研究中国古代的智慧和智谋

有人根据策划一词来源于《后汉书·隗嚣传》的本义，认为策划学是研究中国古代的智慧、智谋，如研究《三十六计》《孙子兵法》等的。关于这个问题，我们前面讨论过，策划学作为学科有其特定的含义和研究界限。概括地说，策划学是研究市场活

动和处理市场信息的一门新学科。

策划学包含智慧和智谋的一些内容，但并不是说这门学科就是研究智慧和智谋的，并且智慧和智谋的内容太广泛，也难以成为一门独立的学科。

第六节 策划人才成为紧缺人才的原因及如何成为一名优秀的策划人

（一）策划人才成为紧缺人才的原因

（1）由于市场竞争激烈，各个单位都需要能把握市场的综合型策划人才，这样就造成了策划人才的紧缺。

（2）由于目前我国高校的专业和课程设置的限制，我国在策划人才的培养方面有缺陷，导致培养的策划人才不能满足市场的需要。比如，策划人才应该是一种综合型人才，对生产、管理、广告、营销、公关、新闻等都要有所了解，但我国高校由于专业分得太细，所以学生往往难以掌握综合性的知识。

∵专题研究

我国高校专业设置的弊端——以策划中使用的广告手段为例

策划中经常要使用广告手段，现在企业的广告运作与以前相比已经发生了很大变化，以前企业做广告无论手段、技巧还是方式、方法都要简单得多，而现在广告已经与公司的管理、策划、营销、生产等紧密结合在一起，一家企业运作广告的人员也应该是综合型人才。

目前我国很多大学把广告专业设置到文学院或新闻学院，之所以这样设置专业，是因为很多人认为广告是与新闻紧密相连的。我们不否认广告确实与新闻紧密相连，广告中的很多理论就是新闻学中的理论，比如传播的无效性、广告的多次重复宣传等。然而今天的广告运作已不再是单一手段，而是综合手段中的一部分，不再是孤立的，而是往往与公司的整体策划紧密相连，与生产、管理、战略、策划、营销、公关、新闻等方面的手段综合实施。

新闻学院的广告系或专业更多是开设与媒体有关的课程及电视拍摄技术等；也有很多大学及一些艺术学院或系开设了广告课程，但学生更多地是从艺术设计角度学习广告。

企业运作广告的时候牵涉到很多经济管理方面的知识，但由于我国高校专业分得太细造成的局限性，新闻学院广告专业或艺术学院广告系的学生往往比较缺乏经济管理方面的知识，或者几乎没有这方面的知识。

经济管理学院并没有开设广告和新闻课程，学生不懂广告和传播的一些基本常识和原理，更谈不上对一些广告的技术处理，比如自媒体的制作、电视短片的剪辑、报纸广告的设计、广播词的撰写等。

学生不能学习到全面的知识，很难完成企业的整体策划，要么成为低端人员，要么做广告的技术部分——设计制作，要么做部分低端的管理工作。

而今天企业的广告运作往往是这样的过程：首先根据企业的情况做出整体策划，也就是宏观部分；然后再综合运作，也就是微观部分。其中还涉及广告策划、广告设计、广告制作。

由于我国大学专业设置的局限性及弊端，我国低端的策划人才很多而高端的策划人才匮乏，高端的策划人才因而成为紧缺人才。

（二）如何成为一名优秀的策划人

策划是一个全面、系统的过程。运行策划的过程必须综合使用新闻、广告、营销、公关、谋略、管理等手段。所以，一个优秀的策划人，应既是一个“博”家，又是一个“专”家。

（1）一名优秀的策划人必须具有广博的知识，懂得管理，了解生产，熟悉各种媒介，具有各种综合知识，而且具备新闻、广告、营销、公关等方面的专业知识。

（2）一名优秀的策划人除了具有各方面的知识外，还应对所策划的项目有深入的了解，从不熟悉到熟悉再到了如指掌。在对整个市场和单位的发展方向等都有深入了解的基础上，才能在头脑中产生有效的、成功的策划，否则只能产生一般的策划方案。

（3）一名优秀的策划人除了应具有各方面的知识、扎实的功底，对策划的项目有深入的了解外，还应具有敏锐的眼光、灵活的思维和独特的见解且有踏实、严谨的作风。

而掌握这些知识、加强综合素质，并非一时之功。“水滴石穿，非一日之功”，策划人只有时时严格要求自己，平时不断地学习、积累，才能打好扎实的基础。

策划创意从何而来？

策划创意是策划运行中的最高境界，不言而喻，它有一定的难度，不但要求策划人必须具有广博的知识、敏锐的眼光、灵活的思维、独特的见解等，还要求策划人具备将策划创意落地实施的专业知识，比如营销知识、新闻知识、广告制作的专业知识、操作技术等。

策划创意切忌脱离经营或推销的实际，而只从纯粹的形式上、理论上、艺术手法上、表现方式上去发掘创意。策划创意自始至终应围绕实际情况展开。

如同在科学理论中有新发现的前提是掌握了一定的基础知识，策划人若不具备深厚的综合专业知识、良好的素质，只凭自己的主观臆想、空想，是不可能有好创意的。

综上所述，真正优秀的策划人是很难找到的。

也正因为如此，在目前，那种能够驾驭全局、给企业进行系统策划的综合型人才，是各个企业急需的，而这种人才的供需矛盾，在短时间内还难以得到缓解。

参考文献

曹胜高，安娜．六韬·鬼谷子．北京：中华书局，2007.

刘国建．三十六计．郑州：中州古籍出版社，2008.

孙武．孙子兵法．上海：上海古籍出版社，2006.

唐书文．六韬·三略．上海：上海古籍出版社，2006.

吴粲．策划经济学．北京：清华大学出版社，2005.

吴粲．策划学．2 版．北京：中国人民大学出版社，2005.

吴粲．策划学．3 版．北京：北京师范大学出版社，2008.

吴粲．策划学．6 版．北京：中国人民大学出版社，2012.

吴粲．策划学精要．北京：中国人民大学出版社，2009.

吴粲．广告策划学．北京：中国人民大学出版社，2007.

张燕婴．论语．北京：中华书局，2006.

Berthon, P., Holbrook, M. B. and Hulbert, J. M. "Beyond Market Orientation: A Conceptualization of Market Evolution." *Journal of Interactive Marketing*, 14 (2000).

Bezjian-Avery, A., Calder, B. and Iacobucci, D. "Interactive Advertising vs. Traditional Advertising." *Journal of Advertising Research*, 38 (1998).

Davenport, T. H., Harris, J. G. and Kohli, A. "How Do They Know Their Customers So Well?" *Sloan Management Review*, 42 (2001).

Deighton, J. and Glazer, R. "From the Editors." *Journal of Interactive Marketing*, 12 (1998).

Formichelli, L. "Learning from Other Data Warehousers." *Public Utilities Fortnightly*, Winter (1999).

Glazer, R. "Winning in Smart Markets." *Sloan Management Review*, 40 (1999).

Haeckel, S. H. "About the Nature and Future of Interactive Marketing." *Journal of Interactive Marketing*, 12 (1998).

Hoffman, D. L. and Novak, T. P. "Marketing in Hypermedia Computer-Mediated Environments: Conceptual Foundations." *Journal of Marketing*, 60 (1996).

Kestnbaum, R. D., Kestnbaum, K. T. and Ames, P. W. "Building a Longitudinal Contact Strategy." *Journal of Interactive Marketing*, 12 (1998).

Kitchen, P. J. and Schultz, D. E. "A Multi-Country Comparison of the Drive for IMC." *Journal of Advertising Research*, 39 (1999).

Korgaonkar, P. K. "A Multivariate Analysis of Web Usage." *Journal of Advertising Research*, 39 (1999).

Lavidge, R. J. "Mass Customization Is Not an Oxymoron." *Journal of Advertis-*

ing Research, 39 (1999).

Low, G. S. "Correlates of Integrated Marketing Communications." *Journal of Advertising Research*, 40 (2000).

Peltier, J. W. and Schibrowsky, J. A. "The Use of Need-based Segmentation for Developing Segment-Specific Direct Marketing Strategies." *Journal of Direct Marketing*, 11 (1997) .

Peltier, J. W. , Schibrowsky, J. A. and Davis, J. "Using Attitudinal and Descriptive Database Information to Understand Buyer-seller Relationships." *Journal of Interactive Marketing*, 12 (1998).

Peltier, J. W. , Schibrowsky, J. A. and Schultz, D. E. "Interactive Integrated Marketing Communication: Combining the Power of IMC, the New Media and Database Marketing." *International Journal of Advertising*, 22 (2003).

Peltier, J. W. , Schibrowsky, J. and Schultz, D. "Leveraging Customer Information to Develop Sequential Communication Strategies: A Case Study of Charitable Giving Behavior." *Journal of Advertising Research*, 42 (2002b).

Peltier, J. W. , Schibrowsky, J. , Schultz, D. and Davis, J. "Interactive Psychographics: Cross-selling in the Banking Industry." *Journal of Advertising Research*, 42 (2002a).

Pelton, L. E. , Strutton, D. , Barnes J. H. , Jr. , and True, S. L. "The Relationship among Referents, Opportunity, Rewards, and Punishments in Consumer Attitudes Toward Recycling: A Structural Equations Approach." *Journal of Macromarketing*, 13 (1993).

Peppers, D. , Rogers, M. and Dorf, B. "Is Your Company Ready for One-to-one Marketing?" *Harvard Business Review*, 77 (1999).

Phelps, J. , Harris, T. E. and Johnson, E. "Exploring Decision-making Approaches and Responsibility for Developing Marketing Communications Strategy." *Journal of Business Research*, 37 (1996).

Preston, C. "The Problem with Micro-marketing." *Journal of Advertising Research*, 40 (2004) .

Schultz, D. E. "Customer/Brand Loyalty in an Interactive Marketplace." *Journal of Advertising Research*, 40 (2003).

Schultz, D. E. , Tannenbaum, S. I. and Lauterborn, R. F. *Integrated Marketing Communication*. Lincolnwood, IL: NTC Business Books, 1993.

Shepard, D. *The New Direct Marketing: How to Implement a Profit Oriented Database Marketing Strategy* (3rd edn) . New York: McGraw-Hill, 1999.

Webster, F. E. , Jr. "Commentary: Interactivity and Marketing Paradigm Shifts." *Journal of Interactive Marketing*, 12 (1998).

第四章

MASTERMINDING

策划学的基本原理

策划学中存在一些基本的原理，这些原理有的看似简单，但必须花心思才能深入理解并遵守它们。现实世界中本身有一条规律是“大道至简”，指的是大的道理（基本原理、方法和规律）最终可能是极其简单的；或大的道理也可以用最简单的话来概括。

很多时候正是由于不了解或不遵守这些策划学的基本原理，才导致了市场活动的失败。只有正确运用这些原理才能在市场活动中得心应手，才能有更大的成功概率。

第一节　策划学原理1：平衡原理

平衡原理是一个非常重要的原理，但在实际中很多人难以认识到。

先来看看现实中一些与此原理有关的现象。

案例与分析

一部电视剧植入广告多达23个，影响收视率

2020年2月21日，电视剧《安家》在各大平台开始热播，因为涉及了大家当下关注的热门行业房地产，加之与以往相同题材的电视剧不同，这部剧揭秘了很多不为人知的房地产界“内幕”，且题材新颖，所以引发了诸多网友的好奇心，相关热点话题轮番上热搜。

但是随后的调查却发现，《安家》的收视率逐渐呈现高开低走的趋势。原因何在？竟然是观众觉得《安家》中植入了过多广告！根据统计，《安家》中一共有23个品牌的植入广告。①

资料来源：六爷.《安家》广告太多引群嘲，品牌影视剧广告植入如何玩出新花样？. 搜狐网，2020-03-31.

案例分析：有网友戏称，看《安家》是从广告里找电视剧……热播剧广告植入已经成为业内潮流，但是这么大规模的植入，却是很少见的。

《安居》中有多达23个品牌的广告植入，包括维达、蜜谷果汁茶、水星家纺、小米、良品铺子、超能、雅培、姬存希、佳贝艾特、作业帮、学而思网校等。

这些品牌涵盖衣食住行和娱乐休闲的方方面面，从食品、服装、化妆品到数码产品、汽车等。

① 植入广告是广告的另外一种表现形式，也叫隐性广告或间接广告，这主要是相对直接广告而言的。

这哪是在拍电视剧，简直就是在拍广告的间隙穿插着演电视剧呀！

疯狂植入广告其实还不算什么，在《安家》中竟然还出现了“竞品不排他”的两个品牌。“竞品排他”是广告界众所周知的规则，说简单点，出现一种类型某品牌的广告，就不允许出现同类型其他品牌了，但是《安家》中同时出现了作业帮、学而思网校两个竞品，植入广告如此混乱，广告主花的钱能起到作用吗？

其实，相对2016年5月开播的《欢乐颂》来说，《安家》植入广告的数量不过是小巫见大巫。《欢乐颂》第一季还只有30个植入广告，到第二季就增加到了62个。

凡事过犹不及，观众看的究竟是广告还是剧情呢？

当然，商业剧不是公益片，它需要追求投资回报及利润最大化，这也是商业市场的本质和原则。但是如此密集的广告植入，必然会稀释剧情，影响电视剧质量，引起观众反感，导致广告投入方最后获得的收益也非常小。

以上案例涉及四方关系的平衡：制作方、电视剧（播出机构）、受众（最终消费者）、广告客户（见图4-1）。主体要素方是受众（最终消费者）。

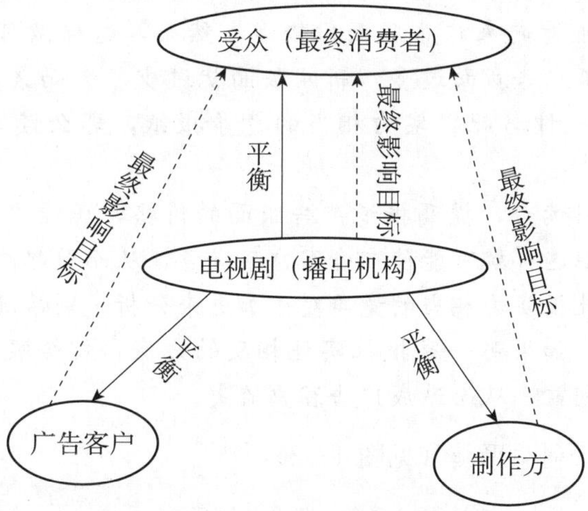

图4-1 四方关系的平衡

电视剧播出机构应该处理好与制作方、广告客户、受众（最终消费者）的平衡关系。

现象与分析

网站主页的广告问题

随着网络的发展，人们从互联网上获取新闻、信息的频率越来越高，网站的主页对于能否吸引网民特别重要。现在很多网站的主页似乎都是采用一种处理方法：在主页上最大限度地堆放文字、广告、图像，恨不得把一切信息都传递给网民，但网民对此似乎又很反感。对于以新闻为主的网站来说，绝大多数网民只是想从上面浏览一下新闻，而对主页上的其他信息根本不感兴趣，也根本不会去点击。网站希望网民在浏览新闻时也能接受网站的广告，但由于主页凌乱、复杂，网民对所有的广告都反感，最终导致网络广告效果很差。

其实完全可以采取另外的方式，把主页设置得简单一些，不让网民产生反感。主页上的文字、广告、图片少一些，这样放在主页上的广告对网民的冲击自然会大一些，网络广告的效果自然也会好一些。此外，现在很多网站都有搜索功能，如果把主页设计得简单一些，让网民搜索自己想要的信息，又有何不可呢？

这个现象也体现了平衡原理，现在很多网站之所以将主页设计得凌乱、复杂，就是因为不了解平衡原理。

现象与分析

报纸中的平衡原理

下面我们以一份发行量较大、在读者中较有影响力的报纸作为对象来分析。

对于这份报纸来说，报纸的新闻版面与广告版面应该如何协调呢？

报社对此有两种方案：第一种，为了吸引广告客户，降低广告价格，扩大广告版面，这样的话整份报纸看起来广告版面比较多，然而，这样做可能会让读者不满意，原因很简单：如果报纸广告版面过多，新闻版面就过少。久而久之，就有可能失去读者。如果在本地还有一种与此报实力相当的竞争报纸，那么读者就会逐渐选择那种报纸。

第二种，为了吸引读者，提高报纸广告版面的价格，压缩广告版面，把广告版面控制在一定范围内，但这样就可能使广告客户不满意，从而引起广告客户流失。

如果把另一个与此报实力相当的竞争对手加进来分析，则情况又要复杂得多。

在第一种方案下，如果另一家报社实施相反的方案，就会吸引读者，但这样做就可能损失广告客户的利益，从而造成广告客户流失。

以上现象涉及以下利益平衡（见图 4-2）：

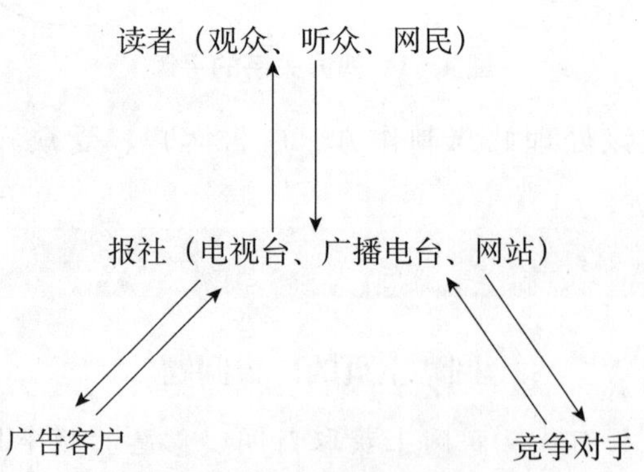

图 4-2 平衡原理关系图

实质上，上面的现象包含了平衡原理。

策划学原理 1　平衡原理：在市场活动中，当有多种信息、利益互相冲突时，需要进行平衡处理，以免损害主体要素方的利益，或损害其中一方的利益，使整个事件失去平衡，最终造成不利影响。

平衡原理在市场中有很多应用，但要注意以下几点：

1. 这个原理有些类似博弈论中的均衡原理，但它与均衡原理是有区别的

有的平衡原理案例或现象中包含了均衡原理，它是一个均衡博弈，但有的并不包含均衡原理，它不是几个竞争对手之间的均衡博弈，而是自我调节以达到一种平衡。如前述案例中报纸广告版面与新闻版面的划分，如果涉及几个竞争对手，则可能用到博弈论中的均衡原理；如果只是自己报社的事，则完全是一种自我平衡过程，只涉及平衡原理。

2. 平衡原理是指双方或多方对结果的满意状态，并非数学上的数字对称或力量均衡

双方或多方对结果的满意状态更多是主观上的，而数学上的数字对称或力量均衡更多是客观或量化的标准。

3. 除了协调方通过自我调节和约束使各利益方达到平衡外，有时政府也要通过制度进行约束，强迫达到平衡

比如，针对上文提及的案例和现象，政府可以出台管理文件，要求电视剧中植入的广告不能超过一定时间，网站主页广告不能太多，报纸的新闻版面和广告版面必须配合适当。

4. 特别不能损害或失去主体要素方：受众（最终消费者）

要先保证主体要素方的存在，而不是先以其他利益为重，因为主体要素方与其他几方是“皮与毛”的平衡关系，“皮之不存，毛将焉附?”①它用来比喻事物失去了借以生存的基础，就不能存在；②它也可以表示如果根本的、基础的东西没有了，依附在这一基础上的东西也无法存在；③它还可以表示主与次的关系。

平衡原理在市场活动中极其重要，然而在实际的运作中，很多人不知道此理论或虽然明白此理论的原理，但往往不遵守。例如有的网站主页上广告占了很大一部分，而新闻及信息却很少，这样自然就难以吸引读者，读者都没有了，主体要素方都不存在了，广告客户做的广告能产生什么效果？电视剧的广告比剧情都长，还能吸引观众吗？作为主体要素方的观众都不存在了，广告给谁看？

特别是不能因为广告客户给了钱就忽视观众的情绪，随便在电视上打广告。这可能引起观众的不满，长此以往，电视台就可能会失去观众，这样电视台的影响力就会逐渐减小，广告客户将不会再感兴趣，也就意味着电视台失去了广告客户。所以，电视剧（电视台）一定要长期处理好观众和广告客户的关系，维持好二者之间的平衡。

如果电视节目中插入或植入广告太多，那就显然打破了这种平衡，所以通常被观众嘲笑为“广告中插播电视剧”，并遭到观众弃剧。这显然是由于不了解平衡原理和没有处理好广告、观众、剧情（节目）之间的平衡而引发的问题。

现在，广告无孔不入，种类繁多，不仅有开机广告、关机广告，而且用各种手机App看视频有插入广告，连打开第三方软件都有广告，广告时间还非常长。很多时候，这些播出机构或平台只是一味地把广告播出来，根本就没有根据平衡原理考虑过最终的效果。

现象与分析

手机App的广告时间以15秒最合适

目前的手机App，几分钟的电视节目、剪辑或片段，前置广告的时间达60秒的比比皆是，有的甚至达到75秒以上。笔者只要一看到如此长的广告，就没有耐心再看节目，实在非看不可的，也是等广告播完后再看。一般情况下，广告时间不能超过30秒，15秒最佳。

这些App平台公司根本没有了解平衡原理，只是一味地想得到广告客户的投入，而广告主也是外行，没考虑和调查自己的投入是否产生了效果，是否促进了最终的消费。他们以为，只要在平台上播放了广告就万事大吉了，就会促进销售并获得收益。

实践中，经常有很多广告客户投入大量资金，而根本没有取得预期的效果。

理论与应用

用平衡原理分析以上案例和现象

1. 直接或隐性广告插入必须合理，这样才算是遵守了平衡原理

首先，不能影响到剧情或电视节目的发展，从而使观众产生厌烦情绪，这样才能达到产品的宣传效果。《乡村爱情》里插入的广告对平衡原理遵守得较好，而《一起来看流星雨》中插入的广告严重影响了观众的观看情绪，对做广告的产品也会产生不良影响。

有网友评论说："以前是电视剧里插播广告；现在是广告里插播电视剧或文艺节目。"

一切的前提都是：直接或隐性广告插入要合理，否则很容易得不偿失。

2. 对广告进行方式、方法、策略、技巧方面的处理可以更好地遵守平衡原理

(1) 将产品融入剧情当中。电影《大腕》中植入广告非常简单，因为这部剧本身就是在讲植入广告的故事。虽然电影中有大量的实物植入，但影片并不是生硬地将可口可乐、娃哈哈等产品广告植入剧情当中，而是将二者分别变成可笑可乐、乐哈哈等接近的名称，彻底融入剧情当中，植入的风格和电影的风格完美契合，让观众在开怀大笑的同时自然而然想到了该品牌，在不知不觉中留下对产品的印象，继而达到营销的目的，避免了实物植入的生硬感。

(2) 把握植入尺度。影视剧植入广告最大的特点就是把广告信息巧妙地隐藏在影视剧的内容和情节当中，但这需要把握好"隐藏"的尺度，"藏"得太深，不仅观众不知道这是谁家广告，而且极易给其他品牌作嫁衣。另外，也不能一味地追求曝光次数和时间，使得广告“伤害”到影视剧本身，最终让影视剧变成广告片，造成影视剧与植入品牌“两败俱伤”。

(3) 不做产品露出，只植入品牌文化。灵活地将品牌诉求点融入整个故事情节中，这是广告植入的最高境界，让广告不像广告。例如，影视剧《大宅门》通过讲述同仁堂的人物故事和历史变迁，体现了旧时商业的诚信传统和国民精神。观众在观看该剧时，同仁堂的品牌概念通过这种文化渗透，逐渐植入观众脑海之中，这远远比单一露出产品来得巧妙，但是这种植入方式较难，非常考验编剧的剧本撰写水平。①

(4) 植入广告的制胜法宝在于其隐蔽性。

在追求商业价值的同时，还要重视与受众（消费者）的内心共鸣。植入广告如果与节目完美结合，则非但不会影响节目，还会富有审美情趣与文化内涵。

成功的植入广告有两个关键，即“情节”与“融合”。这意味着植入广告是一种依附于情节内容的隐性广告形式，要将植入广告的品牌代入剧本的创作过程。如果仅是简单地将品牌强行叠加在已经成型的内容之上，进行一种直白的硬性推销，那么观众除了被强行灌输一个品牌词汇外，丝毫不会对其产生好感。作为一种辅助性的营销形式，植入广告由于将品牌元素作为节目情节和内容的一部分，使观众在观赏节目的同时就自然地接收到了品牌的信息，相比时段硬广告更容易对品牌产生良好的印象。因此，优秀的植入广告创意也一度被称为一种看起来不像广告的广告。植入广告的创新发展要求深入参与综艺节目、电视剧等节目资源的创作过程中。优秀的植入广告讲究的是黏合度与融合度，不是生硬地加进节目，更不能影响影视作品等的情节。

3. 目前世界上一些国家对植入广告进行管理，用行政手段使其遵守平衡原理

植入广告的发展是国际潮流和趋势，企业越来越欢迎植入广告，因为其“润物细无声”的广告效果是企业塑造品牌的利器。但目前世界一些国家对植入广告有完善的管理方法，通过行政手段迫使其遵守平衡原理。

韩剧《那年冬天风在吹》就因植入广告太多而遭观众投诉“扰乱剧情”，最终被韩国广播通信审议委员会开出罚单。而日本监管更严格，电视剧中根本不能出现植入广告，广告商对电视剧进行赞助后，体现方式是在每集播出一半时出现品牌名称，剧中镜头会尽量回避对广告品牌的展示。同时，这些赞助品牌会对该剧的每一集进行严格审查，不许出现自己品牌外的其他竞争品牌。

国外植入广告有很多成功的例子，比如，《007》几乎每一集都会出现新款概念车，都是还没有上市的。观众完全被其神奇的功能吸引，自然会去寻找那个牌子的车。《阿凡达》也是，里面的电脑都是虚拟的电子墙，虽然这种电脑当时还没有上市，但电影播放时技术上已经完全可能。所以在植入广告时如果硬要将牌子打出来，也要与剧情契合。

4. 国内目前对植入广告的管理还是空白

我国电视剧植入广告虽然还存在一定的问题，但从市场意义出发，潜力还很大。

---

① 六爷.《安家》广告太多引群嘲，品牌影视剧广告植入如何玩出新花样？. 搜狐网，2020-03-31.

如果广告方、影视剧二者在植入内容、植入形式等方面融合创新，合理把控，一定能够彼此形成合力，发挥出最大的广告效果。

2016年，制片人张雅透露："以目前的行情来说，前景普遍看好的剧300万～500万元植入价格的回报一般为3～5个剧情、5～10分钟的总出镜时长，100万元以下的植入价格，制片方一般不会为品牌特别改戏、加戏，剧本自然露出的机会有多少就是多少。"

电视剧宣传人胡洋坦言："如果国内广告植入无序发展，只会更加令观众反感。就如同现在插播广告被管控一样，随着植入越来越普遍，会有相应的政策进行管控。如果有政策出台我觉得是一件好事，可以从上层建筑的角度帮助行业良性发展。"①

央视因为春晚植入广告太多导致官方网站间歇性无法登录，主页变成了一张欧美女子照片，这一情况持续了较长时间才被完全修复。这可能是黑客对央视在晚会中过多地植入广告的行为表达不满。

有代表在"两会"上提出此问题，希望主管部门出台相关政策，明确文艺节目的公益文化特性，净化电视收视环境。

专业机构人士呼吁：在国内植入广告发展水平普遍较低的情况下，媒体应加强植入广告的策划，提高制作植入广告的水平。另外，社会大众应给予植入广告更多的耐心和宽容，不要让这种广告形态一出生就夭折，共同呵护植入广告的成长！

理论与应用

搜索引擎中的信息与广告平衡原理

当前，搜索引擎是人们常用的工具，很多时候人们要用它们来搜索各种信息，搜索引擎公司利用这一点来吸引广告客户，然后将它们的广告放到搜索页面中。这自然是十分好的盈利方式和手段，但搜索引擎公司若不能遵守平衡原理，不能处理好与受众（搜索者）、广告客户的平衡关系，特别是不能处理好与受众（搜索者）的关系，往往会遭到他们的抵制，导致受众（搜索者）减少，广告客户所做的广告效果变差，那么就会逐渐失去广告客户。

我们分别以"策划""策划学""电动汽车""医院"作为关键词，在目前几个比较有影响力的搜索引擎进行搜索，然后比较这些搜索引擎在遵守平衡原理方面的优劣。

结果发现：4个搜索引擎中，只有谷歌能够在首页清楚显示出这些关键词的信息。

图4-3至图4-6是在各大搜索引擎输入"电动汽车"后其首页显示的结果。

① 王磊.《欢乐颂》广告植入无处不在惹吐槽：1集超10个. 法制晚报，2016-04-28.

图 4-3 在百度中输入“电动汽车”在首页显示的结果

图 4-4 在 360 搜索中输入“电动汽车”在首页显示的结果

图 4-5　在搜狗中输入“电动汽车”在首页显示的结果

由于谷歌搜索目前没有在中国内地开展业务，所以我们用“electric car”（电动轿车）搜索其美国网址，得到以下首页截图。

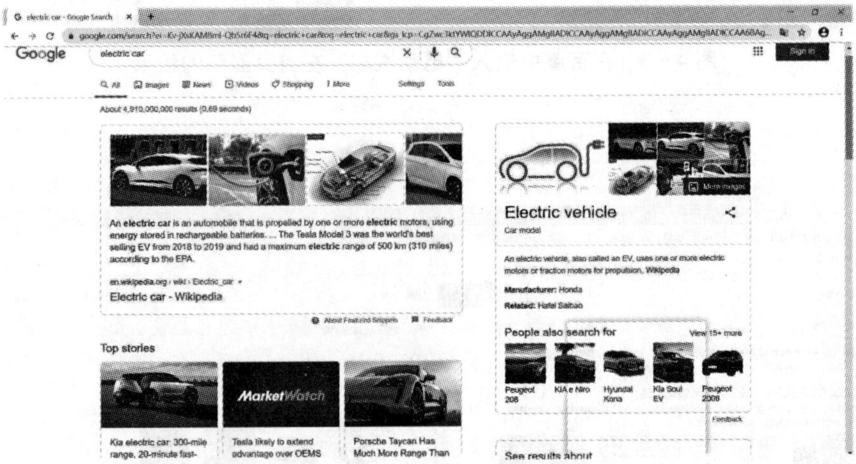

图 4-6　在谷歌中输入“electric car”在首页显示的结果

从以上 4 幅图我们可以看出，谷歌的处理方式及搜索结果排版设计都非常好地体现了平衡原理，这种处理方式也体现了以受众（搜索者）为主体要素方。其结果能够准确显示关键词的搜索信息，广告放到右边，并标明“广告”字样。搜索信息位置与广告分开，不会让受众（搜索者）混淆信息与广告。而百度、搜狗、360 搜索首页电脑显示屏能够容纳（不下拉）的页面，全是广告，并且广告和搜索结果的信息位置相同，这种处理方式显然是以广告商为主体要素方，颠倒了平衡原理中的“主”与“次”、“皮”与“毛”的关系，损害了主体要素方——受众（搜索者）——的利益。长此以往，受众（搜索者）显然会远离和拒绝这些搜索引擎。

【电子资料 4-1】

国美发动平板电视降价风暴遭抵制

第二节 策划学原理 2：习以为常原理

在策划运作中，了解和掌握习以为常原理是很有必要的。我们曾经做过以下调查：

现象与分析

城市繁华路段广告牌效果调查

某大城市有一繁华路段，在这个十字路口，每天有大量的车流和人流经过，是路牌广告的黄金地段，很多商家不惜花费重金也要在此地打广告。

我们对该市的市民做了调查，内容是："你经常路过该十字路口，请你说出该十字路口广告牌上有哪些商家做过广告。"

在调查中还设置了奖品，正确说出的广告越多，奖品当然越丰厚。结果出人意料，有相当一部分人一个广告也说不出，而这是他们上下班的必经之路。真正能完全、正确地说出几个广告的几乎一个人都没有，要么是张冠李戴，要么只有一点儿模糊的印象。

究竟是什么原因造成了这种结果？

其实这正是策划中的习以为常原理。因为现在城市里到处都是广告牌，人们对这些信息已经习以为常了，对繁华地段如此多的广告牌更是见惯不怪，这样就不会再注意那些广告信息，因而对那些广告内容也就没有什么印象了。

策划学原理 2　习以为常原理：受众对一些市场信息见多了就习以为常，很难或不能再被吸引，这些市场信息的效果就很小甚至为零。

策划中的习以为常原理，其实在日常生活中每个人都经常遇到。比如，以前在城市里，抄水、电、气的表格几乎是每家每户都要用到的，广告公司为此绞尽脑汁，找一些厂家出广告费用，制作好抄水、电、气要使用的表格，免费贴到每家门口。因为这种广告贴到了每家每户的门上，可以说天天与市民见面，而水、电、气又与每家每户的日常生活密切相关，按常理推断，这种广告信息就应当有非常高的阅读率，也就应当取得非常满意的广告效果，然而结果并非如此，这种形式的广告未必能达到令人满意的效果。这是什么原因呢？其实还是策划中的习以为常原理，即人们对各种广告信息都习以为常了，所以对那些广告内容还是没有什么印象。

现象与分析

高速公路上路牌广告的效果调查

我们曾经还做过一个有趣的调查。笔者和某大集团公司的主要负责人及部门负责人同乘一辆车，在经过高速公路时，我们谈到了公司的广告话题，我马上对他们做了一个调查。在高速公路两旁有很多路牌广告，他们已经无数次乘车经过这条高速公路。我问他们能否说出这条高速公路路牌广告上的一些内容。

他们除了说出路牌广告很密集的一家公司的产品外，其余的一家也没能说出。我们还做过这样的即兴调查：车刚开过去，就问他们，刚才路旁有一块很大的路牌广告，你知道它做的是什么广告吗？车上无人能答出。

其实这也体现了策划中的习以为常原理：他们虽然经常乘车经过这条高速公路，但因为对各种广告都习以为常了，所以对那些广告的内容还是没有什么印象。

在某市的广场上耸立着一块非常大的广告牌，在整个广场上它算是最显眼的广告牌了，但我们通过调查发现，即便是经常到该广场的人中，知道这块广告牌的内容的人也还是很少。

其实这些都体现了策划中的习以为常原理。

了解、掌握策划中的习以为常原理，可以在策划时少走弯路。比如，商家眼里的广告黄金地段，其实广告效果并不一定就好。

知道了策划中的习以为常原理，做广告时就可以做一些技巧处理，以使广告效果更好。比如剑南春在成都火车站做了两块大广告牌。广告语分别是“唐时宫廷酒，今日剑南春”“绵竹大曲醇，举杯酬嘉宾”。这两块大广告牌的灯光一直变化，红色光衬底，文字是白色，在广场上非常耀眼。虽然人们对广告已习以为常，但这两块广告牌的灯光一直变化，是动态的，所以还是很容易引起火车站乘客的注意。如果立两块静止的、普通的广告牌，由于缺乏动感，根据策划中的习以为常原理，广告牌的大小虽然一样，但效果绝对相差很大。

有人在广告制作中一味追求“大”：报纸版面大、电视画面大、路牌面积大等，以为这样必然就会比“小”更有效果，其实结果未必如此。发布“大”的广告，需要花费大量的成本不说，有时也并非广告制作得越大效果就越好。因为根据习以为常原理，如果人们习以为常了，那么面积或体积再大的广告也不容易引起受众的注意。举一个日常生活中最简单的例子，天（宇宙）算是最大的了，但因为人们习以为常了，所以每天能有意识地抬头看天的人是极少的。当然，这样说并不是反对把广告的面积或体积设计得很大，而是要根据自己公司、产品的特点，结合具体情况，在运作、制作广告时，考虑到策划中存在习以为常原理。

第三节　策划学原理 3：两个广告原理

策划很多时候都要用到广告来传播信息，也就是说，广告是策划中传播信息的重要工具。

广告现在已经充斥我们的生活并与很多经济活动紧密相连。在今天的市场运作中，广告可谓无孔不入。

（一）广告原理 1：广告与艺术是有区别的

这是策划运作中运用广告的一个重要原理。

广告原理 1：广告与艺术是有区别的，广告并不等同于艺术。

之所以要深入讨论这个原理，是因为在运作、制作、设计广告时，只有牢记广告与艺术是有区别的这一原理才不会偏离广告。在现实中，许多人对这个广告原理的认识含混不清，所以对广告的认识往往陷入很多误区，这样就导致了在运作广告时采取一些错误行动，结果是花钱做了广告，却没有达到预期的效果。

把广告完全等同于艺术的人抛弃了广告的实用性而仅仅去追求一种艺术，所以在运作、制作、设计广告时，用纯艺术手法去表现，追求纯艺术效果。现实中甚至出现了一些用纯艺术眼光去评价广告优劣的组织，以及它们开展的有关广告的一些评奖活动。

广告与艺术的区别主要表现在以下方面：

（1）广告与艺术的用途不同。只强调广告的艺术性有失偏颇，艺术偏重于精神的欣赏与享受，往往还忌讳它的实用性；而广告正好相反，更偏重于它的实用性。

广告的目的是提供、推广信息，以更好地推销、经营、交换项目或产品。

这也是广告的本质之一。

（2）受众对广告与艺术认可的方式不同。当人们不接受艺术作品时，作者可以理直气壮地责怪受众没有艺术修养或素质差，不能欣赏自己的艺术作品，甚至可以完全不理睬一般的受众；而当人们不接受广告时，广告制作者就不能责怪受众缺乏修养或素质差，看不懂所制作的广告的高雅、玄妙之处，只有受众能理直气壮地说不喜欢、不理解广告制作者的广告或责怪广告制作者的广告制作没有水平。

（3）广告作品的制作与艺术作品的创作也有很大区别。广告作品需要广告制作者有创造力，但它更偏重的是征求大众的意见，而非自己独断专行式的创造；艺术作品则完全是自己创造力的展现。

所以在制作、设计、发布广告时，千万不要凌驾于广告受众之上，或远离广告受众而孤芳自赏。

（4）从人们的接受习惯和心理来看，广告和艺术也是有区别的。消费者很难对某件广告作品产生迷恋，从而不愿意让它发生变化；而对于成功的艺术作品，消费者则会迷恋并愿意让它保存下来。

（5）人们对广告与艺术的接受态度也是有区别的。人们对艺术一般采取主动的态度，而对广告则是采取被动的态度。人们一般根据自己的爱好、兴趣等因素主动去接受艺术，而广告一般是强加给人们的。

在日常生活中具体表现为：人们对广告并非像新闻、艺术等电视节目那样主动地去收看，人们对广告节目的收看往往是被动的，这与收看新闻、艺术等电视节目正好是相反的过程，所以在生活中，人们往往趁这些节目插播广告的时间去做其他事，比如吃饭、洗碗等。

在转播足球比赛时，人们往往趁广告时间去上厕所。并且随着电视画中画功能的出现，许多人往往利用画中画功能，把电视中该台的广告定格在小画框里，而调看其他台的新闻、文艺节目。比如许多人看电视连续剧和文艺节目时，会在连续剧、文艺节目插播广告的空隙，去看其他没有广告的频道，或离开电视机去做其他事，等到连续剧、文艺节目开播时，比如前几十秒钟，才把电视频道固定下来或重新坐到电视机前开始看电视。

即使是电视广告中的“标王”，其所取得的效果，也并非纯粹的广告带来的轰动效应，更多的还是因为该广告比其他广告花钱多，引起了新闻炒作，新闻炒作让其声名大噪，因而主要还是新闻炒作起到了广告作用。

(6) 人们对广告和艺术的评价态度也是有区别的。消费者一般不会去评价某个广告作品自身制作得好或差，他们只是从广告能否引起他们的兴趣、广告是否真实、购买做广告的商品对他们是否有利或方便等角度去考虑。

而说某个广告作品制作得好或差往往是广告制作圈内人士的评价。即使有时消费者说某广告好或差，也与广告圈内人士说广告好或差的意义不一样。消费者是从他们对该广告是否有兴趣、广告内容是否真实等角度去说广告好或差，而广告制作人则是从广告作品的表现手法、技巧等角度去说广告作品自身的好或差（当然，也可能广告制作圈内人士也要购买该广告的商品，也是消费者，但这时广告圈内人士已经是特殊消费者，已经戴了一副“有色眼镜”在审视广告作品）。对艺术作品，人们则会以认真、主动的态度，甚至以近乎苛刻的眼光去审阅，会从艺术的表现手法、创作技巧、内涵等方面去评判。

知道广告与艺术的这些区别，对运行、构思、制作广告非常重要。所以，不要抛开广告的实用性而一味地去追求广告的艺术、特技效果。

有人在做广告时，不管适合不适合、需要不需要，都抛开广告的实用性，一味地追求广告的特殊效果，比如花很多钱去做电视特技、三维动画等，或从纯艺术角度去追求广告的纯艺术价值。这是完全没有必要的。

当然，笔者并非完全反对人们去追求高难度的特技效果、三维动画效果等，或增加广告的艺术价值，而是告诉大家关键是要考虑自己产品的特点，看有没有必要，看这种制作能否与自己的产品紧密结合起来，而且要从尽量减少广告投入的角度出发。

广告受众在看特技、动画、艺术广告时，也许会对广告产生一定兴趣，但这并不意味着该广告一定会很成功。

其实，消费者欣赏广告作品与产生购买欲望或发生购买行为有时还不完全是一回事。所以评价广告好坏的唯一标准，是看该广告能否使广告受众对广告的商品产生兴趣，从而产生购买欲，而不是看广告作品本身的特技性、技巧性、艺术性等。

广告的最终目的永远是推销、经营、交换，所以广告制作更应接近该产品的普通消费者，而不是像艺术那般曲高和寡（专门针对特殊阶层的产品及广告除外）。

在社会上，有人对广告作品完全从广告的艺术性、特殊性、难易程度的角度去评价，这有失偏颇，带有一定的片面性，它其实偏离了广告自身的本质。前面也讨论过，从这种角度去评价的往往只是广告圈内人士，而接受广告的消费者一般不会从这种角度去评判一个广告制作得好还是差、成功还是失败。所以，无论怎样追求广告的特技效果、动画效果、艺术效果，都不能脱离广告的本质。追求广告的特殊效果与艺术效果时，最好能与广告的实用性结合起来，在广告实用性的基础上去制作。

笔者始终认为，给广告作品注入艺术性、技巧性也是为了让受众能更喜欢并接受做广告的商品，而不是去欣赏广告作品本身。

弄清广告与艺术的区别，不但有助于达到广告的目的，而且可以减少广告的制作费用，同时也便于大众接受，因为绝大多数广告并非只是供能欣赏艺术的人观看，绝大多数广告的商品也并非只供能欣赏艺术的人消费。

强调广告与艺术的区别，并非忽略广告的艺术，而是提醒大家关键是要做到恰如其分和针对不同的产品具体实施，而不能走极端，非此即彼。

（二）广告原理 2：广告的强加原理

在今天，广告与受众之间存在不可调和的冲突。

广告原理 2　广告的强加原理：广告对人们来说很多时候是强加（或人们对广告很多时候是被动接受）的。

这是策划运作中的第二个重要广告原理。

这也是广告的本质之一。

除了当想了解某种信息时，人们会去查看、收集与自己相关的广告外，对于自己不需要的广告信息，大多数时候人们都不情愿去接受它。这样就形成了有趣的结果：大多数时候广告对大多数人来说都是无用的。比如一个人要买汽车时，汽车广告对他是有用的，他会自觉去查看、收集与汽车有关的广告，而在购买了汽车后，这些汽车广告对他就无用了。这时包括汽车广告在内的广告对这个人来说就是强加的。一个人想买房子，他就会关注房地产方面的广告，而这方面的广告对不想买房子的人来说就是强加的。

注意

广告对人们都是强加的，人们都不喜欢看（听）广告？

标题中的这个说法是不准确的。

当人们需要某些信息时，与之有关的广告信息对他们是有用的。比如某人想买房子时，他不但对房地产的广告感兴趣，而且会主动收集这方面的广告，等买了房子后，房地产的广告对这个人就无用了，那时有关房地产的广告对他才是强加的。

只要承认是广告就不能回避这个问题：广告很多时候是强加给人们的。

所以，只要承认是广告就不能回避：广告很多时候是强加给人们的。

正是广告的强加原理造成了广告与受众之间的矛盾。

一方面，生产商、广告商想拼命挤各种媒介的黄金时段、重点版面做广告；另一方面，受众极不情愿广告出现在这些时段、版面，而生产商、广告商的广告又是做给受众看和听的。

这就是广告与受众之间的矛盾。

【电子资料 4－2】

南开大学愤怒：录取通知书中被夹带商业广告

【电子资料4-3】

公交提醒：语音广告要“咔嚓”掉

所以广告与受众之间存在一种永远也无法调和的矛盾：受众对广告的反感和广告对受众的强加。这也是广告最显著的特性。只要是广告，就具有这些特性。人们对广告很多时候是被动接受而非主动接受，广告与受众之间存在矛盾。如果不正确了解、认识广告的这些原理或特性，在运作、制作广告时就会发生偏离，以致不能发挥广告应有的作用。

在介绍习以为常原理时，我们讨论了很多时候正是由于人们对广告是被动接受的，所以商家眼里所认为的黄金地段、时段的广告，其广告效果并不理想。

案例

广告也难以带动饮料销量，用钱已砸不出市场

养元饮品公司2020年4月初披露的2019年年报显示，公司全年营业收入74.6亿元，同比下降8.41%，这一收入也创下了公司自2014年以来的新低。公司归母净利润27.0亿元，同比下降4.99%，盈利能力依旧惊人。

斑马消费通过分析该公司年报发现，在收入大幅下降之时，公司在销售的投入上依旧毫不吝啬。全年销售费用投入10.74亿元，同比增长4.06%，销售费用占公司总收入的14.39%，为公司有公开数据披露以来最高值。

而销售费用中开销最大的是广告费，为3.77亿元，比上年同期增加了近1亿元，广告费占营业收入的比例为5.05%，首次突破5%。另外，支出市场推广费2.03亿元，同比增长14.84%。

2019年，广告费和市场推广费占营业收入的比例达到7.77%，为历年之最。

为提升品牌美誉度，2019年公司签约郎朗为新的品牌代言人，同时，在高考季、春节等重要节点，进行大规模的广告和市场传播活动。

然而，广告和市场推广费花出去之后，并没有取得预想的效果。

核桃乳是养元饮品的绝对收入主力，公司近99%的收入均来自该产品。

2019年，公司核桃乳销售量为76.52万吨，同比下降10.69%，少卖了超过9万吨。与2016年相比，更是少卖了超过20万吨。

统计数据显示，2019年中国饮料销量止跌回升，同比增长4.67%。公司所处的植物蛋白饮料行业销售增幅已连续多年下滑，由2013年的11.92%一路下滑至2017年的4.97%，2018年回升至7.32%以上，2019年由于内外需求放缓，全行业增长率再度回落。

但对多数行业大厂来说，增长仍是主旋律。

广告费多掏了1亿元，产品却少卖了9万吨，收入少了7亿元……这是养元饮品2019年面临的销售窘境。

从中我们可以看出，砸广告促销量的惯用手法在养元饮品身上似乎已不再奏效。

资料来源：斑马消费. 广告已带不动六个核桃，用钱已砸不出销量. 新浪财经网，2020-04-20.

有时，当广告制作人或做广告的商家还在暗自欣赏自己的广告有多么精彩时，受众已是怨声载道，因为这些广告是强加给他们的，侵占了他们的时间。所以广告制作者或商家一定要了解广告的这一基本原理：人们对广告很多时候是被动接受的。了解了这一原理，就要正确认识及遵循它。

有的广告直接重复地播出产品名、公司名，也就是利用了广告的强加原理。它靠不断重复将这些信息强加给人们，加深人们的印象，从而影响人们的购买行为。它形式简单，方法直接，甚至有些枯燥与乏味，但经多次重复播出，让受众在有意无意之间加深了对广告的印象。这种方法更多的时候是强加给受众的，而不是考虑受众的兴趣以及让受众主动地接受广告。

所以人们常说"广告犹如苦药"，人们不愿喝，但又不得不喝。

【电子资料 4－4】

网上报名遭广告短信轰炸，令消费者烦恼不已

但采用这些手段时，一定要注意前面谈到的习以为常原理——人们对所有广告都习以为常了，所以对生活中的很多广告往往视而不见。此外，后面将要提及的审美疲劳和反感心理也告诉我们：广告不能太过分，不然会引起受众（消费者）的反感，这样当然就难以促成消费者的购买行为了。

综上所述，生活中很多广告的阅读率很低，原因也在于此。

常常听到生活中人们对广告泛滥成灾、商家把广告强加给自己的抱怨，特别是当人们看精彩的电视节目正在兴头上时，突然节目被中断而插入一段广告，那种无奈甚至是愤怒的心情，让人们对广告真是讨厌到了极点。

这看似有些滑稽，也有些让人费解。广告商做广告的目的是在最合适的时间让自己的广告被受众接受，媒体也希望在最合适的时间有客户来刊播广告，然而受众却不愿意这些时间被侵占，不愿意接受这些广告。这真是一个无法解决的矛盾。

◆ 资料 ◆

北京、上海等十城市居民过半数不相信广告

刚看过公共汽车车身上花花绿绿的涂鸦，路牌上张贴的"明星脸"就紧跟着闯进视野……在注意力经济越来越得到人们认同的今天，恐怕没有人会否认：广告无所不在。厂家砸血本，广告商绞尽脑汁，但广告投放的效果如何呢？零点研究集团公布的一项调查结果显示，超过五成六的消费者不相信广告内容，高出"信任者"17.2 个百分点。而同一产品在不同媒体上投放广告的效果也大相径庭。

这项针对北京、上海、广州等十个城市的 3 212 位 18～60 岁常住居民进行的入户调查完成于 2004 年 7 月。从具体数据看，受访者中"不太相信"的占 44.7%；"一点都不相信"的占 11.4%；"比较相信"的占 37.7%；"非常相信"的占 1.2%。此外，还有 5%的人选择了"说不清"（见图 4－7）。

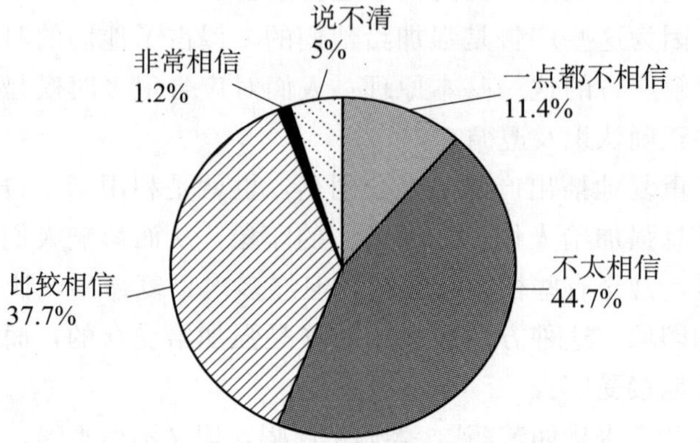

图 4-7　北京、上海等十城市居民对广告的相信程度

资料来源：李国良．北京、上海等十城市居民过半数不相信广告．北京日报，2005-03-19．

【电子资料 4-5】

《英雄》和《唐山大地震》加播广告被律师告上法庭

也常听到生活中人们对把广告费加到成本里，从而抬高了商品的零售价格的抱怨。因为增加了广告费用，所以商品的成本自然而然就提高了，广告费用最终是由消费者承担了。如果没有广告，商品的成本就会减少，价格也自然会降低，这对消费者是有利的。

受众对广告的反感甚至会发展到上法庭的程度。在 2002 年就发生了这样的案例，受众因为对广告反感，把广告单位告上了法庭。

对于报纸这样的媒介，受众有更多的选择权，完全可以通过不看广告来反抗广告商和媒介对自己的广告强加。然而有的消费者却认为，自己花钱买报当然是为了看新闻和了解各种信息，而广告抢占了大量版面，报纸被广告版面侵占，内容打了折扣，因而觉得自己花钱看报并非物有所值。

现实中人们对广告与受众的冲突好像视而不见，全世界的广告战愈演愈烈，广告也以更迅猛的速度发展，铺天盖地，无处不在。

所以，广告与受众之间永远都存在矛盾。那么广告究竟有没有存在的价值呢？不妨做一个假设，让商家都不做广告，重新回到没有广告的时代，那么绝大多数人愿意吗？答案是绝大多数人同样不愿意。这个假设也根本不可能成为现实，因为现在人们的生活与广告息息相关，特别是商品，你不做广告，别的商家也要做广告，根本不可能会发生全部商家都不做广告的情况。

广告在受众心里其实永远都是一个矛盾体。人们对广告很多时候都不是主动接受的，但又无法摆脱。

广告与受众之间存在不可调和的矛盾，广告想要被受众接受，受众想远离广告，但生活中又有意无意地受到广告的影响。

即便在广告业最发达的美国，也同样存在这种矛盾，也就是说，只要是广告，就存在这种矛盾。

美国是一个广告王国，各种广告比比皆是。空中、街道两旁、建筑物上、商店橱窗里、地铁上……到处都是形形色色的广告。难怪有美国人风趣地说："我们呼吸的空气是由氧气、氮气和广告组成的。"但是，在美国这样一个广告发达、人们已接受了广告的国家，难道受众就没有反感广告的时候吗？当然有，人们更多地也是在与广告的矛盾中被动受到广告的强加影响。

在美国，广告是不是就没有禁区？显然有，比如在白宫的楼顶上做一个大型商业广告，行吗？不行。为什么不行？因为受众不能接受，受众与广告之间发生了矛盾。当然，除了这种情况，在美国肯定还有许多广告禁地，广告禁地的存在就是因为广告与受众之间存在矛盾。所以世界上很多国家都对广告做了一些规定，有些规定甚至明显是对广告毫不留情地拒绝。

例如，在意大利，电台、电视台广告要受到政府的很多限制；而瑞典、以色列、新加坡、澳大利亚、挪威等国甚至完全禁止广播和电视做广告；英国则禁止在任何有历史价值的建筑物和场所发生广告行为；日本规定在公园、绿化区、纪念地、墓地等处不得安设广告牌。

广告并不能随心所欲地占有空间，就是因为在这些地方做广告，广告与受众之间会产生矛盾。在运作广告时，一定要考虑到这个原理，尽量提高受众对广告的接受度。

（三）有效信息与快乐广告

前面讨论了广告在今天经济市场中的重要性及作用，也讨论了广告与艺术的区别。广告的本质决定了人们对广告不会像对艺术那样去主动接受，而是被动接受的，只有当人们要了解某种信息时，人们才会去查看、收集与自己相关的广告信息，对于自己不需要的广告信息，大多数时候人们都不情愿去接受它。

网络搜索引擎引发了广告领域的革命。它表现在以下几个方面：

1. 不再是强迫人们浏览广告

传统的媒体特别是电视、广播在很多情况下都是强迫受众去看（听）广告，往往在节目中甚至在节目最精彩的时候插入广告，让受众非常反感。在报纸的很多版面中插入广告，也让受众感觉不舒服。即使在新兴媒体的网络版面中也一样，弹出广告、flash 广告、电子邮件垃圾广告等会让人们非常反感和头痛。而网络搜索引擎完全解决了这些问题，它能让对广告有需求的受众自己去主动搜索自己所需要的商品信息。

2. 人们对广告不再是被动接受

广告的本质决定了受众不需要广告信息的时候不会主动接受广告，而搜索引擎可以帮助受众自己在需要广告信息的时候主动搜索广告信息。

3. 枯燥的广告变成了快乐广告

由于广告的本质决定了人们对广告不会像对艺术那样去主动接受，所以绝大多数时候人们都把广告看作非常枯燥的东西。而用搜索引擎去搜索的时候，因为受众的态度已经从被动变为主动，所以这时枯燥的广告就变成了快乐广告。

难怪搜索引擎谷歌一出现就受到了大家的推崇，它的广告业务也蒸蒸日上，股票价格更是如日中天。

不难预料，随着网络技术的发展，这种对有效信息的利用还会变得更加深入，强迫式的、枯燥的广告形式会越来越少。

改变强迫式的、枯燥的广告形式，把商品的信息隐含在网站中，让受众能主动、快乐地去购买自己想要的商品，这样的销售方式将会越来越多。

随着电脑以及网络的普及、技术的提高与完善，特别是以手机为载体的自媒体的兴起，市场将更强调有效信息与快乐广告，以后会有更多从事此方面业务的公司诞生。

当前传统媒体（包含目前还存在的电视媒体在内）已经受到很大的冲击，未来其内容结构、广告模式、受众接触方式还将面临更大的挑战。

以后，有效信息理论和网络技术、新载体、新媒体的结合运用会更多，也会出现一些更新颖的市场销售方式。

第四节　策划学原理 4：心理学在策划中的应用原理

策划学原理 4　心理学在策划中的应用原理：(1) 重复加深印象心理；(2) 潜移默化心理；(3) 疲劳反感心理；(4) 品牌信息心理；(5) 色彩信息心理；(6) 消费者的消费差异心理；(7) 消费者对策划习以为常心理。

【电子资料 4-6】

恒源祥重复十二生肖广告，观众称无法忍受

【电子资料 4-7】

网友票选最让人受不了的广告，重复广告易当选

(一) 重复加深印象心理

在策划运行中，很多广告就是运用重复加深印象心理，直截了当地宣传公司名或产品名，依靠多次重复一些信息来加深人们的印象，从而影响人们的购买行为。

通过多次重复播出产品名、公司名这种做法虽然形式简单，方法直接，甚至有些枯燥与乏味，但能让消费者在有意无意间加深对广告信息的印象。

但使用这种手段时一定要注意消费者的疲劳反感心理，即不能太过分，不然会引起消费者的反感。在策划的应用中，很多人容易走入一个误区，以为多次重复就一定能加强消费者对信息的接受，从而一定能影响消费者。殊不知，多次重复如果超过了一定限度，就会给消费者造成心理疲劳，让消费者产生反感和抵触情绪，结果导致这些信息对消费者的作用很小或没有作用，甚至产生反作用。

案例与分析

2019年度烦人广告：电梯强迫广告

微博网友整理了年度烦人广告，BOSS直聘、铂爵旅拍、新氧App、易车网等在列。

这些广告主要投放于电梯的广告屏。每次等电梯的间隙最无聊，这时总会有一些人去观看这些广告，但结果看了后觉得这些广告更烦人。

2019年霸屏最多的是BOSS直聘、伯爵旅拍，后来是易车网。

这种循环式广告采取强制灌输的方式播出，坐电梯时广告声音总会传入耳朵，有网友严重怀疑这类广告制作者的审美观，更怀疑这类广告到底有没有转化。

关于当前最烦人广告，很多人认为电梯洗脑广告最为致命。甚至有人嘲讽其完美诠释了“人类的本质是复读机”这一充满人文艺术的概念。

BOSS直聘和铂爵旅拍是“复读机”首席代表，分别位列电梯广告杀伤力排行榜的冠亚军。其次是妙可蓝多、人人车、瓜子二手车。这类吵闹程度相对弱一些，但也是循环洗脑能力一点也不差的补刀型选手。

仅2019年10月14日一天时间，易车网便实现了对全国54个城市40万块屏幕“霸屏的”壮举（见图4-8），预计触达超过85.7亿人次。①

图4-8 易车网的电梯广告

在易车网的广告中“易车”重复出现了五六次，“不吃亏”重复了两次，穿着“财神戏服”的沈腾，以及结尾“咿呀”的唱腔，容易让人产生不舒服的感觉。

据说这是分众传媒创始人江南春惯用的广告手法：循环重复。

早在2015年的时候，国内一、二线写字楼的电梯里就出现了强迫式循环广告，综艺明星王祖蓝化身外卖员，大喊“饿了别叫妈，叫饿了么”，表情夸张，动作滑稽。

从当年5月份开始，这句广告语在全国25个城市的电梯间霸屏，每个电梯间每天播放超900次。同年8月，瓜子二手车直卖网接力饿了么。

众所周知，广大群众已经对电梯洗脑广告深恶痛绝，但是为什么一些广告商还会选择此方式？

---

① 易车“霸屏”电梯广告，旗下易有钱变身714高炮. http://www.guandiancaijing.com/a/zhishi/2994.html，2019-10-20.

专业人士清楚：广告就是强加。

但这种方式也容易让人产生审美疲劳甚至反感，且无法满足巨量用户的信息获取需求。

易车网显然没能意识到弊端。事实上，像易车网这种类型的商品，只通过极其粗暴的、硬塞给用户的广告方式，获得用户认同感从而实现交易量的增长未必可取。品牌建设是一个长期工程，不能指望三两天就盖好一栋楼。尤其是类似汽车这种重资产、慢消费产品，更要少用这种策划手段。

专业人士评价：电梯媒体现如今已经成为线下核心流量入口，能够实现对主流人群的精准覆盖和有效传播，但打洗脑广告也要先有脑子，霸屏洗脑广告消耗的是普通消费者的耐心和好感，至于效果，还是得先想清楚用低价因素吸引客户的同时，会不会惹得客户不高兴。

（二）潜移默化心理

潜移默化心理是心理学在策划中的重要应用，它是指：很多信息并不能起到立竿见影的作用，只能让消费者在潜意识里慢慢受到信息的影响。比如，某种商品在策划中使用了新闻、广告、现场活动等手段，也许这些信息当时没有对消费者产生很大的作用，但并不是说这些信息就没有作用，这些信息有可能在消费者心里产生了一种潜移默化的影响，而让消费者在日后购买产品时，受到心里明显或微弱信号的影响，从而产生消费行为。

让消费者在潜意识里慢慢受到策划信息的影响，而不是立竿见影地产生速效，目前这种做法的成功案例有很多。比如，东芝公司曾在中国开办的电视栏目《东芝动物乐园》，上海正大公司曾经开办的《正大综艺》，就是让电视观众在享受精彩的节目的同时，潜移默化地受到广告信息的影响。

一些长期的品牌广告就是利用潜移默化心理强化消费者对品牌的记忆。

案例

正大公司从 1990 年开始在电视台开播《正大综艺》，用潜移默化心理强化品牌记忆

《正大综艺》于 1990 年 4 月 21 日起每周六晚 19：30 在央视财经频道播出。

该节目是综艺益智栏目，由“世界真奇妙”“五花八门”“名歌金曲”三部分构成，以世界各地的旅游文化为切入点，围绕“看”做文章，通过猜谜的形式向观众介绍世界各地的风光、习俗、名胜、趣事。

虽然节目问答式的游戏很简单，游戏规则也还没有完全建立起来，但已经用游戏取代了文艺化的表演，从根本上区别于传统的综艺节目。艺术的功能是审美，游戏的目的是休闲和消遣。游戏进入综艺节目，综艺节目呈现游戏化、娱乐化的倾向，是电视由主流文化向大众文化转变的标志之一。明星作为嘉宾成为游戏的主体，明星效应加世俗化游戏成为吸引观众的看点。

该节目由央视很多大牌主持人先后担任主持：姜昆、杨澜、赵忠祥、程前、王雪纯等。

自1990年开播以来，第一代主持人姜昆和杨澜一个幽默一个知性的搭配为人所青睐，“不看不知道，世界真奇妙”的节目口号、名为《爱的奉献》的主题曲“爱是love，爱是amour”都给了观众震撼，成为一代人的记忆。

《正大综艺》以文艺性与非文艺性兼顾、表演与竞赛相融、欣赏与娱乐结合的形式把一种新的综艺节目形态带给了中国的电视观众，标志着具有现代娱乐精神的综艺节目在中国的电视屏幕上登台亮相。

当然，因为跨越时间较长，为了与时俱进，满足不同时代观众不断变化的审美，《正大综艺》也历经多次改版。

在迎来高收视率的同时，正大公司的品牌也通过潜移默化心理在受众中得到强化，并长期被记忆。

《正大综艺》历经探索，努力克服国外娱乐节目媚俗、程式化、无深度的缺点，用自己的方式探寻并实践着从主流文化的传播媒介向传播功能多元化、传播内容多元化的传播媒介转型。电视文艺节目在贴近观众、服务观众的宗旨下，尽力避免大众文化的消极因素和负面影响，在好看、健康的原则下娱乐受众。节目所表现出的这种渐变的痕迹，记录了中国电视文艺节目娱乐化，并向大众文化转型的全过程。

从第400期开始，节目开通热线电话，为场外观众提供了参与竞赛的平台。

节目强调观众的参与和互动，使观众由单纯的接受者变为娱乐节目的主体，是综艺节目娱乐化进程中的又一新做法，不仅把观众请进演播室的看台，还让观众成为游戏的参与者与嘉宾联合作战，成为主角，提升了观众对节目的关注度。

重要节点：1991年后的《正大综艺》开始了从内容到形式、从结构到游戏规则的执着探索，在不断的改版中日渐摆脱引进版式的束缚，理性而主动地拓展着游戏在节目中的权重。

1993年12月26日，播出了全部由自己采制的国内地方专辑《正大综艺江西专辑》。

2003年7月13日起改为每周日19：30在中央电视台综艺频道首播；2004年10月9日起改为每周六20：35在中央电视台综艺频道首播；2010年9月19日起改为每周日18：00在中央电视台综合频道首播。

2019年6月14日，《正大综艺》节目组与泰方完成素材交接，并落地泰国True Visions电视台播出。

（三）疲劳反感心理

在商业行为中必须把握消费者对信息的疲劳反感心理，即人们所说的审美疲劳，比如在刊播广告时要注意到广告内容在一定时间内的变换。如果同一内容、同一形式的广告刊播时间过长，容易引起广告受众的心理疲劳，人们就会对该广告缺乏兴趣，甚至反感，那么这个广告的信息作用就非常小了。

其实这个道理还可以用经济学中的边际收益递减规律来解释。我们先解释与此规律相关的边际产量。边际产量是指在其他投入保持不变的情况下，由于新增一单位投入而多生产出来的产量或产出。边际收益递减规律是指：在其他投入不变时，随着某一投入的增加，新增加的产出越来越少。

换言之，在其他投入不变时，随着某一投入的增加，其一单位投入的边际产量会下降。萨缪尔森在《经济学》里还举了一个非常生动的例子。“你也许会发现，一天中学习经济学的第一个小时的收益最大——掌握了新的定律及其推导，增长了见识，有了新的体会。在第二个小时中你可能会稍有点走神，学到的东西会少一点。而在第三个小时中，边际收益递减规律则几乎是以报复的形式出现，使你在事隔一天后，根本想不起第三个小时中所学的任何东西。”①

广告引起受众心理疲劳，甚至引起受众反感，也就是广告信息的边际收益递减了。

注意

重复加深印象心理、潜移默化心理、疲劳反感心理这三者有一个界限，如果对重复加深印象心理、潜移默化心理的界限把握得不好，就容易形成疲劳反感心理。这个界限虽然存在，但又无法给出量化的划分标准，而且这个标准对于不同的受众也可能不一样。同一条广告，有的人见到几次后就开始反感；有的人虽然反感但表现不强烈；还有的人并不反感并在心里受到潜移默化的影响；还可能出现一种情况，平时虽然反感这个广告，但在实际购买行为的决策中，却因受到了这条广告信息的长期潜移默化心理的影响，而做出购买决定。

（四）品牌信息心理

消费者有时购买商品，并不是完全因为商品的特性、价格、质量等，而仅仅是因为对企业品牌的信任。消费者并不是专门的技术人员，有时无从辨别产品质量，只是因为知道该商家的名称与产品名称这些信息，在无意中受到这些信息的影响就信赖该产品，进而产生购买动机。在后面的章节我们还将从品牌产生的信息效应这一角度进行分析，本节只是从品牌的心理因素这一角度进行分析。

品牌信息心理其实是通过多次重复加深印象心理、潜移默化心理实现的，它的过程表现为：

重复加深印象心理→潜移默化心理→品牌信息心理

这三者的关系为：多次重复加深印象心理更多地是处于表层的感觉或知觉，潜移默化心理则是比处于表层的感觉或知觉更深入的定式、认识，而品牌信息心理则是处于深层的意识。

品牌其实就是一种消费心理信息的长期积淀。

品牌信息心理的详细过程表现为：

长期影响→形成品牌信息→认同品牌→在心里表现为深层意识→消费时在心里对

① 萨缪尔森，诺德豪斯．经济学．北京：人民邮电出版社，2004：35.

信息做出综合反应→对品牌做出购买行为

对于那些已经深入消费者心中的品牌，在策划时更应该对品牌进行持续的信息宣传。比如在某市某条街上开了两家超级市场分店，一家是很有名气的老超级市场开的分店，另一家则是没有多大名气的超级市场开的分店。结果不久，在激烈的竞争中，有名气的老超级市场的分店对自己的品牌展开猛烈的宣传，很快就把另外一家挤垮了。

这是因为超级市场主要卖的是日常用品，而现在日常用品中假冒伪劣产品较多，消费者当然更相信老超级市场的品牌信誉。

案例

高档葡萄酒市场的形成及稳固正是缘于品牌信息心理

一瓶葡萄酒能有多贵呢？几万美元？十几万美元？几十万美元？这些数字听起来很“吓人”，却是葡萄酒界真真切切存在的。

知名葡萄酒比价网站 winesearcher 公布的 2018 年全球 top 10 最贵葡萄酒排名如表 4-1 所示，其中单瓶酒容量一般为 500～750ml。

表 4-1 全球 2018 年最贵葡萄酒 top 10 榜单

排名	公司名或品牌名	均价（美元/瓶）
1	Domaine de la Romanee Conti Romanee Conti Grand Cru	19 402
2	Domaine Leroy Musigny Grand Cru	17 432
3	Egon Muller-Scharzhof Scharzhofberger Riesling Trockenbeerenauslese	12 220
4	Domaine Georges&Christophe Roumier Musigny Grand Cru	11 254
5	Domaine Leflaive Montrachet Grand Cru	10 006
6	Domaine Leroy Chambertin Grand Cru，Cote de Nuits	8 344
7	Domaine de la Romanee-Conti Montrachet Grand Cru	7 553
8	Screaming Eagle Sauvignon Blanc	6 376
9	Domaine Leroy Richebourg Grand Cru	6 021
10	Domaine d'Auvenay Mazis-Chambertin Grand Cru	5 386

说明：这个价格榜单已把价格奇高的限量款或稀罕的纪念酒排除在外。

该网站确保该榜单的价格是按如下方式得出：至少选取四个年份，10 个报价，其中两个年份必须距今不到 10 年，然后根据同一款酒在这些不同年份的报价得出均价。因而这个价格具有公正性和稳定性。

第 1 名 19 402 美元/瓶，折合人民币约为 13 万元/瓶；第 10 名 5 386 美元/瓶，折合人民币约为 3.6 万元/瓶。

这些酒在世界各地存在真正的忠实消费者，是靠长期的消费群体支撑，而绝对不是靠某种炒作换来的短期价格。若不是品牌信息心理，很难解释这种市场的存在和行为！

（五）色彩信息心理

色彩具有吸引注意力的功能，其应用范围很广，除了报纸、电视等媒体发布的广告要讲究色彩之外，产品的包装或产品自身也要讲究色彩。色彩在策划运作中传递给受众的信息非常重要，对它的运用必须重视。

了解色彩的一些特点在策划运作中非常重要。以温度感而言，由暖至寒的顺序为：红-橙-黄-绿-紫-黑-蓝，红色最引人注目。由此可知，明朗的色彩有温暖之感，暗淡的色彩有凉爽之感。商店的装饰更应注意色彩，夏天应使用给消费者凉爽感觉的颜色，冬天应使用给消费者温暖感觉的色彩。一般情况下，彩色广告比黑白广告更吸引人，但在特殊情况下，黑白广告的效果可能超过彩色广告。如果在一份报纸、一本杂志中全是彩色广告，那么放一个黑白广告，就会因为独特而更加显眼。在色彩的使用中，必须清楚一个民族、一个地区对某种色彩的偏爱与忌讳，比如日本人大都喜欢蓝色与红色，中国人喜事用红色，丧事用黑色或白色。

【电子资料 4-8】

颜色上的忌讳

（六）消费者的消费差异心理

消费者存在消费差异心理，了解此心理对于策划运作非常重要。

针对不同年龄、层次、区域、民族、国籍等的人形成的消费差异心理，向他们传递不同的信息，这经常运用在策划运作中。

针对不同消费者的消费差异心理进行的策划，必须掌握这些受众的心理状态。比如某些项目的体育运动员，可能只是在爱好体育或仅仅爱好该项目的人中影响较大，只有这些人对他们感兴趣，那么用这些体育明星来做广告就有一定的局限性。不要因为他们在圈内大名鼎鼎，或因为策划人、企业负责人对他们感兴趣、知晓他们的大名，就以此推断全社会的人都对他们感兴趣，这有些以偏概全的味道。

有些人动不动就爱用红得发紫的影星或歌星来做广告，但有的消费群体对这些人并不感兴趣，如文化层次较高的人、上了年龄的中老年人。如果产品是针对这些消费群体的，那么所做的广告虽然能产生很大影响，但对产品的主要消费群体却没有起到作用。这种广告又有什么实际作用呢？这就是由于不了解消费者的消费差异心理。

【电子资料 4-9】

不同年龄、性别的消费者的购买动机的差别

（七）消费者对策划习以为常心理

前面已经讨论过策划习以为常原理，当长期形成习以为常的心理后，就难以改变。

在运作策划时，一定要注意此心理，只要人们对策划习以为常了，那么这些信息对消费者就很难起作用了，这对策划计划、策划实施有很大的价值。也许表面看来有的策划活动很有效果，但根据受众的习以为常心理，它的广告效果未必就好。

掌握了这一策划心理，不但能使公司节约费用，而且可以使策划与公司的整体规划紧密地结合起来，以免延误时机。

第五节 策划学原理5：效益原理

这里必须分清几个定义，在运作策划时人们经常提到它们。

策划知名度：指经过策划运作后，受到影响的受众人数，简称知名度。受众人数越多，知名度越高。

策划活动效果：指策划活动本身产生的效果，即策划活动影响的受众人数。

策划收益：指在整个策划运作过程中，做策划的公司（单位）所实现的最终结果，也就是公司（单位）付出了运作策划的各种费用后，通过策划运作为公司带来的实际收益。

知名度、策划活动效果、策划收益三者的关系如下：

知名度与策划活动效果是相等的。

知名度越高，策划活动效果越好。反之也成立，策划活动效果越好，知名度越高。

但知名度、策划活动效果与策划收益就不一样了。

知名度、策划活动效果并不一定等于策划收益。也就是说，即使知名度很高、策划活动效果很好，策划收益也不一定就好。

有时知名度很高、策划活动效果很好，但不能影响消费者的购买行为，所以策划收益最终离预期还有一些差距，甚至效果很差。

根据以上三个重要定义及它们的关系，我们得出了策划学原理5及一些结论。

策划学原理5　效益原理：（1）用最少的投入得到最大的收益，这也叫策划的效益原则；（2）策划活动效果与策划收益并不一定相等；（3）做到策划活动效果与策划收益的完美结合。

（一）策划学效益原理一：用最少的投入得到最大的收益，这也叫策划的效益原则

企业利润最大化本来就是经济学研究的问题，策划的效益原理也可以说是从这里派生出来的。这是策划所要达到的终极目的，所有的策划都必须遵循这条效益原理。根据此原理，还可以得出以下重要结论：

（1）不是因为钱多而做广告，而是为了赚钱才做广告。

（2）产生最大的策划收益，才是策划活动、创意所追求的宗旨和最终目标。

(3) 广告客户花钱去做广告是希望通过广告达到经营或推销的目的，而不是希望做出让广告制作人成名得利的广告作品。

(二) 策划学效益原理二：策划活动效果与策划收益并不一定相等

正是因为许多人把策划活动效果与策划收益完全等同起来，所以在做策划时，往往步入严重误区。

策划收益才是策划的宗旨及目的，比如某策划活动的目的是产生策划收益。有时，策划活动效果并不等于策划收益，比如某次策划活动影响很大，甚至产生了轰动效应，而策划收益却不大，结果很差，甚至起反作用，产生了负面影响。

正因为许多人没有弄清这一原理，所以在实施策划活动时花了很多冤枉钱：从表面上看，整个策划活动影响很大，但是实际效果很差，甚至完全没有效果。

现象与分析

常见的请名人做广告现象

【电子资料 4-10】

成驰的销售业绩为何与宣传效果不对等？

很多广告商之所以喜欢请名人做广告，是因为名人本身是社会公众关注的焦点人物，可能会使策划活动产生一定的轰动效应，但它的轰动效应是消费者关注该公众人物，而非关注该公众人物所传播的产品。

消费者可能丝毫不会把该产品的信息与该公众人物联系起来，因为名人的公众性与该产品的公众性、质量、信誉本身就是两回事。

此外，有时策划活动影响的受众并不是预期的受众，虽然策划活动影响大，但最终却不能影响目标受众，这样策划活动效果也不等于策划收益。在商业中，这就相当于企业付出了策划费用后，并没有实现通过策划活动为企业带来实际收益的目的。

【电子资料 4-11】

啤酒广告因戏屈原被停播

成功的策划能把策划活动效果与策划收益紧密结合起来，通过策划活动直接影响受众的购买行为，而不是抛开策划收益去追求策划活动本身的轰动性。

有时一个平平常常的策划，也许比那种耗资巨大的轰动性策划带来的实际收益还要大。

策划活动本身具有轰动效果，但结果实际影响甚微甚至是负面的，这样的策划实例随处可见。

(三) 策划学效益原理三：做到策划活动效果与策划收益的完美结合

策划活动效果与策划收益并不一定相等。有时策划活动效果很好，却没有产生实际收益，完全是虚张声势。美国著名的辛迪诺商店就深谙此理。

案例与分析

辛迪诺商店：如何做到策划活动效果与策划收益相等

美国著名的辛迪诺商店在开业之初，进行了种种策划和广告宣传，也经常赞助那些在电台、报刊上抛头露面的项目，使商店的知名度大大提高，然而产品却一直处于滞销状态。

为此，他们带着“既然你知道我们的商店，为什么不来购物”的疑问做了调查，结果多数消费者指出：我们认识了你，并不等于信得过你。

商店老板得知后，恍然大悟，于是在策划上改变了策略。把之前用于在大众媒介上露脸的赞助费，用来定做了许多垃圾箱放在大街小巷，上面印有该商店名称和销售的主要商品，还印有一些公益广告。这样稍做改动后，活动带来的实际收益就大有改观。

不久，该店产品由滞销逐渐转为畅销。他们又拿出更多的钱在一些城区大建绿地草坪，使策划更深入人心，让人们从内心对辛迪诺商店充满了由衷的感激、敬爱之情，直至转化为对辛迪诺商店及其商品的真正的信赖。这样，辛迪诺商店就做到了策划活动效果与实际策划收益的完美结合。

案例分析：辛迪诺商店通过找原因，最终做到了策划活动效果与策划收益相等。

因此，在参与策划活动、酝酿策划时，一定要考虑到，关键是影响消费者的购买行为，而不是纯粹追求策划活动本身的影响。即关键是要考虑通过此次策划最后能带来的实际策划收益，做到策划活动效果与策划收益能完全等同起来，使策划活动产生轰动效应的同时带来巨大的收益。

第六节　策划学原理 6：系统性、整合性原理

策划学原理 6　系统性、整合性原理：指整个策划运作是一个系统、综合的过程——整体，而不只是实施某个单一的手段或考虑某方面的因素——点、面。这样运行的策划才能产生实际的活动结果以及获得令人满意的策划收益。

商业的终极目标是：推销项目或商品。在推销项目或商品的过程中，销售、广告、策划、营销、公关、人员、资金、生产、战略、管理等必须一起配套、综合实施，这样才能取得最好的效果。

策划学中也经常用到“点子”，“点子”与策划的区别就在于：“点子”只是一个点，而策划则通常实施一个“体”，只有少数时候实施一些“面”。“点子”只有经过系统的策划才能成功，而且有的“点子”如果从它的系统性、整合性考虑，根本就是难

以实施的。

通常所说的**整合策划**，正是通过生产、管理、战略、广告、营销、公关、新闻等的紧密协调，综合实施运行。而通常所说的广告、新闻、促销、公关则只是指某一方面的实施手段，只有通过系统性、整合性的策划才能取得最好的效果。

【电子资料 4－12】

制约某旅游项目发展的是交通不便

实施单一手段的做法在当今市场运用得越来越少，很多时候都是采用系统、整合运作，比如，广告必须与促销、公关、人员、资金、管理等一起配套实施，不然花了很多钱做广告，但只要其中之一无法跟上，这个广告就几乎是白做了，投入的广告费用就几乎白费了。促销、公关等与此同理。

策划方案中的系统性与整合性缺一不可，但有的策划人很少考虑策划的系统性与整合性，只从某方面追求轰动效应，结果可能是“万事俱备，只欠东风”，在实施过程中，无法达到预期效果或无法取得长期效益。

要使策划最后取得令人满意的实际收益，就必须注意策划的系统性、整合性，具体来说，要做到以下几点：

（一）策划时做到细致入微

它指的是必须考虑到可能影响策划效果的细微因素，要知道很多策划最终能否取得令人满意的收益，关键在于与整个策划活动相配套的细节的实施。

那种闭门造车，只从理论上或只是片面地、表面地追求所谓大的、有轰动效应的策划的做法，最后的实际收益可能会大打折扣，未必能让人满意，甚至可能还不能覆盖实际投入的费用。

商场如战场。在战争中，如果只凭导弹、大炮的狂轰滥炸，并不能彻底占领阵地。

那种导弹、大炮式的“大”打击，需要相当大的“火力”和精确度，有时还收效甚微。要真正做到完全占领阵地，对整个过程的计划与实施细节就要周密、详细得多，需要士兵一步一步地去实施。其实商战中也是如此，整个策划应该考虑到很多因素，甚至每一个细节都要考虑，并且实施到位。

整个策划应该考虑到很多因素，甚至落实到每一个消费者，从他们如何接受该策划到采取何种购买行为这样的细节都要考虑，并且实施到位。这才谈得上是一个成功的策划，才能确保投入策划的资金能够收回，从而获得最大的收益，而不至于把大量资金拿去做赌注，冒极大风险去运行策划。

如果策划做不到细致入微，那是难以取得成功的。有的公司及策划人往往因为嫌麻烦或觉得花的精力太多，而忽略或不愿去考虑策划上的细枝末节。但如果想要取得成功并尽可能获得最大收益，策划时做到细致入微是无论如何都不能忽视的，也是不应该忽视的。

案例

格力电器董事长董明珠直播带货因为缺少细致准备而失败

格力电器董事长董明珠于2020年4月24日在抖音开启直播带货的首秀。不料在直播开始后，不断出现意外，如频繁出现长达几分钟的卡顿、数十遍的重复、音画不同步等。

对此，有网友在评论区吐槽称："人要变成复读机了""全网第一卡""格力没钱交网费"。

公开数据显示，董明珠直播首秀当晚累计观看人数431万，在线人数峰值为21.63万，商品销售额为22.53万元，销售额最高的商品是新冠空气净化器，意向销售3台共3.62万元。

对此，董明珠于25日回应表示，昨天直播首秀很失败的原因是设备老卡，事前的准备工作不细致。

除了设备外，直播前还应该考虑货什么时间上架，什么时间发红包，什么时间送福利等。

可见，任何策划都要做到细致入微。

后面在准备充分的情况下，董明珠又分别于2020年5月10日和5月15日进行了两场直播，均取得了很大成功。

有的策划能收到非常好的效果，关键在于工作做得细致入微。消费者选择商品时会考虑很多细节因素，有时某些细节因素正是影响消费者是否购买该商品的关键因素，因此在策划中必须涉及、认真考虑并着手解决。

许多广告公司给企业搞策划，只追求一时的轰动效应，以求立竿见影，这种策划其实是比较容易做到的。

这种只追求短期效益而不考虑系统性、整合性的策划是不负责任的。策划应避免盲目性、片面性，不应只注重短期效益，而应注重长期规划，注重策划的系统性、整合性。

对大企业来说，策划更应该是一个完整的、长久的规划，应该注重整体利益与长期效益。

（二）注重策划的中长期方案、配套实施方案及策划的后续方案

策划不应只追求一时的轰动效应，而应该合理分配精力、资金，注重策划的中长期方案、配套实施方案及策划的后续方案的实施，从而避免策划的盲目性、片面性及"昙花一现"。要使策划深入消费者的心里，并得到长期的巩固，需要一个过程。

如果只注重策划一时的轰动性，而没有给受众一个心理接受乃至巩固的过程，这种策划就很难深入消费者的心中。要保持策划活动效果的长期性及稳定性，需要注重策划的中长期方案、配套实施方案及策划的后续方案，也就是要做到合理地分配宣传资金。

（三）做到策划活动效果与策划收益的完美结合

如前面所谈到的，有时策划活动效果并不一定等于策划收益，策划的系统性、整合性原理要求在运作策划时，一定要做到策划活动效果与策划收益的完美结合。

(四) 做到策划活动中广告宣传重点与营销区域战略的紧密配合

1. 策划活动中对广告的认识存在的三大误区

(1) 认为在有全国影响力的媒体上做了广告，甚至用广告进行了狂轰滥炸，就可以在办公室里坐等看了广告的人来买货，批发商来上门订货，自己就能坐享其成，财源就会滚滚而来。想来广告不会如此简单，不会有如此神力，世界上也不会有如此美事吧！花钱做了广告后，营销如何跟上？产品质量能否保证？生产如何把关？人员如何管理？诸多要素都需要与广告紧密配合，考虑成熟。

(2) 认为某个项目从构思策划到盈利或某家企业的成功完全归功于广告，从而过分夸大广告的作用，以致引起决策上的失误，乃至误入歧途。某种项目、某家企业从做广告到盈利是与适应市场规律、质量过硬、了解消费需求、掌握国内甚至国际环境、管理上严格先进等诸多因素整合在一起的。

(3) 过分夸大广告的作用而违背市场规律，置消费需求于不顾，甚至逆着国内、国际大环境而把广告视作万能的，只在广告上下功夫。这肯定是难以成功的。任何广告都不能脱离现实，只能在具备了一定的条件后，在对公司进行全面、深入、充分的了解后，根据实际情况进行一些技巧上的运作处理。

广告应该永远遵循现实而不能脱离现实。

一家企业的成功是它的质量、品质、人才、管理、策略等因素共同作用的结果。只不过一家成功的企业是不能离开广告的，广告是影响企业能否取得成功的诸多重要因素之一。但公司在媒体上做了广告后，还要深入细致地开展与广告配套的很多工作。只有进行了深入细致的工作后，广告才能发挥作用。

现在各家公司都在做广告，消费者面对的不仅是一家公司的广告产品，还有很多公司的广告产品。那么他们在实际购买时，受广告的影响究竟有多大呢？

对于不同的产品，对不同层次的消费者都需要做具体的分析。

2. 广告重点与营销区域战略的配合所包含的几种情况

(1) 在有全国性影响力的媒体上做引导或辅导性广告宣传，以增大影响力，再选择有影响力、有代表性的城市做主导宣传，比如北京、上海、广州、成都、武汉等(地市级或县级企业选择本省省会城市、省内重点城市)，在这些城市聚集一定的销售力量，但这些都是“虚张声势”，营销重点仍是公司所在地的本地市场，再在本地媒体上展开重点广告宣传，集中营销的人力、财力攻占本地市场。然后在本地市场的基础上，逐步扩大影响，进而占领外地市场。

(2) 在有全国性影响力的媒体上做引导或辅导性广告宣传，以制造声势，再重点选择本地媒体做广告宣传，营销的重点也集中选择本地，而实际目标只是完全占领本地市场。

(3) 在全国性媒体做重点宣传，再配以各地的媒体做辅导宣传，实行大范围的、地毯式的全方位广告宣传，同时将营销力量派往全国各地，实行全国性的“遍地开花，遍地结果”。这就需要公司本身有相当雄厚的实力和资金。

(4) 完全只在本地媒体做重点广告宣传，营销重点也完全集中在本地。

策划活动中广告宣传重点与营销区域战略的配合，主要包括上述几种情况。实际上，如果细分的话还存在很多种情况。针对不同产品的特点、不同公司的实力，在具体实施中情况还要复杂得多。因此，必须根据公司的产品特点、实力状况，研究广告宣传重点与营销区域战略的配合。

许多公司及策划人往往忽视或轻视这种广告宣传重点与营销区域战略的配合。针对自己公司的实力及产品特点，研究广告宣传重点与营销区域战略的配合，然后实施这种配合，是策划中非常重要的内容，它事关营销的大局，直接影响公司的兴衰。

（五）策划活动中根据不同的产品选择广告与营销的紧密配合

1. 消费者注重的产品形象、品牌效应

有的产品，消费者在购买时非常注重它们的形象、品牌效应。如汽车、电视机、电冰箱、洗衣机等大件物品，即使公司实力不强，营销只是想占领本地市场，做广告宣传时也无论如何要选择有全国性影响力的媒体去“虚晃一招”，这样才能更好地影响本地消费者的购买行为，在本地消费者心目中树立起一种形象、品牌效应。

在选购这些商品时，消费者会更倾向于“名牌”，而“名牌”往往就是出名的牌子。在当今信息快速传递的时代，打造出名的牌子的立竿见影和较有成效的手段往往是花钱做广告宣传。

消费者也许存在这样的心理：这种产品是“名牌”，是在全国有影响力的产品。对于那些没有在有全国性影响力的媒体上做广告宣传，而只在本地媒体上做过广告宣传的产品，消费者会认为这种商品还没有走出本地，可能质量不够好。

2. 地方性质量过硬的产品

现实中普遍存在这样的事实：有些地方性产品，其实质量与那些在有全国性影响力的媒体上进行狂轰滥炸的所谓“名牌”相差无几，而且价格比这些“名牌”更便宜，却得不到本地消费者的认可，更不用说外地消费者了。

或许是因为这些公司经济实力不够，或许是因为公司不重视宣传、销售无方、领导不力等，或许是因为销售一时还无法打入外地市场，目前只是想占领本地市场，所以它们不愿意花资金或无法花很多资金到一些有全国性影响力的媒体上去做广告宣传，只重点在公司所在地的媒体上做广告宣传，然而这种做法的效果却不佳。尽管这些产品的价格往往比那些“名牌”便宜，质量也与之不相上下，却得不到本地市场消费者的认可，本地市场也难以启动。公司原以为这样做能占尽天时、地利、人和，但结果是连当“地头蛇”的短期构想也破灭了。

究其原因，是因为对某些商品消费者很重视它的形象和品牌，品牌意识支配了其购买行为。这些商品的质量在购买前很难知道，或难以分辨，所以在日常消费中，消费者往往更钟情于那些闻名全国甚至全世界的“强龙”，而对“地头蛇”不感兴趣。

对于这些商品，即使公司实力不济，也要“打肿脸充胖子”，强装一下“强龙”，哪怕是花一定资金到有全国性影响力的媒体上去做一些广告宣传也是很有必要的。这样给消费者的心理感觉就完全不一样。对于大宗的家电产品来说更是如此。

3. 完全是区域性消费的商品

有的商品的区域性消费特点非常明显，这种商品当然没有必要浪费资金到有全国

性影响力的媒体上去做广告宣传，不如当真正的“地头蛇”，且这时还真是“强龙难压地头蛇”，如只在当地销售的啤酒、白酒。除名酒外，啤酒、白酒这些商品的消费本身有很强的地域性，许多消费者更偏好在本地影响力大的产品。对于实力不是很强的小型酒厂或地方性小酒厂来说，不如注重广告宣传重点与营销区域战略的配合，产品销售到哪里，广告宣传再做到哪里；或者广告做到哪里，再集中人力、财力，将销售战略转移到哪里。这样一步步踏踏实实地去扩张市场，增强公司实力，等公司具备了足够的实力后，再去实施全国式的“遍地开花，遍地结果”战略。比如，啤酒因为运输不便、保存周期短等原因，其消费者宁愿选择在本地生产制造的产品，所以这类产品的广告、销售就要与生产地配合。

地域性很强的行业当然也应该注重广告宣传重点与营销区域战略的配合问题。比如某地一家普通的餐馆，有没有必要花大量资金到离餐馆很远的外地媒体甚至全国性媒体上去做广告宣传呢？这种餐馆当然应选择本地媒体，然后将广告与经营策略结合起来就可以了。

4. 技术含量不高，制作工艺、设备简单的商品

还有的产品技术含量不高，制作工艺、设备简单，其产品是连很小的工厂都能生产的大众商品，比如作业本、卫生纸等，或者很多乡镇小企业甚至小家庭都能生产的商品，到处都能买到不同厂商生产的这些商品。对于这样的商品，消费者很少去关注什么“名牌”，所以这些商品的广告宣传投入就很少，关键在于质量与营销策略。

对于不同的商品，就需要根据商品的特点采取不同的策略。

如果有的公司有很强的经济实力，一开始就瞄准全国市场，不惜投入大量的运作资金着眼于长远而不是想快速收回成本，那么它的广告宣传与营销策略的配合又不一样，至少它不会为捉襟见肘的广告宣传费大伤脑筋。但是这种条件下的广告运作，也必须考虑与广告配套的营销战略，而且必须考虑广告费的最低投入问题，以及花最少的广告投入获得最大的收益等问题。即，不是因为钱多而做广告，而是为了赚钱才做广告。不过，这种有非常强的经济实力、不在乎前期投入运作资金的多少，而只着眼于长远收益的公司毕竟只是极少数。

根据不同产品的特点、不同公司的实力来研究广告宣传重点与营销区域战略的配合，都是很简单的道理，然而却被许多公司轻视或忽略。在实际商业行为中，如何根据产品的特点、公司的实力来进行广告策划，还需具体情况具体分析，好好动一番脑筋。

5. 流通途径不同的商品

在广告与营销的配套中，最后还要强调一点：在做广告时，有时还要根据产品的流通途径的特点有针对性地去做。有的产品是代销商或批发商起关键作用，那么厂家的广告重点就要针对代销商或批发商，而不是消费者；有的产品是零售商起关键作用，那么厂家的广告重点就要针对零售商而不是消费者。

商家必须考虑到自己的商品流通途径具有哪些特点，然后选择广告重点。有时还存在这样的情况：消费者看到广告，也对广告的商品产生了购买欲望，但因为缺乏中转商买不到该产品，这时商家就必须在渠道方面多下功夫。

有人对策划的系统性、整合性不屑一谈，认为只要舍得多花钱在电视、报刊上做广告，最好是全国性的大媒体，并且选黄金时段，再不惜巨资请名人做广告，就能立竿见影，得到比广告投入更多的收益，而没有考虑整个策划的系统性、整合性，结果并未如愿以偿，不仅没有带来预期的收益，甚至连投入的广告费也没有收回。对于大型公司来说，这就是没有考虑整个策划的系统性、整合性造成的后果。

比如你的广告虽然选取了全国性大媒体，但你的产品的质量、性能、特点等能否适应全国各地的需求？在其他省份，你的产品能否让看到广告并想购买的人都买到？你的销售是否能跟上？你公司的人员素质够吗？管理、生产跟得上吗？这些都是策划前必须考虑进去然后整体运作的。究竟是从销售入手，然后再用广告来促进销售，还是先做广告造成影响，然后让销售跟上，二者的确难以抉择。在现实中，它们往往是互相联系、相辅相成一起实施的。对于成功的公司来说，这二者都非常重要。

围绕二者又牵涉公司的很多因素，比如人员、资金、管理、生产等。

公司花巨资做了广告，暂且不论广告质量如何，产生的效果好不好，姑且承认它的广告质量上乘或绝佳，能产生很大的影响，但如果它的销售无法到位，公司管理涣散，那么整个策划又如何能取得成功呢？

策划的系统性、整合性戳破了有的“点子大师”的吹嘘：策划绝非只是一个“点子”的问题，它需要系统地实施。当然，杰出的策划绝对离不开好的“点子”。

有的“点子大师”说得头头是道，但当搞实业的公司人员反问他“你既然有如此多的‘点子’，为什么不办实体呢?”时，他可能就哑口无言了。当然，对有的“点子大师”来说确实是缺乏资金，而有的“点子大师”可能就是只会纸上谈兵，其“点子”带有很大的片面性，没有实际操作的可行性。一个系统的策划所涉及的情况，远比只是理论上的“点子”、空谈的“点子”或片面的“点子”要复杂得多。

策划的系统性、整合性要求策划人对策划有全面的认识，对所策划的项目了如指掌，对所策划的项目进行深入调查、分析、研究，对所策划的单位（公司、企业、学校、医院、报社等）的发展方向、内部管理、同行竞争者、主要服务对象都有所了解，否则是难以成功的。

所有的策划都应该建立在对所策划的项目从了解到熟悉再到了如指掌的基础上，然后再进行运作，这样才容易做出杰出的策划方案。而且整个策划应该是一个全面的、系统的运作过程，不但要追求大角度、大效应，而且应该从细枝末节上去考虑、运作。只有这样，才能获得较好的收益。

所以策划中必须考虑的是投入的策划费用能否收回，而不能太盲目地追求轰动效应，导致投入的策划费用收不回来。否则，运作实施这样的策划岂不是费力不讨好，瞎忙一气？有的人一味追求策划的轰动性，而不注重系统性、整合性与整体效应、长久利益，这种策划如“昙花一现”，很快就会被人淡忘。例如，健力宝在某段时间内忽视了宣传，结果人们对它的关注程度很快降低，直接影响了公司产品的销售。

如何合理利用资金，使整个策划具有系统性、整合性及长期影响，这正是策划中需要精心考虑的。策划最忌讳随意地投入资金，然后碰运气希望有所收获，投入这种策划的资金在很大程度上是白费的、徒劳无益的，很难产生实际收益。

第七节　策划学原理 7：知名度不一定等于策划收益原理

（一）策划的无效性

很多策划是无效的，简称策划的无效性。

并不是花钱做了广告，广告就有效果；在新闻媒介上做了宣传，宣传就能起到作用；在营销上花了功夫，就一定卖得出产品。有时候，传递的信息量太少或信息量没有影响到目标受众都可能导致策划运作无效。

在策划中，造成策划无效的原因有很多种。

策划的无效性或策划作用不大主要表现在以下两个方面：

其一，为了达到某种策划目的，有人不厌其烦地采取上新闻或做广告等方式，认为只要重复述说，受众就一定能接受，最后就能达到自己的目的。其实这种人根本没有认识到，受众的疲劳反感心理、习以为常心理甚至逆反心理都可能会造成策划的无效。

知道这个原理对运行策划是非常重要的，比如在做广告时就要时常变换，不要长期重复一种单调的广告；使用新闻手段时要讲究宣传的趣味性，契合受众的兴趣等。

其二，知名度并不一定等于策划收益，也可能会造成策划的无效。

知名度并不一定等于策划收益，这其实是一个非常浅显的道理，然而现实中有人就不明白这个简单的原理。

策划学原理 7　知名度不一定等于策划收益原理：知名度越高并不一定等于策划收益越好，有可能策划收益小于知名度。

这也是一个重要的策划原理。很多人没有认识到这个原理，甚至在这个原理上走入了一个误区。知名度高虽然表示策划产生的信息量大及影响的受众多，但与策划收益还是不能等同起来。

（二）知名度可以从正、负两方面形成

只有正面的知名度才能带来策划收益，而负面的知名度带来收益的可能性就极小。负面的影响也可能造成更大的知名度，但它带来的却是副作用。如发生在 2011 年的“瘦肉精事件”，经媒体曝光后那些出售“瘦肉精”猪肉的企业有了很高的知名度，但它们会给出售这些“瘦肉精”猪肉的企业带来收益吗？肯定不会。

这是负面的因素带来知名度的比较典型的案例。很显然，这些负面的因素为这些出售“瘦肉精”猪肉的企业带来的知名度，绝对不可能给这些生产商、销售商带来收益。

案例与分析

有公司误认为借康菲漏油事故的知名度能够带来正面影响

2011年8月，渤海湾漏油事故让康菲石油（中国）有限公司（简称康菲）进入了中国人的视野。这本来是一家很专业的公司，除了为行业人士所熟知外，原先并不为大众所熟知。受渤海湾漏油事故的影响，确实有很多普通大众知晓了该公司，也就是说，渤海湾漏油事故提高了该公司的知名度，但是这种知名度带来的是正面影响还是负面影响呢？当然更多的应该是负面影响。

然而西安一家公司却认为康菲漏油事故提高了公司的知名度，能够带来正面影响。该公司因为公司名称与康菲相同并且业务相关，还有意把自己与康菲联系起来。这显然是进入了一个误区，不了解知名度并不一定等于收益，且负面的知名度给公司带来的也是负面影响。

事件经过：漏油事故最早在2011年6月初发生，直到7月初才被媒体曝光，可是康菲并没有停止B、C平台的生产作业。这使得已持续两月之久的漏油事故仍在恶化，康菲不得不在8月12日对外坦白：已调整集油罩的位置到新渗油点，矿物油油基泥浆溢出总量增加到400立方米，约2 500桶。漏油量截至8月18日已达3 217桶，远超最初估计的1 500桶。两个多月过去了，渤海湾漏油事故非但没有画上句号，反而因怠慢拖延愈演愈烈。

这件事引起了媒体的普遍质疑，也给当地造成了污染，使当地遭受了很大的经济损失，引起了民众的强烈不满，有关部门三令五申要康菲解决好漏油事故。

然而，正在大众普遍对康菲进行指责的时候，8月中旬西安一家同样名为“康菲”的公司（简称西安康菲）却在其官网上的一则润滑油业务招聘通知中称：“近期，随着中国渤海湾康菲钻井平台漏油事故的不断演变，美国康菲石油公司的知名度得到了大幅提升，同时美国康菲润滑油也被越来越多的业内人士所关注，业务成交量同比大幅提升，业务人员工作量大幅增加。”

而且西安康菲一位相关人士称，由于最近康菲在渤海湾漏油事故处理过程中知名度得到了较大的提高，一些原本不怎么知道康菲品牌的客户现在也知道了康菲。这反而带来了业务量。

据上述人士称，西安康菲的润滑油业务此前一直采取的是电话营销的方式。西安康菲希望借此机会拓宽渠道，并“借助这次品牌广泛传播的机遇，共同分享西安康菲润滑油成长所带来的喜悦”。

在招聘通知中，西安康菲润滑油的定位是“做中国润滑油行业最有意义的品牌；做润滑油经销商最喜欢卖的品牌之一”。西安康菲称：“为此，公司决定面向整个润滑油行业，寻找一批有经验、懂管理、市场开发能力强的区域销售经理，以各种可能的形式与公司合作，借助这次品牌广泛传播的机遇，共同分享康菲润滑油成长所带来的喜悦。”

西安康菲表示，此次招聘并不要求入聘人员到西安总部工作，而是采取业务分包的方式，被招聘人员将利用自己之前所拥有的渠道来开展业务。

此招聘一出，立即引起一片哗然。

很多人对康菲的这种做法感到愤慨。作为一家跨国企业，康菲的做法不仅是对社会责任的抛弃，也是对中国法律制度的嘲讽。此招聘经报道后引起广大读者对美国康菲公司（简称美国康菲）的愤怒，一些网友甚至呼吁抵制美国康菲的产品。

但经调查，这则广告确实不是康菲所发。康菲也对媒体声明称，此消息并非自己所发。

原来是另有原因。发布招聘信息的是来自西安的同样名为康菲石油的企业，其主营润滑油业务，而美国康菲早在2006年便退出了中国润滑油市场。西安康菲的英文名是Conocoil，异于美国康菲的Conoco。西安康菲销售的润滑油商标是“Confo”，中文也叫“康菲”。美国康菲在官方网站上也明确声明：康菲石油（ConocoPhillips）及康菲石油中国有限公司（ConocoPhillips China Inc.）与 www.conocoil.com 无任何关系，美国康菲石油中国有限公司唯一官方网站为 www.conocophillips.com.cn。

但在百度输入“康菲”或“康菲石油”，西安康菲的地址均位于第一位，而美国康菲石油中国有限公司的官网地址则踪迹难寻，因此不少人把西安康菲的网站误认为是美国康菲石油中国有限公司的官网。自从媒体公布招聘消息后，西安康菲的网站已经不能打开。

据调查，西安康菲和美国康菲确实没有关系，是西安一家润滑油企业把“康菲”名字抢注了。美国康菲方面则表示，针对西安康菲的种种侵权行为已经多次下发律师函但无果。

案例分析： 此次西安康菲利用康菲漏油事故炒作自己，引起了各方的质疑。西安康菲显然进入了一个误区：误认为只要有知名度就能带来收益。然而负面的知名度不但不能给公司带来收益，还将造成更大的损失。再举一个简单的例子：有关主管部门要定期抽查一些产品的合格情况，定期打假，在这些行动中有些产品被列为不合格产品或打假对象。这些不合格产品、造假单位要被很多媒体曝光，于是很多人都知道了这些不合格产品和造假单位，它们的知名度可谓提高了不少，难道这些不合格产品、造假单位会因为这个知名度提高而获得更大的策划收益吗？

（三）知名度并不一定等于策划收益，因为知名度并不一定等于美誉度，而美誉度才是塑造品牌形象、影响受众是否购买的决定因素

案例与分析

餐饮策划以“低俗”博眼球，结果得不偿失

近几年，很多商家为了博人眼球，在餐饮策划的营销上花样百出，更有甚者采用低俗的手段来吸引顾客，这些例子数不胜数，最近的要数绝味的餐饮策划事件，用“消费女性”的低俗营销来寻求关注，被公众谴责后才撤销并道歉。类似的事件还有很多。

2020年1月，炸鸡品牌“叫了个鸡”被处罚50万元，因为它在运作前期依靠其极具争议性的名字，成功引起了消费者的关注。

“叫了个鸡”是2013年11月创立的一个专营炸鸡的餐饮品牌，以店铺加盟体系为主、专业从事鸡肉产品生产销售，注册资本为50万元。经过两年的发展，“叫了个鸡”在上海赢得了“网红炸鸡”的称号，并且在全国多个二、三线城市开设了加盟店。其店面以一只明黄色小鸡为主打形象，并揽下所有污名为经营噱头。

“叫了个鸡”除了在店名和招牌语上下足了“污”功夫外，让人印象深刻的店名，以及多次打色情“擦边球”的策划也让它火了一把，但也让这家公司惹上了不少是非，甚至遭到了罚款、关店的处罚。

2016年11月17日，成都锦江区书院街道办城管治安综合执法队依照相关法规，拆除了“叫了个鸡”的招牌，并劝导经营者改换菜品的不雅名称。

近年来，为了吸引消费者的眼球，各地纷纷冒出比基尼服务员。2019年5月11日，在南京鼓楼区水佐岗一家蒸汽海鲜餐厅里，穿着比基尼迎客的服务员，迅速引起了不少年轻都市白领和媒体的关注。餐厅迅速被媒体曝光，吸引了大量消费者光顾。然而并不是所有的消费者都能够接受。

“这样的餐厅太伤风败俗了。”一些上了岁数的女性市民来该餐厅里吃饭，没想到一些身着比基尼的服务员在眼前晃，有些无法接受。

案例分析：好的策划手段总是让消费者、投资者念念不忘。然而，一切策划都不能过于低俗、庸俗、恶俗，逾越法律的界限。打色情“擦边球”的低俗玩法，总归容易惹上法律上的麻烦。

这上面的案例只是其中的一些，还有很多类似这种用“低俗”的策划手段来博眼球的，这种方式虽然短时间内会产生很大的反响，但是时间一长便会使顾客厌烦，甚至有可能受到法律的制裁，所以在餐饮策划营销的时候可以用技巧，但不能太过火。

通过策划得到的知名度并不一定等于美誉度，而美誉度才是塑造品牌形象、影响受众购买的决定因素。

（四）知名度并不一定等于策划收益，有的知名度还因为违背了法律、历史、宗教、民族文化而造成了负面影响

千万不要认为知名度就意味着策划收益，铤而走险去做有悖常理的策划，这有可能会置公司于死地。比如，运作策划要遵守法律、尊重少数民族的风俗习惯、尊重历史事实、尊重外国人的宗教习惯、遵守社会的道德习惯等。而有人偏不这样，甚至一味地违反这些，以为这样更容易造成轰动效应，从而提高知名度，而不考虑策划是否会产生更大的负面影响。

现实中有些策划者连这个最浅显的道理都不懂，把别人引入歧途，鼓励人们去闯“禁区”，甚至违背法律，或者为此专门去惹官司，鼓吹“一条惹起官司或负面影响的

广告的经济效益远远超过广告本身和罚款的价值”。结果往往会让公司陷入遭人厌恶、指责的重围之中，或被拖累于诉讼之中。这样的案例在现实中时有发生。这种知名度又有何用呢？

殊不知，这些铤而走险的策划往往会置企业于死地，或造成恶性循环。有些策划置法律甚至民族尊严于不顾，结果让大家很反感甚至愤怒。

（1）以下案例中公司的做法违背了法律，虽然公司因此提高了知名度，却陷入了绝境，而且有关策划人员还受到了法律的制裁。

（2）策划应该尊重历史事实，不应该把历史上的伤痛、一些反面人物或有争议的人物拿来作为策划卖点，以提高知名度，这样做即便提高了知名度，最终带来的也更多是负面影响或失败结果。

案例与分析

莫将历史耻辱当卖点，别拿希特勒赚取知名度

福建一家生产啤酒的厂家，想钱想疯了，竟把臭名昭著的恐怖分子本·拉登作为商标，贴上标签，大模大样地走向市场，自然遭到了人们的唾弃。

2015 年 7 月，新疆乌鲁木齐市水磨沟区观园路南二巷新开了一家奇葩面馆，奇就奇在名称，竟然叫“希特勒牛肉面馆”。对此，餐馆马老板解释道：“希特勒这几个字很特别，开餐馆就临时起了这个名字。因为没上过几天学，并不清楚希特勒的真实含义。”

对于这家起了奇葩名称的面馆，乌鲁木齐市水磨沟区工商局一名工作人员表示，“希特勒牛肉面馆”店名不规范，违背了工商注册的有关规定，肯定不能通过注册，建议及早更名。

这家面馆名称违规了。餐馆等工商企业名称应当符合国家有关法律法规及登记主管机关的规定。

案例分析：遗忘历史，遗忘国耻，为了钱不顾礼义廉耻，用灵魂换取金钱，想方设法给民族屈辱贴上时髦的标签，让切肤之痛穿上漂亮的外衣，这种千夫所指的行径，贱卖的是道德，丢弃的是人格。

其实明眼人一看便知，之所以有商家公然打出“希特勒”的招牌，看中的无非是这个名字的“知名度”，试图以此博眼球、拉生意。现如今，为宣传和炒作不择手段的商家绝非一两家。它们或玩弄噱头，或拿肉麻当有趣，有的甚至不惜打法律法规的“擦边球”。如此不择手段炒作，或许可能获得一时之利，但从长远来看，却必定得不偿失。

（3）不尊重民族文化，虽然带来了知名度，但也会产生很大的副作用。

案例与分析

小米公司为日本宣传视频中的不当内容道歉

2020 年 4 月 30 日，小米在线上推出 Redmi Note 9 系列，主要面向海外市场。

随后小米国际发布了一则 Redmi Note 9 系列的宣传视频，视频中采用了很多创意元素来展示 Redmi Note 9 系列的新特性。在介绍 30W 快充功能时，该视频中出现了核弹爆炸的画面（见图 4－9），此举引发了日本网友的不满和争议。

该视频很快被官方下架，相关热词登上热搜。

图 4－9　出现核弹爆炸的画面

2020 年 5 月 6 日，小米日本在社交媒体上发表道歉声明称，小米在海外市场的新品宣传视频中出现了欠考虑的内容，并已经删除该视频。小米尊重全世界用户以及各自文化，今后在宣传新产品时，小米将更贴近用户，努力防止此类事件再次发生（见图 4－10）。

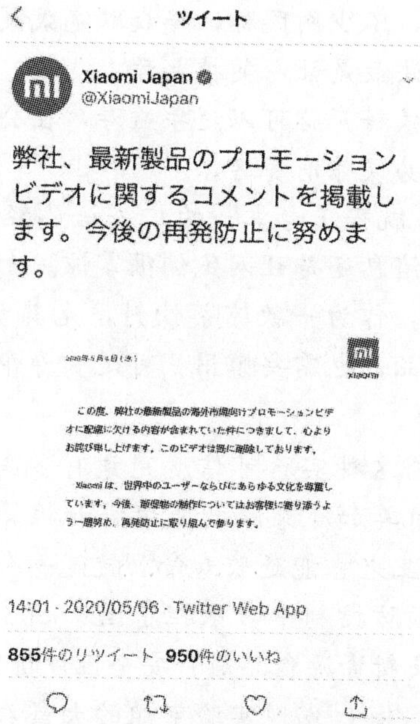

图 4－10　小米日本道歉截图

案例分析：2019年11月，小米正式宣布进入日本手机市场。

作为世界500强企业，未来的宣传素材审核需“长点心”。此次的宣传素材显然是不尊重日本的历史文化。

Redmi Note 9系列作为旗下的低端机型加入了30W快充，本是一个很大的宣传亮点，但是在宣传片中出现了一个“大胖子飞上天”和“核弹爆炸”的场景，要知道日本是唯一受到过核弹袭击的国家，而且当时的原子弹中就有一颗名为“胖子”。如此宣传是真的很不妥，也难怪日本民众无法接受。

（五）还有一些策划通过哗众取宠、荒诞玩笑、故弄玄虚、恶作剧等做法来获得“知名度”；也有的铤而走险去做一些有悖常理的策划来获得“知名度”；甚至还有的用愚弄、欺骗、虚假手段来获得“知名度”

很显然，用这些手段博取知名度的策划往往会得不偿失，只会让消费者反感。凡此种给人们心里留下阴影及造成不良社会影响的策划，最终都是弊大于利。

案例与分析4-21

王老吉哗众取宠策划：喝凉茶可延长寿命

2018年12月8日，广药集团董事长李楚源出席某论坛期间，表示根据国家863计划研究结果，长期饮用王老吉凉茶可延长寿命约10%。并称，这一结论是通过对576只大鼠样本为期两年的安全性实验得出的。

【电子资料4-13】

景区为吸引游客，策划虚假华南虎

此言一出，不少网民称，哗众取宠式策划见过不少，但“喝王老吉能续命”的说法最是让人笑掉大牙。

一款凉茶饮料声称可以延年益寿，在公开场合如此宣传存在虚假广告的嫌疑，容易误导消费者。

“怕上火，就喝王老吉”的广告语已经深入人心，但听到“喝王老吉能续命”的消息还是让网民们很震惊。

网民表示，作为一款凉茶饮料，充其量可以往保健品的领域里靠，但即便是保健品，也需要慎用“可延长寿命”这样极具诱导性的言论吸引公众眼球。

专业人士评价：姑且不论这种实验可信度究竟有多高，但有一点必须厘清，实验大鼠和人之间的差距并不是简单加减乘除就能填补和推算的，在没有得到任何关于人体的科学实验结果之前，“喝王老吉能延长寿命”就是一个“伪命题”。

根据介绍，广东省疾病预防控制中心承担了国家863计划课题功能性食品安全评价因子研究项目“功能食品及新资源食品原料安全性评价体系的完善”。

他们给予的剂量是2.90g/kg，发现实验室组的大鼠存活时间要比对照组的大鼠长33.1天，也就是说寿命延长了4.9%，并非上文介绍的延长10%左右。

事实上，这项研究存在诸多疑问，如：凉茶中的什么成分能延长大鼠的寿命？根据王老吉官微的介绍，凉茶对人体的各项指标“有一定程度的改善”，其判断的依据是什么？采用的是何种实验方法？结论从何而来？

其实这些结论都未经证实，也未经同行评议。

网民“张英”提出，监管部门有必要介入，如属实，应向消费者公布“喝王老吉可延长寿命10%”的相关实验数据，如属假话，那么可定性为虚假广告，应给予相应惩戒。同时还应将这种利用论坛、新闻发布会等形式进行产品宣传的行为纳入广告范围之中，进行监管，避免离谱、夸张、虚假广告钻空子。

案例分析：自卖自夸也好，虚假广告也罢，品牌必须有担当，策划更不能没底线，很多消费者提出监管部门应积极介入，守护市场规则。

“光明网评论员”称，人们对生命无常的恐惧，对人体认知的局限，加之利益的盘算、监管的失守，众多因素的合力，俨然构建起当前保健养生领域的神话世界：无论何种难题，在仙丹神药面前都不是问题。在这一大背景下，广告费用巨额堆叠，宣传口号激烈角力，包装手法日渐高明。当浮夸已成气候，个别歪风其实也见怪不怪了。

网民“张立”认为，品牌应当有品牌的担当，即便抛开品牌，作为一款饮料产品，也应保持基本的诚信底线。赢得市场的尊重，不是单靠语出惊人的“成果说”来给自己撑门面，而是需要严谨客观的数据和假一赔十的勇气。

我国《广告法》第十八条明确禁止保健食品广告中出现表示功效、安全性的断言或者保证，以及涉及疾病预防、治疗功能等内容。称喝王老吉延长寿命10%，缺乏科学依据，缺乏科学论证过程，缺乏监管审批。显然，广药集团如此宣传有误导消费者之嫌。

以上案例用虚假策划来换取知名度，结果当然是得不偿失。

（六）从名人信息效应中获得的知名度有时也不一定等于策划收益

有的名人不注意自己作为公众人物的言行，在某些事件上损害了自己的形象，使用其做广告或形象代言人的公司因其受累。还有的名人因口碑不好，或道德败坏让公众反感，有些公司却还要用其做广告或形象代言人，这时就会让消费者形成逆反心理，对这种商品感到厌恶。这种知名度也不等于策划收益。

（七）有的知名度与实际的策划活动或策划运作关系不是很大或者没有关系，这种策划最后当然就没有多大作用，这种知名度也并不一定等于策划收益

案例

中国城市抢名人，西门庆都不放过

很多地方为了提高知名度，不惜斥巨资建旅游区、宣传，争当名人故里，希望以

此提高当地的知名度，然后达到带动当地旅游、发展经济的目的。

一些有史可寻的名人还说得过去，但对于一些难以考证或一些文学作品虚构的人物，很多地方也拿来做文章，着实有点过分。

三国时期的大小二乔，居然有五省七地都在争抢故居。小乔的墓地甚至三个地方都有。其中，湖北嘉鱼县在当地的温泉景区里建了二乔故里，声称二乔是本地名门千金；浙江义乌则将一个农庄开发为二乔故里，故里主题成了农家乐，二乔成了乡下丫头。湖南省岳阳市岳阳楼景区的小乔墓是岳阳楼景区重要旅游项目之一。安徽潜山也在争“二乔故里”，虽然它开始只能找到一口难辨历史的“胭脂井”，但经过努力建设，现在已经有了二乔公园、二乔路……

然而历史上，究竟有无二乔非常难考证，她们只是小说《三国演义》中的人物。

争抢历史名人还可以理解，毕竟他们可能存在或曾经存在。可是那些神话传说、小说话本里的虚拟人物，怎么也有这么多城市跳出来给他们“安家”？有专家就考察出了牛郎织女的“家乡”——山东沂源燕崖镇，当地还成立了中国牛郎织女传说研究中心——一边研究牛郎织女传说，一边研究牛郎织女在沂源的生活。河南鲁山也有中国民间文艺家协会（简称民协）授牌的牛郎织女文化中心。他们认为，牛郎放牛，织女织布，这样的故事肯定是发生在农耕文明发达的中原地区。在广州，还有“中国乞巧第一村”天河区珠村，这里会举办七夕文化节。

鲁山还专门设置了四十多处带“牛”的地名，鲁峰山上到处建有放牛的“牛郎”。湖北十堰郧西县认为自己才是牛郎织女故事的发源地，因为他们县城里有条河叫“天河”，跟天上那条河重名。郧西人民在“天河”边修建了一个直径12米的月亮，宣称是世界上最大的人造月亮。一到夜晚，天河边就流光溢彩，非常适合牛郎织女约会，虽然牛郎织女约会的七月初七并不是月圆之夜。2017年10月5日，在湖北襄阳，一个10米高的巨型人造月亮在仲宣楼城墙亮相。这类人造月亮其实并不少见。

作为中国古代民间四大爱情故事之一的主角的梁山伯与祝英台（合称梁祝），也没有逃过类似的命运。他们不仅要被强行四处安家，甚至还被强行四处安葬。全国已经有了17处和梁祝相关的古迹，包括1座梁祝庙，6个梁祝读书处，还有10处梁祝墓。光是民协授予的“梁祝文化之乡”就有4个。浙江宁波修建了俯瞰梁祝文化公园，公园位于晋代梁山伯与祝英台墓、庙古遗址所在地，是一个爱情主题公园。

最早被授予“中国梁祝之乡”的驻马店市汝南县，现在不仅有梁山伯墓、祝英台墓，还有泪井、一步三孔桥、红罗山书院、白衣阁等故事中提到的场所。而为了让“梁祝之乡”更出名，这些“遗址”所在的马乡镇，也改名叫“梁祝镇”。不过在本地版本里，祝英台其实姓“朱”，梁山伯则被亲切地称为“俺村的梁傻子”，他们读书的“红罗山”，只是一个小土坡，毕竟汝南是平原。

原本是为了发展汝南旅游业而建的梁祝景区，如今也早早地烂尾了。除了两座墓和两排景观树，其余一片荒芜。不知道辛苦考证梁祝发源于汝南的学者们图什么，毕竟想论证这一观点本来就很难——因为没有任何史志古籍记载过汝南跟梁祝有关。

不过，这可能正是虚拟人物的好处：因为没有明确事实，所以哪里都可以争。

更让人惊奇的是，《水浒传》《金瓶梅》中虚构的无赖、奸商、淫贼西门庆，竟然也有好几个城市争着当他的故里。在规划的相关旅游景区内，光有西门庆及其妻妾的宅院还不够，更高级的规划还要安排上“西门庆初会潘金莲”“武大捉奸”等真人表演。就是神话传说里的哪吒，也有包括四川宜宾、四川江油、天津等在内的多个故里。

而那些连名人的边都没搭上的地方，就得找名人文章里的字句片段了。比如前几年大火的《琅琊榜》，让琅琊成了各城市争相认领的对象。山东称琅琊一直在山东境内，春秋时期的齐国就有琅琊邑。郦道元的《水经注》就记载，琅琊台在山东的琅琊山上。对此，安徽滁州就不服了，毕竟《醉翁亭记》的前两句“环滁皆山也……望之蔚然而深秀者，琅琊也”，早就给滁州认证了。在《琅琊榜》播出后，安徽滁州琅琊山景区把原来的“会峰阁”改名为“琅琊阁”。

资料来源：云一灯．中国城市抢名人，西门庆都不放过．https://mp.weixin.qq.com/s/CrLlqMlr19BCAje5JfHwVw，2020-01-05.

（八）有的知名度干扰分散了主题，比如广告、形象代言人中的名人干扰分散了主题，虽然提升了知名度，但达不到预期的策划收益

如姚晨代言赶集网，驴的知名度反而干扰分散了赶集网这个主题。

还有一些打色情“擦边球”的广告也是如此。正如美国艾奥瓦州州立大学心理学教授布莱德·布殊曼的研究所表明的，那些充斥着性隐喻的节目，虽然带来了知名度，但当人们看到这些内容时，他们通常会想有关这些内容的东西，而非广告信息本身，反而使观看者对相应广告的记忆减弱。这种知名度也并不等于策划收益。

策划中产生的正面影响与策划中有意或无意产生的负面影响，有时只差之毫厘，需要好好地斟酌与把握。策划应该尊重消费者，不能为追求一时的轰动效应而与消费者开这样的荒诞玩笑。如果太过分，就成了恶作剧。

在策划时，有些因素带给消费者的也可能是负面影响居多，比如轻视或蒙骗消费者、捉弄消费者等。这些策划手段虽然可能会一时得逞，但一旦被消费者识破，企业就会身败名裂。

策划不能只注重一时的轰动性，而要了解这种轰动性是否会产生正面影响。如果给消费者造成了较大的负面影响，那么一旦消费者在长期潜在的、负面的心理作用下形成心理定式，再欲扭转往日形象，就需要耗费相当长的时间，需要花费更多的金钱。因此，如果公司不慎造成了负面影响，要及时消除，不要形成恶性循环。

参考文献

陈尚希．品牌“三度”的陷阱——知名度、美誉度、忠诚度．企业文化，2008（2）.

池立军．广告与电视节目完美对接——收视率与经济效益双赢．艺术科技，2013（2）.

冯乐乐，等. 企业知名度与美誉度的测量. 现代企业，2016（2）.

宫学大. 用“三个知名度”树形象. 中国机电工业，2001（17）.

巩文森. 传播心理学视角下浅析潜意识广告——以《向往的生活》为例. 视听广播与电视期刊，2020（4）.

管荣根. 企业要发展，必须树立良好形象和知名度. 工程机械，1999（4）.

江晓军，易禹琳. 选取新闻角度的基本原理. 益阳师专学报，2001（1）.

蒋胤傑，况琨等. 大数据智能：从数据拟合最优解到博弈对抗均衡解. 智能系统学报，2020（1）.

康迪. 突围综艺季：当TOP电视节目赞助成为“炫富”场，广告主如何碾压对手？. 成功营销，2015（12）.

李琴. 要知名度，更要美誉度. 中国青年研究，2011（6）.

刘雨田. “知名度”与“知民度”. 国际市场，2002（2）.

宁孟. 塑造品牌：打了知名度别忘美誉度. 现代营销（经营版），2007（7）.

秦小凡. 新浪与腾讯在微博APP开发上的博弈. 广西质量监督导报，2020（3）.

全媒体跨境电商平台——优品可视. 广播电视信息，2018（6）.

汪萍. 广播电视节目中的插入广告应有度. 新闻世界，2015（8）.

王冬梅. 情感类心理学微信公众号的发展现状和建议. 新闻研究导刊，2019（22）.

肖建兵. 广告市场和观众市场之间的落差. 广告大观，2005（3）.

肖小燕，袁金明. 微信朋友圈旅游广告效果分析. 研究旅游纵览（下半月），2020（2）.

杨罡. 综艺类电视节目微博互动广告效果. 西部广播电视，2015（15）.

姚林. 报业广告市场衰退主要原因解析. 中国记者，2005（10）.

俞敏洪. 不要习以为常. 中关村，2011（3）.

战晓莹. 消费心理学对广告创意的影响. 现代营销（经营版），2020（3）.

张海波. 广告心理学态度研究的新发展. 现代营销（经营版），2020（3）

张洪福. 头条的基本原理及效益影响分析. 中国传媒科技，2018（4）.

赵月旺. 从网络知名度推断市场份额. 中国商业评论，2006（8）.

郑维东. 电视节目评价中收视率权重研究. 市场观察，2004（7）.

周恩玉，浅谈当代设计心理学的研究与应用. 文化产业，2020（5）.

周文辉. 知名度如何转为美誉度. 经贸导刊，2001（7）.

周晓英. 信息构建的基本原理研究. 图书情报工作，2004（6）.

Anirban Kar，Indrajit Ray，Roberto Serrano. “A Difficulty in Implementing Correlated Equilibrium Distributions.” *Games and Economic Behavior*，1（2008）.

Alberto Fernández-Isabel，Adrián A. Barriuso，Javier Cabezas，Isaac Martín de Diego，J. F. J. Viseu Pinheiro. “Knowledge-Based Framework for Estimating the Relevance of Scientific Articles.” *Expert Systems with Applications*，161（2020）.

Bachand Denis. “The Marketing of Ideas Advertising and Road Safety”. *International Journal of Research in Marketing*，4（1988）.

Bob Stone. "From the Foundation: Integrated Advertising/Marketing Communication." *Journal of Direct Marketing*, 4 (1991).

Christian W. Bach, Andrés Perea. "Two Definitions of Correlated Equilibrium." *Journal of Mathematical Economics*, 5 (2020).

Michael Schudson. "Criticizing the Critics of Advertising: Towards a Sociological View of Marketing." *Media, Culture & Society*, 1 (1981).

Ferenc Forgó. "A Generalization of Correlated Equilibrium: A New Protocol." *Mathematical Social Sciences*, 3 (2010).

Françesco Gangi, Lucia Michela Daniele, Nicola Varrone. "How Do Corporate Environmental Policy and Corporate Reputation Affect Risk-adjusted Financial Performance?" *Business Strategy and the Environment*, 5 (2020).

Godreau C. J. "Newspaper Advertising versus Direct Mail Marketing in a Family Practice: A Hands-on Approach." *Health Marketing Quarterly*, 3 (1995).

Jamie L. Grigsby, Hillary N. Mellema. "Negative Consequences of Storytelling in Native Advertising." *Journal of Interactive Marketing*, 11 (2020).

Jiuchang Wei, Tingting Liu, Daniel E. Chavez, Haipeng Allan Chen. "Managing Corporate-Government Relationships in a Multi-Cultural Setting: How Political Corporate Social Responsibility (PCSR) as a Response to Legitimacy Pressures Affects Firm Reputation." *Industrial Marketing Management*, 89 (2020).

John Paluszek. "Marketing to the Mind: Right Brain Strategies for Advertising and Marketing." *Public Relations Review*, 4 (1997).

Juuso Liesiö, Juho Andelmin, Ahti Salo. "Efficient Allocation of Resources to a Portfolio of Decision Making Units." *European Journal of Operational Research*, 286 (2020).

María del Mar Miras-Rodríguez, Francisco Bravo-Urquiza, Bernabé Escobar-Pérez. "Does Corporate Social Responsibility Reporting Actually Destroy Firm Reputation?" *Corporate Social Responsibility and Environmental Management*, 4 (2020).

Mike G. Tsionas. "A Note on Sigma-Mu Efficiency Analysis as a Methodology for Evaluating Units through Composite Indicators." *European Journal of Operational Research*, 3 (2020).

Peican Zhu, Xiaoyu Wang, Danyang Jia, Yangming Guo, Shudong Li, Chen Chu. "Investigating the Co-Evolution of Node Reputation and Edge-Strategy in Prisoner's Dilemma Game." *Applied Mathematics and Computation*, 386 (2020).

Peter Vanderschraaf. "Convention as Correlated Equilibrium." *Erkenntnis*, 1 (1995).

Qiuhui Pan, Linpeng Wang, Mingfeng He. "Social Dilemma Based on Reputation and Successive Behavior." *Applied Mathematics and Computation*, 384 (2020).

Salvatore Greco, Alessio Ishizaka, Menelaos Tasiou, Gianpiero Torrisi. "Sigma-

Mu Efficiency Analysis：A Methodology for Evaluating Units through Composite Indicators.” *European Journal of Operational Research*，3（2019）.

Shailendra Pratap Jain，Traylor Jordan Weiten. “Consumer Psychology of Implicit Theories：A Review and Agenda.” *Consumer Psychology Review*，1（2020）.

Sofaer S.，Gruman J.，Connaughton S.，Grier R.，Maule C. “Developing Performance Indicators That Reflect an Expanded View of Health：Findings from the Use of an Innovative Methodology.” *The Joint Commission Journal on Quality Improvement*，4（2000）.

Rik Loose. “The Other Side of Marketing and Advertising.” *Marketing Theory*，1（2015）.

Tomasz Grzegorek. “What More Is Folk Psychology?” *Studia Psychologiczne*，1（2011）.

William O. Bearden. “A Brief History of the Future of Advertising：Visions and Lessons from Integrated Marketing Communications.” *Journal of Business Research*，3（1996）.

Yannick Viossat. “Evolutionary Dynamics May Eliminate All Strategies Used in Correlated Equilibrium.” *Mathematical Social Sciences*，1（2007）.

Yuta Kawamura，Takashi Kusumi. “Altruism Does not Always Lead to a Good Reputation：A Normative Explanation.” *Journal of Experimental Social Psychology*，90（2020）.

第五章

MASTERMINDING

策划学的信息效应

在策划运作中，经常会遇到信息效应问题。如果不了解信息效应理论，就不能很好地解决这些问题；如果掌握了信息效应理论，就可以更好地处理现实中与这些理论相关的事件，并运用自如。

第一节 信息效应1：信息干扰分散效应

策划活动中存在信息干扰分散效应。

信息效应1 信息干扰分散效应：在策划中，一些人为因素或意外因素对信息的干扰产生了分散效应，以致产生了并非原来意愿的结果；有时需要有意对一些信息进行干扰分散，以减少受众对某些不利信息的注意。

干扰分散主要存在以下一些情况。

(一) 信息无意中受到的干扰

案例与分析

五粮液、茅台清理众多子品牌，原因是它们干扰分散了主品牌

2019年4月7日，五粮液公司向运营商、专卖店下发了关于清理下架和停止销售"VVV""五粮PTVIP""东方娇子""壹玖壹捌1918"这四个总经销品牌的消息，目的是要聚焦公司主力品牌，提高公司自身品牌的辨识度。

此次清理涉及73款产品。

这次清理的"VVV""东方娇子"等四个品牌及其旗下的22款产品，皆为总经销品牌和产品，要求各运营商、专卖店从4月4日起对自有门店进行清理，下架以上产品，停止销售。在运营商签约区域、渠道内，已纳入五粮液"百城千县万店"工程的社会化终端要配合五粮液系列酒公司开展清理下架工作。

2019年以来，五粮液亦在多个不同场合强调清理总经销品牌的决心。2月，在五粮液北京营销战区经销商工作会上，五粮液常务副总经理邹涛称，要坚决夯实52度经典五粮液的核心地位和五粮液1618、低度五粮液的战略补充地位，坚决清理对五粮液品牌有干扰的总经销产品，坚决贯彻公司五粮液品牌"1+3"产品策略、系列酒"4+4"产品策略。

五粮液发布的2018年年报称，2019年公司要实现营业总收入500亿元，保持25%左右的增长。为确保该目标的实现，公司推出的举措之一就是围绕"三性一度"（即确保五粮液的纯正性、一致性、等级性，提高品牌的辨识度）强化品牌大建设。图5-1

展示了外包装基本相同的子品牌，其在商场的价格却相差极大。

图 5-1　外包装基本相同的五粮液子品牌，在商场的价格却相差极大

2019 年 2 月，另外一白酒巨头茅台集团也发布通知，要求全面停止包括茅台酒在内的各子公司定制、贴牌和未经审批产品所涉业务，就地封存，不再生产和销售。彼时，茅台集团还点名批评了贵州茅台酒厂（集团）白金酒有限责任公司，称其在生产经营中屡次违反集团品牌管理规定，不再授权其使用集团知识产权。

茅台集团推行品牌“双五”规划，即将子公司品牌数缩减至 5 个左右，产品总数控制在 50 个以内。茅台集团确定此次决定停用的集团标识范围涵盖习酒公司、技术开发公司、保健酒业公司、健康产业公司、葡萄酒公司、生态农业公司、酱香酒公司等子公司。

案例分析：对于五粮液、茅台来说，高端化品牌形象极其重要。比如说，五粮液靠的是普五、1618，茅台靠的是五星、飞天，而众多子品牌严重干扰了主品牌的品牌形象。

此外，这些子品牌由于关系复杂，存在很多不规范行为，如产品虚假宣传、价格定位混乱，不仅干扰了厂家主力品牌，还与厂家主力品牌产生了冲突。如五粮液的一些总经销产品，包装与公司自身的核心产品一模一样，但价格比主力品牌便宜很多。这样一来，就会对品牌传播造成干扰，引发混乱，不利于厂家整个品牌高端化形象的打造。

白酒企业众多子品牌、贴牌产品的出现，其原因比较复杂。

第一种属于白酒行业特殊时代下的产物。这些产品最早起源于中国改革开放之后。彼时原有的白酒企业发展水平普遍比较落后，自身也面临产能不足局面。酒企快速扩充规模，需要借助社会力量。因此，这类产品的出现，也成为酒企获取资金的一种方式。当时，整个行业还未真正走向品牌时代。21 世纪初曾是总经销品牌、贴牌产品发展的一个高峰期。另外一个小高峰期是 2012 年之后，当时白酒行业深陷调整，酒企为了保住盈利，也在发展总经销品牌产品、贴牌产品。

这些总经销品牌产品、贴牌产品多数以中低端产品为主。如今白酒企业不可避免地面对这些子品牌稀释其主力品牌的挑战。

第二种属于错综复杂的关系户通过各种关系与公司合作的子品牌。

2019 年 12 月 9 日，中央纪委国家监委网站刊文介绍：四川省紧盯白酒经营许可代理权问题开展集中排查，发现问题线索 57 条，已督促 24 人退出股份或终止经营，严肃查处了公司一些管理人员干预插手五粮液系列酒子品牌等违纪违法问题。并对五粮液酒类产品的生产和营销源头进行调查，加强对违规运营商的处罚力度，取消 41 个子品牌 121 款产品，清除违规运营经销商 23 家。

现象与分析

电视、广播的广告信息干扰分散现象

在电视上、广播里，由于时间安排紧凑，在广告时段，一家公司的广告与另外一家公司的广告往往衔接紧密，观众或听众有时甚至感觉不到它们之间的间隔，有的明明是两家不同公司的广告，而看上去或听上去却像一家公司的广告。

【电子资料 5 - 1】

“记忆宝”的广告成全了“忘不了”

有时还感觉下一个广告好像是上一个广告的延续或上一个广告是下一个广告的铺垫，把两家公司的广告误看、误听成一家公司的广告。这样对另一家公司的广告来说，无疑是一种巨大的损失。

这种现象并非笔者凭空想象，而是确实存在的。这也是信息干扰分散效应的体现，即一个广告无意中干扰了另一个广告，使受干扰的广告难以达到传递信息的效果。

广告制作人、公司负责人或电视台、广播电台的工作人员，因为是局中人，有时难以发觉此现象。而对接收广告信息的电视观众、广播听众来说，他们感觉的确是这样。所以大型广告播出之前的效果调查很有必要，通过向那些对该产品、该公司不熟悉的局外人做调查，就容易发现此问题。

所以对大型电视广告、广播广告播前的样片、样稿进行审查是非常有必要的，它可以最大限度地避免这些问题。此外，广告制作人、公司负责人还要随时跟踪已播出的广告，以便发现不足，随时修改，但实际生活中许多广告往往是播出后就万事大吉了。

很难想象，有的广告播出后明明存在很多不足，如在广告时段不突出，或与别的公司的广告连在一起因而如同被别的广告无形吞并等，却没有得到及时的调整、修改，

被连续播放几个月甚至一年，直到该广告活动终止。

（二）人们对策划主题的淡化，使信息受到干扰分散而难以达到目的

信息干扰分散效应存在于很多策划中，如冠名权就存在干扰分散效应。人们接受这个冠名时，更多地是接受了这次发生的事，而淡化、忽略了冠名的这个产品。也就是说，冠名企业要传递的意图被干扰分散了。

【电子资料 5－2】

月饼被抢光
生意无人问

在策划中肯定存在这种信息干扰分散效应。所以尽管过去中国足球如此火爆，给足球冠名的企业名或产品名在新闻中的曝光频率非常之高，但有的企业或产品的效益并不如预料的那么理想，也并不完全与此成正比，就是因为信息干扰分散效应影响了它的效果。

再来看一个案例。

案例

苹果手机耳机赠品迅速被抢光，人们是冲着赠品而非手机来的

【电子资料 5－3】

姚晨骑驴吆喝，
意外捧红赶驴网

2017 年 7 月 6 日，苹果在中国区官网推出促销活动，买 iPhone、Macbook 送价值 2 288 元高端耳机。该活动早上 8 点开始，耳机在线上 5 分钟之内就没货了，在线下实体店也被迅速抢光。当天上午，西单大悦城苹果零售店为此甚至临时“被停业”，引来不少抱怨。甚至因为店里有顾客发生争执打架，现场随即“封店”。

这次促销之所以受人关注，是因为买手机送的“赠品”是上一年刚出的新款红色无线耳机，该耳机售价超过两千元，相当于“买 5 000 送2 000”，据说这是苹果历史上在中国最大力度的促销。

案例分析：这个案例中也体现了信息干扰分散效应：耳机干扰了手机，主题被淡化而难以达到目的。在策划活动中使用广告手段时，广告中更是存在信息干扰分散效应，认识和掌握此原理，对运行、设计、制作广告将有很大的指导作用。

（三）有意对竞争对手的信息进行干扰

有时候在策划运作中，还利用信息干扰分散效应对竞争者的信息有意进行干扰分散。

【电子资料 5－4】

五粮液告七粮液
干扰名牌，要求
赔款登报道歉

案例与分析

历时 6 年五粮液状告九粮液侵权终获胜，此前均败诉

2019 年 7 月 26 日，历时超 6 年，五粮液诉甘肃滨河食品工业（集团）有限责任公司（以下简称滨河集团）商标侵权案，最终胜诉。

经最高人民法院（以下简称最高法）再审判决，滨河集团生产、销售“九粮液”（见图 5-2）“九粮春”等产品的行为被认定侵犯了五粮液对“五粮液”“五粮春”所享有的商标专用权，滨河集团需向五粮液赔偿经济损失 900 万元。

滨河集团还被判立即停止生产、销售标有“九粮春”“九粮液”文字或突出标有“九粮春”“九粮液”文字的白酒商品。

图 5-2 滨河集团生产的九粮液

五粮液与滨河集团之间的商标纠纷源于 2010 年，当时五粮液集团打假办公室发现市场上出现了诸多“N 粮液”傍名牌产品，如二粮液、三粮液、四粮液、六粮液、七粮液、八粮液、九粮液、十粮液等酒类产品。其中，甘肃滨河集团的“九粮液”“九粮春”产品销量较大。于是，五粮液集团委托律所代理维权。而五粮液针对滨河集团的维权，起初并不顺利。

2013 年 3 月，北京一中院受理“九粮液”“九粮春”案件。2014 年 1 月，北京一中院作出一审判决，判决认定滨河集团生产、销售“九粮液”“九粮春”酒产品的行为不侵害“五粮液”“五粮春”商标权。五粮液上诉后，北京高院于 2016 年 5 月维持原判。

于是，五粮液集团向最高法申请再审。2017 年 11 月，该案由最高法开庭审理。到 2019 年 5 月底，最高法作出了认定“九粮液”“九粮春”侵权的再审判决。

最高法的判决书还指出，根据已经查明的事实，自 2002 年 7 月起，滨河集团就开始在第 33 类白酒等商品上申请注册了“九粮液”“九粮春”“九粮醇”“九粮王”等商标，与五粮液旗下的“五粮液”“五粮春”“五粮醇”“五粮王”系列商标形式相同；滨河集团还在白酒类商品上申请注册并使用了“滨河九粮液”“滨河九粮春”“滨河九粮王”“滨河九粮醇”“滨河九粮神”等商标，并且在产品瓶体及外包装上突出使用“九粮液”“九粮春”等商标字样，特别是“液”“春”等字的书写方式与五粮液的产品较为近似，上述事实反映了滨河公司比较明显的借用他人商标商誉的主观意图。

在滨河集团官网上，滨河九粮液称其是由九种粮食酿造成的白酒。就此，五粮液认为，滨河集团有意在宣传中让公众误认为“九粮液”酒比“五粮液”酒的原材料还多了四种粮食，贬损了其品牌的市场声誉。

在与滨河集团打官司之前，五粮液也曾针对“七粮液”“大午粮液”等商标状告相关公司侵权，并获得了法院的判决支持。

2012 年 7 月，河北徐水大午釜山合符酒业销售有限公司在申请书法体“大午粮液”商标时，被国家工商总局商标局驳回。

2015 年 9 月 21 日，淄博市中级人民法院开庭审理四川省宜宾五粮液股份有限公司与河北大午酒业有限公司商标纠纷案。

淄博市中院经审理认为，“大午粮液”标识中的主要部分“午粮液”，与“五粮液”的商标读音完全相同，相关公众在听到“大午粮液”时，极易与“五粮液”产生混淆，使公众误认为两者在来源上有特定联系。据此，淄博市中院判定大午粮液侵犯五粮液商标专用权，判决大午酒业赔偿五粮液集团经济损失和合理支出费用 100 万元。

随后，大午酒业向山东省高院提出上诉。经山东省高院审理，2016 年 7 月 13 日，该院维持淄博市中院一审作出的原判。

对于这种傍名牌的现象，不少网友纷纷在网络上留言，吐槽自己曾经见过“七粮液”“雷碧”“粤利粤”“康帅博”“汪仔牛奶”“七个核桃”“大个核桃”“大白免奶糖”等。

（四）信息干扰分散效应在广告中的具体表现

信息干扰分散效应在广告中的具体表现包括如下几个方面。

1. 广告作品如果过于强调艺术性、技巧性等就会干扰受众对广告主题的接受，从而分散了对广告主题内容的注意力

如有的电视广告，播放了一段很长的特技动作、三维动画，而最后只用很短的几秒钟来播出产品名或公司名，甚至没有播出产品名或公司名，这种制作显然有些得不偿失。对特技动作或三维动画的过分渲染，使受众把注意力集中到了特技动作或三维动画上，反而干扰了对广告主题的接受。有的广告完全追求艺术效果，当然受众就完全欣赏艺术了，从而淡化了广告的主题。

2. 过分追求广告平面、立体制作的复杂性和变化，也有可能反而干扰了受众对广告主题的接受

比如有的广告是通过电脑软件设计制作出来的，因为在电脑制作技术已高度发达的今天，要制作这些复杂画面非常容易，所以有人把画面故意制作得非常复杂，一味追求复杂性和变化，结果导致受众不知道要表达的广告主题是什么。

特别是随着电脑技术的普及和提高，现在发布在各种媒介上的广告往往都是通过电脑制作出来的。有些人就形成了一种误解，以为经过的操作程序越复杂、操作的难度越大，制作出来的广告效果就越好，所以一味地去追求操作程序的复杂性和操作的难度。

并不是操作程序越复杂、操作的难度越大，制作出来的广告效果就越好，因为操作程序的复杂性和操作的难度只与制作广告的技术有关，与广告效果并不存在必然的因果关系。

所以在利用电脑制作广告时，关键要看制作出来的广告作品的效果，而不是一味地去追求操作程序的复杂性和操作的难度。有时操作程序非常简单、操作难度也不大，但能制作出令人满意的广告作品，然后取得令人满意的广告效果，也就没有必要再去故意追求操作程序的复杂性和操作的难度，以达到某种炫耀的目的。而且有时因为故意追求操作程序的复杂性和操作的难度，还可能适得其反。

有时一味追求电脑制作的复杂平面、立体效果，强调电脑制作的变化性，殊不知，这样反而干扰了受众对广告主题的接受，从而分散了对广告内容的注意力。

3. 广告平面或画面如果显得繁多、杂乱，也会令受众无法理解广告的主题，从而干扰了受众对广告的接受

比如一些报纸、网络广告，版面内容太多，排版显得复杂或凌乱，从而影响了受众对广告的接受，给受众的第一印象是不知道广告的内容究竟是什么。受众对于如此繁杂的广告往往无法坚持看下去，也不愿看下去，因此其对广告的接受度也会大打折扣。

4. 在平面制作时，有时还可能因多用图片而干扰了对广告文字内容的接受，或多用文字而干扰了对图片的欣赏

◈ 注意

当然，广告中存在信息干扰分散效应，并不意味着完全反对广告讲究艺术性、技巧性，不讲复杂性和变化，而一味死板地制作。从人们的欣赏习惯来说，很多人还是喜欢用变化多、色彩多的广告，但是二者确实没有很明显的界限，只是一定要知道广告中存在信息干扰分散效应。

其实，这就好比有人穿一件朴素的衣服只是稍加修饰就显得很美，有人浓妆艳抹但由于不得体反而让人反感，但并不是一味地只讲朴素，反对多色彩、修饰和打扮，而是说凡事都要注意恰当与适度。

关键是要根据自己公司产品的特点、自己广告所要达到的目的来制作，一定要注意到广告中的信息干扰分散效应，避免盲目。

第二节　信息效应 2：聚众信息效应与分散信息效应

现象与分析

个人铺面选址问题

有一位大学生毕业后不想找工作，想自己创业，他通过各方努力筹集了一些资金，打算开一家店，主要经营组装电脑、电脑耗材，再附带卖一些品牌电脑。

他要做的第一件事是考虑铺面的选址问题。经过考察，他主要面临两种选择：第一种，到“××电脑城”租一个铺面，“××电脑城”主要是经营电脑产品的，汇集了近百家经营商，这样面临的竞争就非常激烈；第二种，到一小区附近租一个铺面，那里目前没有一家经营电脑产品的店铺，这样就没有人与自己竞争了，但去那里买电脑的人肯定没有去电脑城买电脑的人多。

他很犹豫，不知道该选择第一种还是第二种。

一般情况下，他应该选择第一种，原因主要是下面要讲的聚众信息效应。

信息效应 2（a） 聚众信息效应：把同类商家或产品汇集在一起，这样信息更集中，也更能吸引消费者。

选择到“××电脑城”租铺面，虽然将面临很多同行竞争者，但那里人气很旺，去的消费者也多，因为人们的习惯是买电脑就要去电脑城，在电脑城会有更多的选择，这样才能在众多同类产品中挑选到自己满意的电脑。选择到一小区附近租一个铺面，虽然那里目前没有一家经营电脑产品的店铺，不会面临同行的竞争，但是同时也很少有人甚至没人去那里买电脑。（这是笔者接触过的一个真实案例，无独有偶，后来真有人在上述大学生想开店的小区附近开了一家经营电脑产品的店，但生意不好，没过多久就关门了。）

现象与分析

连锁超市如何开发新店？

在一家经营日用品的连锁超市，内设有一拓展部，它的职责是开发新店。开发新店的第一步也是很关键的一步就是新店的选址，因为这关系到这家新店以后的生意如何。

如果地址没选好，那就意味着新店的失败。

现在，拓展部经理当前也面临两种选择。第一种，一个人气较旺的地方，但那周围已经开了三家超市，并且有两家还是外资的大型超市，在这个地方再开一家新店，面临的竞争肯定非常激烈；第二种，另外一个靠近住宅小区的地方，人气肯定没有第一个旺，但几乎没有来自竞争对手的直接竞争。

如果你是拓展部经理，应该选择第一种还是第二种呢？

因为讲过聚众信息效应，所以有的读者就会毫不犹豫地说，选择第一种，因为第一种虽然面临竞争者但是有很多顾客，第二种虽然没有竞争者但是顾客很少。但是对于日常用品超市的选址，这种选择在一般情况下是错的，原因是下面要讲的分散信息效应。

信息效应 2（b） 分散信息效应：与聚众信息效应相对，避免同类商家或产品汇集在一起，这样主要是为了减少竞争者。

在实际操作中，应该遵循聚众信息效应还是分散信息效应，关键是根据产品的特点来决定。比如电脑等商品一般应该遵循聚众信息效应，而日常生活用品等商品又不一样，一般应该遵循分散信息效应。

聚众信息效应有一个前提和结果的关系：

前提是有消费者，结果才是众多同行竞争。

如果不用聚众信息效应，连前提都没有，即没有消费者，既然没有消费者，也就无所谓结果，结果已经没有意义了。

聚众信息效应又叫作“择多原则”。

“择多原则”，就是消费者愿意在更多的同类商品中进行比较后选择购买。

【电子资料 5－5】

利用聚众信息效应：成都将 24 座小城镇整体包装为“天府古镇”

对于电脑等商品，大家一般是遵从“择多原则”，就是愿意在更多的同类商品中进行比较后选择。

分散信息效应又叫作“偷懒原则”或“择近原则”。

“偷懒原则”或“择近原则”，就是人有一种惰性，愿意选择方便的地方或距离近的地方购买商品。

对于日常生活用品等商品，大家一般是遵从“偷懒原则”或“择近原则”，只要价格合适，就愿意选择方便的地方或距离近的地方购买。

聚众信息效应和分散信息效应在策划中有很多应用，比如现在很多城市兴起的“电脑城”“儿童玩具城”“炊具一条街”“纸品一条街”“小百货一条街”等，就是应用了聚众信息效应。把一些商品汇集起来以产生聚众信息效应，从小的“标准件小螺钉一条街”到大的“汽车配件城”，可以说是应有尽有。

再来看一个体现、应用聚众信息效应的案例。

∴专题研究

【电子资料 5－6】

聚众信息效应发挥威力，“中国丹霞”联合申遗成功

聚众信息效应的经典应用：四川“六朵金花”酒

在白酒行业，一提起四川的“六朵金花”——（宜宾）五粮液、（绵竹）剑南春、（泸州）泸州老窖、（成都）全兴大曲、（古蔺）郎酒、（射洪）沱牌，可以说几乎无人不晓。就是跳出酒界，在中国，四川的“六朵金花”酒也有很高的知名度，而且在很多时候、很多场合，如果提到四川的名白酒，大家脑子里往往会条件反射似的想到“六朵金花”。人们提到四川的酒，往往会习惯性地把这六大名酒联想到一起。可以说，这是利用聚众信息效应发挥品牌效果的典型案例。目前，这“六朵金花”的品牌价值加起来已经有 100 多亿元。

不妨做个假设，如果做一申明，把这“六朵金花”其中之一从中剔除，那么被剔除的这种酒的销量必将大滑，或者把其中之一用另外的酒代替，比如用如今势头正旺的被称为四川新名酒的丰谷、江口醇、小角楼、福临门其中之一来替换，那么这被替换进“六朵金花”的酒销量必将大增。

再以一些数据来说明这个案例发挥品牌聚众信息效应的威力。“六朵金花”酒实现的利润几乎占了四川省食品工业的近一半，占全国市场份额的1/4。“六朵金花”的产量约占川酒产量的1/3，销往外省的占川酒总销量的60%左右。下面按统计出的2003年数据来比较白酒行业的两个强省山东和四川：2003年鲁酒产量居全国第一，为57万吨，川酒产量为52万吨；川酒的销售收入高达208亿元，是鲁酒（72亿元）的近3倍；川酒的利润23.5亿元，是鲁酒（2.2亿元）的10倍多。为了合力打造四川“六朵金花”，让它们发挥品牌聚众信息效应，四川有关主管部门还在前几年做了一些策划，如在各大媒体上统一宣传“六朵金花”，其中在电视上做了这样的通栏广告：“振兴川酒，保护名牌”，落款为“四川省名酒协会”，接下来是四川“六朵金花”的广告，洋洋洒洒、轰轰烈烈十来分钟，好不气派。

在前几年，由四川省政府牵头，由“六朵金花”轮流承办了一年一度的“中国四川名酒文化节”，这一系列的策划都起到了凝聚“六朵金花”品牌的作用，充分发挥了品牌的聚众信息效应。

“六朵金花”的聚众信息效应充分提高了四川白酒的知名度，相应地也会影响到这“六朵金花”中每一个品牌的知名度，“六朵金花”的聚众效应发挥的品牌效果，当然远远胜过用单一品牌去做宣传产生的效果。“六朵金花”的聚众信息效应让全国人民知道了“好酒出四川”，在全国消费者心目中形成了“喝好酒要川酒”的意识。如前面谈到的“电脑城”“儿童玩具城”“炊具一条街”“纸品一条街”“小百货一条街”，利用聚众信息效应首先就是要把消费者吸引过来，至于把众多消费者吸引过来后他们又在同行竞争者当中选择谁，那是后话。“六朵金花”用聚众信息效应先把消费者吸引过来，然后它们之间再展开竞争，这样对大家都是有利的。因为竞争的前提是要把消费者吸引过来，不然就如前面所提到的，如果连消费者都没有，那么避开了同行竞争又有什么用？

现在四川“六朵金花”的发展正日趋兴旺，看到川酒的兴旺，不由想起了河南曾经的六大名酒。在并不算久远的1992年，河南的六大名酒“张宝鹿林和两个杜康”与四川的“六朵金花”并没有绝对的差距，有的甚至不相上下，到如今，双方已不可同日而语了。河南的六大名酒，有的已困境难渡，委身他人；有的虽苦苦支撑，却已风光不再。河南六大名酒何以委顿至此？当然背景是复杂的，原因是多方面的。没有加强实施、捆绑打造如川酒的“六朵金花”这样的品牌凝聚力，以发挥品牌的聚众信息效应，可能是其中的重要原因之一。

【电子资料5-7】

南京繁华路口为何被租去卖大米？

分散信息效应在各大中城市、大小街道、乡村集镇的日常生活用品小店和各种超市的选址上，一般应用得较多。商家一般用分散信息效应避开同行的激烈竞争，也就是在商业竞争中人们常说的“选一个好的口岸”。

下面这个流传很广的案例也许很有启发性。

现象与分析

两个皮鞋老板的市场决策问题

两个皮鞋老板让自己的部门经理到非洲某国去考察市场。

甲公司部门经理到达非洲某国一看，马上失望地给老板打电话汇报：老板，这里没有皮鞋，也没有皮鞋商，因为没有人穿皮鞋，没有我们的市场，我要赶快回来。

乙公司部门经理到达非洲某国一看，马上兴奋地给老板打电话汇报：老板，这里没有皮鞋！因为还没有人穿皮鞋，这里有很大的市场，我要赶快在这里建厂。

从聚众信息效应与分散信息效应的角度来分析一下甲公司部门经理与乙公司部门经理的行为：甲公司部门经理只注重聚众信息效应，他认为这里没有众多竞争者，所以就没有市场，觉得这里不适合发展；乙公司的部门经理更注重分散信息效应，他认为这里没有皮鞋，也缺少了众多竞争者，所以这里适合发展。

聚众信息效应与分散信息效应，要根据实际情况及具体产品来分析，不是一成不变的，要灵活运用。

第三节 信息效应 3：点式效应与示范效应

（一）点式效应是策划学中的一个重要信息效应

信息效应 3（a） 点式效应：就是有意突出一些信息点，让这些信息点来起带头作用，然后使信息量整体得到放大。

点式效应在现实中有最简单也很容易让大家明白的例证，比如女性的曲线美，就是点式效应。通过刻意、有意地突出这些“点”，就会引起人们关注这些信息“点”乃至关注整个人。

人们不但在商业行为中经常用到点式效应，在政治策划中也同样经常用到点式效应。

案例与分析

全球最贵圣诞树用钻石和蓝宝石装饰，价值 1 190 万英镑

2019 年 12 月 13 日，西班牙度假胜地马贝拉的巴伊亚凯宾斯基酒店推出一棵号称“全球最贵”的圣诞树（见图 5-3）。

这棵圣诞树上装饰着三克拉的粉色钻石、四克拉的蓝宝石以及椭圆形的红色、黑色和白色钻石，价值高达 1 190 万英镑。装饰品还包括宝格丽、卡地亚和香奈儿等著名奢侈品牌的昂贵饰品。

图 5-3　全球最贵圣诞树用钻石和蓝宝石装饰

相关案例：

世界最大瓶威士忌：重 180 公斤，以 1.5 万英镑被拍卖

2019 年 12 月 16 日，世界最大瓶威士忌在苏格兰以 1.5 万英镑的高价被拍出。

在临近圣诞节的一场拍卖活动上，这瓶 14 年陈酿的单麦芽威士忌最终以 1.5 万英镑的价格被拍卖，折合人民币约 14 万元。

这瓶威士忌瓶高约为 1.5 米，重达 180 公斤，酒瓶瓶塞的直径长达 20 厘米，里面能装 105.3 升威士忌，相当于整整 150 个标准酒瓶的酒（见图 5-4）。

图 5-4　世界最大瓶威士忌

据该威士忌拍卖公司的负责人格雷厄姆·克莱恩表示："我们很高兴能拍卖这瓶超大号的威士忌，如果是买去当圣诞礼物送人，希望那位幸运买家能有一只合适大小的袜子（装礼物）。"

他还表示，买家也可以用这瓶威士忌来庆祝 2020 年苏格兰新年的到来。

现实中有一些策划也在不知不觉中精妙运用了点式效应，请看以下案例。

案例

法国小镇颁发行政令：节假日期间不准在家死亡

2019 年 12 月 11 日，法国中部一小镇颁布了一项令人匪夷所思的行政令。该行政令规定：辖区内的居民不得在周末或节假日期间在家中去世。

这个小镇是法国中部卢瓦尔省（Loire）的拉格雷勒小镇（La Gresle），约有 850 名居民，和法国许多农村社区一样，这里严重缺少医生、护士和其他医疗从业者。

2019 年 12 月初，当地发生的一桩案例让当地民众的焦虑达到顶峰。当时，一位养老院老人去世后，竟然没有医生可以来处理其死亡事务。

该镇镇长杜格莱特表示："当地紧急医疗服务办公室拒绝派医生给我们，并要求当地警方处理行政事务。"最后，他们不得不从 75 公里之外的地方找医生来帮忙。

杜格莱特表示，颁布这一规定实有苦衷，并承认"死亡禁令"是一种宣传噱头，目的是通过这个"点"引起人们对法国乡村社区糟糕医疗状况的关注。她在一份声明中说，制定"荒谬的规则"是为了回应"（医疗）体系的荒谬"。

据悉，当地居民可以在其他地区和城市寻求医疗保健服务，但如果这样做，他们将在政府医疗救助金方面面临处罚。

（二）示范效应是策划学中的一个重要信息效应

信息效应 3（b） 示范效应：就是通过突出少量的信息，让这些信息能够复制传递，用这种形式来扩大信息传递总量，具体来说就是通过对某件事、某个人的重点影响来起带动作用。

点式效应与示范效应很多时候是结合在一起的，点式效应里包含了示范效应，通过点式效应可以达到示范效应。

但也有一些示范效应并不是依靠实施点式效应来产生效果的，而是通过单独实施产生效果的。比如，很多理论认为广告就有示范效应，广告正是因为示范效应才产生了作用。用名人做广告或代言人就是因为名人有示范效应。

点式效应在策划中有突出效果和示范效果，通过突出部分带动全面的发展。点式效应在策划学中有很多应用实例。

在企业行为中，如果不用点式效应，而采用"齐齐高低一样平"的平均方式，就会因缺乏"点"而不能起突出、示范作用，难以带动全面的发展，也就是人们通常所说的缺乏"亮点"。在企业行为中，如果不用点式效应，有的策划活动就无法开展。比如，如果没有极少数人中大奖的突出、示范作用，彩票根本无法发行。

在企业经营中，也经常要用到点式效应和示范效应。

比如，许多商场常用到降价策略，故意让某些商品大幅降价，以引起人们的关注，目的就是通过这些"点"引起人们对整个商场的关注，然后销售其他商品。目前世界上最大的商品零售商沃尔玛制胜的策略中，就主要用到了这两个效应。

◇专题研究

沃尔玛制胜绝招：用“天天特价”来发挥点式效应、示范效应

美国的沃尔玛公司是目前世界上最大的商品零售商，沃尔玛在全球拥有近5 000家连锁店，沃尔玛的创始人山姆·沃尔顿于1945年在小镇本顿威尔开始经营零售业，经过几十年的奋斗，终于建立起全球最大的零售业王国。虽然其历史并没有美国零售业百年老店“西尔斯”那么久远，但在短短的40多年时间里，它就发展为全美乃至全世界最大的零售企业。如今沃尔玛的门店遍布美国、墨西哥、加拿大、波多黎各、巴西、阿根廷、南非、中国、印度尼西亚等国家。

沃尔玛公司能够取得成功，概括起来主要有以下几个原因。

顾客第一

沃尔玛坚信，“顾客第一”是其成功的精髓。沃尔玛的创始人山姆·沃尔顿曾说过：“我们的老板只有一个，那就是我们的顾客。是他付给我们每月薪水，只有他有权解雇上至董事长的每一个人。道理很简单，只要他改变一下购物习惯，换到别家商店买东西就行。”沃尔玛的营业场所总是醒目地写着其经营信条：“第一条，顾客永远是对的；第二条，如有疑问，请参照第一条。”

对成本的有效控制

沃尔玛对销售成本的控制非常严格。沃尔玛的广告开支仅相当于美国第二大连锁店西尔斯的1/3，每平方英尺销售额比美国第三大连锁店凯马特多一倍。沃尔玛的营销成本仅占销售额的1.5%，商品损耗率仅为1.1%，而一般美国零售商店这两项指标的平均值分别高达5%和2%。这些都使得沃尔玛实施低价策略的实力进一步加强。

迫使其供应商进行流程改造

沃尔玛使其供应商同自己一样致力于降低成本，如对供应商的劳动力成本、生产场所、存货控制及管理工作进行质询等。

用天天特价来发挥点式效应和示范效应

沃尔玛之所以敢用“天天特价”的绝招，是因为它有着完善的物流管理系统。沃尔玛被称为零售配送革命的领袖，其独特的配送体系大大降低了成本，加速了存货周转，成为“天天特价”最有力的支持。沃尔玛补充存货的方法被称为“交叉装卸法”。这套“不停留送货”的供货系统共包括三个部分：

(1) 高效率的配送中心——沃尔玛的供应商根据各分店的订单将货品送至沃尔玛的配送中心，配送中心则负责完成对商品的筛选、包装和分检工作。沃尔玛的配送中心具有高度现代化的机械设备，送至此处的商品85%都采用机械处理，这就大大减少了人工处理商品的费用。同时，由于购进商品数量庞大，自动化机械设备得以充分利用，规模优势也得以充分显示。

(2) 快捷的运输系统——沃尔玛的机动运输车队是其供货系统的另一个无可比拟

的优势。保证进货从仓库到任何一家商店的时间不超过48小时，相对于其他同业商店平均每两周补货一次，沃尔玛可保证分店货架平均每周补两次。快速的送货使沃尔玛各分店即使只维持极少存货也能保持正常销售，从而大大节省了存贮空间和费用。由于这套快捷运输系统的有效运作，沃尔玛85%的商品是通过自己的配送中心运输，而凯马特只有5%，其结果是沃尔玛的销售成本因此低于同行业平均销售成本2%～3%，成为沃尔玛全年低价策略的坚实基石。

(3) 先进的卫星通信网络——沃尔玛斥巨资建立的卫星通信网络系统使其供货系统更趋完美。这套系统的应用，使配送中心、供应商及每一分店的每一销售点都能形成连线作业，在短短数小时内便可完成“填妥订单-各分店订单汇总-送出订单”的整个流程，大大提高了营业的高效性和准确性。

沃尔玛用“天天特价”来发挥点式效应和示范效应，这也是它获得成功的秘诀之一。

商业策划中其实经常用到以上类似案例，它们的理论基础都是点式效应和示范效应。

在当前的很多商业活动中，商家故意做出很大或很精致的商品，故意标出价码很高或很低的商品，通过这些“点”起到突出作用以引起人们的关注，或者引来新闻媒体的报道以产生轰动效应，从而产生示范效应，最后达到推销自己商品的目的。现在这仍然是很多商业活动的惯用手法。

案例与分析

为何一杯咖啡5 000日元?

当东京滨松町的一家咖啡屋推出一杯5 000日元的咖啡时，就连一掷万金、毫不吝啬的东京豪客也不禁大惊失色。有人惊呼：这是敲诈！

这个消息不久就传开了，抱着好奇态度的、热衷于显示身份的顾客蜂拥而来，使得该店应接不暇。

5 000日元一杯的咖啡，是敲诈还是物有所值?

其实这杯昂贵的咖啡并不能赚多少钱。为什么？原来盛咖啡的杯子是法国制造的，名贵而豪华，每只价值4 000日元。当顾客享用完咖啡离开时，店员就将杯子包好送给他。此外，每杯咖啡均是由名师当场精制而成，味道可口而特殊。店里面的装修更是豪华如宫殿，服务也别出心裁，穿着古代皇宫服装的女侍，把顾客当成帝王般殷勤侍候，这种服务令人有身价百倍的感觉。

5 000日元一杯的咖啡不赚钱，那老板又靠什么盈利呢?

原来该店因为5 000日元一杯的咖啡很快就出了名，老板盈利的手段也并不在于此，而是主要靠100日元左右一杯的咖啡、果汁或汽水等廉价的饮料。

案例分析：用 5 000 日元卖一杯咖啡做点式效应，比做任何宣传都有用，而且深入人心。这样就能吸引好奇的、热衷于显示身份的、攀比心强的、勇于尝试的顾客，从而带动其他层次的顾客来消费 100 日元左右一杯的咖啡、果汁或汽水。某香烟曾经卖到几百元一包，某些商场摆出标价几万元、几十万元一套的服装，也正是出于这一原因。

（三）对点式效应和示范效应的过度应用

案例

一瓶五粮液 508.8 万元，一瓶茅台 890 万元

【电子资料 5-8】

瑞士名表价格达 735 万元，已在中国售出 2 只

2010 年 12 月 19 日，在“中国酒都”四川宜宾举行的 2010 中国宜宾酒圣节五粮液藏品酒拍卖会上，一瓶“一马当先”五粮液藏品酒以 508.8 万元的天价成交（见图 5-5）。此款酒是五粮液集团的巅峰力作，历史上仅产出 4 瓶，生产的模具均已销毁，除拍卖品外其余 3 瓶已经被人收藏。这瓶酒的规格为 9.999 9 千克，寓意“九九至尊”，被尊为“万圣酒”。瓶型为五粮液集团公司董事长王国春亲自设计。若单纯根据包装内的酒来衡量价值，五粮液“一马当先”藏品酒还不是此次拍卖会上最贵的。第 6 号拍卖品——1970 年红旗牌五粮液无疑是“含金量”最高的一瓶酒，此款酒的规格为 275 毫升，起拍价为 158 万元，成交价为 205 万元，相当于 7 454.54 元/毫升，每滴酒的价格超过相同分量的黄金数十倍。

五粮液有关人士称：在“中国酒都”宜宾举办这样的高端酒拍卖会，有利于传播五粮液的酒文化，强化五粮液酒的品牌影响力。

图 5-5　价值 508.8 万元一瓶的五粮液

【电子资料 5-9】

通过离谱的标价能达到策划目的吗？

2011 年 4 月 10 日，一瓶“精装汉帝茅台酒”在贵阳拍出 890 万元的高价，刷新了茅台酒拍卖成交价格的历史纪录（见图 5-6）。贵州省拍卖公司举办的这次“首届陈年茅台酒专场拍卖会”，吸引了北京、江苏、湖南等地 60 余位收藏爱好者前来竞拍。两天预展时间里就有上千人参观，拍卖会更是座无虚席，一些市民甚至站在门口或走道上观看。

图 5-6 拍出 890 万元高价的“精装汉帝茅台酒”

号称“酒王”的“精装汉帝茅台酒”存世量仅 10 瓶，此次拍卖的是其中一瓶，产于 1992 年，盛装的酒盒包装上，龙口内含金珠用纯金制造。起拍价为 260 万元，最终以 890 万元被一位茅台酒收藏家购得。

案例分析：有报料称，这些拍卖会是企业“自导自演”的，在行业内已经不是秘密。占相当大比例的买受人是该企业的大经销商或合作伙伴。“天价”拍卖实质上是为了博人眼球。

某知名白酒营销咨询机构总经理坦言，在新品上市等时点“自导自演”进行“天价酒”拍卖，已经是白酒行业的主流事件策划手法之一。

一位曾多次参与类似拍卖的业内人士表示，二、三线白酒企业的天价酒拍卖基本都是“假拍卖”。酒仙网销售总监也透露，80%的酒企都采取这种做法，甚至采取回购的模式，即高价拍卖的酒，酒企再原价买回来。

业内人士透露，在进行类似天价竞拍之前，酒企通常会让 2～3 家经销商或者关系人做好准备，一般多是经销商、供应商或者广告公司，而作为拍卖标的的酒多为有特殊意义的酒，如纪念酒、生产量非常少的酒，或者与特殊历史事件相关的酒。

天价酒拍卖的潜规则在白酒业内都心知肚明，但多数普通消费者并不知情，在酒企看来，自己的产品拍出天价是“一件给品牌贴金的事情”。

策划界人士指出，大家之所以争相选择拍卖的方式，是因为在白酒行业没有太多更好的策划推广活动可供选择，尽管白酒高价拍卖已经司空见惯甚至有泛滥之势，但是相比之下，新的推广活动风险太高。

普通消费者一般不会参与老酒的收藏，因为白酒是有自己的年龄的，一般出厂 50 年的白酒要进行勾兑才能饮用。因此，有人认为，天价酒“自导自演”本身仅是一个噱头，对社会和公众也没有任何伤害。策划天价酒拍卖本身就有很重的“自娱自乐”成分。

也有人认为，通过预先安排好让关系人高价竞拍，这种做法本身是对消费者利益的一种伤害，白酒企业尤其是大型白酒企业应该对行业和消费者负责，杜绝这种做法。

第四节 信息效应4：信息界限效应及信息倍数效应

企业或产品从诞生之日起，逐渐得到消费者的认可，然后吸引他们产生购买行为，其实就是影响范围从小到大的过程，也就是人们通常说的知名度不断扩大，进而美誉度不断提升的过程。在这个过程中起关键作用的是企业或产品的美誉度，而知名度、美誉度又是通过策划等手段来提升的。

我们可以把这个过程分为不同的阶段，为了更形象和更科学地理解，用数学中的数轴来表示，这些阶段又称为信息界限（见图5-7）。

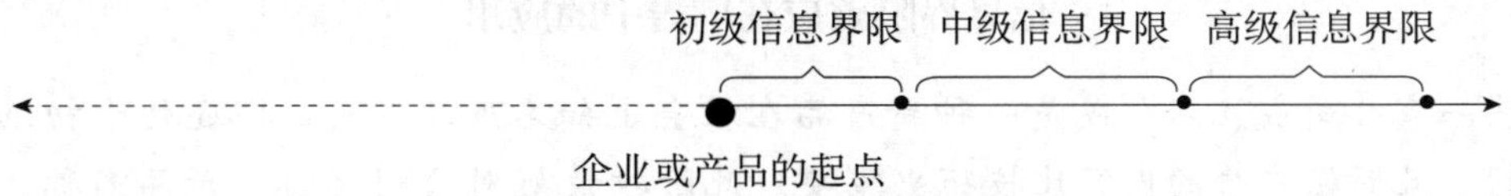

图5-7 用数轴表示信息界限

初级信息界限是指自己的产品还没有知名度或知名度很小。

中级信息界限是指自己的产品具有了一定的知名度。

高级信息界限是指自己的产品已经具有了很大的知名度甚至成为家喻户晓的名牌产品。

虽然对于这些信息界限确实无法用准确的数字来进行确定和衡量，但这种信息界限的确存在。

信息效应4（a）　信息界限效应：在这些不同的信息界限中，策划的作用是不同的；反过来，对于不同的信息界限所用的策划手段也应不一样。

新闻或广告只有达到一定程度后，才能影响到受众，使受众对新闻或广告中宣传的产品有所印象，继而形成认知，发生兴趣，以至于产生购买行为。

此外，还存在信息倍数效应。

信息效应4（b）　信息倍数效应：产品的知名度、美誉度以不成规律的倍数在受众中传递，逐步扩大影响，逐渐被受众接受，并且越往后传递的速度越快，传递的范围越广。

信息倍数效应在不同的信息界限的表现不一样，在后面的信息界限中比在前面的信息界限中表现要明显。

信息倍数效应最好的基础理论解释就是中国的谚语："一传十，十传百。"虽然谚语中的数字是具体的倍数，但中国古代很多数字都是虚指，这句谚语的真实含义其实也是指不确定的倍数增长。

在倍数效应中，除了大众传播的影响外，口头传播也是一种重要的影响形式。

通过它，信息在社会系统中从一个人很快地传递至另一个人，口头传播的影响虽无法准确地统计，但它确实存在很大的影响力。我们把日常生活中信息通过口头传播的方式称为群体传播，以区别于大众传播等信息传播方式。信息传播的最理想的效果就是能让许多人形成对产品的美好印象，因为人们的购买决策往往要受许多人的影响。

在商业行为中，产品的知名度、美誉度在很大程度上也依赖于群体传播的影响，并经常利用消费者对群体身份、归属感和对社会团体的忠诚来增强感染力。比如，人们穿着与时代流行趋势一致的服装，购买可能给亲属和邻居留下深刻印象的汽车，从事许多能给他人留下印象和吸引别人的活动等，这些都是群体和人际影响起作用的结果。

知道了策划的信息界限原理后，对处于不同阶段的产品、项目应该实施不同的策划方案。

理论应用

信息界限效应在广告中的应用

当一家公司成立不久或是一种新产品在社会上知名度还不大，即还处于初级信息界限时，此时做广告的内容比技巧更重要。此阶段最好对公司名称、产品名称、价格等做直截了当的宣传，以便让广告受众了解这些实际的东西。我们把这种广告叫作前期广告。

对于一家公司来说，最好有这样一个前期广告过程：对于大多数商品来说，不主张跳过前期的实用性广告，而直接去做后期的形象广告。

一般的形象广告，是指一种完全抛开公司名称、产品名称等实在的东西的广告。比如有的公司在媒体上只打出一句广告语，而这句广告语中并没有自己的公司名称或产品名称；或这句广告语中并没有全部点明公司名称或产品名称，而只含有公司名称或产品名称的一部分；或只宣传自己公司的商标，而且只是图形商标。有人把形象广告泛称为形象识别系统。

什么是形象识别系统？目前只有极少数人模糊地提到了这种说法，没有理论对它进行系统深入的研究，这里我们简单地介绍一下。

专题研究

形象识别系统

一般情况下，直接的文字、声音、图像表达的信息为人的第一识别系统或称初始识别系统，间接的或形象的文字、声音、图像表达的信息为人的第二识别系统或称形象识别系统。第二识别系统必须转换到第一识别系统才能让人了解它所要表达的意思，从而达到它的最终目的。而要将第二识别系统转换到第一识别系统，必须做一些“翻译”“解释”工作。比如音乐中的交响曲、没有歌词的乐曲，美术中的抽象画、抽象雕塑，广告中比较抽象的商标设计等，就属于第二识别系统，人们要理解它所表达的意思，就必须把它转换为第一识别系统。

所以音乐家创作好乐曲时要对这段音乐表达的意思做一些“解释”工作，人们在欣赏乐曲时，头脑中要自我进行一种“翻译”工作。虽然每个人“翻译”的意思不完全相同，但每个人的头脑中必定会进行一种自我的“翻译”“解释”，比如最后将这段音乐理解成表示欢乐、轻快或悲伤的音乐等。对抽象画、抽象商标的转换也存在此过程。

第一识别系统的信息因为表现直接，很容易让人直接理解、领会，而第二识别系统的信息必须经过“解释”“翻译”程序，因为要实行一次转换，所以能给人留下更加深刻的印象，因此在某种程度上，第二识别系统比第一识别系统的信息更吸引人。但前提是，第二识别系统的信息本身就比第一识别系统的信息在某些方面具有更大的吸引力，所以第二识别系统在制作、设计时本身比第一识别系统难度要大。第一识别系统因为采取直接形式，信息不容易引起人们的长久兴趣，人们多次接受这些信息后甚至会产生审美疲劳或反感。第一识别系统的信息经过多次重复后也能让人加深印象，但应掌握火候，以尽量避免让人产生审美疲劳或反感。

对于第二识别系统，不同的人会有不同的理解，甚至会产生很大分歧。

以下案例则是对形象识别系统理论的很好的支撑。抽象雕塑属于第二识别系统，要理解它所表达的意思，就必须把它转换为第一识别系统。而要把第二识别系统转换为第一识别系统，就必须做一些“翻译”“解释”工作，而解释可能不是唯一的。

案例与分析

“羊中毕加索”或“绵羊艺术家”？

南非开普敦市艺术家安·加德家中饲养的一只绵羊，被主人形容为“羊中毕加索”或“绵羊艺术家”，因为它爱用一把特殊的画刷，在帆布上画下各种五彩缤纷的抽象画。

这只具有艺术细胞的绵羊生活在南非开普敦市女艺术家安·加德的家中，安·加德非常爱画绵羊，经常让这只名叫艾维里卡的绵羊当“模特”。可安·加德渐渐发现，每当她作画时，绵羊也喜欢用鼻子蹭蹭油漆，然后到画布上擦擦，搞得满脸都是油彩，并在画布上留下一连串横七竖八的线条。

看到绵羊对画画具有这么“浓厚的兴趣”，安·加德的丈夫安东尼专门为它制作了一把特殊的画刷，绵羊绑上这种特殊的画刷后，就能够自由作画（见图5-8）。

在绵羊作画的时候，主人经常要给予一些帮助：在羊身上绑上一把特殊的画刷，然后手持帆布，偶尔停顿，让羊用油漆作画。每当绵羊在画布上涂上某种颜色后，安·加德或其丈夫安东尼就会给它更换上另一种颜色的画刷，让它继续作画。图5-9展示了它所作的一幅名为《挣扎》的作品。

安·加德将绵羊形容为“羊中毕加索”或“绵羊艺术家”。她评论艾维里卡的抽象画时，说：“它的艺术画非常富有浪漫性，和达达主义画派的随意涂写并不完全相似，它的画风非常精细。”

【电子资料5-10】

达达主义

安·加德称，她知道艾维里卡的“艺术画”会遭到艺术界的炮轰和嘲讽，“不过，这只绵羊在我眼中却是一名不折不扣的艺术家。在我眼中，它是一名天才的画家，我认为它的艺术画要比许多挂在画廊中的人类艺术家的作品还要好”。

图 5-8 绵羊身上绑着画刷

图 5-9 一幅名为《挣扎》的作品

这些问题也许不是本学科中专门讨论的问题，而是其他学科比如心理学、艺术学重点研究的问题。但这恰恰是策划中经常涉及的比较重要的问题，所以必须对它有一定的了解，这样有助于在策划中涉及这些问题时，能够采取适当的方式、方法和策略。

重要问题

现实中有人完全抛开前期的实用性广告而直接做形象广告，这样行不行？

关于完全抛开前期的实用性广告而直接做形象广告是否可行，需要考虑以下两个因素：

（1）人们对他的形象设计是否感兴趣？

（2）人们能否把他的形象设计与公司名称、产品名称这些信息进行转换？也就是人们对他的公司是否有一定的了解，让看到形象广告的人不用费很大周折就能从自己身边的人那儿了解到是他的公司所做的形象广告或由此联想到该公司的产品，以便在头脑中进行这种转换？

应该注意，即使人们对这种形象广告感兴趣，但要让听到、看到这种形象广告的人能在头脑中进行一种信息转换，公司也还是得做一些“解释”“翻译”式的宣传，也就是必须做前期的实用性广告。而且为了让后来听到、看到这种形象广告的人能进行这种信息转换，那种前期的实用性广告还要不停地做，以便消费者进行这种信息转换。这同样需要很长的时间及很大的资金投入。

所以，对钟情于形象广告的公司来说，需要有长远的战略眼光和足够的前期资金投入。现实中，许多做形象广告的公司，既没有长远的规划，又缺乏足够的前期资金投入，以至于人们对很多形象广告难以实现形象与公司名称、产品名称等信息的转换，这样的形象广告难以达到目的。

笔者就碰到过这样的公司，它花巨资在有全国性影响力的媒体上做所谓的形象广告，可做了很长时间后，受众对它经营什么产品都不知道，甚至对公司名称也不了解。

笔者与该公司负责人联系，想给他们提一些建议，但该公司负责人却说他们做的是形象广告。我们经过调查发现，受众对该形象广告并没有什么兴趣，也就是说该公司想通过形象广告让消费者对公司的产品实现一种转换这个目的并没有达到，形象也未得以树立。那么公司想通过广告使受众了解公司的信息，知道其产品信息，然后购买其产品的最终目的自然也无法达到。

很多人热衷于完全抛开前期的实用性广告而直接做形象广告，主要是受万宝路（Marlboro）广告的影响，有人认为万宝路就是完全靠形象广告取得成功的，其形象广告是广告中的典范。这种理解其实有失偏颇。万宝路的系列广告并非完全抛开前期的实用性广告而直接做形象广告，而且万宝路的形象广告也不是很抽象的第二识别系统。万宝路的系列广告其实始终都有第一识别系统，也就是在广告中打上了大家都容易看懂和容易理解的公司名称（见图 5-10）。

图 5-10　广告中都有醒目的公司文字名称“Marlboro”

∴专题研究

万宝路广告回顾

在众多香烟品牌中，万宝路无疑是最响亮的名字。尽管今日世界的控烟浪潮汹涌澎湃，但英国品牌评估机构 Brand Finance 的报告显示，到 2020 年，万宝路的品牌价值仍高达 327 亿美元，仅下降了 3%，它仍然是世界上最有价值的烟草品牌。

总部设在美国纽约的世界第一大烟草企业——菲利普·莫里斯（Philip Morris）公司（以下简称菲莫公司）最早起源于英国。1847 年，菲利普·莫里斯先生在英国创办烟草公司，生意十分兴隆。1902 年，菲利普·莫里斯先生的后继者在纽约开办代理店销售该公司生产的一系列牌号的香烟，这其中就包括万宝路香烟。据说，万宝路的品牌名称源于该公司的伦敦工厂所在的街道名称“Marlborough”。1908 年，万宝路品牌在美国注册登记。1919 年，菲莫公司在美国正式成立。

20 世纪 20 年代的美国年轻人被称为“迷茫的一代”，因为经过第一次世界大战的冲击，许多青年都自认为受到了战争的创伤，而且他们坚持认为只有爵士乐和香烟的刺激才有可能将这种创伤冲淡。时髦女郎们更是信奉及时行乐主义，她们注重衣饰与化妆，有点醉生梦死的感觉。社会风气的癫狂与颓废，致使女烟民的数量激增。

在这种背景之下，1924 年，菲莫公司将万宝路品牌定位成女士香烟向大众推广。为了在女士香烟中成为大赢家，菲莫公司煞费苦心地做了很多工作：第一，附和女烟民身上的脂粉气，将广告语定为“像五月的天气一样温和”，以博取女烟民对万宝路的好感；第二，由于当时女烟民常常抱怨白色的烟嘴沾染了她们的红色唇膏，十分不雅，菲莫公司于是将万宝路香烟的烟嘴染成红色，以期女烟民为这种无微不至的关怀所感动，从而打开销路；第三，将万宝路的品牌名称“Marlboro”拆解为“Men always remember ladies because of romance only”（男人仅会因为浪漫而忘不了女人），让万宝路香烟争当女烟民的红颜知己。

但是事与愿违，从 1924 年一直到 1950 年，万宝路始终默默无闻。尽管吸烟人数年年上升，万宝路的销量却始终平平，只在香烟市场占了 1%的份额。

菲莫公司向李奥·贝纳广告公司求助。李奥·贝纳经过详细的市场研究和深思熟虑，提出了一个广告史上最伟大的建议：“让我们忘掉这个脂粉气十足的女子香烟吧，用万宝路创出一个充满男子汉气概的品牌来。”

在李奥·贝纳的策划下，一个崭新的计划诞生了：不对产品进行任何改造，采用当时首创的平开式盒盖进行包装，用红色作为外盒主要色彩，最重要的是，他要在广告中塑造万宝路香烟的铮铮铁汉气概来吸引顾客。

带着这样一个目标，李奥·贝纳先后试用了马车夫、潜水员、农夫等形象，但最终将理想中的男子汉形象聚焦到目光深邃、皮肤粗糙、粗犷豪放的西部牛仔身上，广告中的西部牛仔显得魅力无穷：袖管高高卷起，袒露出多毛的手臂，指间夹着一支烟雾缭绕的万宝路香烟，胯下骑着一匹威猛的高头大马驰骋在辽阔的美国西部大草原上。这是现代广告史上最伟大的模特选择！

就这样，这个以牛仔为主角的男子汉气味十足的万宝路广告——西部牛仔广告——于 1954 年问世后，给万宝路带来了巨额财富，万宝路的销量奇迹般地提高了整整三倍。1955 年，万宝路香烟从默默无闻的品牌一跃成为美国销量第十的品牌。到 1968 年年底，万宝路香烟已占美国市场份额的 13%，名列全国第二，仅次于 RJR 烟草公司的云斯顿牌香烟。1975 年，借着广播电视禁止香烟广告的机会，以及便于印刷媒介的万宝路牛仔形象成功地帮助万宝路登上了全美销量第一的宝座。万宝路成为烟草世界的领导品牌，这种全球霸主地位一直持续至今。菲莫公司投入了巨额的广告费，终于在人们心目中树立起“哪里有男子汉，哪里就有万宝路”的品牌形象，那纵横驰骋、自由自在的西部牛仔代表了在美国开拓事业中不屈不挠的男子汉精神。

此后的几十年，李奥·贝纳广告公司秉承李奥·贝纳所创立的传统，经常派人到各个偏僻的大牧场物色土生土长的无名美国牛仔。他们想选的并非十全十美的漂亮小伙，而是上马的姿态、骑在马上的神态、遛马的手势都极具男子汉气概的牛仔。1987 年，李奥·贝纳广告公司的肯·克罗姆在一个大牧场发现一个牛仔，美中不足的是该牛仔稍胖而且留了小胡子，克罗姆便上前问他是否愿意拍万宝路的广告，如果愿意能否剃去小胡子并减肥。牛仔答应了他，于是万宝路广告中又多了一位广告模特。

1987 年，美国《福布斯》杂志对 1 546 个万宝路香烟爱好者的调查表明，真正使烟民们着迷的不是万宝路香烟与其他品牌香烟之间微乎其微的产品差异，而是广告商涂抹在万宝路香烟上的男子汉气概给烟民们所带来的满足感和优越感。

今日万宝路品牌本身至少值 300 亿美元。万宝路在世界上的销量近 3 000 亿支，这意味着世界上每抽掉 4 支烟，其中就有 1 支万宝路。

资料来源：万宝路品牌价值仍居世界第一. http://www.tobaccochina.com/guoji/shichangdt/20202/2020219153411_797755.shtml，2020-02-20.

从万宝路的广告来看，万宝路的系列广告并非完全抛开前期的实用性广告而直接做形象广告，万宝路的成功在于它成功地塑造了西部牛仔的形象，让人们把万宝路与西部牛仔粗犷豪放的形象联系了起来。万宝路的形象广告并不是有人所错误理解的那样：抛开第一识别系统而只注重第二识别系统的所谓形象广告。

对于许多广告来说，特别是新公司或不很出名的公司及产品，最好围绕广告的实用性原理及实用性功能来做，以它们为宗旨、基础，而不要偏离得太远，以便消费者能直截了当地了解该公司及其产品等信息，也便于消费者购买或咨询。最好不要直接跨越前期的实用性广告，也就是完全抛开初级信息界限和中级信息界限，而直接盲目地去做形象广告。

当然，对于那些已经有很大名气的公司，因为它们已经经历了前期的实用性广告的过程，达到了高级信息界限，自己的产品已经具有了很大的知名度甚至成为家喻户晓的名牌产品，这时最好偏重企业形象、企业精神、企业文化、企业理念等信息的宣传。因为对这些公司来说，如果再局限于前期的实用性广告，不厌其烦地宣传公司名称、产品名称等信息，已经没有多大必要，因为这些信息已为消费者所熟悉，很难再引起消费者的兴趣。前面已经讨论过，第一识别系统如果超过了一定限度，很容易引起受众的审美疲劳，这样就容易引起人们的厌恶、反感。因此，这种公司最好追求一种很有创意的形象宣传。

对于达到了高级信息界限的一些公司，消费者已经熟悉了很多品牌的同类产品，在选择这类产品时，当然是在众多的知名品牌里进行挑选。比如，人们已经了解、熟悉了很多品牌的汽车或电脑，在选择时，是在众多的知名品牌里挑选。这时，消费者往往是从该商品的产品技术、质量保证、价格、售后服务的角度去选择购买的。此时消费者对这些公司都已经有了一定的信任度，他们是在选择更好的产品或选择在某方面比其他几家更优秀的产品。

这时，就需要吸引消费者选择自己的产品并放弃其他品牌，使自己的产品在众多品牌中取胜。那么公司取胜的策略及法宝是什么？既然在消费者心中都是同等的知名品牌，那么如何让消费者选择自己而放弃其他呢？自然要从策划技巧上去更多地吸引消费者了，也就是让企业形象、企业精神、企业文化、企业理念等信息深入消费者心中，以此来吸引消费者。

目前国内一些大公司与国际大公司之所以存在一些差距，有时候其实并不是由于财力、人力上的悬殊，关键还是由于企业策划理念上的差距。

所以建议前、中期的广告偏重于吸引广告受众对公司及产品的兴趣，让他们能对公司及产品等信息有所了解，以影响他们的购买行为，也就是达到广告的交换、推销、经营的目的。而后期广告则应该更注重服务态度、产品技术、产品质量、价格等方面。

形象识别系统理论派生出的一个问题还与日常生活中的普通大众都紧密相关，那就是厕所门上的标志。

现象与分析

厕所门上的标志

厕所门上的男女标志其实是一个简单的广告问题。在厕所门上标明是男厕或女厕，起广而告之的作用，以便大众知晓，然后使用。

【电子资料5-11】

香蕉和寿桃分别成为男厕所和女厕所的标志，急坏欲上厕所的人

厕所是供大众使用的，厕所门上的男女标志最好简单、直截了当、一目了然，这样的广告非常有效，广告目的也达到了。即，应遵守广告的实用性与简单性，在厕所门上用文字注明男厕或女厕，并且文字应该清晰易认，或用有明显特征的很容易区别的男女图像，让人一看就明白是男厕还是女厕。

然而，有人却不愿这么做，而是把想象与形象用在厕所的男女标志上。比如，女厕门上画一片树叶，男厕门上画一根枝条；女厕门上画几缕下落的水滴，男厕门上画一缕下落的水滴。

根据形象识别系统理论，对这些非常艺术化的、抽象的图标，不同的人有不同的看法、解释，就是艺术圈内的人恐怕也难以有准确一致的答案。

一位朋友给我讲述了他有一次在广州一家茶馆经历的尴尬事件。他去找厕所，找了半个小时都没找到，没有厕所的标记，只有一扇门上写着“轻松山庄”，他最后推开门才发现是厕所。这家茶馆的厕所使用这样的标志，纯粹是走入极端。

人们通常采用的标志是：男厕门上画一根烟斗，女厕门上画一双高跟鞋；或男厕门上画一件衬衣，女厕门上画一条裙子；或男厕门上画短发图像，女厕门上画长发图像。这些广告形式其实都有些含糊，并不完全可取。

随着社会的发展，一些国家的男性和女性在生活习惯、穿着打扮等方面越来越相近，已很难根据这些特征去严格区分性别。比如现在一些女性也用烟斗吸烟，女性也可能穿一件男式衬衣；就发型来说，更是难以凭长发或短发来准确判定男女性别。所以，上述形象标志是否严格、准确呢？

还有一些设计更是进行了高度艺术化处理，追求艺术的想象性、抽象性，厕所门上的男女标志图片没有任何文字，只是一些非常抽象的图标。采取这种方法的人，不但没有明白广告最基本的实用性原理及实用性功能，反而故弄玄虚地追求所谓的艺术抽象与形象。这对艺术也是一种误解与滥用，甚至是走火入魔。

厕所门上的标志，如果采用直接的广告形式，用简单、清楚的文字或用明显的男性图像或女性图像，不仅形式简单、方法直接，而且效果、目的也容易达到，又有何不可呢？

案例与分析

南京一商城厕所用怪异图案做标志，顾客胆战心惊上厕所

南京城南一商城卫生间用怪异图案做标志，导致很多顾客都走错了卫生间。有位顾客本来想趁开业去逛逛买点东西，结果原本的好心情没了，走错卫生间让人既尴尬又恼火。

该处卫生间将标志做成了不规则多边形底图，区别男女的小人图案均为白色，只在底图上用红蓝两色加以区分，小人图案虽在造型上有区别（见图5-11），但是确实相似，眼神不太好的人很可能弄错。

图5-11 厕所上的男女标志真的让人恼火

60多岁的李大妈说："来这里上厕所的时候，不断有人走错进来，后来还是老伴儿在门口守着，这厕所上得让人太不放心了，胆战心惊的。"

50岁的张先生则尴尬地说，自己到门口时停了下来，差点走错了，希望能将厕所的标志设计得更醒目易识，避免发生走错的尴尬事儿。

还有一些公共场所厕所上的男女标志真是五花八门，各有"特色"。还有将厕所标志做成"凸""凹"两字而没有任何文字说明的（见图5-12）。

图5-12 厕所标志宁愿做成"凸""凹"也不愿意写成"男""女"

案例分析：我国《标志用公共信息图形符号》第一部分“通用符号”中规定了，适用于公共场所、服务设施及运输工具等，也适用于出版物及其他信息载体的通用标志用公共信息图形符号。按规定，公共场所都应使用这种统一的标志。

对于一些新奇有趣的厕所图形标志，不少市民表示，只要能看懂，内容健康，还是乐于接受的。但很多市民对那些荒诞怪异的厕所图形标志表示反感，认为厕所的图形应该分场合，公共厕所最好用标准图形，但是餐厅、酒吧一类地方，还是可以“艺术”一些，但前提是让人容易看懂。

根据公共厕所的相关标准，公共厕所引导标志要醒目，数量应能满足需要。不能只为了追求设计感、所谓的艺术抽象，而忽视最根本的易辨识性。

第五节　信息效应5：联动信息效应与媒介的互动效应

在策划运行中，运行一次整体活动得到的效果往往较好，有人将这种做法称为事件策划或活动策划。

信息效应5（a）　联动信息效应：在策划运作中，运行一次整体活动，整个过程中各个部分互相配合，产生的信息互相影响，这类活动产生的是整体效果。

在策划活动中，策划一次整体活动能产生联动信息效应，比采取某种单独的手段，例如只采取新闻、广告、营销手段的效果要好得多，因为运行一次活动产生的是整体效果。

案例与分析

凤凰卫视：从“飞越黄河”起飞中国内地

1997年6月1日13时19分7秒，历史聚焦在中国的黄河壶口。港台影视明星、“亚洲第一飞人”柯受良驾驶汽车，以1.58秒成功飞越50米宽的黄河壶口瀑布，聚集在黄河两岸的数万名观众无不为之惊叹，此时此刻，柯受良一跃而过的身影同样也让凝聚于电视机前的亿万双眼睛欣喜若狂。当天黄河壶口瀑布上空天气晴朗，但风力较大。柯受良驾驶重1 491千克的汽车，从黄河东岸的山西省境内，沿264米临时搭建的跑道，开足马力，凌空跃入对面——黄河西岸的陕西省境内。

凤凰卫视与中央电视台两家电视台联手向全国各地及境外50余个国家和地区直播了这次活动，香港当地电视台、台湾当地电视台等同时向全球转播。参加这次“飞越黄河”报道的记者达600多名。凤凰卫视中文台除当天的现场直播外，还专门开辟了“飞越黄河”的专栏，自2月23日起，每个星期日用30分钟的时间对柯受良试飞、飞越工程的建设、黄河两岸的风土人情和建设步伐等做了系列报道。

这是凤凰卫视与中央电视台在香港回归前夕为祖国特制的一份珍贵礼物。因为成功的前期宣传，此次飞越为刚过一岁的凤凰卫视在中国内地赢得了人气，也为它今后的飞越打下了坚实的基础。

为了宣传飞越黄河的壮举，使世界的目光更多地关注中国，使全球华人更多地关心祖国，中央电视台和凤凰卫视将该次活动列入“1997年香港回归”庆典的前奏。

从萌发飞越黄河梦的那一天起，柯受良就开始四处寻求赞助。他接触了不少大企业，和它们谈飞越黄河的构想。为了给企业回报，他甚至提出在自己驾驶的汽车两侧、顶部，哪怕自己的衣服、帽子上，都可以为赞助厂家做广告。结果，没有一家企业愿意“接招”。柯受良变卖家产投入了近300万元，但这些钱还是远远不够，窘迫中他一度产生放弃飞越黄河的念头。他算了一笔账，要飞越黄河，凭自己的力量需要在后半生的大部分时间里疯狂赚钱方能实现，而到那时他已没能力再飞了。直到1995年，经有关人士牵线搭桥，他联系上了香港凤凰卫视，香港凤凰卫视对此策划非常感兴趣，立即投资1 500万元，柯受良的飞越黄河构想终于等到了柳暗花明的一天。

【电子资料5-12】

43吨“怪兽”走过伦敦，媒体纷纷报道

随后，凤凰卫视为推动柯受良飞越黄河的活动，开始精心策划。凤凰卫视协调壶口岸边两省政府部门，并找到合作伙伴——中央电视台——进行联合直播，它们用了9个月的时间来做这些工作。最终，山西省旅游局、陕西省旅游局等单位与凤凰卫视有限公司组成了飞越黄河组委会，全力支持此次飞越。

时值香港回归，政治意义加上特技表演，使此次柯受良“飞越黄河”大获成功，凤凰卫视也凭此次“飞越黄河”的策划活动打入了中国内地市场。

案例分析：凤凰卫视策划的柯受良“飞越黄河”活动，产生了信息联动效应，它比实施某种单一的手段效果要好得多。

实施策划活动比单独实施某种手段的难度大得多。实施策划活动要求各方面都要跟上，而不能脱节，各个部门还要紧密协调，而不像单独实施某项活动那样只是某个部门的事。比如，为了某种需要，要做一次宣传，那是宣传部门的事；要进行一次销售活动，那是销售部门的事；要搞一次公关活动，那是公关部门的事。

实施一次策划活动要求各个部门都要配合，各部门为了这次活动要紧密协调，以使这次活动能够取得成功。此外，实施策划活动是动态的，而单独实施某种手段更多地是静态的。比如宣传，只要制作好了新闻稿或新闻节目，然后到各种媒体上刊播就可以了。策划活动就不同了，它需要寻找机会，想方设法找到能带来综合效果的活动，而不像静止的宣传，机会随时都有。

在策划活动中，信息很多时候是通过媒介传播的，所以很多时候都要用到媒介，所以一定要注意媒介的立体配合。为什么要这样呢？这是因为媒介之间有互动效应。各种媒介混合传播产生的信息结果称为信息互动影响，也叫信息立体效果。

信息效应 5（b） 媒介的互动效应：通过媒介的互动影响达到策划的最大或最佳效果。

注意

联动信息效应与媒介的互动效应的联系与区别

联系：联动信息效应很多时候要依靠媒介传播，所以要用到媒介的互动效应。但有时也可以独立运行，不需要借助媒介。

区别：策划运作时，也可以只实施与媒介有关的手段，而不需要运行一次整体的联动活动，比如只实施单一的媒介广告，这只需在媒介上做广告就行了，此种情况下只需要注意媒介的互动效应。

这里区分一下媒介与媒体。

媒介：媒体的介质，如纸、网络、无线电波等。

媒体：交流传播信息的工具，如电视媒体、报纸媒体、收音机媒体、路牌媒体等。

不同媒介指的是不同介质的媒体，如电视、报纸、收音机、路牌等。不同媒体指的是同一载体的各种不同的单位名称，比如A报与B报、C电视台与D电视台。

虽然单位不同、名称不同，但若是同类介质的媒体，还是称为同种媒介。

用某种单一媒介传播所得到的信息效果称为**信息平面效果**。

有时只在某种媒介上做新闻、广告的效果不是很好，但与其他媒介配合后，效果就可能大增。例如，花巨资在中央电视台黄金时段做了广告，若缺乏报纸媒介的炒作，效果不一定很好；有了报纸新闻连篇累牍的渲染，广告才会同时引起人们更大的关注，从而加深对电视广告的印象。

案例与分析

椰岛公司的海王酒实施媒介的互动效应手段

从 2019 年 1 月到 3 月，椰岛公司霸屏了各大地方卫视，开启了让各地受众看不尽的疯狂刷屏模式。

据《椰岛公司 2019 年第一季度广告效果综述》，三个月椰岛公司广告传遍全国。2019 年一季度，椰岛公司突然开启了新一轮猛烈的广告霸屏，其海王酒广告铺天盖地，在浙江卫视、江苏卫视、河南卫视、深圳卫视等全国 12 大卫视密集投放电视广告（见图 5－13和图 5－14）。数据显示，椰岛公司平均每个频道投放广告 582 次，累计广告投放达13 958 次，影响人次达 121.1 亿。①

---

① 3个月广告影响 121 亿人次！椰岛开启“饱和轰炸”. https://www.tjkx.com/news/showm/1056282, 2019－04－25.

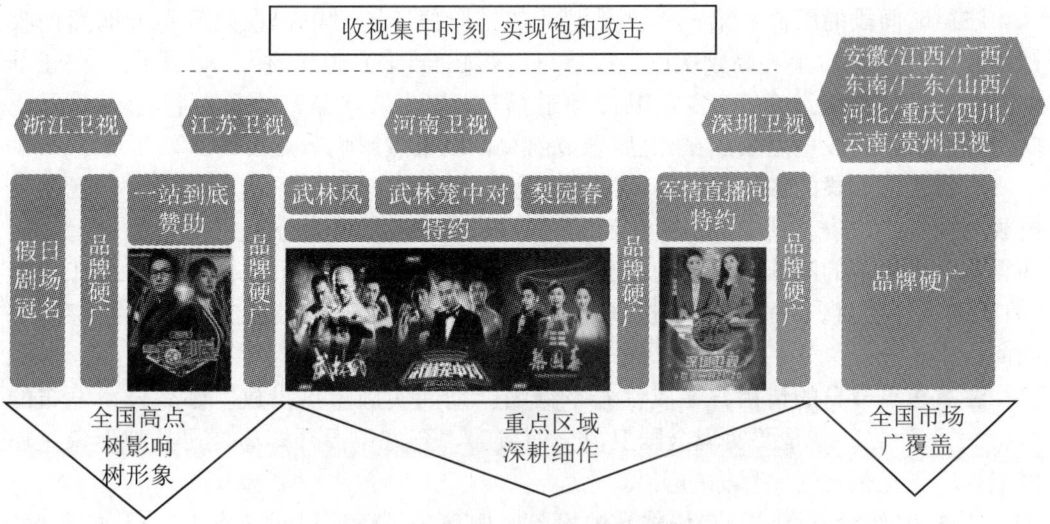

图 5-13 媒介传播互动整体方案

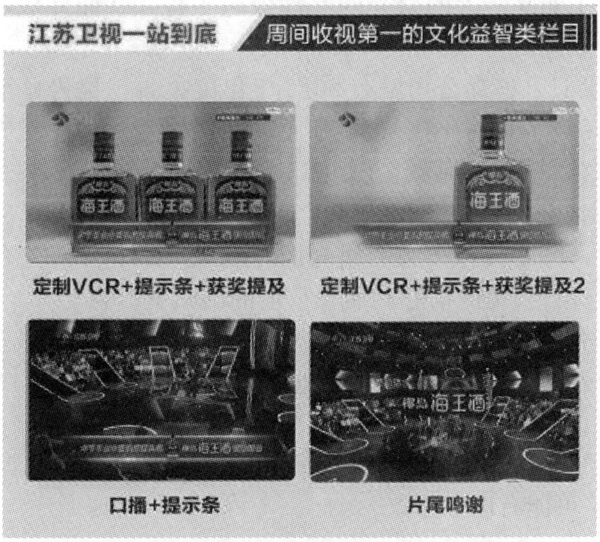

图 5-14 单一媒体方案

案例分析： 此次椰岛公司的海王酒实施了媒介的互动效应手段。

注重全国影响与区域配合： 首先，椰岛公司以处于全国电视收视率第一阵营的浙江卫视和江苏卫视为根据地，加大广告投入，树立品牌形象，可以影响全国受众。其次，在河南、深圳重点区域市场，椰岛公司与当地卫视密切合作，深耕细作，扩大影响。而在安徽、江西、广西、东南等其他市场，椰岛公司通过密集的硬广投放，加强品牌建设。

注重时间段的配合：第一季度是酒业热销阶段，同时电视在元旦春节期间档收视普遍提升40%以上，高频次广告投放可以影响全国近50%的人口。因此，在旺季期间，椰岛公司每天在10多个卫视频道播放100～200条广告，对目标人群形成“饱和轰炸”，时段重点聚焦在元旦/春节前夕，以重点影响节点市场。

注重传播形式的多样化：其广告形式为电视硬广＋特殊形式，在12大卫视密集投放电视直接广告。其中，引人注目的是，椰岛公司海王酒分别成功赞助和冠名周间综艺收视第一的江苏卫视《一站到底》栏目和白天时段全国收视第二的浙江卫视《假日剧场》栏目。另外，椰岛公司也成为河南卫视和深圳卫视王牌栏目的特约赞助商。

注重重点节日的传播：在成都春季糖酒会期间实施重点投放。椰岛公司发布的“六大引擎”之一就是要实现全国卫视全面覆盖，全方位提升椰岛公司品牌形象。霸屏卫视广告正是对这一目标的实践。

注重IP媒介（网站及自媒体）的投入：椰岛公司还通过对热点IP节目的赞助，进行特殊形式的广告植入。

椰岛公司实施了如此浩大的媒介的互动效应工程，从而促成了目标人群对品牌的有效记忆和消费促进。

2019年4月22日，椰岛公司发布2018年年度报告。报告显示，2018年度公司实现营收7.06亿元、净利润4 051.33万元，实现扭亏为盈。其中，公司酒类业务2018年实现销售收入3.16亿元，客户由130家增加到年末的432家。同时椰岛公司2019年一季报显示，公司实现营收1.99亿元，同比增长24.98%。

从中可以看出，椰岛公司实施的媒介的互动效应取得了一定的市场效果，但是在这背后，市场对椰岛公司的信心和品牌价值的回归更有意义。

2019年第一季度媒介的互动效应彰显了椰岛公司的复兴力量正在崛起，同时在这一阶段椰岛公司终于迎来了业绩扭亏为盈的喜讯。

信息媒介的互动影响，其效果比单一媒介要大得多，有可能是单一媒介的几倍或几十倍。究其原因，可能有以下三点。

（一）不同载体媒介的配合，可以扬长避短

不同形式的媒介因为载体不同，都有各自的长处与短处。

现象与分析

各种媒介传播信息的长处与短处

电视传播信息的长处是：随着电视的普及，它已深入千家万户，而且电视因为声音、图像的配合具有立体的形象性而得到大家的喜爱。它的短处是：难以保存、查阅，而且电视广告价格昂贵、时间短，受众难以对公司及产品进行深度了解。

报纸传播信息的长处是：及时、方便，便于保存、查阅，有纵深度。它的短处是：

报纸要受交通条件的制约，时效性受到影响，在交通落后的地区没有电视、收音机传播快。

收音机传播信息的长处是：及时、方便，声音不可回避，广告与新闻只能一起听。它的短处是：缺乏对广告商品形象的了解，还有时间短，保存、查阅不方便，而且听收音机的人越来越少了。

杂志传播信息的长处是：保存期长，可以印刷得很精美。它的短处是：周期太长，发行量小，阅读率低。

路牌传播信息的长处是：保存期长，在繁华路段能有针对性地产生影响。它的短处是：毕竟只有路过那里的人才能看到，其影响有很大的局限性。

网络作为一种新媒体，正以惊人的速度发展，冲击着传统媒体。与传统媒体相比，它具有很大的先天优势。它的长处是：第一，覆盖区域广；网络广告可以通过国际互联网覆盖全球，提供24小时不间断的快速联系，不受地域限制，也不受时间限制。第二，受众群体特征明显；网络的受众群体基本是集中在15～30岁，是一个极富购买潜力的群体，网络广告的受众基础相当好。第三，可统计性强。第四，内容丰富、声色并茂、可视性强。它的短处是：第一，网络广告的可信度不高；第二，泛滥成灾的流氓软件反而降低了广告的信誉；第三，网络广告的效率不高。

以手机为载体的自媒体广告的长处是：除了具有前面网络广告的长处外，还方便、快捷。它的短处是，除了具有前面网络广告的短处外，还难聚焦，且受众分散。

上述优缺点还没有考虑各种媒介自身广告费用的高低、媒介收视率、阅读率，所以媒介的相互配合很有必要。

（二）不同载体媒介的交叉影响所产生的信息效果不只是简单相加，而是成倍增长的

对于那些耗资巨大的广告，一定要注意广告的信息媒介的互动影响原理，确定主要信息媒介与次要信息媒介的配合，达到广告活动的立体效果。

在这个过程中，必须根据自己产品的特点、公司的实力、该产品消费群体所偏爱的信息媒介等确定主要信息媒介的主要媒体，再配以辅助信息媒介的媒体。如果广告投入资金有限，或者要尽可能控制广告投入的资金，那就要在合理分配广告信息媒介的资金上下功夫，最大限度地节约广告费用，以起到最好的广告效果，得到最大的实际收益。

策划中信息媒介的互动影响产生的立体效果的增长难以用准确的数据来衡量、比较，然而成倍增长的广告信息量及得到的效果却是实实在在地存在的。例如，在电视上、广播中做广告，让消费者知道了产品名称、公司名称，消费者就可能对报纸上的新闻或广告产生兴趣，能够耐心阅读完报纸上更详细的新闻或广告介绍，或主动去查阅报纸上更详细的新闻或广告介绍，从而产生购买行为。消费者从报纸上看到新闻或广告是通过文字感官的刺激受到影响，再从电视上看到同时听到新闻或广告则是通过听觉、视觉感官的刺激使这种影响得到深化与加强。有时消费者从某种媒介处受到影响后，又去关注另外的不同载体的媒介的报道。这些影响是细微的、交叉的、立体的。

可以肯定地说，这种信息的立体影响产生的效果不再是简单相加，而是信息量的成倍增长。

对媒介合理分配广告费用，不仅可以节约资金，而且可以避开不同信息媒介的短处，发挥它们各自的长处，让不同媒介交叉影响，从而产生信息互动影响。

下面的案例在利用媒介的互动效应方面就有一定的代表性。

案例与分析

媒介组合产生的信息互动效应

美国汽车骄子雅科卡在推销“野马”汽车时就因采用了信息媒介组合策划而大获成功。其策划有以下几个步骤：

(1) 举行“野马”汽车大赛，邀请各大报社参加，请100名新闻记者亲临现场采访，于是，所有参与的报纸杂志均如期报道了大赛盛况。

(2) 在新车上市的前一天，根据媒介选择计划，委托所有报纸刊登整版广告。

(3) 根据广告定位要求，在有影响力的《时代周刊》和《新闻周刊》杂志上刊登广告画面，标题是《真想不到》。

(4) 从新车上市开始，委托各大电视台连续不断地播放“野马”汽车广告。

(5) 选择最显眼的停车场，竖立巨型广告牌，上面写着“野马栏”三个字，以引起人们的注意。

(6) 在全国最繁忙的机场和所有度假饭店的门厅里陈列“野马”汽车，以实物形象激发消费者的购买欲望。

(7) 为了达到直接销售的目的和表示公司忠诚的服务态度，向全国各地小汽车用户邮寄广告宣传品。

结果，信息媒介组合策略获得了巨大成功，“野马”汽车销售量猛增，仅头两年就获纯利11亿美元。雅科卡一举成为“野马之父”和美国的传奇人物。

案例分析：对媒介合理分配广告费用，不仅可以节约资金，而且可以避开不同媒介的短处，发挥它们各自的长处，让不同媒介交叉影响，从而产生媒介的互动效应。

上面的案例在利用媒介的互动效应方面就有一定的代表性。

在现实中，有人根本不考虑媒介的互动效应。一味地去追求大媒介、大媒体，自认为财大气粗（或贷巨款），选择某种有影响力的大媒体的黄金时段、版面，再不惜巨资请名人做广告，不考虑媒介的立体配合，甚至完全忽视其他媒介，以为这种狂轰滥炸就能产生轰动效果，就能得到比广告投入更多的回报。然而在现实中，公司实施的这种“大轰炸”很难瞄准目标，这种策划活动带有很大的盲目性。从现实的策划案例中我们可以总结出：像这类策划运作到最后，多数是得不偿失和失败的。

比如前几年，在中央电视台黄金时段花巨资做广告就产生了立体的轰动效果，因为除了广告效果外，在中央电视台黄金时段做广告这件事本身就具有焦点性、轰动性、新闻性，是街头巷尾人们关注的话题，再加上报纸等媒体又用铺天盖地的新闻话题炒作，这些产生的效果甚至远远超过了电视的广告效果。但是最近几年，这不再是人们关注的话题，如果再去一味追求这种黄金时段广告，以期达到昔日的立体轰动效果，那就不可能了。

笔者就曾见过这样的企业，它贷巨款去做广告，以为能达到立体轰动效果，却不注意辅助媒体的配合，结果并未达到该企业想象的那种效果。最后该企业投入的巨额广告费用无法收回，经营也陷入困境。

对于任何一种策划活动来说，总是希望以最少的投入得到最大的回报，这是所有策划活动应追求的理想效果及最终目的。有些不正当的商业手段及不正常的行政行为表面上看是策划行为，实际上已偏离了策划本质。比如，有的企业负责人把公有资金拿去策划宣传个人以达到某种目的，而不是从企业发展的角度考虑，策划最后的实际收益可想而知；有的企业负责人为了得到广告回扣，不惜花费公有资金大做广告，而不会考虑媒介的选择、此次广告活动适不适合，更别说考虑广告费用的投入与收益权衡了。当然，这些不在本书讨论的范围之内。

（三）能够影响不同的受众群体，满足不同区域的受众

媒介的立体配合能够影响不同的受众群体，满足不同区域的受众。比如，农村人由于受交通、文化程度等因素的影响，爱看电视，这样电视这种信息媒介就能影响他们。此外，不同区域对不同媒介的喜爱程度不一样，有的地方电视是强势媒介，当地的受众从电视接收的信息就要多一些，电视对他们的影响就大一些；而有的地方报纸是强势媒介，当地的受众从报纸接收的信息就要多一些，报纸对他们的影响就大一些。还有的群体杂志对他们的影响可能要大一些，比如在校大学生感兴趣的一些杂志，对在校大学生的影响就比较大。

第六节　信息效应6：美女信息效应

在策划中，很多时候要用到美女，用美女产生的信息效应来推销项目或商品。这也是策划学中的一个信息效应，但使用这个信息效应时必须慎重。

在广告史上，美女、动物、婴儿曾经是广告素材的三大要素。随着社会的发展和广告的进步，这一情况正逐步改变，特别是美女广告正逐步减少。

信息效应6　美女信息效应：*在策划运行中，用美女来吸引受众的注意力，然后传播信息，以达到促销目的，这就是美女信息效应。*

其实在当今的策划中，很多时候美女已与经济联系在一起了，特别是商业中很多

时候要借助美女，比如用美女来推销项目或商品，用美女来做广告、做形象代言人、做营销小姐、做导购等。销售汽车时用美女来做汽车模特；销售时装时用美女来做时装模特；销售手机时找来模特队表演助兴；举行各种大型活动时，组织者会临时召集很多美女来做会务。

从“美女信息效应”又派生出“帅哥信息效应”，比如在一些策划中现在也热衷于让帅哥加入其中，以期望达到某种策划目的，在此不做详细讨论。使用美女信息效应这条原理时必须慎重，很多时候也会引起很多争议，并容易走入误区。用漂亮女性来做促销、广告被很多人视作广告制作的“万能公式”“万能钥匙”“灵丹妙药”，但这种做法是停留在一种陈旧观念的模式上，处于广告的初级制作水平阶段。正因为如此，人们对这种低水平的广告越来越不感兴趣，进而反感甚至痛恨。

第七节　信息效应 7：名人信息效应

在策划运行中，用名人做策划也是策划的一大手法，而且有些策划人还非常热衷于此手法。

其实用名人做策划有利也有弊，要分清利弊，小心驾驭，以免陷入误区。

信息效应 7　名人信息效应：指在策划运行中，用名人做策划所产生的信息效应。名人中往往用得较多的是明星，在策划运行中，运用明星做策划所产生的信息效应，称为**明星信息效应**。

（一）人的知名度主要与哪些信息因素有关？

名人，顾名思义，只是被更多的人知道的人而已。一个人得以被更多的人知道的原因何在？也就是说，人的知名度主要与哪些信息因素有关呢？我们总结出了以下三点：

（1）从正的方面看，一个人容易因有良好的素质、修养，在某方面表现出色，做了人们普遍赞同的事，对社会贡献较大等而成为名人。

以上这些方面可综合起来称为人的美誉度。在社会公众效应中，只有人的美誉度才能产生社会影响力、号召力、信任度，它才是影响人们行为的关键信息因素。

（2）从反的方面看，做了人们普遍反对的、造成恶劣影响的事的人也能成为名人。

（3）职业、性格等诸因素，也可能影响一个人的知名度。

有的职业本身就决定了从事该职业的人一直被公众关注，比如有些大的体育项目的国家队教练，大活动、大节目的主持人。

有的职业还要求从事该职业的人要使自己一直受公众关注，比如影星、歌星。

从上面谈到的与知名度有关的信息因素可知，知名度并不完全等于美誉度。除了某方面出色、做了人们普遍赞同的事、对社会贡献较大的人得到的知名度与美誉度紧密相关、有必然联系外，其他信息因素如反面因素形成的知名度、自己本身是社会焦点层人物造成的知名度与美誉度并没有必然联系，在社会交往中就很难影响公众。

(二) 名人信息效应的两个原理

人的知名度在策划运行中能有什么作用或价值呢？人们在策划中为什么热衷于使用名人？比如一些地方政府热衷于用明星来提高知名度，想以此来招商引资或达到促进地方经济发展的目的；在商业行为中用名人做广告、做形象代言人等，无非就是想利用名人的知名度产生的公众效应来影响受众。

用名人做宣传，要达到销售商品、促销项目的目的，即要使受众把名人与所要销售的商品、促销的项目联系起来，就要使两者之间有某种联系纽带，这种联系纽带是什么呢？我们用理论来深入探讨名人信息效应的影响过程，得出它的表现过程如下：

1. 名人信息效应一

第一个过程：人们关注该名人→因为有了该名人，人们也关注与该名人有关的商品→人们知道某种信息商品后，就可能对该商品产生兴趣，从而对该商品做出实际购买行为。

简单表示为：

某名人的知名度⟷某种商品、项目

这个过程是通过联想，把两件联系本不太大的事物联系起来，即想通过某名人的知名度提升某种商品的知名度，最终达到销售某种商品的目的，在这个过程中名人也就起一个纽带或联想作用。这个过程称为名人信息效应一。

2. 名人信息效应二

第二个过程：人们关注该名人→因为有了该名人，人们关注与该名人有关的商品→因为有了该名人的美誉度产生的影响力、号召力、信任度，人们对某种商品做出实际购买行动。

名人的美誉度产生的影响力、号召力、信任度，又称为**名人的示范效应**。

在前面谈过示范效应，而这里名人的示范效应就是通过个人的重点影响，起到带动作用，但名人的示范效应主要是通过名人的美誉度起作用的。

这个过程简单表示为：

某名人的知名度→某名人的美誉度（示范效应）→影响某种商品、项目的销售

这个过程靠的是由该名人的知名度带来的美誉度产生的影响力、号召力、信任度，从而影响到某种商品的销售，最终达到策划预期。这个过程称为**名人信息效应二**。

用名人达到策划预期，无非就是这两种途径，而且这两种途径是两个不同的过程。在名人信息效应一里，名人对策划的影响是被动的；而在名人信息效应二里，名人对策划的影响则是主动的。

名人信息效应一产生的效果没有名人信息效应二大，而且名人信息效应一还有很多不确定因素，只是理论上存在这样的心理影响过程及作用，它究竟要经过多长的过程和究竟能产生多大的作用，是难以预测的。

通常认为，名人信息效应起关键作用的途径是名人信息效应二。所以本书着重讨论的是名人信息效应二。

用名人做策划时，有人只看该名人是否有知名度，甚至用反面名人，就是应用了名人信息效应一。而名人信息效应二是反对只看知名度、不讲美誉度的。名人信息效应二重点强调的是知名度与美誉度的结合，起作用的还是美誉度产生的影响力、号召力、信任度，也就是名人的示范作用。

用名人做策划更多地是利用名人信息效应二，就是想利用名人的知名度带来的美誉度影响商品销售，但要注意社会影响力、号召力、信任度并不是由知名度决定的，而是由名人的美誉度决定的。

根据知名度与美誉度的关系，我们可将名人区分为良好效果人物、一般效果人物、副作用效果人物（见图 5－15）。

良好效果人物：名人的美誉度 ═══ 名人的知名度

一般效果人物：名人的美誉度 < 名人的知名度
（略小于）

副作用效果人物：名人的美誉度 ≪ 名人的知名度
（远远小于）

图 5－15　用数学中的（不）等式来表示名人的知名度与美誉度的关系

策划要取得最满意的效果，前提是名人是良好效果人物。这种情况是最佳选择。

比如科学工作者或有关专家的知名度并没有影视界名人的知名度高，但科学工作者或专家若出现在某种策划里，他们的美誉度就比后者要高；此外，因为某种特殊的工作环境要求人必须处于沉默层，如掌握尖端技术的一些科学家，若他们出现在某种策划里并注明他们的身份，那么他们的美誉度可能超过处于公众焦点层的影视界名人，就会产生更好的示范作用，在策划运行中就会取得更大的效果。

科学工作者或专家的美誉度虽然比有的影视界名人要高，但其知名度还是没有影视界名人高。前面讨论了要产生名人信息效应，除了名人信息效应一外，还有名人信息效应二，而名人信息效应一只与名人的知名度有关，与名人的美誉度无关。当面临这二者间的选择时，谁产生的效果更大，还要进行综合分析、比较（见图 5－16）。

（三）策划中用名人存在的一些不利方面及注意事项

下面来总结一下策划中用名人存在的一些不利方面及注意事项：

（1）请名人需要很大一笔费用，因为一般得付给名人昂贵的出场费。

（2）名人信息效应并不一定就能产生令人满意的广告活动效果以及得到令人满意的广告实际收益。

（3）可能会出现因广告受众的注意力集中到名人身上而忽略、淡忘了名人做广告的商品的情况。

用数学方法来分析、比较科学工作者或专家与影视界名人产生的名人效应：
科学工作者或专家知名度<影视界名人知名度
根据名人信息效应一得出：
科学工作者或专家产生的效果（a）<影视界名人产生的效果（b）
科学工作者或专家美誉度>影视界名人美誉度
根据名人信息效应二得出：
科学工作者或专家产生的效果（c）>影视界名人产生的效果（d）
这两种名人产生的名人信息效应的效果根据名人信息效应一和名人信息效应二应这样相加：
科学工作者或专家产生的效果：（a）+（c）
影视界名人产生的效果：（b）+（d）
而（a）<（b），（c）>（d）
所以要进行综合分析、比较，看（a）+（c）与（b）+（d）谁大

图 5－16　用数学方法来分析名人效应

（4）用名人做广告还要考虑到主要消费层对名人的心态，有的消费层对某些名人特别反感。

（5）对名人的喜爱还因消费者的年龄、区域、性别和所处时代的不同而不同。

不同年龄的消费者对广告名人的认同度不同，年轻人比较喜欢年轻有活力的新星和港台明星，“昨日明星”、笑星则更多地为 35 岁以上的消费者所接受。调查资料显示，不同年龄段的被调查者对广告名人的记忆度为：18～25 岁为 47.5％，26～35 岁为 34.5％，36～45 岁为 10.4％，46～60 岁为 7.5％。从调查结果看，名人广告的最佳诉求对象应是青少年和青年。

这一现象从心理学上也能找到一定的理论依据，青少年和青年充满理想和朝气，具有追求新颖时尚的社会潮流、渴望受人瞩目的心理特点，这使他们极易产生偶像崇拜心理，而且容易冲动，因此，其崇拜的偶像的推荐直接冲击着他们的心灵和行为。因此，针对青少年和青年的产品广告采用名人广告策略能收到良好的效果。

调查还得出，南方和北方消费者对广告明星的认知差异很大，北方人喜欢京味的名人，南方人喜欢港味的名人。比如李嘉存所做的“蓝天六必治”的广告深受北方人喜爱，却被南方的消费者评为最差广告之一。

（6）某些名人因为自身的问题，还可能给广告带来负面影响。所以做名人广告时要选择公众形象好的名人。美国学者综合多项研究成果发现，名人广告若想取得满意的效果，必须具备专业性、信誉度和吸引力三个基本条件；中国学者的实验进一步表明，在中国国情下，名人的人品也是十分重要的。

（7）要选择与产品类别、特性、用途一致的名人。已有实验表明，广告宣传的产品如果有一定的技术含量，那么选择相关领域的专家做广告比较好，反之，则以社会名流较合适。比如，润喉产品的广告宜选择歌星而非影星，服装、化妆品的广告宜选择影星而非歌星、球星，运动系列的产品宜选择体育明星而非歌星、影星。

最后，还要考虑产品与名人本人的特征、特长和体验是否一致、有联系。如减肥产品的广告选择尹相杰就比选择瞿颖更为合适，音响产品的广告选择刘欢就比选择赵

薇更为合适，因为前者有这方面的经历和特长，有使用广告产品的经验，能够提高广告的可信度。如果消费者认定名人只是在演戏，广告效果便会明显下降。

（四）用名人做策划有利也有弊，要分清利弊，小心驾驭，以免陷入误区

有人动不动就用明星来做宣传，把这视作"万能钥匙""灵丹妙药"，而结果未必能达到某种经济预期。用名人特别是用明星做策划也有一些不利的方面，并非"灵丹妙药"，很多明星往往声誉不好，美誉度不高，也就是示范性不强。

其实这种观点在经济学的奠基人亚当·斯密的《国民财富的性质和原因的研究》中早有精辟论述："世上有几种非常非常适意而优美的才能，若能取得，定能博得某种赞赏，但若用这才能来谋利，世人就会根据意见或偏见认为是公开出卖灵魂。因此，为谋利而运用此才能的人，所取得的金钱，不但须补偿他学习这种技能所花的时间、工夫和费用，而且须补偿他以此谋生而招致的声名上的损失。俳优、歌剧唱角、歌剧舞蹈者所以有非常高的报酬，乃是起因于这两个原则：一、才能罕有而美好；二、由于运用这才能而蒙受的声名上的损失。我们在一方面鄙视其人格，在另一方面却又对其才能给予非常优厚的报酬，这乍看起来，似乎不合理。其实，正因为我们鄙视他们的人格，所以要厚酬他们的才能。假若世人对于这些职业的意见或偏见一旦改变，他们的金钱报酬很快就会减少。因为更多的人要从事这些职业，而竞争势必使他们的劳动价格很快降低。这类才能虽不是一般才能，但绝不是像世人想象的那么稀罕。完全具有这种才能而不屑用以图利的人，实在不是少数。更多人能学得这种才能，如果运用这种才能来谋生不至于损害名誉的话。"①

（五）名人也要注意自己的形象，千万不要只顾钱而不考虑社会后果

在国内的名人广告中，有些名人见钱眼开，根本不考虑商品的性能和厂家的信誉度。名人为药品、保健品做的广告是千夫所指，说自己或自家小孩、亲人经常服用某种药、保健品，结果全是子虚乌有。

案例与分析

马羚承认：打广告的色斑是画的

"广告中马羚的满脸色斑很明显是由化妆师画出来的，并不是马羚亲身体验的结果……"网友对目前正在各电视台热播的由演员马羚代言的某祛斑霜广告提出了强烈质疑。

马羚接受采访时说："去年这个公司就跟我联系了，他们先送了我两盒，让我试试这东西，说挺好的。我本来就看过这个广告，是史可做的。这两盒我没有吃，送给一个女朋友了，吃完了她觉得挺好的。既然我要做代言，我也得验证才行。"

马羚表示，她的脸颊确有黑斑。她说，她做这个代言还是很谨慎的："我觉得既

---

① 亚当·斯密．国民财富的性质和原因的研究．北京：商务印书馆，1972：98-99.

然我脸上有斑，如果我吃好了，那么这个代言就做。这家公司给我送来了10盒让我试吃，我吃了4盒，吃完后，右脸的两块小斑就几乎看不见了，左边脸上有4块，现在还能看见痕迹，但已经淡了。这确确实实是我的经历，我认为没有必要去跟消费者撒谎。”

对观众和网友对马羚的斑是化妆师画出来的这一质疑，马羚非常坦诚：“这个广告被突然曝光是假广告，问题就出在拍摄上，我可以告诉你们，那斑就是画的。拍广告时我的斑已经没了。”

资料来源：黄健，王媛．马羚承认：打广告的色斑是画的．法制晚报，2006-09-08.

案例分析：这样的案例在中国已经屡有发生。很多名人在为代言产品做广告时，说是自己用过的，而实际上代言人根本不用自己代言的产品。

又如，2004年8月中旬，《瞭望东方周刊》曝光了北京新兴医院夸大治疗效果，用广告炮制“送子”神话一事，立即引发了全国媒体的关注。全国20家电视台频频播出了由唐国强、解晓东主演的广告片，片中包括一幕幕温馨感人的家庭故事，以及解晓东深情款款的歌声。北京新兴医院事件曝光后，引起了全国人民对二人的质疑。

为此，北京市消费者协会于2004年8月19日上午通过媒体公开发出了《致社会名人、明星的一封公开信》，劝其积极支持、参与社会公益活动，拒绝重金聘请的虚假广告和其他活动。公开信中总结了当前名人、明星广告存在的主要问题：一是自己没有亲身体验过所宣传的产品而在广告中却称其使用效果好，误导消费者；二是在医疗服务和药品广告中虚假宣传、夸大疗效，诱导消费者就医购药；三是一些名人、明星做的保健食品广告违法宣传疗效。

【电子资料5-13】

西方国家严管名人广告

北京市消费者协会向首都的社会名人、明星们提出建议：要珍惜荣誉和形象，提高作为社会公众人物对社会应承担责任的意识，不要无根据地以自身为例向广大消费者推荐产品或服务；积极支持、参与社会公益活动，拒绝重金聘请的虚假广告和其他活动。

（六）名人广告的一些调查及数据

据权威机构调查，在列出的12类对人们有影响力的广告要素中，名人广告位居第九，已相当靠后。

在中华广告网有关“喜爱的广告类型”的调查中，有3.8%的人选择明星广告，排名最末；有63.0%的人选择幽默型广告，名列第一；有37.3%的人选择感性型广告；有12.5%的人选择理性型广告。

中国社会调查事务所的调查结果显示，关于对名人广告的可信程度：14.4%的人表示完全相信，50.8%的人表示比较相信，20.3%的人表示不太相信，14.5%的人表示不相信。关于是否会受名人广告的影响：26.4%的人表示会受影响，15.5%的人表示会受很大的影响，25.4%的人表示不受影响，5.2%的人表示反感，27.5%的人表示不确定。

美国国家经济信息研究所在1991年做过一项实验，安排一位明星、一位普通人和一只猴子同时做了一则商品广告，结果表明：猴子得票最多，超过明星一倍，其次是普通人，而明星排在最后。

（七）中国名人广告现状及与美国的比较

上面的调查数据显示，即使在美国那种崇尚明星的社会，名人广告的影响也不是很大，所以在中国更应考虑名人广告的效果。中国的消费市场与美国的消费市场虽然有些不同——美国的消费市场已经是一个十分成熟的个性化消费市场，而中国的消费市场才刚刚起步，人们的消费心理尚不成熟，消费决断能力较弱，但中国消费者正在逐步走向成熟，所以名人广告的影响也越来越小。

在中国，名人广告不过20多年的历史，但发展势头较猛。有人抨击中国目前的名人广告现象：名人广告发展几近畸形，基本被定义成了明星广告，其中港台的影、视、歌红星出镜率最高；广告不是站在超越明星广告的高度，而基本上成为流行文化的附庸，少数名人广告的扭捏作态或自以为是的傲慢或喋喋不休的说教，甚至到了让消费者作呕的地步。

美国是名人广告的鼻祖，美国名人广告在创意上的突出特点就是戏剧性和幽默性。但戏剧性广告的重点是把产品与戏剧性联系起来，而不是包装明星、推崇明星。

美国参议院前多数党领袖多尔为维萨信用卡拍了这样一则富有戏剧性的广告：他竞选总统失败回到家乡，受到乡亲们的热烈欢迎，但是当他去一家商店购物想用支票付钱时，售货员却死板地照章办事，让他出示身份证。多尔没带身份证，于是改用信用卡，而他拿出的信用卡因不是维萨卡，机器不认。在大选中失败的多尔在商店里又一次遭受挫折，于是多尔懊恼地说："我就是赢不了？"

广告把政界名人塑造成了一个处处碰壁的倒霉蛋。整个故事充满了戏剧性，从荣归故里到备受售货员刁难，及至尴尬的结局，一波三折，把竞选的失败与购物遭遇巧妙地联系在一起，让人们在会心、同情中接受了品牌信息：多尔又怎样？不用维萨卡也只能无功而返。

幽默是美国人的天性。20世纪60年代的著名广告《我要我的麦宝》，用一群赫赫有名的超级运动巨星为麦宝促销。米基·曼托、奥斯卡·罗伯森、怀特·张伯伦、约翰尼·万尼塔、雷·尼凯、唐·墨雷迪等当时职业棒球、篮球、足球界最令人震撼的明星，竟然全都一起掉下最生动的眼泪，对着镜头哭闹呻吟："我要我的麦宝！"这则广告真是妙趣横生！这些明星在各自的领域都是令人狂热的灵魂人物，他们牵动着无数球迷的情绪。在公众的心目中，他们的人生是完美的代表，但他们却不是站在高不可攀的位置上，武断地向人们推荐产品，而是通过他们自己表现一个普通人最朴素纯真的情感，在得不到珍爱的麦宝时，也会像小孩子一样大哭大闹。最有力量的英雄和最软弱的眼泪，使广告充满了人性的真实和可爱。"英雄也会哭着要的麦宝"终于以其美国式的幽默赢得了消费者的认可，迅速带动了销售。这则广告产生了多大的效果，从其后发生的事就可得知。唐·墨雷迪、米基·曼托无论到哪里比赛，球迷都会模仿他们流泪的样子，向他们喊道："我要我的麦宝！"

相比之下，戏剧性和幽默性正是我们所缺乏的，名人广告创意表现出的苍白和贫乏是国内名人广告最大的通病。目前国内名人广告往往只是以名人为中心，借用他们的名字或脸蛋，粗制滥造地随意推出。

（八）名人广告的技巧处理

所谓名人，一般人们更多地是熟悉他们的姓名而非他们的形象，在生活中，记清一个人的面貌往往比记住一个人的姓名要难得多。当他们以不同的着装或者不同的形象出现在电视画面中或公共场所时，多数人就不一定能认出。即使那些经常在电视、电影里抛头露面的演员、歌星，也会因为他们演出时的穿着打扮、人物形象与电视广告画面中有所不同甚至差别很大，让许多人难以认出。对于一些体育明星来说，因为与人们见面的机会少或出镜率低，即使出现在电视、报纸广告画面上，一般人也难以将他与其姓名的名气对应起来。更何况，人还会逐渐成长或衰老，这些都可能使一个人的面貌、形象发生很大变化。花了巨额费用请名人，结果当该名人出现在电视画面或报纸图片中时，许多人却并不知道他（她）就是那个名人，根本没有把他（她）与那个名人联系起来，只把他（她）视作一个出现在广告里的普通人，这样请名人花的钱岂不是冤枉！

所以这就需要做一些技巧处理，也就是让人们能认识出现在电视画面、报纸图片中的名人，从而把他们的形象与名气联系起来，乃至产生名人信息效应。

方法是：用文字注明该人就是某名人，或用简短的语句介绍该名人。

第八节 信息效应8：品牌信息效应与商标信息效应

（一）品牌信息效应

品牌在策划中运用得较多，经常听到政府官员说，要塑造地方经济品牌；企业界人士说，要塑造企业品牌。当今品牌确实与策划密不可分，而且越来越重要。

究竟什么是品牌？关于品牌有很多定义，但是可能没有哪一个定义是完全准确的。这里也给品牌下一个定义。

品牌：指受众对某种产品、项目、策划运作的认知和接受程度。

品牌具有一些共同的特征：

- 质量优良是品牌的前提。
- 受众对其品质的认可是品牌形成的保证。
- 知名度是品牌必不可少的条件。

根据品牌的特征，我们知道：只有质量而没有得到消费者认可不算品牌，如果只是通过某些手段提高了知名度而没有质量作为保证也不算品牌。

信息效应 8（a）　品牌信息效应：利用品牌信息产生的作用、效果，来达到促进商品销售、推进项目以及推动经济发展的作用。

在信息技术不发达时，人们一般都是通过口头传播信息。如果质量好，那么通过人们的口头传播，就逐步会让大众知道，所以中国过去有“酒香不怕巷子深”的谚语。然而，随着信息技术的高度发达，如果只有质量而不注重传播，它的品质就不能得到消费者的认可，知名度就不会很高，也不能形成品牌；当然，反过来如果不注重质量，而只想依靠广告或其他手段的炒作，虽然有知名度，但也不能算是品牌。名牌是品牌的一种市场反映形式。在现代社会，消费者对品牌的依赖程度越来越高，品牌产生的经济效应越来越强。

【电子资料 5－14】

品牌缺失，茶叶发源地中国，七万茶厂不敌一个英国立顿

我国由于发展市场经济的历史较短，所以在品牌上还做得很不足，这也是我国商品在国际市场的“短板”。

（二）品牌要素

1. 品牌的内容、外在形式

品牌从内容讲包括质量、价格、服务、附加值等；从外在形式讲包括名称、标志、商标等。

品牌名称是指品牌中可以用语言表达（可以读出）出来的部分——词语、字母、数字或词组等的组合，又称“品名”；品牌标志，是指品牌中可以被认出、易于记忆但不能用语言表达的部分，包括符号、图案、明显的色彩或字体，又称“品标”；商标是经注册后受法律保障其专用权的整个品牌、品牌标志、品牌内涵或者各要素的组合。

2. 品牌的形成是一个复杂、系统的过程

品牌的形成并不是靠某种单一的方法，而是借助以下一些途径：

（1）让产品在消费者心中长期潜移默化地产生影响，长期得到消费者的认可，这是形成品牌的最重要途径。这种品牌对消费者的影响才会长久。

（2）广告宣传。

（3）政府及各种社会机构公正的评选、认可。

3. 品牌存在的附加值

品牌的直接作用当然是能更好地促进产品销售，而品牌的作用除了直接的表现外，还有隐蔽的、间接的附加值，但许多人忽略了品牌的附加值。

所谓品牌的附加值是无形的和间接的，它的作用主要表现在：

（1）品牌带来的知名度，能够吸引社会上人们的注意力，这样也就能够吸引优秀的人才加盟。

（2）公司的品牌形象会让公司的员工有一种自信与荣誉感，这样就可以增强公司的凝聚力。

（3）品牌能提高社会对公司的认知程度，从而使公司在与整个社会的交往中有更

好的声誉，获得更多的便利。比如，可以提高银行对公司的信任度、其他公司对本公司的信任度；在采购某产品时，因为公司的品牌附加值，在资金没有到位的情况下，其他公司也可能放心地让其先提走产品；在某些特定情况下，公司的事务还有可能得到优先处理，从而给该公司带来很多便利。

再举一个品牌附加值表现的例子。曾经有人开玩笑说，美国的可口可乐公司即使被大火烧了，它也不会倒闭，第二天银行就会贷款让其重建。这体现的就是，可口可乐公司品牌的附加值。

有的产品因为具有很强的专业性，不是大众产品，有人就认为没有必要进行品牌的大众化宣传，这显然是没有认识到品牌的附加值。因为公司产品虽然具有很强的专业性，但任何公司的整体运行都是在广泛的社会中进行的，并不只是与几家专业的公司打交道，比如办公环境的设置、办公用品的购置、交通运输、网络通信的建设等都要与整个社会打交道，而品牌的附加值就体现在这个过程中。

当苹果公司每次有新产品进入中国时，就有很多媒体免费进行大量宣传。因为苹果公司的品牌已经对人们产生很大影响，对公众本身具有很强的吸引力，公众关注度很高，所以也就具有新闻性。

国外很多公司在进入中国时，就因为品牌的附加值产生了很大的影响。除了苹果公司外，像嘉年华、沃尔玛等公司进入中国时各类媒体也对它们进行了铺天盖地的新闻炒作，这些免费的新闻宣传若换作广告宣传，不知要花多少费用，还可能难以达到这种效果。为什么如此多的媒体会心甘情愿地为其免费宣传呢？这就是品牌的附加值带来的结果。

（三）商标信息效应

“商标”一词是外来语，译自英语词汇“TradeMark”。它是组合词，由“Trade”（贸易、商业、商务、商贸）和“Mark”（标志、标记、牌、牌子）组合而成。至20世纪初，“Trade”和“Mark”还未形成一体，常常被分开使用，在一些英语法律文件中使用这一词汇时，“Trade”与“Mark”之间还加有连字符，不像今天二者已连成一个词。正是因为“Trade”和“Mark”有多种词义，才出现了对该词的多种理解和用多种不同的汉语组合词来翻译这一英语组合词的现象。

我国依法注册、管理商标已经有50多年的历史，根据我国《商标法》第八条的规定，商标是指“任何能够将自然人、法人或者其他组织的商品与他人的商品区别开的标志，包括文字、图形、字母、数字、三维标志、颜色组合和声音等，以及上述要素的组合”。当使用商标时，要用“R”或“注”明示，意指注册商标。

信息效应8（b）　商标信息效应：利用商标产生的法律保护作用，形成品牌的传播效果，来达到促进商品销售、推进项目以及推动经济发展的作用。

（四）LOGO与商标的区别

1. 什么是LOGO？

LOGO是LOGOtype的缩写，可译为徽标或者商标，后者包含在前者之内。徽标的形式有符号、图案、色彩、文字等。

当把徽标注册成商标后，它就受法律的保护，变为商标，否则不受商标法保护。

LOGO 是品牌与商标的外在体现。

LOGO 可以受著作权法的保护，但这种保护是指成型的、专有的、有影响的作品，并不是随便设计或乱画一个 LOGO 就能得到著作权的保护。

通过形象生动的 LOGO 可以让消费者记住公司主体和品牌文化，如世界上很多知名公司之所以被消费者熟知，不仅仅是因为它们的产品，也包括它们设计精美、寓意深刻的 LOGO，因此在市场策划的品牌战略中 LOGO 具有非常重要的意义。[①]

2. LOGO 与商标具有很大的区别

（1）普通意义上的区别。

◆ LOGO 通常指品牌，是一个经济学概念；而商标是一个法律概念，由商标法对其进行保护，一经注册，权利人就享有商标专用权。

◆ 一个企业的 LOGO 通常只有少数几个，但是商标可以选择注册一系列。

◆ LOGO 就是用简单、有意思、形象的图形来表示公司或者产品，或者说是一个产品或一家公司的标志。LOGO 的标志，并不一定是商品标志，也可以是组织标志、徽章、个人标志等。商标是将商品与企业关联起来，起到标识作用，一般是指一个企业的名字或者产品的名字。

◆ LOGO 可以是一个商标，同样，商标也可以作为 LOGO，但是 LOGO 未必就是商标，商标也未必就成为 LOGO。

（2）法律上的区别。

◆ 权利的取得不同。

LOGO 作为美术作品不用注册登记，创作成形即自动获得著作权，而商标必须经过国家相应机关注册才能取得商标权。

◆ 权利归属不同。

LOGO 的设计者和所有人很可能不是同一个人，普通公司都要委托设计者来设计 LOGO，那么 LOGO 作为委托作品，其著作权的归属有两种情况：约定归委托人所有，或者没有约定，那么就归设计者所有，而商标只属于商标权人所有，这是知识产权范畴。

◆ 受法律保护的期限不同。

LOGO 作为美术作品受保护的期限一般是 50 年，而商标可以无限期续展，受保护的时间是无限的。

◆ 受法律保护的范围和力度不同。

在我国，LOGO 受《著作权法》保护，商标受《商标法》保护。LOGO 可以注册为商标，那么这个商标 LOGO 同时受《著作权法》和《商标法》保护，这意味着 LOGO 和商标的受保护范围是不同的，LOGO 的保护范围不如商标广。

被侵权时，LOGO 和商标受保护的力度也不同，当然，对商标的保护力度比著作

① 赵攀，等. 浅论市场营销中的 LOGO 设计. 商业，2015（40）：97.

权大。这里还会引发另外一个问题：如果 LOGO 的著作权属于设计者，那么当 LOGO 被侵权时，实际损害了 LOGO 所有人的利益，但是只有设计者才有权起诉。而当商标被侵权时，商标所有权人可以直接以自己的名义起诉侵权。

（五）品牌与商标的联系与区别

品牌与商标是极易混淆的一对概念，很多人认为商标就是品牌，或品牌就是商标，一部分人错误地认为商标注册后就成了品牌。

事实上，两者既有联系，又有区别。有时，两个概念可等同替代，有时却不能混淆使用。品牌不完全等同于商标，商标也不完全等同于品牌。

1. 品牌与商标的联系

（1）商标是品牌的一部分，是品牌的一种标志或记号，即品牌中的标志部分，或者说，商标就是指品牌标志，是便于消费者识别的部分。商标的主要功能是传播品牌的基本元素。

（2）知名品牌与驰名商标具有密切的关系，很多时候，能称得上品牌的产品或企业其商标也具有美誉度和知名度。驰名商标是经过法定手段认定的，经过法律程序的认定，才具有社会基础和法律的合理性。

（3）商标是品牌当中获得了商标专用权的那一部分。品牌要想长期发展且不受假冒伪劣产品、竞争对手的干扰，必须转化成商标，获得法律的保护，这样才能够使品牌延续下去。

（4）品牌与商标是可以相互转化的。如品牌经注册获得专用权就转化成商标，也就具有了法律意义。商标经营得好就成了品牌。

（5）通过商标来保护品牌积累的市场利益。当某种商品成为品牌商品后，只有通过商标，其积累的市场利益才能得到法律的保护。

例如，在 20 世纪 80 年代中后期，我国部分企业已开始具备向海外拓展市场的意愿和实力，最具有这种实力的是一些拥有著名商标的企业。国外企业了解到这一信息后，就在外国抢先注册中国的著名商标，比如日本注册了我国近 300 个商标，马来西亚、新加坡也注册了我国上百个商标，这就意味着中国这类商标的产品不能在这些国家的市场上销售。例如，同仁堂被日本给抢注了，这就意味着中国的药再不能打着“同仁堂”的品牌在日本销售，否则就是侵权。因此，企业要重视商标注册，保护好自己的合法权益。

又如，甘肃人民出版社出版的《读者文摘》广受青年人的喜爱，可是它没有转化成商标，没有获得国家商标法的保护。后来，由于外国已经有人注册，所以这家出版社不得不忍痛割爱，把《读者文摘》改成了《读者》。类似情况还有很多。

2. 品牌与商标的区别

（1）概念性质不同。

品牌是市场概念，商标是法律概念。

（2）取得的途径不同。

商标是在有关部门注册的，是有关部门依据有关法律认可的，只要符合法律，商标就很容易注册。

而品牌是在市场中长期积淀形成的，是靠质量、价格、服务、附加值等得到消费者认可后的一种市场结果。品牌的形成不像注册商标得到认可那么容易，它需要经过提高品牌的知名度、美誉度、忠诚度并积累品牌资产这些复杂过程，并且年复一年，持之以恒，坚持自己的品牌定位，信守对消费者所做的承诺，使品牌形象深入人心，历久不衰。

(3) 商标受法律保护，具有唯一性，品牌标志不一定受到法律保护，而且不一定只有一个。

比如，英特尔公司的商标 Intel 就是这几个英文字母，而英特尔广告里面独有的那段音乐“5152”也可以算是一种品牌标志，但这一标志不受法律的保护，并不是只有英特尔公司才可以使用。

(4) 一个品牌下面可能有很多商标，反之则不成立，即一个商标下面只有一个品牌。

比如，贵州茅台这个品牌下面注册了很多商标，有“飞天”“五星”等。

(5) 品牌与商标的构件不同。

一般而言，品牌的构件比商标的构件丰富，商标的构件仅仅是静态的物体如图案、文字或者二者的组合。而品牌的构件则是由静态和动态两大部分组成。静态部分包括名称、图案、色彩、文字、个性、文化及象征物等；动态部分包括品牌的传播、促销、维护、管理、销售、策划等。品牌是一个复合概念，所以它的构件要比商标丰富。

(6) 品牌与商标的使用范围不同。

商标有国界，品牌无国界。世界上各个国家都有自己的商标法，在一国注册的商标仅在该国范围内使用时受法律的保护，超出国界就失去了受该国商标法保护的权利，也就是说，该商标不再具有排他性。而品牌则与商标不同，如“鱼”及其图案在一国是品牌，在其他国家也是品牌。你可以使用，其他人也可以使用，只不过所有者不同而已。

(7) 品牌和商标的使用年限不同。

品牌的使用年限取决于市场，而商标的使用年限则取决于法律。世界各国对商标的使用都规定了一定的年限，如一些国家规定商标的使用年限为 20 年，我国《商标法》规定为 10 年，但到期可以续注，事实上商标具有永久性权利。而品牌则不同，即使法律允许，市场也不一定继续接受你的品牌，品牌的生命力的长短取决于市场和经营者的能力。

(8) 品牌和商标的延伸形式不同。

品牌发展到一定的程度可以从某一品类延伸到另一品类，也可以注册新的商标。如娃哈哈可以从营养饮品延伸到果奶，再延伸到纯净水等，再注册这些新品类的商标。品牌的延伸没有改变品牌，因为品牌的名称、标志和图案等没有改变，但商标可能改变了。按照我国《商标法》的规定，当品牌延伸到一种新品类时，就必须作为一种新商标重新办理商标登记注册。因此商标的延伸必须进行申请注册，并标明用于什么产品。

（六）公司名称与品牌、商标的关系

除了注意品牌与商标的区别与联系外，还要注意公司名称与品牌、商标的关系。

有的品牌、商标名称并不是公司名称。

这里分多种情况。第一，大集团下面有多种行业。例如，五粮液下面有多种行业，其中汽车模具“普什”与“五粮液”这个品牌名称完全不一样。第二，大集团下面有多种产品。例如，宝洁公司下面有多种产品，其中“飘柔”洗发液与集团公司名称也不一致。第三，公司注册了多种商标。例如前面已经提到的贵州茅台酒厂有限责任公司注册了多个商标，如“飞天”“五星”，这些商标与公司名称也不一致。第四，有的公司名称的核心词部分被别的企业先注册了商标，以致公司核心词不能再注册商标。例如，因为合家欢已经被别人注册商标，四川合家欢食品股份有限公司的食品就不能使用“合家欢”作为商标。第五，可以用本公司的名称作为商标申请注册，但有的公司名称作为公司名称的时候可以登记注册，其核心词作为商标的时候，却不符合商标法，因而无法成功注册。我国《商标法》规定，直接表示质量、主要原料、功能、用途、重量、数量及其他特点的不予注册成为商标。县级以上行政区划的地名或者公众知晓的外国地名，不得作为商标。但是，地名具有其他含义或者作为集体商标、证明商标组成部分的除外；已经注册的使用地名的商标继续有效。这些原因也导致品牌名、商标名与公司名不一致，比如四川米酒公司的商标、品牌就不是“米酒”了。

还存在很多根据商标法的规定不能注册商标的情况。

另外，还要注意我国的商标有“注册商标”与“未注册商标”之分。

虽然商标不注册也可以使用，但如果商标要作为注册商标使用，那么它必须是注册商标。比如有人想使用某个未注册商标，这是可以的，只是这个商标不受法律保护，没有专用权，也不能限制别人使用。

比如中国贵州茅台酒厂有限责任公司曾分别于 2001 年、2006 年、2007 年三次提出“国酒茅台”商标注册申请，但均遭驳回。申请号为 1991120、1991122 和 5514889 的“国酒茅台”商标，国家商标管理部门网站上显示“商标已无效”。同时商标流程还显示“驳回复审”。

从法律角度而言，相关职能部门并没有批准“国酒茅台”的商标，也就是说，“国酒茅台”这个商标名没有获得“官方许可证”。

很多时候贵州茅台酒厂有限责任公司把“国酒茅台”作为一个未注册商标使用，这对贵州茅台酒也产生了很大的名牌效应。

这里面涉及很多商标法专业知识，本书只是做一概要介绍，详细知识还有待读者去深入学习与商标有关的法律。

（七）策划易步入的品牌误区

在品牌方面有很多人步入了一些严重的误区。

1. 有人认为品牌就等于广告，所谓品牌纯粹只是疯狂地做广告

在这种错误思想的指导下，为了制造声势，有人不惜代价做广告，甚至搞一些低

劣、有副作用的炒作。很显然这是一个误区。品牌不只是疯狂地做广告，它还包括品质、管理、服务附加值等，关键的还是质量，比如一些国家现在实行产品召回制，就是在给自己的品牌提供质量保证。品牌是靠质量长期在消费者心中形成深刻印象，而不只是靠广告的作用来塑造的。对于不同的产品，广告对形成品牌的作用也不完全一样。比如科技含量高、专业性很强的产品，广告的作用并不大，更多地是靠产品的质量；而有的产品，比如可口可乐，其品牌的形成有很大原因是广告的作用。因此，广告对消费者产生的作用不能一概而论。

那种单纯靠广告炒作而忽视产品质量、企业管理、信誉、服务的泡沫品牌，最终只会以失败告终。

案例与分析

中国著名泡沫广告回顾

1994年，中央电视台首次推出黄金时段“5秒标版”广告招标，孔府宴酒以3 079万元独中。1995年11月8日，秦池酒以6 666万元夺得中央电视台酒类广告之王，当上了中央电视台“5秒标版”的“标王”，孔府家酒也以2 000.000 2万元在这次中标中榜上有名。

1996年11月8日，山东秦池酒以3.2亿元的天文数字夺得中央电视台第二届广告标王。

这两大酒当年被炒得炙手可热，最后由于生产线不够，生产能力有限，只得靠购买四川一些小酒厂的酒来勾兑、冒充，市场甚至传闻是用酒精勾兑成酒，酒的质量得不到保证。真相败露后，两大酒名声扫地，产品大量积压，市场一落千丈。

1997年11月8日，广东爱多VCD以2.1亿元击败竞争对手成了新标王。但爱多同样是重蹈覆辙，在2000年宣告破产。分析一下爱多的失败可知，广告泡沫显然也是主要原因。VCD在我国的竞争已进入白热化，而这个行业技术门槛并不高，所以缺乏对市场的分析和整体的策划是爱多失败的祸首。

2001年10月，曾让上海服装行业引以为豪的“俞兆林”保暖内衣，由于资不抵债，公司账号、财产遭到查封，昔日门庭若市的上海兆林实业公司人去楼空。

“俞兆林”保暖内衣是2000年上海名牌产品和上海市著名商标，何以会如此之快地败走麦城？其实主要原因也是广告泡沫。

“俞兆林”自恃财大气粗，以为只需不厌其烦地进行广告狂轰滥炸，就能赢得市场、赢得消费者，但其实际质量与企业广告宣传的保暖值却大相径庭！先是在哈尔滨、天津，继而在本乡本土的上海，技监部门、质检机构屡屡查出保暖功效吹得神乎其神的“俞兆林”有问题。

“俞兆林”盲目投资5 000万元发动广告攻势，但由于实际质量与广告宣传大相径庭，最终只能自食其果。

很显然，这是几起典型的广告泡沫事件。

表5-1列出了中央电视台1995—2001年各年“标王”。

表 5-1 中央电视台 1995—2011 年各年“标王”

年份	金额（万元）	公司（产品）
2011	保密（但绝对超过 4.4 亿元，因为劲酒以此价位居现场第一）	美的
2010	34 330	蒙牛乳业
2009	37 800	纳爱斯
2008	37 800	伊利
2007	42 000	佚名
2006	39 400	宝洁公司
2005	38 515	宝洁公司
2004	31 000	蒙牛乳业
2003	10 889	熊猫手机
2002	2 015	娃哈哈
2001	2 211	娃哈哈
2000	12 600	步步高
1999	15 900	步步高
1998	21 000	爱多 VCD
1997	32 000	秦池酒
1996	6 666	秦池酒
1995	3 079	孔府宴酒

案例分析：从以上一些事件就可得出：品牌不完全是靠广告轰炸出来的，用大量广告不一定就能塑造消费者长久认可的品牌。广告并不等于品牌核心竞争力。

正如有业内人士评论的：“广告明星企业”的经历说明了一个道理——广告不等于品牌核心竞争力。如今，市场越来越完善，消费理念越来越成熟，单纯追求广告轰动效应的做法将很难再起到多大作用。即使广告发挥一定的作用，也只能是一时的。要想使企业红火持久，关键还是要将好钢用在刀刃上，把钱用在增强企业核心竞争力上，用在产品的升级换代上，用在企业的技术创新、管理创新和制度创新上，而不是用在广告上，否则只会带来一时的虚假繁荣。

2. 把品牌与商标的知名度等同起来

有人简单地认为，只要提高了自己商标的知名度，就把自己圈入了品牌的范畴。很显然这是比较低级的认识，商标是一个法律概念，是获得工商部门保护的依据，而品牌则是一个竞争概念，是企业长期经营得到消费者认可的结果。并不是消费者知道了这个商标，这个商标就一定会成为品牌，还得消费者接受这个产品。

有的企业不惜花重金宣传自己的商标，这种做法显然是对品牌的一种片面认识。我们经常说要保护自己的商标，那是另一回事，是从打假的角度出发的，因为让造假者利用自己的商标，就会导致真假混杂，以致在消费者心目中形成不好的印象，降低自己的信誉。

3. 有人认为品牌必须高档，于是就非常离谱地提高价格

有的商家只在形式上做文章，认为包装一定要精美，这样企业又从以前不注重包装走入另一个极端。比如有很多媒体就披露了一盒卖价 100 多元的月饼实际的成本只有几元钱。品牌并不等于高价产品，也不是不求实际只注重包装。例如，美国的可口可乐售价不到 3 美元，能说它不是品牌吗？许多地方有着浓郁地方特色的小吃，店面装修简单清爽，却赢得了无数消费者的喜爱，能说它不是品牌吗？

所以，品牌最重要的是它的内涵，而不仅仅是一些外在的东西。

4. 品牌也不是完全靠有关部门评选出来的

有人对评奖乐此不疲，他们认为无论什么奖，消费者都会把它看作品牌，其实这种观念早就落后了。随着消费者的成熟和理性化，获奖对消费者的影响已很小，人们也越来越理性地看待获奖。加之很多评奖并不规范，消费者对各种评奖活动的信任度已经很低。因为很多奖是在不公平、不公正、不透明或没有科学方法的情况下评选出来的，甚至评奖本来就是一场商业活动，根据企业给钱的多少来进行评选，当然就没有任何可信度。

【电子资料 5-15】

锅王忽悠消费者，名牌评选忽悠锅王

更为荒唐的是，前几年有些产品又打出在境外获奖的“牌”，境外也为此专门产生了一些机构，为一些给钱的企业颁发一个没有任何实际意义的奖，这些企业还以此为傲，自欺欺人，蒙骗消费者。现在我国已禁止播放此类评奖结果。

有媒体报道，国外有专门针对发展中国家的“国际奖”，在英国尤其是伦敦，一些打着“皇家”“英国国家”等旗号的颁奖活动往往名不符实。尽管如此，但很多中国企业和个人都会通过各种渠道积极参评。近年来，中国国力增强，对国际荣誉的渴望也越来越强烈，这让一些人找到了可乘之机。例如近年来，德国工业设计奖项红点奖被不少中国企业称为世界工业设计领域的“奥斯卡金像奖”。实际情况是，这家评奖机构特设了“中国赛区”，评奖标准当然与德国总部有所不同，而且要付出高昂的参赛费。但中国企业在宣传时，却很少提及是“中国赛区”的奖项。

一些“国际评奖机构”在相当多的欧美国家，已经成为一个独特的行业。所谓的评奖委员会，会提供“充足”的材料，以展示其奖项的权威性和影响力，方便企业制作广告之用。

5. 要注重品牌的内在本质，而不是某些形式

之所以能形成品牌，就是因为有品牌本身的内在价值作为支撑，比如商品性能优良、功能突出等，仅靠形式上的东西难以支撑起一个品牌。品牌之所以得到消费者的认可，关键在于它自身的品质，绝不是只具有某些形式上和表面上的东西就能形成品牌。

笔者认为脑白金就走入了这样的误区。

6. 品牌价值不只是一种形式

案例

拍卖昔日的著名品牌，但无人问津

受法院委托，2007年7月四川瑞诚拍卖公司向社会发出拍卖信息：将于8月1日公开拍卖“佳禾”商标。此次拍卖的4个商标均属于成都佳禾食品有限公司（以下简称佳禾公司）。在这4个商标中，最被看好的是“佳禾”文字商标，注册类别为第32类啤酒、饮料及食品。其他3个则是佳禾公司当年注册的“佳月”商标、“顺发”文字商标及图形商标。

“佳禾”曾经是四川驰名品牌，拥有资产近1.6亿元，主要生产月饼，曾经是四川月饼业的龙头企业。

之所以“佳禾”文字商标被拍卖，是因为佳禾公司曾向某公司借款50万元，但到期后一直没还。2006年，该公司向法院起诉了“佳禾”，并就“佳禾”等商标资源申请了资产保全。此次拍卖所得款项将用于偿还该公司的50万元债款。

在找不到佳禾公司法人代表的情况下，成都高新区法院只好拍卖“佳禾”商标来用于还债。由于佳禾公司早在2004年中秋赚钱的黄金季节就出现严重危机，并最终停产，“佳禾”的品牌价值无法评估，拍卖将采取无底价方式进行。

四川瑞诚拍卖公司负责人称，这次拍卖他们承担的风险很大。由于“佳禾”众所周知的现状，无法评估其目前的市值，评估公司也无法给出起拍价。

无奈，拍卖公司只能依据报名参拍人数及现场拍卖的氛围来临时定价。“人少也许100元起拍，人多也许1万元起拍。”负责人说，没指望拍卖出好价钱，公司有可能亏本拍卖，流拍也有可能。而委托本次拍卖的高新区法院对“佳禾”商标的拍卖也不看好。其一执法法官称，“佳禾”能卖50万元的话，就烧高香了！

原定于8月1日公开拍卖的“佳禾”商标，因无人报名参与竞买而最终流标。

拍卖方称，此次流标后，如果该标的撤回不再拍卖，法院有可能将“佳禾”酒类商标判给申请执行的公司，由该公司使用或出让该商标。

而追债公司称：“50万元？佳禾商标现在根本就卖不到这个价钱！”

“佳禾公司也欠了我很多钱！”听说“佳禾”商标要拍卖的消息后，不少债主也开始纷纷打探相关内情，期望能借此机会把债款追回来。而法官说，这次拍卖的起因是佳禾公司曾向一家公司借款50万元。2006年，该公司向法院起诉了佳禾公司，并就“佳禾”等商标资源申请了资产保全。这次拍卖所得款项将用于偿还该公司的50万元债款。对于佳禾公司的其他债主能否借此“讨债”，这名法官坦言：希望不大。

在佳禾公司原办公地——成都市温哥华广场六楼，房内一片狼藉，人去楼空。

【电子资料5-16】

央视四川“标王”以“跳楼价”拍卖

同样，当年热火朝天生产“佳禾”月饼的厂房——成都市郫都区犀浦镇佳禾厂房——也成为荒墟，就连“成都佳禾集团”几个大字也差点被淹没在杂草丛中。

昔日四川驰名品牌，曾拥有超亿元资产的月饼品牌大王，如今竟连商标出卖都无人问津。

所谓的品牌究竟价值几何呢？

（八）品牌口号和标志并不是永远不变的

要根据市场情况调整品牌口号和标志。

案例与分析

为迎接市场挑战，李宁公司更换品牌口号和标志

李宁有限公司（以下简称李宁公司）2010年6月30日晚间宣布正式启动品牌重塑战略，其中包括启用新的品牌标志和新的口号。新的品牌标志名为“李宁交叉动作”，融合了李宁自创体操动作和“人”形创意，新的品牌口号“Make The Change”取代了原有口号“一切皆有可能”，新的品牌标志和口号将成为李宁品牌的新标志（见图5－17和图5－18）。其原有标志和口号将继续保留，供一条生产线沿用。

图5－17　李宁品牌旧标志

图5－18　李宁品牌新标志

李宁公司认为，国内体育用品市场30%高增长的时代已经结束，李宁要比肩耐克、阿迪达斯等国际一线品牌，不得不启动新的国际化营销战略，而品牌的重新定义正是一个起点。目前李宁约99%的营业额仍然来自国内市场，海外市场的销售额仅占1%。

李宁此前的“L”形标志因涉嫌模仿耐克饱受诟病，口号“Everything is possible”（一切皆有可能）也被认为与阿迪达斯的“Nothing is impossible”雷同。

为了与新更换的标志相适应，李宁旗舰店的整体风格也会转变。新LOGO体现了运动的速度感、民族的文化感、体育的人文感等，与现在李宁的设计风格和路线有很大的差异。为了让新品牌标志和口号的理念得到更好的传播，李宁的产品风格会有一定的转变，旗舰店也会有相应的转变。

从模仿到创新，这是中国民营企业的一条特色发展道路，此前比亚迪也因汽车标志分别模仿宝马和韩国起亚汽车而遭到多番质疑。

新的标志和口号体现了李宁在产品和品牌创新上的全面提升，而原有标志和“一切皆有可能”的口号将一直保留，并作为一条生产线继续沿用，李宁公司希望其能成为经典品牌资产。李宁公司称，新的标志和口号表达了公司对中国体育用品行业前景充满信心之意，更加贴合其产品的原有目标人群。

李宁公司对中国体育产品市场竞争日趋激烈的大趋势和未来劳动力成本上升的预期促使公司重塑品牌。资料显示，2009 年李宁品牌在中国市场的销售额超越了对手阿迪达斯。但是此前李宁的主力市场在二、三线城市，为了应对竞争环境的变化，在重塑品牌的同时，李宁决定在一线城市亮相，并与耐克等国际品牌正面展开争夺。

国际市场一直是李宁的弱项。有数据显示，2009 年阿迪达斯全球销售额为 1 038 亿元人民币，除中国市场外销售额达 938 亿元；耐克全球销售入账 1 298 亿元人民币，除中国市场外销售额达 1 198 亿元；而李宁当年销售收入仅为 83.87 亿元人民币。

李宁公司的国际化步伐的愿景是：2004 年香港主板上市；2005—2008 年专注国内市场；2009—2013 年为国际化做准备；2014—2018 年全面国际化；未来成为世界排名前 5 的品牌公司。

李宁公司相关人士表示，此次品牌重塑的最大成果是率先完成了中国体育品牌一直难以解决的“品牌之根”问题，能够让李宁品牌与其他国际品牌形成明显的区别。

案例分析：李宁品牌新标志不但传承了经典李宁品牌的视觉资产，还抽象了李宁原创的“李宁交叉动作”，又以“人”字形来诠释运动价值观。李宁公司品牌负责人解释称：“鼓励每个人通过运动表达自我、实现自我。新的标志线条更利落，廓形更硬朗，更富动感和力量感。”

李宁公司除发布全新的标志和口号之外，还对目标人群、产品定位、品牌内涵及开发体系等做了相应调整。

（九）运作策划时宣传图形商标的注意事项

一个问题：在运作策划的过程中，做广告宣传时不做前期的实用性广告，而直接宣传公司的商标，而且只是一个非常艺术化的图形商标，这种做法好不好？

这个问题可以运用前面的信息界限及倍数效应理论来分析。在运行策划做广告时不做前期的实用性广告，直接宣传公司的商标，而且只是一个非常艺术化的图形商标，这一做法并不可取。

在本章前面的部分我们详细讨论了人的第一识别系统与第二识别系统，图形商标应是人的第二识别系统，必须用文字或语言对它进行一次转换，也就是“翻译”，人们才能理解这个图形商标所表达的意思是某公司的某产品。它不像直接用文字写出公司名或产品名那么让人容易接受，因为文字是第一识别系统，具有直接性，形象的图形商标难以交流和传递信息。比如，人们在说到某种产品的广告时，对于文字广告只需要用语言就可以很容易地表达出来，而用图形商标表示的广告则难以用语言表达出来。

当然，能使一个公司的图形商标家喻户晓，这是一件可喜的事。但无论一家公司多么出名，它的图形商标有多么高的知名度，人们对图形商标的认识和反应程度还是达不到对用文字直接表示的商品名或公司名的认识和反应程度。因为用文字表示的商品名或公司名，人们一看就懂，也便于交流和记忆。而作为图形商标，它毕竟是一种艺术符号，人们第一次见到时不一定知道它是什么，必须把它翻译成文字或语言才知道它表示的是哪个公司名或商品名。第一次看到某个图形商标的人，必须进一步了解才能知道它表示的公司名或商品名，有的人可能不会去了解或无从了解，这样该图形商标就没有最大限度地发挥广告效果。由于图形商标的不易交流性，它在人们日常交往中交流的机会和次数，也没有用文字表示的公司名或商品名那么多。

选择图形商标作为广告宣传重点的人，可能是想利用图形商标的形象性吸引人，以及因为它要进行一次转换，可以加深人们的印象，但前提是，这个图形商标本身必须设计得足够吸引人。而要做到这一点，本身就有很大的难度。由于人们对艺术的认识与接受存在差异，图形商标作为一种艺术符号，不同的人会对其有不同的看法。设计者或艺术行业内的人从艺术角度认为非常完美的图形商标，在被作为广告时，大众却不一定就如此认为，也不一定能够接受。

关于艺术品的优劣，往往更多的是根据艺术圈内人的见解，而作为广告，它需要的是大众的喜爱，而大众的喜爱往往与艺术圈内人追求的艺术相差很大。很显然，在广告中直接宣传公司名或产品名，比只采用图形商标的形式更直截了当。

此外，笔者在前面谈到何时才能做形象广告时说过，图形商标作为一种形象广告，更需要长远的战略眼光、前期更多的资金投入，以便能使图形商标深入人心，即只有做到家喻户晓后，才能使它的形象性与“翻译”转换结合起来。

谈及上述一些观点并不是反对在广告宣传中宣传图形商标，而是建议企业不要放弃公司名称、产品名称而只宣传图形商标，最好能使二者结合起来。比如在宣传图形商标的广告上同时打出公司名称或产品名称，以便起到“翻译”“解释”的作用。也就是说，形象广告最好在公司具备了深厚的实力后才做。在广告行为中，一定要首先考虑广告的实用性原理及实用性功能，而不要在运作、制作、设计广告时，去追求一种远离广告本质的艺术行为。

当然，只宣传图形商标，可能还出于以下考虑：只做图形商标这种艺术符号，而不把公司名称或产品名称标出，是想让人们把它作为艺术作品来接受，而非作为广告作品来看待。因为前面讨论过，人们对广告有时不是主动地接受，因而有一种抵触情绪，但对艺术作品人们会主动地接受。

要做到让人们把它作为艺术作品来接受，而非作为广告作品来看待，这一点是非常困难的。首先，即使人们在不明真相的情况下，用主动的态度像接受艺术作品那样接受了它，最终也得把它转化成一种商业行为才会产生实际效果。然而，这时候人们还是会把它作为广告作品来看待，从而产生一种抵触情绪。其次，要使人们把它作为一种艺术作品而非广告作品，那也是非常难以做到的。这种商标一般出现的场合以及在报纸、电视中所占的位置就表明了它是广告作品，怎么能轻易骗过消费者呢？

所以，建议在做广告时最好不要只做纯图形商标的宣传，最好在广告图形商标的旁边注明公司名称或产品名称。

（十）策划易步入的商标误区

1. 运作策划时不能过分夸大商标的作用

现在很多人把商标与广告联系在一起，突出了商标的广告作用，商标是有广告作用的，但是在广告宣传中，是否应该过分强调宣传商标，过分夸大商标的功能甚至产生偏激行为呢？这就值得商榷、研究了。比如在广告宣传中，只宣传公司的一个图形商标，而没有任何对公司名称、产品名称的介绍，这种广告行为未必可取。

【电子资料 5-17】

商标的作用
不是无限的

案例与分析

茅台商标发生债务纠纷，对茅台却是利好

2009年11月，贵州省高级人民法院（以下简称贵州高院）将“飞天”注册商标专用权由原来的贵州省粮油食品进出口公司（以下简称贵州粮油）作价5 000万元转让给了贵州省商贸国有资产管理有限责任公司（以下简称贵州商贸）所有，而“飞天”商标是贵州粮油最核心、最有价值的资产。

由于贵州粮油与长城资产管理公司（以下简称长城资产）有债务纠纷，贵州粮油的最大债权人长城资产作为第三方向贵州高院提出了异议。为了追讨债务，包括长城资产在内的三家债权人多次查封了“飞天”商标。

长城资产认为，如果该商标被转让，贵州粮油就可甩去债务，长城资产近11亿元的债务将有可能无法讨回。

“飞天”注册商标的产品生产方贵州茅台酒厂股份有限公司（以下简称贵州茅台）表示，公司已经购买了“飞天”商标在国外市场的所有权。贵州茅台曾在2005年5月28日公告称，“飞天”是贵州粮油在1958年开始代理出口贵州茅台酒时所注册的商标，后该商标权归属贵州粮油。因历史原因，贵州粮油将“飞天”牌贵州茅台酒在境外包括美国、俄罗斯、日本等37个国家和地区进行了注册，但“飞天”商标的所有权仍归贵州粮油所有。

20世纪50年代，贵州茅台的“五星”和“葵花”商标在境外均难以打开销售局面。1958年，贵州粮油委托境外一家设计行按敦煌壁画中的“飞天”图案设计出茅台外销酒商标，并于1959年在境内及东南亚等18个国家注册，“飞天”商标权归贵州

粮油。

后来，在贵州省政府以及有关部门的支持下，经多方协调，贵州粮油将其拥有的、注册于境外的“飞天”牌贵州茅台酒商标以协议方式有偿划归贵州茅台，许可使用费为每年300万元。

虽然茅台“飞天”商标发生了债务纠纷，但行业人士却说，在该案件中，该商标的生产方贵州茅台或许是一个获利者。

分析人士认为，“飞天”商标有其固定的指向，是“飞天＋贵州茅台酒”的组合商标，它和“贵州茅台酒”这个品牌联结在一起才能实现其价值，否则无其他意义，其商标可能并不值钱。

一方面，如果脱离了贵州茅台酒厂，贵州粮油方面可能短时间内不容易找到其他适当的品牌买家。但另外一方面，贵州茅台酒的品牌具有独立性，“飞天”商标可以看作贵州茅台酒的一个附属品牌，即使被剥离出去也不会在很大程度上影响茅台酒的销售，在未来的商标购买谈判中，贵州茅台占据着主动权。

“酒比商标名气大，皇帝的女儿不愁嫁。”某律师事务所的律师表示，如果商标归属人不再继续索要费用，从法律上讲可以“终结茅台付费商标的历史，这对股民来说是一个大利好”。

资料：

最新“中国最有价值品牌”显示，五粮液品牌价值达338.03亿元。茅台有“五星”和“飞天”两个商标，其中“飞天”商标在境内外两个市场有较高的认同度，其品牌价值应与五粮液不相上下，在300亿元左右。

案例分析：驰名商标是与产品的核心要素如质量、服务、科技含量、管理等紧密相连的，如果离开了这些，只是靠广告或某些特殊原因出了名，那么基本没有多大实际意义。消费者的认可是与驰名商标所代表的产品的核心要素联系在一起的，如果只有驰名商标本身，消费者是不会认可的。正如驰名商标“飞天”是有固定指向的商标，是“飞天＋贵州茅台酒”的组合商标，所以它只有和“贵州茅台酒”这个品牌结合在一起才能实现其价值，否则无其他意义，其商标可能并不值钱。

【电子资料5－18】

小学校服“爬”满商标，学生穿上如F1赛车手

2. 运作策划时不要滥用商标

商标虽然有广告作用，但是在运作策划时也应该适当，不要不分场合，以免引起争议或遭到指责。

3. 不要以为商标就永远不变

商标并非永远不变，当公司的经营方针、产品策略等发生重大变化时，如果觉得有必要，那么就要通过策划运作来变换商标。

✧专题研究

宝马摒弃用了103年的经典元素，对商标进行调整

2020年3月4日，在德国宝马的官网上，宝马公司调整了公司的商标，并把商标用到了2020年推出的一辆极具未来科技感的新车BMW i4上。

此次商标调整或完全改变在宝马史上已经是第六次。最近的一次是1997年。图5-19展示了宝马官网上所发布的2020年新的宝马商标和1997年的宝马商标（读者可上网查看彩图）。

2020年新的宝马商标　　1997年的宝马商标

图5-19　1997—2020年宝马商标

新的宝马商标保留了相同的形状和颜色，但是在这种形状内，采用了新的设计：字体与之前有所不同；全新商标采用扁平化设计，颠覆了自1997年以来的经典造型；原商标外围的黑色三维圆环被替换，蓝白两色的全新造型在视觉上更清晰，也暗含着有更多的可能性之意。

这个延续了百余年的经典设计就是盾牌周围的黑带，而新的商标则去掉了黑带，首次采用透明化设计。新的商标与时俱进，采用了时下流行的扁平化设计。对于这个全新的设计，宝马高层解释道："宝马正在向一种新型关系品牌转变，透明中空的新商标设计旨在表达出更多的开放性和清晰性。"

宝马的蓝天白云标志可以说是全世界影响力最大的商标之一，在中国特别是在刚刚改革开放的年代开上一辆宝马车是很多人的终极梦想，当然，目前在中国大街上宝马车已经较多了。

此次宝马对这个影响了几代人的经典标志进行了更新。不仅宝马商标得到更新，其代表电动和互联驾驶的子品牌BMW i与代表性能驾驶的M power也拥有了新形象。

宝马客户及品牌高级副总裁詹斯·蒂默（Jens Thiemer）表示："宝马正在成为一个关系品牌。我们希望全新的品牌形象可以适应新的客户群，即年轻的买家群体。此外，我们的新品牌设计也是为了应对品牌数字化的挑战和机遇。凭借视觉上的限制和图形上的灵活性，我们正在装备自己，以适应各种各样的交流接触点，未来宝马将在这些接触点上进行线上和线下的交流。新的标志和品牌设计体现了品牌的重要性和相关性，在未来的流动性以及驾驶乐趣。"

对于每一个新一代客户，宝马都在不断地重塑他们的身份。这种思考过程始于100多年前，并延续至今。

在德国官网公布的文章中，宝马集团 Classic 的弗雷德·雅科布斯（Fred Jakobs）针对宝马商标的创始初衷也进行了一番解释。他说：“一直以来许多人都认为，宝马的标志是一个螺旋桨。但事实却有点不同。”

其实宝马标志最初的蓝白标记对称图形的意义非常简单：因公司创立之初为巴伐利亚发动机厂，领导人决定使用巴伐利亚州州徽的蓝白相间的颜色。

蓝白相间的图案是公司所在地巴伐利亚州的州徽（见图 5-20），用来展示宝马来自巴伐利亚州的纯正血统，代表了德国最精湛的发动机技术。从 1917 年 10 月第一个宝马商标中我们可以看出，它延续了拉普（Rapp）在公司商标周围放上公司名称的黑色圆环的传统。

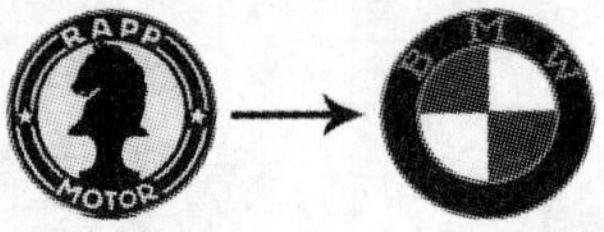

图 5-20　巴伐利亚州的州徽与宝马商标的关系

【电子资料 5-19】

联想推出新标志“lenovo 联想”

宝马还将其历史上许多罕见的平面广告设计公之于众，以利于大家更好地了解宝马商标的演变（见图 5-21）。

图 5-21　宝马商标的演变

经过 103 年的蜕变，宝马已历经了第 6 代商标的变迁，像所有经典品牌一样在朝着品牌数字化前行。

联想集团为了走国际化之路，也曾在关键的时候更换过商标。

第九节　信息效应 9：企业文化信息效应

（一）企业文化信息效应的内涵

企业文化传递的信息效应在公司发展中极其重要，但很多理论没有涉及此领域，很多公司在实际的策划运行中也不知道其重要性，更不知道如何运用它。

企业文化有多重要呢？

企业文化指的是：公司独有的特色，历史传承的精华，民族特色、区域特色、重要史料和文物等形成了特质和要素，以及剥离了产品之后公众对这些特质和要素的认识、认可形成的一种情感、文化符号。

信息效应 9　企业文化信息效应：指的是企业文化形成的信息传递给受众后引起的反应和最终达到的效果。

比如，法国波尔多的葡萄酒，德国的汽车，中国的陶瓷，美国的可口可乐、苹果手机、特斯拉汽车等形成了特质和要素，剥离了产品之后公众对这些特质和要素的认知、认可形成了一种文化、情感符号。

波尔多的葡萄酒＝法国古老文化
德国的汽车＝过硬的质量
中国的陶瓷＝中国古老文化
美国的可口可乐＝美国文化
苹果手机＝乔布斯的精神
特斯拉汽车＝马斯克的创新科研

注意

第一，这里的文化不是文化产品或文化行业，而是商业中含有的文化、情感内涵；第二，文化内涵不是乱编，而只能在真实的基础上自然形成或在史料的基础上进行挖掘。

（二）企业文化信息效应是企业追求的最高境界

◆ 一流企业做文化。

一旦公司或产品具有了丰富的文化内涵，那就具有了非常大的竞争力，并且可以避免激烈的竞争，因为具有文化内涵的公司或商品本身极其稀缺。并且随着时间的流逝，这些公司或商品所组含的文化、情感与民族、国家的发展会更加紧密，其产品也会更加珍贵，更容易增值。

所以形成、挖掘富含文化价值的商业、商品尤其有用。

（三）企业文化可从企业精神、企业形象、企业理念、企业历史等方面进行策划来塑造

一些企业也认识到企业文化信息效应的重要性，都希望企业文化能够给公司带来效益，能够促进公司的可持续发展，但是很多企业并不知道企业文化从哪些方面塑造。

企业文化可从企业精神、企业形象、企业理念、企业历史等方面进行策划来塑造。

❖专题研究

企业文化塑造的一些策划操作手段

如果消费者对公司特别是对那些名气很大的公司已有所了解、熟悉，说明公司已经走过了前期的广告阶段，这时策划宣传最好偏重一种企业精神、企业形象、企业理念的传播。对这些公司来说，如果再局限于前期的实用性广告，不厌其烦地宣传公司名称、产品名称等，已无多大必要，因为这些东西已经为消费者所了解、熟悉，它们很难再引起消费者的兴趣，甚至容易引起他们的审美疲劳和反感。

对于这些公司，消费者已经熟悉了很多品牌的同类产品，他们在选择这些产品时，是从众多的知名品牌里进行挑选，是“花中选花”，而不是对该品牌毫无了解。这时要吸引消费者选择自己的产品而放弃其他品牌的产品，那么公司取胜的策略及“法宝”是什么呢？这时更多地要通过策划技巧去吸引消费者，即让企业精神、企业形象、企业理念等深入消费者心中，以此吸引消费者，最终战胜竞争对手。

对于大公司来说，后期的企业文化策划宣传是非常重要的。

目前国内一些大公司与国际大公司存在一定差距，有的其实并不是财力、人力上的悬殊，关键还是在企业文化形成的信息效应上的差距。

企业文化策划在企业的策划运行过程中是一次质的飞跃，它使策划迈上了一个新台阶。它是策划的最高阶段，是在企业已经成功完成了前期的实用性宣传后，在后期使企业的策划“更上一层楼”的策略。它已经不像前期的广告宣传那么简单，只是遵循广告的功能及实用性原理，采用直截了当的广告形式。它需要策划人深入企业，进行深度的思考，发现企业独特的企业文化，发现企业经营理念中的精髓，然后通过各种巧妙的方式，想方设法进行传播。

特别是对于一些已发展到颇具实力，品牌已经为很多人所熟悉与了解，产品要走向世界，公司要向成为具有世界影响力的公司迈进这一阶段的公司来说，在后期策划中，运用企业文化信息效应是必不可少的一种策略。此时的关键是，企业的策划宣传应该更加注重企业文化的挖掘与塑造。

（四）企业文化不仅仅体现一种商业行为，还象征某种文化、情感

如果一家企业在从事商业贸易交往的时候，人们已经不仅把它看作一种商业行为，而且把它作为文化、情感象征，甚至商业交往传播的也是一种文化、情感的时候，那么这种企业的策划就相当成功，并且给企业带来的经济收益也相当大，对企业的商业发展就会有相当大的影响。

案例

美国可口可乐的企业文化信息效应

在全世界的商业贸易中，美国可口可乐已经不单纯是一种商品，它已上升为一种美国（企业）文化的象征。

美国人自己也宣称：美国人走到哪里，就首先要把可口可乐带到哪里。在第二次世界大战期间，可口可乐做到了随着美国军队一起征战世界各地，凡是有美国军队驻扎的地方，都能够喝到这种饮料。军队影响了当地人，可口可乐也随之在那个地方扎根盛行起来。

在某个特定时间、某种特定背景下，美国人已经不是把可口可乐看作一种商品，而是把它看成一种美国（企业）文化的象征。

比如，在许多文艺作品、电影中，美国人常用可口可乐来寄予相思之情，思念他们的家乡。如美国人在国外的时候，看到可口可乐就想起祖国的温暖，或在战场中，看到可口可乐就产生了某种力量等。美国人也把可口可乐销售到世界各地，用来显示他们的强大。凡此种种，可口可乐已经不仅是一种单纯的商品，还形成了一种文化、精神的符号。

人们经常说，吃中国大餐、用日本相机、戴瑞士手表、听丹麦音响、坐美国飞机等说法就是把这些商品上升为一种在世界广泛传播并受到认可的企业文化。

我们来看看有趣的汽车企业文化。

∴专题研究

世界各国的汽车文化信息效应

100 多年前，卡尔·本茨发明了世界上第一辆汽车，汽车对人类文明产生了很大的影响，但由于不同国度的人在文化上的差异，所以产生了不同的汽车企业文化。

美国车以宽大、舒适闻名。美国的地理环境和人文气息孕育了这种特殊的汽车企业文化。美国的大城市大都面积辽阔、道路宽敞，高速公路网横贯全国。美国人崇尚个性自由，追求个性开放。所以，这些形成了美国独特的汽车企业文化。美国的汽车的确体现了一种力量之美。

日本的企业也非常注重企业文化的策划与塑造。日本由于本国的特殊环境及文化特点形成了自己独特的汽车企业文化。日本国土狭窄、能源短缺，大城市人口密度大，人们善于精打细算，讲究效率，所以日本汽车就以省油、轻巧、相对便宜闻名于世。

韩国也有自己独特的汽车企业文化。韩国的汽车工业发展于 20 世纪 60 年代，韩国人非常注重自己的民族精神，所以韩国人坚持开本国产的汽车，很少有开进口车的。

欧洲是现代汽车的发源地，各种汽车琳琅满目——节能车、经济实惠的家庭车、精致奢侈的豪华车、个性奇特的跑车。汽车企业文化在这里演绎得淋漓尽致。豪华高贵的奔驰、追求驾驭极限的宝马、赛车中极品保时捷、车中极品劳斯莱斯，汽车企业文化让人眼花缭乱。

同样是高档轿车，奔驰定位于“高贵、显赫、王者、至尊”，而宝马定位于“驾驶性能的超群”，被誉为驾驶极品。正是这两个品牌成功的差异化定位，使得在消费者心目中形成了“开宝马，坐奔驰”的流行概念。而雷诺却以“舒适、安静和高档”闻名于世，雷诺的口号是“生活的轿车”。

又如法拉利汽车，它经营的也不仅是一种价格让人咋舌的高档汽车，而是一种文化，如果没有一种企业文化信息效应的支撑，如此昂贵的汽车很少会有人问津。一辆法拉利汽车如此贵，但人们还是趋之若鹜，难道它真的就那么值钱？其实法拉利的经营正是靠企业文化来取胜，它经营的是精品，而且它经营的是一种收藏品，乃至一种汽车收藏文化。

（五）企业文化信息效应的误区

有些公司不明白企业文化的内涵，以至于在行动上走入误区。

企业文化绝不是某些人所狭义理解的在企业内部开展的一些文化活动，那只能叫企业内部的文化活动。更不能把一些低级趣味的活动视作企业文化。

∵专题研究

曲解的企业文化：员工集体当街下跪磕头感恩

2020年6月7日，贵州贵阳一家药店八名员工，穿着统一制服跪在地上磕头拜谢的视频引发网络热议。

这家药店的一位负责人称这是公司文化，是员工的自愿行为。而很多网友却认为这是公司对员工人格尊严的侮辱。药店负责人称：公司推行“三拜文化”。

这几段视频最早出现在贵阳一家药店的微信群里。从视频中我们可以看到，八名穿着统一白色T恤衫的工作人员排成两行跪在地上，右手搭着左肩膀，在一旁“拜”“起”的指挥声中，整齐地做着跪拜磕头的动作，并喊着感谢的口号：“感谢公司给我平台，感谢顾客养我全家……”

药店的一位负责人称，事情发生在5月25日，当时她自己也在跪拜的行列当中。这位负责人说，这是公司推行的“三拜文化”：“第一拜就是拜我们的父母，感谢父母的养育之恩；第二拜是感恩公司，公司给了我们平台，让我们员工有了一份工作；第三拜是感谢顾客养我全家。”

这位负责人称，这三拜一般在公司开重要会议的时候进行。5月25日那天，公司的八名领导去各个门店巡店时，大家突然有感而发，就自愿下跪感谢。

在当地很多群众看来，感谢也好，感恩也罢，形式有很多，未必非得通过跪拜这种方式。

市民：虽然讲顾客是“上帝”，但是我觉得这种方法有点偏激。

曲解的企业文化遭质疑，而且可能违法

近年来，类似的伤害员工人格尊严的所谓“企业文化”时有发生。有人认为，企业这样的行为，要么是为了打造一种感恩文化，要么是为了塑造员工的责任意识。不过，更多的人则质疑，这是对员工人格尊严的侮辱。这样的“公司文化”为何能堂而皇之地存在？

专家解读：企业有权要求员工这样做吗？

中国政法大学传播法研究中心副主任朱巍认为，无论什么样的企业文化，都必须以合法、符合公共利益、不违背公共道德为基础。

朱巍：按照刚刚出台的《民法典》，其中“人格权”编有对于人格尊严的特殊规定，员工可以依据国家民法相关的规定拒绝这类所谓的“企业文化”。《劳动法》也有类似的规定，员工可以按照《劳动法》主张自己的权益。如果这个药店因为员工不下跪就解雇员工的话，员工可以要求企业进行赔偿。

有人呼吁有关部门，对待这种行为必须严惩不贷。

当然，最重要的还在于企业要摆正观念，树立正确的价值观和理念。推崇企业文化无可厚非，但不可误读它，做出一些没文化、反文化的事情。

专业人士评价：“公司的培训项目确实可以在‘领导心理学’的教材中找到，这些培训项目出自日本企业文化。但这种日本企业文化放到中国是非常不合适的，太做作，也太‘假’，给人的感觉很不舒服。虽然中国文化与日本文化都在东方文化圈的范畴内，但两国的文化环境毕竟有着本质的区别。如果中国企业家们完全不顾国内外文化差异，就引用所谓的成功经验是很不对的！”

律师认为：“本案例中企业的做法，严重违反了《民法典》规定的保护公民的人格尊严、免受侮辱的原则，这种做法千万不要再继续了。”

此外，值得注意的是，不要让企业文化成为一种形式上的东西，比如目前很多公司在上班前集合员工喊口号，而口号的内容大多假大空，这些公司把此也视作自己的企业文化，这很值得商榷。公司的凝聚力、员工的积极性等并不是通过喊一些假大空的口号就能解决的，试想世界上优秀的企业比如华为、微软等，是通过喊口号壮大起来的吗？

有人对企业文化一知半解，却总喜欢打着企业文化的幌子，甚至闹出了这方面的笑话。

【电子资料 5-20】

耍小技巧以及玩脑筋急转弯肯定不能作为企业文化

第十节 信息效应 10：价格尺码信息效应

价格尺码信息效应在商业行为中有很多运用，特别为企业所重视。这也是策划学中一个非常重要的信息效应。

信息效应 10 价格尺码信息效应：是指价格越高，传递的信息是质量、品牌（信誉、服务、形象等）越好。

（一）价格尺码信息效应是价格问题中的重要内容

与价格尺码信息效应紧密相关的是价格问题。虽然价格尺码信息效应只是价格问题中的内容之一，但是很多时候价格问题都与价格尺码信息效应直接相关或间接相关。

价格问题本身是一个敏感的重要问题，任何企业都会重视，因为这直接关系到企业的收益。

对绝大多数策划活动来说，价格所包含的信息都是非常重要的。

在多数情况下，价格是购买者做选择的主要决定因素。价格中包含了一系列信息：消费者对价格的反应，同类产品的价格，同行竞争者对价格的反应，降价、涨价行为；等等。

很多时候价格问题都必须围绕或依靠价格尺码信息效应，比如定价、涨价、降价等都要考虑到此信息效应。

价格问题也是事关消费者利益的最直接的问题，所以它的每一次变动都受到消费者的关注。所有营利组织和许多非营利组织都面临着一个给自己的产品或者服务制定价格的问题。在整合策划中，价格是唯一能产生收入的因素，其他因素都是为其服务。

价格也是整合策划中最灵活的因素，它与产品特征和渠道的作用不同，它的变化是异常迅速的，同时价格与价格竞争是许多策划所面临的头号问题。

但是许多公司不会很好地处理价格问题，不能依据市场变化及时地、经常地对价格进行修改。价格也不能由某一部门简单地确定，而是要经过调查了解，然后酝酿定出，最后再精心策划实施。对于有的公司来说，甚至完全有必要专门设立管理价格的机构，以便能及时向公司高层汇报情况。

（二）对不同的产品、不同的人，价格尺码信息效应不一样

在价格问题上，对于不同的商品，消费者有不同的态度。

1. 对于有的商品，消费者关心的是它的价格是否低廉，而非它的质量、品牌

产生这种情况的原因有：第一，消费者注重的是实惠。对于这类商品，消费者对它的价格尺码信息的敏感程度低。第二，这类商品的质量已得到了消费者的认可。第三，消费者不注重质量，也不关心品牌。像这类商品，消费者对价格尺码信息效应的敏感程度就低。

注意

对价格尺码信息效应的敏感程度与对价格的敏感程度是两码事。

若消费者关心的是商品的价格是否低廉，而非它的质量、品牌，那么这种情况下他们对价格就敏感，而不会认可质优价高的商品。若消费者对价格尺码信息效应敏感，则关心的是它的价格是否比同类商品高，并选择知名品牌或大品牌，直接对这些商品的质量持认可态度，而不会怀疑。

对价格尺码信息效应敏感与对价格敏感，很多时候做出的购买决策和购买行动正好相反。

对价格尺码信息效应敏感的消费者只选择同类商品中价格高的知名品牌或大品牌，往往不会关心同类商品中价格低的不知名品牌或小品牌；而对价格敏感的消费者往往选择同类商品中价格低的，很少关心甚至不关心是什么品牌。

2. 对于有的商品，消费者更多考虑的是它的质量，把价格因素放到了次要位置

比如，在没有数码成像技术的时代，对于胶卷这种商品，如果消费者不认可它的质量，那么再便宜也不会购买。药品、化妆品也类似。

3. 对于有的商品，消费者是在价格与质量之间进行权衡

对于有的商品，消费者既会看重它的质量，又会在意它的价格，即他们会在价格与质量之间进行权衡，希望选到“性价比”最高的。

4. 对于有的商品，消费者更多考虑的是它的品牌

有些人就专门购买某个品牌的产品，而根本不考虑价格因素。比如，很多人专门就喝某个品牌的酒，即使涨价，也依然不会放弃。

【电子资料5－21】

上千元洋酒的真实成本只有25元

5. 价格尺码信息效应在不同的人身上也不一样

由于每个人的受教育程度不同、消费观不同、兴趣爱好不同，有些人在选择商品时只注重质量、品牌，他们对价格尺码信息效应就比较敏感；有些人在选择商品时只注重是否实惠，他们对价格尺码信息效应就不敏感。

（三）在价格尺码信息效应的运用上，对于不同的商品、不同的人，采取的策划方法应有所不同

在价格上，对于不同的商品，采取的策划方法应有所不同，特别是对于前述两种反应特别明显的商品：(1) 对于消费者只看价格是否实惠，而不进行质量挑选的商品，肯定只能从价格优惠的角度去策划；(2) 对于消费者更多地偏重质量的商品，如果再从价格优惠的角度去策划，消费者可能就会用价格尺码来衡量，反而更容易引发对该商品的不信任，这样的策划就步入了严重误区。

在生活中，也经常遇到某件衣服标价几十元时无人问津，标价几百元时却有人欣然购买的现象，这就是因为存在价格尺码信息效应。利用价格尺码信息效应来定价特别重要。举一个简单的例子，如果茅台酒、五粮液的定价比其他酒低很多，那么经过一段时间后，茅台酒、五粮液还能不能再卖出去？这真是一个很大的疑问。很显然，尽管茅台酒、五粮液比其他酒价格要高，但人们还是热衷于购买，正是因为人们对名酒这种商品的价格信息尺码效应敏感，特别注重品牌消费。

我们来看以下案例。

案例与分析

柯达胶卷采取高价策略进入日本市场

20世纪70年代初期，美国柯达公司突然采取降价策略，在国际市场上抛售彩色胶卷。不少国外同行企业对这一强大冲击难以招架，纷纷破产，柯达公司因而垄断了90%的彩色胶卷市场。

20世纪80年代中期，日本胶卷市场被富士垄断，市场占有率将近80%。柯达在进军日本市场之前，对日本市场进行了深入的调查分析，制定了详细的商业战略。它

不是采取低价策略，而是采取高价方针，因为它了解到日本人更多地是重质不重价。为此，柯达公司专门以高于富士 1/2 的价格推销柯达胶卷，采用高价政策打响牌子，进而与对手富士一争高下。经过五年多的角逐，柯达胶卷终于被日本人接受，成为与富士胶卷平分天下的强手。

相关案例：个体户无意中利用了价格尺码信息效应

北京一个经营服装的个体户，从南方购进一批黑色螺纹紧身裤，标价 18 元/条，可怎么也卖不动。失望之余，他恶作剧地在标价 18 后加了一个 0，此举居然引得顾客蜂拥而至，几天内这些标价 180 元/条的裤子就被抢购一空。此人且喜且愕，对着大把的钞票频频感叹道：真邪门了。其实，他正是无意中利用了价格尺码信息效应。

案例分析： 在价格问题上，千万不要步入一个误区，以为只要低价就能赢得消费者的认可，从而击败竞争对手。相反，价格尺码信息效应会让消费者得出低价低质的结论。特别是对有的商品，消费者偏重质量，因而最首要的是要让消费者认可质量，其次才是让他们感受到价格优惠带来的实惠。在质量得到消费者认可之前，最好放弃价格优势。当然，有的商家想在价格上给消费者实惠，从而击败竞争对手，这就需要很好地理解价格尺码信息效应，并制定合适的策略。

美国柯达公司进入日本市场不是采取低价策略，而是采取高价方针，这正是利用价格尺码信息效应取胜的经典案例。

上面案例中的服装个体户无意中利用了价格尺码信息效应取胜。特别是对于那些销售价格与成本价格相差很大的商品，品牌、质量、技术占很大比例，销售价格就有很大的灵活性，而一般消费者往往又是凭感觉购买商品，这样的商品在定价时一定要考虑利用价格尺码信息效应。比如服装、烟、酒、饮料等，成本价较低，而销售价可以较高。

在具体策划运行中，价格尺码信息效应要复杂得多，策划人需要针对具体情况，有针对性地采取一些策略。

（四）根据价格尺码信息效应处理定价

在定价时，要先了解同种产品的价格，以及消费者在同种产品中选购时，更倾向于接受哪种价格的产品。特别是同种商品较多时，价格就显得尤其重要。在同种产品不多时，价格也不能随意制定，因为消费者会对同类产品做比较，再结合自己的承受能力做购买选择。

如何对自己的产品合理定价，可能会决定整个公司的发展甚至存亡，这绝非夸大其词。

先要了解市场定价的基本方法，它通常包括以下几种。

1. 市场定价的基本方法

（1）成本定价法。

这种定价方法主要是在成本基础上定价，超出部分即获得的利润。

(2) 比较同类产品定价法。

这种定价方法主要是参考竞争者的价格定价，所定价格一般与竞争者的相同，或偏高，或略低。特别是，有的小企业往往是跟着作为领导者的大企业定价，并且价格随着大企业价格的变动而变动，以免在大企业降价时自己被挤出市场。如果不这样做，这些小企业很可能难以生存。

(3) 心理定价法。

这种定价方法主要考虑消费者的消费心理，这种定价有很大的技巧性，价格也有很大的灵活性，服装定价就属此类定价方法的典型。

(4) 品牌、形象定价法。

这种定价方法完全是追求品牌效应，维持一种形象，一般为著名的、有实力的企业所采用。

(5) 价值认可定价法。

这种定价方法的依据是消费者对其购买的商品价值的认可，多用于对高科技产品、技术含量高的商品定价。

(6) 需求定价法。

这种定价方法是根据消费者对产品的需求的不同，制定不同价格。需求较大，价格就定得高些；需求较小，价格就定得低些。

需求定价法可以分为四种：以顾客为基础定价、以产品自身为基础定价、以空间为基础定价、以时间为基础定价。

①以顾客为基础定价。

企业可对同一种产品，根据顾客的需求强度不同定出不同的价格。例如，同一产品，由团体购买时和由个人购买时的定价是不同的。

②以产品自身为基础定价。

它是指对同种产品的不同式样规定不同的价格，而价格差别与成本差别没有对应关系，主要是根据购买者对不同式样的不同需求强度来定价。一般而言，式样新颖、炫耀性强的消费类产品，适合高收入、高消费阶层，其价格上升幅度会超过成本上升幅度。式样陈旧的定价低，式样新颖的定价高。

③以空间为基础定价。

它是指同一种产品在不同的空间位置或地理位置出售，即便成本并无大的区别，但只要存在不同的需求强度，就可以制定不同的价格。例如，出口的茶叶、生丝、桐油等产品，国际市场需求大，那么在国际市场上的定价就应该比国内市场高。

④以时间为基础定价。

它是指当用户的需求强度随着时间的不同而有显著差别时，就可以按季节、日期或一天中的不同时刻，定出不同价格。如电扇、冷饮、凉鞋等在夏季的需求量增大，其价格可高些，冬季则可相应降价；长途电话夜间采用优惠价格；舞厅白天的场次打折。

在上述方法中，难度最大的是心理定价法，它要求价格制定者了解消费者的消费心理，有着更高级的策略及技巧。而其他定价法，则更多地与公司本身实力、技术水平等有关。

2. 层次定价法

层次定价法，包括以下两种：

（1）单一价格法。

有些公司产品单一，对自己的产品只能制定单一的价格。

（2）档位价格法。

有些公司的商品有多种档次、多种包装，这样就形成了多种价格。

档位价格也是策划中的高级技巧，为现实中一些精明的商家所采用。实行档位价格有很多好处，如可以满足不同消费层的需求，即便是同种商品，通过采用不同的包装而实行档位价格，也可以满足不同消费层的消费心理。

高价可以满足高消费层的炫耀心理，低价可以满足低消费层的实用心理，中间价可以供中间消费层选择。这样，就可以形成一种立体消费层。

档位价格是策划中的高级技巧，一般属于公司的高级商业机密，并且在商业实际操作中表现得很隐秘，一般消费者难以察觉和识破。有的商品质量基本相差无几，甚至就是同种产品，价格也相差很大。中高档酒、化妆品用此策略较多。

在档位价格策略中，人们往往要用到高价法、特价法，即对某种商品故意制定一个让消费者难以接受的价格，以提高自己的形象，然后以此带动其他档位价格商品的销售，甚至完全靠低档价格商品来赚钱。

3. 策略定价法

【电子资料5-22】

商品标价以“99”和“01”作为尾数的商店

（1）尾数定价法。

例如，将商品定价为999元而非1 000元，会给顾客造成一种错觉，认为这种商品的价格在1 000元以下。也有人认为，有尾数的价格对顾客来说有打折或特价的味道。中国有的汽车定价就采用了此方法。

（2）促销让利定价法。

根据不同情况，它又分为以下几种方法：

①牺牲少数商品价格以提高公司形象。

②特别事件定价。在某种节日或公司周年庆祝日，把一些商品定成特价让利销售，以扩大公司的影响。

③抽奖让利。这也是价格策划中的一种，虽已不时髦，但仍为很多商家所采用。

④现金回扣。商家有时向顾客提供现金回扣，这样更能达到刺激顾客购买该店产品的目的。

⑤打折。这种方法应用很普遍，也为很多商家所采用。

案例与分析

彩电也只卖0.99美元的商店

美国戴维·高特创办的“九十九仙”商店打出广告：“店内所有商品，无论大小贵贱，一律标价0.99美元，就连彩电也只卖0.99美元（每天限10台）。”这一下成了轰动一时的新闻，这家商店日夜门庭若市。开张仅四天，所有的商品就销售一空，结算后获利很可观。是什么原因使其非但不亏还盈利呢？就是利用了顾客想捡便宜的心理（“彩电 0.99 美元”，那么其他商品也一定不会贵），因此激起了人们在该店购买的欲望。结果，因销售彩电而亏损的金额，通过销售大量利润较高的商品所赚的利润弥补，最终反而获得了较大的盈利。

案例分析：采取彩电也只卖 0.99 美元这种策略，以提高公司知名度及形象，然后招揽顾客购买正常价商品，这样就达到了盈利的目的。

（3）先高后低定价法。

这一方法又叫挤牛奶策略。其含义是将新产品价格尽可能定得高，在产品生命周期初始阶段获取厚利，就像从牛身上挤牛奶一样，先挤出精华部分。也有一些公司采用此策略，事先故意给商品定个高价，然后突然降价，引起轰动，从而达到宣传及销售目的。

（4）先低后高定价法。

这一方法又叫渗透策略，它与挤牛奶策略正好相反，新产品一投入市场就走低价，以吸引大量消费者，用大量生产、廉价倾销争取市场，尽快扩大占有率。然后再转入高价、高质量阶段，但这种转换的难度很大。高路华彩电采取的就是此种策略。

【电子资料 5－23】

宝马 3 系车为迎战竞争对手，定价先升后降

（5）产品组合定价法。

这种方法是将一组产品组合在一起，降价销售。具体操作时多是把新产品结合到老产品上，以达到宣传新产品的目的。

（五）根据价格尺码信息效应实施的降价策略

在价格策划中，发动降价策略与涨价策略也是需要很大技巧的，并且需要看准时机。关于价格的确定，以及如何选准时机进行涨价、降价，都有深奥的技巧。

1. 适用于发动降价策略的几种情况

（1）生产能力过剩，产品积压。

（2）公司本身提高了技术，改善了管理，改变了进货渠道，减少了中转环节等，从而导致了成本降低。

（3）打击、限制竞争对手，以保持或扩大市场份额。

在发动降价策略中取胜的案例有很多。

其实在策划中，经常用到发动降价策略，一定要了解并掌握适用于发动降价策略的情况、时机及发动降价策略的技巧，然后才能在市场中运用自如。

【电子资料 5－24】

外资加油站汽油每升降价 0.5 元，产生轰动的广告效应

（4）树立公司形象，引起社会舆论关注，以增加广告信息量。

发动降价、打折、优惠策略时，若别人涨价而自己不涨价，其实也

是一种优惠，也能起到广告作用。

（5）有些公司为了保持作为支配者、领导者的地位，也会采取降价策略，以扩大市场。

案例与分析

德国的奥斯登时装的价格策略

德国的奥斯登零售公司（以下简称奥斯登）曾经推出约 1 万套内衣外穿的时装。

这种时装一反过去内外有别的穿着特色，让顾客感到很新鲜，有极强的吸引力。奥斯登对这种时装的定价很高，为普通内衣价格的 4.5～6.2 倍，但照样销售见旺。可是到 1988 年 5 月，当德国各大城市相继大批推出这种内衣外穿的时装时，奥斯登却一反常态，在继续推出 2 万套这种时装时，将价格一下降到只略高于普通内衣的水平。这个消息传到邻近城市，商贾、顾客都闻风而来，仅用了两天时间，就把 2 万套这种时装一抢而空。这样又过了 8 个月，当这种时装已经不那么吸引人时，奥斯登又以“成本价”出售，每套时装的价格还不到普通内衣的 60%。这时对一些经济拮据的顾客而言，无疑是试试内衣外穿的时候了，因而这种过时衣服依然十分畅销。

案例分析：可以说，奥斯登把价格策划的作用发挥得淋漓尽致：充分分析、了解了市场行情，其灵活的定价策略促进了销售，使畅销、平销、冷销商品都成了畅销货。

（6）当企业产品转型、转向或进行技术革新时，企业也可能为了淘汰老产品而大幅降价，从而为尽快推出新产品铺平道路。

2. 在发动降价战略时必须避开的误区

（1）低质量误区。

低质量误区也就是前面谈到的价格尺码误区。

消费者会认为售价低的产品的质量劣于售价高的产品的质量。

（2）脆弱的市场占有率误区。

低价能换来市场占有率，但是换不来市场的忠诚度，顾客会随时转向另一个价格更低的公司。

（3）激发竞争者的反攻误区。

因为售价高的竞争者可能具有雄厚的实力，它们随时能发动降价反攻，并可能攻势更猛，持续时间更长。

（4）引起消费者观望误区。

在市场上经常遇到此种情况，特别是汽车、房地产、手机行业，当生产商为了实施某些策略而不得不采取降价手段时，就引起了消费者观望：还会继续降价吗？如果我购买后很快厂家又降价了，那我岂不是会遭受损失？

案例与分析

特斯拉在中国采取降价手段反而卖不动，引起消费者观望

很多时候不管是什么商品降价，对消费者来说通常都是一件好事。可是如果一件商品在短时间内连续调价，调价幅度之大令人咋舌，那么第一批购买的消费者就会感到吃亏了。

这件事就真实地发生在特斯拉身上。特斯拉在 19 个月里 8 次调价，甚至把消费者逼到了维权的份上。

Model 3 国产之后连续降价，从 2018 年底的预售价 58.8 万元/辆一路降到 2020 年 6 月的 29.9 万元/辆，降价幅度达到了惊人的 49.15%，加之电动汽车的补贴政策，低配裸车售价只有 27 万元/辆。①

2020 年 5 月 27 日，特斯拉宣布 Model X 和 Model S 两款进口高端车型也降价，优惠力度高达 29 000 元。

到底是什么在支撑着特斯拉，让它可以如此肆无忌惮地降价呢？

这一波又一波的降价主要得益于特斯拉电池成本的不断下降。特斯拉现在的电池供应商宁德时代已经将无钴磷酸铁锂电池包的成本压缩到 80 美元/千瓦时以下，电芯的成本也控制在了 60 美元/千瓦以下，这样的成本优势让特斯拉国产 Model 3 的成本下降了 20%左右。而且在特斯拉与宁德时代的合作框架中我们可以看到，现行的成本控制方案还有不断优化的空间，价格下探依旧是未来的趋势。

案例分析：在短短一年多时间内特斯拉竟然能降价这么多，真的要感叹一句：埃隆·马斯克真不愧是电动汽车的价格“屠夫”。

降价手段确实带来了不小的诱惑，一些经受不住诱惑的消费者接二连三地入手了，但这也产生了相当大的副作用：越降价越卖不动。其主要原因还是价格变化太快，让消费者一时难以预测价格短时间内是否还会下降，于是出现了大量的“观望党”。还有以前购买的消费者感觉自己遭受了很大损失，把特斯拉诉之法庭。

坊间流传的“你不买，我不买，等特斯拉价格下来再买”这种消费者心态无疑给特斯拉这种降价手段泼了一盆冷水。

（六）根据价格尺码信息效应实施涨价策略

涨价比降价更难操作，也需要很高的技巧，因为通常情况下，涨价比降价更难被消费者接受。即使是对价格尺码信息效应敏感的消费者，在同等情况下，也更容易认可降价。此外，如果涨幅过大，就会失去消费者，也会得不偿失。

① 一再降价的特斯拉，19 个月 8 次调价，马斯克长线规划还是见利忘义 . http://finance. sina. com. cn/stock/relnews/us/2020-06-06/doc-iirczymk5585940. shtml，2020－06－06.

发动涨价战略有三种常见情况。

【电子资料 5－25】

香港迪士尼乐园金融危机中涨价引质疑

【电子资料 5－26】

2010 年春节期间三亚住宿价格狂涨吓走游客，节后狂跌

1. 因公司以外的客观原因而涨价

比如，公司因成本提高了、产品供不应求等而涨价，当然这类涨价相对容易处理与把握。也有一些公开的通行的处理方法，比如减少回扣、压缩产品分量并简化商品的功能、改变或者减少服务项目、缩小产品的尺寸等，但价格尽量保持不变。即使因为成本提高而涨价也需要很好地处理才能得到消费者的认可，不然就会引起消费者的质疑。

2. 因整个社会或整个行业都在涨价而涨价

这种涨价消费者一般容易接受，但行业涨价有时会导致市场需求减少。比如，旅游等行业往往在旺季涨价，在淡季降价。但这种涨价也应适度，否则涨幅过大反而会赶跑消费者，并引发主管部门的监管甚至处罚，得不偿失。

3. 完全因为主观需要而提高价格，以达到增强公司信誉、抵制竞争对手的目的

这种情况就需要精心策划。

根据价格尺码信息效应实施涨价策略在实际策划中要复杂得多，需要针对公司的情况做更深入的调查、了解，然后有针对性地采取一些策略。这需要更高的技巧，涉及更高级的商业策略。

发动涨价策略如果运用得好，就会使消费者用价格尺码来衡量，然后相信涨价是因为质量提高了，从而欣然接受。这种发动涨价策略有时甚至会对公司起到扭转乾坤的作用，以下案例就是如此。

案例

休布雷公司靠提价战胜对手

休布雷公司在美国伏特加酒的市场中属于营销出色的公司，其生产的史密诺夫酒在伏特加酒市场上的占有率达到 23%。20 世纪 60 年代，一家公司推出了一种新型伏特加酒，其质量不比史密诺夫酒差，但每瓶价格比它低 1 美元。这对史密诺夫酒显然是一种巨大的挑战。

休布雷公司摆脱传统的竞争思路，采取了一个令竞争对手意想不到的反击策略：将史密诺夫酒的价格再提高 1 美元，而不是降低 1 美元或更多；同时，又新推出商标分别为“瑞色加”和“波波”的两种伏特加酒。前者的定价与竞争对手的新伏特加酒的价格一样，后者的价格则比竞争对手低得多。

结果，休布雷公司不仅摆脱了危机，而且遏制了对手的攻势。

休布雷公司的应战妙在何处呢？

◆ 合理利用价格尺码即高价意味着高质量，这已成为消费者较为普遍的一种消费行为及消费心态。提高史密诺夫酒的价格无疑是提高了它的身份，使其以休布雷公

司产品中高档品的身份出现在消费者面前。此举不仅使竞争对手的新产品沦为一种更加普通的品牌，而且扼杀了竞争对手抢先占领高档酒市场的机会。

◆即使竞争对手的产品沦为普通品牌，也不能让其独占。休布雷公司推出与竞争对手的产品同价的瑞色加酒，无疑是在中价位酒或普通酒的市场上也与竞争对手进行猛烈的厮杀。

◆如果休布雷公司仅采取上述两个策略，那么面对这种反击，竞争对手也可能把它的攻击目标再转向低价位伏特加酒市场。但休布雷公司也没有给对手这种先机，通过一同推出波波酒，无疑抢先占领了低价位酒市场。

---

4. 企业涨价在某些关键时期必须慎重运用，不然可能产生很大的副作用

在商品过剩、早已是买方市场的今天，轻易发动涨价有很大的风险，很难得到消费者的认可，也容易使竞争对手乘虚而入。

以下案例就能说明问题。

案例与分析

2020年新冠肺炎疫情期间，海底捞提价被质疑，而麦当劳顺势降价受欢迎

2020年4月初，新冠肺炎疫情稍有好转，很多地方从以前的全封闭开始逐渐解封，餐饮业开始营业，然后就爆出了海底捞菜品价格涨得有点离谱，酥肉从24元一份涨到44元一份的事件。

一边是海底捞、西贝莜面村涨价，另一边是麦当劳、肯德基等国际餐饮巨头降价促销。

海底捞菜品涨价的消息引发了网友的广泛讨论，也引起了餐饮界人士的关注。

2020年4月7日，海底捞、西贝莜面村涨价的消息一报道出来，网友就炸开了锅。“工资没涨，菜品上涨，真的不理解！”“涨价就等着加速死亡吧！”“恶性循环，等于慢性自杀！”“那么多好吃的火锅，又不是只有它一家！”“感觉以后不会再爱了！”

对于西贝莜面村的涨价，其工作人员表示，他们最近的涨价是在2019年12月进行的，原因是原材料价格上涨，菜单价格是从2020年1月开始体现的。

而就在海底捞、西贝莜面村涨价的时候，麦当劳、肯德基则采取了众多变相降价的促销措施，例如，肯德基推出了30元咖啡月卡，每天一杯，每杯才1元；而麦当劳原价22.5元的麦辣鸡腿汉堡现在仅9.9元一个，就爱吃鸡五件套原价80元，现在仅39元（见图5-22），吸引了市民排队购买。

海底捞涨价的消息被推上热搜4天后，情况突然发生了反转。

2020年4月10日下午，海底捞就涨价一事发布致歉信，称涨价系管理层的错误决策。从即日起所有门店菜品价格恢复至2020年1月26日门店停业前的标准。

恢复原价的消息一出，社交媒体迅速“炸锅”，有网友说“疫情期间涨价确实不合理，现在恢复原价是出于舆论压力”，也有消费者认为海底捞“知错就改，应该去支持一下吃一顿”，但也有消费者担心“表面上看似不涨价，实际上会减少菜的分量”。

针对这一质疑，海底捞回应说：“菜的分量一直没有变化，涨价和此次调价都没有

图 5-22 麦当劳顺势降价

影响菜的分量。”

2020 年 4 月 10 日晚，海底捞在北京的 3 家门店的价格均已恢复至疫情前。

从涨价—消费者不满—上热搜—道歉—恢复原价—门店执行，4 天以来，海底捞到底经历了什么？是知错就改，还是迫不得已？4 月 10 日晚，海底捞公共事业部相关负责人回应媒体采访时再次表示，公司认为此次涨价伤害了顾客的利益，公司关注的重心在于做好门店核心业务运营的基本功。

对此，餐饮业内人士如何看呢？

成都蓉城徐露餐饮管理有限公司老板徐露表示，不理解海底捞这个涨价举措，“这个时候不正是收割人心的好时期吗？麦当劳最近的优惠活动就很给力呀，昨天半价桶大排长龙，外送会员卡超划算。”

她认为，海底捞、西贝莜面村是从市场规律的角度出发，基于成本上涨而做出涨价的决定；而麦当劳和肯德基是从市场拉动流动性的角度出发，通过会员低价的活动，一方面沉淀了私域流量，另一方面大批量收割市场的美誉度，把危机转变为机会。

“但海底捞和西贝莜面村肯定没有考虑到用户口碑的反弹，这是因为中国的餐饮企业在经历这种危机的时候经验还不够。”徐露表示，麦当劳和肯德基毕竟在全球经历过很多次危机，深知每一次危机都是一次市场扩张的机遇。

她认为，作为成都本地餐饮企业，现阶段不应该涨价，因为现在不光企业遇到困难，消费者也遇到很大困难，企业应该跟自己的客户站在一起，共克时艰。

“针对自己的会员客户，就可以做一些有针对性的活动，以巩固客户基础。”徐露说，“比如烤匠现在推的 1 积分兑换菜品活动，在会员中就很受欢迎，并且回收率很高。”

对海底捞等企业的涨价行为，锅儿匠辣子鸡负责人熊阿兵则表示理解。他认为，每家企业都有自己的商业模式和盈利模式，海底捞打的是服务牌，其采购成本、人力成本、防疫成本都较此前大大增加，它涨价确实有自己充足的理由。

不过，他自己的门店目前并没有采取涨价措施。熊阿兵表示，“我们走的是另外的模式，更多采用管理手段及现代化技术手段，控制人力成本，比如减少无效工时以缩减上班时间，多采用扫码下单、微信结算等以节约人力，这是我们今年的大致策略。”

资料来源：喻奇树．海底捞、西贝提价 麦当劳推 9.9 元汉堡：疫情之下头部餐饮不同打法．https://m.thecover.cn/news_details.html?id=3988627&channelId=55，2020-04-08；张晓荣，等．从涨价到道歉 海底捞 4 天内经历了怎样的反转?．https://finance.sina.com.cn/chanjing/gsnews/2020-04-11/doc-iircuyvh7112889.shtml?cre=tianyi&mod=pchp&loc=35&r=0&rfunc=7&tj=none&tr=12，2020-04-11.

案例分析：疫情期间有关餐饮业涨价的消息本身就会备受关注，这个时期涨价更应该慎重。

消费者称：“不太能接受疫情期间涨价，毕竟是大品牌。”

餐饮企业确实受到了疫情影响，但在疫情防控的大环境下，国家市场监督管理总局提倡企业“保价格、保质量、保供应”的“三保”行动，海底捞作为头部企业、火锅第一品牌应该贯彻执行，而不是首先提价。不过，海底捞恢复原价是“知错就改”，会帮助企业提升一定的好感度，留住顾客。

从以往的观察来看，涨价会造成餐饮企业大面积顾客流失。一般来说，消费者只能接受 5%左右的涨价幅度，10%是上限，但即使 10%的涨价幅度也会导致超过 20%的顾客流失，也就意味着营收流失，因此涨价反而得不偿失。

（七）根据价格尺码信息效应处理定价误区

用价格尺码信息效应来定价，影响到整家公司的发展乃至存亡，这绝非夸大其词。在多数情况下，实惠的价格是购买者做出选择的主要决定因素。然而，在当今社会，非价格因素也变得越来越重要了。对于不同的商品，要具体分析。

许多企业不会根据价格尺码信息效应很好地处理定价问题，不能依据市场变化及时地、经常地修改价格。定价也没有技巧，而是过分地依赖成本定价法，这样有时不但得不到消费者的认可，反而会引起消费者的误解。

在世界贸易交往中，中国企业因为一味地采取低价策略吃了不少亏。

中国出口商品的价格往往以中国的成本和劳动力费用为基础来制定，一味地采取低价策略。殊不知，采取这种方法等于是自断后路，给消费者一种低价、低质的印象，久而久之，要改变这种印象非常困难。而在当今贸易交往中，科学技术与形象价值也即品牌更值钱，在商业贸易中更易获利，更有优势。

【电子资料 5-27】

景点涨价
激起了“民愤”

【电子资料 5-28】

涨价 3 美分，
引发全国骚乱

【电子资料 5-29】

中国应从追求
“价廉物美”加紧
向塑造名牌转变

参考文献

安雨，高波，马钢，李洋．广告美女谁更动人．中国化妆品（时尚），2004（6）．

蔡金明．企业文化融合与变革是企业成功重组的关键因素．吉林省经济管理干部学院学报，2005（6）．

陈保侯，宋永忠．消费者的心理需求与名人广告．心理世界，1996（4）．

陈佳宁．从知晓到忠诚：试谈品牌建设．中国市场，2020（21）．

陈茜．电视广告设计中儿童形象的运用．新闻爱好者，2010（6）．

陈云萍，何苗．名人广告热的冷思考——探析名人广告的几大原则，新西部（下半月），2009（12）．

Dave Walker，Mike Underhill．如何制作有效的名人广告．市场研究，2005（10）．

邓祺，杨立．“美女经济”背后的女性规训．阜阳师范学院学报（社会科学版），2014（4）．

范云峰，周修亭．品牌危机的管理．中国市场，2001（6）．

高晓勤，贾宁叶．企业定价策略．宁夏科技，2001（6）．

韩旭华，张军峰．浅谈品牌危机管理的预防与处理．现代农业，2008（8）．

何璇．名人代言：功过知多少?．广告大观（综合版），2007（1）．

胡可心．网络环境下的企业定价策略分析．商场现代化，2015（11）．

黄丽红，王金洲．名人广告使用的六大要点．当代经济，2001（7）．

黄帅，贡小妹．企业商标战略管理研究——基于多案例分析视角．智能信息技术应用学会，2017．

黄英，沈飞．区域自主创新与城市经济可持续发展互动研究．经济地理，2009（8）．

黄遵文，刘裕华．商城：实施商标战略 打造地方品牌．中华商标，2016（5）．

纪国涛，金敏力．基于演化经济学视角的科技创新主体互动分析．科技管理研究，2008（12）．

蒋晴云，朱璐．中国名人广告的道德失范现象分析．石家庄经济学院学报，2009（3）．

瞿蕾．CSR与企业文化的理论性探讨与研究．商，2015（42）．

蓝力民．禅宗六祖名人效应与六祖故里旅游开发探讨．热带地理，2010（11）．

黎群．企业文化建设应走出七大误区．当代电力文化，2016（10）．

李国强．企业文化融合发展探析．保定学院学报，2020，33（4）．

李兰平．导数在企业定价策略方面的应用．企业家天地（理论版），2010（11）．

李莉．“美女经济”面面观——社会文化环境中的营销价值．商场现代化，2006（27）．

李瑞霞，崔艳．广告牌与风．河南气象，2003（2）．

李世华．推进“一带一路”背景下中外企业文化融合．企业文明，2016（12）．
李玉进，史凯．关于名人广告及其负面效应．市场论坛，2008（2）．
梁馨月．价格技巧在市场营销中的应用分析．现代营销（下旬刊），2014（11）．
刘丹沁．论科技期刊编辑与科研群体的双向互动效应．阴山学刊（自然科学版），2005（2）．
刘其忠，郗洪国．关于企业文化融合的几点思考．中国商贸，2009（5）．
刘晓丹．我国名人广告管理现状调查研究报告．中外企业家，2009（6）．
刘忠平．浅议名人广告的轰动效应．企业经济，1992（7）．
马光复．美女广告效果不佳．电视研究，2003（6）．
毛勇敢．企业文化在企业管理中的战略定位．企业改革与管理，2018（21）．
倪春亚．中小企业商标战略实施的影响因素研究．江苏科技大学，2016．
聂维斌．透过情色符号看广告中的美女诉求策略．孝感学院学报，2008（4）．
潘芳芳．企业定价策略的选择与应用研究．企业改革与管理，2020（12）．
申景奇，赵志运．互动效应与中小企业集群化．科学与管理，2010（5）．
沈素丽．谨防企业文化建设的五个误区．石油政工研究，2018（1）．
舒咏平．“后名人广告”的表征．公关世界，2002（2）．
孙桂杰．名人广告的传播效果研究．河南农业，2010（4）．
孙彦军．我国企业品牌竞争力建设中存在的问题及原因分析．黑龙江对外经贸，2009（11）．
郜宁．企业定价策略与消费者心理．山西财经学院学报，1997（1）．
陶磊．2010，让广告更不像广告．中国广告，2010（2）．
王保利，等．国外品牌人格研究述评．心理科学进展，2009（5）．
王春和，王玲恩，张小兰．品牌危机管理的预警机制探析．价值工程，2009（5）．
王冬，隋永宽，王志民．文化深度融合汇聚强大动力——国家能源集团推进企业文化融合实践．当代电力文化，2019（10）．
王飞，冯祖仁，胡奇英．离散事件系统的混合可靠分散监控．控制理论与应用，2008（2）．
王建翔．优秀传统文化是优秀企业文化的坚实根基．经营管理者，2020（1）．
王珏．企业定价策略的分析与应用．现代企业，2007（10）．
王荣华．国外名人广告风险规避及其启示．安徽工业大学学报（社会科学版），2009（3）．
王颖梅．浅谈企业如何选择明星代言．中国商界（下半月），2009（2）．
王宇．国外名人广告效果研究．现代传播，1998（4）．
望海军．品牌信任和品牌情感：究竟谁导致了品牌忠诚？——一个动态研究．心理学报，2012（6）．
吴狄亚，卢冰．企业品牌危机防范．经营管理者，2002（2）．
吴同生．试论价格技巧在市场营销中的应用．太原科技，2006（3）．
吴秀娟．反思“美女”经济．北方经贸，2007（10）．

吴旭燕．基于AHP的企业品牌危机模糊综合评价．科技进步与对策，2005（3）.

羲豹．对付视觉污染的风景立法．世界知识，1993（5）.

幸佳．国内外品牌崇拜的概念内涵及心理因素研究．现代商贸工业，2015（1）.

徐碧琳．基于群体动力，正式组织与非正式组织互动效应实证研究．南开经济研究，2005（4）.

杨树．以广告创意的不同演绎促进企业品牌形成．大众文艺（理论），2009（20）.

杨速炎．“艳照门”折射名人广告风险．理财杂志，2008（5）.

杨雪云．消费社会的女性符号化倾向——“美女经济”的社会学透视．合肥工业大学学报（社会科学版），2005（4）.

杨宜苗．美日企业文化融合及其启示．中外企业文化，2001（11）.

尹长燕．企业经营战略与企业文化的“互动性”探析．商讯，2020（20）.

印富贵．浅谈名人广告存在的问题及对策．常州工学院学报，2000（3）.

詹歆睿．名人广告的双刃效应及对策．新闻爱好者，2010（17）.

张宏．名人广告的战略价值、风险及对策．江苏商论，2009（6）.

赵成文，代晓君．互动效应与互动发生律初探．青岛建筑工程学院学报，1995（3）.

赵传孔，孙录宝．企业文化融合浅析．中国城市经济，2010（6）.

赵绪民．论人与自然的互动效应．陕西师范大学学报（哲学社会科学版），2001（S2）.

郑继江．对“美女经济”和美丽资源开发与管理的思考．聊城大学学报（社会科学版），2006（1）.

周宏威．重组企业文化融合与特色文化培育研究．中外企业家，2019（15）.

周象贤．名人广告效果的影响因素及其理论探讨．心理科学进展，2009（4）.

Agrawal，J. and Kamakura，W. A. “The Economic Worth of Celebrity Endorsers：An Event Study Analysis.” *Journal of Marketing*，59（1995）.

Ahmed Imran Hunjra，Sabri Boubaker，Murugesh Arunachalam，Asad Mehmood. “How Does CSR Mediate the Relationship between Culture，Religiosity and Firm Performance?” *Finance Research Letters*，39（2021）.

Alexandre，A. “The Role of HRD in CSR，Sustainability，and Ethics”. *Human Resource Development Review*，4（2013）.

Catarina，M.，Rui，V. S.，Nebojsa，S. D.，and Rita，T. F. “The Role of Brand Equity in a New Rebranding Strategy of a Private Label Brand.” *Journal of Business Research*，117（2020）.

Chia-Huei，W.，Zichun，Y.，and Sang-Bing，T.，et al. “An Empirical Study on Sales Performance Effect and Pricing Strategy for E-Commerce：From the Perspective of Mobile Information.” *Mobile Information Systems*，6（2020）.

Claudine M. “Manage Trademark Troubles，Mascot Mayhem with Legal Strategies for Protecting Your School's Brand.” *College Athletics and the Law*，5（2016）.

Dodds, William B., Kent B. Monroe, and Dhruv Grewal. "Effects of Price, Brand, and Store Information on Buyers' Product Evaluations." *Journal of Marketing Research*, 28 (1991).

Eric W. Cerrati, and J. Regan Thomas. "The Multicultural Evolution of Beauty in Facial Surgery." *Brazilian Journal of Otorhinolaryngology*, 4 (2017).

Friedman, H. H., Santeramo, M. and Traina, A. "Correlates of Trustworthiness for Celebrities." *Journal of the Academy of Marketing Science*, 6 (1978).

Friedman, H. H., Termini, S. and Washington, R. "The Effectiveness of Advertisements Utilizing Four Types of Endorsers." *Journal of Advertising*, 5 (1976).

Giffin, K. "The Contribution of Studies of Source Credibility to a Theory of Interpersonal Trust in the Communication Process." *Psychological Bulletin*, 68 (1967).

IpKin A. W., Jennifer, H. G. "Exploring the Direct and Indirect Effects of CSR on Organizational Commitment." *International Journal of Contemporary Hospitality Management*, 4 (2014).

Isabella, B. and Cindy, Y. H. "How Do Hotels Adapt Their Pricing Strategies to Macroeconomic Factors?." *International Journal of Hospitality Management*, 88 (2020).

Jacoby, J., Olson, J. C. and Haddock, R. A. "Price, Brand Name and Product Composition Characteristics as Determinants of Perceived Quality." *Journal of Applied Psychology*, 55 (1971).

Jeremy, G. "Drivers of Corporate Social Responsibility: The Role of Formal Strategic Planning and Firm Culture." *British Journal of Management*, 2 (2010).

Jessica L. Harris. " 'In America è vietato essere brutte': Advertising American Beauty in the Italian Women's Magazine *Annabella*, 1945—1965." *Modern Italy*, 2017.

Joseph, W. B. "The Credibility of Physically Attractive Communicators: A Review." *Journal of Advertising*, 11 (1982).

Juanjuan, Q., Liguo, R., Liangjie, X., Ziping, W., and Haodong C. "Pricing Strategies for Dual-Channel Supply Chains under a Trade Credit Policy." *International Transactions in Operational Research*, 5 (2020).

Kahle, L. R. and Homer, P. "Physical Attractiveness of the Celebrity Endorser: A Social Adaptation Perspective." *Journal of Consumer Research*, 11 (1985).

Kaikati, J. G. "Celebrity Advertising: A Review and Synthesis." *International Journal of Advertising*, 6 (1987).

Kodamas, Takai S., and Ushio, T. "Decentralized State Feedback Control of Discrete Event Systems." *Systems and Control Letters*, 22 (1994).

Krista, J., Maaja, V., and Katrin T. "Organizational Culture and CSR: An Exploratory Study of Estonian Service Organizations." *Social Responsibility Journal*, 1 (2009).

Lin, F., and Wonham, W. M. "Decentralized Supervisory Control of Discrete Event Systems." *Information Sciences*, 44 (1988).

McCracken, G. "Culture and Consumption: A Theoretical Account of the Structure and Movement of the Cultural Meaning of Consumer Goods." *Journal of Consumer Research*, 13 (1986).

McCracken, G. "Who Is the Celebrity Endorser? Cultural Foundations of the Endorsement Process." *Journal of Consumer Research*, 16 (1989).

Peterson, Robert A. and Jolibert, Alain J. P. "A Cross-National Investigation of Price and Brand as Determinants of Perceived Product Quality." *Journal of Applied Psychology*, 61 (1976).

Porter, M. E. "Clusters and the New Economics of Competition." *Harvard Business Review*, 76 (1998).

Raju, P. S. "Product Familiarity, Brand Name and Price Influences on Product Evaluation." in W. Perreault, ed., *Advances in Consumer Research*, Ann Arbor, MI: Association for Consumer Research, 4 (1977).

Ramadge, P. J., and Wonham, W. M. "Supervisory Control of a Class of Discrete Event Processes." *SIAM Journal of Control and Optimization*, 25(1987).

Rudie, K., and Wonham, W. M. "Think Globally, Act Locally: Decentralized Supervisory Control." *IEEE Transactions on Automatic Control*, 37 (1992).

Sandra Castro-González, Belén Bande. "Organizational Culture: Does It Influence the Way a Company Deals with CSR?" *Development and Learning in Organizations: An International Journal*, 2 (2019).

Shimp, Terence A. "Endorsers in Advertising: The Case of Negative Celebrity Information." *Journal of Advertising*, 3 (1998).

Stanton, William J. *Fundamentals of Marketing*. New York: McGraw-Hill Book Co., 1981.

Suchitra, P., Parul, R. I. "Linking CSR and Sustainability with Organisational Culture, Values and Business Ethics—A Qualitative Analysis of Indian IT Companies." *Journal of Intelligent Enterprise*, 3/4 (2016).

Tenebe, I. T., Nnaji, C. C., Emenike, P. C., and Ngene, B. U. "Efficacy of Disinfectants and Brand Reputation on Bathing Water Quality Improvement. *Environmental Nanotechnology, Monitoring & Management*, 14 (2020).

Thomas, M. "The Effects of Producers' Trademark Strategies on the Structure of the Cognac Brandy Supply Chain During the Second Half of the 19th Century. The Reconfiguration of Commercial Trust by the Use of Brands." *Business History*, 8 (2018).

Tian, L., Xueying, W., and Yifan, W. "Pricing Strategies in Presence of Online Consumer Ratings—from the Product Customization Perspective". *Journal of Theoretical and Applied Electronic Commerce Research*, 15 (2020).

Trang, P. T., Francisco, G., Audhesh, K. P., and Charles, B. "National versus Private Brand: A Regulatory focus Perspective." *Journal of Retailing and Consumer Services*, 57 (2020).

Wheatley, J. J., Walton, R. G. and Chiu, J. S. Y. "The Influence of Prior Product Experience, Price and Brand on Quality Perception," in W. Perreault, ed., *Advances in Consumer Research*, Ann Arbor, MI: Association for Consumer Research, 4 (1977).

Wonham, W. M., and Ramadge, P. "On the Supremal Controllable Sublanguage of a Given Language." *SIAM Journal of Control and Optimization*, 25 (1987).

Yanni, Y., and Yongrok, C. "Stakeholder Pressure and CSR Adoption: The Mediating Role of Organizational Culture for Chinese Companies." *The Social Science Journal*, 2 (2016).

Zongrong, R., and Pingping, W. "On the Awkward CSR Status of Chinese Household Appliance Enterprises—Take a Case of Haier as Example". *International Business and Management*, 2 (2015).

第六章

MASTERMINDING

策划学（策划经济学）的两个重要信息原则

注：这两个重要信息原则不仅适合商业领域，而且适合整个经济学领域。

第一节　信息滞后及策划信息原则Ⅰ

(一) 信息滞后

约瑟夫·E. 斯蒂格利茨（Joseph E. Stiglitz）说："现实世界并不像完全竞争模型所描述的那样，这对经济学来说并不是什么秘密，垄断和不完全竞争从亚当·斯密（Adam Smith）开始至今一直是不断被研究的问题。近来完全竞争模型的另一个缺陷特别引起了人们的注意：这一模型假定市场参与者具有关于商品买卖的充分信息。经济学家用存在完全信息来描述这种情况。"①

理想模型的完全信息的含义是什么?

理想模型的完全信息其实应该分为事实信息和对称信息。事实信息的不完全信息是非事实信息。对称信息的不完全信息是非对称信息。

不完全信息分为非事实信息和非对称信息。

事物存在的本质信息（如黄金的属性信息、水泥的属性信息）或某种信息由完全封闭到逐步公开，最终达到事实的真相，这种状态为**事实信息**，例如，某些由政府部门发布的房地产市场的需求信息、某些股票市场信息、某些经济政策信息就属于这类信息。

与事物存在的本质信息有偏差（比如说水可以代替石油成为新能源）或某种信息由完全封闭到逐步公开，还未达到事实的真相，这种状态为**非事实信息**，例如，市场谣传某公司将收购另一公司，导致被收购公司股票上涨。

双方掌握的信息量相等，这种状态称为**对称信息**。

例如，合作双方对某一产品或市场的了解是相等的，然后进行合作。

双方掌握的信息量不相等，其中一方比另一方掌握的信息量更多，这种状态称为**非对称信息**。

例如，旧车市场中卖方比买方更了解产品的质量。

在现实中完全不能或很难达到理想模型的完全信息状态。此外，从不完全信息向理想模型的完全信息发展，即从非事实信息向事实信息、从非对称信息向对称信息发展的时候，也存在一个时间过程，我们称这一过程为信息滞后。

---

① 约瑟夫·E. 斯蒂格利茨. 经济学. 北京：中国人民大学出版社，1998：418.

信息滞后：指从不完全信息向理想模型的完全信息发展的时候，存在一个时间过程。在这个时间过程中，信息容易被利用、操纵，从而产生偏差性影响。也就是说，信息与时间存在一定关系。一般情况下，随着时间的推移，信息的状况变得越来越好。

“越好”的含义是：非事实信息的信息量不断增加，逐渐向事实信息的信息量接近，直至发展到事实信息的信息量的过程；非对称信息的信息量不断增加，向对称信息的信息量接近，直至发展到对称信息的信息量的过程。概括地说，就是从不完全信息向理想模型的完全信息发展的时间过程。

我们把信息滞后期间的信息称为**时间-信息，也称为策划信息**。

因为在信息滞后期间的信息属于不完全信息，所以策划对这些信息的影响就特别大。

不同的信息由不完全信息向理想模型的完全信息发展，即从非事实信息向事实信息、从非对称信息向对称信息发展都存在一个时间过程，但这个时间过程的长短不一样，取决于诸多因素。一般情况下，时间越长，不完全信息越容易到达理想模型的完全信息。

在信息滞后期间，因为不是理想模型的完全信息状态，所以信息的影响就容易产生偏差，信息也容易受到人为因素的影响。

此外，在现实中，市场基本上是在不完全信息状态下交易的，或者是在交易过程中逐步向更好的信息状态靠近，所以研究信息滞后期间信息对经济的影响就特别重要。

时间-信息与不完全信息的联系与区别如下。

联系：从信息量的角度说，时间-信息与不完全信息是一样的，只是语言的表述不同，时间-信息也是不完全信息。

区别：不完全信息强调的是信息量，是相较完全信息的信息量而言的；时间-信息强调的是信息量的增加过程，信息量的增加与时间存在一定关系，随着时间的推移，信息量不断增加。不完全信息考察的是静态的量，时间-信息考察的是动态的过程。

∴专题研究

为什么信息量的增加与时间存在一定关系？

为什么一般情况下时间越长，不完全信息越容易达到理想模型的完全信息？

信息量的增加与时间存在一定关系，随着时间的推移，信息量不断扩大，获取旧的信息也越来越容易。

随着时间的推移，信息汇集得更多。这是因为，有些信息因为种种条件的限制，比如涉及在世的人，出于保密需要等，在当时的条件下无法对外公开。随着时间的推移，当事人无法再干涉或事件已不需要保密，不完全信息才会逐渐达到理想模型的完全信息。

这既是一种假设，也是一种真实的存在。

这是信息滞后及策划信息原则最基础的理论。

对信息滞后期间的信息进行管理、运作、技巧处理或操纵、利用，这就是策划的范畴。

不完全信息要达到理想模型的完全信息即事实信息和对称信息都有一个时间过程，在这个过程中，策划将起很大作用，可以用图 6-1 来表示。

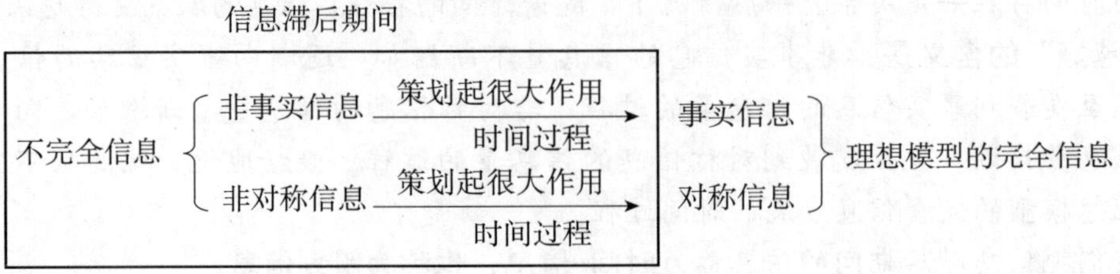

图 6-1　信息滞后

信息滞后期间信息对经济的影响、信息与时间的关系、策划因素对与经济有关的信息的影响，这些就是我们要探讨的策划经济学的信息理论的基础（如图 6-2 所示）。

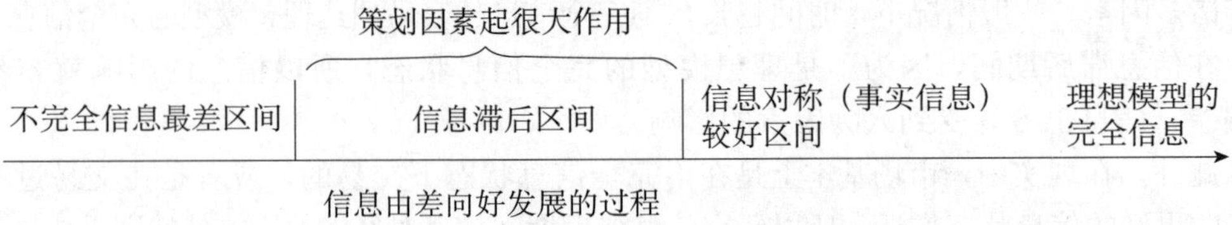

图 6-2　信息滞后区间的数轴模型

关于不完全信息向理想模型的完全信息发展的时间过程，考虑到其中间的信息滞后区间，某时刻的信息量和 h 时刻前的信息量之差是关于时间的正比例函数。用 t 表示时间，用 $x(t)$ 表示 t 时刻的信息量，用 α 表示比例系数，则可将这种函数关系表示为：

$$x(t+h)-x(t)=\alpha hx(t)$$

此式等价于：

$$\frac{x(t+h)-x(t)}{h}=\alpha x(t)$$

对此式左右两边求极限，即当 $h\rightarrow 0$ 时，可得到微分方程：

$$\dot{x}(t)=\beta x(t)$$

其中，β 为 α 此时的极限。

求出方程的解为：

$$x(t)=c\cdot \mathrm{e}^{\beta t}$$

其中，c 为常数。只要给定一个初值，即 $t=0$ 时的信息量 x_0，就可求出 c 值。同时，如果掌握了事实信息量 R，就可求出信息滞后区间长度为 $\frac{1}{\beta}\ln^{\frac{R}{x_0}}$，不妨利用 $F(\dot{x},x,t)$ 来表示次微分方程。函数图像如图 6-3 所示。

只要通过调查掌握了初始信息量和事实信息量，就可求得信息滞后区间。在这个过程中策划因素将起很大的作用。

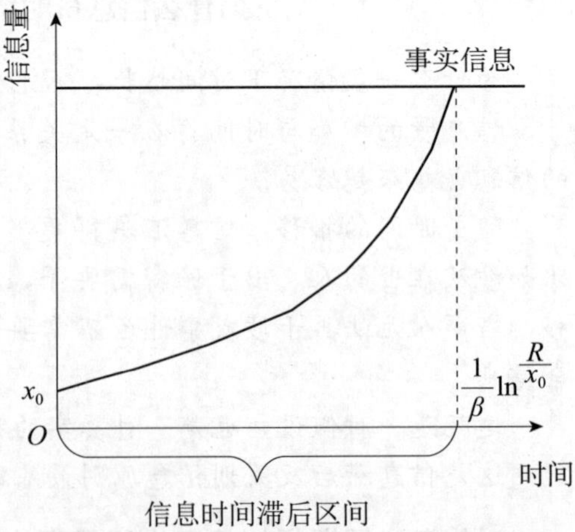

图 6-3　随着时间的推移最终达到事实信息

从图 6-3 中我们可以看出，如果最初没有掌握完全的信息量，则信息量是随时间推移而增长的。当达到事实信息时，就停止增长。

这是从非事实信息向事实信息发展的过程，随着时间的推移，非事实信息最终达到事实信息。

非对称信息向对称信息发展又分为三种情况。

◆第一种情况，甲方最初掌握全部信息，乙方最初没有掌握任何信息。随着时间的推移，乙方也逐步掌握了甲方拥有的全部信息，从而双方掌握的信息量相等，达到一种信息对称的状态。

例如，各种生产商首先知道自己商品的全部信息，而买方并不急于下手进行交易，想办法从各种渠道去了解这种商品的信息。随着时间的推移，买方也逐步知道这种商品的更多信息，最终甚至达到了对商品信息的完全了解，从而双方达到一种信息对称的状态（如图 6-4 所示）。

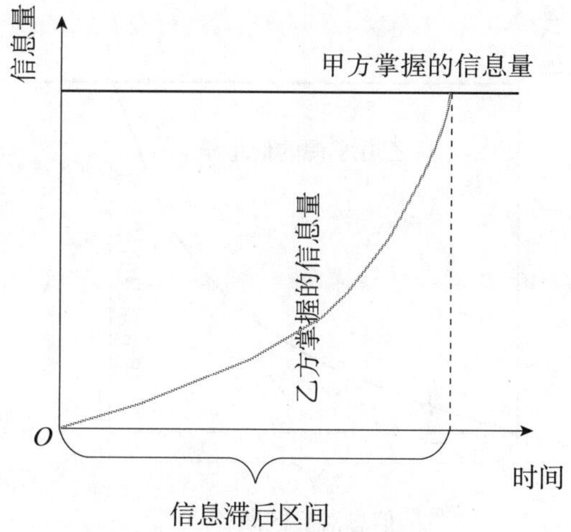

图 6-4　甲方最初掌握全部信息，乙方最初没有掌握任何信息

通过对方程 $F(\dot{x},x,t)$ 系数的处理，就可得到此种情况的表达式，其也是微分方程。

◆第二种情况，甲方最初掌握的信息量比乙方多，但没掌握全部信息。随着时间的推移，双方的信息量都在增加，到一定时候双方掌握的信息量相等，达到一种信息对称的状态。

如各种中间商交易、二手交易中，卖方对刚运到、刚收购来的某件货物也不完全了解，但在他接受的价格内，只要他能赚钱，他就愿意马上转卖，这时他对这件货物掌握的信息只是比买方稍多。如果这时双方没有交易成功，买方可能会通过各种渠道对这件货物的信息进行更多了解后再来交易。而买方离开后，卖方也会通过各种渠道对这件货物进行更多了解。过一段时间再来进行交易时，买卖双方就可能达到对该件货物的信息完全了解的状态，也就是达到一种信息对称的状态（如图 6-5 所示）。

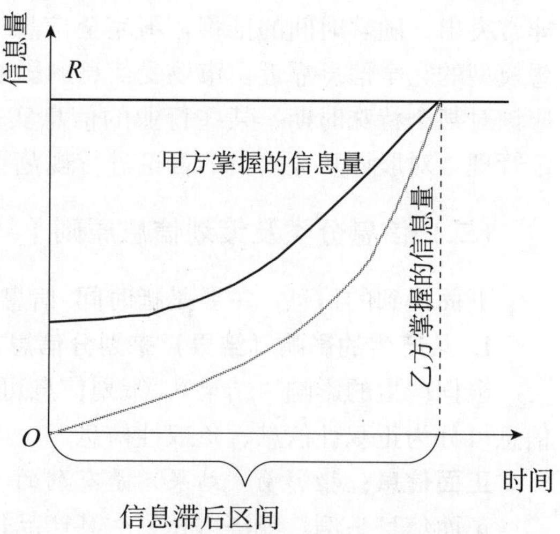

图 6-5　甲方最初掌握的信息量比乙方多，但没掌握全部信息

同样，甲方的信息量增长情况也可以利用一个微分方程来表示，不妨令其为 $F_1(\dot{x},x,t)$，乙方的用 $F_2(\dot{x},x,t)$ 来表示。在某一时刻，双方的信息量都会达到事实信息量，即通过调查得到事实信息量 R，令 $F_1(\dot{x},x,t)=R$，解得此时的 t 便为信息滞后区间的长度。在此区间内策划因素会起到很大的作用。

◆第三种情况，甲方最初掌握的信息比买方少。随着时间的推移，双方的信息量都在增加，到一定时候双方掌握的信息量相等，达到一种信息对称的状态。

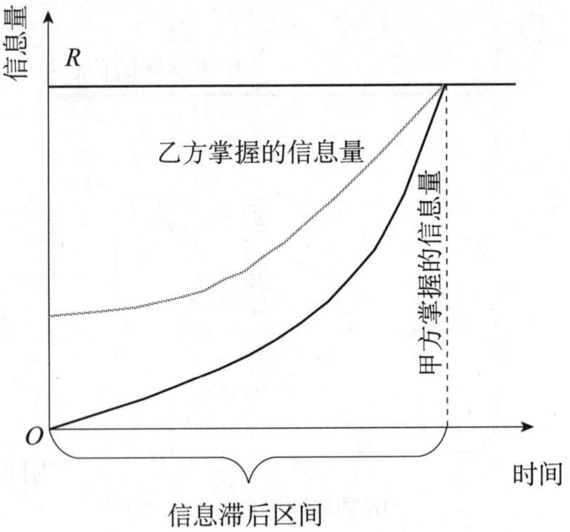

图 6-6 甲方最初掌握的信息量比乙方少

例如，卖方手里有件祖传古董要出手，而买方是古董交易市场的行家，显然买方对这件古董比卖方掌握的信息多，而卖方并不急于出售，卖方希望通过各种渠道对这件古董的信息有更多了解后再来交易。过一段时间再来进行交易时，买卖双方就可能达到对该件古董的信息完全了解的状态，也就是达到一种信息对称的状态（如图 6-6 所示）。

同样可以得出，甲乙双方的信息量增长情况也可以利用微分方程来表示，不妨令乙方的为 $F_1(\dot{x},x,t)$，甲方的为 $F_2(\dot{x},x,t)$。在某一时刻，双方的信息量都会达到事实信息量 R，令 $F_1(\dot{x},x,t)=R$，解得此时的 t 便为信息滞后区间的长度。在此区间内策划因素会起到很大的作用。

上述这些模型特别适用于解释在初期市场及市场不规范的时期，信息对经济市场的影响。

初期市场及市场不规范的时期，属于信息滞后期间，会产生各种不真实的影响市场的信息，市场也容易受到这些不真实的信息的影响，在此期间策划的作用就表现得非常突出。随着时间的推移，不完全信息（非事实信息、非对称信息）才越来越向理想模型的完全信息靠近，市场受信息的影响才会越来越规范。根据上述理论可以得出，应该对某个特殊时期、某些行业的信息实行规范管理，比如，应该对股票市场实行规范管理，对股评从业人员的言论进行规范管理。

（二）信息分类及策划信息原则Ⅰ（时间-信息原则）

下面提到的信息，主要是指时间-信息即策划信息。

1. 从产生的影响（结果）来划分信息

根据产生的影响（结果），策划信息可分为正面信息、负面信息、双性信息。双性信息可分为正双性信息、负双性信息。

正面信息：指影响（结果）是有利的、好的、积极的信息。

正面信息举例：经济增长了、某产品信誉好、某产品质量好。

负面信息：指影响（结果）是不利的、坏的、消极的信息。

负面信息举例：环境污染严重、某汽车质量有问题、有意散布或无意流传的一些恶意信息。

双性信息：同时含有正面与负面两种性质的信息，有时表现为正面信息效果占优，称为**正双性信息**，有时表现为负面信息效果占优，称为**负双性信息**。

双性信息在传递正面信息时，也附带了负面信息，其最后的效果是正面的还是负面的，还要取决于多方面的因素，比如当时的环境、条件等。

例如，某人做出声明："我没有偷东西。"这条信息就是一条双性信息，它给人传递的正面信息效果是"对偷东西做出否定回应"，负面信息效果是"偷了东西"。

这条信息针对不同的人或不同的环境最后的效果就可能不一样。

比如，在一个商场门口，几个商场保安正围着一个面目慈祥、衣着整齐的老大爷，还有很多围观行人。老大爷对保安解释说："我没有偷东西。"而这个老大爷的邻居刚好也在买东西，碰见了这件事。

"老大爷自己做出的没有偷东西的解释"这条信息在围观行人中的效果就可能是一条正双性信息。多数围观行人及那个邻居都会觉得老大爷的话是可信的，会认为保安误会了老大爷。那个认识老大爷的邻居，回去后也许不会再传递这条信息或者向邻居传递时会说今天老大爷被保安误解了。

如果换一个人，这件事情的结果可能就会不同。比如，在一个商场门口，几个商场保安正围着一个面目不善、穿着打扮痞气的年轻人，还有很多围观行人。年轻人对保安解释说："我没有偷东西。"而这个年轻人的邻居刚好也在买东西，碰见了这件事。

"年轻人自己做出的没有偷东西的解释"这条信息在围观行人中的效果就可能会是一条负双性信息。多数围观行人及那个邻居都会觉得年轻人的话是不可信的，会认为保安的做法是正确的。那个认识年轻人的邻居，回去后就会告诉邻里今天这位年轻人在商场偷东西被保安抓住了。

对于同一条双性信息来说，最后的效果是正面的还是负面的，还取决于多方面的因素，比如环境。

例如，在河中，当一艘游船行驶时，由于水浪，船身有些摇摆。这时船员对游客说："是水浪，请不要惊慌，不会有事，船是不会沉没的。"

"是水浪，请不要惊慌，不会有事，船是不会沉没的"是一条双性信息，它向人传递的正面信息效果是："是水浪，不会有事，船是不会沉没的。"负面信息效果是："船有可能沉没。"

在这种环境下，这条信息是一条正双性信息，当游客听到这句话后，多数人可能会回到自己的座位上坐好。

换一种情况：在河中，当一艘游船行驶时，由于船底破了一个洞，船身有些摇摆。这时船员惊慌失措地对游客说："船底破了一个洞，请不要惊慌，不会有事，船是不会沉没的。"

"船底破了一个洞，请不要惊慌，不会有事，船是不会沉没的"是一条双性信息，它向人传递的正面信息效果是："请不要惊慌，不会有事，船是不会沉没的。"负面信息效果是："船底破了一个洞，船要沉没。"

在这种环境下，这条信息是一条负双性信息，当游客听到这句话后，多数人可能会感到恐慌，并争相逃跑，这样会加快船的沉没。如果不了解双性信息，现实中处理问题时就可能酿成大错。现实中，在河中行船，若船底真的破了一个洞，船员不应该惊慌失措地对游客说“船底破了一个洞，请不要惊慌，不会有事，船是不会沉没的”，因为在这种情况下这条信息是负双性信息，当游客听到这句话后，多数人就可能会感到恐慌，并争相逃跑，从而加快船的沉没。正确的处理办法是：船员发现船底破了一个洞后，想办法去堵漏，并尽量不要让游客知道这个信息，或者暗中采取急救措施让游客有序地逃离。

（1）正双性信息举例。

①针对市场上谣传的银行利率要上涨，美联储所做的辟谣声明。

这种双性信息给人传递的正面信息效果是：“银行利率不会上涨。”负面信息效果是：“利率要上涨。”在多数情况下，人们还是会相信美联储的辟谣，这种信息的结果当然是正面的，它是一条正双性信息。经美联储辟谣后，多数人不会对利率上涨预期采取行动，从而稳定了金融秩序。

②针对市场上谣传的原油价格要上涨，有关部门所做的某种解释。

在很多情况下，这种信息也是一种正双性信息，它的结果是正面的。这种双性信息向人传递的正面信息效果是：“原油价格不会上涨。”负面信息效果是：“原油价格要上涨。”在多数情况下，人们还是会相信有关部门的解释，信息的效果当然是正面的，它是一条正双性信息。经有关部门解释后，多数人不会对原油价格上涨预期采取行动，比如疯狂抢购、囤积原油，以至于扰乱市场秩序。

（2）负双性信息举例。

比尔·克林顿和白宫实习生莫妮卡·莱温斯基事件就是一个典型的有关负双性信息的例子。

事件经过：1996年大选结束后，克林顿的白宫处于选后的放松状态，碰巧当时共和党的国会为了预算问题与白宫抗争，冻结了联邦开支，许多政府雇员都被指示暂时不要来上班，造成了包括白宫在内的许多政府机关空空荡荡的没有几个人。就是在这样一个大环境下，克林顿和白宫实习生莫妮卡·莱温斯基邂逅、调情并发展为情人关系，引爆了美国历史上最严重的一次总统性丑闻。

1998年1月，宝拉·琼斯性骚扰案的原告律师开始搜集证据，试图借以证明总统的好色性格。莱温斯基呈交了书面证词宣称自己没有和总统往来，又试图说服崔普帮她圆谎，但是崔普不愿冒犯伪证罪的危险，于是将她的录音带拿给了白水案特别检察官肯尼斯·史达。于是，史达介入了这宗桃色事件的调查。

共和党人对克林顿提出了弹劾。

按照美国宪法的规定，对总统的控罪在参议院进行审判，最高法院首席大法官威廉·伦奎斯特担任法官，全部参议员作为陪审团，众议院则派出15名众议员担任检察官。必须有三分之二的参议员投赞成票，控罪才能成立。

1999年1月7日，参议院开始对克林顿进行弹劾审判。2月12日，参议院在对克林顿总统弹劾案的最终表决中，以45票赞成对55票反对否决了对克林顿的第一项弹劾指控，即指控他在绯闻案中“作伪证”。以 50 票赞成对 50 票反对否决了他“妨碍司法”的第二项弹劾指控。两项表决都没有达到宪法规定的对克林顿定罪和免职的票数。至此，参议院审理克林顿弹劾案宣告结束。

在这个事件过程中，作为当事人的比尔・克林顿与莫妮卡・莱温斯基对此事的每一次否定、辩解（如“我没有与对方发生关系”）其实都是负双性信息，结果使人们更相信他们之间有这种事。

辩解这种双性信息向人传递的正面信息效果是：“我没有与对方发生关系。”负面信息效果是：“我与对方发生了关系。”因为现实中桃色新闻与名人特别是政治名人沾上边后，往往成为人们茶余饭后津津乐道的“题材”，对桃色新闻人们更相信其传递的负面信息效果，即“与对方发生了关系”。

在双性信息的传递过程中，策划的作用尤其明显。

2. 策划信息（时间-信息）分类图解

我们可以把信息产生的影响看作关于信息受众（指受到信息影响的人数）的函数 $f(x)$，且产生正面影响则记作 $f(x)>0$，产生负面影响则记作 $f(x)<0$。

一般情况下，正面信息的受众越多，信息传播的范围越大，对人们的影响越大，即信息产生的影响随着受众的增多而增大，因此 $f(x)$ 为增函数，$f'(x)>0$，且 $f(x)>0$（见图 6－7）。

一般情况下，负面信息的受众（指受到信息影响的人数）越多，信息传播的范围越大，对人们的负面影响越大，产生的负面效果越大，即 $f(x)$ 为减函数，任取 x_1、x_2，且 $x_1>x_2$，则 $-f(x_1)>-f(x_2)$，$f(x_1)<f(x_2)$。因此，$f'(x)<0$，且 $f(x)<0$（见图 6－8）。

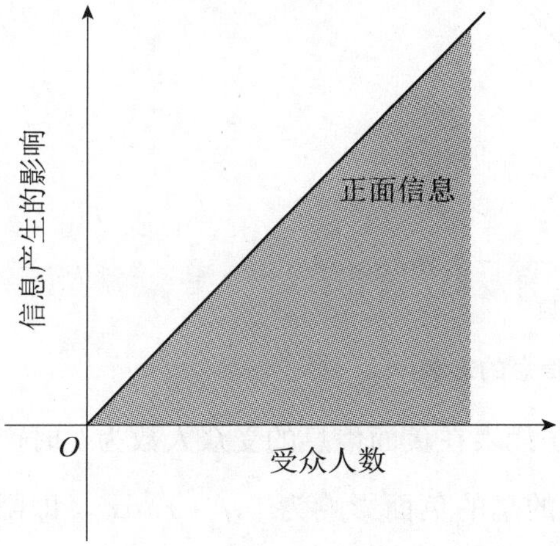

图 6－7　正面信息的影响是一个关于受众人数的增函数

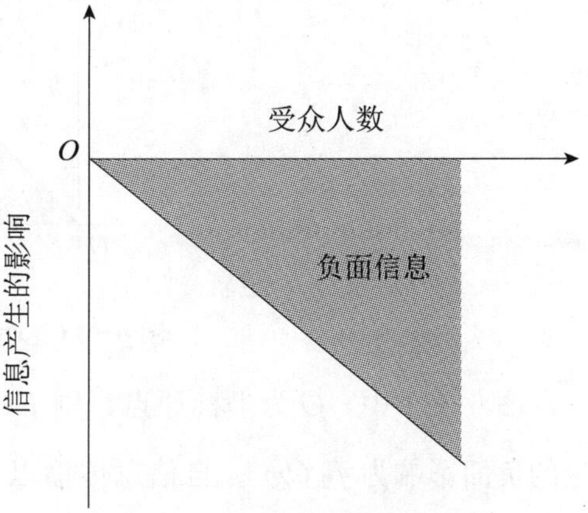

图 6－8　负面信息的影响是一个关于受众人数的减函数

为方便讨论，记 $f_1(x)=-f(x)$，则有 $f'_1(x)>0$，且 $f_1(x)>0$，即 $f_1(x)$ 为增函数（见图 6－9）。

对于双性信息，在产生正面信息效果的情况下，若取 $x=a$，即有 a 人受到了正面信息的影响，则产生的作用为 $f(a)$，如图 6－10 所示。

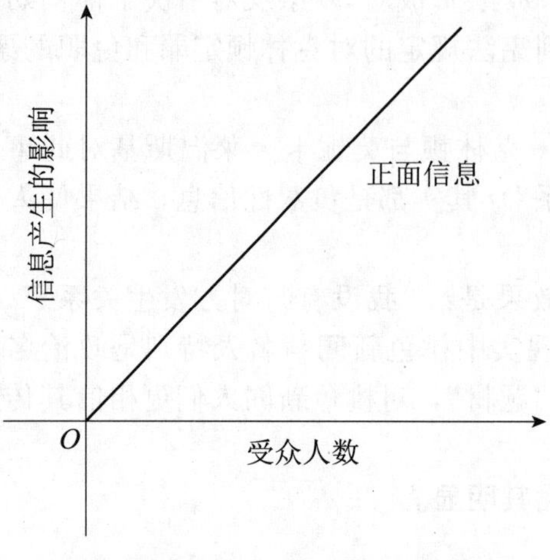

图 6-9 负面信息的影响力的相反数是关于受众人数的增函数

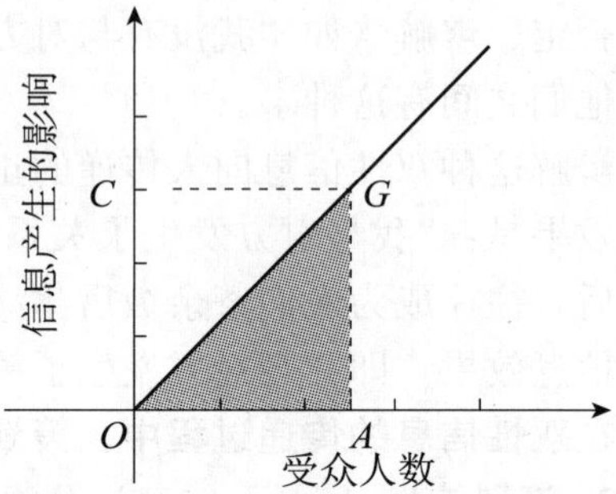

图 6-10 $x=a$ 时正面信息的影响

图 6-10 中，O 为坐标原点，则 $G(a,f(a))$ 代表在正面信息的受众人数为 a 时产生的正面影响为 $f(a)$。自信息传播以来，产生的总的正面影响为 $\int_0^a f(x)\mathrm{d}x$，即阴影部分面积 $S_{\triangle OAG}$。

在产生负面信息的情况下，若取 $x=b$，即有 b 人受到了负面信息的影响，则产生的作用为 $f(b)$，如图 6-11 所示。

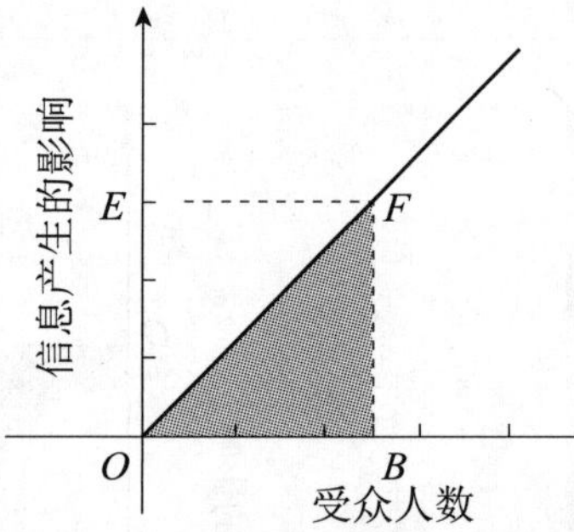

图 6-11 $x=b$ 时负面信息的影响

图 6-11 中，O 为坐标原点，则 $F(b,f_1(b))$ 代表在负面信息的受众人数为 b 时产生的负面影响为 $f_1(b)$。自信息传播以来，产生的总的负面影响为 $\int_0^b f_1(x)\mathrm{d}x$，即阴影部分面积 $S_{\triangle OBF}$。

由前面可知，产生的正面影响为 $\int_0^a f(x)\mathrm{d}x$，产生的负面影响为 $\int_0^b f_1(x)\mathrm{d}x$，如果 $\int_0^a f(x)\mathrm{d}x+\int_0^b f_1(x)\mathrm{d}x=\int_0^a f(x)\mathrm{d}x-\int_0^b f(x)\mathrm{d}x<0$，则总的影响为负面的，即最终产生的负面影响大于正面影响，该信息为负双性信息（见图 6-12）；反之，如果

$\int_0^a f(x)\mathrm{d}x+\int_0^b f_1(x)\mathrm{d}x=\int_0^a f(x)\mathrm{d}x-\int_0^b f(x)\mathrm{d}x>0$，则最终产生的负面影响小于正面影响，总的影响为正面的，该信息为正双性信息（见图 6-13）。

3. 策划信息原则Ⅰ

针对负面信息所做的解释（否定、辩解）、把负面信息转变为正面信息，这些信息都是双性信息，它会同时产生正面与负面两种影响。

举例①：近期世界经济将恶化。针对这条信息进行解释、否定、辩解：近期世界经济不会恶化。这条解释信息传递了正面、负面两种信息。正面影响信息："近期世界经济不会恶化。"负面影响信息："近期世界经济会恶化。"

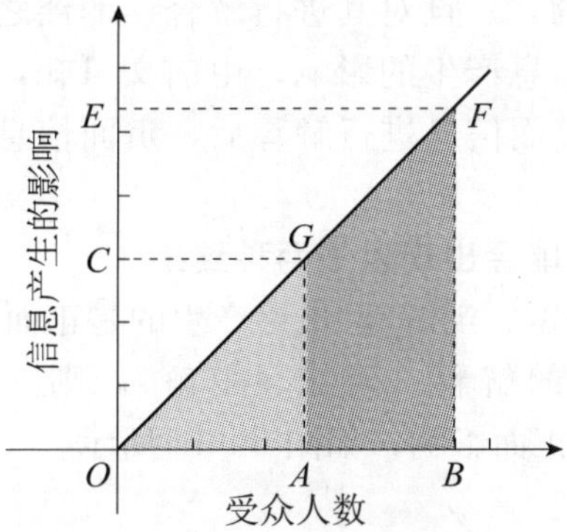

图 6-12　负双性信息图解

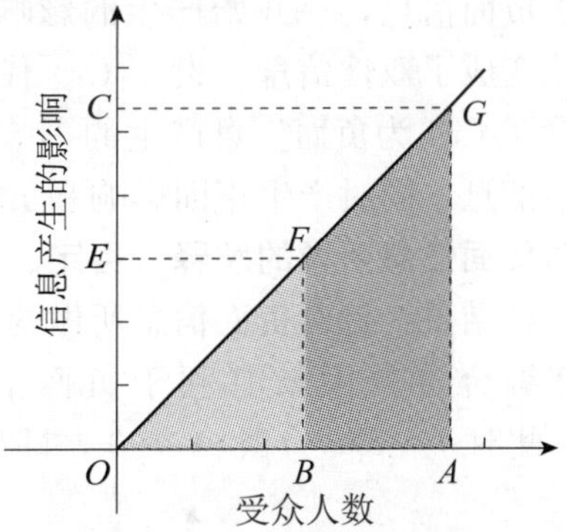

图 6-13　正双性信息图解

针对这条负面信息进行解释后就可能出现以下两种效果：第一种，更多人相信了正面信息"近期世界经济不会恶化"。第二种，更多人相信了负面信息"近期世界经济会恶化"。

举例②：期末考试时，监考老师告诉任课教师，说 A 学生有作弊动机。A 学生找到任课教师解释说："我没有作弊动机。"

分析："有作弊动机"这条信息对 A 学生是负面信息，"A 学生对任课教师解释说'我没有作弊动机'"这条信息是一条双性信息，A 学生对任课教师解释的时候同时传递了正负两方面的信息。正面影响信息："我没有作弊动机。"负面影响信息："我有作弊动机。"最终出现的结果就要分两种情况：如果 A 学生平时学习努力，是一个好学的学生，那么任课教师就会相信他的解释，结果正面信息占多，即任课教师会相信 A 学生没有作弊动机；如果 A 学生平时学习不努力，是一个爱偷懒的学生，那么任课教师就不会相信他的解释，结果负面信息占多，即任课教师不会相信 A 学生没有作弊动机。如果当时还有其他在场学生听到这条信息，就可能对这条双性信息进行再传播，它的结果同样可能有两种。

策划信息原则Ⅰ：若要通过对负面信息进行解释（否定、辩解），从而把负面信息转变为正面信息，或者对双性信息进行再解释（否定、辩解）、传播，那么其结果除了传播正面信息外，也会使负面信息在原来的基础上扩大，最终结果不一定是正面的，也可能是负面的。

在对负面信息进行解释（否定、辩解）时，或者在对双性信息进行再解释（否定、辩解）时，也向更多的人传递了负面信息。它的最终效果不一定是正面的，因为后面的受众并不一定都会相信对负面信息做出的解释（否定、辩解），有可能更多的受众接受并认可的还是负面信息，这样最终出现的还是负面结果。也就是说，对负面信息进行解释（否定、辩解）后，起不到作用，反而继续扩大负面影响。中国有句谚语“越描越黑”说的就是这个意思。只有当更多的人相信了解释（否定、辩解）的正面信息时，它才会表现出正面结果。

当然，最理想的结果是：对负面信息进行解释（否定、辩解）或者对双性信息进行再解释（否定、辩解）后，信息表现为正双性信息，结果表现为正面影响占优。

对于负面信息，一开始产生的影响为负面的，一旦对其进行解释、辟谣之后，负面信息就变成了双性信息。设 $f_2(x)$ 代表正面信息产生的影响，由前文可知，其为增函数，设 $f_1(x)$ 为负面信息产生的影响。在对负面信息进行解释后，负面信息就会转化为双性信息，同时产生正面影响和负面影响。

针对负面信息所做的解释（否定、辩解）可能会出现以下两种结果。

第一种结果：针对负面信息所做的解释（否定、辩解），最终产生的是正面影响。

如果综合背景因素有利于负面信息所做的解释（否定、辩解），则 $f_2(x) > f_1(x)$，此时 $f_2(x) - f_1(x) > 0$，即最终产生正面影响，如图 6－14 所示。

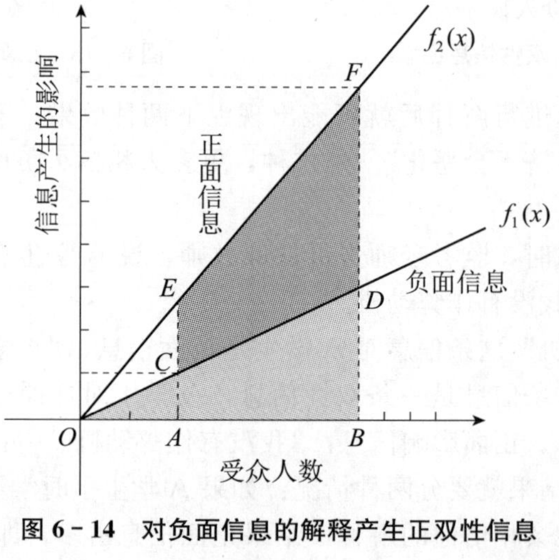

图 6－14　对负面信息的解释产生正双性信息

当原信息受众人数为 A 时，产生的负面影响为 $\int_0^a f_1(x)\mathrm{d}x = S_{\triangle OAC}$

当进行解释后，会同时产生正面影响和负面影响，假设正面影响大于负面影响。同时，信息受众还会增加，假设增加到 b。此时的总影响为：

$$\int_a^b f_2(x)\mathrm{d}x - \left(\int_0^a f_1(x)\mathrm{d}x + \int_a^b f_1(x)\mathrm{d}x\right) = S_{ABFE} - (S_{\triangle OAC} + S_{ABDC}) > 0$$

其中，$S_{\triangle OAC}$ 为解释前产生的负面影响，S_{ABDC} 为解释后产生的负面影响，S_{ABFE} 为解释后产生的正面影响，最终影响是正面的。

第二种结果：针对负面信息所做的解释（否定、辩解），最终产生的是负面影响。

如果综合背景因素不利于负面信息所做的解释（否定、辩解），那么当负面信息转化成双性信息时，虽然也会产生正面影响，但其负面影响比正面影响大，最终影响还是负面的，如图 6－15 所示。

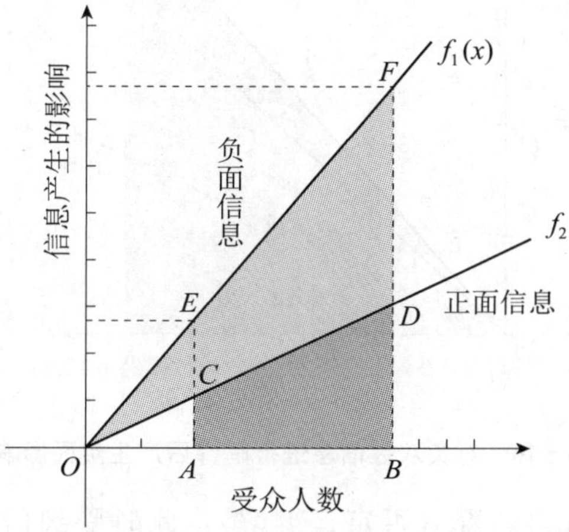

图 6－15 对负面信息的解释产生负双性信息

当原信息受众为 A 时，产生的负面影响为：$\int_0^a f_1(x)\mathrm{d}x = S_{\triangle OAE}$

当对负面信息进行解释后，信息受众还会增加，假设增加到 b，这时会同时产生正面影响和负面影响，假设负面影响大于正面影响。故此时的总影响为：

$$\int_0^a f_1(x)\mathrm{d}x + \int_a^b f_1(x)\mathrm{d}x - \int_a^b f_2(x)\mathrm{d}x = (S_{\triangle OAE} + S_{ABFE}) - S_{ABDC} > 0$$

其中，$S_{\triangle OAE}$ 为解释前产生的负面影响，S_{ABFE} 为解释后产生的负面影响，S_{ABDC} 为解释后产生的正面影响，故最终影响是负面的。

对双性信息进行再解释（否定、辩解）可能会出现以下两种情况。

第一种情况：对负双性信息的再解释（否定、辩解）。由图 6－12 可知，这样做产生的正面影响为 $\int_0^a f(x)\mathrm{d}x$，产生的负面影响为 $\int_0^b f(x)\mathrm{d}x$，假如 $\int_0^a f(x)\mathrm{d}x - \int_0^b f(x)\mathrm{d}x < 0$，则总影响为负面的，为负双性信息。

若对负双性信息进行再解释（否定、辩解），此时信息受众人数大大增加，因此 A、B 两点都会向右移动，A 移动到 M，B 移动到 N，这使得信息对受众人数产生的影响增大，致使其函数图像斜率增大，如图 6－16 所示。

如果有 $\int_0^m f(x)\mathrm{d}x - \int_0^n f'(x)\mathrm{d}x < 0$，则负面影响比正面影响增加得更多，反而使情况变糟。

第二种情况：对正双性信息的再解释（否定、辩解）。由图 6－13 可知，正双性信息产生的正面影响大于负面影响，即 $\int_0^a f(x)\mathrm{d}x - \int_0^b f(x)\mathrm{d}x > 0$。

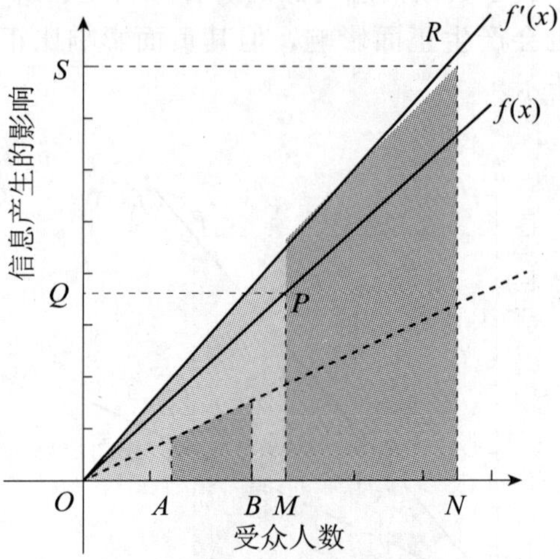

图 6-16 对负双性信息进行解释后产生负面影响

若对正双性信息进行再解释（否定、辩解），此时受到信息影响的人数也会增多，假设使受到正面影响的人数由 A 移动到 M，受到负面影响的人数由 B 移动到 N，如图 6-17 所示。

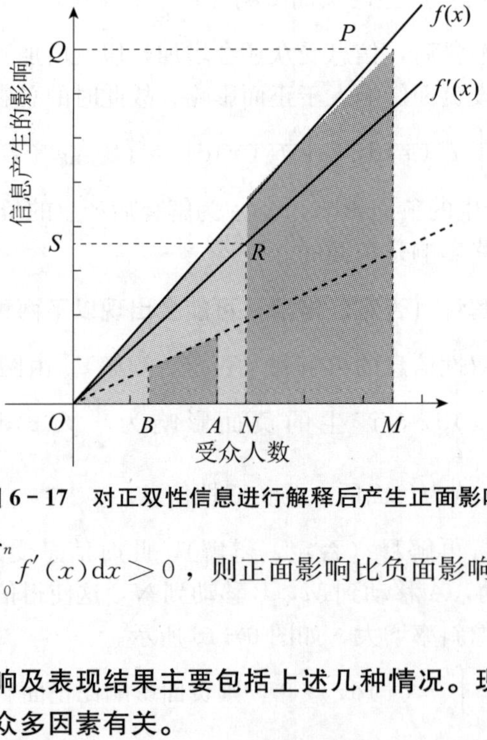

图 6-17 对正双性信息进行解释后产生正面影响

如果 $\int_0^m f(x)\mathrm{d}x - \int_0^n f'(x)\mathrm{d}x > 0$，则正面影响比负面影响增加得更多，故此时总的影响为正面的。

信息在经济中的影响及表现结果主要包括上述几种情况。现实中它还与自然环境、个人条件、社会环境等众多因素有关。

4. 双性信息恶意心理反应

还要特别注意，在负双性信息中，还存在一个双性信息恶意心理反应原理。

比如，如果谣传餐馆的饭菜里有苍蝇，那么这家餐馆在大门上长期贴上一张告示，声明自己餐馆的饭菜里没有苍蝇，那么这种信息肯定是负双性信息。

这种信息给人传递的正面信息影响是：对餐馆饭菜里有苍蝇做出否定回应。负面信息影响是：餐馆饭菜里有苍蝇。

这种信息里含有的负面信息——饭菜里有苍蝇，会让受众产生潜在的恶意心理，这种心理会产生负面影响，所以在发布这种信息时显然是负面信息影响占优。这种信息肯定会影响上餐馆用餐的人的食欲，让多数人不愿意进餐馆来消费，因而会对餐馆的经营起反作用。我们把这种双性信息对人产生的心理反应称为双性信息恶意心理反应。

双性信息恶意心理反应对受众心理会有一种潜在的不利影响。诸如此类的还有做出以下声明："这艘船不会沉没""这辆车不会再与别的车相撞"。

以上这些图解在现实中有很多应用，而且不只限于经济学领域，在其他领域也有广泛的应用。

5. 有关负双性信息（双性信息恶意心理反应）的验证

（1）活动规则。

任意选择 m 人（具有分析能力和一定知识的成年人，数量最好在 50 人以上）作为样本参加以下活动。

对六款轿车（每种汽车的标价都是 10 万元）进行内容相近的简要介绍，问测试者会选择购买哪一款轿车。

六款轿车介绍如下：

A 轿车介绍：一反传统轿车"蜂腰形"的下大上小设计，采用古典型的"罗马拱门形"造型，不收缩腰线，将车身增宽增高。发动机动力更强劲，运行更平稳。还配备了双安全气囊、ABS，提升了整车的安全性。

B 轿车介绍：外观动感时尚，融入魅力十足的赛车因子。大包围保险杠、蜂窝状的格栅、运动型的顶翼、浑然一体的下裙边等都增加了动感。造型设计自然流畅、曲线平滑、结实饱满，给人一种蓄势待发的感觉。强劲的动力使本车具备了跑车的速度感，从启动到提速整个过程酣畅淋漓。

C 轿车介绍：内敛稳重，采用了大量的世界先进技术，车型尺寸比原来的旧型号要大，功能更加丰富，并与本公司的高端产品混流共线生产。不会因一味追求低成本运作而影响产品的品质。相比上代车型，整车尺寸略有增大，而轴距和轮距提升幅度更大，这使得新款拥有了令人赞叹的内部空间。

D 轿车介绍：在高功率、低油耗、可靠性之间实现了完美的平衡。其内部空间设计秉承了本公司自 1967 年以来的 MM 设计理念，即人享受的空间最大化、机器占用的空间最小化。同时，在舒适性、安全性、可操控性、高科技等诸多方面，本代产品全面超越了上代产品，因此在级别上又一次获得了提升。

E 轿车介绍：是本公司新推出的又一力作，投资数十亿元，由 1 000 多名专家和工程人员历时 36 个月研制而成。搭载的发动机、变速器、电子助力转向系统等核心零部件和内饰件，全部都是经过精心制作而成。

F 轿车介绍：以世界级的设计、融合全球的优势科技，树立了中级轿车新标准。

本车外观具有极具雕塑感的欧洲风格和精致简练的审美元素。由“世纪设计大师”设计，充满时尚与活力的气息。本款公司中高端车共用平台，本车提升了发动机、变速箱的性能。

(2) 活动实施。

①第一轮：只在其中1/3的试卷里加入以下负面信息内容：B轿车在一次新车试车过程中竟然发生侧翻，导致车体严重变形。

第一轮意向性选择，每人先选购三款轿车。

②第二轮：在1/3（其中1/3是第一轮试卷里加入了负面信息的）的试卷里加入一条解释信息（即双性信息）。

B公司申明：

网上谣传本公司的轿车在一次新车试车过程中发生侧翻，导致车体严重变形。

公司新车试车发生交通事故的真实情况是（交警部门出具的事故结论）：驾驶员经过一个多小时的高环试验后，出现了疲劳反应，在环道出弯后，因车速过快，操纵动作过大，导致直接向左偏出路面。

交警部门认为驾驶员拿到驾驶证未满一年，在驾驶能力达不到可以正常、安全操纵试验车辆的情况下（试车员必须有3～5年专职驾龄），没有进试验场驾驶车辆的资格，此次事故系高速行驶操作不当造成。

本公司轿车到底安不安全？我们向同行发出碰撞挑战书。在国家汽车检验检测中心设下擂台，邀请公证机构和新闻媒体全程监督，欢迎任何一种同价位车辆前来就碰撞安全性公开做对比实验。

本公司可以用国家权威机构的检测报告来证明本车的安全性：本轿车进行了100万公里各种环境下的道路实验，整车质量达到国家标准；在天津国家汽车检验检测中心进行的碰撞实验中也一撞过关，安全气囊的保护使得搭载的实验体完好无损。

这一轮再进行意向性选择，在第一轮选择的三款轿车中淘汰一款，只剩下两款轿车。

③第三轮：向所有参与者发布以上解释信息。

这一轮进行决定性选择，在第二轮剩下的两款轿车中再淘汰一款，只选择一款轿车最终购买。

(3) 重复一次活动。

把选择的物品变换一下，把轿车换成餐馆。同样介绍餐馆的内容相近，让测试者进行选择。

六家餐馆的简单介绍如下：

餐馆1：在菜品上注重“川菜百味，名家风范，五味八珍，尽收其中”，无论是传统佳肴、民间风味，还是创新之作，无不味醇、形新、色美。环境幽雅，价格实惠，风味独特。

餐馆2：人气很旺，川菜“够辣”“够味”；菜式“多”，“菜谱更新也快”；分量“足”，价格“适中”。环境也“有特色”，是“古代酒肆人家亭台楼阁的装潢风格”。不仅丰富了川菜原料品种，还提高了川菜的档次。服务一流，大厅环境素净高雅。

餐馆 3：以其精美丰富、风味醇浓的传统川菜和创新川菜享誉本地，以其古朴典雅的装修格调、优雅舒适的就餐环境、美味的菜品佳肴，受到了众多食客的青睐，成为本地美食市场上又一颗璀璨的明珠。由名厨主理，价格实惠，味道独特。服务员统一着装，热情地期待你的光临。

餐馆 4：让你尽情尽意从头吃到尾。左有卤料拼盘，右有生猛海鲜，当然最关键的还是老汤滋味浓厚，鲜美可口，喝了一口就一直想喝下去。在幽雅舒适的用餐大厅里，总是挤满了很多人在那里享受美味。价廉物美，集多年成功经营管理经验的本店将竭诚为宾客提供最佳服务，欢迎您的光临！

餐馆 5：所有的装修与陈设都以红色为主，象征着红红火火，配上翠绿的大块桌布，有一种典雅与稳重感，以及深沉的格调，可见其风格非比寻常。本店继承了老川菜的精髓，又注重发扬新派川菜之优势。菜品美味，价格合适。

餐馆 6：装饰古朴、典雅，是品尝美食的理想去处。以其精美丰富、风味醇浓的传统川菜和创新川菜享誉本市，融入了现代科学营养加工手法精心烹制的风味菜品最具特色。菜品味道独特，营养丰富。

对其中一家餐馆（选择的是餐馆 2）加入负面信息内容：上周顾客在蘑菇饭中吃出十余条肉虫。

对负面信息的解释内容（即双性信息）如下：餐馆申明，有人谣传上周顾客在本店蘑菇饭中吃出十余条肉虫，这纯属谣言，是竞争对手的恶意中伤。为此本餐馆请有关部门进行了卫生检查，经过严格检查本店完全符合卫生标准，请大家放心用餐。本餐馆正请有关部门调查造谣者。

我们一共进行了 5 次活动，每次活动选择的是不同的参与者。

有关负双性信息（双性信息恶意心理反应）的验证统计结果见表 6－1 至表 6－5。

表 6－1　共 104 人参加活动的结果（※表示加了负面信息后的结果，▲表示加了解释信息后的结果）

	统计选择 B 款轿车的人数			统计选择餐馆 2 的人数		
	35 （第 1 组）	35 （第 2 组）	34 （第 3 组）	35 （第 1 组）	35 （第 2 组）	34 （第 3 组）
第一轮	※0	18	21	※3	14	11
第二轮	▲0	▲6	12	▲2	▲3	10
第三轮	0	2	▲3	2	3	▲1

表 6－2　共 53 人参加活动的结果（※表示加了负面信息后的结果，▲表示加了解释信息后的结果）

	统计选择 B 款轿车的人数			统计选择餐馆 2 的人数		
	17 （第 1 组）	17 （第 2 组）	19 （第 3 组）	17 （第 1 组）	17 （第 2 组）	19 （第 3 组）
第一轮	※2	9	7	※4	13	11
第二轮	▲1	▲3	6	▲2	▲2	10
第三轮	1	3	▲0	0	1	▲1

表 6-3 共 49 人参加活动的结果（※表示加了负面信息后的结果，▲表示加了解释信息后的结果）

	统计选择 B 款轿车的人数			统计选择餐馆 2 的人数		
	16（第 1 组）	16（第 2 组）	17（第 3 组）	16（第 1 组）	16（第 2 组）	17（第 3 组）
第一轮	※1	7	15	※0	4	10
第二轮	▲1	▲4	14	▲0	▲1	8
第三轮	1	2	▲2	0	0	▲1

表 6-4 共 158 人参加活动的结果（※表示加了负面信息后的结果，▲表示加了解释信息后的结果）

	统计选择 B 款轿车的人数			统计选择餐馆 2 的人数		
	52（第 1 组）	52（第 2 组）	54（第 3 组）	52（第 1 组）	52（第 2 组）	54（第 3 组）
第一轮	※5	19	25	※14	20	38
第二轮	▲2	▲7	17	▲8	▲7	19
第三轮	1	3	▲4	5	2	▲7

表 6-5 共 38 人参加活动的结果（※表示加了负面信息后的结果，▲表示加了解释信息后的结果）

	统计选择 B 款轿车的人数			统计选择餐馆 2 的人数		
	12（第 1 组）	12（第 2 组）	14（第 3 组）	12（第 1 组）	12（第 2 组）	14（第 3 组）
第一轮	※0	7	5	※2	6	5
第二轮	▲0	▲2	5	▲1	▲2	2
第三轮	0	1	▲0	1	1	▲1

分析表 6-1 数据：◆ 对轿车的选择：第 1 组 35 人中第一轮因为受到了负面信息的影响，没有人购买 B 款轿车，而没有受到影响的另外两组则分别有 18 人、21 人选择购买 B 款轿车；第二轮第 2 组中加入了一条解释信息（双性信息）后，再选择时只剩下 6 人购买 B 款轿车，而另外没有加入解释信息（双性信息）的第 3 组则还有 12 人选择 B 款轿车；第三轮对第 3 组加入解释信息（双性信息）后，只剩下 3 人购买 B 款轿车。从后面的餐馆选择数据也可以看出，加入了解释信息（双性信息）后，反而产生了负面影响，其他四个表格的数据分析参照表 6-1。

◆ 从对 5 个表格的数据分析可以看出，参与者在最后一轮也就是在做决定性选择时，选 B 款轿车、餐馆 2 的人数都很少。

上面的实验是有关负双性信息并且涉及双性信息恶意心理反应的一个验证。根据前面探讨的信息理论可知：对负面信息的解释信息是双性信息，双性信息可能出现正双性信息或负双性信息两种结果，并且对负面信息做出解释的双性信息还存在双性信息恶意心理反应。

对以上5组经过严格实验得到的表格数据的分析得出：当对负面信息加入了解释信息后，对负面信息进行解释并不一定能产生正面影响，有可能反而扩大了负面影响。5组通过严格实验得到的数据证实了前面的信息原则，而实验正好验证了产生负面影响的情况。选择的实验其实也存在双性信息恶意心理反应，因为消费者对轿车的安全性、餐馆卫生情况的心理反应特别明显，实验结果也对此进行了证实。

（三）人们对非对称信息理论的一些错误理解及策划信息原则的应用

理论应用

如何用时间-信息理论处理恶意信息

竞争对手之间经常散布恶意信息。例如某年夏天，正值啤酒消费的旺季，对于各个啤酒厂来说也是销售获利的最佳时节，这时在某城市流传着一个消息，大致意思是：某啤酒厂装啤酒的大罐里掉进了几只老鼠，大家不要喝这种啤酒。

图6-18对市场中恶意信息的有关情况进行了总结。

恶意信息

- 竞争对手有意制造的
  - （1）竞争对手找到了对方的某些弱点，并以此作为攻击点，故意把对方牵扯进去进行攻击，从而给对方造成一些恶劣影响。
  - （2）一些不出名的、新开发的、规模较小的产品或公司，有意找一些名牌、老牌、规模大的产品或公司进行炒作，以抬高自己，达到一举成名的目的。
  - （3）故意把自己的竞争对手牵扯进去，意在干扰对方的正常生产和经营，即骚扰战术。
  - (a)明处攻击。就是通过新闻媒体发布信息，还有诉诸法院引起媒体炒作，这也是现在很多公司惯用的手法。
  - (b)暗处攻击。这种方法让有的公司防不胜防，苦不堪言，甚至束手无策。比如，啤酒竞争对手在社会上散布流言，说某啤酒厂装啤酒的大罐里掉进了几只老鼠。有的餐馆也惯用此手法与对手竞争。
- 无意中被一些不利事件牵扯进去

图6-18 市场中的恶意信息

根据前面探讨的时间-信息理论可知，恶意信息其实是一条负面信息，对它的处理（解释、否定、辩解）实质上是一条双性信息，处理得不好就可能成为一条负双性信息，反而会造成更大的负面影响。另外，对一些恶意信息的处理（解释、否定、辩解）还存在双性信息恶意心理反应，它的最终影响也是负面的。

处理恶意信息有两种方法，它们之间有很大的区别：

根据非对称信息理论去处理：尽量多发布透明信息，以做到信息对称。应对手段：被攻击的一方在各种媒介上大肆发布辟谣信息，以做到信息对称。这样做可能最终会扩大负面影响，即恶意信息扩大信息量后可能给被攻击的一方造成更大的负面影响。

根据时间-信息理论去处理：对于恶意信息，应尽力把事情的影响缩小到较小范围，不要扩大化，例如采取一定的技巧及策略低调处理、冷处理。这样做最终可能会缩小负面影响的范围，从而避免了更大的损失。

用时间-信息理论处理恶意信息的原则：对恶意信息的处理一定要慎重，并不是一味使用非对称信息理论，增加信息量和透明度就可以了，特别是在处理含有双性信息恶意心理反应的恶意信息时，要尽量将它的传播途径控制在最小范围内，最好采取策略低调处理、冷处理。

所以，在处理恶意信息时，并非只采取一个策略，像一些人对非对称信息理论的理解那样，尽量多发布透明信息，以做到信息对称。这样处理短期可能会取得一些效果，但从长远来说，往往会事与愿违或得不偿失。根据时间-信息理论，对于恶性信息，即使要发声明或与竞争对手“硬杠”，也要尽量低调处理、冷处理。当然，这种低调处理、冷处理，并不是说完全不处理，而是围绕共同原则来处理，尽力把事情的影响缩小到较小的范围，不要扩大化，关键是要采取一定的技巧及策略。

理论应用

辟谣中用到的时间-信息理论应用

某地出现了一个谣言，说当地出现了一个专门拐卖小孩的犯罪团伙。这个谣言在该地闹得人心惶惶，于是家长不得不对小孩外出加强看管。这个时候当地政府应不应该站出来对此事做一个辟谣式解释呢？类似的案例有很多。

用时间-信息理论处理：这个时候当地政府应该站出来对此事做一个辟谣式解释。“当地出现了一个专门拐卖小孩的犯罪团伙”是一条负面信息，当地政府站出来对此事做一个辟谣式解释是一条双性信息，但它是一条正双性信息。因为若政府站出来做一个辟谣式解释，多数人都会相信，最终会产生正面影响：多数人不会再相信这个谣言，因此就会解除心理负担。

这样处理与非对称信息理论是相同的：加大信息量，使信息对称，让谣言不攻自破。

理论应用

中国谚语“宁可信其有，不可信其无”的信息原理分析

用时间-信息理论分析，这句谚语的意思是：对于社会上流传的一些不好的、不利的信息，宁愿相信它存在，也不要相信它不存在。

这句谚语包含的信息原则的原理也提醒人们对负面信息要慎重处理。对负面信息特别是恶意信息的处理（解释、否定、辩解）实质是一条双性信息，处理得不好就可能成为一条负双性信息，结果反而会造成更大的负面影响。因为对这些负面信息很多人都可能持“宁可信其有，不可信其无”的态度，而不会相信对负面信息的解释、否定、辩解。另外，对一些恶意信息的处理（解释、否定、辩解）还存在双性信息恶意心理反应，它的影响也是负面的。

“宁可信其有，不可信其无”其实也是对负面信息特别是恶意信息采取低调处理的理论基础。因此，对某些负面信息，不应根据对非对称信息理论的错误理解去处理，

比如尽量多发布透明信息，扩大信息量。

理论应用

政界的时间-信息理论应用

在国外政界，有些政治人物会故意编造竞争对手的桃色绯闻来诋毁对手。如何利用本章介绍的理论来处理这类事件？

用时间-信息理论分析：在政界，一些政治人物经常故意编造竞争对手的桃色绯闻来诋毁对手，这些桃色绯闻经常在私下流传，成为人们茶余饭后的话题，这会对牵涉其中的政治人物造成很不好的影响。

用非对称信息理论分析：应尽量多发布透明信息，扩大信息量，以做到信息对称，但针对这些私下流传的桃色绯闻在媒介上大张旗鼓地声明，结果会适得其反。在绝大多数情况下，对这种桃色绯闻的解释、否定、辩解肯定是负双性信息，因为新闻界及普通人往往更愿意相信谣传的事是真的。因此，只能用时间-信息理论来分析，即采用冷处理或其他技巧处理。除非万不得已，才在媒介上大张旗鼓地解释、否定、辩解。

理论应用

“此地无银三百两，隔壁王二不曾偷”的策划信息理论分析

“此地无银三百两，隔壁王二不曾偷”是中国的民间故事，说的是古代有个人把银子埋在地里，上面写了一张字条：“此地无银三百两。”邻居王二看见字条，把银子偷走了，也写了一张字条：“隔壁王二不曾偷。”这个成语故事比喻的是：打出的幌子正好暴露了所要掩饰的内容。

我们用策划信息理论来分析这个故事的信息原理。字条上的话“此地无银三百两”显然是一条负双性信息，它产生的影响显然是负面的。人们看见字条后，反而会认为此地有“三百两银子”。邻居王二看见字条，把银子偷走了，也写了一张字条：“隔壁王二不曾偷。”这同样是一条负双性信息，人们看见字条后，显然就会认为是王二偷的银子。

我们可以用策划信息理论来总结这个故事所包含的信息原理：解释、否定、辩解的信息都是双性信息，所以一定要慎重处理。对一些信息不一定要进行解释、否定、辩解，如果进行解释、否定、辩解，反而会产生更大的负面影响。

理论应用

紧急场面的时间-信息理论应用

在现实生活中，人们有时会面临这样的紧急场面：由于各种原因，有的人不能面对生活的挫折，乃至采取过激行为，站到高楼上要跳楼结束生命。这时就需要采取紧急措施，除了采取一些安全措施，比如在地上迅速铺设一些急救设备外，还会采取劝导手段，这时的劝导话语就非常关键。在这种紧急时刻，劝导者能不能用喇叭对其大喊“不要跳楼”之类的话呢？

用时间-信息理论分析：在这种紧急时刻，劝导者显然不能对其说“不要跳楼”这类话，因为在这种环境下，这类话显然是负双性信息，即很可能会产生反作用，这种时刻最好说一些轻松的话题（具体说哪些话题最合适，不是本学科研究的范畴）。

理论应用

体育比赛中的时间-信息理论应用

在体育比赛中，特别是临比赛前，运动员一般都会比较紧张，特别是新手和心理素质较差的运动员在这一点上表现更加突出。这时教练或其他工作人员往往会对运动员说一些安慰的话，以让其放松。这时候安慰者能不能说“不要紧张”“紧张什么呢”之类的话？

用时间-信息理论分析：这种时候教练或其他工作人员最好不要对运动员说“不要紧张”“紧张什么呢”这类话，因为在这种时候、这种环境下，这类话更多地是一种负双性信息，它不但不能安抚运动员的心理，反而可能加剧运动员的紧张心理。

理论应用

生活中的时间-信息理论应用

安慰朋友时的时间-信息理论应用

当你的朋友遇到重大事故，如亲人去世或患重病，悲痛欲绝或失声痛哭时，你应如何用话语安慰你的朋友呢？在这种场景中，你能不能说“你不要哭”之类的话呢？

用时间-信息理论分析：在这种场景中，你安慰朋友时最好不要说“你不要哭”之类的话，因为这类话在此场景中更多地是一种负双性信息，它会加重你的朋友的伤心程度。在这种场景中，你安慰朋友的最好办法是保持沉默，抱着他/她，让他/她去痛哭。

理发修面时的时间-信息理论应用

想想当你遇到如下情况时怎样处理：你躺在椅子上，正闭目等待理发师给你修面。刚开始时，你感觉给你修面的理发师似乎有点紧张，你有点怀疑他是个新手，而这时理发店里又没有空闲的人，或者你只是怀疑他是个新手，不好提出换人，这时你该怎么办呢？这时你能不能说类似“你是不是个新手哟！”“你不要紧张啊！”“你不要把我脸刮出口子啊！”之类的话呢？

用时间-信息理论分析：这时你最好不要说“你是不是个新手哟！”“你不要紧张啊！”“你不要把我脸刮出口子啊！”这类话，因为这种时候你说的这类话显然是负双性信息，反而会加剧理发师的紧张情绪，结果就可能真的把你的脸刮出一个口子来。在这种时候，你最好保持沉默或说点其他的轻松话题。

（笔者就有过这种真实的体验，我去修面时感觉有点不舒服，就对理发师说：“你是不是个新手哟！”他回答：“不是，你放心嘛！”我又说：“你不要紧张啊！你不要把我的脸刮出口子啊！”他回答：“不会的。”经过我们这番对话后，我发觉他的手明显更紧张了，结果脸真的被刮出两个小口子，只好中途换了个师傅。）

（四）总结

根据前面分析的时间-信息图解可知，在处理负面信息和双性信息时，一定要慎重。对于双性信息要详细分析它的两面性：它在产生正面影响的同时也产生了负面影响。对于负面信息的解释、否定、辩解是双性信息，并不是每个人都会相信这种对负面信息的解释、否定、辩解，有一些人就喜欢逆向思考、逆向行动，所以你的解释、否定、辩解并不一定就能产生正面影响，相反还可能扩大负面影响，也就是对负面信息的解释、否定、辩解反而起了反作用。此外，在双性信息中，还存在一个双性信息恶意心理反应原理，它产生的也是负面影响，并且双性信息恶意心理反应还有长远影响，这些都是必须考虑的。

特别是对于某些企业或产品来说，有时不会处理负面信息，只会一味对负面信息进行解释、否定、辩解，结果导致一条原本影响很小的负面信息，反而影响企业声誉，最后甚至将一个企业或产品置于死地。这在现实的经济运行中时有发生，我们可以列举出很多案例，这就是以前没有对此理论进行研究和了解的结果。

自从非对称信息理论成为现代信息经济学的核心以来，信息经济学就被广泛应用于经济学的各个领域，本章的探讨算是对信息经济学的发展，使信息经济学可以被应用于实际市场及生活中。

从本章的研究可知，如果没有正确的理论作为指导，对一些信息的处理就可能事与愿违。市场中也存在人们对非对称信息理论的一些错误理解、应用，只有用时间-信息理论才能很好地处理这些信息。

第二节　有效信息及策划信息原则Ⅱ

（一）有效信息

对有效信息（effective information）的研究非常有意义，现在的信息时代给经济带来的影响是革命性的、划时代的，而有效信息对这些改变起着非常重要的作用。

目前出版的有关有效信息的书或发表的有关有效信息的论文，大多数都是从网络或计算机角度进行研究的。比如，皮尔切（H. C. Purchase）从可视化（visualisation）角度对有效信息进行了研究①，阿瑟瑞娅（Athreya）等从算法信息论（algorithmic information）角度对有效信息进行了研究②，但从经济管理学角度研究有效信息的比较

① H. C. Purchase. “Effective Information Visualisation: A Study of Graph Drawing Aesthetics and Algorithms.” *Interacting with Computers*, 13 (2000): 147 - 162.

② Krishna B. Athreya, John M. Hitchcock, Jack H. Lutz, and Elvira Mayordomo. “Effective Strong Dimension in Algorithmic Information and Computational Complexity.” *SIAM Journal on Computing*, 3 (2007): 671 - 705.

少。近年来，信息技术管理已经成为商界和其他领域的一个核心问题。[①]

一方面，人们正是通过有效信息来改变自己的消费、购买行为；另一方面，商家也是通过有效信息来改变商品的生产、销售模式。这样就形成了与传统经济不同的运作方式，而且这种改变正在影响着未来的经济市场运行模式。一些全新的运作模式将诞生，一些传统的运作模式将会受到冲击乃至被淘汰。

有效信息的变化将使未来物流、商品流通路径发生更大的革命，从而影响经济的很多方面。

现在很多人在购买商品时，不论是大件商品，包括房子、汽车、洗衣机等，还是小件商品，包括洗衣粉、洗发精、内衣等，都有可能要上网先去了解一下商品信息，包括生产厂家、价格、性能、同类产品，特别是对于大件商品和第一次购买的商品，一般都是先上网查询一下这些商品的信息，然后再去购买或在网上购买。特别是在网上购买商品时，收集、了解这些商品的详细信息，是购买者必须走的一道程序。而在过去信息不发达和缺少网络的时代，人们在购物前很难获得关于所要购买的商品的信息。

在网络时代及信息高度发达时代，在很大程度上是信息在左右消费者的购买行为，特别是有的行业（比如旅游业）消费，与过去相比更是有很大区别。人们去风景区前，一般要先上网了解这个风景区的详细信息，包括吃、住、行，景区有哪些景点，然后再根据自己的经济情况来安排消费，从而最大限度地获得舒适感或实现节约。有人甚至把这些详细信息整理出来，作为攻略放在网上供其他人参考。信息在很大程度上决定了消费者的行为。

理论应用

搜索引擎带来的经济领域的信息革命

——能在海量的信息中，瞬间找到“有效信息”

网络搜索引擎就是“有效信息”利用的实例。

网络搜索引擎又称网络检索引擎，它是网站建设中针对用户使用网站的便利性所提供的必要功能，同时也是研究网站用户行为的一个有效工具。

网络搜索引擎是一些在web中主动搜索信息并将其自动索引的web网点，广义上是指一种基于互联网的信息查询系统，包括信息存取、信息管理和信息检索；狭义上是指一种为搜索互联网上的网页而设计的检索软件，其索引内容存储于可供查询的大型数据库中。

高效的站内检索可以让用户快速准确地找到目标信息——“有效信息”。生产商能够借助搜索引擎更有效地促进产品生产、销售、服务，而且通过对网站访问者搜索行为的深度分析，生产商能够进一步制定更为有效的网络营销策略，它完全有别于传统的生产和销售模式。对于个人来说，搜索引擎能够让个人在很短时间内找到对自己有用的信息，使得个人更了解商品的性能，然后针对自己的情况，找到更适合和满意的

---

① Syaiful Ali. “Effective Information Technology Governance Mechanisms.” *Gadjah Mada International Journal of Business*, 1 (2006): 69 - 102.

商品。

信息化建设浪潮催生了大量的信息资源。据统计，企业数据每年以200%的速度增长，其中90%甚至100%的数据以文件、邮件、图片等非结构化数据的形式存放在企业内计算机系统的各个角落。整合企业信息资源，构建企业搜索引擎，为组织内外部用户提供检索和个性化信息服务，已经成为企业信息化的一大热点。

网络搜索引擎速度快，从上亿个网页数据库中搜索，只需零点零几秒就能返回结果。

信息形式多，包含成千上万种信息样式。

传递速度快，比传统信息的传递要快成十上百倍，而且信息传递准确。网络搜索引擎能够在成千上万条信息中准确找到需要的信息。

网络搜索引擎谷歌等的诞生与广泛运用，既是对有效信息理论的支撑，同时也是对有效信息理论的运用。

随着新的信息环境和网络时代的到来，让人们苦恼的是，一方面，信息浩如烟海，每天能收到数以万计的信息；另一方面，有效信息不足。企业界人士更是备受此困扰，他们在经营决策过程中往往缺少高质量的信息服务作为决策依据，对有效信息的捕捉更是困难重重。真正把握市场脉搏，掌握有效信息成为企业发展的关键。

信息数量的剧增甚至让人感到无所适从，同时信息污染和虚假信息也困扰着人们。互联网上的信息繁杂多样，每天发布的信息数以万计，个人或企业集团面对新的信息环境，却很难寻找到所需的有效信息。

信息的真伪是由多方面原因造成的，即使是有效信息，在传递过程中也有可能变异和受到污染。有的错误信息则是人为因素造成的，这些虚假信息显然都不能反映事物发展的客观真实性。有时当接触到一些新信息时，囿于技术条件的限制，往往很难即刻辨认出它们的真伪。

为了避免因信息的误导而导致决策失误，受众在进行信息处理时很有必要保持警觉，在接收到信息时，必须进行甄别、校验和分析，并将概率考虑在内，以免决策失误。

究竟什么是有效信息，我们下面再来深入探讨。通过对有效信息理论的研究，才能更好地适应未来信息技术带来的挑战及找到应对信息技术的策略。

如果把信息的发布方作为市场供给，那么信息的接收方就是市场需求。

我们把信息的接收者简称为受众。

有效信息是指受众有需求的信息或能满足受众需求的信息。

有效信息其实包含两方面的含义。

（1）有效信息的第一种含义，是对信息需求方来说的。

设信息供给方提供的信息总量为x，有效信息用y表示，无效信息用w表示，则有：$x-y=w$。信息受众需求的有效信息率（即有效信息占总信息量的比例）$p=\frac{y}{x}$。

不同类信息：按信息提供方制定的信息分类标准给信息所做的分类。

信息提供方提供的总信息为x，提供的不同类信息集的信息量用$x_1,x_2,\cdots,x_n$表示，则有 $x = x_1 + x_2 + \cdots + x_n$ 。假设不同类信息中有效信息的信息量用 $y_1, y_2, \cdots, y_n$ 表示，则每类信息的有效信息率分别为 $\frac{y_1}{x_1}, \frac{y_2}{x_2}, \cdots, \frac{y_n}{x_n}$ 。受众人数用 S 表示，个体受众的有效信息量用 $y = y_1 + y_2 + \cdots + y_n$ 表示。

则 S_1 的需求量为：

$$\left(\frac{y_{11}}{x_{11}} \cdot \frac{x_1}{x} + \frac{y_{12}}{x_{12}} \cdot \frac{x_2}{x} + \cdots + \frac{y_{1n}}{x_{1n}} \cdot \frac{x_n}{x}\right) \cdot x = \frac{y_{11}}{x_{11}} \cdot x_1 + \frac{y_{12}}{x_{12}} \cdot x_2 + \cdots + \frac{y_{1n}}{x_{1n}} \cdot x_n$$

其中，$x_{1i}(i = 1, 2, \cdots, n)$ 和 $y_{1i}(i = 1, 2, \cdots, n)$ 分别是信息受众为 S_1 时累积的各类信息的量和有效信息的量，这并不等于各类信息量或有效信息量的加总。

S_2 的需求量为：

$$\left(\frac{y_{21}}{x_{21}} \cdot \frac{x_1}{x} + \frac{y_{22}}{x_{22}} \cdot \frac{x_2}{x} + \cdots + \frac{y_{2n}}{x_{2n}} \cdot \frac{x_n}{x}\right) \cdot x = \frac{y_{21}}{x_{21}} \cdot x_1 + \frac{y_{22}}{x_{22}} \cdot x_2 + \cdots + \frac{y_{2n}}{x_{2n}} \cdot x_n$$

S_3 的需求量为：

$$\left(\frac{y_{31}}{x_{31}} \cdot \frac{x_1}{x} + \frac{y_{32}}{x_{32}} \cdot \frac{x_2}{x} + \cdots + \frac{y_{3n}}{x_{3n}} \cdot \frac{x_n}{x}\right) \cdot x = \frac{y_{31}}{x_{31}} \cdot x_1 + \frac{y_{32}}{x_{32}} \cdot x_2 + \cdots + \frac{y_{3n}}{x_{3n}} \cdot x_n$$

S_n 的需求量为：

$$\left(\frac{y_{n1}}{x_{n1}} \cdot \frac{x_1}{x} + \frac{y_{n2}}{x_{n2}} \cdot \frac{x_2}{x} + \cdots + \frac{y_{nn}}{x_{nn}} \cdot \frac{x_n}{x}\right) \cdot x = \frac{y_{n1}}{x_{n1}} \cdot x_1 + \frac{y_{n2}}{x_{n2}} \cdot x_2 + \cdots + \frac{y_{nn}}{x_{nn}} \cdot x_n$$

将受众人数看作向量 $(S_1\ S_2 \cdots S_n)$ ，将各类信息量看作向量 $(x_1, x_2, \cdots, x_n)$ ，则有以下关系：

$$(S_1\ S_2 \cdots S_n) = \begin{pmatrix} \frac{y_{11}}{x_{11}} & \frac{y_{12}}{x_{12}} & \cdots & \frac{y_{1n}}{x_{1n}} \\ \frac{y_{21}}{x_{21}} & \frac{y_{22}}{x_{22}} & \cdots & \frac{y_{2n}}{x_{2n}} \\ \vdots & \vdots & \ddots & \vdots \\ \frac{y_{n1}}{x_{n1}} & \frac{y_{n2}}{x_{n1}} & \cdots & \frac{y_{nn}}{x_{nn}} \end{pmatrix} \cdot (x_1\ x_2 \cdots x_n)'$$

可根据此关系求出各受众人数对有效信息的需求量。最满意的情况即为：$px = y_1 + y_2 + \cdots + y_n$ 。

这里有效信息、无效信息是对信息需求方来说的，已经假设了信息需求方是固定的。如果信息需求方发生了改变，那么原来的有效信息、无效信息就可能发生变化，有效信息可能变成无效信息，而无效信息可能变成有效信息。

这里的有效信息、无效信息并不是指信息本身决定了其有效性和无效性，而是指相对不同的受众来说信息是有效的还是无效的。

比如，一份以青少年为主题的报纸上的很多信息对青少年来说都是有效的，而对老年人来说则是无效的，但并不能说这份报纸本身的信息是无效信息，而要看这是对谁而言的。

如果信息供给方只是面对一个单一的受众需求，那么供给方非常容易把握有效信息和无效信息的关系，做到尽量向需求方提供有效信息。但绝大多数时候，供给方面对的受众不是单一的，而是很多，在提供信息的介质有限、固定的情况下，供给方该如何面对众多受众，并根据受众的特点，满足他们的需求，为他们提供有效信息，就是一个非常复杂的工程。供给方需要根据实际情况进行计算及全面把握。

比如，一份报纸若只有一个读者，那么除了他/她一人需求的信息外，其他信息都是无效信息。而报纸不是给一个读者阅读的，还有其他读者，这些读者又有各自的特点，对信息的需求往往不一样，所以问题就会更复杂。

作为信息供给方，首先要考虑信息的目标受众，在提供信息的介质有限、不变的情况下，尽量根据受众的特点，向目标受众提供更多更优质的信息。

在第一种含义下：受众被动地匹配信息的过程见图 6－19 和图 6－20。

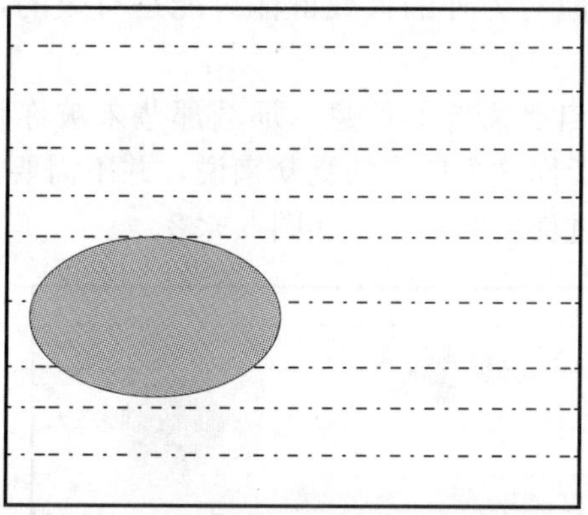

图 6－19　某证券咨询公司提供给某客户的信息及该客户需求的信息

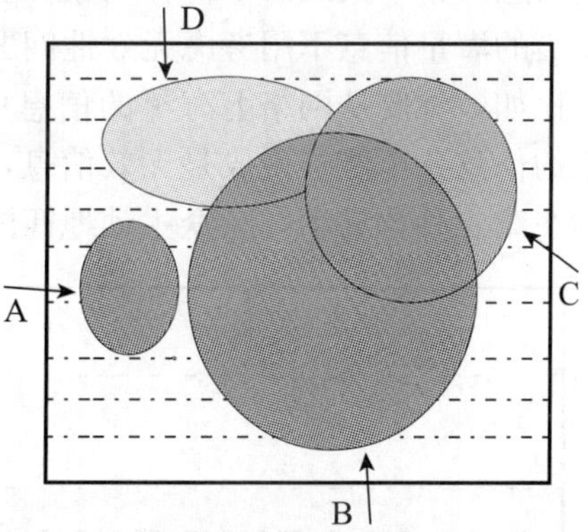

图 6－20　某报纸提供给某些客户的信息及四个读者需求的信息

图 6－19 中方框部分表示某证券咨询公司提供给某客户的信息，而椭圆部分表示这个客户需求的信息，也就是有效信息，其他信息对这个客户而言就是无效信息。

图 6－20 中方框部分表示某报纸提供给某些客户的信息。椭圆部分表示四个读者需求的信息，这些信息对这些读者就是有效信息，其中有三个读者需求的信息还有重合部分。对每个读者而言，除了椭圆部分是自己的有效信息外，其余部分对自己都是无效信息。但作为信息供给方的报社，则要考虑更多的受众——读者，尽力为更多读者提供更多的有效信息。

供给方提供的信息是有效信息还是无效信息除了与受众的喜好等有关外，还与供给方提供的信息的质量有关。

比如，一条同样的信息，对 A 来说是有效信息，但对 B 来说是无效信息；假如供给方提供的信息质量很低，那当然不能吸引受众，即便信息总量大，也还是无效信息。

随着经济竞争的加剧，越来越多的人开始注意到，在强调信息量的同时，努力提高信息的有效性（也就是信息的质量）正成为新一轮竞争的制胜法宝。

如果说追求信息的量是一种必不可少的、带有粗放色彩的竞争，那么追求信息的质则是一种必然和趋势，是经济更加成熟的体现和标志。

互联网每天向我们提供大量的信息。如何从大量的信息中选取对受众更有效的内容，是各种媒介必须面对的一个新课题。

因此，光强调有一定的信息量还不行，还要把信息的有效性放到应有的位置，给予充分的重视。如今，获得信息的渠道已经从传统媒介拓展到了互联网，大部分人获得信息的渠道已不仅仅局限于传统的报纸、广播、电视、杂志。电子传媒时代已经到来，网络传播的快捷、信息的海量、形式的丰富、搜索的便利、服务的个性化、思想的互动性等特点，使得网络与传统媒体相比，具备先天的优势。

(2) 有效信息的第二种含义，是指信息受众从海量的信息中找到对自己有用的信息。

这里的有效信息就不是相对概念，没有与之相对的无效信息，因为产生的海量信息一般都会找到与之对应的受众，即每一条供给信息最终至少会对应一条需求信息。有些信息对某个人或某个群体可能是无效的，但对另外的人或群体可能是有效的，所以供给的海量信息不用考虑无效性问题。

比如，你要从网络上海量的信息中搜索到自己需要的信息，那么那些未被你筛选出来的信息并不能被说成是无效信息，只是对于你这个单一的受众来说，并不需要。

在第二种含义下，受众主动地匹配信息的过程见图 6－21 和图 6－22。

图 6－21　网站提供的信息

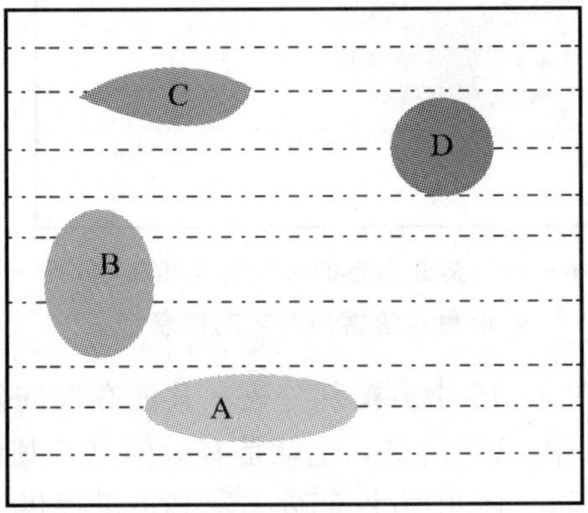

图 6－22　对某个受众来说的有效信息

图 6－21 表示网站提供的信息。

图 6－22 表示某个受众在这个网站搜索到的自己需求的信息即有效信息。图中 A、B、C、D 的阴影部分表示对这个受众来说的有效信息。

如果信息供给方面对的是不固定的受众群体，而提供信息的介质是有限的，供给方不能无限量地供给信息，那么事先假定自己的信息目标受众也是非常重要的。互联网先假定信息目标受众，然后根据这些受众的需求提供信息，利用的就是此原理。比如交友网站、购物网站、学术网站、新闻网站等就是针对自己假定的目标受众来提供信息的，以便这些受众根据自己的需求找到最有效的信息。

网络搜索引擎能让人们在非常短的时间内找到自己需求的有效信息，这就是对有效信息的应用。搜索引擎的诞生改变了传统经济的很多运行模式，广告的运行模式就因此发生了很大的改变，而且这种改变还在深入。

在 21 世纪的信息经济时代，许多国家为了在国际竞争环境中保持经济上的优势地位，都在寻找有效的途径来发展信息产业与信息技术。信息化是指利用信息技术对传统产业的改造及对信息资源的开发利用，国民经济信息化程度是衡量一个国家现代化水平和综合国力的标志。

信息技术以计算机、通信与自动化技术作为主要支撑技术。互联网为经济信息的开发与利用提供了强有力的支持手段。在若干信息技术中，新时代的企业管理者应当首先掌握互联网应用技术。

企业应该为各部门培养相关的信息人员，这些信息人员专门从事网上信息研究，或针对本企业的决策、管理、技术改造、产品营销、用户信息反馈等建立起独立的数据库；或利用搜索引擎，对网上的各种信息资源进行收集、加工、标引和检索，提供相关的信息资源网址。另外，一些比较专业的学术信息难以在搜索引擎的分类体系中体现出来（要查找这些信息，可利用关键词），而这些信息是技术创新、科技开发的有效信息来源，是企业开发新产品、寻找新合作项目的重要途径。

利用互联网开放、互动、聚合信息的功能和系统整合服务的方式，可以创立技术交流、风险投资、项目合作等庞大信息流与服务流体系，提供技术与资本对接的有效信息。

理论应用

有效信息在刑事学中的应用

从刑事学的角度出发，当犯罪嫌疑人绑架了某人，而被绑架者在有机会呼救的时候，应该向路人尽量传递有效信息。

一般情况下，被绑架者会向路人呼喊"救命"之类的话，但这种呼救在现实中会被很多人误以为是开玩笑而无法引起重视，这样就会错过或减少被救的机会。如果被绑架者向路人呼喊时能够传递更多有效信息，那么被路人重视然后获救的机会就会增加。比如，当某人被抢劫时，就应该先呼喊"有人抢劫"，再喊"救命"，这样传递的信息更有效。

理论应用

有效信息在求职中的应用

求职者都需要收集和利用招聘信息，虽然如今各类媒体上的人才招聘信息铺天盖地，但其中有不少是无用的。因此，求职者必须对大量的招聘信息进行筛选，择其有效信息报名应聘，以取得求职的成功。

求职者在对招聘信息进行筛选时，应注意选择保留以下几种招聘信息：

一是真实有效的招聘信息。这类招聘信息一般都是经劳动、人事部门核准，人才市场电子信息屏、招聘信息橱窗公开发布，或者是在正规报刊、广播、电视、网站等媒体发布的。收集时应注意其是否公布了具体的招聘日期，确保在招聘时效内应聘。

二是与自己条件对口或相近的招聘信息。真实有效的信息虽然很多，但不一定都对自己求职有用。例如，某用人单位要招一名本科以上学历、具有3年工作经验的财会人才，那么这个岗位对一个应届的财会专业的大专毕业生来说就不太合适。选择与自己的条件一致或相近的职位应聘，成功的概率更大。

【电子资料6-1】

农民工闹"缺"奔向珠三角，找工作就是拼信息三是招聘人数较多的招聘信息。有的用人单位发布的招聘信息，只招录一两个人，特别是有的单位名义上招一两个人，实际上在公开招聘之前早已名花有主，应聘者对这种情况应进行鉴别并予以回避。为提高求职的成功率，求职者应选择招聘人数较多的用人单位，提高求职成功的概率。

四是选择有利于自己发展的招聘信息。对于一些夕阳产业，尤其是在中国加入世界贸易组织后，一些受冲击较大的行业的用人单位发布的招聘信息，应谨慎对待，不宜轻易应聘。因为在应聘就业后，由于行业发展受到限制，很可能会对自己的前途不利。而一些属于新经济领域的新材料、新能源、生物工程和电子通信以及软件、芯片、多媒体、网络信息技术产业的用人单位，正处于成长发展期，前景向好，对这类用人单位发布的招聘信息，应予以特别重视，积极报名应聘。

理论应用

有效信息对媒体传播的影响

在信息化社会，随着消费者需求的日趋差异化、多元化和个性化，新媒体也不断产生。如今，媒体传播已由大众时代迈向分众时代和个人化传播时代。新的技术手段、新的传媒思维日益受到重视。信息时代所带来的更多互动式、参与式、体验式、个人化的传播形式开始流行，后大众传媒时代的新媒体经济时代正在到来。

【电子资料 6-2】

销售中如何获得客户有效信息

何谓有效传播？即通过新闻节目传播给受众的是有效信息。有效信息的含义有二：一是新闻或新闻节目所反映的客观事实本身具有信息价值；二是新闻报道所提供的信息能够被受众确切理解。也就是说，新闻节目传播的信息不仅要让受众入眼、入耳，还要让他们入脑、入心，并影响他们的思想和行动。笔者认为，根据现代新闻观念取舍和处理新闻，在扩大信息量的同时提高信息质量，使信息量和信息质量有机地统一起来，着眼于提升信息丰度，也许是通往有效传播，进而使新闻节目得到优化的一条途径。①

21 世纪是新媒体的世纪，新媒体与传统媒体最大的区别在于传播状态的改变：由一点对多点变为多点对多点。传统媒体是编辑决定报道主题，记者收集事实，然后包装成新闻，以一张报纸或一档节目的形式传播给受众，一般人因为身份、经济和技术的原因，是很难向大众传播信息的。与之相反，通过互联网、手机短信等新媒体方式，任何人都可以经济而便捷地通过众多形式向他人传播信息。新媒体使大众传播的状态和大众传媒的业态发生了并且还在发生着深刻的变化。在《未来之路》一书中，比尔·盖茨特别强调并推崇数字技术。他说，“数字储存的文件包括照片、音频、视频、动画和这几种要素的互动结合”，“所有的信息用数字形式来储存，文件很容易被查询、存储和在高速公路上传输”。新媒体时代的一大显著特征就是人们可以通过户外媒体和网络媒体迅速成名。②

---

① 方毅华. 有效传播论. 现代传播，2001 (3).

② 花晓松. 新媒体时代的整合传播. 市场现代化，2007 (29)：136 - 137.

信息时代的诞生使得人们千百年来被限制和压抑的创造力得以复生。各式各样的网站、博客、播客、BBS成为越来越多人互动交流的平台。网络上无障碍的复制和转发能让信息快速地传播开来。

新媒体的崛起已经把消费者传统消费过程中的“AIDMA”法则变成了“AISAS”法则，即 Attention（注意）、Interest（兴趣）、Search（搜集）、Action（行动）和 Share（分享）。在新媒体时代，消费者对信息的注意从被动的接收逐渐转变成主动的搜索和分享，充分展示了网络传播的力量。

从无限多的信息中搜索到有效信息对受众是非常关键的。在无限多的广告信息中，消费者无法或很难看到企业要传播的信息。于是，广告传播也越来越注重细分，分众传播时代已经来临。分众传播的特点就是对特定用户传播特定信息，好处是可以提升信息利用率，提高广告传播的效果。分众传播能取得成功就是源于一点：它解决了信息时代真正稀缺的资源——注意力。

（二）策划信息原则Ⅱ

策划信息原则Ⅱ：当信息总量很大，而单一信息集的信息量非常小或单一信息集中有效信息量较小时，单一信息集对用户的影响非常小。

设信息供给方提供的信息总量为 x，有效信息为 y，则信息受众需求的有效信息率（即有效信息占信息总量的比例）$p=\frac{y}{x}$。有效信息率代表受众采纳信息的多少，即它反映了信息对用户的影响程度。p 越大，影响程度越大；p 越小，影响程度越小。

将信息总量分为不同的类，不同类的信息集的信息量用 $x_1,x_2,\cdots,x_n$ 表示，不同类的信息集中有效信息的信息量用 $y_1,y_2,\cdots,y_n$ 表示，则 $p=\frac{y_1}{x_1}\cdot\frac{x_1}{x}+\frac{y_2}{x_2}\cdot\frac{x_2}{x}+\cdots+\frac{y_n}{x_n}\cdot\frac{x_n}{x}$。

有效信息率是受 $x_i(i=1,2,\cdots,n)$ 影响的，且与 $x_i(i=1,2,\cdots,n)$ 成正比，即单一信息集的信息量越小，p 越小。

上式可化简为：

$$p=\frac{y_1}{x}+\frac{y_2}{x}+\cdots+\frac{y_n}{x}=\frac{y_1+y_2+\cdots+y_n}{x}$$

即，有效信息率还受 x 影响，且与 x 成反比。也就是说，信息总量越大，p 越小。从上式还可以看出，有效信息率受 $y_i(i=1,2,\cdots,n)$ 影响，且与 $y_i(i=1,2,\cdots,n)$ 成正比。即单一信息集中有效信息的信息量越小，p 越小。

综合三者，即为策划信息原则Ⅱ。

信息对个人、集体（公司、机构、团体）、商品等对象的影响分为几种情况：正面影响极大、正面影响大、有正面影响、正面影响非常小、无影响、负面影响非常小、有负面影响、负面影响大、负面影响极大。

有影响：对影响可用与人最紧密相关的两个指标（收入和精神状态）来量化反映，

或用与物最紧密相关的两个指标（销售状况和美誉度）来量化反映，称为影响指数。设正常状态下这两项指标的影响指数为 0，最大影响指数为 100，影响指数以 1 或－1 为单位计数（见图 6－23）。

无影响：指信息对个人、集体（公司、机构、团体）、商品等对象不造成影响，即影响指数为 0，见图 6－23 中的 E 点。

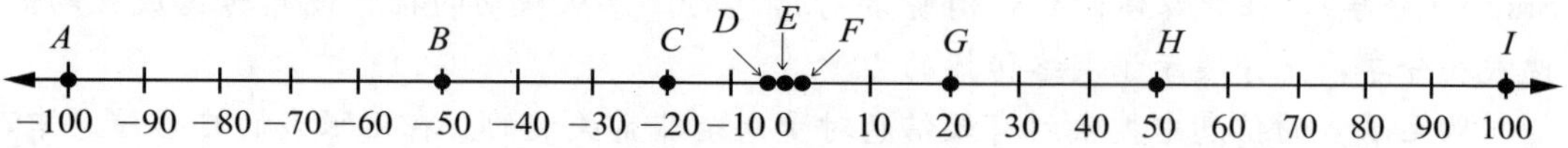

图 6－23　影响指数

影响非常小：指信息对个人、集体（公司、机构、团体）、商品等对象造成的影响较小，影响指数为＋2 或－2（正面影响非常小的情况下影响指数为＋2，见图 6－23 中的 F 点；负面影响非常小的情况下影响指数为－2，见图 6－23 中的 D 点）。

有影响：指信息对个人、集体（公司、机构、团体）、商品等对象造成一定的影响，影响指数为＋20 或－20（有正面影响的情况下影响指数为＋20，见图 6－23 中的 G 点；有负面影响的情况下影响指数为－20，见图 6－23 中的 C 点）。

影响大：指信息对个人、集体（公司、机构、团体）、商品等对象造成的影响较大，影响指数为＋50 或－50（正面影响大的情况下影响指数为＋50，见图 6－23 中的 H 点；负面影响大的情况下影响指数为－50，见图 6－23 中的 B 点）。

影响极大：指信息对个人、集体（公司、机构、团体）、商品等对象造成的影响极大，影响指数为＋100 或－100（正面影响极大的情况下影响指数为＋100，见图 6－23 中的 I 点；负面影响极大的情况下影响指数为－100，见图 6－23 中的 A 点）。

这些非常具体的指数可能不能准确地量化反映实际的信息变化状况，笔者这里只是想用这些非常具体的指数来大致说明现实中的信息变化状况。现实中信息确实存在如上述讨论的变化状况，只不过要用非常具体的准确数字来反映，则较难把握，上述模型研究只是为了让人们知道现实中存在这种信息变化状况。

上述只是从信息造成的影响这一角度进行的讨论。

例如，企业做广告的目的就是增加信息量，并且提升正面影响指数，但有时花钱做广告后，影响非常小，并没有达到想要的效果，商品的销售并没有因为花钱做了广告而扩大。因此，广告的信息量要达到一定水平才会产生影响。

理论应用

信息对人的生活的影响

举一个现实中的例子，A 老师有一天上课迟到了，几个同学在私下议论这件事。（这条消息对这个老师无影响。）

A 老师上课迟到了两次，系里的老师在私下议论这件事。系主任也听说了这件事，于是对他进行了口头批评。（这几条消息对这个老师的影响非常小。）

A 老师上课迟到了三次，班里的一些学生把这件事发到了学院网站的论坛上，院里领导看到了这几条信息，于是扣掉了 A 老师一个月的奖金。A 老师为此心里非常不高兴。（这几条消息对这个老师有影响。）

A老师上课迟到了五次并且上课抽烟，班里的很多学生把这件事发到了学校网站的论坛上，学校教务处的领导看到了这些信息。于是，A老师被扣掉了几个月的奖金，今年评职称的事也被暂停。为此A老师非常郁闷。（这些信息对这个老师的影响大。）

A老师上课迟到了十次并且上课抽烟，还说脏话辱骂学生，班里的很多学生把这件事发到了学校网站的论坛上，并发到了校长信箱里。校长看到了这些信息，开除了A老师。A老师没有了工作，精神受到了严重打击。（这些信息对A老师的影响极大，到了恶劣程度。）

理论应用

心胸开阔的人不理会一些闲言（谣言）是正确的

有一项研究很有趣，它得出的结论是：心胸开阔的人对一些不影响自己生活的负面信息采取无所谓的态度这种做法是正确的。

因为闲言（谣言）一般是负面信息，正如前面的理论已经分析的，对这些负面信息做出的解释、回应、辩解都是双性信息，还有可能是负双性信息，结果反而会产生更大的负面影响。

心胸开阔的人不理会一些闲言（谣言），最后闲言（谣言）在多数情况下影响非常小，过一段时间就慢慢淡化了。

心胸狭隘的人一听到有关自己的负面信息，就大动肝火去解释、回应、辩解，这样做是要付出“信息经济成本”的。

心胸开阔，不去理会这些闲言（谣言），“清者自清”，从策划经济学的原理分析，也是节约“信息经济成本”的。

信息的影响还与信息本身的内容影响力、信息传播媒介的影响力有很大关系。

比如，一般来说，一条内容比较中性的信息，没有一条内容偏激的信息带来的负面影响大。在各种网络论坛上的自由发言，当然没有在发行量很大的报纸上的新闻影响大。

这些因素都与信息的影响紧密相关，要研究这些因素对信息的影响是非常复杂的。

理论应用

网上的谣言对个人的攻击与时间-信息理论应用

如今很多人在网站上散播谣言对别人进行攻击。面对这种情况，很多被攻击者采取辟谣，比如举行新闻发布会的方式来反驳，结果反而扩大了负面影响。

用时间-信息理论分析：这种处理方式很多时候往往是得不偿失的，因为辟谣信息是双性信息，很多时候甚至是负双性信息，其结果反而扩大了负面影响。

理论应用

有必要花钱删除网上的负面信息吗？

目前出现了很多职业删帖公司，请看这些职业删帖公司的广告语：“网络可能在一夜之间为一家企业打造一个天堂，但是更多的案例表明，地狱要比天堂更容易打造。

在网上，企业负面信息的传播要比正面信息的传播快得多！网络上的负面信息很可能一发而不可收拾，所以清除负面信息和负面报道刻不容缓！”

如果在网络搜索引擎中输入“删除负面信息”，就可以找到关于“职业删帖”的相关信息20多万条。

形形色色的职业删帖公司纷纷涌现，将“删除网帖”作为生财之道，并美其名曰“网络危机公关”。

姑且不说这样的公司是否真能删除网帖，它们是如何做到的，以及这种行为是否合法，根据策划信息理论，我们不禁要问：很多情况下有必要花钱删除网上的负面信息吗？

现在网络非常发达，网络上的信息不计其数，如果只是在网络上有少量负面信息，根据策划信息原则Ⅱ可知，这些信息的影响非常小。

根据策划信息原则Ⅱ可得出如下结论：在多数情况下，没有必要去理会这些负面信息，更用不着花钱去请职业删帖公司来删除这些负面信息。

花钱去请职业删帖公司删除负面信息，根据策划信息原则Ⅰ可知：这些做法反而会扩大这些负面信息的传播，弄不好还会使一些双性信息变成负双性信息，反而造成更大的负面影响。

参考文献

高红阳．不对称信息经济学研究现状述评．当代经济研究，2005（10）．

郭丹．非对称信息经济理论发展研究．内蒙古财经大学，2014．

黄曼慧．我国国内对信息经济学的应用研究综述．现代情报，2007（2）．

李杰．论非对称信息下媒体寻租对信用与经济的影响．首都师范大学学报（社会科学版），2019（6）．

娄策群，徐水尚．我国信息经济学研究综述．现代情报，2006（7）．

王明明．信息经济学的发展历程与研究成果．中国信息界，2011（10）．

张维迎．博弈论与信息经济学．上海：格致出版社，2012．

朱靖．信息经济学研究综述．情报科学，2015，33（5）．

Admati，Anat R.，Paul P.，and Josef Z. “Large Shareholder Activism，Risk Sharing，and Financial Market Equilibrium.” *Journal of Political Economy*，102（1994）.

Akerlof，George A. and Janet L. Yellen. “A Near-Rational Model of the Business Cycle，with Wage and Price Intertia.” *Quarterly Journal of Economics*，100（1985）.

Akerlof，George A.，and Janet L. Yellen. “The Fair Wage-Effort Hypothesis and Unemployment.” *Quarterly Journal of Economics*，105（1990）.

Akerlof，George A. and Rachel E. Kranton. “Economics and Identity.” *Quarterly Journal of Economics*，115（2000）.

Akerlof, George A. "Behavioral Macroeconomics and Macroeconomic Behavior." *American Economic Review*, 92 (2002).

Akerlof, George A. "Labor Contracts as Partial Gift Exchange." *Quarterly Journal of Economics*, 97 (1982).

Akerlof, George A. "The Economics of Caste and of the Rat Race and Other Woeful Tales." *Quarterly Journal of Economics*, 90 (1976).

Akerlof, George A. "The Market for 'Lemons': Quality Uncertainty and the Market Mechanism." *Quarterly Journal of Economics*, 84 (1970).

Akerlof, George A. "Theory of Social Customs of Which Unemployment May Be One Consequence." *Quarterly Journal of Economics*, 94 (1980).

Arnott, Richard J., and Joseph E. Stiglitz. "The Basic Analytics of Moral Hazard." *Scandinavian Journal of Economics*, 90 (1988).

Arrow, Kenneth J. "Uncertainty and the Welfare Economics of Medical Care." *American Economic Review*, 53 (1963).

Bagehot, W. "The Only Game in Town." *Financial Analyst Journal*, 27 (1971).

Baker. H. G. "List Processing in Real-time on a Serial Computer." *Communications of the ACM*, 21 (1978).

Belkin, N. J. "Anomalous State of Knowledge for Information Retrieval." *Canadian Journal of Information Science*, 5 (1980).

Belkin, N. J. "Cognitive Models and Information Transfer." *Social Science Information Studies*, 4 (1984).

Belkin, N. J., Oddy, R. N., and Brooks, H. M. "Ask for Information Retrieval: Part i. Background and Theory." *Journal of Documentation*, 38 (1982).

Bennardo, Alberto, and Pierre-Andre Chiappori. "Bertrand and Walras Equilibria under Moral Hazard." *Journal of Political Economy*, 111 (2003).

Berentsen, Aleksander, and Guillaume Rocheteau. "Money and Information." *Review of Economic Studies*, 71 (2004).

Bernanke, Ben, and Mark Gertler. "Financial Fragility and Economic Performance." *Quarterly Journal of Economics*, 105 (1990).

Besanko, David, and Anjan Thakor. "Collateral and Rationing: Sorting Equilibrium in Monopolistic and Competitive Markets." *International Economic Review*, 28 (1987).

Bisina, Alberto, and Piero Gottardib. "Competitive Equilibria with Asymmetric Information." *Journal of Economic Theory*, 87 (1999).

Bisin, Alberto, and Danilo Guaitoli. "Moral Hazard and Non-Exclusive Contracts." *RAND Journal of Economics*, 35 (2004).

Bookstein, A. "Probability and Fuzzy-set Applications to Information Retrieval." *Annual Review of Information Science and Technology*, 20 (1985).

Borch, K. "Equilibrium in a Reinsurance Market." *Econometrica*, 30 (1962).

Borlund, P. "Experimental Components for the Evaluation of Interactive Information Retrieval Systems." *Journal of Documentation*, 56 (2000).

Brath, Richard. "Concept Demonstration Metrics for Effective Information Visualization." *Proceedings for IEEE Symposium on Information Visualization*, 10 (1997).

Braverman, Avishay, and Joseph E. Stiglitz. "Sharecropping and the Interlinking of Agrarian Markets." *American Economic Review*, 72 (1982).

Calcagno, Riccardo, and Stefano Lovo. "Bid-Ask Price Competition with Asymmetric Information between Market-Makers." *Review of Economic Studies*, 73 (2006).

Campbell, Margaret C., and Keller, Kevin Lane. "Brand Familiarity and Advertising Repetition Effects." *Journal of Consumer Research*, 30 (2003).

Cash, J. I. *Corporate Information Systems Management: Text and Cases*. New York: McGraw-Hill Professional, 1987.

Chamley, Christophe. "On 'Acquisition of Information in Financial Markets'." *Review of Economic Studies*, 75 (2008).

Daft, R. L. and Lengel, R. H. "Information Richness: A New Approach to Managerial Behavior and Organizational Design." *Research in Organizational Behavior*, 6 (1984).

Daft, R. L. and Lengel, R. H. "Organizational Information Requirements, Media Richness and Structural Design." *Management Science*, 32 (1986).

Daft, R. L., Lengel R. H., and Linda K. T. "Message Equivocality, Media Selection and Manager Performance: Implications for Information Systems." *MIS Quarterly*, 11 (1987).

Dirksen, C. J. and Kroeger, A. *Advertising Principles and Problems*, 3rd edition. Chicago: R. D. Irwin (Homewood, Illinois), 1968.

Eaton, J., Mark G., and Joseph E. Stiglitz. "The Pure Theory of Country Risk." *European Economic Review*, 30 (1986).

Edmundson, H. P. "Problems in Automatic Abstracting." *Communications of the ACM*, 7 (1964).

Elliot, M. T. and Speck, P. S. "Consumer Perceptions of Advertising Clutter and Its Impact across Various Media." *Journal of Advertising Research*, 38 (1).

Eric, R. *Game and Information*. Beijing: Peking University Press, 2005.

Fan, W., Gordon, M. D. and Pathak, P. "Discovery of Context-specific Ranking Functions for Effective Information Retrieval Using Genetic Programming." IEEE Transactions on Knowledge and Data Engineering, 4 (2004).

Furner, J. "On Recommending." *Journal of the American Society of Informa-*

tion Science and Technology, 53 (2002).

Garretson, Judith A., and Scot B. "The Role of Spokes Characters as Advertisement and Package Cues in Integrated Marketing Communications." *Journal of Marketing*, 69 (2005).

Gordon, M. D. "User-based Document Clustering by Redescribing Subject Descriptions with a Genetic Algorithm." *Journal of the American Society for Information Science*, 42 (1991).

Grandmont, Jean-Michel. "On Endogenous Competitive Business Cycles." *Econometrica*, 53 (1985).

Greenwald, Bruce C., and Joseph E. Stiglitz. "Externalities in Economies with Imperfect Information and Incomplete Markets." *Quarterly Journal of Economics*, 101 (1986).

Greenwald, Bruce C., and Joseph E. Stiglitz. "Financial Market Imperfections and Business Cycles." *Quarterly Journal of Economics*, 108 (1993).

Grossman, Sanford J., and Joseph E. Stiglitz. "On the Impossibility of Informationally Efficient Markets." *American Economic Review*, 70 (1980).

Grossman, Sanford J. "An Introduction to the Theory of Rational Expectations Under Asymmetric Information." *Review of Economic Studies*, 48 (1981).

Ha, L. "Advertising Clutter in Consumer Magazines: Dimensions and Effects." *Journal of Advertising Research*, 36 (1996).

Hellwig, C., and Laura V. "Knowing What Others Know: Coordination Motives in Information Acquisition." *Review of Economic Studies*, 76 (2009).

Hellwig, Martin F. "Nonlinear Incentive Provision in Walrasian Markets: A Cournot Convergence Approach." *Journal of Economic Theory*, 120 (2005).

Hirshleifer, Jack. "The Private and Social Value of Information and the Reward to Inventive Activity." *American Economic Review*, 61 (1971).

Höne, K. and Eloff, J. H. P. "What Makes an Effective Information Security Policy?" *Network Security*, 6 (2002).

Jansen, B. J., Spink, A., and Saracevic T. "Real Life, Real Users, and Real Needs: A Study and Analysis of User Queries on the Web." *Information Processing&Management*, 36 (2000).

Jaynes, Gerald David. "Equilibria in Monopolistically Competitive Insurance Markets." *Journal of Economic Theory*, 19 (1978).

Justiniano, Alejandro, and Giorgio E. P. "The Time-Varying Volatility of Macroeconomic Fluctuations." *American Economic Review*, 98 (2008).

Keen, P. "Computers and Managerial Choice." *Organizational Dynamics*, 8 (1985).

Klebe, T. L., Robert H. L., and Richard L. D. "Media Symbolism, Media

Richness, and Media Choice in Organizations: A Symbolic Interactionist Perspective." *Journal of Leadership and Organizational Studies*, 11 (2009).

Kocherlakota, Narayana R. "The Effects of Moral Hazard on Asset Prices When Financial Markets Are Complete." *Journal of Monetary Economics*, 41 (1998).

Koehl, Pierre-François, and Jean-Charles Rochet. "Equilibrium in a Reinsurance Market." *The Geneva Papers on Risk and Insurance Theory*, 19 (1994).

Kyle, A. S. "Continuous Auctions and Insider Trading." *Econometrica*, 53 (1985).

Lengel, R. H. and Daft, R. L. "The Selection of Communication Media as an Executive Skill." *Academy of Management Executive*, 2 (1988).

Lisboa, Marcos B. "Moral Hazard and General Equilibrium in Large Economies." *Economic Theory*, 18 (2001).

Marshall, John M. "Moral Hazard." *American Economic Review*, 66 (1976).

McKean, Roland N., and John H. Moore. "Uncertainty and the Evaluation of Public Investment." *American Economic Review*, 60 (1970).

McKenney, J. L. and McFarlan, F. W. "The Information Archipelago—Governing the New World." *Harvard Business Review*, 61 (1983).

McKenney, J. L. and McFarlan, F. W. "The Information Archipelago—Maps and Bridges." *Harvard Business Review*, 60 (1982).

McKenney, J. L. and McFarlan, F. W. "The Information Archipelago—Plotting a Course." *Harvard Business Review*, 61 (1983).

Meza, David, and David C. Webb. "Too Much Investment: A Problem of Asymmetric Information." *Quarterly Journal of Economics*, 102 (1987).

Milde, Hellmuth, John G. R. "Signaling in Credit Markets." *Quarterly Journal of Economics*, 103 (1988).

Mirrlees, James A. "An Exploration in the Theory of Optimum Income Taxation." *Review of Economic Studies*, 38 (1971).

Paice, C. D. "Constructing Literature Abstracts by Computer: Techniques and Prospects." *Information Processing & Management*, 26 (1990).

Parsons, G. L. "Information Technology: A New Competitive Weapon." *Sloan Management Review*, 25 (1983).

Pathak, Praveen, Michael Gordon, and Weiguo Fan. "Effective Information Retrieval Using Genetic Algorithms Based Matching Functions Adaptation." 33rd Hawaii International Conference on System Sciences, 2 (2000).

Pauly, Mark. "Overinsurance and Public Provision of Insurance: The Roles of Moral Hazard and Adverse Selection." *Quarterly Journal of Economics*, 88 (1974).

Porter, M. E. and Millar, V. E. "How Information Gives You Competitive Advantage." *Harvard Business Review*, 63 (1985).

Ray，T. and Liew，K. M. "A Swarm with an Effective Information Sharing Mechanism for Unconstrained and Constrained Single Objective Optimisation Problems." Proceedings of the 2001 Congress on Evolutionary Computation，5（2001）.

Rice，R. and Shook，D. "Relationships of Job Categories and Organizational Levels to Use of Communication Channels，Including Electronic Mail：A Meta-Analysis and Extension." *Journal of Management Studies*，27（1990）.

Robertson，S. E. "On Term Selection for Query Expansion." *Journal of Documentation*，46（1990）.

Robertson，S. E. "The Probabilistic Character of Relevance." *Information Processing and Management*，13（1977）.

Rockart，J. F. and Scott M. "Implications of Changes in Information Technology for Corporate Strategy." *Interfaces*，14（1-2），1984.

Rothschild，Michael，and Joseph E. Stiglitz. "Equilibrium in Competitive Insurance Markets：An Essay on the Economics of Imperfect Information." *Quarterly Journal of Economics*，90（1976）.

Salton，G.，and Buckley，C. "Improving Retrieval Performance by Relevance Feedback." *Journal of the American Society for Information Science*，41（1990）.

Saracevic，T. "Relevance：A Review of and a Framework for Thinking on the Notion of Information Science." *Journal of the American Society for Information Science*，26（1975）.

Saren，M. "Marketing is Everything：The View from the Street." *Marketing Intelligence&Planning*，25（2007）.

Shapiro，Carl，and Joseph E. Stiglitz. "Equilibrium Unemployment as a Worker Discipline Device." *American Economic Review*，74（1984）.

Shavell，S. "On Moral Hazard and Insurance." *Quarterly Journal of Economics*，93（1979）.

Spence，A. M. "Entry，Capacity，Investment and Oligopolistic Pricing." *Bell Journal of Economics*，8（1977）.

Spence，A. M. "Job Market Signaling，" *Quarterly Journal of Economics*，87（1973）.

Spence，A. M. "Notes on Advertising，Economies of Scale，and Entry Barriers." *Quarterly Journal of Economics*，95（1980）.

Spence，A. M. "Product Selection，Fixed Costs and Monopolistic Competition." *Review of Economic Studies*，43（1976）.

Stigler，George J. "The Economics of Information." *Journal of Political Economy*，69（1961）.

Stiglitz，Joseph E. "Equilibrium in Product Markets with Imperfect Information." *American Economic Review*，69（1979）.

Stiglitz, Joseph E. "Growth with Exhaustible Natural Resources: Efficient and Optimal Growth Paths." *Review of Economic Studies*, 41 (1974).

Stiglitz, Joseph E. "Incentives and Risk Sharing in Sharecropping." *Review of Economic Studies*, 41 (1974).

Stiglitz, Joseph E. "Monopoly, Non-Linear Pricing, and Imperfect Information: The Insurance Market." *Review of Economic Studies*, 44 (1977).

Stiglitz, Joseph E. "Risk, Incentives, and Insurance: The Pure Theory of Moral Hazard." *Journal of Risk and Insurance*, 8 (1983).

Stiglitz, Joseph E. "The Contributions of the Economics of Information to Twentieth Century Economics." *Quarterly Journal of Economics*, 115 (2000).

Stiglitz, Joseph E. "The Theory of 'Screening'." *American Economic Review*, 65 (1975).

Suh, K. S. "Impact of Communication Medium on Task Performance and Satisfaction: An Examination of Media-richness Theory." *Information and Management*, 35 (1999).

Thompson, J. D. *Organizations in Action*. New York: McGraw-Hill, 1967.

Trevino, L. K., Lengel, R. K. and Daft, R. L. "Media Symbolism, Media Richness and Media Choice in Organizations." *Communication Research*, 14 (1987).

Wells, William, Sandra E. M., and Nancy M. *Advertising: Principles and Practice*. London: Prentice Hall, 2008.

White, Ryen W., Joemon M. Jose, and Ian Ruthven. "Using Top-Ranking Sentences to Facilitate Effective Information Access." *Journal of the American Society for Information Science and Technology*, 56 (2005).

第七章

MASTERMINDING

策划要点

第一节　同质化与差异化、定位目标消费群、策划亮点

我们结合案例来说明策划中的同质化与差异化、定位目标消费群、策划亮点等策划要点问题。

案例

特色小镇为何很多失败?

2018年12月15日，一篇文章《2018中国特色小镇死亡名单》出现在网上，并很快在各大网站疯传。因为此文是一篇汇总文章，加之可能会产生一些负面影响，所以原作者很快删除了原文。

但后来转发此文的有的没有署名作者，有的署名成了发文者自己。文章中汇总了从2016年开始实施特色小镇以来到2018年的12个失败案例。

为了振兴中国乡村，中国从2016年提出了发展特色小镇。2018年3月，国家发改委印发《国家发展改革委关于实施2018年推进新型城镇化建设重点任务的通知》，提出对已公布的两批403个全国特色小城镇、96个全国运动休闲特色小镇，开展严格测评及优胜劣汰。

特色小镇是助推农业农村现代化的重要突破口，淘汰不合格小镇，对地方来说，是及时止损；从全局而言，则是对特色小镇发展方向和轨道的纠偏，有利于各地特色小镇事业更稳、更好、更健康地发展。

到2019年初，全国499个特色小镇中有大部分面临被淘汰的危机!

特色小镇是聚集特色产业，融合文化、旅游、社区等功能的创新创业发展平台，打造特色小镇是推进以人为核心的新型城镇化、实现乡村振兴的一项重要举措。

有的特色小镇走向了成功，包括前面已经分析过的“龙潭水乡”在内的很多中国特色小镇却陷入了泥潭……

1. 策划尽量避免同质化，做到差异化

同质化问题是公司在所有项目、产品、策划、营销中均应该重视的问题，很多公司根本没有考虑同质化问题和差异化问题，导致失败了还不知道原因在哪里。

同质化中的“质”指“本质、本性、特征、性能”，同质化表示不同的事或物其内在的“本质、本性、特征、性能”相同或趋于一致。

在市场活动中，**同质化**指不同的产品或项目相同、相似或趋于一致。

再好的项目或产品，如果同质化严重，结果都可能无法达到预定的效果，难以取得成功。

在市场上，如果同质化严重，那么就会造成竞争激烈、消费者出现审美疲劳甚至厌倦等消极影响。

同质化表现为商品或项目在性能、外观甚至营销手段上无特色、无差异或相互模仿，传递给受众（消费者）的各类信息大致相同，不利于消费者识别。

在管理上，同质化是指产品、服务趋同，尽管形式上有差别，但内容、品质、技术含量、使用价值一样。

在同质化的情况下，如果某产品先期进入、是知名品牌、实力雄厚，那么尚有竞争力，但仍需进行品牌建设及产品、服务的提升，否则极难取得成功，因为其产品的功能与竞争产品相同，容易被竞争性产品替代。

与同质化对应的就是差异化。

差异化与同质化相对，指的是不同的事或物具有不同的性能、本质、手段、策划等，或不同特征的事或物在发展过程中其内在本质特征变化不会趋于一致。

进行差异化的目的是：力求在本行业中独树一帜，向需求端提供独特供给，并取得竞争优势。

特色小镇为何很多走向了失败，其中最关键的原因就是同质化严重：仿造古建筑，安装一些休闲运动器材，然后种植常见的花草、果木。

2. 策划要尽量避免低档次、低门槛

低档次可能造成低质量、低价格、低门槛，盈利自然低；再好的项目或产品，若行业门槛低，则极容易被仿冒，然后对自己形成威胁，甚至由于跟进者众多，造成市场鱼龙混杂，对项目或产品形成剧烈的冲击。

由于门槛和本身的质量低，新项目或产品很难引起关注。

目前很多地方策划打造的特色小镇普遍难以避开档次低、行业门槛低的缺点，基本以荷花、果园、常见花草为题材，虽然能够在节假日吸引周边游客及少量外地游客，但很难吸引大量外地游客，难以产生终端消费。

当地人往往来这儿转一圈就走了，很少有人愿意坐下来消费。外地人就更加不会跑这么远来看一个在自己家门口随时都能看到的毫无特色的景区了。

景区的农家乐也只有节假日那几天的生意，几天过后，农家乐生意火爆的场面就不见了，平常极其冷清。

3. 策划必须定位目标消费群

目标消费群是哪些？他们的消费能力如何？怎样吸引目标消费群的注意力？如何让消费群产生消费行为？

目前全国各区县开发的乡村振兴旅游项目，很多只能吸引当地村镇、县城人口。在项目实施前几年，看热闹的人还有一些，一旦几年的热闹过去，留下的就只有投入大量资金修建的公路。有些景区即便在修建的头几年，一年四季也只有十几天的热闹，平时都很少有人光顾。很多这样的特色小镇今日已经一片荒凉。

这些项目启动前显然没有定位目标消费群。

任何事情要取得成功，往往都离不开“天时”“地利”“人和”，但人们通常重视“天时”“地利”，忽视了“人和”，比如特色小镇的目标消费群。

在特色小镇这些项目中，有的可能定位了目标消费群，但对目标消费群理解不太到位。表面看很多项目节假日人流量非常大，热闹非凡，但这些人流量更多是源于当地村民的休闲。

居民休闲与商业消费活动完全是两回事，前者是政府公益，后者是商业消费行为。目前各大城市周边都在打造供居民休闲和调节环境之用的城市公园，县城也建设了一些为居民提供休闲的主题公园，这些项目本身是非营利的，是政府投资的基础项目，平时确实能吸引很多市民到此游玩和休闲，特别是到节假日更是热闹非凡，但这些项目虽然人多，最终带动的消费却很少。

✣专题研究

特斯拉的品牌定位

(1) 特斯拉概述。

特斯拉新能源汽车一直是创业界的巨大风口。

2020 年 6 月 10 日，这是一个值得纪念的日子。在这一天，美国造车新势力特斯拉汽车，股价突破 1 000 美元/股，市值超过 1 900 亿美元，这家创业 17 年的汽车制造公司，正式超越了已有 87 年历史的丰田汽车，成为全球市值最高的车企。①

特斯拉在 2010 年 6 月 29 日 IPO，当时的发行价为 17 美元/股。

尽管特斯拉长期亏损，但 10 余年过后其股价相比发行价依然上涨了大约 5 782%！

近几年来，标普 500 指数成份股中也只有 4 只股票跑赢了它。②

过去 5 年，中国出现了所谓的“造车新势力”：很多创业者和风险投资都进入新能源汽车赛道。2019 年，中国有 202 家独角兽企业，其中 12 家是新能源车企。全球进入独角兽行业的新能源汽车企业一共只有 16 家，中国车企就占到了 12 家。此外，国产新能源汽车的新车产量占到了全球新能源汽车产量的 53%。③

这些新入局的车企不少存在问题，比如烧钱不断、技术创新大同小异、续航里程水分大。

为了能在新能源汽车产业中再添一把火，2019 年 1 月，中国第一次允许一家外资汽车公司在中国独资建厂，它就是美国的特斯拉。

特斯拉的中国超级工厂建在上海，它从一块平地到第一款车型 Model 3 出厂，总共只花了 357 天，简直就是全球汽车史上的奇迹。

(2) 特斯拉在中国市场面临的定位问题。

特斯拉当前的定位是轻奢品。

①② 特斯拉市值超越丰田！为什么它能成为全球第一车企?. https://www.qctt.cn/news/752873，2020-06-12.

③ 27 万的特斯拉：当鲶鱼变成鲨鱼. https://finance.sina.com.cn/chanjing/gsnews/2020-05-23/doc-iircuyvi4562998.shtml，2020-05-23.

2020 年 4 月 23 日是一个重要的节点。这一天，国家相关部门推出新政：重新恢复之前取消的新能源汽车的政策补贴，并将补贴延长到了 2022 年，且从 7 月 23 日起，售价在 30 万元以上的电动车不再享受政府补贴。

当时，Model 3 的价格为 32 万元，因此，新政带有明显的保护国产新能源车产业之意。

但是，新政公布一周后，马斯克就在特斯拉一季度财报会上宣布：中国制造的 Model 3 标准续航升级版的价格从 32 万元降至 29.18 万元。特斯拉一下子就跨过了补贴的门槛。在享受补贴后，这款车型的实际售价只需要 27 万元了。

马斯克钻中国政策空子比国人反应还快。

从目前的用户目标群来看，最爱特斯拉的是上海人；除此之外，女性占比 19.4%；IT 业、消费业和地产业的高收入人群是购车主力。

说得现实一点，同样花 30 万元左右，买了特斯拉会觉得有面子，而买了一辆蔚来或小鹏，可能觉得只是用来代步。

所以当前特斯拉在中国的定位是“轻奢”，就是“平价”和“奢侈”之间的消费群体，即“新中产”。

如果特斯拉汽车的价格降到 20 万元以下，那么它的定位将由轻奢转为大众化，但价格的优势会让它更有竞争力。

目前，上海特斯拉工厂的零部件本地化率是 30%。有机构估计，到 2020 年底本土化率会达到 60%，生产成本将下降 20%～28%。算上国产特斯拉 22%的毛利率，最终降价空间为 27%～34%。①

除此之外，特斯拉还可以“光明正大”地减配，如此算来，价格降几万元并非难事，在中国买到一辆 20 万元以下的国产特斯拉将是一个大概率事件。

如果有一天价格真的降到 20 万元，那么特斯拉在中国市场的定位和品牌战略已经转变：由“轻奢”转变为“大众化”。Model 3 将被打造成一款普通的家庭代步车，但价格的杀伤力更大。

但将品质与价格进行有效融合也不是完全没有可能，比如可口可乐尽管价格如此低，但在受众心中还是拥有高大的品牌形象。

4. 策划要注意区域特色、文化、历史沉淀能否走出本地

很多地方确实有一些有区域特色的产品，有一些有文化、历史沉淀的景点，很多人以为以此为切入点进行策划就能取得成功。比如，有些地方有自然遗产、文化遗产、非物质文化遗产、工业遗产等项目或产品，但是这些项目只是省级或县级的，有些人以为靠策划就能非常容易地取得成功。别说是省级或县级的，即使是国家级的，这类项目或产品都是难以取得成功的。

所以，凡是此类项目或产品，首先要考虑能否走出本地，然后得到全国消费者的认可。

---

① 27 万的特斯拉：当鲶鱼变成鲨鱼. https://finance.sina.com.cn/chanjing/gsnews/2020-05-23/doc-iircuyvi4562998.shtml，2020-05-23.

5. 策划活动中必须有亮点

策划活动中的亮点即前面谈到的“点式效应”的应用和体现。

特别是对于旅游项目来说，这一点是最重要的，必须具备或找到亮点，才能够将大资金投入这个项目并得到相应的回报，不然风险相当高。

旅游项目必须依托于一些亮点，也就是大家所说的景点，然后才会有核心，这样才能吸引人。并且亮点越新奇，具有的文化、历史特征元素越多越好。如果只是一些平平常常的项目，就很难吸引人。

举一个例子更容易明白：养的猪再多，如果缺乏亮点，也没有人愿意来观看。但如果养了金毛猪，并且长得有些奇异，哪怕只有一头，也立刻就会吸引很多人来参观，并带动相应的消费。

再举一个例子更能体会：演唱会有没有明星参与，效果会有天壤之别，无论是人气聚集还是门票销售都会相差很大。如果有明星来，哪怕只唱一首歌，门票收入及关注度都会大增；而没有明星来的普通演唱会，连把门票送出去都难，更别说收入和人气了。

策划中的亮点也能起到画龙点睛的效果，使品牌影响力、核心价值立即倍增。

前面谈到了中国特色小镇很多之所以失败，就是因为没有吸引外地游客的亮点，只有一些常见的花草、树木以及景点，自然难以吸引到外地游客。

6. 注意策划的传播效应

游客（受众）现场看什么？游客（受众）现场传播什么？游客（受众）看了后向没有看的人传递什么？

前面已经谈过，必须要有亮点，才能够吸引游客来现场看。

游客现场看了后要交流、传播，如果景区没有值得传播的，他们就不会传播。因此，景区必须要有值得游客现场交流、传播的题材，不然即使建筑设施再好，也最多只能赢得建筑好的评价，而无法提升游客对整个景区的认同感，况且好建筑很容易同质化，因为新建的高楼大厦随处可见，除非是当地第一或全国乃至世界前列。另外，仿古建筑也非常多。

此方面有非常好的案例，比如游客爆满的成都的宽窄巷子。

成都的宽窄巷子保留了成都明清时代的建筑原貌，虽然也新修建了一部分，但绝大多数是原貌，这样游客现场看到后，就会交流传播“成都在明清时代的建筑是这样的”之类的信息，加上一些那个时代的人物、事迹，就有了交流传播的题材。相比之下，龙潭水乡全新的仿古建筑没有任何成都元素，而对周庄的效仿又不伦不类，一方面想效仿周庄的“实”景，另一方面又夹杂着《红楼梦》小说中虚构的建筑，这样就没有了任何核心文化价值。

所以龙潭水乡现场的游客没有传播和交流的题材，无法吸引没有看的人前来体验，自然就只能冷冷清清。

7. 不要误把规划、设计当策划

规划、设计更多是政府行为，很多有强制要求以及量化数据，需要用到工程学或环境学里面非常专业的知识。规划、设计要符合有关政策许可，讲究空间布局的合理性。涉及旅游的规划与土地开发规划、城市发展规划和区域发展规划协调统一。

经济学中的产业规划、设计属于政府经济发展布局方面的安排。而策划则是本书研究的内容。

规划、设计属于固定的、标准的东西，而策划比规划、设计要灵活得多。如果只有规划、设计而没有策划，离成功还差太远，规划、设计只属于策划方案中考虑的一部分。并且规划、设计只能在策划方针下进行，脱离了策划的纯规划、设计项目很难获得成功。

正如前面提到的特色小镇，如果只有规划、设计，那么这些规划设计除了符合政策外，如何满足市场需求？如何赢得消费者？这些都是策划要考虑的问题，所以必须先有策划上的方案作为指导来完成规划、设计，不然只有规划、设计，如何赢得市场？一些特色小镇以为只要请规划设计院（所）来进行规划设计，然后修建起来，就能得到市场回报，获得成功，然而，由于缺少了最关键的策划，所以必定会失败。

8. 策划不能生搬硬套地复制、模仿

生搬硬套就容易导致同质化，甚至出现东施效颦或南橘北枳的结果。

当前有些人山寨惯了，懒得独立思考。比如，听说某某主题农业旅游项目很成功，就去考察然后回来照此“克隆”一个；到国外考察发现某个项目不错，也回来“克隆”一个。

农业旅游项目的某些内容是可以复制的，但绝对不能全盘复制。整体建筑或外貌可以复制，但核心文化、历史难以复制、模仿。

农业旅游项目的策划打造，必须因地制宜，关键是要有自己的特色。一个好的特色乡村振兴项目是精心策划打造出来的，而不是生搬硬套出来的。

因此，不能看到别人成功，就去跟风，一定要结合当地文化、特色、民俗，以顶层策划，业态落地，一定是我做我的，让别人永远来跟我之风，如此才能事半功倍！

9. 策划不要创新过度

策划要追求创新，但任何事都不能过度，创新过度，就会过犹不及。

创新过度最常见的体现是片面理解“差异化”，认为差异化就是要做到绝对的唯一性和排他性，这是一个可怕的认知误区。有些事情绝对化到一定程度，其实已经不可行了。

例如，成都某公司经营所谓的生态大米，策划概念是：在东南亚种植，完全采用生态肥料，价格比国内正常大米高 10 倍左右。这个策划显然有些超前和创新过度，国内普通市民目前的生活水平以及消费观念还跟不上，所以该公司的这种大米销售了没多久就停产了，很少有消费者购买。

过度追求创新，还容易把项目或产品搞成非主流的小众项目或产品，走进窄胡同甚至死胡同。有些策划过于理想化，脱离了企业的发展阶段与综合实力，这种策划由于创新过度也无法达到理想效果。

前面谈到的特色小镇案例中，有些特色小镇失败的原因就是创新过度，或观念太超前。

10. 策划不要把简单问题复杂化

有的项目在策划时请的是某些行业的专家，根据职业习惯，专家往往可能把简单的问题复杂化。还有的专家可能是为了显示学识渊博、见多识广，恨不得把所有的方法都罗列、总结出来，并提出各种稀奇古怪的想法。

把简单问题复杂化对项目和产品的成败弊大于利，在策划运作中要尽量把复杂的东西简单化。

11. 策划不要只玩概念而缺少过硬产品或实际内容

很多策划就只是玩概念，制造噱头，吸引眼球，而根本无过硬产品或实际内容，这种策划的结果只会害了出资方。

拿前面的特色小镇来说，还存在一种情形：企业被政府的“概念”吸引。比如，政府要打造某名人故里，或者某特产主题，于是就规划了相关特色小镇，并以优惠政策招商引资。在这种情形下，企业如果看中政府的“概念”和“优待”而忽视了市场的可行性，没有深入分析，一冲动就进去干，很容易被套牢。

12. 策划要注意项目中的扩展消费

拿前面的特色小镇来说，除了旅游，其实还要注意项目中的扩展消费。

（1）房地产。

当特色小镇具有特色，能够吸引全国各地的游客后，房地产项目及其他扩展项目自然就会产生效益。

（2）产品销售。

旅游体验消费及品牌效应都可以达到增加产品销售的目的。

阆中的保宁醋是一个最好的案例。保宁醋在1998年时已经快倒闭了，就以近400万元卖给了泸州老窖公司，但过了两三年还是无起色。泸州老窖又以600多万元将其卖给了私人老板，而该老板经营保宁醋时没做任何广告，也没有对生产环节做任何改进，即质量也没有什么改变。只是他用了重要的一招：依托阆中旅游对产品进行策划、营销，后来保宁醋起死回生，到2013年中粮集团收购时已经作价12亿元。

第二节　注意“两难悖论”策划

1. “两难悖论”策划的内容

对于跨国公司，稍不注意就会遇到“两难悖论”策划这类问题，这也是一个令公司难以处理的非常棘手的问题。“两难悖论”策划经常被竞争者用于抹黑对方，达到暗中打击竞争对手的目的。

先来看下面的案例：

案例与分析

苹果公司应该帮 FBI 解锁苹果手机还是不帮？

2015 年 12 月 2 日，美国南加州发生了一场枪击案，当时枪手赛义德·法鲁克（Syed Farook）和塔什芬·马利克（Tashfeen Malik）在圣贝纳迪诺（San Bernadino）的一场聚会上进行袭击，造成 14 人死亡、22 人受伤。最后这两人被警察当场击毙。

后续 FBI 找到了一部属于法鲁克的苹果 iPhone 5c，然而不幸的是，这部手机设置了解锁口令，从而使得 FBI 调查人员无法保证在不破坏数据的前提下获取手机中有可能与 ISIS 恐怖袭击相关的信息。

为了解锁这部手机，FBI 向苹果公司求助，希望其帮忙解锁。

而苹果公司一开始的回答是，技术上做不到。

对于苹果公司的这种拒绝，FBI 当然不会相信，于是找到联邦法院，申请通过法律程序让苹果公司帮助破解该手机。

再然后，苹果公司的 CEO 库克发表长文感言，强调 FBI 将开启破坏用户安全保护机制的先例，将得不偿失……感言得到了众多科技公司的鼎力支持。

但是这件事情后来又出现了变化。

FBI 强制苹果公司解锁恐怖分子手机以提供数据的案件没有进入庭审，因为在预审的前几天，FBI 找到了解锁手机的办法。

FBI 掏了 100 万美元请了以色列一家公司的一个高手，到 2018 年 3 月，最终成功破解了恐怖分子持有的苹果手机。所以 FBI 突然撤销了向联邦法院递交的强制申诉。

案例分析：苹果公司陷入了“两难悖论”策划：苹果公司不配合 FBI 解锁，其实是不希望被贴上“牺牲用户数据安全”的标签，从而失去世界各地的客户；但它若不这么做，就会得罪 FBI 并被贴上不支持反恐的标签。

“两难悖论”策划是根据两难逻辑悖论而来，之所以称为“两难悖论”，是因为公司在面临这种策划时，不管做何选择，都令人难以接受，从而导致公司陷入进退维谷的困境。

“两难悖论”策划：是指公司面临的一种两难选择，即不管公司选择哪一种都可能对公司产生负面的信息影响。这种策划多数时候是竞争者有意为之，目的是暗中抹黑对手，但也有一些是无意中遇到的。

在策划运作中，若公司遇到了“两难悖论”策划，一般选择以消费者利益为宗旨，不然可能陷入竞争者故意设置的陷阱。如果损害了消费者的利益，最终可能被贴上某种标签，从而失去消费者，使公司遭到毁灭性的打击。

苹果公司面对这种“两难悖论”策划时，最终选择保护消费者利益。

2. 如何应对“两难悖论”策划?

当公司无意遇到或有意被竞争对手策划“两难悖论”时，应对策略为：

（1）跨国公司应该以世界消费者利益为重。

上面两个案例都是这样做的，不然将会遭到世界各地消费者的抛弃。

（2）少发表言论或保持沉默。

因为这本来就是一个“两难悖论”，无论站在哪个角度回应，选择的结果都是对立的并且是负面的。

（3）如果非得要回答，那么可以在语言上做一些技巧处理。

如果不得不做出回应，则可以采用策略性语言，让立场尽量中立化，甚至可以避实就虚，想办法顾左右而言他。

3. “两难悖论”策划有时让公司苦不堪言

一些埋头苦干的公司经常受到“两难悖论”策划的干扰，苦不堪言，甚至连正常经营都受到严重影响!

对于一家公司特别是一家跨国公司来说，一般只从事商业活动，不愿意介入一些非市场活动，也不愿意给自身经营造成干扰，从而影响公司在世界各地或者本国的业务。

第三节　策划必须紧跟时代消费特点：科技引领、精细求真、极品彰显、身份认知、新潮注视

必须先了解时代消费特点，才能解释市场中的消费行为，然后让策划紧跟时代消费特点。如果对很多市场行为感到难以理解，那么策划时就不能跟上时代消费的节奏。当前时代消费存在以下几大特点：

1. 科技引领

新的高科技产品，理所当然是引领当今时代消费的主流和潮流，每当有突破性的高科技产品诞生时，都会成为消费的热点，而这些产品也最容易策划成功，只需稍花功夫便容易成为热点，然后让消费者产生购买行为。

此为产品的策划，这里不花过多篇幅探讨。

2. 精细求真

由于当今已经是产品饱和时代，除了全新的高科技产品外，普通产品在机械化时代特别是人工智能时代，已经非常容易生产出来，可以说，对于普通产品，当今缺的不是产品而是市场，只要市场有消费需求，很快就能生产出来产品，加上极其便利和快捷的交通，也能很快将产品运输到市场。

在此情况下，消费者对产品的追求就变得精细求真。例如，一瓶保存了一年的白酒或葡萄酒与一瓶保存了十年的相应的酒，其实从消费角度来说，差别极其细微，但

价格却相差非常大。

由于现在密封技术的高度发展，一瓶酒装入密封的玻璃瓶存放若干年后，只要密封不出问题，酒的质量基本不会改变，而古代酒之所以存得越久越好，是因为存放在瓦陶缸或罐里，本身密封性不是非常好，加上封口的塞子密封性也不好，所以酒里面一些有害物质会随着保存时间的延长而挥发得越多，从而对酒的质量会有一定改善。但随着当今的玻璃瓶密封技术的改进，这种挥发基本不可能，从科学角度看，存放时间再长，对酒的质量也基本不会有改善。

但市场依然对年份酒执着追求，这显然是受精细求真的消费心理的影响。不然，普通理论根本无法解释这种消费行为。

这也可以说是人们对消费追求精细求真的一个反例，因为消费者不了解白酒技术的发展，还在用老一套的精细求真的消费方式。

精细求真就要求做项目或商品时精益求精，在细微之处与别的竞争者区别开来，而这正是吸引消费者之处。

为何真正的古代建筑、历史景点能够吸引游客，而一些仿造建筑虽然从表面看也非常像，但就是无法吸引游客？这就是因为当今人们对产品的精细求真的追求，真的与仿造的毕竟有着内在的区别，所以消费者无法认可后者。成都的宽窄巷子、锦里节假日游客爆满，因为它们保存了成都的历史建筑和风貌；而仿古的龙潭水乡尽管建筑豪华，却无人光顾，原因就在于人们今天对产品的精细求真的追求。

人们对产品的精细求真的追求要求项目或商品注重细微之处、精益求精。

在四川某地，本来存在一天然瀑布，但某开发商为了吸引眼球，把瀑布口人为用机械拓宽，此外，为了让瀑布有更好的观景效果，还用水泥对瀑布口进行人为修补，然后对外号称“亚洲第一瀑布”，以为这样就能吸引游客。但是，这种手段无法瞒过当地人，然后这种欺骗行为被揭穿并被传播开来。由于游客对自然景观的精细求真的追求，该景观自然不会得到人们的认可。

3. 极品彰显

当今时代，有些消费者追求极品彰显，比如奢侈品备受追捧，不然无论如何都很难理解这种市场行为。

一辆汽车上亿元，一瓶酒上百万元等，都是当今时代追求极品彰显的消费的结果。

奢侈品被认为是彰显地位和区隔阶层的重要符号。①

研究表明，奢侈品消费中存在两种典型的消费倾向，即从众效应②和势利效

---

① Dubois D.，Rucker D. D.，Galinsky A. D. “Super Size Me：Product Size as a Signal of Status.” *Journal of Consumer Research*，6（2012）：1047－1062；Han Y. J.，Nunes J. C.，Drèze X. “Signaling Status with Luxury Goods：The Role of Brand Prominence.” *Journal of Marketing*，4（2010）：1547－7185.

② Kastanakis M. N.，Balabanis G. “Between the Mass and the Class：Antecedents of the ‘Bandwagon’ Luxury Consumption Behavior.” *Journal of Business Research*，10（2012）：1399－1407.

应。[①] 从众效应是指消费者追逐时尚和潮流，效仿和追随他人（尤其是处于更高社会阶层的人群）进行消费的行为；势利效应则是指消费者刻意回避"大众化"的消费潮流，通过购买品质卓越、风格独特、设计新颖的商品来展示自身品位的消费倾向。[②]

4. 身份认知

品牌效应的消费包含在身份认知里面。品牌可以体现消费者的身份，所以很多策划围绕打造品牌进行。

除了品牌效应外，还有一些商品并非品牌，而是某种身份的体现，通过此商品便可识别使用者的身份，比如某种网球拍、某种摩托车、某类出版社出版的书籍、越野车、野外驴友用品等。这些商品可能属于小众产品或只有圈子内的人才知道，但它们却是这个圈子内进行身份认知的商品。

5. 新潮注视

"新潮"因为"新""潮"总会引起人们的"注视效果"，然后受到一些人的追捧。

当然，"新潮"背后还有消费体验的创新。比如，"盲盒娃娃"依托热门 IP、限量售卖、"隐藏款"设计等制造强大的消费心理黏性，然后形成庞大而稳固的消费群体。

在互联网时代，由于信息的传播更加迅捷，人们的消费行为更容易受到潮流影响。

目前，符合"新潮"标准的新兴消费行业包括：宠物经济、化妆品（特别是男士产品）、文化演艺、烘焙、各种"优品"、智能家用机器人等。[③]

第四节 产品（项目）生命周期与策划

（一）产品生命周期的含义

我们现在还有些人迷惑不解：过去几乎家喻户晓的一些老品牌商品，为什么现在忽然消失，难见踪影了？

特别是有的产品伴随某代人生活，给他们的生活打上了深深的烙印，这些人难免还会念念不忘，比如我国的上海钻石手表、山城牌手表之类。那个时候，人们以拥有这些商品为荣，甚至连结婚时的礼物也是它们。这些商品的消失，除了因为技术上没有革新跟上时代发展，管理上没有跟上形势要求外，也许还跟这些公司没有注意产品的生命周期的维持与延续有关。健力宝曾经在一段时间没有做广告，后来公司调查发现，这一段时间该公司的产品影响力急剧下降，消费者好像淡忘了健力宝，甚至有消

---

① Kastanakis M. N.，Balabanis G. "Explaining Variation in Conspicuous Luxury Consumption：An Individual Differences Perspective." *Journal of Business Research*，10（2014）：2147－2154.

② 赵晓煜. 奢侈品消费中的非炫耀性消费倾向研究. 东北大学学报（社会科学版），2019（7）：128－136.

③ 杨旭然. 新潮消费崛起. 英才，2018（8）：66－67.

费者认为健力宝公司已不存在了。

有一些经营非常火的项目，突然就失去了消费者，公司自己始终不明白原因在哪里。除了其他经营因素外，有的也是产品或项目的生命周期所致。

产品生命周期是由哈佛大学教授雷蒙德·弗农（Raymond Vernon）在《产品周期中的国际投资与国际贸易》中首次提出的，亦称“商品生命周期”，是指产品从投入市场到更新换代直至退出市场所经历的全过程。它主要是由消费者的消费方式、消费能力、消费结构和消费心理等因素决定的。①

雷蒙德·弗农教授认为，产品和人一样有生命周期，人要经历出生、成长、成熟、衰老等阶段，而产品也会经历导入期、成长期、成熟期、衰退期四个阶段。菲利普·科特勒（Philip Kotler）对产品生命周期理论进行了进一步研究，将其运用于四个方面：产品大类、产品形态、产品以及品牌。②

产品生命周期分为以下几个阶段：

导入期：产品开拓市场的一段时间，这段时间销售缓慢增长。在这一阶段，因为产品开拓市场需支付巨额费用，所以几乎没有利润。

成长期：产品被市场迅速接受和利润大量增加的时期。

成熟期：市场已经饱和，产品已被大多数潜在购买者接受，销售增速减慢的时期。这一时期，竞争加剧，为了维持产品的市场地位，营销费用日益增加，利润稳定或下降。

衰退期：销售下降的趋势增强且利润不断下降的时期。

现实中，有的商品生命周期较长，有的商品生命周期较短。有的公司注重通过长期的品牌培养延长产品生命周期，而有的公司在老产品生命周期来临时立即予以放弃，不断推出自己的新产品、新品牌。

大多数产品的销售和品牌最终会由繁荣走向衰退，最终没落，这个过程对于有的产品来说是缓慢的，对于有的产品来说是迅速的，有的产品的销量可能会下降到零，也有的可能在一个低水平上持续许多年。

销售下降的原因有很多，其中包括技术进步、消费者口味的改变、风俗习惯的变化、国际环境的变化、国内外竞争的加剧等。所有这些都可能导致某一产品的销售衰退。

当销售和利润下降时，有些公司退出了市场。留下来的公司可能会减少产品附带物，也可能从较小的细分市场和边际交易渠道中退出，还可能削减促销预算并进一步降低价格。

---

① Raymond Vernon. *International Investment and International Trade in the Product Cycle*. Elsevier Inc., 1992.

② Philip Kotler. “Marketing Management: Analysis, Planning and Control.” *Journal of Marketing*, 1 (1973).

（二）究竟是延长一个品牌的生命周期还是不断求新，重新树立新的品牌，需要根据自己公司的特点与管理手段而定

1. 根据现实情况，人们更喜欢新产品、新包装，所以一般情况下没有必要延长产品的生命周期

相对而言，对大多数商品来说，新品牌更容易被消费者接受，新产品比老产品更具吸引力。过去我们经常用的一些商品，现在再也买不到了，取而代之的是其他品牌的产品，这也说明老产品在不断地被新产品代替。

现实生活中也如此，大多数产品都在力求创新，例如创造出新品牌、新包装等，消费者使用的商品大多是新品牌、新包装。

所以对于很多商品来说，没有必要去延长它的生命周期。相对于开发出新产品、新包装来说，维持、延长老产品的生命周期可能更困难。

案例

报社的生命周期已过，要想人为延长生命周期就很难

某家报社原来深得读者喜爱，但由于各种原因，这家报社的质量一直处于不稳定状态，也不寻求发展与变革，最终被读者抛弃。报社换了几任领导，新上任的领导想让报纸恢复鼎盛时期的形象，于是采用了当时的报纸版面，然而同样没有得到读者的认可。

因为经过多次不稳定发展，读者对这家报纸已失去信心，它的生命周期已过，要想延长该报的生命周期已非常困难，不如重新改版，以全新的版面让读者重新接受该报。

但是，如果产品的品牌、包装等更换过快，公司花在宣传新品牌、新包装、重新得到消费者认可等方面的费用又是很大一笔，有时还会错过该产品发展的黄金时期。

所以公司随时要注意自己产品或项目的生命周期，了解该品牌的最长生命周期，从而决定是延长公司老品牌、老包装的生命周期还是重新创造新品牌、新包装等。

对于很多日常用品来说，它的品牌生命周期较短，所以如果原来某品牌的日常用品因为管理不善而倒闭了，新的日常用品想用原来的品牌并重新创造这种品牌过去的辉煌，可能会被认为是费力不讨好，也很难被消费者接受。因为该品牌的日常用品的生命周期已完全结束，再去延续原来的品牌，不如重新树立新品牌。

2. 根据自己公司的管理及产品特点，用策划手段延长商品的生命周期，也是一种商业策略

对于白酒类产品来说，因为越是时间久远的品牌越受消费者青睐，所以这种商品就更应注重甚至千方百计延长它的品牌的生命周期。

有的老品牌商品能长盛不衰，这离不开公司的策划手段与技巧。例如，尽管啤酒生命周期较短，但青岛啤酒却能较长时间维持市场占有率，得到消费者的长期青睐；

美国的可口可乐公司经过了几百年的发展还深得消费者的喜爱，这与该公司随时注意维持自己的公司形象、努力延长品牌的生命周期、加强公司管理是分不开的。该公司使得可口可乐从一种商业产品上升为一种美国文化，成为美国民族文化的一种象征。

产品生命周期的维持和延长，主要是通过策划的连续性、变化性、新颖性来实现的。

研究产品生命周期，从包装、宣传上不断满足时代的需要是很有必要的。我国的一些老品牌产品，其实质量很好，就因为没有研究产品生命周期，没有从包装、宣传上满足、跟上当代消费者的要求，正逐渐被淘汰或早已被淘汰。

掌握产品生命周期，对于有些生命周期短的商品来说更是至关重要。比如牙膏、洗衣粉、肥皂、香皂这些商品的生命周期都比较短，即便同一质量、同一口味的产品，换一下包装、品名后，也许就能继续保持公司的生存与繁荣；某种销路不是很好的牙膏，换一种包装和名字，也许就能得到消费者的青睐。

【电子资料 7－1】

呼啦圈从出现在市场上到难觅踪迹所经历的时间很短

有的商家不了解、不调查产品生命周期，眼看别人疯狂赚钱时再盲目跟进，但为时已晚，因为这种产品的生命周期很短。别人之所以能疯狂赚钱，是因为那时正值该产品的巅峰时期，而巅峰时期一过，风光就永远难以再现，无论想何办法也难以恢复。有的产品甚至根本再无市场，走向绝迹。那些不了解产品生命周期的企业等产品的巅峰时期已过再盲目跟进，当然就会走入死胡同，遭受严重亏损。

我们来看美国一位数学家兼商人通过充分调查了解产品生命周期，赚钱后立即抽身转向，借此发大财的案例。

案例

美国数学家利用产品生命周期大赚

魔方曾在中国风靡一时，不仅小孩，而且连成人也被卷入“魔方热”之中，魔方几乎成了家喻户晓的玩具。

魔方原本是一位匈牙利数学家发明的，但使魔方畅销全球的却是一位美国数学家。这位美国数学家到匈牙利数学家的家中做客，发现了桌子上放着的魔方设计图纸。美国数学家很有经济头脑，他一眼就看出里面有“油水”，便把它带回了美国，进行了技术性咨询。在了解了工艺、消耗、成本、市场需求后，确认这是一笔有利可图的生意，于是他就用 5 万美元向原发明者买下专利，在美国建立了一家生产魔方的公司。

通过策划实施，魔方在全世界流行开来。他又对这种产品做了市场调查及市场分析，预测这种玩具的生命周期很短，只能风靡一时，所以他决定只生产几批，等市场一饱和就立即转产。

果然，几年后，不但魔方市场很快饱和，“魔方热”也迅速降温。而此时他早已赚了几千万美元而转产了，那些盲目跟进、没有调查该产品生命周期的商家，当然只能积压亏损了。

3. 面对产品生命周期，很多公司只是从感情角度对待而不是遵循理性的商业规律

可惜的是，面对市场衰退，大多数公司未能及时制定出一种周密的应对政策，以处理它们已经老化的产品或忍痛关闭公司。相反，是感情在起作用，于是，要完全让某产品退出市场或让它们自行灭亡是一件非常困难的事，经常会引起很多人感情上的痛苦。

管理层对老化的产品退出市场也有某种迟疑。他们往往会抱有很多幻想：或者认为在经济改善后，或策划战略修订后，或产品被改进后，销量将会上升；或者认为老化的产品对公司其他产品的销售仍有贡献，因而把它保留下来；或者认为这种老化的产品的收入可以弥补它的付现成本，而该公司暂时没有更好的项目或产品。

除非有强有力的保留理由，否则继续经营一种产品生命周期接近终点的产品对公司而言代价是非常高的。它的成本不只那些已投入的无法收回的管理费等，还有不体现在账本上的机会成本：老化的产品可能会导致管理层浪费时间，公司支付更多的广告费，员工付出更多努力，如果把这些资源转移到新的产品上将会更有利。此外，老化的产品在市场上的不适宜性也会给顾客带来负面影响，长此以往会损害公司的形象。

长期艰难地维持生命周期早已结束的产品或项目可能会使公司在将来付出非常大的代价。由于没有在适当的时机淘汰产品，老化的产品会延误积极寻找替换品的工作；使产品组合失去平衡，干扰公司开发有竞争力的产品，削弱公司的竞争能力，甚至使公司错失发展时机，从而影响公司未来的发展前景。

（三）产品生命周期理论也受到一些评论家的批评

评论家们认为，产品生命周期的形状实在太多了，这一点可由不同产品的生命周期的种种形状所证实。他们指责说，产品的这些阶段并没有可预见的期间。换句话说，产品生命周期缺乏活的有机体所具有的各个阶段的固定顺序和固定长度。

宝洁公司偏爱在被别人遗弃的品牌名称上做文章，让其重新恢复青春。其发言人声称，根本不存在产品生命周期这个概念。他们指出：象牙牌、佳美牌和其他许多“富孀”品牌的产品依旧永葆青春，经久不衰。对此，宝洁公司引用了一个案例。

案例

宝洁公司调整方法延长产品生命周期

宝洁公司曾经推出一种“不油腻”的文卓护手霜。该护手霜被装在倒立式瓶子里，可从瓶底流出。尽管刚开始时销售量颇为可观，但是后来的销售情况却令人失望。消费者抱怨这款护手霜总粘在瓶底，“不油腻”就意味着效果不佳。

于是宝洁公司做了两个方面的调整：首先，将装文卓护手霜的瓶子改为正立式；然后，重新改进护手霜的配方，提高使用效果。结果销售额又上升了。

不过笔者还是认为，产品生命周期是存在的，对产品生命周期的研究也是非常重要的。像宝洁公司这样在被别人遗弃的品牌上做文章，是很少见的一种现象。虽然产

品生命周期确实可以通过一定方法延长，但再财大气粗的公司，也难以让过气的产品起死回生，不如将资源投入到新产品上。

（四）如果不认真对待产品生命周期问题，可能带来严重的后果

对于新兴的旅游项目，一定要注意它的产品生命周期，这个周期应该如何核算，要根据自己的项目情况而定。如果这些项目只能吸引周边游客，而难以吸引省内其他城市的游客，那么此项目的生命周期就会非常短。

有的项目能吸引省内游客，但无法吸引全国各地游客，根据产品生命周期理论，这种项目几年后也难以为继。这种项目在前期经常出现人满为患的场面，当本省游客基本来过后，因无新游客瞬间就出现了与热闹时完全相反的场面，很少再有游客来光顾，而经营的公司还不知道问题出在哪里。

笔者遇到或研究过不少这样的公司，比如20世纪成都金堂县建设的世界动物园，刚开始时异常火爆，过了几年就被迫停业。甚至全国知名景区四川雅安的碧峰峡也有过此经历，在极其繁荣后陷入了经营困境。

这主要是项目（产品）生命周期的缘故。

案例与分析

四川大英死海景区昔日热闹非凡，目前成为“卖不掉”的资产

风靡一时的中国死海转为“太阳城”

2020年7月21日，距四川遂宁大英死海景区（以下简称死海）恢复营业已过去1个多月，这两天连日阴雨，鲜有游客。比阴雨天更让景区员工担心的，是该景区近几年持续下滑的经营状况和日益严重的债务问题。

1个多月前，死海恢复营业第3天，大英县法院就下达了执行裁定书：死海旅游度假有限公司现无银行存款、不动产等，名下土地全部被查封，公司法人代表白燕川被限制消费。

这并不是白燕川第一次被限制消费。这位死海的创始人，自2015年以来多次被列入中国执行信息公开网“限制消费人员”名单。除此之外，他还14次被列入全国法院“失信被执行人名单”。

被限制消费和被列为“老赖”的背后，是白燕川名下一系列企业的“滑铁卢”——就连曾经连续5年黄金周门票收入排名四川第一的死海（见图7-1），在接待量与收入持续下滑后，如今也成为“卖不掉”的资产。

这个北纬30°上的神奇景区，曾经风靡全国的“中国死海”，会从此以后慢慢死去吗？它正在尝试的自救，能否让它向死而生？

目前死海正在提档升级为“太阳城”。

进入死海，视线越过入口的泳池，可以看到一幢被围栏包围的白色建筑，非常醒目。工人正在对房屋外墙刷漆，但房屋内部依然是几年前“清水房”的样子。

这个外观酷似泰姬陵的名叫太阳城的建筑，早在2013年就投资启动，计划投入2

图 7-1　死海热闹时的景象

亿元。因资金问题，项目一度搁浅，直到 2019 年底，景区启动新一轮提档升级，这个项目才重新启动，并成为提档升级的重点之一。

想要转让，但无人接手

2019 年 11 月 9 日，死海名下的一宗土地挂网拍卖，评估价为 2 640 万元，起拍价为 2 112 万元，以流拍告终。这已是该宗土地第二次进行拍卖，但仍无人接手。

做出拍卖这个决定并不容易，因为公司法人白燕川曾在这个项目上倾注过全部心血。

一方面，白燕川很想让死海像其他项目一样走破产重组路线，通过出售、转让股权债权等来减轻自己的债务压力。另一方面，他又希望死海能够继续存在，“姓白姓黑不重要，只要死海还在”。

白燕川认为，目前死海仍然是值钱的。“现在提档升级的项目，资金都是施工方垫付的，他们不怕死海不值钱。”白燕川解释称，如果破产重组或者变卖，根据约定，也会优先支付给这些债权人。

死海黄金周门票收入曾连续 5 年在四川省各景区中名列第一

2002 年，白燕川带着天友团队，在大英县投资 20 亿元新建中国死海旅游度假区。次年开业后的连续多年里，死海平均每年接待中外游客 100 多万人次，曾连续 5 年“五一”“十一”黄金周门票收入在四川省各景区中名列第一。

营收盆满钵满的同时，荣誉也纷至沓来。景区先后获评首批“国家旅游名片”“中国十大特色休闲基地”等称号。2015 年 5 月，白燕川本人被国家旅游总局授予旅游业最高荣誉奖“飞马奖”。

彼时的白燕川信心满满，面对媒体采访，他表示争取到 2020 年，将死海旅游度假区打造为国内领先、国际一流的国家级旅游度假区和全球知名的文化休闲娱乐旅游度假目的地。

他甚至不再满足于一个死海——到 2015 年获奖之前，白燕川在全国的布局已基本成型，北京、天津、南京、重庆等多个城市都有他打造的水上娱乐项目。

从中国旅游业的标杆变成了“老赖”

如今，2020 年之约已至，白燕川的豪言壮语已变得苍白无力。甚至，他本人还从中国旅游业的标杆变成了“老赖”。

2019 年 4 月 24 日，全国企业破产重整案件信息网发布《南京欢乐水魔方旅游有限公司重整投资人竞争性谈判公告》，该公司注册于 2010 年，最终受益人为白燕川和他的妻子。

天眼查显示，截至谈判公告当天，该公司的母公司北京欢乐水魔方有多个司法风险，其中法律诉讼 31 起，涉及金融借款纠纷、融资租赁合同纠纷，全部发生在 2017 年。

同样是在 2017 年，白燕川投资兴建的重庆龙门阵旅游度假有限公司，因不能清偿到期债务申请破产重整。该公司旗下的“欢乐水魔方”等两大主题乐园，在 2009 年建成营业时是重庆投资规模最大、设施最先进的现代主题乐园之一。

项目破产重整，白燕川本人也受到影响。中国执行信息公开网公布的消息显示，自 2015 年以来，白燕川共计 230 次登上全国法院“限制消费人员”名单，主要集中在 2017—2019 年。对此，白燕川解释：“案件其实并没有那么多，只是担保的公司较多，所以数量看起来多。”

同时，他还因有履行能力而拒不履行生效法律文书确定义务，先后 14 次登上全国法院“失信被执行人名单”。其连锁水公园品牌欢乐水魔方系列均被法院列入失信公司、限制高消费企业名单。

失败原因：除了旅游业还进军房地产业

按照白燕川的说法，天友集团专做旅游，在项目定位、产品 IP 打造和项目管理方面获得了长足发展。

那么，为何会“阴沟里翻了船”？“宏观政策变化加微观投资失误”，白燕川认为，自己的困境主要是因旅游业投资大、回报周期长，导致资金出现问题。

他以 2013 年投资白马王朗项目为例来说明，认为项目陷入困境的主要原因，是绵阳到九寨沟的高速公路推迟建设。“为保银行征信正常，就只有不停地到期还钱，但后来银行不断降低额度，最后干脆只收款不贷款。”白燕川称，甚至企业临时拆借的短期高成本转贷资金，也被银行收了不再放出来，资金链就被拉断了。

但遂宁坊间传言，导致白燕川困局的原因还有一个——投资房地产项目。

公开资料显示，2016 年 1 月，遂宁市天友国际酒店有限公司、遂宁市新川房地产开发有限公司，以 1.31 亿余元的价格拍得“天友文化旅游园 · 花千里”项目地块。该地块原系遂宁天友酒店用地，酒店因严重亏损难以为继后被拆除。

死海能否成为白燕川最后的救命稻草？

但与 10 年前年接待游客上百万人次相比，如今的死海已不复昔日辉煌。根据遂宁当地文旅部门发布的数据，以春节期间为例，2013—2016 年，死海接待游客都在 3 万人左右，但到了 2019 年，仅为 1.09 万人。国庆期间，更是从 2015 年的 6 万人降至 2017 年的 2.8 万人。

不过，作为手中仅有的“好牌”，白燕川仍然决定靠其自救。

“公司在加快依法处置天津、南京、重庆的易处置资产减轻负债。”白燕川说，通过引进战略产业投资者，确保死海和白马王朗等不易处置的景区项目可持续经营。

当地政府也在力保死海这张名片。

据大英县文旅部门相关负责人介绍，当地正全力推动死海提档升级等重大文旅项目建设。自2019年以来，依托中国死海核心景区和相关项目，大英县正积极创建天府旅游名县，并最终成为首批天府旅游名县的候选县之一。

"根据企业上报的情况，死海这一轮提档升级预计投入5个亿。"该负责人表示，在企业修建项目审批上，该局将尽力协调相关部门，帮助死海早日完成升级，"我们现在每周都会去一趟死海，关注他们项目的修建情况。"

但在资金吃紧的情况下，提档升级能不能顺利完成，完成后又是否能达到预期效果，白燕川自己也没有十足的底气，他甚至仍然在想卖掉死海，只是现在"真的没人买"。

资料来源：刘虎. 老总身负230条限制消费令成"老赖"，四川大英死海能否向死而生？https://view.inews.qq.com/a/20200723A0M5M000? uid=100193397943&chlid=news_news_cd&qimei=99001398025038&devid=69a6cbc19c8a2142&shareto=wx，2020-07-23.

案例分析：本案例刚好涉及了产品生命周期、企业转型等问题，可以说国内新兴旅游业无一不经历此劫难，但极少有企业能够全身而退。

很多企业轻视理论，以为理论研究无用，等发展到一定的阶段后已无法逃脱倒闭的命运时再来研究理论往往为时已晚。因此，一家企业若想实现长远发展，必须重视对相关理论的研究。

参考文献

韩军，潘成云．产业目标消费群生命周期规律探析．经济师，2002（5）.

赖芸池．跨越产品生命周期陷阱：实体书店行业的发展策略研究．河南牧业经济学院学报，2020，33（2）.

梁丽君，罗隆．物质主义、改变期望与炫耀性消费的理论关系模型研究．中国商论，2017（12）.

廖可贵，桂学文，张凌云．论以女性消费群体为目标的网络营销广告制定策略．商业经济研究，2017（13）.

刘丹，李玲．炫耀性消费的现状与展望．现代商贸工业，2018（11）.

刘园，李捷嵩．居民收入分布与炫耀性消费．中央财经大学学报，2018（1）.

孟弘毅，邢洪金．产品和产业生命周期与价格变化规律研究．企业管理，2018（12）.

庞筑丹．如何破解乡村旅游同质化难题．人民论坛，2020（4）.

社会化营销 直击消费群 多渠道沟通目标群体 演绎另类营销．声屏世界·广告人，2015（8）.

孙佳琦．奢侈品消费中的非炫耀性消费倾向探讨．心理月刊，2020，15（8）.

唐德森．产品开发、创新与创业产品选择——产品生命周期视角．科技经济导刊，2020，28（16）.

王娟．“受众同质化”现象初探．新闻研究导刊，2020，11（10）.

王伟晗，崔伟强，王清成．基于产品全生命周期评价的环境影响分析．应用技术学报，2020，20（2）.

王曦，房建恩．乡村旅游产品同质化问题分析及对策研究．江苏农业科学．2020（2）.

王轶红．炫耀性消费：一种不容忽视的民族文化心理．边疆经济与文化，2018（10）.

颜开红，胡燕，郭颖．小米公司的国际营销战略研究——基于产品生命周期理论视角．商业观察，2020（1）.

于茜．全球化传播中“受众同质化”现象初探．传媒国际评论，2013（00）.

张会恒．论产业生命周期理论．财贸研究，2004（6）.

Alemany，M. M. E.，Ortiz，A.，Fuertes-Miquel，V. S. “A Decision Support Tool for the Order Promising Process with Product Homogeneity Requirements in Hybrid Make-To-Stock and Make-To-Order Environments. Application to a Ceramic Tile Company”. *Computers & Industrial Engineering*，122（2018）.

Chris-Marco Sattler，Hans-Dieter Rohe. “New Innovative Behavior in the Food Market（Germany）—Presented on the Target Groups Industry，Food Stores and Consumer.” *Journal of Food Products Marketing*，2（2002）.

Clandio Favarini Ruviaro，Cristiane Maria de Leis，Thiago José Florindo，Giovanna Isabelle Bom de Medeiros Florindo，Jaqueline Severino da Costa，Walter Zhongzhong Tang，Andrea Troller Pinto，Sebastião Roberto Soares. “Life Cycle Cost Analysis of Dairy Production Systems in Southern Brazil.” *Science of the Total Environment*，741（2020）.

Dong Yang，Xuexiu Jia，Mengyuan Dang，Feng Han，Feng Shi，Hiroki Tanikawa，Jiří Jaromír Klemeš. “Life Cycle Assessment of Cleaner Production Measures in Monosodium Glutamate Production：A Case Study in China.” *Journal of Cleaner Production*，270（2020）.

Faschan，Chailan，Huaman-Ramirez. “Emerging Adults' Luxury Fashion Brand Value Perceptions：A Cross-Cultural Comparison between Germany and China.” *Journal of Global Fashion Marketing*，3（2020）.

Huisheng Lyu，Jia Zhang，Ziwei Zhai，Yongxin Feng，Zhongfeng Geng. “Life Cycle Assessment for Bioethanol Production from Whole Plant Cassava by Integrated Process.” *Journal of Cleaner Production*，269（2020）.

Isaac J.，Monica K.，Krupa A. R. “Attribution Analysis of Luxury Brands：An Investigation into Consumer-brand Congruence through Conspicuous Consumption.” *Journal of Business Research*，116（2020）.

Kendrik Yan Hong Lim, Pai Zheng, Chun-Hsien Chen. "A State-of-the-art Survey of Digital Twin: Techniques, Engineering Product Lifecycle Management and Business Innovation Perspectives." *Journal of Intelligent Manufacturing*, 6 (2020).

Meiyan Li, Dong Xu, Zhaojun Steven Li. "A Joint Modeling Approach for Reliability Growth Planning Considering Product Life Cycle Cost Performance." *Computers& Industrial Engineering*, 145 (2020).

Mona Mrad, Joelle Majdalani, Charles Chi Cui, Zeinab El-Khansa. "Brand Addiction in the Contexts of Luxury and Fast-fashion Brands." *Journal of Retailing and Consumer Services*, 55 (2020).

Mundi M. I., Alemany M. M. E., Poler, R., Fuertes-Miquel, V. S. "Fuzzy Sets to Model Master Production Effectively in Make-to-Stock Companies with Lack of Homogeneity in the Product." *Fuzzy Sets and Systems*, 293 (2016).

Pengwen Hou, Ziyan Zhen, Hubert Pun. "Combating Copycatting in the Luxury Market with Fighter Brands." *Transportation Research Part E*, 140 (2020).

Petra R., Adamantios D., Judy A. S. "Cosmopolitan Consumers as a Target Group for Segmentation." *Journal of International Business Studies*, 3 (2012).

Rainer Kleber, Marc Reimann, Gilvan C. Souza, Weihua Zhang. "On the Robustness of the Consumer Homogeneity Assumption with Respect to the Discount Factor for Remanufactured Products." *European Journal of Operational Research*, 2018, 269 (3).

Róisín D., Tatiana S. M. "Foreign Location Decisions Through an Institutional Lens: A Systematic Review and Future Research Agenda." *International Business Review*, 4 (2020).

第八章

MASTERMINDING

以手机为载体的 App 时代的策划与网红时代

第一节 传统媒体与传统营销的瓦解

先来看下面的分析。

专题研究

中国传统媒体报纸的洗牌如此迅猛

时代带来的行业变革谁也无法阻挡!

谁会想到，曾经风光无限的报纸行业几年内就遭到了时代的抛弃，曾经年盈利上亿元甚至几亿元的报纸，如今很多已经关闭，剩下的也鲜有盈利的，都是在艰难中求生。要不是因为这一行业特殊，政府要保护一批，市场报恐怕没有几家能够留下。

曾经如雷贯耳的大报《京华时报》是《人民日报》主管的一份市场报，市场估值曾经达到37亿元，单月广告收入2亿元，超过《广州日报》居全国各类报纸广告刊登额之首，单月占北京早报的市场份额超过75%，读者数超过《新京报》和《北京青年报》读者数的总和。如今《京华时报》已经关闭!

《新京报》是《光明日报》和《南方日报》两大报业集团联合主办的综合类大型城市日报，于2003年11月11日正式创刊。《新京报》是中国两个党报报业集团第一次合作所办报纸，是中国第一家得到国家有关部门正式批准的跨地区经营的报纸，是一个高度密集覆盖北京市场的强势新主流纸质媒体。如今，新京报社被划归北京市管理，但后续发展同样让人担忧。

《东方早报》是2003年上海文汇新民联合报业集团出版的报刊。2016年12月，该报业集团决定，从2017年1月1日起《东方早报》休刊。

资深媒体人石扉客就《东方早报》停刊消息评论称，《东方早报》如停刊，不仅不是问题，还是绝对正确的战略决策。“我至少三年没看过这份报纸了，不是报纸不好，而是不需要买报纸看。”

有媒体曝料《燕赵都市报》三个多月里只发基本工资，发不出稿费，而它曾是世界百强报，2007年发行量排名世界第39，全国第9，是北方发行量最大的地方报纸。

《成都商报》是第一份借壳上市的报纸，公司名为博瑞传媒。它每年的广告收入可达十几亿元，如今已经陷入亏损。

《中国青年报》是共青团中央机关报，除这个标签外，它还是一份有强大影响力的中央主流大报。从2017年1月1日起，周六、周日改出“移动周末版”。也就是说，从

2017年元旦起，《中国青年报》已正式改为周五刊。

2017年12月，湖北日报旗下的《楚天金报》正式休刊。这家报纸从创刊至停刊仅用了16年，曾立志打造成为“中部第一、中国一流”的财经类媒体，却止步于2017年冬天。

成都的《华西都市报》是西部影响最大的纸质媒体，中国都市报的鼻祖，号称报纸中的黄埔军校，因为它培养了很多报业领导。前几年每天有几十版，订户光靠卖旧报纸就足以抵订报费用，可从2017年起一般只有十几版了。

为了改变困境及应对竞争，《华西都市报》也在求变，2016年5月4日，它开设了“封面新闻”客户端、封面新闻网等媒体平台。

专题研究

传统商场迎来倒闭潮

受移动互联网的冲击，到2016年8月，成都已有10 000家实体店倒闭，130多家在建商业综合体未开业就面临死亡！

由于租金协调未果，位于成都盐市口的摩尔百货天府店在2016年4月7日迎来营业最后一天，成为成都2016年第一家闭店的商场。建设路商圈“老大哥”成都华联商厦于2016年6月20日闭店！

从2005年到2009年，成都总府路商圈内就陆续有百盛和西武百货搬迁和撤离。随后，2011年和2013年地处成都最繁华的春熙路商圈的NOVO百货第一城店和太平洋百货春熙店也先后关闭。此外，更让人大跌眼镜的是2014年12月开业不到半年的NOVO百货从天府广场的“今站购物中心”再次撤场。

曾经以时尚和奢侈品闻名的仁和春天也彻底退出成都！

这些倒闭的商场曾经是市民们购物的首选。

成都只是全国的一个缩影。

本节第一个专题研究反映的是作为新媒体的互联网、手机自媒体已经打败了强大的传统媒体报纸；本节第二个专题研究反映的是电商与传统渠道流通商的竞争已经迈过了分水岭，电商已经占优。

这两件事与策划紧密相关，因为媒体传播与销售渠道正是策划学研究的核心内容。

在巨变的时代，只有追波逐浪才能顺应时代的潮流，不然就会被淘汰。当前正处于关键的经济模式转换时期，与以前很多关键路口一样：风险与机遇并存。

每当处于这种经济、技术转换的时代，就会出现一批全新的企业，而曾经风光的企业有可能将成为历史。

我们缺乏的从来不是市场，而是新产品或能引起消费者兴趣的消费形式。当电商、自媒体出现的时候，人们争先恐后地接受它、消费它，从而带动了消费升级。

传统媒体报纸的衰落、网络媒体的崛起也是互联网这一新技术发展的必然结果。互联网引发了传播领域的巨大变革。

在传统商场倒闭、电商强势的时候，电商流通渠道成本也会增加。

本来中国的传统流通渠道成本高昂，除了有很高的显性成本外，还有一些隐性成本。

【电子资料 8－1】

十几家苦苦挣扎的零售商

【电子资料 8－2】

2019 年成为英国零售业最困难年份之一

很多商家寄希望于电商能改变这种现状，但可能事与愿违。当电商与传统渠道相比处于弱势地位的时候，电商会降低费用吸引商家，而当电商处于强势地位的时候，同样会提高流通平台费用。

以某种白酒商品进入渠道来举例：

进入某连锁企业卖酒，入场费用每店每年 800 元，如果需要 300 个店则需要先缴纳 240 000 元。结账价为终端价的 75%，另外还需要缴纳各种广告费、活动费等。

进入电商，如国内某专业酒类电商，需要一次性缴纳 30 万元平台入场费。

对一个新产品来说，这个入场流通费用相当高了，而且这个费用与产品是否卖出无关。

中国酒水流通领域的规则是：出名品牌不收入场费用，这也符合常理，因为如果收取这些厂家的费用就是自断财路，毕竟厂家不供货，商场或平台就没有货源；其余商家都需要缴纳不低的费用。

电商与传统门店之争在世界各国都在上演，只要是网络能够支持的地方都在发生这种变化。零售业正在进行一场争先恐后的破产运动，就连大型连锁店也开始大举关闭业绩表现欠佳的门店，这导致 2019 年门店关闭数量陡增。

案例

中国鞋履品牌“达芙妮”在电商时代的战略谋划失误：关店千家，亏损过 8 亿

曾经在国内市场叱咤风云的鞋履品牌达芙妮经营业绩继续恶化。现在，它交出了史上最糟糕的年度财务报表。

2019 年 4 月 15 日，该公司发布的 2018 年财务报告显示，该公司营业额为 41.271 亿港元，同比下滑 20.8%，毛利为 20.61 亿港元，下滑 25.1%，经营亏损额为 7.866 亿港元，较上一年有所增加（上一年经营亏损额为 6.888 亿港元）。

对于营业额的显著下滑，达芙妮解释称，这主要是由于其核心品牌业务店铺数目由 2017 年年末的 3 589 个减少至 2018 年年末的 2 648 个（减少 26.2%），以及同店销售下跌，进而导致其销售额下滑。关于毛利的下滑，达芙妮则称是由过季存货在销售组合中占比增加导致。

“2018 年，本集团继续实施业务转型策略，旨在恢复盈利。然而，不利的经济环境打击了消费欲望，使得本集团业务转型计划的效果未能在 2018 年财务业绩中全面反映出来。”达芙妮在 2018 年的年报中表示。

面对日益恶化的经营环境，这家公司一方面选择加速关闭亏损店铺，以提升整体经营效益，另一方面则试图通过在更时尚的购物中心的销售渠道增加其市场渗透率，以适应快速变化的消费模式及消费者偏好。

年报显示，2018 年，达芙妮净关闭 1 016 个销售点。不过截至 2018 年年末，公司依然拥有销售点总数 2 820 个，包括核心品牌业务销售点 2 648 个及其他品牌业务销售点 172 个。

数据显示，达芙妮曾经有过一个疯狂扩张的历史时期。2003—2009 年，其店铺总数由 739 家发展到 6 702 家。2012 年，达芙妮门店数量迎来了它的峰值，达到 6 881家。

达芙妮在其 2018 财年年报中承认，愈发艰难的经营环境阻碍了公司的业务转型，跟上日益复杂的消费者需求及应对激烈的竞争变得越来越充满挑战。为迎接这样的挑战，除了采取关闭店铺的措施之外，达芙妮还进行了严格的存货管理，通过大幅打折的方式加快清理过季存货。达芙妮在年报中称，收窄的零售网络及折扣共同对本集团的营业额及毛利造成了下行压力。

此外，达芙妮称，公司在努力提升供应链速度。过去一年，公司已开始寻找能够缩短交货周期的制造商，以便在较短时间内将不同种类的产品订单量维持在可管理的水平，从而降低由于对需求的预测偏差而导致的存货积压风险。为此，2018 年，达芙妮持续整合仓库以提升供应链管理，包括关闭若干个区域仓库，并整合其余的仓库。此举可以缩短由仓库至店铺的产品交付的整体运输距离、缩短到店时间。

大众鞋业巨头的陨落令人唏嘘，业内分析认为，达芙妮跌落神坛与其在电商时代的战略谋划失误不无关系。早在 2010 年之前，达芙妮就已经入驻天猫，其后和京东、好乐买、唯品会等数十家线上销售平台达成合作。但此后，达芙妮砸了 3 000 万元人民币选择投资成立于 2009 年的“耀点 100”，为此，达芙妮甚至关闭了京东、乐淘和好乐买等优势电商分销渠道。不幸的是，2010 年 5 月进入试运营的“耀点 100”两年后因资金链断裂停止了运营。

“耀点 100”的失败给了达芙妮的电商业务重重一击。直到 2013 年，达芙妮在其年报中才重新重视起电商的发展。不过，此时鞋履品牌的电商竞争已经进入更加激烈的时期。

除此之外，达芙妮被市场诟病的地方还在于这些年未能抓住客户的心理，产品研发能力不足。达芙妮自身也一直希望在这方面有所作为。

在此次年报中，达芙妮表示，公司致力于强化产品研发，重点放在时尚、舒适的运动休闲鞋上，亦将扩大其产品范围，以满足具有不同需求的顾客，适应快速变化的消费者偏好和消费模式。

资料来源：李紫宸．“达芙妮”交出史上最糟糕业绩：关店千家 亏损过 8 亿．经济观察报，2019-04-16，http://finance.sina.com.cn/stock/hkstock/ggscyd/2019-04-16/doc-ihvhiqax3250946.shtml?cre=tianyi&mod=pchp&loc=40&r=0&rfunc=96&tj=none&tr=12.

第二节　以电脑为终极载体的互联网已经发展到以手机为终极载体的 App

【电子资料 8－3】

目前中国主要的综合类电商均重点发展 App 业务

随着网络和手机技术的发展，人们的购买行为、休闲娱乐、信息来源分别从传统的实体商店、书籍影院、媒介（报纸、电视）过渡到了以电脑为终极载体的网络销售、在线游戏及影视、互联网，目前又发展到了以手机为终极载体的 App 销售、App 游戏及影视、App 资讯。

特别是中国又发展到了以手机为支付方式的时代，现金交易在普通人生活中已经极少被采用，所以当今的策划或营销都要围绕这种变化展开。

◆ 资料 ◆

全球 App 收益排行榜：11 家中国企业入选　腾讯排在首位

提供 App 数据的美国 App Annie 发布了基于全球 App 的 2019 年一年收益、下载次数和月均用户数的“Top Publisher Awards”。在 App 收益居前列的 52 家企业中，美国企业有 17 家，中国企业有 11 家，日本企业有 11 家（见表 8－1）。App Annie 认为，以游戏等为中心，各国 App 的竞争将日趋激烈。

该公司分析了美国苹果的应用商店 App Store 和面向安卓的 Google Play 合计的 App 收益、iPhone 和安卓上的 App 下载次数和月均用户数的增长。

2019 年通过 App 获得最多收益的企业是腾讯控股，智能手机游戏王者荣耀等受到欢迎。第 2 位是网易，第 3 位是推出 Candy Crush 等的美国 Activision Blizzard，收益排行榜前几名均为游戏企业。App Annie 的统计显示，提供游戏应用的企业的收益占应用商店整体收益的约 7 成。

日本企业中，BANDAI NAMCO 排在第 5 位。该公司 2015 年开始发行的《龙珠 Z：激战》持续在全球走红。App Annie 驻日本代表总监向井俊介表示：“可以说号召力强的 IP 的全球化成为获取高收益的一种形式。”

涉足交友 App“Tinder”等的美国互联网综合企业 IAC 是首个跻身前 10 的非游戏 App 企业，排在第 10 位。

按 App 来看，在非游戏 App 中，日本下载量同比增长率最高的是软银集团的手机支付 App“PayPay”，排名第 2 位的是 NTT docomo 的“dbarai”，它借助 2019 年 10 月提高消费税之际的积分返还而迅速普及。排名第 3 位的是日本音娱时间娱乐公司的卡拉 OK 应用“Pokekara”。这款 App 能给自己的歌打分，制作视频后在 App 内和社交网站（SNS）上分享。向井俊介表示，它适合当今通过建立小社区来娱乐的消费者。

App Annie 还按领域调查了月均用户人数同比增长率高的 App。在金融领域，排名第 1 位的是“PayPay”，排名第 2 位的是“dbarai”，排名第 5 位的是“三井住友银行 App”。传统金融机构也在加快创造与消费者接触的机会。

表 8-1 App Annie 全球 52 强下载商全球 ios 和 Google Play 综合收入

排名	所属公司	国家	排名	所属公司	国家
1	腾讯	中国	27	莉莉丝游戏	中国
2	网易	中国	28	IGG	中国
3	Activision Blizzard	美国	29	Electronic Arts	美国
4	Supercell	芬兰	30	三七互娱	中国
5	BANDAI NAMCO	日本	31	阿里巴巴	中国
6	Netmarble	韩国	32	Disney	美国
7	Playrix	爱尔兰	33	Moon Active	以色列
8	Sony	日本	34	NEXON	日本
9	Playtike	以色列	35	Roblox	美国
10	InterActiveCorp（IAC）	美国	36	DeNA	日本
11	Zynga	美国	37	Sea	新加坡
12	LINE	日本	38	Microsoft	美国
13	SOUARE ENIX	日本	39	GAMEVIL	韩国
14	Aristocrat	澳大利亚	40	Epic Games	美国
15	Google	美国	41	Scopely	美国
16	mixi	日本	42	Scientific Games	美国
17	Niantic	美国	43	紫龙游戏	中国
18	百度	中国	44	Liberty Media	美国
19	AT&T	美国	45	Glu	美国
20	NCSOFT	韩国	46	龙创悦动	中国
21	CyberAgent	日本	47	友塔游戏	中国
22	FunPlus	中国	48	Kakao Corp	韩国
23	KONAMI	日本	49	MZ	美国
24	Netflix	美国	50	任天堂	日本
25	GungHo Online Entertainment	日本	51	MagicLab	英国
26	Peak Games	土耳其	52	Mail. Ru Group	俄罗斯

说明：所属公司根据 50%以上控股方确定；数据截至 2019 年 12 月 31 日（含当日）。

资料来源：App Annie. 全球 APP 收益排行：腾讯排在首位. https://tech. sina. com. cn/i/2020-04-13/doc-iirczymi5971717. shtml?cre=tianyi&mod=pchp&loc=40&r=0&rfunc=7&tj=none&tr=12，2020-04-13.

以上数据显示，以手机为终端载体的 App 在游戏娱乐等方面有了极大发展，甚至已经远超以电脑为终端载体的互联网。

专题研究

中国当前获取信息、娱乐休闲、社交领域影响较大的App

1. 微信及朋友圈（取代报纸获取新闻、信息）

【电子资料8-4】

中国十大外卖 App

微信是腾讯公司于2011年1月21日推出的一款为智能终端提供即时通信服务的免费应用程序。它支持单人、多人参与，通过手机网络发送语音、图片、视频和文字。微信提供公众号、朋友圈、消息推送等功能，同时，用户可以将内容分享给好友以及将看到的精彩内容分享到微信朋友圈。

当前中国人通过微信获取信息，进行娱乐休闲以及支付已经普及，从街头市民到偏远农村的农民，只要稍识字，就会使用微信的以上几大功能。即使不识字的农民，也能用微信的语音功能在朋友、亲戚间代替口头传播、交流信息。

2013年8月15日，微信海外版（WeChat）注册用户突破1亿；2014年3月，开通支付功能。到2016年6月，微信已经覆盖中国94%以上的智能手机，月活跃用户达到8.06亿，用户覆盖200多个国家、超过20种语言。此外，各品牌的微信公众号总数已经超过800万个，移动应用对接数量超过85 000个，广告收入增至36.79亿元人民币，微信支付用户则达到了4亿左右。

2020年3月，微信及WeChat的合并月活跃账户数达11.65亿，同比增加6.1%。2020年第一季度，微信及WeChat的月活跃账户数达12亿，同比增加8.2%。微信通过小程序进一步融入日常生活服务，尤其是在日用品购买及民生服务方面。这令小程序用户迅速增长，日活跃账户数超过4亿（截至本书完稿时）。

2. 今日头条（取代报纸获取新闻、信息）

今日头条是由北京字节跳动科技有限公司（简称字节跳动）2012年3月开发的一款基于数据挖掘的推荐引擎产品。该公司是中国第一家用机器算法向受众推送新闻或信息的公司，它改变了将新闻或信息按重要性推送给受众的传统手法，为后来很多公司所效仿。

今日头条是基于个性化推荐引擎技术，根据每个用户的兴趣、位置等多个维度进行个性化推荐，推荐内容不仅包括狭义上的新闻，还包括音乐、电影、游戏、购物等资讯。

今日头条根据用户的社交行为、阅读行为、地理位置、职业、年龄等挖掘出用户的兴趣，通过社交行为分析，5秒钟计算出用户兴趣；通过用户行为分析，在用户每次有所动作后，10秒内更新用户模型；对每条信息提取几十个到几百个高维特征，并进行降维、相似计算、聚类等计算去除重复信息；对信息进行机器分类、摘要抽取、LDA主题分析、信息质量识别等处理。

今日头条根据人的特征、环境特征、文章特征三者的匹配程度进行推荐：实时推荐，0.1秒内计算推荐结果，3秒完成文章提取、挖掘、消重、分类，5秒计算出新用户兴趣分配，10秒内更新用户模型；根据用户所在城市，自动识别本地新闻，精准推荐给当地居民；根据用户年龄、性别、职业等特征，自动计算并推荐其感兴趣的资讯。

2016 年 9 月 20 日，今日头条宣布投资 10 亿元补贴短视频创作，后独立孵化 UGC 短视频平台火山小视频和抖音短视频。2017 年 1 月，中国第一批认证的 8 组独立音乐人入驻今日头条。2017 年 2 月 2 日，今日头条全资收购美国短视频应用 Flipagram。

3. 抖音或快手（取代电视获取视频娱乐、新闻、信息）

抖音 App 是一款社交类软件，其用户可以通过短视频分享生活常事及各种奇闻趣事，表达自我，用视频记录美好生活，同时也可以交友。

抖音 App 于 2016 年 9 月上线，最初是一个专注于年轻人音乐短视频的社区平台，由今日头条孵化，用户可以通过这款软件把拍摄、剪辑的视频配上歌曲、纯音乐背景形成的作品上传到平台，同时平台会根据用户的爱好，向用户推荐喜爱的视频。

抖音用户可以通过视频拍摄快慢、视频编辑、特效（反复、闪一下、慢镜头）等技术让视频更具创造性，而不是简单地对嘴型。

抖音平台最初是针对年轻用户，但发展到现在已经普及，与微信发展过程一样。加之视频形式比文字更直观，所以发展更为迅猛，产品风头正劲：日均 VV（视频播放量）过亿，各路明星网红纷纷转发，酷我音乐等在线音乐软件上甚至已经出现了抖音热歌榜，抖音日活跃用户数量（DAU）已达数百万量级。

视频、新闻、信息正在取代电视成为休闲、娱乐的主要工具。与报纸失去受众一样，很多人也已经多年不看电视。

拼音的核心技术：自影像技术诞生以来，全世界范围内最受欢迎的短视频就是音乐短视频（music video）。但是 MV 拍摄困难，因为能随时对着镜头装模作样演一下的人不少，但能随时对着镜头说一段唱一段的人不多。Dubsmash 的对嘴表演模式创造性地解决了这个问题：借助音频台词，只需要表演就行，而且音频时长很短，不到 10 秒，降低了表达成本，增加了内容的趣味性，因而变得易扩散。

此外，字节跳动把今日头条最核心的算法优势也用到了抖音上，一开始就在产品层面加入了算法推荐模型，从而保证了内容的分发效率。

2017 年 11 月 10 日，今日头条以 10 亿美元收购北美音乐短视频社交平台 Musical. ly，将其与抖音合并。

2020 年 1 月 8 日，火山小视频和抖音正式宣布品牌整合升级，火山小视频更名为抖音火山版，并启用全新图标。

据全球领先的 App 市场研究机构 Sensor Tower 统计，抖音短视频国际版 TikTok 在 2020 年 5 月的全球下载量超 1.19 亿次，同比增速达 2 倍，超越 Zoom，居非游戏类 App 下载量第一位。2020 年 5 月，安装 TikTok 应用程序最多的国家是印度，占其总下载量的 20%，美国占 9.3%。从手机系统来看，5 月，TikTok 在谷歌系统上的下载量排名第一，在苹果 OS 系统上的排名仅次于线上会议软件 Zoom，排名第二。Sensor Tower 之前公布的数据显示，2020 年 4 月抖音及其海外版 TikTok 在全球 App Store 和 Google Play 所获收入超过 7 800 万美元（约合 5.6 亿元人民币），较上年 4 月增长了 10 倍，位列全球移动应用收入榜冠军。其中，86.6%的收入来自中国本土市场，8.2%的收入来自美国市场。2020 年 4 月的手机软件下载量中，Zoom 无论在苹果还是在谷歌系统中均排名第一，TikTok 排名第二。①

4. 微博（新浪）（重大新闻事件及深度解析，受众主要为高中及以上文化程度的人）

2009 年 8 月，中国门户网站新浪推出“新浪微博”内测版，成为门户网站中第一家提供微博服务的门户网站，微博正式进入中文上网主流人群视野。随着微博在网民中日益火爆，在微博中诞生的各种网络热词也迅速走红网络，微博效应正在逐渐形成。

微博发布的内容一般较短，例如限制在 140 字以内，微博也由此得名。2015 年 1 月，微博放开 140 字的发布限制，只要少于 2 000 字都可以。现在微博又开发了“头条文章”，字数上限又有所放宽。

2014 年 4 月 17 日晚 9 点半，新浪微博正式登录纳斯达克。

【电子资料 8－5】

中国新闻 App 排行榜前十名

受到后来兴起的微信、今日头条、抖音（快手）的冲击，现在使用微博的人数正在逐渐减少。

社会上有人总结：微信、今日头条、微博干垮了报纸，抖音、快手干垮了电视台。很多人已经几年没有阅读过报纸或看过电视节目。

这种变化对社会及商业都会产生深刻的影响，对策划手段、营销方法也提出了全新的要求。现在，策划和营销都必须紧跟这些变化进行，采取传统的策划手段、营销方法显然已经不会有多大效果甚至没有效果。

专题研究

自媒体存在的基础，与作者（受众）的关系，对作品管理的科学方法

1. 中国有影响力的自媒体 App（获取纵深新闻、专业信息，了解重要事件）

除了微信及朋友圈、今日头条、微博这些主要以文字为主的综合性 App 以及以视频为主的抖音、快手外，目前市场上还有以下一些有特色和拥有不同受众的有影响力的自媒体。

◆ 网易号

它是门户网站网易在完成“两端”融合升级后，于 2016 年 4 月 19 日全新打造推出的自媒体内容分发与品牌助推平台。与行业同类平台相比，网易号在本地战略、内容生产等多个方面表现出差异化。

网易号首次实现了自媒体直播功能。PUSH 功能是网易新闻的核心功能，是非常有效的内容推送工具。网易号依托网易新闻月活 1.1 亿的大数据进行分析，根据五星账号的定位和内容选择相应的目标人群，进行精准推送。

◆ 知乎手机端

知乎是网络问答社区，连接各行各业的用户。用户分享着彼此的知识、经验和见

① 抖音国际版跑马圈地进行时 5 月下载量雄霸全球. http://news.cnfol.com/it/20200603/28186749.shtml, 2020－06－03.

解，为中文互联网源源不断地提供多种多样的信息。

知乎的主要受众为在校大学生。

准确地讲，知乎更像一个论坛：用户围绕着某一感兴趣的话题进行相关的讨论，同时可以关注兴趣一致的人。对于概念性解释，网络百科几乎涵盖了所有的疑问；但是对于发散思维的整合，却是知乎的一大特色。

◆ 搜狐号

它是在搜狐门户网站改革背景下全新打造的分类内容的入驻、发布和分发全平台，是集中搜狐网、手机搜狐网和搜狐新闻客户端三端资源大力推广媒体和自媒体优质内容的平台。

◆ 百家号

2016 年 9 月 28 日，百度发布内容产业的新产品百家号正式上线。它是百度专为内容创作者打造的集内容创作、发布和变现于一体的互联网平台。内容创作者在百家号发布的内容会通过百度信息流、百度搜索等分发渠道影响亿万用户。

◆ 企鹅媒体平台

腾讯的企鹅媒体平台于 2016 年 3 月 1 日正式推出，提供四个方面的能力：开放全网流量、开放内容生产能力、开放用户连接、开放商业变现能力。

在企鹅媒体平台发布的优质内容，通过手机 qq 浏览器、天天快报、腾讯新闻客户端、微信新闻插件和手机 qq 新闻插件进行一键分发，让内容能够更多、更准确地曝光，通过微社区等形式，帮助媒体、自媒体人实现与粉丝的互动，方便快速地沉淀其粉丝群，更快捷地建立起与粉丝的连接，实现粉丝资源积累。

◆ 天涯社区手机客户端

天涯社区创办于 1999 年 3 月 1 日，是一个在全球具有影响力的网络社区，自创立以来，以其开放、包容、充满人文关怀的特色受到了全球华人网民的推崇，经过 20 多年的发展，已经成为以论坛、博客、微博为基础交流方式，并以人文情感为核心的综合性虚拟社区和大型网络社交平台。

天涯社区面向的主要群体为全球华人。

2. 自媒体发表作品审查制度

为了策划学研究的需要，笔者注册了以上 App 并进行了深入参与和体验。

现在的自媒体有复查机制，比如投诉过多会复查、播放量暴增会复查。

以前，微信公众号、微博都是先发内容后审查，但涉及敏感话题的内容无法发出，作品发出后，如果审查发现涉及不适宜的内容会自动撤销该作品。若发现违规问题过于严重，账号就会被封。知乎以前也是采取此种管理手法，但现在也改为先审核后发表，若发现有违规文章，账号会临时被封，需要解封账号就得用手机按指示发送短信。

今日头条、网易号、搜狐号、百家号、企鹅媒体平台、天涯社区手机客户端、抖音、快手都是采取平台审查制度，要审核通过后才能发出上传的作品。

3. 自媒体的作者为何要无偿并且极力提供作品？

自媒体的作品全部来自受众（也是作者）的无偿提供，当然平台为了吸引作者（受众）上传优质的作品，也会给予适当的奖励或报酬，但自媒体向作者支付的奖励或报酬资金与按国家有关法律应该支付的稿酬相比微乎其微。

这里面存在一种非常特殊的关系：受众也是作者，作者也是受众。

还有一个非常奇怪的现象：自媒体平台不向作者支付稿酬，而作者却要无偿甚至想方设法上传自己的作品。

这有多种原因：

◆ 阐述自己的观点、展现自己、记录生活

每个人都有向别人推销自己观点、展现自我的倾向，这与文化程度和身份等无关，文化程度和身份只会影响这种倾向的强弱。而自媒体就给了每个人同样的平台和机会，所以每个人都想极力把自己的观点通过自媒体阐述出来，不管这种阐述是否准确、是否有水平，以及是否有人倾听、阅读、浏览、观看。

用户用文字、视频、声音记录成长过程、生活经历，留存岁月中的痕迹，然后发表到自媒体平台上，这就成了自媒体作品的重要来源。然后通过互相浏览和传播，这些作者又成了受众。

◆ 明星（网红）效应

社会上长期存在对明星（包括歌星、舞星、演员、作家）的追求与崇拜，大众中有一部分人极力想成为这样的明星（网红），所以想通过自媒体平台得到受众的认可，甚至被相关专业人士或机构发现。

◆ 从众心理

当社交圈里的亲戚、朋友、同学等都在用或玩自媒体时，一些人自然就会受到影响自愿上传作品。

◆ 借作品推销产品

有些人会在自媒体上发表一些文字、视频、语音作品，而这些作品里面暗含了产品信息或直接的广告，作者发表作品的目的是想推销产品。

◆ 纯粹推销产品

有些人参与自媒体的直接目的是推销产品。

◆ 为了得到平台给予的现金奖励（报酬）或奖品

平台为了吸引优秀作品，会对优秀作品给予奖励或报酬，这些作者创作作品就是为了得到这些奖励（报酬）或奖品。

4. 自媒体与作者（受众）的关系

自媒体的作品大多来自受众（也是作者）的无偿提供，前面也探讨了作者为何要无偿地提供作品。

自媒体能够生存也正是依赖于作者（受众）自愿无偿提供作品。

自媒体与作者（受众）是皮与毛的关系，如果只有皮而没有毛，那么同样无法生存。作者（受众）付出努力无偿提供作品，可以说是自媒体的衣食父母，所以自媒体必须处理及协调好与作者（受众）的关系，不能高高在上，在审查即将发表的作品及维护已经发表的作品时必须有科学的管理手段，不然就会失去自己的衣食父母。

【电子资料8-6】

2019年中国有影响力的网络（App）视频直播销售及视频传播平台

第三节 自媒体时代的核心受众粉丝与信息传播者网红

（一）自媒体时代的核心受众：粉丝

粉丝，是英语“fans”的谐音。“fan”是“运动、电影等的爱好者”的意思。“fan”也可以理解为“××迷”或者“××追星族”一类意思，所以，“film fan”是“影迷”的意思。“fans”是“fan”的复数。

【电子资料 8-7】

粉丝分类

依据粉丝一词的词源理据，“fans”可通过意译引申出：迷恋者、迷、虫、铁杆、支持者、知音、乐于支持者、溺爱者、喜爱者、力推者、力挺者、维护者、帮、派。①

如今这个新词已成为网络语言固定的词汇，“粉丝”就是“关注者”“支持者”的意思。

（二）自媒体时代的信息传播者：网红

1. 网红的定义

“网红”是“网络红人”（influencer）的简称，是指在现实或者网络生活中因为某起事件或者某个行为而被网民关注从而走红的人或因长期持续输出专业知识而走红的人。

这是目前百度上对网红的定义。

“网红”，顾名思义，就是网络红人，指在网络上受到网民追捧而走红的人。如果说，痞子蔡、当年明月等靠文字在论坛上火起来的写手是“网红 1.0”，靠噱头、“审丑”走红的芙蓉姐姐、凤姐是“网红 2.0”，那么当下依托时代的变化焕发出了新生机的“网红”则进入了“网红 3.0”时代。② 这是2016年郑文聪在《“网红 3.0”时代的特征及受众心理》一文中对网红的定义。

王美丽2019年在《我国网红经济的发展现状和趋势分析》一文中认为：早期的“网红”是由草根生产，主要在网络中被广泛传播，随后被传统媒体跟进关注，从而产生较大社会影响力的大众偶像。现今，随着社交平台和移动互联网、手机App的迅速崛起，网红的概念也在不断延伸，“网红”不仅局限于人，而且扩展为事或物，如“网红城市”“网红景点”“网红店铺”“网红食品”等词语也开始在生活中屡见不鲜。③

---

① 刘禀诚.“fans”汉译语素构词的组合方法及其理据.井冈山大学学报（社会科学版），2019，40（1）：108-114.

② 郑文聪.“网红 3.0”时代的特征及受众心理.新媒体研究，2016（6）：14-15.

③ 王美丽.我国网红经济的发展现状和趋势分析.时代金融，2019（35）：107-108.

陈朝阳2019年在《自媒体时代下网红营销模式解析》一文中认为：**“网红”**是指因其自身的特质或者行为魅力，被大众所认可、追捧，并在网络的力量下得到更广泛的传播，然后开始走红并为大家所熟知的人。①

彭妍、李星星2019年在《浅析网红经济及其影响》一文中认为：**网红**是指在网络平台或现实生活中因为某个举动或事件而被广大网友知晓、关注并因此走红的人、漫画形象或其他生命体。②

在今天，网红已经是一个成熟的网络用语，如果用发展的眼光来看，它应该被收录进汉语词典。

本书对网红下一个定义：

网红：网络红人的简称，指有意或无意间因为某件事而引起了受众的关注，名气在短时间内急剧攀升的人。这种关注可能存在一个过程，也可能是短时间内偶然发生的。

注意

第一，这个定义中强调了“有意或无意”“短时间内”“急剧攀升”。

第二，因为是在短时间内名气急剧攀升，所以网红虽然在某段时间有名气，但要保持这种名气就很难，无法与真正的名人，比如有成就的科学家、有水平的艺术家、成绩优异的运动员相比。网红的名气居然在短时间内急剧攀升，但也容易在短时间内迅速消失。

第三，名气在短时间内急剧攀升，可能是因为此前经历了一个人为积累的过程，也可能是因为短时间内发生的事偶然引起了很高的关注度。

因此，网红的产生可能是某种偶然因素无意造成，但更多时候是有意追求或塑造的结果，是在网络媒介环境下，经网络推手、媒体宣传以及受众心理需求等利益共同体的综合作用形成的。

他们自身的某种特质在网络作用下被放大，与网民的审美、审丑、娱乐、刺激、偷窥、臆想、品味以及看客的心理相契合，有意或无意间受到网络世界的追捧，成为网红。

艾瑞咨询集团与微博联合发布的《2016网红生态白皮书》及《2018中国网红经济发展洞察报告》显示，中国网红人数在2016年就已超过100万，2017年粉丝超10万的网红规模相比2016年增长了51%。在网红人数剧增及巨大的粉丝流量面前，网红经济迅速发展，并为我国经济发展做出了众多贡献，但由于监管政策等相关机制没跟上网红经济发展速度及网红经济自身缺陷等原因，网红经济也给社会带来了一定的负面影响。③

---

① 陈朝阳. 自媒体时代下网红营销模式解析. 营销界，2019（34）：152-153.

②③ 彭妍，李星星. 浅析网红经济及其影响. 商业经济，2019（8）：109-111.

2. 网红随时代的发展

（1）文字时代的网红（网红1.0时代）。

最早的网络红人出现在互联网的56k时代甚至更早，那是属于文字激扬的时代，他们的共同特点是以文字安身立命并走红。

1998—2004年间，伴随着BBS的流行，一些网络写手开始借助网络平台自由表达自己的思想，这实际上是对传统文学创作理念和权利体制的一次巨大冲击。①

在这个时代，网络平台所孕育的写手大多具有一些离经叛道的意味。这些网络平台为当时非正统文学类别的写手提供了一个前所未有的平台。这些写手以其贴近生活、朴实的传输方式，受到了网民的极大崇拜。这个时代还没有明确的网络红人的概念，但这些成长于新浪BBS、天涯论坛、猫扑论坛，以及起点中文网和榕树下等文学社区的写手们已经具备了网络红人的形态特征，他们的匿名ID在网络平台里具有很高的人气，如南派三叔、当年明月、安妮宝贝等一系列在今天依然很有名气的网络红人代表。从某种程度上说，是网络文学推动了第一代网红的萌芽和成长，他们也是第一个在网络平台上依靠生产内容来获得关注的群体。②

（2）图文时代的网红（网红2.0时代）。

当互联网进入高速的图文时代后，网红开始大批量涌现。在这个时代，网络女性占尽优势，往往以图载文载人。

2003年博客开通以后，网络上开始流行文字配图片的自我表达方式。由于这个时期的网络红人大多数出身于平民，所以"草根"一词也随之流行。以芙蓉姐姐、凤姐、木子美、犀利哥、天仙妹妹等为代表，这些草根红人大多是借大胆出格的言论，辅之以极美或极丑的照片而走红。这个时代的网络红人大多靠搞怪献丑来吸引人们的眼球，受众大多因为其表现雷人觉得新奇，进而关注并讨论与之有关的话题，因此这个时代的网络红人一词也带有些许贬义。③

（3）宽频时代的网红（网红3.0时代）。

当互联网进入宽频时代后，网络歌曲开始流行，由此塑造了一些宽频时代的网红。

2010年，随着微博的兴起，一些人变成了微博红人。

（4）以手机作为载体的App时代的网红（网红4.0时代）。

随着4G网络和Wi-Fi时代的到来，微信、抖音及一些社交电商平台的直播平台兴起，出现了大量从事微信自媒体的人。他们是更私人化、普泛化及自主化的传播者，他们中的一些人利用其作为网红所具有的庞大粉丝基础和号召力，助力品牌营销，进而实现销售转化，网红营销模式应运而生。

这个时代应该从2016年算起。根据国内知名的大数据服务提供商Quest Mobile发布的《2016春季App实力榜》，截至2016年3月，国内移动互联网月度活跃用户数突破9.27亿。庞大的移动社交应用活跃用户意味着网络红人在当下拥有着比以往任何一

① 唐余俊. 从网络小说看网络文学基本特征. 盐城工学院学报（社会科学版），2002（2）：54-58.

②③ 敖鹏. 网红为什么这样红？——基于网红现象的解读和思考. 当代传播，2016（4）：40-44.

个时代都更广泛的潜在受众群体。①

不论是直播还是短视频平台都会形成新的流量红利期，每个人都可以在网络的帮助下随时随地借助各种直播平台进行直播或者观看他人的直播。这是一个人人都可以成为网红的时代。

3. 网红的类型

（1）职业类网红。

为了满足网红多元化的需求，越来越多的职业网红开始出现，包括美妆博主、美食博主、游戏主播等，还有一些运动员和科学家也加入了自媒体平台，将自己的专业知识结合日常生活，通过各种形式将内容推送给大众，如任泽平、吴晓波等在微信公众号发布自己对经济形势的见解，微博平台知名美食博主李子柒以视频的方式向公众推送美食等。②

（2）直播类网红。

直播类网红主要包括两种：一种是具有销售性质的带货直播类网红，另一种是非销售性质的直播类网红。前者主要是依靠直播平台，通过和粉丝互动来达到销售产品的目的。

（3）事件类网红。

事件类网红，主要指因某事而得到大众的广泛关注的人。

（4）网络作家型网红。

网络作家型网红，是指通过在一些网络平台写文章而赢得大量粉丝追捧的网络作家。

（5）专家型网红。

专家型网红，就是指一些具备专业知识或在某一领域有突出表现，通过分享自身的心得、知识等而受到广大粉丝关注的专家。③

（6）网红前面加不同的标准限定类型。

- 内容技能型网红：如美妆博主 Pony、游戏网红逍遥散人等；
- 智慧知识型网红：如一禅小和尚、罗辑思维罗振宇等；
- 分享生活型网红：如 Vlog 博主丁钰琼、旅游博主许婧等；
- 文艺创作型网红：如小说作家南派三叔等；
- 猎奇型网红：如大胃王密子君、办公室美食制作家小野等。
- 网红孵化产业链型网红：如涵公司等。
- 根据网红的原始身份，可将网红分为草根类网红（如李子柒）和明星类泛“网红”（如欧阳娜娜）。
- 根据网红团体大小，可将网红分为个人型网红（如美妆博主“宝剑嫂”）和团队型网红（如美食博主“盗月社”）。④

① 敖鹏．网红为什么这样红？——基于网红现象的解读和思考．当代传播，2016（4）：40-44.

② 王美丽．我国网红经济的发展现状和趋势分析．时代金融，2019（35）：107-108.

③ 陈朝阳．自媒体时代下网红营销模式解析．营销界，2019（34）：152-153.

④ 彭妍，李星星．浅析网红经济及其影响．商业经济，2019（8）：109-111.

第四节 如何成为网红？

为何人人都可能成为网红？

著名艺术大师安迪·沃霍尔（Andy Warhol）曾经说过：每个人都有 15 分钟的成名时间。[①]

而网络平台和自媒体就给每个人都提供了平等的机会。

成为网红或塑造网红有以下手段：

（1）无意间成为网红。

有一类网红是因为某些突然发生的事而成为大家关注的对象。比如在 2020 年 3 月武汉抗击疫情期间，在方仓医院舞动国旗领舞儋州调的儋州护士薛梅，就是在偶然情况下在短时间内成了大家关注的人物，迅速成了网红。

（2）有意创造或塑造。

● 凭借专业知识塑造。凭此路径成为网红的人数最多。各个领域的专业人才在网络平台或手机 App 上充分展现自己的专业知识，就可能聚焦很多粉丝。这类网红需要很大的知识储备，一般只有高学历或经过系统的专业训练的人才能达到，比如一些领域的专家，高校舞蹈、音乐专业毕业的学生，体育特长生等。

● 凭借专业技能塑造。这存在两种情况：一种是拥有高学历、受过系统的专业训练、掌握着很强的专业技能的人，他们在网络平台或手机 App 上充分展现专业技能，从而赢得大量粉丝关注，成为网红；另外一种是没有高学历，也未受过系统专业的培训，而是靠某项技能谋生的人，比如泥水工、木工、传统手工艺者。

● 成为热点事件中的核心人物。对某些热点事件中的关键人物进行后续推广，也可能使这些人成为网红。2019 年 4 月，西安女车主购买奔驰车后，因“发动机漏油”与 4S 店发生纠纷。4 月 9 日，女车主情绪激动，在 4S 店坐上了汽车引擎盖，诉说了自己的委屈和无奈。这一事件被人拍了视频挂到网上后一夜爆红，传遍全国。此事件引起了几亿网民的持续关注。由于各大平台的热推，此热点事件中的核心人物女车主自然也成了网红。

● 制作并发布恶搞、讽刺视频。一些恶搞、讽刺视频（但这些视频不能违背法律，不能损害第三方的利益）往往有很大的吸引力，自然就会让制作视频者或视频中经常出镜者成为网红。

● 制作并发布搞笑、幽默视频。一些搞笑、幽默视频及其制作者通常会吸引人，

---

① 胡泳，张月朦. 网红的兴起及走向. 新闻与写作，2017（1）：41－45.

自然就容易塑造网红，比如抖音上的重庆文化馆演员们拍的“霍得转搞笑视频”系列、各类四川方言搞笑视频。

● 懂中文的外国人。一些懂中文的外国人拍摄、介绍的一些视频，由于视角不一样或本身的魅力，很容易吸引人们关注，他们自己也自然成为网红。比如美国人乔纳森·考斯瑞德在中国影视圈摸爬滚打了十几年，因为喜欢三国里的曹操，他给自己起了一样的中文名。他经常在自媒体上发布作品，吸引了很多人围观。还有一个嫁到中国的女孩通过参与拍摄《意大利的伯妮》而走红也属此类。

● 介绍动物、山水。此类题材从来不缺少感兴趣者，自然会造就网红，如抖音上的“明明动物旅行”“大自然动物世界”“动物出击”。

● 介绍美食、特色小吃。同样，此类题材天然容易造就网红，因为题材天生能够吸引人。

● 记录生活。有一些人文化程度不高，也没有专业知识或技能，但用手机从某种角度去真实记录生活，也能成为网红。比如，通过直播抓鱼、捉泥鳅以及在建筑工地的真实生活，很多人成了网红，比较有代表性的有“老三村故事”“实力木工团”。

网红有两个核心要素：一是网络平台，这是给网红提供的硬件；二是与受众之间的互动关系。要成为网红，不仅要靠网络平台的幕后助推，还需要通过与受众的互动形成眼球效应。

● 专题策划。对某一本身具有成为热点的潜质的题材进行精心策划也可以塑造网红。比如，2020 年 6 月上旬，郑州一女子因扮成孟婆在街头熬制“孟婆汤”而在网上走红（见图 8-1），大量市民将现场挤得水泄不通。这个题材之所以能够迅速走红，是因为“孟婆汤”这个题材源于中国古代传说，本身具有成为热点的潜质。

图 8-1 郑州一女子扮成孟婆在街头熬制“孟婆汤”的现场

该女子的孟婆装扮深入人心，真真正正是人们心中所想象的孟婆的样子。如果只是一碗孟婆汤，而没有孟婆的装扮，恐怕也不会这么快就火甚至可能不会火。

第五节　网红爆红的基础理论：网红标签和网红人设

（一）网红爆红的基础理论

本书平行作者认为：人们对于一个网红的印象，往往是基于一个或者几个关键词的发散，即网红标签或人设。

人设，网络新词汇，人物设定的简称，是指需要绘制一个人物的头部及正、背、侧等多个不同角度的三面效果，有时还会包括人物发型、身着不同款式的服装造型、与其他角色的身高对比以及佩戴的小饰物等细节。引申出来的意义是指：对特定人物的各方面进行有意的、固定的形象设定，包括设计登场角色的人物造型、身材比例、服装样式、眼神以及表情，并表现出角色预设的外貌特征、个性特点等。

这是网红爆红的基础理论。

图 8－2 用理论结合现实中的网红非常清晰地说明了网红标签和网红人设的重要性，网红通过标签的变化，形成不同的人设，然后保持长期的“红”，从而吸引粉丝关注。

（二）结合现实的网红来说明“网红标签”与形成的“人设”——固化形象

网红爆红是通过“网红标签”形成的“人设”固化形象得以实现的。

“敖厂长”的“网红标签”是“川味搞笑游戏玩家”，形成的人设也是这个。而“朱一旦”的“网红标签”是“娱乐”“搞笑”“富人”，形成的人设是“枯燥且乏味”。

关键词也是网红标签。

网红的人设也是通过“网红标签”来固化形象的。

（三）网红维持“红”要通过改变“网红标签”来实现

网红爆红后，要维持“红”也非常难，因为网络平台及 App 平台相比传统媒体的特性决定了网红的特点：同质化严重、复制门槛低、周期短。这些特点决定了网红爆红快，过气也快，很容易被人们遗忘。

【电子资料 8－8】

李子柒是如何成为网红的？

怎样才能让网红长期保持“红”呢？

这要通过改变网红标签，然后形成不同的人设来实现。图 8－2 中的网红“敖厂长”“大司马”“吴亦凡”都是通过不断改变“网红标签”来长期保持“红”的。

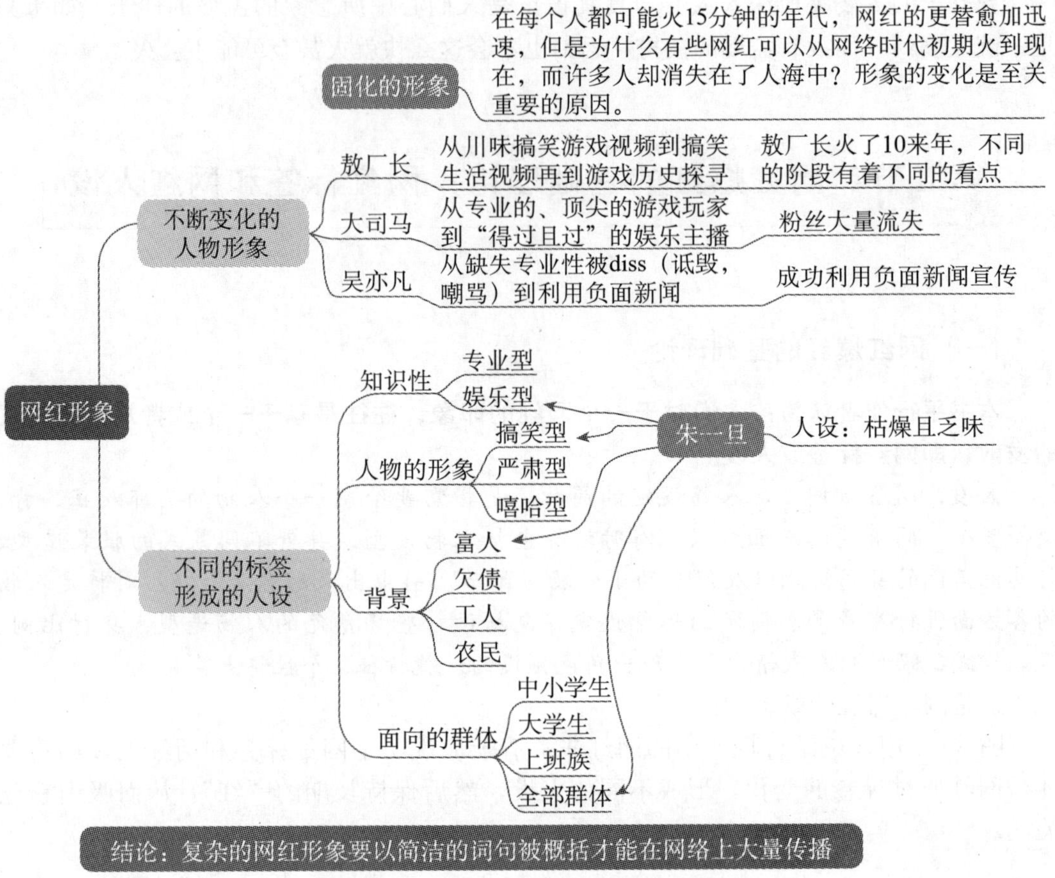

图 8-2　网红标签和网红人设关系图

第六节　网红如何兑现或创造财富及网红塑造过程

（一）网红如何兑现或创造财富

根据清博大数据推出的 2015 年网红 100 强和互联网周刊网红排行榜的数据进行分析可知，网红实现盈利的比例高达 85%，其中 34%的网红拥有自己的淘宝店，25%的网红使用广告这一最传统的变现方式，13%的网红选择签约公司，依托专业平台拓展未来发展路径，16%的网红创立了自己的公司或品牌，15%的网红出版了自己的作品。

2018 年网红产业涉及人数上亿，网红变现模式主要包含以下几种：

● 电商。具有代表性的电商是淘宝网红店，它推动了电商领域的进一步发展；淘宝 C 类店销量第一的网红张大奕于 2016 年 4 月 22 日在映客直播平台进行首播，一小时进账5 000元，吸粉13万。①

● 广告。网红在各种社交媒体上通过内容发布或者直播等手段，植入广告，对商品进行推广。

● 直播分成或自己销售。网红产业链不断延伸，在各个环节均可获得资本青睐，使各个机构联系在一起，实现了共赢。

● 电商导流的签约费。电商导流依靠和商家的合作分成，这部分所占比重较小。

● 粉丝打赏和会员付费。平台主要收入来源仍然是粉丝对主播的打赏的分成。一般情况下，在利润分配上，平台约占六成，主播占三到四成。电竞第一女主播MISS在2016年2月22日的直播中，前5名粉丝打赏即超过100万元。

【电子资料8-9】

2020年6月10日全平台网红（主播）收入榜

在美国，网红大多具有较为成熟的商业运作模式，其中最著名的莫过于MCN。MCN（Multi-Channel Networks，即“多频道网络”）是You Tube等视频平台上某一类型或某些类型视频的集成商，比如时尚美容相关的Style Haul，食品和旅游相关的Tastemade，拉美内容集中的Mit Networks，舞蹈和音乐相关的Dance On，还有内容更为复合多元的Maker Studios和Fullscreen等。MCN的节目内容并非都是原创，它们还会招募数以万计的独立You Tube视频创作者，从网络名人到默默无闻者都有。每个MCN提供的服务略有不同，但一般它们都承诺给You Tube新秀不菲的收入提成（通常是30%），MCN可以给他们带来更多点击量和收益。“MCN试图解决一个在You Tube短暂历史上一直困扰它的问题：如何组织管理这样一个庞大而且混乱的内容制作环境，从而让观众、创作者和广告商都能受益?”②

（二）网红塑造过程

图8-3展示了网红火爆的基本过程。

（三）网红与粉丝的关系

● 粉丝才是核心。

互联网与自媒体时代造就了网红，但网红存在的基础是粉丝。

粉丝才是核心，如果离开了粉丝，那么网红什么也不是。

所以必须协调网红与粉丝的关系。

● 企业粉丝从哪里来?

用产品征服用户，将用户转化成粉丝。

企业要将顾客转化为粉丝，必须用产品说话。一切手段都得以产品质量过硬为前提。只有满足消费者的实际需求才能获得忠实的粉丝。

---

① 毛琳．网红、主播、个人IP、移动直播……这一切的链条式解读．http://www.huxiu.com/article/146636/1.html?f=index_top1，2016-04-26.

② Felix Gillette．美国网红炼成记：好莱坞与You-Tube混战．http://mobile.bbwc.cn/article/10050165/1/cat_18，2014-09-08.

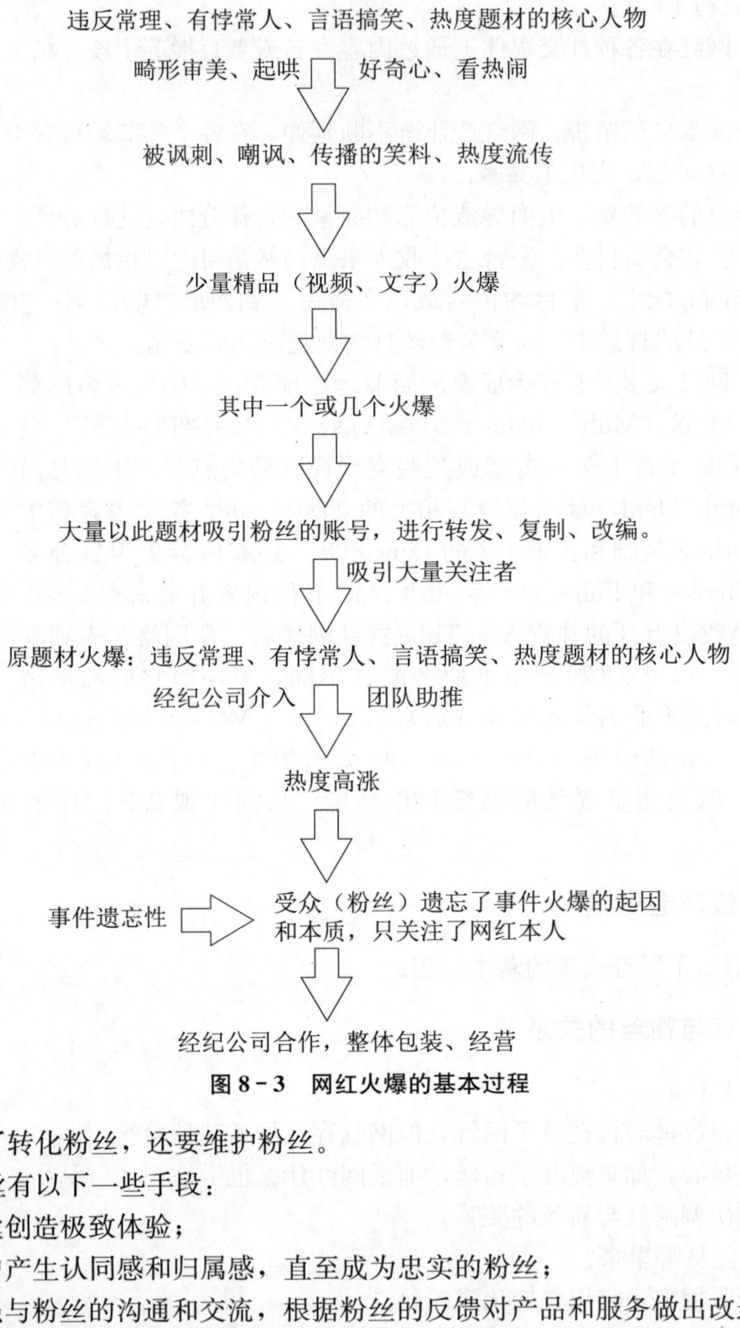

图 8-3　网红火爆的基本过程

企业除了转化粉丝，还要维护粉丝。

维护粉丝有以下一些手段：

● 为粉丝创造极致体验；

● 让用户产生认同感和归属感，直至成为忠实的粉丝；

● 要加强与粉丝的沟通和交流，根据粉丝的反馈对产品和服务做出改进，这样才能让粉丝持续购买产品，并传播信息，带来新用户。

● 建立粉丝交流的平台。这样做的目的是与粉丝进行情感交流和互动，与粉丝的交流和互动是吸引粉丝和保持粉丝的主要手段之一。

小米论坛粉丝有 700 多万，官方微博粉丝有 550 万，小米合伙人加员工粉丝有 770 万，微信粉丝有 110 万。上千万的粉丝群体成就了小米骄人的销售业绩。

第七节 自媒体中的印随效应及自媒体传播决策、策略

（一）自媒体中的印随效应

人们对“南抖音、北快手”，以及手机支付“南微信、北支付宝”等自媒体中的现象感到万分不解。

南方人爱用抖音，北方人却爱用快手；在手机支付方面，南方人爱用微信，北方人却爱用支付宝。

差不多的App功能却形成了消费者的南北分区现象。

笔者认为，只有用自媒体中的印随效应才能更好地解释此现象。印随效应是由印随行为产生的效应。

印随行为本来指一种动物行为：一些孵化出来不久的幼鸟和刚出生的哺乳动物学着认识并跟随它们所见到的第一个移动的物体，通常是它们的母亲。印随行为一般在动物刚刚孵化或出生后发生。例如，刚孵化的小天鹅如果没有见到母天鹅，就会跟着人或其他移动的目标走。

自媒体中，人们通常认可第一次使用的App，接受以后就难以更改了，就如动物把出生后第一个见到的当作“妈”。

这种现象也提示，手机App发展时，要抢占布局先机。

当然，自媒体中的印随效应只对部分场景适用，并非对全部场景适用。

（二）自媒体及互联网媒体的兴起：媒体再难聚焦

前面探讨了报纸这种传统媒体的衰落，其实另外一种传统的强势媒体电视，在自媒体及互联网媒体的冲击下，也正在走向衰落，只不过目前还没有到报纸这种地步。

传统电视、传统媒体、综艺节目等在2019年显得有些失意。

笔者通过调研发现，与电视机有关的调查在2019年只公布了电视机的销售数据，很少公布生态数据、用户数据和开机率，显然这些数据不太好看。事实上，随着以手机为终端载体的App的强势崛起，年轻人及中年人正在淡忘电视机，电视台的受众群体正在老龄化，导致电视这个以前规模体量最大的中心化传播平台的影响力一再降低。

这其实就带来了一个问题：能够聚焦，从而一次性向几亿人进行强势传播的平台衰落时，人们真正可以选择的平台已经极少了。

传统媒体在聚焦性方面比新兴的自媒体强：可以几亿人甚至十几亿人观看某一电视节目，一份报纸可以发行几百万份甚至上千万份，而且中间还会互相传阅。信息通过这些有影响力的电视节目、报纸传递，然后迅速扩大影响。

与传统媒体相比，自媒体也有很多优势，如覆盖面广、方便、快捷、门槛低，但

在传播信息方面却又有不少劣势，如低门槛导致的质量低、美誉度低；覆盖面广、方便导致的信息碎片化、分散化、杂乱化。其最大的缺点是难以聚焦。从技术和传播的角度来说，这是进步，但从策划信息的精准定位和聚焦这一角度来说，反而是一件坏事。

（三）如何调查新媒体的影响

传统纸质媒体已经谢幕，新闻及各种信息传播也转移到了以手机为载体的 App。

据笔者调查，2020 年很多高校的招生宣传活动都基本选择了以手机为载体的新媒体，比如将宣传重点放到了各大平台的直播或今日头条的广告上，仅在招生考试报这种传统媒体上投放了少量广告宣传，再没有考虑其他报纸及电视台。

这些新媒体的影响如何？我们可以采取一些基本的调查手段，而不是完全听信这些公司提供的数据。

后台有更多准确的量化的数据分析，但一般人拿不到，即使拿到的也可能是修饰过的。所以个体商户或生产厂家在选择媒体以及跟踪自己投入资金做宣传后的效果时，要有一些基本的指标。

以下是调查互联网媒体以及以手机为终端的 App 新媒体的影响的基本指标。

1. 通过后台运行的专业工具测量的数据

通过后台运行的专业硬件或软件工具，可以监测到一些数据，这些数据是用量化手段进行分析得出的，一般较为准确。

2. 通过站长工具统计的数据

即统计大概有多少 IP 进入。

3. 查看受众人数（粉丝数）、点击数、点赞数

一般平台都会将此数据对外显示。点赞数比点击数更为准确，因为点击数只体现有多少人阅读、观看、浏览了作品，但其中有些人可能并不认同该作品；而点赞数就不一样，它体现了有多少人在阅读、观看、浏览了作品后对作品不只是认同，还进行了赞扬。抖音除了能够显示浏览次数外，另外还设置了“点赞”一项。例如，有的作品显示刷屏次数为 12 000 多次，但点赞数却只有十几个。

另外，要注意受众人数（粉丝数）是否存在作弊情况，就是花钱养一些僵尸号，专门用来点击、点赞，但这样得来的点击、点赞对促销并无作用。微博曾经整治一些网红的粉丝数、点击数作弊，结果发现，当突然切断一些作弊的外挂时，一些平时有几十万甚至几百万粉丝的网红，突然只有几千甚至几百个粉丝。

特别是随着 AI 技术的发展，作弊会变得更容易操作。

4. 5 分钟流量原则

该原则是指受众在直播间观看满 5 分钟就可能成为粉丝以及产生消费行为。

为什么是 5 分钟？这是目前众多后台量化工具监控后得出的共识。

商家到平台做广告或委托人直播时，可以在直播间调查观看满 5 分钟的观众数。

5. 留言、评论数

粉丝（受众）中参与留言、评论的人越多，文章或视频的影响就越大，商品信息就会被传播得越广。但这只是一般情况，有时有的话题或问题非常专业，受众（粉丝）的留言、评论不多，但并不意味着此方面的话题不受重视和欢迎。

在传播信息时，一般会有意设置或嵌入一些受众（粉丝）感兴趣或容易引起争论的话题，这样自然就会吸引受众（粉丝）参与留言、评论。

同样，随着AI技术的发展，一些平台用AI代替人工故意增加留言、评论数来显示自己平台的影响力，但这些AI的留言、评论一般容易被识别，因为它们往往表达简短、语句僵硬，有时甚至语序出现问题。

（四）软文推广：自媒体App及互联网文章与普通文章的区别

1. 自媒体App及互联网文章（视频）如何通过机器审查——算法推荐的一些要领

App及互联网文章（视频）的发表过程与传统媒体不同，传统媒体是靠编辑选择，然后在有限的报纸版面或电视台频道播出，而App及互联网文章（视频）灵活得多：随时可以上传，无版面、时间、频道等限制，但要先通过机器算法推荐才能在平台显示，再由平台通过机器不断向受众推送。整个过程全由机器完成，或者再辅助极少量的人工操作。所以要想让软文或视频在自媒体（或互联网）被发表出来，让受众读到或看到，首先必须得到机器的认可，而机器审查通常有一些基本的模式。

通常要包含以下关键词才能通过机器审查（算法推荐）：热点问题，比如高考；热点人物，比如马云、任正非等；以及时下的热点事件。所以文章中要尽量提到这些关键词，甚至故意去“碰瓷”这些关键词。

除了关键词外，最重要的是标题，无论软文还是视频都必须有标题才能发表，而机器审查非常注重标题。

2. 自媒体App及互联网文章（视频）的标题要点及技巧

要在一些有影响力的自媒体上发布作品（文章、图片、视频），首先必须通过标题审查，如果标题不能获得通过，则作品无法发布。这是自媒体作品与传统媒体作品的一个很大的不同点。

自媒体读者第一眼看到的是标题，如果标题不能够吸引用户点击，那么内容、产品再好也没有用。标题的重要性可以说直接决定了内容的阅读量和推荐量。一个好的标题往往满足以下条件：文案能够吸引人，容易被人记住，软文方案能很好地达到宣传目的。因此，自媒体作者为一篇内容花费的时间可能是1个小时，但是为了一个标题花费的时间可能是2个小时甚至半天。

∴专题研究

自媒体App及互联网文章（视频）标题的14种形式

1. 数字标题

这种标题最容易吸引人，许多人对数字往往非常敏感和感兴趣，一般的机器算法都将此类标题的文章列为最优推荐。

曾经一项关于“什么样的标题更能引发读者分享”的科学调查研究显示：36%

的人都投票给数字型标题。此外，包含了“怎样做”的标题得到了17%的阅读者的肯定。①

例1：中国万亿美债被锁仓？关键时期臆想文章一天刷屏328万次！

例2：三大好运喜降有1422年历史的小县城，几年后红包分享给全国人

2. 两段式

前者为主，起点睛之效，后者为辅，承接前面的内容继续交待。

例：可惜！此证件，无论新旧，昨天值100万元，今天跌为0元

3. 疑问式（含否定式）

人们天生对疑问或否定具有好奇心，这类标题自然会引起关注。

例：千年一遇的狗屎运硬是被岳池人民碰到，同降3大特色项目，还不是福分？

4. 热点事件型

结合当下最新的热点事件、节日、季节等内容，标题直接说明内容的中心。

例：4大实质性建议，疫情后恢复和重振中国经济的对策

5. 名人式

名人也自带热点，标题中出现的名人名气越大，点击就越多。

例1：马云史玉柱等大佬的朋友圈：工业版的包产到户——支持民企28条

例2：后来学者错误理解了爱因斯坦相对论！114年了，科学被时间理论阻止

6. 警醒式

警示、警醒语句也是人们关注的重点，这类标题自然会吸引人们阅读（观看）。

例：学者提醒！虽然猪肉39.8元，但蜂拥养猪有风险！应对策略须科学

7. 悬念式

激发读者的遐想，让人想要了解这件事情的真相，但要注意把握一定尺度，现在很多平台已经重点屏蔽此类玩得过分的标题。

例：看似简单的一个故事，据说几亿人都难看懂！看懂的智商高过霍金！

8. 反常理式

这种标题容易引起人们的好奇和猜想，并产生阅读（观看）下去的欲望。

例：提防！攻击联想的真正幕后黑手是谁？

9. 极端文字式

标题中出现“最”“非常”“极大”“极小”等表示极端之意的字眼，会让人忍不住点击，但目前很多平台也在屏蔽带有此类关键字或词语的标题。

例1：为什么房地产税最快3年后才能征收？《民法典（草案）》两会出台！

例2：世界上最憋屈的是帮亲戚的忙

例3：重磅文件出台！疫情考验后中国又一个十字路口重大决策，将载入史册！

10. 问、答式

前面提出疑问或者反问读者，后面立即给出答案，这往往也会引起读者好奇，如果读者想要一探究竟，就会点击阅读（观看）。

---

① 周楠华. 软文营销——入门与实战技巧. 北京：中国商业出版社，2018：34.

例 1：报道请你们严谨一些好不好？病毒源于何处的论文是预印平台

例 2：降息还要多久？今年降息概率 95%！重磅解读央行行长的讲话

11. 故事式

故事这种体裁就是因为能够吸引人才诞生的，不论是在口头传播时代还是在互联网传播时代，故事都有极强的生命力，用此题材做标题，自然吸引人关注。

例 1：发生在甘蔗林的往事

例 2：甘蔗酒，一个古老的传说

12. 夸张式

运用故意夸大的语气，引起读者的争论甚至恐慌，也有人放大痛苦或事实。

例：全世界 100%的国家中约 30%的公民都会患这种病，而且难治

13. 情感式

人与动物的区别之一就是有情感，在标题上抓住“情”，用“情”来感动读者，自然也能吸引受众。

例 1：母亲那一滴终生难忘的眼泪

例 2：青梅竹马的邻居突然分开，十年后重逢

14. 总结式

以某种哲理或科学式结论进行总结，这类标题因为本身的气势，自然能够吸引读者。

例 1：又是千载难逢！中国经济终于迎来又一重大利好！

例 2：人一生不是赚不了大钱，是没有找对地方和遇到正确的人

但现在很多平台都想方设法杜绝哗众取宠、故意吸引人眼球的“标题党”，所以在给文章拟标题时切不可太过夸张。

【电子资料 8-10】

今日头条列出的“标题党”

说明：这些标题全部是从笔者发表在各大平台的作品中选取的。

参考文献

曹晓华，孙培源，杨朝军．信息揭示过程延长与交易者策略变化．电子科技大学学报，2006（4）．

陈康．自媒体时代纸媒体育新闻报道面临的挑战与机遇探究．传播力研究，2018（12）．

陈可．对我国网络广告市场发展状况的思考．新闻界，2003（2）．

陈佩君．从微博微信 APP 看新媒体与传统媒体的竞合．视听纵横，2020（1）．

陈秋娜．如何选择媒体作广告．电子产品世界，1997（1）．

陈云峰，沈孟婷，汪喜宁，熊菁菁．“网红”研究现状及发展趋势分析——基于文献的量化内容分析．湖北理工学院学报（人文社会科学版），2020，37（4）．

成晓雨．自媒体挑战下传统媒体的处境与应对策略．视听，2020（7）．

邓顺国．试论广州市广告业的特点和发展策略．情报理论与实践，1995（5）．

董鹏，刘志华，郑习全，赵鑫楠．网红经济的发展研究．商业经济，2019（2）．

高斯琪．自媒体盈利变现模式探讨．财富时代，2019（11）．

高屹．用户需求研究与深化图书馆信息咨询服务的思考．图书馆论坛，2005（5）．

韩媛．我国网络广告之现状．新闻前哨，2004（12）．

何健生．影响我市广告公司发展壮大的因素及促进发展的对策．新闻前哨，1999（5）．

黑龙江省电子敏感技术咨询服务公司在哈尔滨成立．传感器技术，1985（3）．

胡冰淇．浅析网红背后的“经济链”及其孵化公司的监管．新经济，2016（14）．

胡晓娟，王雪丹．网络广告——广告新景观．改革与理论，1999（21）．

李松涛．网络广告e军突起．经营管理者，2001（1）．

梁发芾．发行量数据真实待何时．新闻爱好者，2005（6）．

梁立明．网红经济行业研究报告．首席财务官，2016（7）．

刘双阳．1995年发行量超百万册的期刊．中国出版，1995（8）．

刘峥．浅谈我国广告业的现状及发展．经济师，2001（3）．

刘忠宇，赵向豪，龙蔚．网红直播带货下消费者购买意愿的形成机制——基于扎根理论的分析．中国流通经济，2020，34（8）．

马忠庚．网络广告经营策略研究．山东经济战略研究，2005（4）．

丘春，孙科．如何实现信息资源共享．山东省农业管理干部学院学报，2005（3）．

宋伟龙．我国房地产网络广告的现状与发展空间．今传媒，2005（11）．

唐政栋．网络广告的特点与发展对策．新闻知识，2001（S1）．

万晓红，余娟娟．符号学视域下的热词“网红”与当代社会镜像．传媒观察，2016（9）．

汪俊，戴伟．基于5T模型的“网红经济”微博营销策略研究．湖北理工学院学报（人文社会科学版），2018（5）．

王晓帆．自媒体新闻对传统新闻传播方式的影响探究．中国传媒科技，2020（2）．

王新杰，唐敏．报纸发行：警惕“虚火过旺”．传媒观察，2004（6）．

王新明．网络环境下用户信息需求与服务研究．江西图书馆学刊，2005（4）．

王珣．Vlog：自媒体时代下短视频发展新形式．戏剧之家，2019（31）．

王益．美国的编辑服务公司——旅美杂忆．出版参考，1995（21）．

吴春玉．网络时代信息加工与信息服务趋向．信息技术，2002（5）．

吴国辉．制止“海吹”发行量．新闻战线，2003（12）．

吴静．消费主义文化视域下Vlog的发展——以微博自媒体“李子柒”为例．传媒论坛，2020，3（16）．

夏晓慧．网络环境下用户信息需求的分析研究．农业图书情报学刊，2006（1）．

谢安楠．自媒体发展背景下受众地位的转变——以Vlog视频日志为例．新闻研究导刊，2019（16）．

谢丰奕．国际发射服务公司庆祝运营十周年．卫星电视与宽带多媒体，2005（15）．

许昭. 从自媒体的角度看网红现象. 新闻传播，2016（20）.

薛玲. 新媒体、自媒体夹击之下传统媒体如何突围. 新闻研究导刊，2017（6）.

杨同庆. 我国广告业加入 WTO 的应对策略. 中国工商管理研究，2001（6）.

杨晓白. 感性广告扑面而来. 青年记者，2002（4）.

姚嘉莉. 纸媒体与自媒体的角力. 新闻前哨，2020（7）.

余霞. 网络红人：后现代主义文化视野下的“草根偶像”. 华中师范大学学报（人文社会科学版），2010（4）.

袁耀辉，禹平. 网络流行语“网红”的形成机制与韵律制约. 现代语文（语言研究版），2016（9）.

张泽青. 议期刊的发行量统计. 传媒，2003（2）.

张子民. 深掘与表现的有机结合——读《在阵痛中觉醒》. 新闻知识，1988（6）.

章薇，黄曦. 网络广告：一块不容忽视的阵地. 经营与管理，2005（9）.

郑文聪. “网红 3.0”时代的特征及受众心理. 新媒体研究，2016（6）.

郑香霖. 如何选择媒体服务公司. 中国商人，2000（5）.

周红军. 论发行量大小与赔钱多少——兼与吴成福同志商榷. 编辑之友，1995（3）.

朱小平. 高校用户个性化信息需求与知识服务. 高校图书情报论坛，2005（4）.

Crystal Abidin. “Internet Celebrity: Understanding Fame Online.” *European Journal of Communication*, 33（2018）.

Hyun Jung Park, Li Min Lin. “The Effects of Match-ups on the Consumer Attitudes Toward Internet Celebrities and Their Live Streaming Contents in the Context of Product Endorsement.” *Journal of Retailing and Consumer Services*, 52（2020）.

J.-M. Le Meins, L. M. D. Cranswick, A. Le Bail. “Results and Conclusions of the Internet Based ‘Search/Match Round Robin 2002’.” *Powder Diffraction Journal*, 2（2003）.

Richard Rogers. “Deplatforming: Following Extreme Internet Celebrities to Telegram and Alternative Social Media.” *European Journal of Communication*, 35（2020）.

第九章

MASTERMINDING

新商业形态：直播电商的策划

第一节　直播带货从 2019 年火到 2020 年，已经是最火的行业

（一）2020 年最火的行业恐怕非直播莫属

2020 年 6 月中旬，人社部发布了一则公告，拟新增 10 个新职业，其中一个就包含“直播销售员”。

根据艾媒咨询的数据，国内直播电商市场规模从 2017 年的 190 亿元迅速增长至 2019 年的 4 338 亿元，2020 年规模达 9 610 亿元，同比增长 121.53%。2020 年中国在线直播用户规模达到 5.24 亿人，涵盖了游戏直播、秀场直播、生活类直播、电商直播等，说明观看直播逐渐成为人们的上网习惯之一。①

2017 年，主播薇娅抓住了淘宝直播的新风口，成为第一批直播带货的主播之一。她有 400 多万淘宝粉丝，直播观看人数最高时超过 800 万，2 小时带货 2.67 亿元，2018 年全年成交额达到 27 亿元。

2018 年，李佳琦 5 个半小时的淘宝直播卖出了 23 000 单，完成了 353 万元的成交量，“双 11”期间挑战马云成为“口红一哥”，全网爆红。②

难怪有人戏称 2019 年是“直播电商元年”。

2019 年直播形态开始和电商结合，带货能力增强，短视频和直播等领域全面商业化。

2019 年“双 11”期间，仅仅在淘宝一个平台，直播就带动了近 200 亿元成交额，超过 10 个直播间引导成交过亿元。

根据大数据分析平台炼丹炉的统计，在快手，TOP10 带货达人总计为“116”购物节（快手电商推出的于每年 11 月 1 日—6 日期间举办的购物狂欢节活动）贡献了 7 亿元，“辛巴”（网名）凭借 2.6 亿元的总销售额登顶，是第二名“娃娃”（网名）的 2 倍多。③

如果说 2019 年是“直播电商元年”，那么 2020 年便是全民直播、万物皆可播的一年。

（二）突发的新冠肺炎疫情加快了直播带货行业的发展

2020 年 2 月到 4 月，由于新冠肺炎疫情的肆虐，全国很多实体店关闭，人们只能

---

① 王军. 近万亿市场规模！直播带货到底有多火？https://stock.stcn.com/djjd/202004/t20200407_1655103.html，2020-04-07.

② 做直播带货，你需要掌握 6 点营销能力. http://www.woshipm.com/it/3416764.html，2020-02-29.

③ 2019 的中国营销大事记. https://www.chinatimes.net.cn/article/93267.html，2020-01-03.

进行网购。这进一步催化了直播购物，人们热衷于通过直播了解商品的情况，并逐渐形成了习惯。

令人意想不到的是，受疫情的影响，此行业的发展加快了。

2020 年 3 月到 4 月，原本不属于直播行业的一些有影响力的企业高管加入直播后，由于他们本身自带人气，很快让直播销售异常火爆。

2020 年 4 月 1 日晚 8 点，锤子手机 CEO 罗永浩直播带货首场销售交易总额就超过 1.1 亿元，累计观看人数超过 4 800 万。

再加上此行业本身的网红如辛巴、薇娅、李佳琦等的带动，直播带货很快变得炙手可热。

2020 年 4 月 2 日，快手头部主播辛巴团队直播带货最终实现交易额 4.8 亿元，成功创下电商直播新纪录。在此期间，60 分钟破亿元，两款荣耀手机共售出 7.7 万台，成交额达 1 亿多元。①

2020 年 4 月 24 日，商业人气女王格力董事长董明珠在抖音开启直播带货的首秀，不料由于事前准备不充分，受网络影响效果不尽如人意。

不甘失败的她 5 月 10 日又再次登台，直播 3 小时销售额达 3.1 亿元。

2020 年 5 月 15 日晚，借格力品牌入驻京东十周年纪念日，董明珠联手科技测评达人王自如亮相格力京东直播间，开启继抖音、快手之后的第三场直播，仅仅 2 分钟销售额就突破了 1 亿元，8 分钟突破了 2 亿元，一个小时的销售额达到了 4.28 亿元。整场三个小时的直播，让格力京东直播间创下了家电行业直播带货史上的最高成交纪录，总的成交额突破了 7.03 亿元。2020 年 6 月 1 日，董明珠携手线下 3 万家经销店在六大平台同步进行直播，销售额突破 65 亿元，成为名副其实的带货女王。②

有机构分析指出，直播电商这一新兴商业模式已成为行业新的风口，后期 5G 商业化，有望催化直播电商等新商业形态的成熟。

影视明星如刘涛、主持人如汪涵等也开始进入直播间和众多用户见面，越来越多的人想借助这个风口飞起来。

2019 年，虽然淘宝直播的战绩很好，但是二八效应明显，80%的销售额基本上全部来自头部红人主播，普通商家难以参与进来。更准确地说，是普通商家没有意识到淘宝直播的重要性，不知道该如何参与进来。

2020 年，淘宝直播提出了更高的目标，并且增加了商家的权限，出台了对它们的扶持政策，使得普通商家也可以更好地参与进来了。毕竟，万能的淘宝还是希望实现全民直播、万物皆可播，以展现淘宝本色。

此外，为了加强带货能力，淘宝、抖音、快手等平台都加强了在相应方面的基础设施的建设。

---

① 向罗永浩宣战的快手主播一晚卖货 4.8 亿元. https://tech.sina.com.cn/i/2020-04-02/doc-iimxyqwa4593008.shtml?cre=tianyi&mod=pchp&loc=21&r=0&rfunc=7&tj=none&tr=12，2020-04-02.

② 董明珠第三次带货直播，三小时 7 个亿，这次有哪些看点. https://view.inews.qq.com/a/20200518A0KTW400? tbkt=A&openid=o04IBAEVJTvahXZpyROpYZUtNHxo&uid=&refer=wx_hot，2020-05-18.

"网红＋直播＋带货"成了2020年赚钱的康庄大道。

除了名人、明星、网红外，普通人、普通家庭都可以作为直播主，特别是中小企业的法人也可以自己上场。

以往中小企业需要通过各级经销商将产品逐级批发到专卖店终端，而现在通过线上渠道，企业、工厂、批发市场商户都可以通过直播带货的方式获得订单，缓解现金流的压力，这对中小企业，尤其是食品、服装、家纺等行业的中小企业来说都是新手段、新业态，会带来全新的机会。

第二节　直播带货不是电视购物的升级版

（一）中国电视购物简单回顾

中国第一档电视购物节目诞生于1992年。当年，广东珠江电视台推出了"美的精品TV特惠店"。而专门为电视购物成立一个频道则是在2004年，当年4月1日，上海电视台东方购物频道开播，专门推出了一档家庭购物节目。[①]

家庭电视购物曾创造了许多财富神话。据媒体报道，东方购物频道开播后业绩快速增长，2008年全年销售额超过20亿元，稳居中国电视购物第一。2015年，湖南广播影视集团与湖南卫视联合注资成立的快乐购登录创业板。同年，广电系电视购物第一股风尚购物也挂牌新三板。上述业内人士透露，快乐购曾经有过年销售额70亿元的业绩。

公开报道显示，在巅峰时期，全国的购物节目一度发展到2 000多个，但自2015年后，整个电视购物大市场便进入了负增长状态。到2017年，全国获得经营许可的电视购物单位只剩下34家。在营收方面，例如，芒果超媒2019年上半年营收为7.38亿元，同比锐减35.87％；江西风尚购物2019年上半年营收为1.89亿元，同比减少18.04％。中国电视购物联盟发布的数据显示，2018年行业全年总销售额为313亿元，维持下行态势，未来行业继续面临严峻挑战。[②]

电视消费者老龄化日趋严重，购买力逐步下降，总体数量断崖式减少，电视购物也越做越差。

有人统计过，电视购物商品有的毛利在10倍以上，甚至有价值10元的东西卖1 000元，而大多数电视购物商品的毛利加成一般是成本价的百分之几十。

广州市消费者委员会调查所得的一项数据显示，93％的消费者认为电视直销广告太多太滥。多达90％的消费者对电视直销有抗拒心理，对电视直销的广告不信任。某省执法部门对该省地级市以上的30个主要电视频道进行了一次电视广告集中检查，结果发现电视直销广告问题较多，虚假违法电视直销广告占违法广告总数的六成以上。

①② 常涛．你不相信电视购物，为什么却为直播带货疯狂？现代商业银行，2019（24）：91－93．

广州市消费者委员会的一份问卷调查还发现，96%的人担心电视购物广告推荐的商品有质量问题，81%的人不相信电视购物广告的“售后服务承诺”。①

（二）直播带货与电视购物的区别

过去30年，在商品生产还没有那么丰富、传播手段还比较单一的广播电视时代，人们会通过电视购物。电视里的主持人不停地喊“998，只要998，八心八箭带回家”，这种煽动力虽然让人烦，但久而久之又让人忍不住拨打订购热线。

随着移动互联网以及以手机为载体的App的发展，直播行业日渐兴起，并快速地与电商市场进行融合，直播带货成了当下最时髦的新业态。

（1）载体不同。

直播带货以互联网为基础，以电脑及手机为终端载体，而电视购物是通过电视购物频道了解商品信息后拨打热线电话订购。

（2）传播形式不同。

直播带货人人可参与、可自己制作，并且完全是现场直播，而电视购物需要事前制作，并由电视台播出，采取中心化传播方式。

（3）面向的消费者层次不同。

直播带货是全民参与，而电视购物多是面向老年人及特定人群。

（4）灵活性、体验感、互动性不同。

主播能即刻感知用户现场的细微变化，从而对直播内容做出调整，而电视购物不具备这种灵活性，只能按照之前准备好的台本按部就班地走下去。直播带货可以现场提出疑问，现场解疑，实时反馈，提升了效率，而且可以实施多种现场促销手段。

李佳琦曾经在一次推销单价500元左右的男士护肤品时遭遇滑铁卢，因为所有女粉丝都在他推荐的产品下刷屏“他不配”，说自己男朋友不配这么贵的产品。几天后李佳琦在销售一款20元的男士洗面奶时就对粉丝喊话：“这款洗面奶只要20块，20块，他总该配了吧！”是的，这次售罄了。李佳琦自己当时就感叹这是第一次卖断男士产品。

（5）产品的类型和渠道不同。

直播带的“货”可以是任何商品或项目，甚至还有学校招生宣传，而电视购物多是保健品、稀奇产品、暴利产品、拙劣虚假商品。

（6）消费者的参与度不同。

人人可以参与直播带货，进行充分、多向的信息互动，还可以成为直播主。电视购物是单向的传播。

（7）场景角色不同。

直播带货所处的环境是电商，所在的场景是用户有明确的购物目的或者有隐形的需求。而电视购物带有广告的强加性，因为人们打开电视要么是为了看娱乐节目要么

① 姚益跃．电视购物可信度及其影响因素研究．厦门大学，2007：18.

是为了追剧，只有极少数会专门看电视购物频道的广告。因为不是场景下的目标，所以它的出现往往让受众反感。

（8）口碑传播及亲近感不同。

带货直播通常连演播室都没有，就是在一块小小的手机屏幕前坐着，聊天式地播报，表达会比电视购物轻松随意，就像与身边的朋友、熟人聊天。用户与主播之间的关系非常近，就如你的朋友在向你推荐一个产品。这个过程就是从大众传播转向口碑传播的过程，口碑传播的威力自然比大众传播大得多。电视购物往往是重复叙述。

第三节　一个大中型直播带货全程策划流程

如果要进行一场随意的直播，那么只要有某个直播平台的账号，登录账号，找到直播功能键进入，按照平台的指引进行操作和设置就行。如果刚开始时对操作不熟悉，还可以找到平台的视频教程，观看后再进行操作。

但若进行一场比较大的或中型的带货直播，则需要进行精心的策划，并制定操作流程。

一场完整的大型直播带货的操作流程

很多人刚开始做直播时不懂直播的顺序，所以要先了解这方面的知识，并且事前要多操作几遍，才会熟练。熟记了直播的顺序后，按步骤来就行，慢慢就会游刃有余。

很多新手直播之所以效果不理想也大多是因为没有事前规划，不了解直播流程就随意开播。

以下是直播的大致流程：

前期准备→直播预热→活动说明→产品介绍→促单转化

下面具体介绍整个直播过程中的一些细节问题。

1. 前期准备

（1）选择直播平台，并注册账号。

选择某个平台注册账号，并了解该平台对直播的基本要求。若有疑问，要按平台提供的联系方式联系解疑。

（2）检查硬件并进行开播测试。

① 测试网速：确保网速正常、购物车及上下架等直播间功能正常。

② 设备调试：检查能否正常直播、镜头位置、灯光亮度、网络、话筒收音情况等，特别要检查是否有影响直播的杂乱物体出现在背景里面，确保正式直播时不会出现意外。

（3）人员安排。

① 主播：张三。

② 硬件维护：李四。

③ 客服 1：负责活动截图、小号提问互动、烘托气氛。

④ 客服 2：负责订单处理，意向客户沟通。

2. 直播预热

（1）提前 3～5 天发布预告。

提前 3～5 天利用各种平台和渠道发布预告短视频，在短视频内容、文案、评论中加入直播日期、主题等信息。

（2）个人主页及昵称预告。

在公司名称或个人昵称、简介处添加直播预告。

（3）站外流量预热。

在短信、QQ 群、微信公众号、微博以及公司发文，组织员工。

（4）对直播间标题、封面进行优化，做到有冲击力、影响力。

标题（10 字内）：要能吸引粉丝点击，比如“有大量赠品”“错过遗憾”“爆品等待”“特价专享”等。

封面（1∶1 高清方图）：选择高清、吸引用户的图片。

3. 节奏、节点、时间单元安排

我们以一场时长 1 小时 30 分钟、晚上 7:00 开播的直播为例进行介绍。

（1）开始入场。

晚上 6:40，主播、客服、助手、货品陈列全部准备好。

晚上 6:55，开播，调整灯光，主播情绪进入直播状态，活跃气氛。

晚上 7:00，正式直播，介绍本账号、本场直播活动及内容。

（2）必须遵守时间表。

根据产品情况安排，必须列出整个直播活动的时间安排细节表，除非特殊情况，一般必须完全按照细节表的时间点和时间单元进行，每个单元不能延长，若稍有延长，必须在下一个环节抢回来。

如果有突发重大事件影响了预先安排的节奏，必须根据时间表进行调整，去掉一些单元或减少部分预先的活动，使整个节奏能按照原来的进行。

中间不时推出滚动字幕：“马上将拍卖”“马上将抽奖”“马上将发红包”“抢购下单稍等”等。

（3）必须清楚注明一些重要时间点。

对于抽奖、发红包、拍卖、抢购、秒杀、粉丝特价专享、优惠等，要清楚注明时间点。

整场节奏要紧凑，营造紧张火热的气氛。

（4）平台官方活动：配合活动打榜。

在直播过程中，要注意各种活动的配合。

4. 直播要领、注意事项、技巧等

（1）多感谢关注的粉丝。

在直播过程中要多感谢关注的粉丝，多引导关注、点赞，多介绍本场活动及本账号。

每半小时或二十分钟要说出“感谢粉丝关注”“感谢同城的朋友”“感谢喜欢本产品的粉丝”等。

要多与粉丝进行互动，并随时解答粉丝提出的问题。

(2) 工具提醒。

场景提示：利用小黑板、纸片、海报、衣服等道具进行提示。

比如，在进行卖猪肉的直播时，很多人会关心猪肉的价格。后面进来的人因为没看到前面已经解答过价格问题，可能会不时有人询问此问题。如果不断解答，整个直播就会花很多时间去解答此问题；如果不解答，后面不断进入的粉丝又确实不知道。解决的办法就是用小黑板或纸片写好猪肉的价格放到直播间，让不断进入的粉丝能够直接看到，就不会再有人不时询问此问题，主播就能够花更多时间向粉丝推销。

(3) 如何应对直播间尴尬。

新主播常会遇到的问题：

① 直播间无人互动；

② 不知道讲什么；

③ 思维由于紧张中断；

④ 程序化死板地照本念读。

解决方法——学会“自嗨”!

① 讲段子活跃气氛，增加新粉丝的活跃度。

② 用丰富的肢体语言来吸引粉丝，给粉丝留下深刻印象。

③ 分享人生经历，引起粉丝共鸣，如上学趣事、第一份工作，护肤/美妆/育儿经验等共同话题。

④ 设定直播主题，有目的地讲话，根据设定的主题和粉丝聊天。

(4) 如何增加直播间热度。

① 内容提醒：提醒上新时间。

② 红包发放和抢送：这是增加直播间热度的最有效和最常见的手段。

③ 粉丝专享价、优惠活动提醒：这是吸引粉丝的最常用的话题。

④ 话语提示：不停重复一些有吸引力的话，比如“大家点点关注”“千万别走开”“等一下会有×××活动，优惠力度很大”等。

(5) 商品讲解要领。

① 结合用户痛点展开讲解，让用户产生购买欲望。

② 针对商品提炼 3～4 个特点，单品介绍时长不超过 10 分钟。

③ 对比讲解：商品款式、商品外观、材质、质地。

④ 价格优势：价格对比超市、一些著名电商等。

⑤ 使用感受：商品使用方法、效果，例如衣服上身效果、化妆品上妆/卸妆效果等。

(6) 具体手段。

① 限时/限量促销。

将商品促销活动（限时、限价、限量）设置在某些时间节点，刺激用户转化，调动直播间气氛。

② 发放优惠券。

在直播间发放优惠券，用专属利益点刺激用户转化。

③ 抽奖。

通过粉丝团抽奖、评论抽奖、下单免单、定时抽奖、整点/半点抽奖等，增加用户的停留时长。

④ 发红包。

发红包礼物给用户，增加用户粉丝黏性。

⑤ 直播间剧情表演。

让粉丝在直播间砍价，制造库存紧张气氛；现场联系商家补库存、砍价等；生产方与销售方人员联合讲解。

（7）与粉丝互动的方式。

① 引导受众评论：向粉丝提问。

② 设计互动话题：提前了解粉丝的偏好，与用户互动，鼓励用户发弹幕、留言。

③ 激发粉丝活跃度：盖楼、答题、领红包、整点促销活动、抽奖、连麦等。

5. 直播间惯用及专用术语

（1）直播间的表述用语与日常生活中有一些区别。

直播间特别是推销商品的直播间，其表述用语与日常生活中有一些不同。当然，严谨的直播及其他一些直播也可以不用这些术语，但商业推销中应尽量多用直播术语，这样显得更亲切，更容易拉近与粉丝的距离。

（2）开场及中场术语。

介绍自己和本场活动以及下单流程（以满屋飘香甘蔗白酒为例）。

欢迎来到直播间的朋友们、宝宝们，喜欢主播的可以在上方点个关注，点点小红心。

一会儿有大福利、红包送给大家。我们是满屋飘香甘蔗白酒的生产厂家，今晚来到直播间的各位宝宝，能够直接享受到生产厂家的直销价，并且还有大优惠。

今晚全场购物送一两装的小瓶酒，还有手工蔗糖。厂家直销自然是百分百的正品，价格都是超超值，今天真是买到就是赚到了，所以大家下手一定要快，看上的一定要快，手慢就没了。

打开酒瓶，主持人把白酒倒入小酒杯中，端起酒杯品尝（表情要到位），并介绍甘蔗白酒的特性：这是采用竹篓窖泥法制成的甘蔗白酒，工艺是世界上独一无二的……并展示几张不同场合下大家正在畅饮此酒的照片。

引导术语1：大家看上了就截图啊，截完直接找客服宝宝下单就可以了。好，现在开始我数123，宝宝们就开始截图哦，1、2、3（声音可以拖得长一点），喜欢的赶紧截图下单哈。

引导术语2：另外，每二十分钟就会来一波抽奖、红包、秒杀的活动！（语气加重并稍提高）跟宝宝们说你们来到我的直播间真是赚翻了，不仅能买到厂家直销的货真价实的市场稀缺的甘蔗白酒，还有红包领，另外还有抽奖，以及半小时一轮的秒杀活动。好了话不多说，接下来咱们先给大家来一波秒杀。

(3) 活动术语

① 截图抽奖。

大家看我手里的这瓶满屋飘香甘蔗白酒，商场专柜正品零售价为 289 元，今晚宝宝们可以分享到朋友圈或微信群，我数 1、2、3、停，客服宝宝截图。如果你是本页第一个的话，我将把我手里的这瓶酒免费包邮送给你。

好了，不多说了，大家分享分享朋友圈，咱们就开始截图了。如果你想得到就赶紧分享吧，我数 1、2、3、停，客服宝宝截图。谁是屏幕上第一个就赶紧联系客服宝宝发电话和地址，这件就免费包邮到你家了，超值！

② 发红包。

欢迎观看直播的宝宝们，进来的就不要走了，点点关注，今晚有红包、免费送等超级多的福利，本场活动秒杀。

③ 秒杀。

刚才抽奖没过瘾的，咱们再来轮秒杀。我手里的这瓶无论品质还是口感都特别好，咱们一次只过 20 瓶，原价 389 元，现在秒杀价是 9.9 元，(狂吼) 9.9 元！有喜欢的宝宝就赶紧秒杀！赶紧秒杀！

(4) 产品介绍术语。

术语要点：突出特点、货源优势、独特卖点、送礼场景。

产品介绍环节持续时间：(每件) 10～15 分钟。

关于产品介绍环节术语，其他产品举例：

① 护肤品类。

护肤品可以讲成分、使用方法、国外类比。

② 家居用品类。

家居用品可以讲质量好、耐用、好用。

③ 服装类。

服装可以讲材质、款式、××同款、什么时候穿。

重点是渠道价格优势。

例子：先看我手上拿的这条休闲男裤，质量超级好、版型超级正，还很时尚，在商场卖 398 元以上，很多淘宝店从我们家拿货，大家可以去看×××店（找一家同款高价店名），最少都是卖 329 元。我们是批发一手货源，今晚特价 99 元。另外，今晚下单这条休闲男裤的宝宝们还能获赠一件打底衫，你买一件相当于买到了一身，非常的超值有没有，还有全场通赠的太阳镜一副，让你全身从头到脚靓起来。

(5) 促单转化术语。

术语要点：紧迫感、限量感、危机感，不买后悔三年。

6. 后续下单指引，告知用户直播后下单流程

此外，还要梳理好下单购买的详细流程。

第四节　直播带货的要点、技巧以及一些重要的操作模式

（一）直播带货的要点、技巧

1. 团队要具备一定的策划、组织能力

粉丝在直播间看到的只有主播或少数客服和助手，其实一场大中型直播幕后有相当庞大的团队，这些团队有非常强的策划、组织能力。

根据直播网红薇娅的介绍，她杭州的团队有 300 多人，广州的团队有 200 多人，加上北京的团队一共有 500 多人。这些人有不同的分工，如招商、选品、策划、运营、数据等，这个团队规模已经超过了一个中型广告公司。

薇娅杭州的公司一共 10 层，每层面积都非常大，薇娅在这里做了一个供应链基地，专门用来放优质供应商的商品，有衣服、鞋子、食物、金银玉石等，这个基地不亚于一个中型商场。估算一下，薇娅每年可能要对接成千上万家供应商。

薇娅曾在节目中说，自己就像一座桥梁，自己的团队、商家、粉丝每天都要从这座桥梁上走，所以自己一刻都停不下来。

大部分人只看到了在直播镜头前的直播主，而没有看到他们背后的团队体系，而这个庞大的体系恰恰是一个主播带货的核心竞争力。

2. 一定要了解各种平台的风格

淘宝：一般生活消费品类最畅销。淘宝基于自己的天然平台优势，又是涉足直播带货早的机构，销售转化率是最高的。

快手和抖音：适合推广客单价在 300 元以下的产品。快手和抖音的内容逻辑差不多，区别在于快手注重私域流量沉淀，粉丝黏性强；抖音虽然流量大，但是因其算法导向限制，流量都不能私有化，所以并不值钱，转化比较好的是美妆类产品。

拼多多把裂变玩法搬进了直播间。

京东推进了红人孵化计划，并至少为此投入了 10 亿元。

小红书也将内测电商直播，让创作者可以搭配笔记玩法、连线玩法和红包玩法进行直播。

除了以上带货量较大的平台外，一些其他平台也都有自己的定位，我们必须找到它最有特色的方面。

3. 选品要合理

招商证券的直播带货报告显示，快手全年 400 亿～500 亿元的带货中，食品占 40％以上，生活用品约占 30％，化妆品约占 30％。

一份数据显示，带货其实只对两种形态的产品有较大的效应：

第一种是价格击穿认知底线的货品——它们大多被冠以“源头好货”“产地品牌”

“厂商直供”等名称，以初级农产品、日用品为主，其核心特征是——无品牌，完全靠主播营造的消费场景出货，价格在百元上下或百元以内。

第二种是品牌货。真正占到大头的，其实还是自带品牌的品牌货，无论是高端品牌还是低端品牌，其共同特点都是有一定知名度。

还是以淘宝为例，人们发现，带货中绝大多数仍然是国际品牌，如雅诗兰黛、欧莱雅、资生堂等国际品牌在2019年实现了超过30%的增长，均进入了这一年“双11”天猫美妆销售排行榜前五名。

这证明了直播带货的品牌优势明显。

4. 要注重场景化描述

李佳琦在直播销售口红的时候，永远是通过场景化的想象，描述涂上这支口红的美女形象。

比如：

“今天想要贵妇风，那就选一只超级优雅的梅子酱紫色调口红！”

“明天又想走少女路线，那就来一只烂番茄色，薄涂它，你就是活力满满的青春少女！”

“后天又是港式复古风，亚光正红色拿去用绝对不会出错！”

对比一下，如果只是像别的直播主一样，描述这支口红质地滋润、颜色很正、品牌背景强大、价格实惠等，那么估计不会有如此好的效果，因为平铺直叙的常用表达只能给用户传达口红的信息，但是难以打动人心。而李佳琦深谙女性心理，知道每个女生心里渴望的都是更美的自己，所以在推荐时，会描绘出各种场景，让女生觉得自己不仅衣柜里永远少一件衣服，就连化妆台上也永远少一支口红。

5. 要给人占便宜的感觉

现在的顾客要的不是便宜货，也不是占便宜，而是占便宜的感觉。主播卖货并非光靠低价，更多的是通过优惠券、赠品、限量、限价去调动粉丝对产品的好奇心和兴趣，给粉丝占便宜的感觉。

目前来说，直播带货最吸引人的一点还是价格便宜。

但随着直播销售的兴起，这一点也正在发生变化，很多人参与直播销售是为了购买自己需要的商品，而不完全是冲着低价而去。

主播不停渲染营造一种“你现在不买就再也捡不到这个便宜”的氛围，会让粉丝担心晚下单一秒就没货了！

“今天限量2 000单，多的没有，抢完就没有了！”“此时不剁手，更待何时！”

6. 要保持高频的更新

直播要保持一定的连续性，效果才明显。

李佳琦在接受记者采访时说，一年365天自己直播了389场。这样高强度、高频率的直播是为了培养粉丝观看直播的习惯，保持忠诚度。

7. 要利用全网低价的技巧

直播间售卖定制款时，主播在卖货的时候都会现场让你去淘宝等网站搜同款，很多受众会去印证搜索，发现确实有这个产品，定价299元，而直播间只卖79元，自然觉得很划算，但真相是，受众看到的那个商品就是专门用来作为诱导价格的，几乎没有销量，这个商品就是专门为直播带货而做。

这一招现在被很多生产厂家使用，它们的目的就是在各大平台直播带货时让受众对比，从而以为价格有优势，然后感觉自己得了实惠。

其实类似的套路已经被商家玩了很久了，有时还会逆向使用，例如，对同一种产品，在线上和实体店标注不一样的型号，让消费者没办法做到绝对比价，从而避免了很多麻烦。

◆ 资料 ◆

直播带货的4个核心技巧（各大直播平台参照此）

No. 1

直播技巧

1. 直播前如何做好预热？

（1）文字预热。

提前1～3天在个人简介、作品文案、说说中预告直播时间。

（2）视频预热。

提前发布视频，在标题、封面预告直播内容，也可以提前1～2小时投放快速粉丝头条。

（3）站外预热。

提前1～3天在微信、微博、其他渠道等预告直播时间及主题。

2. 如何做好直播带货？

（1）做好商品展示：尺寸、口味、效果、亮点。

（2）做好购买引导：如何下单？如何参与活动？

（3）做好促销活动：抢购54321倒数、满××赠××。

（4）做好售后服务：及时回答粉丝问题，提升粉丝购物体验。

No. 2

店铺管理

3. 上传的商品被冻结怎么办？

客户上传的商品（部分）必须要有对应的经营资质，如店铺资质状态为“未上传”或“资质驳回”，则商品会被冻结。

除此之外，冻结还可能是因为描述不详细、描述与商品不符、违禁、高投诉、低价高运费等。

4. 如何在主页看到我的小店（以“快手”平台为例）？

打开快手App，点击设置—快手小店—卖货方法—个人页展示小店—点击下方立即展示。

注：只有别人看你的主页时才能看到“小店”，自己是看不到的。

5. 店主如何对商品设置是否包邮？

店主可对商品进行包邮和限购设置，以手机端（魔筷星选商家版App/魔筷星选小程序）操作为例：添加/编辑商品时点击“其他设置”，可分别设置“包邮规则”和“商品限购”。

6. 直播时如何关联魔筷商品（以快手平台为例）？

打开快手 App—点击右上角直播图标—勾选屏幕下方“本场直播我要卖货”—点击右上角“三个点”的按钮—选择售卖商品—选择想要售卖的商品—点击“确定”—开启直播，点开屏幕下方的“更多”，可以看到“售卖商品”的小车标示已经变成了黄色，说明小黄车已经开启了。

No. 3

平台规则

7. 作品发布超过 30 天，还能购买粉丝头条吗？

作品发布时间超过 30 天，不能购买粉丝头条，除此以外，还有 4 种情况也不能购买粉丝头条：

（1）非原创、带水印的作品；

（2）作品存在违规内容；

（3）作品设置为“仅自己可见”；

（4）作品已被粉丝头条审核拒绝或使用粉丝头条次数达到上限。

8. 直播卖货用词如何规避？

直播中切忌使用“绝对化”语言。“绝对化”语言包含但不限于：冠军、第一、世界级、最××、唯一、独家、秒杀全网、首发、顶级、××之王等。

9. 直播中不制止未成年人刷礼物违规吗？

直播中不制止未成年人刷礼物属于违规。

主播可以通过来往私信、直播评论、语音视频连麦等来判定是否为未成年人。

诱导未成年人打赏或者明知打赏者为未成年人却不制止的，将受到严惩。主播们不妨在直播中主动提示“未成年观众请不要送礼物哟”。

10. 连麦对战，做这三件事会违规！

（1）低俗色情真心话。不管是真心话还是大冒险，聊点健康有趣的。

（2）吞服不可食用异物。服用异物伤身体，危险行为不可取。

（3）暴力毁坏物品。手机电脑都是无辜的，别跟物品过不去。

资料来源：快手直播带货的 4 个核心技巧来咯！赶紧记好笔记！https://www.mockuai.com/941.html，2020-12-12.

（二）直播带货的一些重要操作模式

重要理论

直播带货常用的 11 种重要操作模式

1. 店铺式直播模式

在该模式下，主播针对产品逐一介绍，就如实体店铺，再由观众在评论区留言，告诉主播要看哪款。

直播内容就是直播间的各个款式。

2. 原产地直播模式

在该模式下，种、养户自产自销或是与直播团队合作，主要适合地方特产或区域产品，例如蜂蜜、土鸡、土鸡蛋、大龙虾、腊肉、水果等，每天直播内容都差不多。

3. 形象宣传直播模式

在该模式下，销售方聘请直播团队，直接付给一次性费用，而不要求直播团队具体的出货量，相当于过去与电视台合作的形象宣传。该模式给直播团队的压力较小，主播不用担心货源和库存压力，也不用为售后服务问题费心。

4. 直播间定制模式

在该模式下，主播会根据粉丝的需求，采用 ODM 或 OEM 的方式推出特有的款式，商品多来源于供应链供货、工厂定制；由于是直播团队加上源头生产商做信誉背书（担保），这种方式能够保证品质，又因为是定制，与市场上销售的款式不同，所以容易吸引粉丝购买。

5. 直播间砍价模式

该模式相当于在市场上现货砍价，第一种，主播只作为中间人，负责介绍货主提供的商品的特点、性质。货主与粉丝直接砍价，待价格令双方满意后，让有意购买的粉丝下单。第二种，货主负责提供商品，并介绍该商品的特点、性质，然后货主报价，主播协助粉丝一起砍价，价格协商一致后粉丝下单成交。以上两种方式都是主播赚取粉丝的代购费和货主的佣金，就如市场交易中大家围观看热闹，容易吸引粉丝前来参与，享受砍价过程并哄抢。

6. 直播间秒杀模式

该模式主要是让供货商形成瞬间爆点，在直播间带动人气和增加气氛，然后带动销量。主播负责渲染情绪和调动粉丝的激情，并大力宣传商品的核心价值。

该模式容易形成从众效应，由于短时间内价格极低，在直播间容易掀起高潮，而主播的收益来自“坑位费”+销售返佣。

7. 直播间博彩模式

该模式相当于民间的围观博彩，比如，直播间的赌石、珍珠开蚌等都带有强烈的博彩性质。但这种做法不能违反法律，不能有太强的赌博性质，只能用来增强直播间的趣味性，所以设计活动和环节时应该周密考虑。

8. 直播间抢拍模式

该模式的氛围和互动性比较好，容易引发成交冲动。

比如直播销售一批本来打上条码的白酒，随机抽取条码中的几个数（比如“71”），规定只有身份证上的数字与预设的数字具有某些关联性（比如出生于“1971 年”的粉丝）时，才能抢拍到此商品。

这种氛围特别好，受众也有围观热情，易产生下单的冲动。

9. 直播间专家专业解读模式

在该模式下，销售方会邀请专家来直播间进行专业解读，一对一帮助粉丝解疑。

由于专家一般具有较大的名气和较高的威望，所以他们自然会得到粉丝的高度认可。这种模式的成交转化率特别高，但不容易获得流量。

10. 邀请名人、达人现身直播间模式

通过该模式获取到的粉丝，对主播的信任度都较高，所以转化率会不错。不过该模式可能需要支付给邀请的名人、达人一大笔现金。

11. 直播海外代购模式

在该模式下，主播在直播间，然后助手在海外现场拍摄，配合主播的讲解变换直播镜头。这种模式容易激发受众的好奇心，从而获得成功，但对于货品是否和镜头中的品质一样以及售后等问题，需要与主播制定好约束规则，这非常关键。

总结：电商直播行业处于高速发展中，机会多于挑战。如果选择这条赛道，就要找到它最合适的模式，再去做细、做好。

第五节　个体销售、公司自销、学校招生等如何自己做直播带货？

直播带货这么火，个体销售、公司自销、学校招生等该不该入场？又该如何入场？入场后，该如何发挥直播的作用？

淘榜单的数据显示：2020 年 2 月，中信书店、钟书阁等 200 家书店变身淘宝直播间，“数字阅读”类直播引导成交量上涨 938%；眉州东坡、真功夫、西贝莜面村、小龙坎等线下餐饮大厨在直播间教大家做饭，“口碑/饿了么本地生活”类直播引导成交量上涨 439%。①

从李佳琦、薇娅出圈，频繁出现在大众视野和微博热搜，到罗永浩直播、人气女王格力董事长董明珠单场带货 7.1 亿元，再到刘涛、汪涵等众多一线明星开始进入直播间和众多用户见面，可以说现在正在进入一个全民直播的时代。

直播带货的类别从化妆品、小吃零食拓展到汽车、火箭、房子，可以说形成了万物皆可播的局面。人人都可入场进行直播，开始直播很简单，但是想要获得流量却不是那么简单。并非每个人都能像李佳琦、薇娅那样取得成功。

如果不是专业人员及直播团队，个体销售、公司自销、学校招生等如何快速入局并很好地进行直播带货呢？以下提供一些基本的操作指引。

（一）操作指引

1. 做一场有准备的直播

这一点在前面的流程里已经谈得非常详细。

准备 2～3 周以后，就可以开直播带货了，当然直播可以随时进行，带货则需要有

① 入局直播带货之前，这 3 个问题需要思考．搜狐网，2020-06-02.

一个沉淀时期，第一次带货尽量克服紧张情绪。

2. 直播时间选择

这要看所卖的产品是针对哪些人群。如果是针对宝妈们，那么建议下午两点到五点进行直播卖货，因为这个时间宝妈们大多忙完了，正是比较清闲的时候。如果是针对上班族，建议晚上 8 点到 10 点进行直播卖货，因为这个时间上班族大部分下班了，饭也吃完了，正是刷手机的时候。

3. 竞品调研

调查自己的竞争者、同行产品，看看有没有人开始做直播。不妨调研一下其他商家，看它们在直播之后流量是否增长了，每日的销售量是否有比较明显的变化。

如果竞品都没有开始做直播，作为第一批吃螃蟹的人，通过直播实战不断进行优化，获取新的流量，也不失为一种好办法。

另外要注意，虽然直播很火，但也有人在直播里血亏，根本没赚到钱。

4. 首先要有 1 000 个粉丝

1 000 个粉丝是抖音卖货的门槛，所以初期要想方设法增加粉丝。

当然，不要花钱去买僵尸粉，因为很容易被查封，而且没什么实际作用。

5. 添加商品橱窗

有了 1 000 个粉丝之后，就可以通过商品橱窗添加产品。请注意，如果是个人开店销售直播带货，尽可能前期不要卖手机等大件产品，多做一些适合这个平台的产品，比如零食、饰品、化妆品等，单价不要超过 200 元。

6. 预先拍一些短视频介绍自己的产品或项目

选择产品或项目之后，可以有针对性地拍一些有创意、有场景的短视频，初期最好不超过 15 秒，最长不超过 1 分钟，可以在短视频中添加推广的产品，也可以在直播时打出链接网址。

7. 直播带货要诙谐幽默有段子

这是直播不冷场的一个重要方法，当然还可以连线，连线是提高直播间活跃度的一个好方法，不过要找有点流量的连线，毕竟以后要带货。

8. 加大直播量

可以经常性地在固定时间直播 2～3 个小时，从而锻炼自己的胆量并逐渐培养直播技巧。

9. 自己开一个抖音小店效果会更好

如果积累到一定的粉丝数量，比如 10 000 个，可以开一个小店，自己运作，这个难度很低，很容易学会，具体操作可以上网看。

如果开了小店，就要有货源，不过对于零售商来说，这根本就不是一个事儿。

有产品后一定要做分销，就是让你的产品在别人的橱窗出现。要想实现这一点，你就要有好产品，前期可以做一些利润大、适合这个平台销售的产品。

10. 多学习、多分析

做一段时间之后，可以收集短视频播放量以及对应的销售数据，一定要多多总结，找到感觉，虽然这需要付出时间和精力，但这是基础。

不会拍短视频，可以自己上网学习一些初级技能，现在这样的课程实在是太多了。当然，不是所有的短视频都要带货，也可以拍一些和你的定位相似的生活视频。

11. 要有促销活动

直播的时候一定要有促销，要尽可能打出“全网最低价”“震撼价”，高价只会提高退货率和掉粉，因为在网上购买的人，很多都是对价格敏感的、冲着优惠来的。

12. 把抖音和微信结合

抖音也是可以建群的，只是没有微信群好用，要尽可能地把抖音粉变成微信粉，比如可以通过售后客服的方式邀请，当然要注意不要违规！

如果零售商想快速有效地直播带货，还是要走微信体系，通过微信直播和微商城带货，这个是效果最好的，特别是当你已经积累了一些粉丝的时候。当然，微信体系的缺点是粉丝成长性不够![①]

（二）主播选择

1. 个体户、员工、单位或部门负责人自播

很多生产厂家都会尝试员工、公司、部门负责人自播的模式，毕竟这种模式成本低，而且他们更熟悉本行业、本公司及其产品，但他们不是专业的主播，在做转化和讲解方面的技巧不如专业主播，所以最终的效果需要实践检验。

比如现在很多大学招生，由学校有关负责人直播讲解学校概况以吸引学生，再由各个学院的院长直播详细讲解专业优势。

个体户、员工、公司、部门负责人直播，贵在坚持。如果能够每天坚持直播，每天直播1个小时以上，也能够带来一定的效应，而且通过这样的方式来直播，会让用户对店铺和品牌有更强烈的感知。

2. 请人直播

请人直播，需要给直播主支付一部分费用，一般采用时长计费＋cps（按销售付费）分成的模式，每小时直播的价格在200元左右。

现在纯cps的模式，主播很看重店铺的动销，也就是在某个时间段自然的销售量。如果没有动销，基本上没有主播会接店铺的直播。

请人直播，其实还是依靠店铺的自然流量，不过不同的人对用户的把控能力以及转化能力不一样。有经验的直播对用户的转化能力会更强，但是这种转化其实还是建立在对产品和用户的了解的基础上。

3. 网红直播间直播

网红直播间直播和前两者不同的是，将商品拿到网红直播间，能够利用网红主播的流量将商品带起来。当店铺没有自然流量或者产品知名度差的时候，往往会采用这样的方式。

但通过这样的方式将产品投放出去，需要考虑成本是否能够收回来。有时候靠单

① 吉红江直播带货的12个方法. http://www.360doc.com/content/20/0507/07/6906 4094 _ 910673453.shtml，2020-08-19.

场直播收不回来成本，但能带来一定的流量增长，这是在做投放预算时需要考虑的最重要的一点。

另外，还有一种模式是将网红直播间直播和店铺直播结合起来，在网红直播间直播的同时，也进行店铺直播，从网红直播间导流到店铺。

目前流量依然集中在头部主播那儿，腰部和尾部主播生存困难，而且依靠腰部和尾部主播很难打开市场。如果要做网红直播间直播，建议还是先从头部顶级主播开始，打开市场，后续再更好地进行直播间的投放。

4. PGC 直播

PGC 直播指在某一领域具有专长，能分享专业领域有价值的内容的直播。

其中的综艺是 2020 年淘宝直播的新亮点，可能也会成为未来一个新的增长点。

直播不仅能带货，还能和综艺、访谈等有趣的内容表现形式结合在一起，为用户带来更好的体验。

将公司本身拥有的资源和内容表现形式搬上直播，也不失为一个好办法。

比如图书行业，公司本身是有很多作者资源的，如果将作者访谈的内容搬上直播间，让读者更加了解作者及其作品，对于商家和作者来说，这其实是一种互利互惠的行为。

直播可以让每个品牌和商家更好地讲背后的故事，拉近和用户之间的距离。

5. 联合主播

（1）店铺微淘＋直播。

微淘作为商家的私域流量，可以和直播充分结合起来：在微淘预热，在直播中转化，将流量充分利用起来。

可以先在微淘发布直播预热视频以及直播优惠信息，让进入店铺的人看到直播预热，从而更好地形成转化。

（2）连麦大咖直播。

连麦这个功能，突破了空间的限制。只要对方有网络，有手机和淘宝，就能直接和店铺直播间进行连麦。

对于商家来说，以上直播方式不是互斥的，可以从最简单的直播方式开始，循序渐进，摸索出适合自己的模式。

“直播＋卖货”“直播＋综艺＋卖货”“直播＋游戏虚拟直播＋卖货”等之前出现过的模式，以及可能出现的新模式都可能随着直播带货的快速发展而演变出更新的玩法。①

（三）粉丝引流手段

带货的基础是粉丝，因为只有源源不断地吸引新的粉丝进来，才能提高卖货的交易额。对于刚刚起步的主播来说，怎么在短时间内积累人气呢？

---

① 入局直播带货之前，这 3 个问题需要思考. https://m.sohu.com/a/399271036_114819/?pvid=000115_3w_a，2020-06-02.

在刚开始直播的时候，不要一上来就直接卖货，先要留住人，把人气做高，等人气高的时候才开始卖货。

同时，细心的答疑或者具有娱乐性的沟通，能够拉近与粉丝之间的距离，引起情感共鸣，建立起主播与粉丝之间的亲切度和信任感。这样一来，带货就顺理成章了。

网红主播薇娅的粉丝有 1 000 多万，月累计观看达到 3.2 亿人次。①

有的主播会在初期尝试拍段子的方式，争取上热榜，从而获得官方推荐，然而通过这种方式积累粉丝，过程相对来说比较漫长。

以下手段分别适用于处于不同阶段的直播账号吸引粉丝。

1. 极低价或免费商品引流

初期可以利用“价格极低甚至免费的商品”吸引受众关注。

2. 在关注的粉丝中，选取小部分送福利

在关注的粉丝中选取小部分送福利能保持粉丝的忠诚度，但用此方式必须注意一点，即不要夸大宣传，从而造成一种人人都能得到免费福利的错觉，这反而会伤害粉丝，让他们产生反感和抵触情绪。

比如，某个卖玉镯子的主播经常拍摄“免费送”系列短视频，背景是一大堆玉镯子，配上醒目的文案吸引用户的关注。主播通过短视频给用户造成了一种只要关注他就可以免费获得玉镯子的错觉。实际上，每次直播只送几十个，几秒钟就被抢完了，结果导致很多用户很失望。

用送福利这一手段时一定要让粉丝明白是部分送而不是关注就送。

3. 购买官方推广粉丝

除了利用“白菜价”商品引流之外，还有一种简单的方式就是，直接购买官方的推广粉丝。

很多平台都会利用此手段。

但要注意的是，直播平台推广不是说花钱了就一定有人气。

比如晚上的直播高峰期，很多主播会扎堆花钱做推广。然而看直播的人数就那么多，那么这个时候相应地就要提高推广预算，如果推广量小，可能根本就没有效果。

4. 引导粉丝增加人气

在直播过程中，主播可以引导在线的粉丝帮忙增加人气，提升直播间的排名。直播间的排名越靠前，看到直播间的粉丝也就越多，当然进来的粉丝就越多。

那么如何引导粉丝帮忙增加人气呢?

主播可以在直播的过程中设置抽奖，要求观众达到一定人数后才开启抽奖活动。然后借机让粉丝把直播分享到朋友圈，拉来更多的粉丝。这个手段有人尝试过，效果还不错。

5. 向大主播“借”流量

对于没啥名气的小主播来说，从 0 到 1 的涨粉过程十分艰难，所以小主播要想尽

---

① 薇娅直播带货的背后，这 4 个核心秘诀你需要知道. http://www.woshi pm.com/marketing/3592881.html，2020-03-06.

办法蹭大主播的热度。

这有两种方式：

(1) 刷礼物获得曝光。

第一种，去头部主播的直播间刷礼物。比如，之前辛巴在直播间卖货的时候，就有很多小主播过来刷礼物寻求曝光。

第二种，除了在直播间刷礼物之外，还在头部主播的直播间不断“撒”红包。

比如，散打哥在直播间联合各大头部网红主播所进行的那场破5 000万粉丝的直播中，很多小主播都跑去发红包以引起更多人的注意，增加曝光。这些小主播还会经常去各大网红直播间刷礼物以达到涨粉的目的。

(2) 打榜获得连麦机会。

还可以通过刷礼物、打榜的方式获得和主播连麦的机会。

连麦是一种在直播平台上的带货方式。主播们一般会根据粉丝打赏金额决定和谁连麦。一般来说，粉丝打赏金额排名前三就可以获得连麦资格（在不同主播那儿，获得连麦资格的条件不同）。

如果连麦的主播粉丝量够大，通过一定的手段就可以实现快速涨粉。

比如在和主播连麦的时候，可以通过截屏抽奖送红包、送手机、充话费等方式来吸引用户的关注，顺便引导用户加入粉丝团，承诺从粉丝团的用户中抽奖。

有时候还可以直接提升带货销量。由于通过打榜得来的粉丝和直播是没有联系的，他们买货就看商品有没有性价比，如果超出粉丝们的心理预期，几万单甚至几十万单都能卖掉。

说白了，这种方式就等同于花钱在大主播那边买个广告位。

6. 发展账号矩阵

快手主播把一个账号做大了后，还会开各种小号。然后大小号之间相互打榜，相互引流。

粉丝再多点的时候，有的主播就会发展帮派、利用收徒机制等培养矩阵账号，集聚流量并将流量利用到极致。

从辛巴的带货玩法中我们或许能够感受到这种“极致”。比如，辛巴会在平时直播时和他的徒弟或签约主播一起卖货，引导粉丝关注徒弟的账号。

值得一提的是，很多主播的小号与大号打通了各个品类、覆盖各个年龄段用户群，错峰开播，由此形成互相带货、引流的协同增长效应。①

案例

海归硕士直播帮母亲推广“弹棉花” 年销售额200多万元

海归硕士“弹棉花”年销售额200多万元

将母亲的手艺品牌化运作，想让年轻一代重新认识传统手工艺。

---

① 直播带货前奏，5大引流套路揭秘. https://www.sohu.com/a/383606881_240249，2020-03-27.

“霜前冷，雪后寒，进入十月把花弹。”弹棉花是一门老手艺，很多经历过20世纪八九十年代的人都会对“弹棉花”有着清晰的记忆，进入新千年后这门老手艺开始慢慢地淡出人们的视线。如今，来自苏州的海归金融硕士蒋晓栋，在回国后选择了帮“弹棉花”16年的母亲黄翠萍把这项渐渐式微的手艺发扬和传承下去。如今，黄翠萍的“弹棉花”手艺已经被蒋晓栋变成了一项年销售额达200多万元的生意。

海归硕士两个相去甚远的身份

“我现在最重要的工作就是让大家重新用现代的眼光看待‘弹棉花’这种传统工艺。”来自江苏张家港的蒋晓栋今年①33岁，在旁人的眼中他有两个相去甚远的身份，一个是光伏企业的出口贸易业务负责人，另一个则是“弹棉花”工艺的推广者。

2019年12月13日，在苏州市的一个手工艺品创新创业大赛上，来自张家港的黄翠萍和蒋晓栋母子带来的手工艺品，在一众苏绣、核雕、漆艺、苏扇中显得格外淳朴。他们带来的是一把宛如长弓的木质器具，但这把“弓”却并不是用来“骑射”的，而是一把弹棉花的弹弦。

自小深受母亲的影响，蒋晓栋对手工棉被有着很深的情感，年少时去美国读书，他的行李里也一定要有母亲弹的棉被。2012年，蒋晓栋在美国拿到了金融学硕士学位后回国发展，在负责一家光伏企业出口贸易业务的同时，也担当起了母亲“弹棉花”事业的“发言人”。“我母亲私下是一个很开朗的人，但是由于受教育程度不高，所以很多向其他人宣传和讲解‘弹棉花’工艺传承的工作就由我来替她完成，久而久之我也变成了‘弹棉花’的内行。”图9-1展示了中国传统工艺弹棉花中的弹弓。

图9-1 中国传统工艺弹棉花中的弹弓

2018年底，蒋晓栋决定正式对祖传的弹棉花技艺进行推广。在他的帮助下，母亲注册了“有暖制被所”品牌，蒋晓栋也开始对自家弹的棉被进行品牌化运作。“今年一年我们的销售额有200多万元，明年预计要达到300万元。”

---

① 指2019年。

敲弹一床棉被需3小时7 000下

15日，黄翠萍告诉《北京青年报》记者，“弹棉花”是蒋家从清朝光绪年间至今一代代传下来的手艺，自己的手艺是跟丈夫的姐姐学习的。“目前公认的传统弹棉花4个步骤包括敲弹、牵纱、打磨、缝制，全部都是手工完成的。”图9-2展示了中国传统工艺弹棉花中的压功。

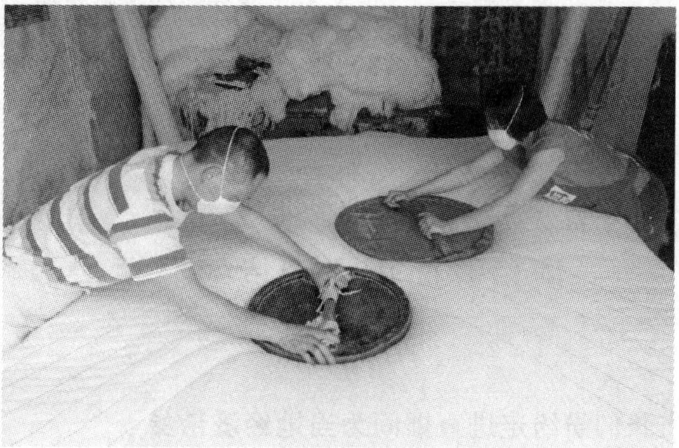

图9-2 中国传统工艺弹棉花中的压功

黄翠萍介绍，敲弹工艺是整个手工弹棉工艺的灵魂，也是“弹棉花”的“弹”字的精髓所在。要利用弹弦的震动使棉花纤维打开，形成丰富的蓄热空间，再将整床棉花作为整体进行细致的敲弹，使得手工棉被有着独特的蓬松性和柔软性。“整个过程要敲弹7 000多下，背面会被3 000多根牵纱的纱线固定，最终经过打磨和缝制，历经3个小时才能完成一条被子的制作。”

“我现在虽然知道手工弹棉花的所有技术细节，但是我并不会弹棉花，因为一个熟练的弹棉花手艺人，需要花两年的时间来学习才能完全掌握技术。”蒋晓栋说，这种漫长的学习和练习时间也是“弹棉花”手艺传承越来越难的原因。“现在我母亲的工作室里能熟练弹棉花的手艺人不过六七位，我目前计划找一些年轻人来学习。”2019年，为了更好地传承手工弹棉花手艺，蒋晓栋还为手工弹棉技术申报了苏州市市级非物质文化遗产，黄翠萍也开设了“手工弹棉技艺展示馆”，有空就给学校的孩子们做知识讲座。

想让年轻一代重新认识传统手艺

“我每次在展示和推广‘弹棉花’工艺的时候，都能感受到旁人眼中的疑惑，好像在说，‘弹棉花’也能叫手工艺吗?”蒋晓栋告诉《北京青年报》记者，这样的眼神他再熟悉不过了。从2003年黄翠萍开始投身这项技术的传承时起，蒋晓栋便经常看到周围的人用疑惑的眼光看着母亲。“‘弹棉花’在很多人眼里已经过时了，代表的是曾经落后的生活，所以他们不能理解我们为什么要做这样的工艺传承。”

在蒋晓栋看来，“弹棉花”像刺绣、竹编、漆器一样都是中国传统手工艺文化的代表，历史十分悠久，元代王祯的《农书·农器·纩絮门》中就有对“弹棉花”的记载。“但是‘弹棉花’作为一项手工艺在推广上天生‘吃亏’，因为棉被是很私密的东西，日常还被套在被套里无法展示，再加上八九十年代大家对‘老棉絮’的刻板印象，在羽绒被、蚕丝被盛行的当下推广起来真的不太容易。”

为了让更多的年轻一代了解弹棉工艺，蒋晓栋开始了新的探索。他一方面利用自己对摄影和设计的爱好，用现代的手绘和平面设计改善弹棉花和手工棉被的形象；一方面开始与民宿、自媒体、短视频等贴合年轻人生活方式的渠道合作。蒋晓栋还对弹棉花的过程进行 24 小时的网络直播，让更多人了解这门“温暖”的手工艺。

资料来源：海归硕士帮母亲推广“弹棉花”年销售额 200 多万元. https://www.chinanews.com/sh/2019/12-16/9034524.shtml，2019-12-16.

第六节　官员为推销地方产品、景区、项目等而直播带货的要领

（一）县、市长们纷纷走进直播间为当地经济带货

从 2019 年 2 月到 2020 年 2 月，全国已经有 100 多位县长、市长走进直播间为当地产品“代言”，央视公益直播为湖北带货超亿元，携程联合创始人梁建章直播 6 场带货 1 亿元……商务部大数据监测显示，2020 年第一季度电商直播超过 400 万场。直播带货频上热搜，“买它买它买它”俨然成为当下的网络热词。①

2020 年 2 月新冠肺炎疫情暴发以来，不少商家选择了直播带货，直播带货在一定程度上助力了中小企业复工复产。

2020 年 4 月 8 日，一场“谢谢你为湖北拼单”的公益直播活动在央视新闻客户端、淘宝、微博等平台开播，直播间内，主播们各显身手推介荆楚味道。热干面、周黑鸭等产品多次补货，却依然被“秒光”。据统计，头两场直播就为湖北带货超亿元。

疫情期间，快手、抖音、淘宝直播等平台都发布了相关帮扶措施，帮助个人以及企业尽快实现复工复产。

案例

县长、市长直播带货汇总

爆红！喀左博士后副县长化身带货网红 两场直播卖了 272.4 万元农特产品

2020 年 6 月 9 日，喀左博士后副县长化身带货网红，两场直播卖了 272.4 万元农特产品。5 分钟，1.6 万瓶陈醋被“秒光”！25 分钟，32 万枚鸭蛋被抢空！

一场突如其来的疫情，让农特产品销售受到了很大影响，沈阳建筑大学调任到朝阳喀喇沁左翼蒙古族自治县（简称喀左县）的博士后副县长陈士忠，为了给农民寻找

① 直播带货为什么这么火？http://www.xinhuanet.com/2020-04/30/c_1125925405.htm，2020-04-30.

新出路，结缘线上直播，4 月和 5 月两场直播带货销售额达到了 272.4 万元。“手机成为新农具”“数据成为新农资”“直播成为新农活”，如何用新渠道卖农产品，陈士忠给农民带了个好头。直播后，他又开始做抖音号，宣传喀左及喀左特产，巩固脱贫的稳定模式。“现在我不但要当好官，还要学习如何做好网红，让大家关注我，了解我们县和我们的特产，并将这些特产推向全国。”

副县长化身网红，不单是带货，更重要的是发挥引领作用。两场直播让乡镇、企业、合作社、产业工人、农民看到了直观的效应，纷纷试水。乡镇、企业等各类直播间，直播电商人才培训，娱乐主播转型带货主播……各类形式一夜之间涌现出来，参与直播在喀左已经成为新时尚。

盱眙副县长联手抖音达人直播卖货 再促龙虾产业线上转型

2020 年 6 月 16 日，淮安市盱眙县人民政府副县长汪仁与拥有千万粉丝的抖音达人“放扬的心心”开展直播，共同掀起盱眙龙虾直播电商的夏季热浪。本次直播也响应抖音活动“小龙虾江湖争霸赛”，以盱眙作为苏派龙虾特色代表，向观众展现江苏龙虾文化特色。当场总看播人数突破 25 万，观看峰值逼近万人。

近两年直播电商潮流崛起，而 2020 年的特殊形势又促使商家拓展线上带货形式。“县长带货”已经是全网讨论最多的话题之一。

直播平台的兴起与发展，帮助盱眙等地完成了“直播带货”的转型，为传统的龙虾销售拓宽了思路，摆脱了对单一输出渠道的依赖，为整个盱眙龙虾产业带的未来提供了更多想象空间。政府官员亲自站台，发挥示范作用，为助力乡村振兴注入了新的活力，为行业内人员增添了信心，也与用户建立了更密切的感情纽带。

济南 80 后副县长直播吃鸡！一口气吃 4 只，1 天多卖出近万只扒鸡！

2019 年 12 月 26 日，名为“黄河王小帅”的短视频账号发布了一条带货视频，视频中，他模仿李佳琦推荐商河皇家扒鸡。

他是山东济南商河县副县长王帅，一名 80 后博士。在时长 32 秒的视频中他语气表情夸张，一口气吃下 4 只扒鸡，最初的小视频到下午 4 点就有 44 万人次观看。

网友连连点赞：“这个县长好亲民。”

商河特产皇家扒鸡被形容为“商河第一好吃的扒鸡”，王帅面前的盘子里有 10 只扒鸡，他手捧鸡肉大吃特吃，一会儿工夫盘子就空了。“偶买噶”“amazing”“买它”等网络流行语，配上王帅的憨厚形象，有种莫名喜感。视频获得了大批网友的点赞，有网友留言说：“看了李佳琦的直播没买过东西，看了县长吃扒鸡，我下单了。”

这段时长 32 秒的“在线吃鸡”视频，火爆程度远超王帅和同事的预期：“我们都很惊讶。这毕竟不是直播，只是短视频。”

有的网友看到视频后专门去淘宝搜索“皇家扒鸡”，带动了淘宝的销量。王帅说：“出乎意料，以为人们只是单纯爱看这些新颖搞笑的短视频，没想到真会花钱买。”

王帅自己预计，这条短视频能带动约 2 000 只扒鸡的销售。事实证明，他远远低估了自己的带货能力：1 天多卖出近万只扒鸡！

县长带货引五万余网友围观，锦屏这场直播刷屏了！

2020 年 6 月 21 日晚上 9 点，贵州省锦屏县县长刘明波携苗族甜美歌手杨祖桃等十八位明星在全网进行直播带货，直播现场推荐锦屏石斛系列产品。

此次县长网络直播带货活动，当天就吸引了五万余名网友围观，卖出 6 000 余单石斛系列产品，金额高达近百万元。

安徽首次！地级市市长直播带货 54 万人围观

2020 年 6 月 10 日晚 8 时许，宣城市市长孔晓宏亲自上阵，走进淘宝直播“恩佳N”的直播间，为宣货代言！直播刚开始，风趣幽默的市长就用一个十里桃花的典故，成功圈粉无数！

直播中，孔晓宏利用丰富的知识、诙谐的语言，化身“超级推销员”，向全国网友推荐宣城的优质产品，并在现场推出秒杀活动，抽取“市长大礼包”。直播间观众很快达到 54 万人。

据了解，这不仅是宣城市市长直播带货首秀，更是安徽省内第一次地级市市长亲自直播带货。

上海市长亲自直播带货，一小时卖出 1 231 辆，网友惊了：这车啥来头

2020 年 5 月前，荣威 RX5 plus 刚刚上市，为了让更多的人知道这款车，商家决定也举行一次直播卖车。让网友没想到的是，直播的人竟然是上海市的市长吴清，惊喜的是他还挺有直播的天赋，他用幽默的语言讲解了汽车的各方面性能，使网友对这款车有了全面的了解，场面一度十分热闹。不少新观看的网友都惊呆了：这车到底啥来头？竟然能请来市长带货。

其实这款新车的来头还挺大的，它是马云投资制造的车，所以也就不难理解为什么上海市的市长出面直播带货了。这款新车也没有辜负所有人的期望，预售一小时就卖出了 1 231 辆。

新华社评“县长直播带货”：带“新鲜”更要带“长远”

“我之前从来没看过直播，更别说自己开直播了。”王军强说。

为了直播“首秀”，这位来自中信银行的援藏干部，整整花了 6 天时间准备。“电商直播在西藏几乎是一个空白，需要解决冷链物流、网络技术和直播脚本等诸多问题。我们反复调试设备、联网测试、推敲脚本，直到直播前才完成细节方案。”

为了直播时更加自然，王军强还找来了知名网络主播的视频，观摩学习，对语言、语速、表情、手势等反复揣摩，力求使直播既充实又不落俗套。

相比王军强这位刚刚涉足直播的“萌新”县长，湖南省城步县副县长刘书军算是直播界的“老江湖”了。自 2019 年 9 月开播以来，他已经直播 70 余场。

“县长没有县长的样子，但这就是我们为人民服务的样子。”“第一次献爱心不买是你的责任，第二次不买那是我们的责任。”在直播中，刘书军一边啃着泡椒，一边喝着牛奶解辣，面对网友的各种“灵魂拷问”，“金句”迭出。

作为来自商务部的挂职干部，刘书军通过走访，对城步县面临的困难有了更深的认识：“快递物流成本高，市场渠道不畅，当地企业能力有限，农产品销售面临较大瓶颈。”

到底该怎么帮县里脱贫？刘书军绞尽脑汁。2019 年上半年，刘书军参加了阿里巴巴举办的一个脱贫培训班，接触到电商直播的新模式。刘书军意识到，只有帮助当地企业和农民打通一条销售农产品的稳定渠道，充分发挥流通对生产的先导引领作用，才能形成脱贫的内生动力。

究竟谁来直播？城步县曾经邀请过外地网红，但很多时候这种都是“一锤子”买卖，难以长期持续。依靠当地农民搞直播，他们头几天很新鲜，但是由于缺乏粉丝基础，直播的时候基本是在自说自话，最长的也只坚持了两周。无奈之下，刘书军“只有自己上”。

商务大数据监测显示，第一季度电商直播超过400万场，100多位县长、市长走进直播间为当地产品“代言”。

在网红界，官员绝对属于“非主流”，网友们却很“买账”。淘宝高级业务专家朱曦分析说，他们在直播摄像头面前的形象，和人们印象中的形象反差实在太大。这种“反差萌”直接转换为直播平台的“吸睛指数”，进而成为县长们的带货能力。

另据淘宝直播数据，自2018年以来，共有500多名县长走进淘宝直播间；在“字节跳动”的平台，截至2020年4月26日，已经有63位市长、县长参与直播助农活动，销售额超过7 800万元。

资料来源：爆红！喀左博士后副县长化身带货网红 两场直播卖了272.4万元农特产品. http://ln.ifeng.com/a/20200609/14252773_0.shtml? ivk_sa=1023197a，2020-06-09.

盱眙副县长联手抖音达人直播卖货 再促龙虾产业线上转型. http://www.js.xinhu anet.com/2020-06/16/c_1126120583.htm，2020-06-16.

济南80后副县长直播吃鸡！一口气吃4只！什么情况？http://k.sina.com.cn/article_1711530911_v6603e39f01900lk5a.html，2019-12-27.

县长带货引五万余网友围观，锦屏这场直播刷屏了. https://baijiahao.baidu.com/s?id=1670202782542918255&wfr=spider&for=pc，2020-06-22.

安徽首次！地级市市长直播带货54万人围观. http://ah.anhuinews.com/system/2020/06/11/008447516.shtml，2020-06-11.

上海市长亲自直播带货，一小时卖出1 231辆，网友惊了：这车啥来头. https://baijiahao.baidu.com/s? id=1667487864219742720&wfr=spider&for=pc，2020-05-23.

新华社评县长直播带货：带“新鲜”更要带“长远”. http://www.xinhuanet.com//mrdx/2020-05/11/c_139047873.htm，2020-05-11.

（二）官员为推销地方产品、景区、项目等而直播带货的要领

1. 要灵活，不要太僵硬和太严肃

很多官员在直播带货时，形象拘谨，表现得僵硬、呆板，就像开会时在台上那样严肃，殊不知直播带货首先需要活跃现场气氛，才能吸引受众进来，然后才能进一步吸引消费者产生消费行为。

如果官员作为主播都放不开，还是平常的严肃形象，就会给受众留下呆板的印象，即使刷到也会立即走开，不会关注，更不可能下单消费。

2. 不要千篇一律

在各大平台直播带货的官员有不少千篇一律，开头的介绍都是一样的句式：我是××县××职位，我为××县代言××产品，然后介绍一下特点。

整个过程感觉是面对镜头背同样的台词。

这样的直播带货效果当然差。

3. 用语要恰当，表达时不能用“最××”等广告禁用语

直播带货推销商品，必须遵守广告法，所以直播中切忌使用“绝对化”用语。“绝对化”用语包含但不限于冠军、最××、顶级、××之王等。

第七节 自媒体（含互联网）、网红、直播带货的策划问题与挑战

（一）自媒体唯粉丝、流量论成为公害

2019年4月初，自媒体微信公众号“咪蒙”被封，这个有1 400万粉丝、估值超过10亿元的自媒体微信公众号终于倒在了用力过猛的“毒鸡汤”中。

粉丝们哀伤从此没有人与其同仇敌忾地对付不友好的世界，同行则多半庆幸少了一个爆款制造机的业界毒瘤。

但还有成百上千个自媒体公众号存在各种各样的问题，想要通过公众号赚钱越来越不容易了。

事实上，现在大部分微信公众号都存在运营乏力的问题，无论粉丝有多少。

据统计，2018年2月，微信公众号的图文打开率仅为2.07%。粉丝相对较多的原创号阅读率平均为10%，而广告的点击率为1%。按微信广告单价0.2元/次计算，如果是已经拥有超过2万名粉丝、成为流量主的公众号，一篇文章阅读量平均为5 000次，广告点击50次，最终广告收入也只有10元钱。按每天发文3篇算，一个月的收入也就在1 000元左右。①

这使得依靠广告营收的微信公众号过得十分艰难。一些依附于自媒体公司运营的微信大号由于文章数量较少，更新频次比较低，甚至不如只拥有几千名粉丝的小号的收入高。

然而，微信公众号这门生意并没有想象中好做。那些收购公众号的公司，通过建造公众号矩阵来导流和互推，从而形成极具规模的粉丝矩阵，以期带来盈收。但微信矩阵的后期运营也出现了问题，因为不少公众号发布的都是同样的信息和广告，内容低俗。

当这些自媒体微信公众号流量主想方设法增加流量，以获得广告商青睐时，便更倾向于那些产出吸引人眼球的内容，于是娱乐八卦、色情、暴力、心灵鸡汤等内容充斥着人们的生活。真正有价值的内容、专业的报道被淹没在信息的洪流中。

为盈利创造条件的，除了优质的内容之外，还有公信力，但不少公众号把这一点忽略了。

现在一些自媒体唯流量与营销是从，在热点面前不考虑伦理与责任，全无底线。

---

① 李自曼. 估值超10亿的微信大号被封、卖身 公众号生意人哭了! http://www.cb.com.cn/index/show/wzjx/cv/cv132781588，2019-04-03.

更有网友表示，2018 年最想做的 10 件事情中，有一件就是和这些为了利益用文字带偏年轻人思想的自媒体作家当面开撕。

（二）网红并非万能以及制造网红无底线

2019 年 5 月 22 日，四川知名有机农业公司尚作农业的创始人龙森宣布 18 家门店闭店止损。第九批农业产业化国家重点龙头企业申报中，联想控股旗下全资子公司佳沃（成都）现代农业有限公司已从名单中消失，曾经的网红农庄南充市大唐开心农场陷入危机。

50 公里外的南充市高坪区马家乡荀林堰村因 8 年前把网络游戏开心农场场景搬到现实中，使大唐开心农场一度成为网红景点。如今这片上千亩的农场设施被拆，大门紧锁，农田空旷。

这只是无数个失败的网红项目之一。

网红项目最大的问题是：缺乏系统的策划和对长期利益的思考，误认为商业不需要考虑长远，只需要网红的瞬间效应，非常容易成功。事实上，很多时候，虽然商业需要网红那种爆发式的点式效应，但后续更需要支撑整个商业的长期发展的能力，不然短时的热点效应过后，必然走向失败。

此外，一些经纪公司为塑造网红，也是毫无底线，违背社会公德。

近年来，“网红经济”发展势头很好，为促进消费、活跃经济起到了积极作用。一些公司通过打造“网红”聚集人气、吸引流量、获取经济利益本无可厚非，但如果靠策划宣扬“假恶丑”来达到恶意炒作的目的，则不但挑战了社会基本道德底线，也颠覆了人们的三观，更会错误引导未成年人，影响极其恶劣。

一段时间以来，部分网络策划营销公司、直播平台为追求流量变现进行恶俗炒作，违背了社会公序良俗，挑战了社会主流价值。国家正在完善相关法律，不给这些低级的炒作提供传播平台，不给恶意策划提供获利渠道。

案例

四次因犯盗窃罪入狱的刑满释放人员如何成为网红？
多家网红经纪公司竞相高价签约为何惹众怒？

2020 年 4 月 18 日，广西南宁市周立齐出狱，家人前往柳州接他回家。南宁市五塘镇司法所表示，司法所将为刑满释放人员提供帮教，以帮其更好地融入社会，周立齐是重点关注对象，出狱后将对其进行法律宣传教育。

有网友戏称要“保护好自己的电动车”①。

周立齐侄子称，周立齐到家之前，家里已来过几十家公司谈合作，早在 2016 年周立齐第四次入狱时就有公司在关注他。在监狱改造期间，周立齐家人曾多次去监狱看望他，他一直都是“有吃就吃，有穿就穿”的状态。

① 肖洁．“这辈子都不可能打工”男子即将第四次出狱，网友：已走红，可当主播．https://3w.huanqiu.com/a/84a414/3xmvIgBr1j2?agt=8，2020-04-11.

2020年4月20日下午，媒体采访周立齐，昔日视频中他乱蓬蓬的长发已然消失，取而代之的是一个寸头发型，依稀可见白发。采访全程他一直戴着口罩，并拒绝拍照和拍摄视频。

周立齐说，希望通过自己的双手去生活，但“这辈子不可能打工”仍是他坚持的想法。他认为一旦和网红公司签了合同，就是给别人打工，而他从小的习惯就是不给别人打工。

多家网红经纪公司竞相高价签约刑满释放人员周立齐，竟有超过30家网红经纪公司希望与周立齐签约，甚至开出了200万元、300万元的签约价。①

一个屡屡因盗窃被判刑、宣扬奇谈怪论的劣迹人物竟然使得众多公司趋之若鹜，网民对此纷纷表示强烈谴责。

周立齐曾四次因犯盗窃罪被判处有期徒刑，第一次是2007年，入狱9个月；第二次是2012年，入狱6个月；第三次是2014年，入狱8个月；最近一次，是2015年10月19日到2020年4月18日。

周立齐因被捕后几次接受采访时都表示“打工是不可能打工的，这辈子都不可能打工”而走红。

2020年4月20日，周立齐接受媒体采访时表示不会签约公司。

同日，有网友爆料称，周立齐已被天能电池旗下公司四川攀辉影视文化传媒有限公司以1 500万元年薪签约。20日晚，周立齐哥哥回应称，签约一事不属实，未经过弟弟同意。

21日，中国演出行业协会发文称，众多网红经纪公司无视公序良俗、道德底线，恶意进行流量炒作，引发社会舆论和流量“狂欢”，给网红群体和直播行业带来了很大的负面影响，以此为噱头炒作的网红经纪公司将会被纳入中国演出行业协会网络表演直播分会的负面清单。②

网络表演直播分会秘书长瞿涛介绍：“对于刑满释放人员，直播行业愿意给他们机会，通过勤劳创业实现自己的价值，但坚决抵制经纪公司对他们的炒作利用。”据悉，协会目前没有发现周立齐签约了哪些公司或平台，但对这种行为，行业坚决抵制。瞿涛说：“如果以后发现有经纪公司发生了无底线博眼球、媚俗炒作的行为，我们会建议直播平台与他们的签约要慎重处理；如果出现了恶意炒作的直播行为，协会会重点关注。”

【电子资料9-1】

周立齐成为网红的原因

22日下午，四川省成都市网信办等多个部门对网传“1 500万元签约‘不可能打工男’”的四川攀辉影视文化传媒有限公司进行约谈，告诫该企业要严格遵守法律法规，合法合规经营，防范和抵制制作、复制、发布、传播含有炒作绯闻、丑闻、劣迹，宣扬低俗、庸俗、媚俗内

① 韩轩. 经纪公司恶意炒作刑满释放人员周某，行业协会怒斥：坚决抵制无底线媚俗炒作. https://ie.bjd.com.cn/5b165687a010550e5ddc0e6a/contentApp/5b21d73be4b02439500383f1/AP5e9fb936e4b0b1fafa13cce0?isshare=12020-04-22，2020-04-22.

② 戴仲辉，彭天思. 别把“网红经济”的好经念歪了. http://yq.voc.com.cn/article/202004/202004231729237930.html，2020-04-23.

容等的不良信息和内容，后续一旦发现其有违法违规行为将依法查处。

“流量为王”的口号在“网红”行业内屡见不鲜。在碎片化、零散化传播的网络时代，有话题就有关注，有流量才有盈利，才能获得资本青睐。可我们应该看到，虽然“网红经济”的实质是“粉丝经济”，但“网红”传播的同时也用个人信誉传递着社会价值。像对周立齐这种人物的炒作，难道是向广大粉丝传播“不劳而获”“不可能打工”的价值观？

【电子资料 9-2】

“帮帮大爷”后又见“滞销急哭女孩”，电商套路层出不穷

（三）直播带货的乱象

针对网红带货乱象，《人民日报》2019 年“双 11”前也发文称：网红产品的真假优劣，正在接受消费者和市场的检验。网红带货的套路，也被用户和监管平台逐渐摸清。网红的品牌形象，在经历流量变现的冲洗后逐渐露出真实面目。

直播带货出现虚假宣传，产品质量不过关，直播数据、评论造假，售后服务差，退货维权困难等诸多问题都需要在发展中予以规范和解决。

目前直播带货还存在一个大问题：明星什么都卖，什么产品都敢接，什么赚钱卖什么。有人认为这是特别不靠谱的事，每个行业里都应该有几个达人，达人贩卖自己的信誉并销售商品，这是可行的。

网红直播带货的特征是信任背书，这个行业必须解决“凭什么信你”这个问题。

（四）法律责任

1. 一个关键问题：网络恶意营销账号为追求流量和广告不择手段，除了被投诉、清理外，它们是否也需要承担法律责任？

2015 年 11 月，万达集团董事长王健林把一个微信公众号“顶尖企业家思维”告上了法庭，并索赔经济损失 1 000 万元。案件缘由：该微信公众号 2015 年 11 月 12 日刊登了一篇文章《王健林：淘宝不死，中国不富，活了电商，死了实体，日本孙正义坐收渔翁之利》。①

该篇文章发表后，截至 2015 年 11 月 15 日，短短 3 天时间阅读量就突破 10 万，点“赞”数达近万个，在社会上得到广泛的传播。②

王健林指出，该文章冒用自己的名义恶意诽谤、诬蔑淘宝网及网购电商，极大地降低了自身及大连万达集团的社会评价。

被告公司辩称，涉案文章是在网络上转载的，没有做过任何修改，在得知被诉后，公司已经于 2015 年 11 月 16 日删除了微信公众号中的涉案文章。

2020 年 3 月 6 日，朝阳法院审理后认为，转载是指媒体刊登其他媒体上已经发表的作品。而本案中，被告虽主张涉案文章系转载，但与其他类似文章相比，涉案文章

① 刘峣．王健林诉公众号引热议 新媒体平台内容乱象该整治．http://www.cssn.cn/xwcbx/xwcbx_rdjj/201511/t20151126_2714907.shtml，2015-11-26.

② 王健林起诉微信公众号名誉侵权案判决结果．https://www.66law.cn/laws/138881.aspx，2020-03-16.

标题使用了王健林的姓名，文章中使用了王健林的肖像，内容上也并非与类似文章完全一致，故法院对于被告关于涉案文章系“转载”的主张不予采信。

朝阳法院认定被告侵权，一审判决被告公司赔偿王健林精神损害赔偿金 6 万元，公证费 1.5 万元，并在媒体上向王健林赔礼道歉。

2020 年 5 月 2 日，国家网信办组织各地网信部门开展为期两个月的网络恶意营销账号专项整治行动。

何为网络恶意营销行为？根据国家网信办有关负责人的表态，以下行为都属于恶意营销行为：为获取流量和广告炒作“标题党”文章，散布虚假信息；冒用权威人士名义，发布谣言误导公众；炮制耸人听闻的标题，引发群体焦虑和不安；大打色情“擦边球”，影响青少年身心健康；大搞“黑公关”敲诈勒索，侵害企业或个人合法权益；等等。

2018 年 11 月 11 日，“S 神棍局 S”发布了一篇名为《北京望京 SOHO 风水大局，互联网“滑铁卢”?》的文章，称望京 SOHO 所在位置“煞气严重”，布局“冲八字”。不仅如此，文章还以陌陌、熊猫 TV、小蓝单车等入驻企业发展低迷、被收购甚至直接倒闭的现状，全面论述了望京 SOHO 的“滑铁卢”体质。文章在插图中还擅自使用了潘石屹的肖像。截至删除之日，该文章阅读量已突破 10 万。①

望京 SOHO 认为，此文构成了对自身名誉权及荣誉权的侵害，严重损害了公司及法定代表人的形象，且神棍网络通过侵权违法行为扩大自身知名度，获取了非法利益。

2019 年 4 月 10 日，一审判决信息显示，法院认为，神棍网络发表的涉案文章构成对望京 SOHO 的名誉侵权，应当承担相应的侵权责任。法院判决神棍网络连续三天在《法制日报》上公开发表致歉声明，向望京 SOHO 赔礼道歉、消除影响、恢复名誉，并赔偿望京 SOHO 公证费 1 440 元及经济损失 20 万元。②

该案承办法官欧阳华在接受采访时表示：“互联网不是法外之地。一方面，自媒体应培育积极健康、向上向善的网络文化，用社会主义核心价值观和人类优秀文明成果滋养人心、滋养社会，营造一个风清气正的网络空间；另一方面，企业经营，尤其是互联网等新兴产业在开展经营活动时，应牢固树立科技创新理念，加强关键核心技术攻关，切实增强企业核心竞争力，实实在在、心无旁骛地做实业，切不可将企业发展寄托于风水之说上。”③

2. 律师解读网络恶意营销号面临的法律责任：行政责任、刑事责任和民事责任

天达共和律师事务所数据合规团队合伙人申晓雨律师指出，对于网络恶意营销号的法律责任，总体分为行政责任、刑事责任和民事责任三类，具体如下：

散布违法违规信息的，由公安机关给予警告，有违法所得的，没收违法所得，对个人可以并处 5 000 元以下的罚款，对单位可以并处 1.5 万元以下的罚款；情节严重

①③ 潘石屹真的赢了！自媒体称望京 SOHO“风水差”被判赔 20 万. http://www.nbd.com.cn/articles/2019-04-10/1319693.html，2019－04－10.

② 王茜. 为求流量广告不择手段 网络恶意营销号面临哪些法律责任？. http://finance.sina.com.cn/fawen/author/2020-05-02/doc-iircuyvi0967391.shtml?cre=financepagepc&mod=f&loc=1&r=9&doct=0&rfunc=14，2020－05－02.

的，可以一并给予6个月以内停止联网、停机整顿的处罚，必要时可以取消联网资格；对经营性互联网信息服务提供者，并由发证机关责令停业整顿直至吊销经营许可证，通知企业登记机关；对非经营性互联网信息服务提供者，并由备案机关责令暂时关闭网站直至关闭网站；对于未经许可或超越许可范围开展互联网新闻信息服务活动的，由主管互联网信息办公室依据职责责令停止相关服务活动，处一万元以上三万元以下罚款。

构成违反治安管理行为的，依照《治安管理处罚法》的规定处罚。比如：造谣传谣类营销和“标题党”类营销可能涉及散布谣言，扰乱公共秩序；侵权假冒类营销和违规采访类营销可能涉及冒充国家机关工作人员或者以其他虚假身份招摇撞骗；色情三俗类营销涉及传播淫秽信息；引战类营销可能涉及寻衅滋事，对他人的侮辱、诽谤、恐吓；等等。对此，针对涉及的不同违法行为，公安机关可以处以十五日以下拘留和三千元以下罚款。

同时，恶意营销行为构成犯罪的，依法追究刑事责任，比如编造、故意传播虚假恐怖信息罪，编造、故意传播虚假信息罪，招摇撞骗罪，寻衅滋事罪，侮辱罪，诽谤罪等。

最后，对他人合法权益造成侵害的，被侵害人可以按照《民法典》要求责任人承担民事责任。①

3. 自媒体及直播带货涉及的法律法规

自媒体及直播带货涉及的法律法规包括：《网络信息内容生态治理规定》《互联网信息服务管理办法》《互联网新闻信息服务管理规定》《中华人民共和国治安管理处罚法》《计算机信息网络国际联网安全保护管理办法》《刑法》《关于依法惩治妨害新型冠状病毒感染肺炎疫情防控违法犯罪的意见》《最高人民法院、最高人民检察院关于办理利用信息网络实施诽谤等刑事案件适用法律若干问题的解释》《关于审理编造、故意传播虚假恐怖信息刑事案件适用法律若干问题的解释》。

（五）出路与希望

“流量为王”真的是流量界的铁律吗？“流量为王”就可以不顾导向和社会观感了吗？要知道，网络直播是一个非常特殊的“岗位”，对网络主播素质的要求越来越高。

如果只有“网络金句”，而没有特别的专业知识、才艺的持续支撑，拿什么保证“流量”“粉丝”从而得以一直火下去，而不只是昙花一现？

2020年3月1日施行的《网络信息内容生态治理规定》明确要求，网络信息内容生产者和服务平台应当采取措施，防范和抵制制作、复制、发布、传播“炒作绯闻、丑闻、劣迹等”不良信息。网站平台面对“网红”经济应该有正确的认知，对炒作低俗、庸俗、媚俗有鲜明的态度，严守职业操守和道德底线，尊重公序良俗，成为互联

① 王茜. 为求流量广告不择手段 网络恶意营销号面临哪些法律责任？http://finance.sina.com.cn/fawen/author/2020-05-02/doc-iircuyvi0967391.shtml?cre=financepagepc&mod=f&loc=1&r=9&doct=0&rfunc=14, 2020-05-02.

网行业创新发展与网络空间天朗气清的重要推动者、实践者，成为促进互联网行业健康有序发展的重要力量。

“网红直播带货”已经成为时下互联网经济的重要形式之一，网红经纪公司在合情合理的前提下，通过对旗下艺人进行适当的包装、宣传、策划，获取更多的收益无可厚非，但如果对一些违反社会公德、违反社会良俗的人进行“挖潜”，放任资本主导舆论、追求畸形的流量热度，无疑会引发公众对网红行业的质疑与反感，当人们沉浸在“以怪为美”“以奇为正”的“扭曲”网络世界中时，我们的清朗网络空间、网络正能量该如何营造？

只有全行业加强自律，守住道德底线，“网红”行业才能风清气正、健康有序地发展。

为鼓励直播带货业的大力发展，2020 年 4 月 2 日，四川省商务厅印发了《品质川货直播电商网络流量新高地行动计划（2020—2022 年）》（以下简称《计划》）。按照《计划》，四川省将在 2022 年实现直播带货销售额 100 亿元。这是全国第一个省级直播行业发展计划。①

根据《计划》，到 2022 年底，四川省将推进实施“四个一”（10 个特色产业直播电商网络流量基地、100 家骨干企业、1 000 个网红品牌、10 000 名网红带货达人）工程，将四川打造为全国知名区域直播电商网络流量中心，实现年直播带货销售额 100 亿元，集聚生态企业 1 000 家，带动产值 1 000 亿元。

出台《计划》的目的，就是希望通过直播电商、社交电商、“无接触”服务等新业态、新模式，以新消费引领新供给、以新供给满足新消费，促进川货品质品牌新兴消费。

从直播方向看，四川省将主要聚焦“直播电商＋特色产业”“直播电商＋县域经济”“直播电商＋反向定制”“直播电商＋扶贫”等 8 个方向。“‘直播电商＋特色产业’是其中的重点。”

特色产业主要围绕四川省食品优势产业，重点集聚川酒、川茶、老字号等行业，构建原产地产业链竞争力，打造“小而美”网络品牌。

第八节　短视频媒体(抖音、快手)为何能火以及相关策划

一、短视频媒体迅速扩张，已经取代电视媒体

随着新媒体的普及，以及传统媒体报纸的完全衰落，信息传播方式发生了彻底改变，对市场销售的影响也发生了根本的变化，而且正在彻底改变策划、营销的方式、

① 何勇．四川出台全国首个省级直播行业发展计划　10 000 名网红带货达人、直播带货 100 亿元．https://sichuan.scol.com.cn/amsc/202004/57774979.html? from=groupmessage&isappinstalled=0，2020-04-02.

手段。市场中最关键的因素是“消费者”，即新媒体中的“人流”，没有人流，就没有人关注，就无销售，这是市场策划和市场营销的基础和必备的要素。

特别是以手机为载体的平台的建立，让手机成为购物、传播及制作信息的重要工具。只需要一部手机，无须太专业的知识，就随时可以传播一些灵感或能够引起受众关注的信息，这样每个人都可以做策划，人人都可以策划出能得到别人关注的信息。

新媒体早已经攻下了传统的报纸，我们在引言中也介绍了从2020年起以手机为载体、以短视频为内容的、正在迅速扩张的新媒体（其代表为抖音、快手等），正在逐步取代电视攻下这座堡垒。

二、短视频媒体（抖音、快手）为何能火？

这类平台、载体和形式，主要包含以下几个特征：

（1）手机有拍摄功能；

（2）随时都可以方便、简单地上传照片或视频；

（3）有专门为此搭建的新技术平台；

（4）过去是依赖专业人才通过复杂、专业的技术制作来传播新闻、信息、娱乐节目，受众是被动的，而在新技术、新媒体传播方式下，受众是主动的；

（5）受众即作者，参与度很高。

在此情况下，人们对信息的接受、娱乐方式、搭载于此的市场销售功能，自然发生了颠覆性的革命。

现代企业，如果没掌握先进的、最新的与市场有关的理论，即使有最新的科技产品，要想把企业做大也非常困难。

在娱乐方面，人们不再喜欢或局限于过去的长篇电视剧，而是对发生在身边、生活中的能引起娱乐的点、线、面有着极大的兴趣。在抖音，一个几秒的搞笑、有个性、有特色的短视频能得到几百万甚至上千万的点赞，几亿的浏览量。

而过去一部几十集的电视剧也能将每集的内容浓缩在抖音几分钟的短视频中，因为无论是每集几十分钟的电视剧还是浓缩成每集几分钟的短视频，其实都是对一些事情的概括，特别是一些历史剧，因为本身都是对漫长的历史的浓缩，只要选取合适的点，让人们对真实的历史有大概的了解就行。

就娱乐来说，只要最终人们能够娱乐就行，不是非得通过每集几十分钟的电视剧，所以目前进行的是一场娱乐革命。

此外，围绕新技术诞生的新媒体的品牌推广和广告传播产生的销售方式与传统市场营销已经完全不同。

三、短视频媒体与传统电视有很大不同，必须掌握一些策划手法

◆ 人们观察事物的方式、角度、细节是多种多样的，能引起人们关注的事物、引起人们娱乐的方式也发生了彻底改变！

一个能引人发笑或关注的视频或定格的照片，哪怕只有几秒，在抖音上也能有几百万、上千万甚至几亿的浏览量。

【电子资料9-3】

一张定格的照片：一只袋鼠的侧面躺姿。

视频或照片都能随时随地上传到这些平台，然后引起人们的极大关注，所以在抖音等短视频平台上，人们发现“宇宙已经再没有什么秘密”！

短视频策划必须掌握以下策划手法。

1. 素材、内容、形式

（1）美女、动物、小孩一直是传统媒体吸引人的三大素材，抖音等短视频媒体同样遵守了此原则。很多视频以此为素材，但表现形式和观察角度已经完全不同，特别是细节、角度方面远远超过传统媒体。

【电子资料9-4】

驯养两只鹅，然后可以策划出非常有趣的系列视频。虽然这些题材也是以动物为主题，但是相比传统视频主要反映人与动物的关系已经发生了很大变化。

◆ 抖音等平台上有人24小时不间断拍摄动物的生活，并且把镜头深入动物的窝中，非常细致地展示动物的全部生活。当然，有一些受众从人的审美角度出发去评判动物的行为，并进行干扰。这需要专业部门从专业角度去研究并进行有关立法。

（2）唱歌、跳舞、乐器等文娱活动也是吸引人的主要内容。

在短视频中，受欢迎的文娱活动的表演形式与传统完全不同，吸引人的往往就是几句流行的歌词、几个精彩的舞蹈片段、稀奇古怪的乐器或仿造乐器加上专业的配乐。

【拓展资料】

一个农民用一个烂竹篓作为乐器配上流行或经典音乐，产生的结果自然相当滑稽。

在抖音用“竹篓乐器”搜索同类视频

◆ 在抖音等短视频平台上，还有一个奇怪的现象：专业人员反而没有草根或非专业人员的关注度高，主要原因是：抖音等短视频的受众本身也是参与者，很多都是普通人，有相同的经历和层次，非专业的表演更能引起共鸣。

【拓展资料】

几个非专业人员非常短的一段舞蹈视频却得到了几十万的点赞量、几千万的浏览量。

在抖音用“舞蹈”搜索同类视频

2. 观察事物的方式

如今，人们观察事物的方式已经完全不同：传统的电视媒体从拍摄到制作以及最后播出，要经过非常专业、烦琐的程序，而在新媒体技术下人们可以通过手机随时拍摄，随时上传。

例如，有一些观察事物的方式在传统视频拍摄中极难抢拍成功，因为这些现象稍纵即逝，必须在适当的时候抓住适当的机会。由于手机比照相机或摄像机要灵活和容易操作得多，所以抢拍成功的概率自然更大。

【电子资料 9－5】

一只猫专注地看着手机，并且随着手机中视频的变化做出平常人们难以看到的亲昵动作。这种观察事物的方式自然会引起人们的围观，获得流量。

3. 观察事物的角度

当手机能够非常方便地拍摄作品并将作品分享到平台上之后，人们观察事物的角度比过去要多得多。

【电子资料 9－6】

三只跑动的猪是如此可爱。从这种角度拍摄，自然会得到很多人关注并点赞。

4. 观察事物的细节

很多事物的细节都能通过手机拍摄出来，然后通过平台予以展示，而传统媒体根本无法做到。

【拓展资料】

猫抓老鼠

在抖音用“猫抓老鼠”搜索同类视频

5. 从人们的娱乐方式彻底改变这一点入手

在娱乐方面，人们不再喜欢或局限于过去的长篇电视剧或文娱类节目，而是每个人都极力寻找自己身上或精心策划出能够给别人提供娱乐的东西。人们对发生在身边、生活中能引起娱乐的点、线、面的事物都能产生极大的兴趣，并获得快乐。

【电子资料 9－7】

两个人打乒乓球时发球的搞笑视频

6. 引起人们关注、兴趣的事物

看了各类有趣的短视频后人们会发觉，原来宇宙中还有那么多的事物能引起他们的关注和兴趣。

【电子资料 9-8】

一只狗享受按摩的视频，狗的神情表现得淋漓尽致。

7. 一些特殊非专业人群进行的专业表演

比如真正的农民表演出了专业的舞蹈或唱出了动人的歌。

【电子资料 9-9】

5个农民组成团队（抖音号为“五个大爷”）表演，很多时候甚至只是对口型唱歌，因为抖音有这样一项功能：自己表演动作，然后配上音乐或歌曲片段。这5个大爷得到了极大的流量，每个视频都有几千万浏览量，点赞量都是几十万或上百万。

8. 用新颖搞怪的动作吸引人流，然后直播带货

【电子资料 9-10】

农民进行笨拙的舞蹈表演，引人发笑，然后销售农产品，效果相当好。

9. 在视频中注解引人发笑或极富哲理或诱人深思的语言

【电子资料 9-11】

用工艺品来比喻现实中的事物，形象、生动、贴切。

10. 政府官员现身视频，为当地代言的精彩视频更能得到认可

【电子资料 9-12】

新疆伊犁昭苏县的副县长跨马纵横，为本县的旅游代言，此视频相当成功。

11. 为产品销售精心策划出新颖、搞笑的视频，在娱乐中很快卖掉产品

【电子资料 9－13】

此视频标注了非常新颖的文字，其实是为了销售图中商品。

12. 发生在现实中的一些稀奇古怪的事

13. 有关工厂、车间运行过程的精彩视频

【电子资料 9－14】

这种机器运行过程在过去是常人难以看到的，当然也容易引人关注。

【电子资料 9－15】

车间运行的精彩视频。

14. 一些传统工艺及古老的物品以及能让大多数成年人产生共鸣的老物品

【拓展资料】

曾经很多人使用过的煤油灯，在过去贫穷的岁月寄托了人们太多的情感，自然能引起很多人的关注。

在抖音用“老煤油灯”搜索同类视频

15. 精彩的配音

【电子资料 9－16】

抖音有专门制作的各种精彩配音，有自然界的、动物的、机器的等，其他人制作视频时可以选择搭配自己喜欢的声音，这样的错搭也会产生奇特的效果。

【电子资料 9－17】

移花接木的配音，可以达到让人爆笑的效果。

16. 模板制作

抖音及一些专业视频软件都设计了一些固定的模板，专门供受众套用。套用这些模板，也能做出超级吸引人流的视频。

【拓展资料】

把人头晃动的模板套在一些人身上，这种效果当然超一流。

在抖音用“人头晃动”搜索同类视频

17. 特技制作

把一些特技镜头用在现实生活中，也能产生奇特的效果。

【拓展资料】

自己制作的人变成蛇的视频。这本来是过去电影电视使用的高制作镜头，现在自己都能制作，受众对这些视频也有一定兴趣。

在抖音用“特技人变蛇”搜索同类视频

18. 人与动物的搞笑对话视频加上动物的恰当动作

【电子资料9-18】

人与动物的搞笑对话视频

【电子资料9-19】

用滑稽的语言对猫的神情进行注解，结果当然能获得不少点赞。

19. 对某件能引起共鸣的事持续进行拍摄

【电子资料9-20】

这两个视频在疫情中得到了天量的关注，浏览量达几亿甚至上十亿。邻居连续拍摄一户人家飘出窗外的窗帘，但几个月一直没人收进室内，主人的命运自然引起了很多人的关注，人们都盼望这户人家在疫情中能够平安归来，最后主人终于归来。此窗帘最后由武汉博物馆收藏，此过程引来了民间媒体和主流媒体的关注和报道。

20. 专业人员、专业机构拍摄的短视频和节目自然能吸引受众

专业的演员们精心策划的短视频，自然能受到很大关注。还有很多专业人员在抖音讲解专业知识，也能引起大量关注。

【电子资料9-21】

教英语

21. 奇异的自然景观

在现实中和大自然中发现的一些奇异的自然景观，理所当然能得到受众的关注。

【拓展资料】

这类将树作为门的奇异视频，自然会引起人们的好奇。

在抖音用“大树门”搜索同类视频

22. 有关亲情的精彩短视频也容易获得大量的关注。

【拓展资料】

父母冒雨给读高三的女儿送饭，隔着栅栏看着女儿吃饭，这类反映真情的题材永远能快速吸引人流。

在抖音用“父母冒雨送饭”搜索同类视频

23. 人为策划的非常滑稽的动作

【电子资料9-22】

人为设置的搞怪、搞笑动作

【电子资料9-23】

利用《猫和老鼠》这部经典动画片，人为设置出搞笑的视频。

24. 奇装异服加上搞笑动作

设计出一些新颖的服装，再配上一些动作，自然也会有很大的吸引力。

◆但这里一定要注意把握度和分寸，以及底线，不能老是故意假扮成乞丐等脏、乱、差的形象，这样反而贬低了艺术。奇装异服的目的是增加新奇，脏乱差的形象并不是新奇！

【电子资料9-24】

穿成建筑工的样子在建筑前进行搞笑的表演。该视频对奇装异服的“度”把握得好，产生了“奇”的效果，从而有了很大的吸引力。

25. 夸张的表演

【拓展资料】

视频中的主人公用《水浒传》的主题曲《好汉歌》作为配音，然后配上自己看手机视频的夸张表演。因为此类题材非常接近生活和现实，所以点击量和浏览量极高。

在抖音用“好汉歌舞蹈”搜索同类视频

26. 来自生活、家庭中的搞笑事情

生活、家庭中的搞笑事情因为很“接地气”，也会有很大的吸引力。此类视频也是短视频的重要题材之一。

【拓展资料】

父女算题，这些事确实经常发生在身边，很容易引起共鸣。

在抖音用“父女算题”搜索同类视频

27. 公司拍摄的有故事情节的短视频（植入了品牌）

【拓展资料】

幺妹与五菱汽车。传统媒体中此类视频十分常见，现在只是把同样的题材拍摄成了短视频。

在抖音用“五菱奇缘”搜索同类视频

28. 策划或分享教育小孩的有特色的视频

此类视频也是吸引人关注的重要题材，几乎家家户户都有相同的经历，所以很容易引起共鸣和共识。

【拓展资料】

小孩不懂事，想去放羊，家长用现实中放羊的辛苦教育小孩。此视频浏览量和点赞量都非常高。

在抖音用“妈妈教育孩子放羊”搜索相关视频

29. 一个家庭组成团队

在抖音上，由家庭组成团队，选取家庭的事拍成的短视频很多，并且大多取得了很好的效果。常见的有全家人、夫妻组合、母女组合、父女组合，还有稍微让人感到意外的组合，如儿媳与公公的组合。

四、一些主流还在轻视短视频平台

当抖音、快手等短视频平台炙手可热的时候，还有一些主流学界仍在轻视它们的发展，认为它们比较低端或只是老百姓无所事事时的消遣途径。

这种偏见的形成主要有以下原因：

（1）没有去实践、参与、了解这种新媒体；

（2）跟不上形势和闭关自守；

（3）高高在上，轻视大众；

（4）一些正在被淘汰的过去的主流媒体如今还沉浸在过去的辉煌中。

大浪淘沙，新事物代替旧事物，新技术挤掉落后技术，这是历史的必然。

必须主动变革，不要总用鄙视的眼光去瞧新媒体。只要普通大众喜欢，谁又能挡住历史、科技的潮流？

策划学理论之所以能风靡世界，成为经济学或交叉学科的世界性的主流理论，也正是因为策划学研究的内容适应了最新潮流。

第九节　中国当前已经进入经商最佳时期，如何使用众多的App经商工具？

笔者以一个理论研究者和成功实践者的双重身份来分析如何使用众多的App经商

工具。

中国近 20 年实施的都是典型的投资学派的理论：用大量投资来拉动经济。有赖于此政策的贯彻和实施，我国各种基础设施已经相当完善。经商必需的交通、物流、通信、资金周转（银行）以及行政手续等已经极其便利，超过历史上任何时期，综合水平确实已经居于世界前列。

● 为什么说中国当前已经进入经商最佳时期？

现在，无论硬件还是软件都已经具备，只要有头脑，并且能够运用众多的经商工具，就能成为一个老板，而且还比较轻松，不会像以前那么辛苦。而这种条件即便在五六年前可能都不是很具备，更不用说更早的过去了。要知道，以前要当一个老板，那是非常辛苦的，特别是生产型企业，光是跑各种手续都会筋疲力尽，而现在除了生产，这一切都可以在家里或办公室搞定。

笔者从 2012 年开始办公司，主要有两个原因：第一，为了理论研究的需要，因为策划学（策划经济学）是一门实用性较强的学科，最好是理论与实践相结合，这样才能通过实践更深入地研究理论；第二，为了弘扬祖传工艺。

整个过程确实也历尽艰辛，但如今笔者越来越感觉到，我国已经进入了经商的最佳时期。

就拿手续这一点来说，过去经商需要的各种手续光是纸质资料就有一大包，需要到处找打印机、复印机或首先就购买这两种设备，然后去现场排队等待，这些过程都相当辛苦和烦琐，并且开支不少。现在很多环节都是无纸化办公，借助手机拍照、手机短信实名认证、人脸识别，在办公室就能轻松搞定。

● 经商工具 1：要学会用网络搜索，尽管百度的竞价排名存在不少非议，但目前国内还没有比它更优秀的软件，所以还是推荐百度！

网络搜索可能很多人都会运用，但在经商的整个过程中如何运用好这个工具至关重要，可以说很多人并不一定能运用好这个工具。凡是遇到问题，如果会运用关键词、关键信息搜索，可能都能找到很好的解决办法。所以在经商过程中对此工具的运用十分重要。

提示及技巧：在经商过程中遇到需要查询或求证信息的真实性时，要优先选择政府网（后缀是 gov.cn/），其次是教育网（后缀是 edu.cn/）。这两类网的可信度和真实性极高。再次是找相关权威机构、大公司的网站提供的信息。如果是普通网站提供的信息，最好也找前面提到的网站去核实，这样搜索得到的信息一般不会出错。

重要提示：常听到一些人说，网络上的东西都是假的，不可信！对于这种说法和认识，我感到万分惊讶！诚然，网络上有很多虚假信息，但同时也有很多真实信息，关键看自己如何去搜集和辨别。

● 经商工具 2：营业执照

营业执照是全世界经商必须办理的一个合法手续，以前光这个执照就会让人跑断腿，现在可以轻松在办公室（或家里）搞定。

最近两年营业执照已经完全可以在各级政府的政务中心网站上，通过手机拍照传递资料，轻松搞定！相对以前，这个最重要的手续的办理可以省好多精力。

亲身经历：2012 年，为了传承祖传工艺——竹篓窖泥法酿制甘蔗酒工艺，我回到家乡广安市岳池县嘉陵乡将家族作坊扩大为公司。成立公司必须取得营业执照。为此我准备了很多材料，而且办理执照费时很长，当时正常取得证件需要 1 个月时间。

● 经商工具 3：商标和条码注册

过去注册一个商标，花的钱也不少，甚至会被中介公司坑。明明有的商标无法注册或极难注册，却故意隐瞒信息，因为无论能否注册成功，中介公司都要收取费用，不成功也不退钱。笔者早几年就被蒙过。现在各种帮忙注册商标的中介公司非常多，价格相差也较大。最好去淘宝找几家成交量较大的专业商标注册公司或国内大型专业注册商标平台，这些公司或平台一般预查分文不收，并且可以立即告诉你能否注册或注册成功的概率。也可以自己去国家商标中心查询。

条码注册可以直接联系国家条码中心或各省、大城市的条码分支机构，都可以通过网络传递资料、网络交款和手机拍摄完成。

亲身经历：2012 年，为了抢注“满屋飘香”商标，我借用了一个朋友的公司（当时不能以自然人身份注册）。又通过朋友找了一家商标注册公司，当时注册商标需要3 000元左右，查重费是每个 100 元。同时，我还注册了竞争商标“满口飘香”（未获准）。当时商标注册时间从交资料后算起，受理周期是半年，知道结果要 1 年或更长时间。

2020 年 12 月，我注册“烟包包”商标时，是直接在淘宝网上查找到专业注册公司并委托其代办，所有费用为 500 元，专业注册公司当时查重后告知通过概率为 50%。直接通过淘宝支付费用后，我 4 天后就拿到了受理通知书，7 天后就能在国家商标网上查询商标受理状态。

● 经商工具 4：原材料的采购

一般来说，可以在一些专业网站采购自己行业所需要的材料，而综合性的原材料可以上 1688 网。

● 经商工具 5：了解对方的信誉

如今，在办公室就可以完成一切采购，且风险极小，比过去亲自去现场采购更容易了解合作方的情况。

具体来说，可以利用国家诚信网、天眼查、爱企查了解要采购的公司的全部情况，如规模、信誉，然后在 1688 或其他平台上进行交易，这样也不用担心给对方的预付款白付或交款后不发货，因为有平台作为第三方提供保障。

而过去光是采购一项就需要耗费不少的人力、物力，需要派采购员辛辛苦苦乘坐各种交通工具去现场，而且即便去了现场，也只能从表面了解，而不像现在这样能够通过以上工具深入了解一家公司的情况。

亲身经历：2020 年 12 月，我公司需要的酒瓶及包装材料，完全是在办公室完成采购，且没有出现任何违约、质量问题。对方先通过快递将样品送来我公司审核，然后与我公司签订合同，双方约定以样品作为合同标准生产。

● 经商工具 6：大宗物流

商业交易只有小部分不需要物流，比如知识产权或文化娱乐类产品，多数都要涉及物流。工厂涉及的物流不只有主要运送小件的快递公司，很多时候还需要用到运送大宗货物的货车。现在大宗物流也用不着自己购买货车，免去了雇司机以及维修保养货车等事务，用各种物流 App（跨省用货车帮、运满满 App，省内用货拉拉 App，小件使用众多的快递公司）比自己购买货车要方便得多，价格还便宜。

亲身经历：2013 年，我公司开始采购大量甘蔗，派了多个采购员去云南、贵州、广西采购，采购过程相当艰辛。2015 年我公司准备试销售，笔者亲自跑遍了成都及周边的酒瓶、包装、瓶盖制造厂，最后选择了遂宁一家制造外包装的厂家。该厂家距离我公司有近百公里，最后用物流 App 解决了运输问题。

在实际操作中，往往需要综合运用以上经商工具。

亲身经历：自 2020 年 10 月起，我公司开始准备灌装 10 个品种的酒上市销售，利用以上提到的信誉查询工具及 1688 等平台进行采购，到 12 月，价值达几百万元的原材料和包装材料采购全部在办公室完成，其中涉及了以下产品：玻璃酒瓶、陶瓷酒瓶、瓶盖、纸质包装、我公司最先采用的新材料包装、气泡、气柱机及材料等。合作的厂家遍布全国各地，如广东、浙江、福建、河南、山东及四川，所有的联系、洽谈事宜都是在办公室完成。

● 经商工具 7：销售渠道

有了产品后就要销售，通过传统的门店及商场进行销售可以说极其烦琐，而且门店及商场是优势方，要看它们的脸色。此外，除了必须给予其较低的进价外，商品还未卖就要先缴纳不低的各种进场费用及众多名目的费用，如宣传费、节日庆祝费、软件使用费、信息查询费等。最要命的是结账周期的漫长及拖延。有的商场签订合同时写得好好的，一个月或半个月，长点的哪怕 3 个月内结账，但对方总会以各种借口推迟，这样就会导致供货方的资金周转出现困难，且时时得担心商场倒闭，到时货、财两空。

而现在可以省去所有这些烦恼。当商品在电商平台（如淘宝、京东、天猫等）销售出去后，只要到达买方，对方确认后，资金就会立即到账。

有了方便、快捷的物流和商品流通渠道，商品就可以销售流通了。除了生产商品得在工厂外，其他事务都能在办公室轻松搞定，而过去要完成这些事务需要耗费巨大的人力、物力，并且极其辛苦。

亲身经历：2015 年，我公司的一款商品进入了某著名商场，还是通过极熟的朋友关系，对以上费用进行了部分优惠，但最终无奈撤出了商场。

2020 年 12 月，我公司在办公室完成资料上传，开了一家淘宝企业店，目前有 10 来个品种正在热卖（有兴趣的可以输入“满屋飘香甘蔗酒”在淘宝搜索）。

而同期，我跑了本地一些实体商场及门店，几乎都遭到白眼。这些商场的酒水现在被一些中间商承销，要进入这些实体商场，只能与承销商联系，而承销商基本不愿意接手源头生产厂家的酒，而是承销自己搞的贴牌酒，成本比较低。

● 经商工具 8：品牌传播

今天新媒体的广告手段比过去要精准得多，电商平台利用大数据技术进行的引流则更为精准。

● 经商工具9：网络直播销售

现在非常流行网络直播销售，抖音、快手、淘宝等都开通了直播销售功能，但很多人对此新功能产生了一个误区和认识偏差，以为只要去直播就能立竿见影销售掉产品，而没有考虑一个关键问题：你直播时观众即平常所说的人流（粉丝）从哪里来？

事实上，并非只要直播就立即有观众来围观，所以必须借助引流工具进行引流，例如，视频平台（抖音、快手）、众多新媒体（今日头条、微博、微信、百家号、网易号等），以及电商平台本身众多的引流工具。

亲身经历：满屋飘香甘蔗酒从头到尾进行了一场教科书般的策划运作，从前期漫长、周密的准备工作，到产品上市时对新媒体技术和手段的运用，都体现了当今最前沿的策划学理论，从而证明了策划学并非一些人为了吸引眼球和制造噱头而进行的炒作，而是非常严密的、最前沿的市场新理论。

● 最后：政府作为及经商技巧

目前我国已经具备如此完善的经商硬件，政府可以更多地从经商软件——服务和政策——上为商业开道。

当然，对每个人来说，经商成败与否，还要看自身的经营技巧、水平。

参考文献

曹琪. 探析我国网络直播的传播现状及发展趋势. 传媒论坛，2019（3）.

刘忠宇，赵向豪，龙蔚. 网红直播带货下消费者购买意愿的形成机制——基于扎根理论的分析. 中国流通经济，2020（8）.

农产品如何玩转直播销售. 中国合作经济，2018（5）.

陶禺麟，许文慧，王可凡. 我国网络直播平台的发展现状与前瞻研究. 传播力研究，2019（10）.

田宇鹭，余杨. 探析网络直播的现状及发展. 传媒论坛，2020（9）.

王慧. "直播带货热"背后的误区及对策建议. 杭州，2020（14）.

于昊. 董明珠的直播不会停歇，格力的新零售变革才刚开始. 电器，2020（7）.

郁凡. 电商直播成卖货新战场. 中外玩具制造，2019（12）.

赵冬玲. 网络直播时代的品牌曝光和销售转化探究——以购物类直播平台为例. 商业经济研究，2018（1）.

Audrey S. "Influencer Marketing: State of the Social Media Influencer Market in 2020." https://www.businessinsider.com/influencer-marketing-report, 2019-12-17.

Bannigan, M. K. "Towards Truth in Influencing: Risks and Rewards of Disclosing Influencer Marketing in the Fashion Industry." *New York Law School Law Review*, 3 (2019).

Comment Sold Inc. "Patent Issued for Online Live Video Sales Management System (USPTO 10, 575, 045)." *Computers, Networks & Communications*, 2020.

Influencer Tiers for the Influencer Marketing Industry, Mediakix, https://mediakix.com/influencermarketing-resources/influencer-tiers/, 2020-03-17.

Institute for Operations Research and the Management Sciences. "New Research Shows Live Chats Can Increase Sales by Nearly 16%." *News RxHealth & Science*, 2020.

Viljoen, A. H. "Satisfying Visitors' Needs: What to Resort to." *South African Journal of Business Management*, 1 (2019).

第十章

MASTERMINDING

策划学的重要专题研究

第一节 危机应对：用策划学理论处理危机问题

（一）危机处理对单位（公司）来说是更为严峻的考验，应该建立危机处理机制

危机处理主要考验对突发事件的应变能力，若处理不好有时会置公司于死地，对一些单位（公司）造成极其严重的负面影响，所以对突发事件的应对就相当重要。

对一个单位（公司）来说，再也没有比处理危机更为严峻的考验了。平时就应该建立危机机制，要对可能发生的危机有所准备，并且建立一个处理坏消息的机制。如果一个单位（公司）缺乏这种规划和远见，那么当遇到危机时就会手忙脚乱，根本无法应对。

要做到有效的危机管理，单位（公司）必须有一个考虑周详的计划，这个计划必须是基于对危机发生的所有可能情形的细致的预见。在计划中需要描述具体分工：谁去接触可能受到影响的利益相关者？谁向新闻界发言？谁负责建立和运作一个现场灾难管理中心？公司还应该进行未事先宣布的危机培训，如同危机发生时那样。

危机处理还包括在一些事件、政策发生变化后，应对变化后的各种关系。

为了使所有突发事件和情况有利于公司发展，单位（公司）必须处理好危机发生的信息传播问题，与媒体之间建立真诚友好的关系。如果与媒体的关系恶劣或对立，那么一旦信誉受损，当危机发生时策划人员就无能为力了。

很多时候，单位（公司）不能直接控制媒体如何报道公司的行动。例如，在危机时刻，媒体会在没有得到公司指导的情况下报道一个新闻事件（好的或者坏的）。然而在其他时候，公司最好主动发起宣传并为媒体提供相关的信息。

当一家单位（公司）面对危机发生的不利情况或身处绝境时，更是急需杰出的策划。而好的策划，可以实现这种变不利为有利的转换，使公司绝处逢生。

“绝处逢生”“置之死地而后生”，都是人们在处于不利状况时随机应变才能实现的。在商业中，这种案例确实不少，原因就在于优秀的策划人的急中生智。

对于有些无意中发生的不利因素，通过有效的手段有时不但能转危为安，甚至还能因祸得福。现实中也有些产品利用不利因素歪打正着。

山西汾酒厂就错过了一次绝妙的策划机会，没有把不利变为有利，反而受到牵连，沉沦在这场不利的灾难中，影响了销售及未来的发展。

案例

中国名酒山西汾酒受到打假活动的无辜牵连，没利用策划进行反转

20 世纪 90 年代末，中国曾经发起一起全国性的声势浩大的打击山西假酒活动，名

酒山西汾酒也无辜地背此“黑锅”。身陷这场“黑旋涡”中，山西汾酒的订单减少了不少。

山西汾酒也因此而萎靡不振，深感委屈、无辜，但又无计可施。

其实对山西汾酒来说，它本身错过了一次绝妙的发展机会。如果趁此时机，抓住消费者的心理，以“我们还会有假吗？”“假酒都被打击了，喝山西汾酒，这下更放心了”为中心来展开大规模的策划宣传，更能赢得消费者的信任。

在如此声势浩大的打击假酒活动中，消费者难道还会相信山西汾酒是假酒？以此展开策划宣传来提醒消费者，难道消费者还不会放心购买？

（二）解决危机事件主要是要处理好信息传播

危机事件的“危”主要在于事情发生后通过信息传播，特别是不实传播和扩大效应产生严重危害。如果不能及时处理，这些信息还会继续迅速扩散，并且夹杂进更多歪曲事实的信息，对发生危机的单位（公司）产生严重的损害。

危机传播更多是通过媒体，口头传播更多是近距离的和局部的，而当今以网络为传播方式的互联网和以手机为载体的自媒体高度发达，口头传播的作用已经非常小。

要应对各种突发事件或危机事件，必须了解当今信息传播的特点和方式、方法。

互联网和自媒体的应用带来的革命是划时代的，特别是以手机为载体的自媒体给信息的应用和管理带来的是前所未有的挑战。

这些先进技术开创了信息爆炸时代，受众对信息的需求日趋差异化、多元化和个性化，新媒体也不断产生。如今，媒体传播已由大众传播时代迈向分众传播时代和个人化传播时代。新的技术手段、新的传媒思维日益受到重视。信息时代所带来的更多互动式、参与式、体验式、个人化的传播形式开始流行。

信息网络高度发达，信息传播极为迅速。特别是网络传播的无国界、不受时间限制、不受空间约束，具有很强的隐匿性、广泛性、开放性、交互性、实时性等特点，很难跟踪、约束、管理。

（三）互联网及自媒体时代与传统媒体时代传播信息有显著差别

21 世纪是新媒体的世纪，新媒体与传统媒体最大的区别在于传播状态的改变：由一点对多点变为多点对多点。传统媒体是编辑决定报道主题，记者收集事实，然后包装成新闻，以一张报纸或一档节目的形式传播给受众。一般人因为身份、经济和技术的原因，是很难进行大众传播的。与之相反，通过互联网、手机自媒体等新媒体方式，任何人都可以经济而便捷地以众多形式向他人传播信息。

新媒体使大众传播的状态和大众传媒的业态发生了并且还在发生着深刻的变化。在《未来之路》一书中，比尔·盖茨特别强调并推崇数字技术。他说，“数字储存的文件包括照片、音频、视频、动画和这几种要素的互动结合”，“所有的信息用数字形式来储存，文件很容易被查询、存储和在高速公路上传输”。今天，这些畅想早已经变为现实，新媒体时代的一大显著特征就是我们可以通过自媒体迅速成名，使发生的事件瞬间传遍各个角落或放大发生的事件的影响。①

信息时代的到来使得人们千百年来被限制和压抑的创造力得以复生。各式各样的网站、博客、播客、BBS特别是手机自媒体成为越来越多人交流互动的平台。网络上无障碍的复制力量能让信息快速地传播开来。

受众对信息从被动的接受逐渐转变成主动的搜索和分享，这充分展示了新技术传播的力量。

新媒体的崛起已经把受众传统消费过程中的“AIDMA”法则变成了“AISAS”法则，即Attention（注意）、Interest（兴趣）、Search（搜集）、Action（行动）和Share（分享）。②

（四）应对危机的要领：结合策划信息的两个原则及自媒体时代的特点

危机处理绝大多数要用到策划信息的两个原则，并且是围绕这两个原则进行。很多时候危机处理是成功还是失败，也主要取决于对这两个信息原则的掌握程度：是得心应手还是一知半解，甚至一窍不通？

前面我们已经探讨了策划信息的两个原则，其实在处理危机时多数情况下向外传播的信息都是双性信息，因为危机信息一般本身是负面信息，而处理危机时，往往是针对这些负面信息进行策划处理，然后传递正面信息，也就是对负面信息进行解释、否定、辩解，使负双性信息变为正双性信息，最终正面影响占优。

在危机应对中也经常遇到策划信息原则2的情况，这时候我们就要做冷处理，这样反而会减弱负面信息的继续扩大传播。

这些因素都与危机应对紧密相关。危机信息的影响是非常复杂的。

无论何种情况，处理危机时都应坚持以下几个要领：

◆ 临危不乱　◆ 冷静有序

当危机发生时，必须临危不乱，保持镇静，这样才能保证对危机事件有条理地逐步地进行处理。

如果不能做到这一点，自乱阵脚，结果自然就以失败和损失告终。

◆ 事实原则　◆ 公开、透明原则

必须找出事件的真相，还原事件发生的过程，并以此为基础进行处理。

尽量做到事件的公开、透明，因为在互联网和自媒体时代，要想隐瞒事情的过程和真相极其艰难。如果有意隐瞒，反而会让传播的信息失真，激起受众不满。

案例

约翰逊公司面对药物致人死亡也敢于承认事实

1982年，美国芝加哥有几个人因服用了泰洛纳胶囊而死亡，一时舆论哗然，说是

① 花晓松．新媒体时代的整合传播．商场现代化，2007（10）.

② 刘德寰，陈斯洛．广告传播新法则：从AIDMA、AISAS到ISMAS．广告大观（综合版），2013-04-01.

胶囊被氰化物污染了。这种止痛镇静药的电视广告也一度消失。

生产这种药的制药厂约翰逊公司虽然对此事件大感疑惑，但并没有掩盖这件事或欺骗公众。在获悉第一个服药者死亡的消息不到一个小时，公司人员就立即对这批药物进行了化验，以判断此药是否被污染。虽然化验结果是并无污染，但为了以防万一，他们仍然决定收回这批药物，并在报刊上公开报道，还派专家到芝加哥建立一个实验室以调查泰洛纳胶囊在该地区被污染的程度，同时撤销了所有的电视广告。

后来原因终于查明，这是一个捣乱者蓄意作恶造成的事故。于是公司又提供10万美元，悬赏缉拿这个犯罪嫌疑人。在这段时间内，公司的公关人员每天要忙着回答新闻记者和顾客的询问，有时一天要接100多个电话，公众通过公关人员可及时获悉事态的发展。由于公关人员的努力，泰洛纳胶囊的信誉很快恢复，它的广告又重新活跃在电视屏幕上。

◆ 坦诚原则 ◆ 诚恳道歉

对发生的事件坦诚相待，这样能赢得受众的支持和同情。如果故意要计谋，就会让受众更加难以接受。

如果给对方特别是受众造成了损失，要诚恳道歉，而不要狡辩，不要一味维护自己的利益。

【电子资料 10－1】

中国游客消费的约七万元人民币一杯的威士忌被爆是假酒，瑞士老板坦诚承认并不远万里来道歉

案例与分析

车主曝国产特斯拉“意外”减配，特斯拉诚恳道歉

2020年3月2日，在新冠肺炎疫情得到初步控制后，特斯拉上海工厂也已复工20天有余。不过，正当一批满心欢喜的预订车主得到刚刚交付的中国制造的Model 3时，网上却曝出国产Model 3实装硬件与特斯拉报备信息不符的消息。

有疑似车主在网上发帖称，自己检查车辆时发现，所购国产Model 3的整车控制器型号为Hardware 2.5（1483112），但在所购车型的电动车环保信息随车清单上，报备信息却显示硬件型号为Hardware 3.0（1462554），与实装并不一致。提到新车后，原本满心欢喜的车主懵了。

虽然无法证实上述网友提供的硬件型号照片与随车清单属于同一车型，但特斯拉（上海）有限公司曾在随车清单上表示，企业对清单所有内容的真实性、准确性、及时性和完整性负责。

【电子资料 10－2】

危机处理时坦诚面对并承担责任

那么Hardware 2.5和Hardware 3.0有着怎样的区别？是否会影响到车主的使用呢？

在自动驾驶领域，特斯拉早先是与Moblieye、英伟达等企业合作，但出于对性能、功耗和成本的考量，特斯拉决定启动自主研发。作为过渡，Hardware 2.5则继续采用英伟达DRIVE PX 2平台。

2019年4月，特斯拉正式发布自主研发的Hardware 3.0。据官方宣传，该芯片容纳多达60亿个晶体管，每秒帧数处理能力达到Hardware 2.5的21倍之多：2.5版本

每秒只能处理 110 帧图像，而 3.0 版本每秒可处理高达 2 300 帧的图像。

同时，由于自产自销的缘故，3.0 版本的成本要比 2.5 版本低约 20%。

算力大幅提升带来的最直观的影响是，装载 Hardware 3.0 的特斯拉车型，具备识别交通隔离墩（俗称“雪糕筒”）的能力，而此前装载 Hardware 2.5 及以下硬件的特斯拉车型则无法实现该功能。

特斯拉客户支持部也在一份回复消费者询问的邮件中证实，非 3.0 版本暂时没有识别“雪糕筒”的功能。

对此，特斯拉首席执行官（CEO）埃隆·马斯克曾多次承诺，购买完全自动驾驶能力（Full Self-Driving，FSD）套件的消费者，均可免费将 Hardware 2.5 升级至 3.0 版本。

国产 Model 3 标配基础 Autopilot 自动驾驶辅助功能，可在行驶车道内自动辅助实施转向、加速和制动。而 FSD 套件需花费人民币 5.6 万元购买，购买后将获得自动辅助变道、自动泊车、车辆召唤等功能。

另外，特斯拉还承诺，所有新款车型均搭载完全自动驾驶所需的硬件。未来，可通过远程升级（OTA）获得更多自动驾驶功能。

此前据外媒报道，2019 年 3 月 20 日后生产的所有 Model S/X，以及 2019 年 4 月 12 日以后出厂的所有 Model 3，配备的均为 Hardware 3.0。令人疑惑的是，倘若网曝属实，海外版特斯拉明明早就用上了成本更低的 3.0 版本，那么为什么特斯拉却要在国产车型中使用性能落后、成本更高的 2.5 版本呢？

有行业内人士认为，国产特斯拉疑似不使用 3.0 版本硬件，一种可能是供应链吃紧；另一种可能则是近期美国消费者通过 FSD 套件免费升级获取 3.0 硬件，特斯拉是否会出于成本考量，为被换下的 2.5 硬件寻找新的出路？

一年一度的“3·15”消费者权益保护日即将到来，特斯拉却在此节骨眼上被曝出维权问题。有部分车主将该问题投诉至全国 12315 平台，以“欺诈消费者”为由向特斯拉上海公司索赔。

面对国产 Model 3 减配整车控制器的危机，特斯拉道歉，并承诺免费换

2020 年 3 月 3 日，特斯拉对此问题给予回应。

特斯拉表示，特斯拉中国接到部分中国制造标准续航里程升级版 Model 3 车主反映其车辆控制器硬件代码与环保信息随车清单上标注不一致，对此，非常理解消费者的心情并且高度重视，特斯拉中国特别做出以下说明：

特斯拉上海超级工厂于 2 月 10 日开始复工复产。其间基于供应链状况，一部分标准续航升级版 Model 3 安装的硬件为 Hardware 2.5。随着产能以及供应链恢复，我们将按计划陆续为控制器硬件为 Hardware 2.5 的中国制造标准续航升级版 Model 3 的车主提供免费更换 Hardware 3.0 的服务，请有更换需求的用户，通过特斯拉服务中心预约，敬请耐心等待。

现阶段，如果没有选装 FSD 功能，使用 Hardware 2.5 的 Model 3 车型与使用 Hardware 3.0 的 Model 3 车型在驾乘体验和使用安全上基本不存在区别。而所有选装 FSD 的客户，我们已经为其安装了 Hardware 3.0 硬件。

案例分析：一场看似不小的涉及产品“减配”的危机，因厂家的诚恳道歉以及答应更换轻松化解。

◆ 积极解决出现的危机问题，不拖延　　◆ 担责、追责

发生了损害消费者利益的事件，要积极解决，而不要故意推诿、拖延。

发生了损害自身或消费者利益的事件，一定要让有关负责人承担责任，并追究肇事者的法律责任。若为了某种目的或利益保护这些人的利益，结果可能使事件失控，造成无法挽回的信任危机以及非常大的损失！

◆ 切忌掩盖真相和错误

切忌对发生的危机事件用错来掩盖错，因为对一个谎言、一件错事要用多个谎言、多件错事来掩盖，这样会欲盖弥彰。

（五）新媒体时代政府及公共部门应对危机的策略

政府及公共部门对危机的应对，其实是公共行政管理领域研究的问题，因可以用策划学理论进行处理，所以本书也对此部分进行研究。

公共行政管理领域的危机应对除了要遵守以上要领外，还有自己的特点和要求。

自媒体时代给公共行政管理带来的挑战是革命性的，这使得公共行政管理更加透明。

以电脑为终端的互联网技术以及以手机为终端的自媒体的发展，本身对公共行政管理造成了前所未有的冲击，也对公共行政管理提出了更高的要求，表现在两个方面：第一，要求有应对和处理突发事件的水平；第二，要求公共行政管理更加透明。

有了公众的监督，那些腐败或阴暗面更容易被曝光。在这种新技术带来的信息革命的冲击下，只有更加透明地进行公共行政管理，才能赢得公众的信任，减少公众的质疑，同时更好地发展经济。

在新媒体时代，如果要对公众进行信息封锁，唯一的办法就是不发展、不利用这项新技术。然而现代经济的发展与互联网信息技术是紧密相关的，如果不利用、不发展这项新技术，就会严重阻碍经济的发展，久而久之，就会落后于现代社会，被现代社会淘汰。

在新媒体快速发展的今天，公共行政管理领域的负面信息是很难掩盖的，可是有的地方政府部门却要想方设法进行掩盖，结果当然是引起公众的强烈质疑，同时产生更大的负面影响。

透明、阳光地进行公共行政管理是应对危机的最好策略。

在新闻管理上，“疏”是新媒体时代应对危机的原则，同时也是社会发展的必然要求。

另外，随着改革开放的不断深化，我国综合国力全面提高，广大民众的政治和法律意识显著增强，知情权需求和话语权诉求空前提高，这也决定了新媒体时代的新闻

管理应从“疏”这一角度出发。

尽管我国的体制有其特殊性，对新闻的管理也有其特殊性，但随着时代和技术的发展，对公共行政管理领域的危机应对如不能跟上，就会阻碍经济的发展，同时引发社会矛盾。

在新媒体时代，信息传播的时间界限、空间界限、属性界限等都被打破了。特别是在自媒体时代，几乎人人都是记者，随时、随地都可传播身边发生的突发事件，特别是一些危机事件。专业的新闻媒体和传播渠道已经远远落后于以手机为载体的自媒体。开放的信息网络给每个受众都提供了发布信息的平台——媒介，在新技术的支持下，受众可以利用手机在极短的时间内完成拍照或摄像、上传，与传统媒介只发布文字、声音信息相比，这样传播信息的效率和可信度都要高得多。借助新媒体技术，信息的采编、传播所花费的时间更短、成本更低，且人人都可采编，随时随地都能传播，在很大程度上满足了现代人对公共话语权的需求。同时，图、文、声、光、影等多媒体传播形式具有直观性、通俗性、大众化的特点，对受众而言具有天然的亲和力、吸引力和感染力。在新媒体时代，第一个发布突发事件新闻的往往不是记者，而是事件发生现场的普通受众，甚至很多时候媒体从业人员也是根据受众记录的新闻事件用更专业的手段进行处理后再发布出来。

新媒体对于负面新闻具有很强的汇聚效应、放大效应和扩展效应，很容易使分散问题汇聚成焦点问题，局部问题放大为全局问题，一般问题演变为严重问题，个人的偏激言论上升为非理性的社会情绪。

因此，对于不同地域、不同时间发生的一般性的、阶段性的、局部性的，甚至一个单位发生的个别问题，如果处理不好，很可能会被汇聚到一起，并迅速放大，演变为牵动全局的、难以控制的群体事件或社会事件。舆论的力量有时难以估量，所以，及时、正确、有效地引导舆论显得尤为重要。① 当发生公共行政管理领域的危机事件时，如果不及时、主动地向媒体发布信息，很可能会使事态急剧恶化，甚至造成无法收拾的局面。② 特别是对于突发事件，公共行政管理部门应该诚恳而及时地公布事件真相并做出恰当处理。

【电子资料 10-3】

突发事件中的
“政府新闻学”

在新媒体时代，公众通过信息传播行使参与权和监督权的意识日渐加强，互联网及自媒体已经成为中国民众表达意愿、参政议政、监督公共行政管理的重要平台，应发挥网络监督对提升公共行政管理透明度、促进社会进步的重大作用。在遇到危机事件时，公共行政管理部门也应适应形势，科学决策，从容应对。

新闻的开放并不是洪水猛兽。新修订的《中华人民共和国政府信息公开条例》自 2019 年 5 月 15 日起施行，其中第二十条第十二款规定“突发公共事件的应急预案、预警信息及应对情况”属于公开的范围。

①② 任贤良．舆论引导艺术：领导干部如何面对媒体．北京：新华出版社，2010.

公共行政管理人员必须了解新媒体时代信息传播的特点和原理，学会科学的管理和应对方法，才能适应新时代的要求。

◈ 注意

公共行政管理的危机应对不能包治百病

最后还有一个非常重要的提醒，即公共行政管理的危机应对不能包治百病，如果有的地方的公共行政管理部门平时不作为，导致民怨沸腾，这时恐怕靠危机理论也无法解决问题，所以公共行政管理部门人员平时要加强基本功，及时解决民生、民意问题，随时化解社会矛盾，秉公执法、廉洁从政才是关键所在！

公共行政管理危机应对理论绝不是万能的，不能在问题发生后化解、处理一切矛盾。它只能指导人们科学地解决问题，更好地化解危机，在现有事实的基础上，尽量控制事态，把危机的损失缩小，防止其进一步扩散和蔓延。

第二节　形象代言人

形象代言人理论是策划学研究的重要理论之一。

目前在商业界用形象代言人已很寻常，公共行政管理方面也有很多用形象代言人的地方，有地方政府用形象代言人来招商引资，有景区用形象代言人来做宣传，以扩大知名度，也有公益活动用形象代言人来促进公益事业发展。在各种策划活动中，对形象代言人的使用已比比皆是。

首先来看政府策划中用到的形象代言人。

（一）选择形象代言人的理论依据

◆ 形象代言人是信息的来源。因为其来源具有可信性或魅力，所以有助于增加消息内容的可接受性。

◆ 形象代言人拥有某些象征属性。这些属性通过形象代言人传递给品牌，接下来通过产生购买行为或拥有这种品牌的行为由品牌再传递给消费者。

（二）形象代言人的作用

◆ 形象代言人提高了信息的可读性、可看性、直观性。

◆ 形象代言人能为其代言的单位或产品带来可靠的信息来源，信息来源越可靠，信息越具有说服力。

◆ 形象代言人的形象、性格特点可与品牌形象、特点联系起来。

但是，这些好处不是自动生成的，获得它们需要对品牌进行一系列策划。

(三) 形象代言人的具体用法

找一个人代表自己单位的形象，在对外的各种宣传中以此人为中心进行宣传，此人就是自己单位的形象代表人。

(四) 我国使用形象代言人的现状

用形象代言人现在正成为中国商界及公共管理界的时髦之举，很多企业、政府部门都在采用这种模式，目前国内企业大多会找影视明星、歌星或体育明星做形象代言人。

中国的形象代言人时代早已经来临，各行各业也已经涌现出了数量繁多的形象代言人。有人说，几乎稍有点名气的演艺界人士都成了某种产品的形象代言人。形象代言人在中国真有蔚然成风之势。

其实，在中国，很多人理解的使用形象代言人就是请名人做广告，只不过是把用名人做广告换了一种说法而已。

(五) 形象代言人与名人广告的区别

其实，形象代言人与名人广告还是有一定区别的。

(1) 形象代言人是用在一系列整体运作中。

除了请人做广告外，另外也要有配套的设计，比如印制各种画册、海报、在商品的外包装上使用此人形象等。而请名人做广告更多地是一些单独的行为，比如只限于在公开媒体上做广告。

(2) 对于形象代言人，还有一个整体、系列的包装过程。

单位请到形象代言人后要对此人进行整体、系列包装，形象代言人的一切形象就代表该单位或该产品。所以请形象代言人应该更慎重，因为该人的形象代表了单位或产品的形象。请名人做广告则不会有整体、系列包装这些过程。

(3) 形象代言人与产品的关系更密切，他（她）的形象、气质、综合修养等与产品更接近，特别要注重形象代言人的人品。

一般来说，形象代言人与产品之间的关系在受众心中的印象越牢固，说明该形象越成功。一旦该形象代言人的知名度和人品下降，产品品牌形象就会受损。请名人做广告，名人与产品的密切度等因素则不是很重要。

(4) 请形象代言人不一定要请名人，关键是要适合自己公司或产品，而且要对形象代言人进行系列的、整体的包装，使其得到公众的认可。

形象代言人不一定非得是现成的，甚至可以人为“组合制造”。例如，某一眼镜品牌依据市场调查得知，该品牌的消费者应该是白领工薪族，那么公司就可以在现实生活中找到各种元素组合成“原形”，并在传播中将其与品牌形象有机融合。有的广告不是请名人做的，但它的效果丝毫不比名人广告差，原因就在于此。而请名人做广告当然离不开名人，因为它注重的是名人的名气。

(5) 用形象代言人更注重长期效果，而用名人做广告一般更注重短期的轰动效应。

因为形象代言人代表的是单位或产品的形象，所以不宜更换过快或过于频繁，要注重长期效果而非短期的轰动效应。

（6）形象代言人有时还不一定是人，可以是接近人的一些构造物，而名人广告却离不开人。

如卡通造型代言也不失为一种模式。例如，IBM 为了改变其在欧洲客户中的陈旧形象，推出了有着长长绒毛和明亮粉红色尾巴的顽皮、合群的“红豹”卡通形象，希望以此体现 IBM 友好、积极、主动、亲切以及强调服务的新形象。“红豹”最初是法国 GGK 广告公司为欧洲用户推荐 IBM 的新产品 Think Pad 牌笔记本电脑而设计的，这一可爱的卡通形象一反欧洲计算机专业杂志和一般商业杂志广告的枯燥单一，以亲切的姿态邀请读者参与进来。由于别出心裁的“红豹”形象引起了欧洲人的强烈兴趣，之后成为 IBM 在欧洲所有城市推广活动中的重要内容。

还有人认为，对于形象代言人的选择，儿童优于成人。另外，动物也是一种很好的选择对象。

（六）如何选择形象代言人

策划者必须充分考虑各种因素，以便从下面七种主要的形象代言人候选者中做出选择：①演艺界人士；②体育界人士；③专家；④典型的顾客；⑤媒体界人士；⑥电脑合成的某种形象；⑦某种动物。

如何在上述七种可供选择的代言人中进行挑选呢？

（1）如果是大众化的产品，则影视明星、歌星或体育明星是比较好的选择。

（2）如果宣传的是一些严肃的东西或技术性产品，或消费者要确认产品使用的安全可靠性，那么专家是最好的选择。

受众如果对产品有一些疑虑，比方说，不知道产品如何工作，担忧副作用，或是在产品使用过程中有与健康有关的考虑，那么专家的出现会使他们减少这种疑虑。医生、律师、工程师等各行各业的专家都有可能充当产品的形象代言人，且花费要比明星少得多。

（3）如果期望在受众中激起强烈的认同感，那么一个典型的顾客形象是最佳选择。

如果形象代言人像受众中的许多人一样诚挚可信，那么这样的形象就会深深地打动他们。

（4）用媒体界的知名人士做形象代言人能得到较大的认同感。

例如，节目主持人、知名记者做形象代言人的效果介于社会名流和专家之间，他们的名气没有明星那么大，也不容易像专家那样带给消费者严肃和权威的感觉，但让他们代言相应的品牌，消费者也会觉得真实可信。

【电子资料 10-4】

剑网选择 56 岁玩家作为代言人

（5）消费者对产品的参与度不同，选择的形象代言人也不一样。

如果购买是基于对品牌的认知或喜爱，如低度参与购买，那么比较适合用名人作为形象代言人。如果名人与品牌形象期望的文化内涵密切相关，或者消费者十分崇拜该名人的生活方式，那么用名人作为形象代言人会令策划效果更显著。

现象与分析

产品形象与名人形象一致的情况

利恩·卡尔、帕姆拉·霍莫尔和迈克尔·卡明斯等人的研究表明：如果宣传的产品在强调其主要优点时，能够提高其外在的吸引力，产品形象就可与名人形象一致，策划效果也会增强。因此，为代表一定身份地位的豪华轿车做广告时，一位像汤姆·塞莱克这样的名人远远优于像泰利·塞旺拉斯这样一位看上去并不十分吸引人的名人。当然，为计算机做广告又要另当别论。

【电子资料 10-5】

可口可乐慧眼独具成了大赢家

相反，在稍理性一点的高度参与的购买决策中，专家和非名流可能更加合适。如果购买者在进行决策时要运用逻辑论证——为什么该品牌比其他品牌好，那么用名人可能是浪费资金，因为非名人可以达到同样的效果，而且花费不多。

（6）在选择形象代言人时，有时还要独具慧眼及气魄，发现有潜质的形象代言人。

用有潜质的形象代言人，不但可以节约相当的费用，而且因为抢得先机占据主动。比如2004年雅典奥运会期间对奥运冠军的争夺同样是一场斗智斗勇的较量，而在这场争夺中，可口可乐又为大家上了生动的一课。

【电子资料 10-6】

莎朗·斯通发表恶意言论，代言品牌迪奥受损

（七）用形象代言人时的一些注意事项及误区

1. 一定要注意形象代言人的人品，不然就会起反作用

很重要的一点是，如果名人的形象因某事大打折扣，那么相关品牌的声誉也会受损。如果形象代言人自身的素质和修养不高，就会降低受众对该人物形象的喜爱程度，并牵连他们所代言的单位或产品。

有些人不宜被作为某些产品的形象代言人，如果把他们生拉硬扯进来，还可能会引起很多消费者的反感。

如果勉强或为赶时髦去找形象代言人，那么不但不能代表自己单位（公司）或产品的形象，结果还可能适得其反。根据自己的单位（公司）、产品的特点，需要用形象代言人则用，不需要则不勉强。

【电子资料 10-7】

产品特点与形象代言人有差距

特别是有的单位或产品不能随便使用形象代言人，比如地方政府能随便找一个人来代言本地的形象吗？再如高科技产品，如果找影视明星、歌星或体育明星，试想他们能代表这些产品的形象吗？据《解放日报》报道，国家图书馆馆长、著名哲学家任继愈将担任“保护民族文化遗产公益系列广告”之长城篇的形象代言人，他还将亲自审定广告文案。这种文化代言人用文化名人就做得比较好，不然就不一定合适。

当然，大众产品找形象代言人则不用很挑剔，用影视明星、歌星或

体育明星容易得到消费者的认可和接受，相对也容易取得成功。

另外，还应该根据自己的产品对代言人进行细分，细分内容应包括：性别、年龄、职业、个性、国籍和地理区域等。例如，百事可乐在其全球化营销策略中，就针对亚洲地区的目标消费者的特点，选用了在本地很有影响力的歌星郭富城、王菲做代言人；而在欧美地区，则选用了巨星瑞奇·马丁和珍妮·杰克逊作为代言人。四人皆可谓名人，试想一下如果两两对换，其广告效果会如何呢？

美国天高国际广告公司在为客户寻找形象代言人之前，要首先调查产品的“使用者形象”，即目标消费者心目中所认为的品牌使用者形象。然后再依据量化统计结果，确定选用与品牌最相关的、亲和力指数最大的“使用者形象”为品牌代言人。

选择形象代言人的关键准则是人物的特点要符合品牌的需要。有研究表明：人物形象的有效性与所宣传的产品密切相关。在为一种低价的技术性产品（电子计算器）制作广告时，人们做了一个实验来比较采用专家、典型顾客和名人作为广告形象的效果。实验表明，采用专家比采用后两者更能达到广告效果。与此相反，社会名流在做心理和“社会”风险高的产品（比如珠宝）广告时，效果较明显。

2. 应该慎重选择形象代言人，并不是所有的名人都适合做形象代言人

不少人不知不觉走入了一个误区：似乎只要是名人，不论男女老少、甲乙丙丁，通通适合做自己的形象代言人。

有人认为，不论什么产品、项目，选择名人作为形象代言人都可以增强宣传效果，并且能通过名人的魅力吸引受众注意力。只要受众中的很多人能立刻认出这位知名人物，与之相连的吸引力和友善的态度就能传递给产品、项目。对于不太出名的地方，名人或演员在做针对地区性市场的宣传时，也能起到良好效果。

然而，事实并非如此。有人做过调查，用名人做形象代言人能起到推动作用的只占20%～30%，不是每个人产生购买行为都是冲着形象代言人才去的，还有些人不买某种产品、不介入某个项目，正是因为讨厌这个产品、项目用了某个名人做形象代言人。

从这种角度看，单位、企业用名人做形象代言人还存在某些风险。因形象代言人出丑闻对单位（公司）、产品产生负面影响的事例并不是没有。

如果勉强或为赶时髦去找形象代言人，那么结果可能适得其反。

3. 形象代言人不宜更换过频

因为不同的人在形象、气质、个性等方面都不一样，若形象代言人更换过频，那么项目、产品的形象究竟是什么？单位（公司）、产品究竟要在受众中树立一个什么形象？单位（公司）、产品自己都没有一个目标，在受众心目中形成的形象也就更模糊不清了，那么请形象代言人还有什么作用呢？前面说过，即使用名人做广告，如果名人更换过于频繁，也容易混淆名人与所做的产品。如果形象代言人更换过快或过于频繁，就更容易使消费者混淆形象代言人。曾经有人做了一项调查，把形象代言人与所做的产品广告放在一起让消费者选择，许多消费者就混淆了不同产品的形象代言人。

而现在，常常发现某人成为很多产品的形象代言人，有的产品的形象代言人更换也很快，消费者容易混淆当然在情理之中了，这也使得其代言的品牌在受众心目中的印象日趋混乱模糊。

4. 要注意形象代言人的专一度

通常，单位（公司）会禁止形象代言人为相似项目或竞争项目、产品做代言人，但他们仍可能过多地露面为很多项目、商家做代言人，这样他们在受众中的形象就会变得混乱和模糊，传递给受众的信息就会大大减少。鉴于此，对单位（公司）、产品而言，在找形象代言人时，不但要分析其人气、个性、区域化影响等因素，还应考虑他（她）的专一度。如果发现对方三心二意，则应立即中止。

对于形象代言人来说，也应考虑自己的信誉和为契约方着想，对自己代言的单位（公司）、产品也应有所选择。同时，形象代言人在法定合同期内要严守签订的合同。现实中，常出现形象代言人违约而使合同成为一纸空文，从而给单位（公司）带来巨额损失的情况。因此，有人呼吁规范与完善形象代言人市场，行业组织通力合作，加快该领域的标准化、法制化建设。

5. 用形象代言人虽然有可能引起人们对品牌的注意，但也有可能因此忽视、干扰了所宣传的项目、产品的优点和性能，还有可能导致受众只注意代言人的形象而忽略了其代言的品牌

研究表明，这种现象经常发生。有人物形象的广告和没有人物形象的广告相比，虽然更能引人注意，但最终受众接收到的有关产品优点和性能的信息比较少，这样就会影响说服效果或难以改变消费者的态度。例如，虽然某明星的形象提高了长岭空调的品牌知名度，但没有说动受众去购买该空调，空调的销量并没有因为请明星做代言人而上升。有人分析这可能是由于人物形象代言人的出现吸引了消费者本应集中在广告主要信息上的注意力，所以这种分散注意力的效应非同小可，应该引起单位（公司）的重视。

案例

形象代言中出现的喧宾夺主现象

据智威汤逊某客服总监顾澄反映，该公司在服务“动感地带”品牌的过程中，发现品牌传播中出现了喧宾夺主现象——周杰伦的形象飙升，远远超过动感地带。

为使品牌传播费用不再为周杰伦作嫁衣，在此后的策略中，公司迅速变品牌代言为广告代言，在广告中出现多位明星，从而弱化代言人的个人影响力，凸显品牌个性。

毫无疑问，这种策略调整使动感地带的品牌形象变得丰满起来，也深化了动感地带的品牌内涵。

【电子资料 10－8】

TCL花千万欧元代言费引起质疑，业内称效果难料

所以在使用形象代言人的过程中，会产生以下问题：消费者会接受该人物形象，但并不真正看好该品牌。虽然存在信息源被分散降低的风险，但有人还是认为形象代言人仍可被用来吸引消费者的注意力。因为对此也有另外的观点，比如，“睡眠者效应”理论对此就持相反看法。睡眠者效应是指信息说服力随着时间的推移而递增。说服力递增的一个假设是，虽然在观看广告时信息源的使用效果是负面的（消费者不喜欢或认为不可信或当时精力不集中），但随着时间的推移，人们淡忘了信息与信息源的联系，结果该信息的总体效力与日俱增。虽然这个观点直觉上看来颇具吸引力，也有人就此问题做了很多实验，但奇怪的是，很少有研究能证明“睡眠者效应”的存在。

6. 在选择形象代言人时，应该认真计算聘请代言人的费用

请形象代言人，动辄几十万元，稍有名气的演员都是上百万元，一些大牌体育明星更是要上千万元。必须综合计算，估算花如此大的代价是否值得。不然，若只是盲目追求时髦，花了几百万元甚至几千万元，却没有得到满意的结果，那这些钱就白花了。

【电子资料 10-9】

刘翔代言白沙遭质疑

7. 明星自己做形象代言人时也应慎重选择

明星做形象代言人时，不能见钱眼开，只要有人找上门来，就一一接纳，而应该慎重选择，比如要审查代言项目、产品的真实性和合法性，以及与自己的身份、职业精神是否相符等，否则一旦某些项目、产品的质量或商家信誉出现问题，就会损害自己的形象，败坏自己的名声。

案例

汪涵代言的产品涉嫌诈骗 涉及金额超 200 亿元

【电子资料 10-10】

洗浴商务会所欲以 200 万元请 11 岁双胞胎兄妹代言，家长权衡后放弃

2020 年 7 月 1 日，网上惊爆汪涵代言的“爱钱进”P2P 理财平台涉嫌诈骗，37 万人被骗 230 亿元，还配了一张受骗群众拉横幅喊话汪涵还血汗钱的照片，数额惊人并引发全网关注与热议。随着事件的持续发酵，越来越多的人发声谴责品牌及其代言人。而在该投资品牌的社交平台里，众多网友纷纷留言称“还我们血汗钱”，措辞相当激烈，可见事态之严重。

相关负责人也疑似跑路，作为代言人的汪涵则成了大家声讨的对象。

2020 年 7 月 2 日，汪涵发表声明和致歉（见图 10-1）：

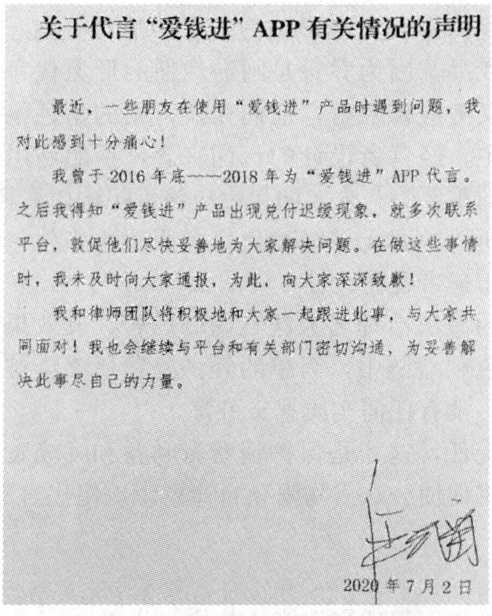

关于代言“爱钱进”APP 有关情况的声明

最近，一些朋友在使用“爱钱进”产品时遇到问题，我对此感到十分痛心！

我曾于 2016 年底——2018 年为“爱钱进”APP 代言。之后我得知“爱钱进”产品出现兑付迟缓现象，就多次联系平台，敦促他们尽快妥善地为大家解决问题。在做这些事情时，我未及时向大家通报，为此，向大家深深致歉！

我和律师团队将积极地和大家一起跟进此事，与大家共同面对！我也会继续与平台和有关部门密切沟通，为妥善解决此事尽自己的力量。

汪涵

2020 年 7 月 2 日

图 10-1 汪涵发布的声明和致歉信

依据我国广告法的规定，明星、专家、社会知名人士的推荐和代言，如被证明是虚假的，须承担连带责任。

我国有关明星或名人代言出过问题的案例包括但不限于：

◆ 2007 年央视的“3·15”晚会曝光了相声演员郭德纲代言的“藏秘排油茶”有诸多问题。

◆ 唐国强、解晓东两位明星代言北京新兴医院“送子”神话，所谓的疗效是巨额广告费吹出来的。

◆ 姚明因代言涉嫌虚假宣传的汤臣倍健鱼油软胶囊广告被告上法庭。

◆ 葛优代言的亿霖木业集团有限责任公司涉嫌传销，公司责任人被逮捕或刑拘。

◆ 演员傅艺伟所代言的“胡师傅”牌无油烟不粘锅广告是虚假广告，而且产品本身有严重质量问题。

◆ 由巩俐代言的哈药集团某产品因冒用“希望工程”名义作为卖点，结果同样引来了媒体的声讨。

◆ 徐帆的一句“好身段，走着瞧”，使“健妮”健瘦鞋名声大噪。然而，却因一中年男子认为“健妮”减肥无效、虚假宣传而被告上了法庭。

◆ 利用林忆莲、刘嘉玲、陶红、赵薇、宋丹丹、王小丫、徐帆等明星做虚假宣传的“天使丽人美容胶囊”被成都工商管理部门查处。

这个问题的讨论已经进行了几年，很多消费者认为，社会公众人物在代言某个品牌的时候，应该对消费者负责任。

一些消费者之所以购买名人代言的产品，往往是看中了名人的光环效应，进而相信他们推荐的是好产品。事实上，这种“信任”反而成为名人和无良商家借此牟利的筹码和手段。

有人认为，名人自身的影响力会影响消费者的消费倾向，如果公众喜欢乔丹，往往就会喜欢阿迪达斯的产品，因为乔丹是阿迪达斯的形象代言人。名人拿着不菲的代言酬劳，他们的权利与义务应该对等，他们在代言中的角色绝对不是艺术表演，应该如实说话，不能仅按业主、经营者设计的台词来念，不能利用名人的特殊地位做虚假表述。此外，作为广告的重要参与人，明星也应该承担法律责任。

毋庸讳言，名人之所以敢肆无忌惮地代言虚假违法广告，除了因为巨大的利益诱惑之外，还因为不用承担连带责任。

仅仅依靠经济制裁的做法治理名人代言虚假广告，其效果往往不明显，因为在商家和名人之间形成的黑色利益链中，简单的经济处罚最终会被转嫁给终端消费者，代言人和商家则毫发无损，没有任何实质意义可言。

加大力度追究刑事责任，这才是保护消费者利益和呼唤责任回归的必要之举。这种震慑作用和风险，必将促使公众人物强化自律意识，使代言更加健康、持续地发展！

（八）小结

总之，形象代言人如果用得适当就能让单位（公司）、产品知名度提升，因为受形象代言人的影响，受众可能会开始喜爱该品牌；但如果用得不适当，则可能会赔了夫人又折兵，花了请形象代言人的钱，结果却适得其反。所以，一定要根据自己单位（公司）、产品的特点去选准能真正代表自己单位（公司）、产品形象的代言人。如果没有合适的形象代言人，就不要勉强为之，更没有必要盲目去赶时髦，结果得不偿失。

第三节 策划学的市场调查

（一）市场调查是策划的前提和基础

市场调查在策划中同样扮演着重要角色，市场调查是策划的前提和基础，是策划中一个非常重要的步骤。首先，它是市场情报反馈过程的一部分，向决策者提供关于策划有效性的信息和进行必要调整的线索；其次，它是探索新的市场机会的基本工具，策划的很多资料就是靠市场调查获得的。通过市场调查，可以对决策相关的数据进行统筹、分析，并就分析结果与管理者沟通。

随着世界经济的不断发展，国际上一些知名企业更是把精确而有效的市场调查作为企业经营、发展的必修课。

市场调查方法也越来越进步。随着电脑技术的发展，各种分析软件大量推出，也促使市场调查的资料搜集及分析更加迅速、精确。

心理学、社会心理学、社会学等各门学科被广泛地运用于市场调查中，更加完善的科学方法也被广泛运用于市场调查中，因此，得出的市场调查结果也更加精准。

策划人员必须对所策划的项目了如指掌，在此基础上进行运作，才能制定出成功的或出色的策划方案。能否制定出出色的策划方案、策划方案能否产生满意的效果，取决于对所策划的项目的了解与熟悉程度，而了解与熟悉往往离不开市场调查。例如，要进行一次招商引资策划，就必须通过市场调查，熟悉该地区的优惠政策、地理优势、交通优势以及能够吸引投资的一系列优越条件，甚至对该地区的劣势及不利条件都要有所了解与掌握，在此基础上，再运用策划人的智慧进行系列策划。

例如，要给出版社搞一次出版策划，肯定就要了解、熟悉整个出版界的现状，并且对读者购买书的偏好等情况都要做深入的调查与了解。

要给电视台做一次大型策划，以吸引广告客户与观众，肯定需要对电视台各方面的情况做全面的调查了解。

俗话说“四两拨千斤”，在策划中也存在很多“窍门”，需要人们用智慧去发现并实施，从而使策划能够达到最佳效果。

而发现这些“窍门”的关键在于市场调查。

（二）市场调查的内容

对于一个单位（公司）来说，应该平时就注意收集和整理很多相关资料。如果平时没有收集相关资料，就需要策划人通过各种调查得到翔实的资料：通过向公司负责人和员工了解公司的一些基本情况，可掌握一些资料（比如公司的人员、大概资金、管理、目标、产品特点、质量、库存、生产能力等）。而有些资料，如果公司平时没有收集和整理就难以获得，只能通过策划人调查得到，比如以下一些资料。

1. 对公司内部情况的一些调查

（1）调查了解公司的现状，包括人员、管理、目标、大概资金。

对非公司人员或该公司的人员来说，要为公司搞一个策划，特别是为产品销售进行的系统策划，详细调查和了解公司现状是非常有必要的，这样才能根据公司的实际情况有针对性地运作。如果缺乏这些资料，那么策划人在制订策划方案时就难以有的放矢或难以落地实施，比如，因为该公司的人员、资金、管理、目标跟不上而使策划方案难以实施或失败。

（2）调查了解产品特点、质量、性能、库存、生产能力等。

对产品销售的策划来说，这肯定是不可缺少的资料。如果不了解这些方面的信息，就可能出现很多意想不到的情况。比如这个策划活动花了很多资金，也产生了很大的影响，结果很多人却买不到该产品，那么为策划所投入的大量费用又有多大实际作用呢？

再如，有的产品还处于试生产阶段，某些细节部分还需要解决，公司以为发动各种力量攻坚很快就能解决，于是迫不及待地花大量费用大力宣传，结果这种产品的关键技术因这样或那样的原因无法突破，导致产品质量并非像宣传的那样，甚至产品无法再生产，那么早早投入大量策划费用又有什么必要呢？其实现实中这些实例都发生过，并非笔者信口开河。

2. 对公司外部情况的一些调查

（1）调查产品流向、市场占有率、分布区域。

应调查产品的市场占有率为多少，列出重点区域、市场的开拓情况。这些项目的统计数据可以根据公司的销售部门运往各地的产品或公司的各种报表得到，也可以利用问卷调查、电话调查等方法抽样或普查得到。

掌握这些资料可以便于策划实施时采用不同的策略，比如，开拓市场与巩固市场的策略就可能不一样。

企业市场调查的深入与否，将成为企业发展成败的关键，这确实值得企业及经营者深思。

（2）调查产品和公司的主要消费群、消费特点、消费心理、消费习惯、购买动机。

①调查主要消费群。通过调查了解商品的主要消费群是非常有必要的。比如，对于房地产业来说，要调查自己公司修建的房子面对的是哪个阶层——工薪阶层还是富人阶层？是主推品牌房还是微利房？针对不同消费群进行的销售策划有很大差别。

通过调查了解主要消费群的习惯、特点等，然后有针对性地制订策划方案，就更容易吸引该消费群，也更容易获得成功。

②调查消费特点。调查消费特点也是非常有必要的。特别是对于一些消费特点比较明显的公司、产品，就更应该通过调查了解自己公司、产品的消费特点，然后根据

自己公司、产品的消费特点来进行策划并实施其中的关键部分。例如，人们对有的产品的消费特点是：质量为先，其次才考虑价格。如果质量没有得到消费者的认可，那么价格再优惠，消费者也不会选择。这类产品在实施策划时，关键要使其质量赢得消费者的信任。对于有些容易假冒而又难以辨别真假的产品，其消费特点是：消费者最在乎其真实性，如白酒。对于这类产品，在实施策划时，重点就要让消费者相信其是真的，而不是用假酒或自来水充数的，只有从这方面入手，销路才会打开。

不根据自己公司、产品的消费特点找到问题的关键所在，只是盲目地去策划，滥做广告宣传，最终将很难取得实际效果。

③调查消费心理。通过调查掌握消费者对公司、产品的消费心理也特别重要。对于有的产品来说，消费者的选择与购买具有很大的偶然性。比如对一些日常用品的选择，消费者往往是选择到离自己家近或比较方便的地方购买。在购买时，面对不同商家的产品，往往又是随便选择一种。当只有一个厂家的产品供消费者选择时，消费者就不得不选择这种产品。所以，对于这些商品，选择决定权更多地是掌握在零售商手里。而对有的产品来说，消费者平时的心理定式及平时受到的潜移默化的心理影响占很大比例，这种产品一般比较昂贵，对于家庭来说，只有一次或几次购买机会，如电视机、皮大衣等。

因此，根据不同的消费心理采取不同的策划策略，就显得非常重要与必要。

再来根据消费者的消费心理分析一下：同样是电视机，同样是在网络、App、电视台、报纸上做广告宣传，甚至电视机的质量、播放时的效果都差不多，那么消费者在实际购买电视机时，为什么选择这种产品而不选择那种产品呢？还有就是，在价格差不多的情况下，有的消费者也不选择那些平时广告做得多的牌子。

这些都源于消费者的消费心理，所以商家除了平时要注意收集有关消费者的消费心理的信息外，最好还能到商店去，在消费者购买时进行调查、观察。对商家来说，通过对消费心理的这种调查研究，有时还会有意想不到的巨大收获。

无论是大公司的贸易交往，还是小公司的商品销售或生活中小生意的经营，都必须认真调查研究消费心理。

④调查消费习惯。了解消费者的消费习惯也十分重要，尤其对那些经常购买的日用品来说，很多消费者完全是条件反射般选择自己喜欢的老产品。

例如，电视机、电冰箱、洗衣机等对许多人来说可能一生中只有一次或几次选择机会，而不是像日常用品那样，这次买的不如意，下次还可以更换，损失也不大，因而消费者对两类商品的选择心态和重视程度就会不一样。

特别是对于日常用品来说，一旦消费者对某种产品产生信任感，就可能形成一种消费习惯。

⑤调查购买动机。消费者的购买动机对于有的商品，特别是礼品类商品显得十分重要。比如保健品类，很多消费者是买来送礼而非本人消费，他们购买时的心理以及对产品的要求可能就会与普通消费者不一样。

还有儿童用品，大人在购买时并不是自己消费，而是给孩子消费。在这种产品的购买行为中，购买动机是什么，哪些因素起决定作用，也必须调查了解清楚。

购买动机涉及消费者购买该产品给谁使用、受哪些因素影响等。调查了解购买动机后，巧妙利用购买动机原理，也能在商业竞争中意外获胜。

(3) 调查消费者购买该产品的细节及销售人员对产品的反映。

①调查消费者购买该产品的细节。当一个消费者步入一家商店选择产品时，面对众多同类产品，为何选择这种而不选择那种，对于商家来说是需要仔细观察并调查了解的。

对于某些大件商品，调查者必须仔细观察消费者如何对待销售人员的解说以及他们自己的挑选行为等。同时要观察，对于竞争者的产品，他们又是如何选择的。

有的人认为，策划只需要在各种媒体上大做广告就万事大吉了。殊不知，消费者在实际购买商品时，还受很多因素影响，有时甚至很细微的因素也能起关键作用。

在消费者面对众多同类竞争产品犹豫不决、难以选择时，一张有吸引力的说明书、一本宣传手册可能就成为影响其购买的重要因素。销售人员的解说也可能成为消费者在众多选择面前最终选择该产品的决定性因素。

有的商家或策划人完全忽略了消费者购买该产品的细节，所以策划活动往往脱离实际或难以深入实际。有些商家花了很多策划费用，然而实际收益较差或达不到满意的效果，原因正在于此。

有的产品销售成功，关键在于针对消费者购买产品时的细节采取了周密的措施。

②调查销售人员对产品的反映。从公司直接管理的销售人员、社会上关系比较分散的销售人员以及各大商场、零售店的销售人员那里了解情况，对制订策划方案也是很有必要的，因为销售人员直接面对消费者，他们对消费者的心理、消费特点、商品要求等情况的了解比较深入，从他们那里调查了解各种情况，能很好地为策划做准备。

但有的策划人员根本就没有做过这些工作，只想运用自己的理论及天资去进行所谓的创意策划。殊不知，策划更多地是要解决实际问题，而非抽象空洞的理论，它要求策划人员深入实际去调查、思考，然后运用一些技巧，而不是只凭理论不切实际地空想。

(4) 调查该产品的流通特点与路径。

不同的产品有不同的流通特点与路径，针对不同的流通特点与路径所进行的策划方案是不一样的。比如药品的流通主要是通过医药公司；安全器材用品则是通过公安部门指定的专门特殊部门；烟草的运输、批发也必须经过专门的部门，也就是这些产品的中间商，且必须经有关部门严格把关。对于自己所要策划的产品是否受到这些因素的影响，也必须在策划前通过调查了解清楚。

(5) 调查该产品的销售中是批发商、零售商还是消费者起关键作用。

此外，对有些产品来说，起关键作用的有时还不是消费者，而是批发商。也就是说，在商品流通过程中起决定作用的既不是生产者，也不是消费者，而是中间批发商。比如书的流通环节，有时就要通过选择批发商来把握市场。当然，书的批发商也是根据读者的动向来把握市场的，但这中间毕竟多了一个环节，即读者难以直接要求出版商出版自己喜爱的书，出版社有时是根据批发商的要求或向它们征求意见来出版书。当然，批发商做出的市场判断并不能准确代表读者的意见，所以有时出版社出版的书不被批发商看好，却得到了读者的喜爱，只得重新火速加印；而有的批发商看好而大量印刷的书却得不到读者的承认，导致书无法卖出，只好变成库存或低价处理。

对另外一些产品来说，起关键作用的是零售商的进货渠道与选择。例如，对消费者来说，有时可选择的商店并不多，而商店所进的产品品种也有限，消费者又不愿走很远到别处去买，这样消费者的选择往往就局限在这些零售商所进的产品中，特别是在购买一些经常使用的日常用品时。因为一次购买这些产品所花的钱不是很多，不像那些一次购买需花费很多钱的大件商品，若买不好，将会造成重大的损失。对这些经常购买的商品，消费者更多地是从方便与否的角度进行选择的，这时零售商的进货渠道与选择就决定了消费者的选择，零售商在这些产品的销售中就起了关键作用。

当然，对于大多数商品来说，起关键作用的还是消费者自己。批发商、零售商的进货与选择是围绕消费者的选择进行的，消费者也存在更多的选择不同品牌产品的机会、条件。

因此，策划时必须把重点放在起关键作用的一方上，这些都是在策划前必须调查掌握的。

这样的策划因为抓住了重点、目的、目标，就有可能产生更大的实际效果。

(6) 调查价格的系列问题：消费者对价格的反应、同类产品的价格、同行竞争者对价格的反应、降价和涨价行为。

价格问题对策划来说是一个非常重要的问题。所以在策划前，必须通过调查了解消费者对价格的反应，弄清楚消费者认为价格是偏高还是偏低；调查了解消费者在购买同类、同种产品时，更容易接受哪种价格。特别是同类、同种商品较多时，价格就显得很重要。自己公司的产品应比同种产品价格高还是低，不能一概而论，而是要针对具体情况做详细分析。调查了解同行竞争者对价格的反应及态度，同行竞争者在价格上采取的一些手段及技巧，该产品曾经发生的降价、涨价行为等也是非常有必要的。

(7) 调查同行竞争者部分产品的数量及现状、产品质量及主要优缺点。

调查了解同行竞争者也是非常有必要的。当然，并不是鼓励不择手段或违背法律去窃取同行竞争者的商业机密，而是在法律允许的情况下，通过各种市场调查、资料分析，力所能及地了解同行竞争者，特别是主要竞争对手产品的数量及现状、产品质量及主要优缺点。

一个公司必须将自己产品的价格、销售、质量与接近的对手进行比较，做到时常了解竞争者的优势与劣势，从而保持在市场上的有利地位。

当同行竞争者中主要竞争对手比较少时就忽视对同行竞争者的调查了解，这对公司的发展是非常危险的，因为稍有不慎，就可能被这为数很少的竞争对手抛在后面，甚至被对手彻底击垮而再难起死回生。比如，在同一城市内可能就只有两家主要啤酒生产商、两家有影响力的网络媒体、两家有影响力的电视台等，这时面临的主要竞争对手就只有一家，但随时了解主要竞争对手的现状仍是非常有必要和重要的。

参考文献

邓凤奎，关咏霞．以“一端两微”为主阵地引领抗击疫情舆论场．中国报业，

2020 (3).

丁柏铨. 略论“大舆论场”——对舆论格局和舆论引导的新思考. 新闻与写作, 2020 (1).

段弘, 朱荣, 李焱, 林藜煊. 去情绪化: 自媒体公关的舆情引导. 公关世界, 2020 (11).

韩凌云. 品牌虚拟形象代言人设计与推广研究. 广东工业大学, 2011.

郝伟琪, 陈树文, 朱平溥. 新媒体背景下政府公共危机管理探讨. 新媒体研究, 2017 (8).

李锦霞. 图书馆参与公共危机信息传播的特征与模式分析. 河南图书馆学刊, 2018 (3).

李媛荣, 杨刚. 政府如何应对连续公共危机探析——以无锡接连陷舆论风波为例. 新闻前哨, 2020 (4).

刘红. 网络舆论场的建立与引导研究. 传播与版权, 2017 (7).

刘刊, 鲁传颖, 等. 抗击新冠肺炎疫情, 本院在国际英文舆论场传播中国声音. 国际展望, 2020 (2).

刘青. 浅析品牌形象代言人的传播推广形式. 美术大观, 2013 (8).

刘艳. 自媒体在公共危机应对中的作用. 安庆师范大学学报 (社会科学版), 2020 (3).

陆邱珊. 论公共危机事件中新闻传播及其策略. 传媒论坛, 2020 (13).

罗梓溪. 虚拟形象 VS 真实人物: 探究代言人类型对广告效果的影响. 传播力研究, 2018 (16).

彭博, 晁钢令. 品牌代言人对品牌的作用及选择研究. 现代管理科学, 2011 (12).

沙勇忠. 迈向学科交叉的新领域: 公共危机信息管理. 图书与情报, 2020 (1).

宋琳琳. 新媒体拟态环境对公共危机舆情的重构机制. 青年记者, 2017 (15).

孙世芳, 姜海月. 虚拟形象代言人对品牌资产的影响研究. 北方经贸, 2015 (9).

谭婵. 突发性公共卫生事件下的中国舆论场分析——以新冠肺炎疫情为例. 新闻研究导刊, 2020 (9).

王慧军. 公共危机中地方政府的媒体沟通与官方言论公信力. 领导科学论坛 (理论), 2013 (2).

王竞莹, 李政锴. “两个舆论场”视阈下国家形象的话语建构研究. 新闻前哨, 2020 (2).

王晓洁. 论政府公共危机管理中的新闻传播. 新闻传播, 2017 (14).

王雪芳, 张红霞, 陈振杰. 合作还是冲突? 组合代言中代言人关系类型对广告效果的影响. 心理学报, 2017 (10).

熊艳, 武慧慧, 何彪. 明星代言 VS 虚拟代言: 代言人类型对体育赛事广告效果影响实证研究. 特区经济, 2019 (7).

徐静. 重大突发公共事件舆论导控的几个面向——以“新冠肺炎”为例. 新闻传播, 2020 (1).

银成钺，陈艺妮. 反性别刻板印象代言人广告效果的实验研究——消费者性别角色和产品性别特质的影响. 南开管理评论，2012（5）.

袁子剑. “名人”牌的广告效果. 才智，2012（3）.

张红霞，刘雪楠. 广告代言人参与度研究：深层代言还是浅层代言？心理学报，2010（5）.

张红霞，张益. 国别属性重要吗？代言人与广告效果关系研究的新视角. 心理学报，2010（2）.

张淑华，千里迁徙与重构：中国“舆论场”研究二十年. 城市党报研究，2019（12）.

张文壕，祝天智. 论网络舆论场域在社会变迁过程中的构建. 四川行政学院学报，2014（3）.

张问之. 从“山东疫苗事件”看两个舆论场的互动与博弈. 视听，2018（8）.

赵之昱. 卡通品牌形象代言人的设计与故事性在新媒体时代下的应用研究. 美术研究，2019（5）.

周云芳，周丹. 浅析政府公共危机中媒介公信力的提升机制. 现代商业，2015（6）.

Bach，S.，and Bordogna，L.（Eds.）. *Public Service Management and Employment Relations in Europe：Emerging from the Crisis*. London：Routledge，2016.

Debevec，Kathleen Iyer，Easwar. “The Influence of Spokespersons in Altering a Product's Gender Image：Implications for Advertising Effectiveness.” *Journal of Advertising*，4（1986）.

Eberle，E. G.. “Cooperation in Public Health Work and in Research Problems.” *The Journal of the American Pharmaceutical Association*，4（1937）.

Eliane，K. “An Explorative Case Study：Barilla Corporation Use of Diversity Sensitivity via Transformational Leadership to Contain a Public Relations Crisis.” *Journal of Leadership Studies*，2（2019）.

Kamins，M. A. “An Investigation into the Match-up Hypothesis in Celebrity Advertising：When Beauty May Be Only Skin Deep.” *Journal of Advertising*，19（1990）.

Lalley，H. “Righting the Ship in a Public Relations Crisis：Experts Say It's Key to Have a Plan in Place-and up to Date-at All Times.” *Restaurant Business*，10（2018）.

Levente，B. “Crisis Management Between Public Relations and the Holonic Multi-Agent Approach.” *Procedia-Social and Behavioral Sciences*，238（2018）.

Lull，J. T.，Catherine，A. H.，and Michael，J. M. “Recognition of Female Stereotypes in TV Commercials.” *Journalism Quarterly*，54（1977）.

Macklin，C. and Richard，H. K. “Sex Role Stereotyping in Children's Advertising.” *Journal of Advertising*，13（1984）.

Rosen，J. “Marketing to Men.” *Advertising Age*，3（1985）.

第十一章

MASTERMINDING

策划学的高级技巧

第一节　用信息制造稀缺市场技巧

做商业时最好要做稀缺市场，这是商业选择的战略问题，也是策划学的一大技巧。这个道理看起来非常简单，但很多人在选择或实施时却不容易做到，甚至有人在做战略选择时，连朝这个方向的考虑都没有。

经济学本身就是研究商品和资源的分配的学科，商品和资源本身永远都是稀缺的。

在做策划时必须把握大的原则和方向，必须明确一些战略性的问题，只有这样运行的策划才不会犯原则性和方向性的错误。用信息制造市场稀缺就是有关策划的原则和方向性问题。

为什么要做稀缺市场呢？道理非常简单，因为只有稀缺市场才会有更大的利润，也才会减少竞争的激烈程度。全世界的很多公司都提出要朝高科技发展，要不断创新，其实这也是从物品和资源的稀缺性派生出来的，因为高科技项目就是稀缺市场，这样的市场竞争对手少，能获取最大的利润。目前世界上有些国家正逐步退出劳动密集型产业，除了是要保护有限的自然资源外，也是从进军稀缺市场才能获取更大的利润这个角度考虑的。各国政府都非常重视本国的科技发展，鼓励企业创新，道理就在于此(见图 11－1)。

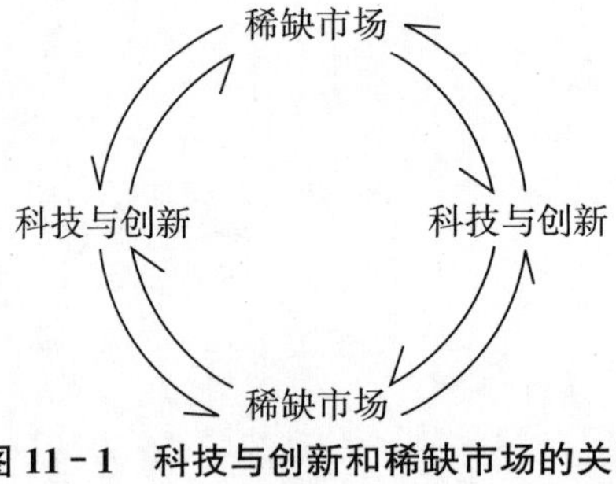

图 11－1　科技与创新和稀缺市场的关系

策划中的稀缺市场指以追求稀缺产品为目的的市场。

科技与创新是做稀缺市场的源泉和动力，同时科技与创新又在不断制造稀缺市场。当一种资源出现稀缺时，人们会通过科技与创新想方设法找到它的替代品，从而解决由于它的稀缺带给人类生活的不便。

人类通过科技与创新不断地创造出新技术，开发出新资源，实际上这个过程也是在制造稀缺市场。正因为是新技术、新资源，所以它就显得稀缺。

发展新技术是目前世界各企业梦寐以求的目标，由新技术、新资源带来的稀缺市场会创造更大的利润。

其实各国政府在引导和保护稀缺市场方面都做了很多努力，知识产权就是为此专门设立的，知识产权的形式就是专利。通过政策、法律保护知识产权，可以激励人们去开发更有用的新产品。

重视高科技、开发新产品几乎是各国政府发展本国经济的纲要，也是当今各个企业的核心，是带动当今经济发展的主流。在科学技术日新月异的今天，只有开发高科技产品才是企业最上乘的决策，才能获得更大的利润，也才能把竞争对手抛到后面。

美国的微软公司以高科技产品独霸世界，把竞争对手远远抛到了后面。由于它实在太强大了，美国政府不得不对它实施反垄断法调查来遏制它的壮大。

资源的有限性和环境问题迫使企业通过开发高科技产品获得更大的发展前景。

在开创新产品、重视高科技方面，中国的企业还做得不够。目前中国对很多行业的核心技术还未掌握，以致受制于人。还有很多企业根本不注重这方面，只是一味地跟在别人的后面去追，又怎么能赶上或超过别人呢？

就拿目前国内市场来说，有人一提到中国的市场，就认为市场已经饱和。其实这种说法只是从某方面而言的，是企业缺乏创造精神、创新动力的表现。

创造市场、开拓市场，用高科技开发出新产品，应该是企业永恒的追求，这样的企业才是最有发展前途的企业。就市场而言，除了要去占领和争夺外，更重要的是要去开拓、创造、开发出新产品，这才是最有前途的办法。

当电脑、汽车、电视机等都还没有出现的时候，能说有这些产品的市场吗？能说去“占领”“争夺”这些市场吗？显然不能。这些市场是开拓出来的，是通过新产品创造出来的。

当创造出有生命力的产品时，也就创造了这种产品的市场，完全占领了这种产品的市场，把争夺市场的对手抛在了后面。从另一个角度来说，市场饱和实质上是产品不能满足消费者的需求，而不是消费者没有需求。所以，重视高科技，开发新产品、新技术才是企业最上乘的策划。总是跟在别人后面去“占领”“抢夺”市场，这样的策划只能永远落在别人后面，被别人牵着鼻子走。企业在制定发展规划时，必须把握大的原则和方向，必须明确一些战略性问题，只有这样才不会犯原则性和方向性的错误。策划中，稀缺市场就是有关企业发展的原则性和方向性问题。

企业在市场中，可以用很多技巧来制造出稀缺市场，其中用信息来有意制造稀缺市场然后达到促进销售的目的这一技巧尤其重要。

市场细分后的一个小规模市场其实就是稀缺市场。

例如，一旦把竞争的费用考虑进去，潜力最大的市场就不一定是最有利可图的，而试图占领一个被忽视的小规模市场，哪怕它只占大市场的百分之几，可能也比在一个占总市场80%甚至90%以上的大市场中与多个品牌竞争获得的利润更多。而且，与规模大、历史长的对手竞争，成本非常高。在有吸引力的市场上，有时存在几个品牌同时竞争，而小的市场却无人关注的现象。

这种现象极为普遍，也被称为“大多数谬论”。“大多数谬论”中的“更小的市场”，实质上指的就是稀缺市场。

例如，米达斯消声器公司并没有试图去满足汽车所有者全部的服务需求，而是集中在整个服务需求的一小部分即汽车消声器的服务上。一些成功的计算机公司，例如克莱公司或天腾公司，并不是与 IBM 迎头相撞，而是集中于特殊的细分市场（特定的大规模调查应用与处理过程）。而船舶制造商则可能会定位于整个船舶市场的一个小规模细分市场，专门制造某一特殊类型的船只。

在重庆，有一家公司专门生产用于运钞的运输车，由于生产这种车的竞争对手非常少，因而这家公司的效益十分可观。

实际上，小公司在大市场上与大企业竞争几乎等于自杀。相反，如果小公司承认大企业在大规模市场上的地位，而把自己的目光放在小规模市场的特殊需求上，则会做得非常出色。退一步来讲，即使小规模市场不能同时容纳两家公司，输给另一个竞争对手的可能性也相对小些，因为潜在的竞争者会尽量避免进入这个市场。

第二节　利用新闻传播信息的技巧

（一）利用新闻传播信息然后达到策划目的是策划的最佳手段

新闻是传播信息的最重要途径和方式，所以在策划中经常要用到新闻，在运作策划的时候，利用新闻传播信息的技巧性处理就特别重要。

其实很多时候，在运作策划时，都要利用新闻来传播信息以达到策划的目的。利用新闻传播信息然后达到策划目的也是策划的最佳手段。

新闻与广告的关系，应该是皮与毛的关系。“皮之不存，毛将焉附。”

自媒体 App、网络、电视、报纸、杂志、无线广播其实都是利用新闻来做广告，在新闻的间隙插播（刊）广告，用新闻来吸引受众看广告。

除了路牌、条幅和一些直邮广告外，其他广告信息都是依附于新闻媒体的；除了少数靠补贴生存的媒体外，当今世界上绝大多数新闻媒体反过来又是靠广告得以生存的。

所以媒体都面临着“两难悖论”：一方面要做好新闻，吸引更多的受众，这样就能吸引更多的广告客户；另一方面，如果媒体的广告信息太多，又可能影响受众看新闻。所以就要遵循平衡原理，妥善平衡二者的关系。

在很多时候人们对广告信息都是被动地接受的，所以广告的收视率、阅读率不可能很高。如果只是纯粹地做广告，那么它的效果无论如何也不会很大。据有关机构调查，广告的收视率、阅读率在绝大多数时候都不会超过 15%。

据调查，电视台每天铺天盖地地播出的广告中，一般消费者每人最多只会收看其中的 3%，看后能留下点印象的只占 1%，能在 24 小时内记住的仅占 0.05%。在这种现实情况下，要让观众记住广告信息并受广告信息的影响，真是困难至极。

新闻对于很多人来说几乎是每天必看或必读的，但广告就不是这样。如果让人们用看或读新闻的兴趣、精力来看或读广告，那么广告能达到的效果就会好得多。但是要让人们用看或读新闻的兴趣、精力来看或读广告，那几乎是不可能的事，所以只能尽可能对广告做一些技巧处理，尽量利用新闻来传播广告信息。

根据对实际操作中成功的策划案例的总结，多数策划的成功并不能归功于所做的纯粹广告宣传所造成的影响，而是因为大量的策划宣传带动了新闻界的大力炒作，从而给策划推波助澜。

即使中央电视台的那些所谓“标王”广告，如果只是作为纯广告信息产生影响，效果也会不尽如人意。而这些广告之所以会产生影响，主要是因为这些话题被新闻铺天盖地地炒作，从而传播了大量的广告信息。

策划取得最佳效果的方式是：让新闻来宣传策划，让新闻来传播广告信息。

策划的最高境界是：让新闻来传播策划信息，获得最佳策划收益。

但这里一定要注意，虽然策划取得最佳效果的方式是让新闻来传播广告信息，但并不是把广告做成新闻的形式就可以了，关键是要让观众（读者）接受、认可，能把广告当作新闻来看或读。而不是自己一厢情愿，认为只要把广告做成了新闻的形式，就能达到这种效果。此外，有实力的新闻媒体也会处理好广告与新闻的关系，一般不会直接把广告当作新闻来处理，原因有几个：第一，如果赤裸裸地把广告当作新闻来处理，观众或读者不会接受，久而久之，就会影响媒体在观众心中的印象，从而影响媒体自身的发展。第二，主管部门也会监督，因为很多国家都对媒体的新闻与广告划分了严格的界限，并出台了有关的管理制度，不允许把广告与新闻混淆起来欺骗观众或读者。

另外一个问题是，有人通过有偿新闻来达到此目的。所谓有偿新闻指的是新闻报道者或明或暗地向被报道者索取一定费用的新闻活动。有偿新闻向受众提供的信息服务是建立在破坏受众对新闻报道客观、公正、真实、全面的预期的基础上的，因此，有偿新闻是一种欺诈受众的行为。绝大多数国家的新闻职业道德禁止新闻从业人员进行有偿新闻交易。新闻职业道德的最基本准则是保证新闻报道的真实、准确、公正。绝大多数国家不只是从新闻职业道德的角度要求杜绝有偿新闻，而且制定了一些规章制度，对违规者会进行惩处。

广告与新闻有着质的区别，前者是付费的，后者是免费的。广告被明确为一种有偿传播活动，是广告主以付费的方式，通过一定的媒介向一定的人传达一定的信息，以期达到一定目的的信息传播活动，而新闻恪守的是真实、准确、公正，但两者在某种条件下同样存在转换的可能。这就为策划提供了广阔的舞台。

【电子资料 11-1】

金山公司的活动上了中央电视台的《新闻联播》

（二）新闻与广告的转换存在两种情况

1. 精彩的策划创意可能产生新闻

具有精彩创意、充满新鲜感的策划行为本身就具有新闻的特性与价值，就有可能成为新闻。例如，派乐笔的成功策划最终成为热门新闻，就是对此所做的最好注解。

案例

派乐笔策划用新闻传播广告信息

在相互打了几十年仗的以色列和巴勒斯坦坐下来签订和平条约之际，以色列总理拉宾在承认巴解协议书上大笔一挥。策划人洛克发现拉宾总理签名时所用的是美国产的派乐笔，这一发现启动了这位策划人不凡的构想。之后，在各大报刊上出现了一条引人注目的广告语："战争与和平只差一线，而此线由派乐笔所划。"

这一广告由于"蹭"上了世人瞩目的热点，因而引起了公众极大的关注，善于捕捉新闻的美联社记者又立即跟发了《和平之路一挥而就，广告灵感瞬时启动》的专电，对这一极富创意的广告活动进行了报道。

案例分析：策划人的敏锐和新闻记者的敏感这时就产生了交点，一条纯粹的广告引出了一条有价值的新闻。

策划人与记者相得益彰。

2. 由广告信息内容可能引发新闻大战

不要以为新闻就很高贵，认为广告信息是新闻的附属物，如果策划人精心策划，新闻也会向广告"低下高贵的头"。

【电子资料 11-2】

海南养生堂策划的由广告引发的新闻大战

公司"诱导"新闻进行宣传，然后达到传播广告信息的目的，要求有很高的技巧。对新闻单位本身来说，它需要热点新闻来支撑自己的运营，企业制造出新闻点让新闻单位来宣传，对新闻单位与企业来说本身就是双赢或互惠互利的。实质上，有时企业制造新闻点让新闻单位来宣传也是新闻单位自身乐意的事。

（三）制造新闻

设置"陷阱"引起新闻界大力炒作，或把广告信息隐藏于文艺节目中，不但能取得很好的效果，而且可将投入降至最低，这是策划的最高技巧。

当然，生活中并非总是有如此好的机会或通过做某事就一定能引起新闻界的关注，这就需要策划者开动脑筋去想，这是策划的最高技巧，只有杰出的策划人才能做到。评判一个策划人是否杰出、优秀，这一高级技巧的运用就能作为评判标准之一。

所以，有时只花少量的钱甚至不花钱也能引起轰动效应，然后取得理想的策划效果。

企业进行诱导式策划，以引起新闻媒体关注或做隐性广告，主要有以下一些方法及技巧。

1. 故意设置、制造一些“陷阱”来“引诱”记者上钩

这里面当然需要相当高的技巧。

我们来看下面这个案例。

案例与分析

日本衬衫公司设置的新闻“陷阱”

日本一家衬衫公司为了推销自己的产品，精心设置了一个“陷阱”：雇一个人穿上印有自己牌子的衬衫，在衬衫背上写上几个醒目的大字“此人廉售 7 000 日元”，并让其在东京银座的繁华地段走来走去。

这一罕见有趣的现象，立即吸引了不明真相的日本新闻界，报社、电视台、杂志社纷纷赶来报道这一新闻，且连续刊载了几天。这一稀罕事不仅轰动了日本全国，而且引来了世界各地的竞相报道。这样，新闻界就为该衬衫做了义务广告。

案例分析：上面的活动之所以成功，主要是因为策划人员故意设计“陷阱”，“引诱”新闻媒体来报道。

策划人员抓住难得的时机，故意人为设置、制造一些“陷阱”来“引诱”记者上当，需要相当高的技巧。

2. 精心设计、制造出“新闻点”，让媒体来炒作

其实新闻媒体也需要新闻题材，而且各媒体单位现在竞争也很激烈。很多媒体内部规定，如果记者漏报了重大的新闻，作为部门负责人及有关记者都要被处罚、扣分或直接扣工资，所以只要企业策划人员精心设计，制造出了新闻点，就不必担心媒体的记者们不来报道。本来是企业有求于媒体，但只要企业精心设计、制造出了新闻点，这种关系有时还会倒过来：媒体主动来求企业，以便自己能抢到新闻。这里面就需要相当高的技巧，同样需要优秀的策划人员来精心设计。

案例与分析

鸽子使公司和大楼名声大噪

美国联合碳化钙公司新建成一座高达 52 层的总部大楼，刚刚竣工就发生了一件怪事：还未启用的大楼的一个房间里居然栖居了一大群鸽子，鸽粪、羽毛弄得房间一片狼藉。有人报告公司打算一轰了之，公司策划主任闻之大喜，立即下令关闭所有门窗，不让一只鸽子飞走。当其他人疑惑不解还未回过神来时，策划部已策划了一系列活动：电告动物保护协会，请其迅速派员来处理，又电告各大新闻机构，称本大楼发生了一起“鸽子大事件”。

于是动物保护协会立即派人员带网前来捕捉，几十家新闻单位也早已蜂拥而至。在三天时间里，从小心翼翼捕捉首只鸽子到最后一只鸽子“落网”，新闻、特写、图片频繁地将该公司展现在各大报端和荧屏上。而公司高层也想方设法大肆渲染，争取“亮相”，偶尔也巧妙地向社会介绍公司的情况，从而使该公司和此座大楼名声大噪。

在此活动中，公司没有花一分钱广告费，却达到了传播广告信息的目的。

案例分析：上面的活动之所以成功，关键是策划人员抓住了这一难得的时机，并由此生出妙计：精心设计、制造出“新闻点”，让媒体来炒作。

3. 给记者提供一些新闻素材，“诱导”记者，让记者有新闻可写

前面两者除了需要相当高的技巧外，也需要一定的机会和条件，即使非常优秀的策划人员，也并不是在任何时候和任何情况下都能故意设置、制造一些“陷阱”来“诱导”记者“上钩”，或能精心设计、制造出“新闻点”让媒体来炒作。

【电子资料 11-3】

哥德堡“拍”汽车超级动作片

因此，与新闻媒体建立友好关系，给记者提供一些新闻素材，“诱导”记者，让记者有新闻可写，这也不失为一种手段和方法，目前大多数企业都在采用此方法。比如，召开新闻发布会、邀请记者深入企业等，都是这种手段的表现形式。但对此方法的运用同样需要一定技巧，关键是企业提供给新闻单位的素材要精心选取，以达到“诱导”记者，让记者有新闻可写的目的，不然记者无新闻可写，举办的这些活动就成了一种形式。

（四）植入广告（隐性广告）比纯粹的直接广告的影响力要大得多

【电子资料 11-4】

不花一文钱的广告策略

将广告信息巧妙地隐藏于文艺节目、各种活动、电影、电视剧中（这类广告被称为植入广告或隐性广告），这需要非常高明的手段。其实植入广告或隐性广告已经有非常长的历史，只不过现在对这种手段的运用技巧要求越来越高。

动画片《变形金刚》在中国播放之时，深受孩子们的喜爱，无数少年儿童为之着迷。而该节目播放后不久，根据《变形金刚》中的原型制造的儿童玩具便在中国大举上市，它的销售情况也就可想而知了。

案例与分析

日本电视剧《空中小姐》是航空公司精心策划的一个“骗局”

至今仍令许多电视观众记忆犹新的日本电视连续剧《空中小姐》，实际上是日本航空公司（以下简称日航）精心策划的一个“骗局”。

《空中小姐》的故事情节显然是虚构的：一群充满青春活力的“空中小姐”实习生，加上一位严厉而又富有人情味的年轻教练作为人物主体，他们在共同的环境中学习、训练，发展友谊、产生爱情。

就是这一精心加工的“永恒主题”深深地吸引了电视观众。然而，回过头来，你才会“啊”的一声发现，日航的广告竟无处不在，始终融于电视剧中：日航的每一名普通的空中小姐都要受到几十种严格、苛刻、近乎严酷的训练，这种训练甚至能将最缺乏悟性、性格最懦弱的人都培养成出类拔萃的航班服务员。

电视观众不自觉地进入了日航的广告陷阱。本来，《空中小姐》这部“广告电视剧”的广告诉求，用一句话就能概括——“请乘日航班机”。但是，当这个诉求被赋予丰富的艺术内容并进行艺术处理后，它就成为一种有形有色的感受进入观众的心：日航的世界级服务质量不是吹出来的，它对服务人员的训练质量是无可比拟的。这样，在潜移默化中，电视观众就一定会带着希望享受这种服务的心理和对《空中小姐》电视剧的亲切感而选择日航的班机。

至于“请乘日航班机”这句广告语则显得苍白无力了。日航利用文化传播来做广告的方式，尤其是以电视系列节目来做广告的方式，对于打开市场来说，显然比直接的广告形式更有效并且节省费用。

案例分析：据报道，几乎75%的地区电视台都制作发行新闻录像，其中就包括那些专为商业制作的录像。《广告时代》的一项研究发现，在一天时间内四家电视台播放了1 035个隐性广告。现在已有了专门的公司来做这种隐性广告，它们收取一定费用，然后巧妙地、不露痕迹地把客户的产品“放在”电影或电视节目里面。

在美国，利斯·皮斯糖果在热门影片《外星人》中出现之后销量猛增；而当雷邦公司赞助演员汤姆·克鲁斯戴着该公司的太阳镜出演了《壮志凌云》之后，该公司的太阳镜销量上升了30%～40%；鉴于此，汽车制造商们更是免费为好莱坞的电视节目提供汽车。

有调查表明，美国2/3的电影业收入来自增值部分，电视剧有75%的资金来自植入广告。一项市场研究报告亦显示，中国本土近70%的电影观众不排斥电影广告，这意味着影片中的植入广告将成为一种极富市场潜力的产业。

纵观时下成功运作的植入广告，不难得出以下这个显而易见的公式：好的影片+好的植入广告=运作成功。

【电子资料11-5】

中国植入了广告的经典影视剧回顾

（五）去发现能增加广告信息的方法或媒体，争取花最少的钱取得最好的宣传效果

通常现实中并非总是有正好引发新闻界兴趣的机会或一定能引起新闻界关注的话题，但努力去发现、挖掘能增加广告信息的方法或媒体，有时同样可以起到花最少的钱取得最好的宣传效果的作用。

案例与分析

英国天文学家为何向外星人播广告？

商业广告对地球人来说可谓司空见惯。而在2008年3月，英国天文学家却将一则

快餐广告改成数字编码向太空深处发射，等待外星人的反应。

虽然至今人类还无法确定是否真有外星人存在，但是科学家们一直在尝试向宇宙发射各种信号以引起外星人的注意。这次，由英国莱切斯特大学和欧洲非相干散射协会（EISCAT）合作向外星人播放广告，又是一种新的尝试。

据EISCAT负责人托尼·梵艾伊肯介绍，快餐制造商"立体脆"买断了这个30秒钟的广告，播出时间从2008年3月12日开始持续到2008年3月21日。广告发射目标集中在大熊星座以内的这片区域。

为使外星人明白广告含义，图像等信息被改成编码为"0"和"1"的字符传递，地面传送点选择在EISCAT位于挪威斯瓦尔巴德群岛的空间中心。在那里，科学家通过发射500兆赫超高频率电磁波把广告传递到太空。但对于生活在地球上的人们来说，这次广告播出是看不见、听不到的。

梵艾伊肯教授对广告商说，虽然不知道外星人是否对地球人的快餐感兴趣，但广告的商业效应的确是巨大的。

案例分析：国外还曾经有人把广告做到太空上去。有人不明白，太空中的广告信息，地球上的人怎么能看见，这是不是有点滑稽、荒唐？其实，这并不是广告人突发奇想或者荒诞之举，也不是广告人的神经出了问题。可以说这正体现了广告制作人的独具匠心、超人的智慧以及对广告技巧的驾轻就熟。是的，太空中的广告信息，地球上的人是看不到的，但这种广告形式的新颖性以及它所引起的各种媒体的炒作，难道地球上的人看不见？这正是"花少量的钱，请媒体来帮忙，从而获得最大的广告效果"的活生生的例子。它的广告效果远远超过了那些平平淡淡的广告，比平常的纯广告好多了。如果细算下来，花的钱也少得多。

不要忽视或瞧不起有的小行为。广告不怕形式简单，也不怕是小行为，就怕达不到推销或经营的目的。并非花大量的广告费就一定能收到好的效果。此外，有时也会因为公司处于起步阶段，经济实力差，而无法拿出更多的钱去做广告。这时就必须动脑筋，想方设法花最少的钱取得最好的传播广告信息的效果。

（六）广告如何从形式上仿效新闻？

前面讲了如何做"诱导"新闻与隐性广告，这是策划中的高级技巧，一般情况下一般人难以用这些方法操作。

以下内容主要讨论广告如何从形式上、技术上去尽量仿效新闻，无论从操作难度还是技巧来说，相对前面讲的设置"陷阱"引起新闻界的大力炒作都要低一些，相应获得传播的广告信息及广告效果乃至策划收益相对前者而言也要低。

广告如何在法规、制度允许的范围内尽量仿效新闻，然后更好地传播广告信息，取得广告效果，乃至最后取得更好的策划收益，是一个优秀的策划人、广告人所应具备的能力。这也是对广告管理法律、新闻法规的一些技巧运用。就如逃税是违法的，但合理避税是合法的，后者比前者要求的技巧就要高得多。

前面讨论的做“诱导”新闻与隐性广告，采取的办法或手段有：设置新闻“陷阱”、提供新闻线索、召开新闻发布会、与媒体保持良好的关系、“诱导”新闻记者来写新闻文稿等，其实也相当于合理避税，它当然是合法的。

用仿效新闻的方式做广告，虽然没有做“诱导”新闻与隐性广告的效果好，但这种方式传播广告信息的效果又比一般的直接广告要好。此外，并不是很多时候都能做“诱导”新闻与隐性广告，因为实施它们本身要具备很多条件，除了策划者的思维、素质要达标，企业自身得具备一定的实力外，还得新闻界对策划的话题感兴趣等。相对于做“诱导”新闻与隐性广告，用仿效新闻的方式做广告就容易得多。在不能做“诱导”新闻与隐性广告时，用仿效新闻的方式做广告也不失为一种好方法。

在仿效新闻时，也不要太低估读者，以为只要表面上把广告写成了新闻的样式，就能蒙骗读者，就能取得很好的广告效果，其实有时并非如此。现在的读者都非常精明，不会轻易“上钩”，很多读者能分清哪些是广告。

无论多么美妙精彩的广告，最重要的前提都是：能让读者耐心地读完文章，吸引他们来了解广告内容，乃至产生兴趣，接受做广告的商品，最后才可能产生购买行为。

所以广告仿效新闻，一定要从形式上和文字上下功夫，力争仿效得逼真，效果才会好。

当前很多自媒体文章都在此方面下功夫，很多广告信息的文章拼命仿效新闻。

（七）利用新闻传播信息的技巧性处理，还有一些注意事项

（1）设置“陷阱”引诱记者“上当”，一定要注意不要引起指责或严厉的批评，以免产生负面影响。

设置“陷阱”想方设法引起社会各界特别是新闻界的广泛关注，一定要注意不要引起指责或严厉的批评，以免产生负面影响。

事前一定要掌握好分寸，在这些方面多加考虑。当然，也许有的活动会引发社会各界乃至新闻界的争论，这是在所难免的。一般争论与严厉批评或严正指责是不同的，关键是必须掌握好它们的界限。

如果能引起社会各界特别是新闻界的广泛关注，而且不带来严重的负面影响，这样的广告传递信息的效果当然就比纯粹的广告传递信息的效果要好得多。

（2）设置“陷阱”不是简单地做有偿新闻。

最高技巧是花较少的费用设置“陷阱”引起新闻界的大力炒作，但并不是简单地做有偿新闻。

前面已经讨论过有偿新闻的情况。尽管有偿新闻的情况非常复杂，但对真正有影响的媒体来说，为了自己的良性发展，很多情况下不会接受有偿新闻，它们都有一套严格管理有偿新闻的办法。

即使以有偿新闻的形式在某一家或几家媒体发布信息，获得的效果也肯定不能与设置“陷阱”引起众多新闻媒体的大力炒作相提并论。

此外，试想接受有偿新闻的媒体，它的质量和影响会怎样呢？且不说它的广告（可能甚至没有广告）影响如何，它的新闻影响能有多大也可想而知。那么找这样的媒体又怎么能取得好的广告效果呢？这是一个矛盾：有影响的媒体给钱也不会做有偿新闻，而愿意做有偿新闻的媒体影响又很小。

通过策划人的智慧与知识，设置“陷阱”，引起有影响的各种媒体的炒作，就需要高超的技巧。

其实这一招对竞争激烈的媒体来说，也是一个“撒手锏”，会让媒体欲罢不能。现在媒体竞争激烈，如果这是一条很有价值的新闻，那么若自己不上，别的媒体上了，就会对自己造成不好的影响。所以关键是设置的“陷阱”要有新闻价值，而且这个“陷阱”首先要让媒体感兴趣，并且不能让媒体轻易识破。

1985 年，椰菜娃娃成为《新闻周刊》封面故事中的人物，在当地电视和广播中出现以后，掀起了一股玩具狂潮。美国第一夫人南希·里根把它们作为礼物，送给两位住院治疗心脏病的韩国儿童，使之得以全球化。

许多不同种类的新产品在广告播出之前就获得了极高的知名度，这都要归功于有利的新闻采访报道。

如果没有新闻价值，要去求有影响力的媒体发一篇有广告信息的新闻稿，将是非常困难的一件事。但如果能设置有新闻价值的“陷阱”或制造“新闻点”，那么记者就会来求你了，因为媒体也竞争激烈，更需要有价值的“新闻点”。

（3）仿效新闻不是标成“专刊”“企业形象”或做成“影视专题片”等

前面我们讨论了如何从形式上仿效新闻。这里还要讨论一种情况，从形式上仿效新闻并不只是简单地把广告文字写成新闻，标成“专刊”“企业形象”或做成“影视专题片”等。

现在很多媒体为了打《广告法》的“擦边球”，把广告标成“专刊”“企业形象”或做成“影视专题片”，以为这样就能蒙骗受众，以为受众就会把这些广告当作新闻来阅读（观看）。

其实这多半是自欺欺人，现在绝大部分受众一眼就能分清哪些是广告，所以最重要的是不要太低估受众。这种形式的稿子除了自身的质量值得怀疑外，与记者写的新闻稿是截然不同的。因为这种形式已经屡见不鲜，受众往往很容易分辨出这是广告。所以一定要在文章、影视片上下足功夫，才能引起受众的兴趣。

要用长篇文字把广告写得不露广告痕迹，摆脱广告文章的枯燥性而让读者误认为是文学或新闻作品，然后主动地阅读，这一般很难做到，需要相当高的专业技巧。

只从形式上简单仿效新闻的做法，太低估了受众的水平。如果只采取简单的形式就想达到新闻炒作的效果，那是根本不可能的。

所以，广告仿效新闻，一定要从形式、文字图片、影视制作等方面下苦功夫，力争仿效得逼真，它的效果才会好，才能获得受众的认同。

第三节 改变消费习惯的技巧

（一）消费者的消费习惯在市场中十分重要

改变消费者的消费习惯，需要一定的技巧，也有一定的难度。

了解消费者的消费习惯是十分重要的，尤其是对于日常用品，很多消费者完全是由条件反射式的习惯在支配自己做选择。

消费习惯从心理上讲，已经是一种心理定式；从生理学角度看，则是一种条件反射。消费者首先在意识里对其他产品就有一种排斥情绪。消费习惯有时还带有怀旧、保守，甚至敝帚自珍的一种眷恋情结，在生活中已经近似于一种规律，乃至成为难以缺少的组成部分。比如，喝某种啤酒、饮某种茶、吸某种香烟，已成为他们生活的一部分，甚至不可或缺的一部分，他们已经习惯那种口感。

∴ 专题研究

传统媒体时代与自媒体时代人们的阅读习惯

在传统媒体时代，很多人每天一大早就会毫不犹豫，甚至不做选择地买某报纸来看，很多上班族每天走进办公室的第一件事就是翻阅某报纸，有的商人每天都要看某报纸提供的商业版面，有的炒股者每天要浏览某报纸的股市文章，这几乎成为他们生活中的一种习惯，一种难以改变的生活规律。

再比如，有的电视节目办得好，观众收看这种电视节目也几乎成了一种习惯，形成了一种生物钟来支配自己的行动，如果某天没有收看该节目，就感觉不习惯。生物钟促使某个人每一天到了那个时候，自然而然就会做那件事。

在以手机为平台的自媒体时代，很多人每天晚上睡觉前要看某些自媒体所发布的文章，早晨醒来后第一件事也是浏览某些自媒体所发布的文章。

这已经成了很多人的习惯。

因此，让消费者对自己的产品形成一种消费习惯就非常难得，此外，如何让消费者保持这种消费习惯也很重要。特别是对于新产品，策划时就需要从如何打破消费者的消费习惯并重新影响消费者的购买行为入手。消费习惯可以说是非常重要的，必须深入了解。至于如何才能打破读者的消费习惯，让他放弃以前一直喜欢的自媒体而重新选择新的自媒体，策划时就要从消费者的消费习惯入手。

而对于有的商品，例如，很少更换的产品，如电视机、电冰箱、洗衣机等，策划时则更多地要从消费者的偶然选择心理入手。

对于日常用品，一旦消费者对某种产品产生信任感，就可能形成一种消费习惯。

要改变消费者的这些习惯，也就是用你的产品代替他们原来认定、喜爱的产品，就需要恰当的策略、技巧、方式、方法、时机。

笔者在生活中就遇到了这样一个案例。

案例与分析

消费习惯在小餐馆中的体现

在一条比较繁华的小街上，开了一家小餐馆，主要卖小吃，生意非常兴隆。

另一个人可能觉得这里生意好做，就在这家餐馆的不远处（只隔了两间铺面），也开了一家卖同样小吃的餐馆，然而他的生意却怎么也好不起来。

起初两个月，这家新开的餐馆生意清淡，笔者以为这是因为生意刚开始需要一段时间，然而又过了一个月，这家新开的餐馆生意还是清淡。

笔者早餐也经常去原来那家餐馆吃，就注意观察了一下，原来老餐馆的老主顾，甚至连去那家新开的餐馆尝试一次都没有。

笔者在想，他们为什么不尝试到那家新开的餐馆去吃一次呢？说不定新开的餐馆在味道上、分量上会比原来这家都要好。

笔者发现，很多人根本就不想做这种尝试，而是靠习惯一如既往地选择原来的餐馆。

因为两家餐馆隔得较近，笔者又仔细留意了他们的行动，然后发现，这些用餐的人每到这两家餐馆前，一丝犹豫的神态也没有，就毫不犹豫地走进了原来的餐馆，就连笔者自己也不想进行这种尝试。当然，这家老餐馆小吃的味道和分量确实很不错，然而也不能说新开的那家就不能超过它，但这些顾客形成了一种习惯，他们满足于这种旧形式而不愿意去进行新的尝试。有一天，笔者试着到那家新开的餐馆去吃了一次，发现新开的这家餐馆小吃的味道、分量都不比原来的老餐馆差。但过了一段时间，那家新开的餐馆还是因为生意不好无法维持，只好关门大吉了。

案例分析：新开的餐馆的老板不了解消费习惯理论，加之在改变顾客的消费习惯上没有下功夫，是生意失败的主要原因。

再看下面的案例。

案例与分析

让人旅游“不花钱”的旅游地

美国人出外旅游，有一去处可以不花一分钱，甚至还可以有节余。这个地方便是新泽西州的大西洋赌城。从纽约出发，到那里来回车费才 20 美元，到达后马上可以得到赌城当局馈赠的 15 美元现金，另外还有一顿丰富的自助餐。第二次来时，凭车票可以得到 8 美元的回赠。

赌城老板干的是赚钱的买卖，可以说是无利而不往，为什么在这方面又如此慷慨？当然，这绝不是因为他们变得乐善好施了，而是因为这是他们实施的一条牟利的妙计。试想，到赌城而不赌者可以说寥寥无几，不管赌客运气如何，到头来总是赚少赔多。这样算来，涌向赌城的人越多，流向老板腰包的钱就越多。

案例分析：以上这则案例用到了策划中的诱导攻心。

要改变消费者的消费习惯，主要的策略是诱导攻心。要诱导攻心，除了在经营手段上采取一定的方式、方法，在策划上采取一定技巧外，当然自身还得具备一定的客观条件。

（二）从提供新的信息的角度改变消费者的消费习惯

要改变消费者的消费习惯，就要给消费者提供以下信息，让消费者从这些信息中获得信任感，然后才能改变消费者的消费习惯。

1. 质量信息：自身商品质量赶得上对手或超过对手

这是从硬件上诱导攻心改变消费者的消费习惯。如果具备这种硬件，只要想方设法让消费者进行一次尝试，让他们尝到新产品质量的甜头，他们往往就会有一种喜出望外的感受。然后，他们就会采取行动，放弃旧产品，选择新产品。

2. 服务信息：更优质的服务、令人满意的服务态度

这是从软件上诱导攻心改变消费者的消费习惯，只要消费者享受到了比以前更优质方便的服务，他们就会与过去的商品说再见。说到优质服务，可以看看世界上著名的公司在这方面的做法。

案例与分析

优质服务让顾客感到惊奇

世界上排名前五的美国最大制药商查理斯·威格林在优质服务方面不仅让顾客感到满意，而且让顾客感到惊奇。

在创业之初，有一天，他接到了电话，他开始大声回答："好，霍斯太太，2 瓶消毒水，1/4 磅消毒棉花。好，霍斯福 18 号，知道，还要别的什么吗？啊，今天天气好，没有出去散步吗？还有……"他在电话里和顾客聊天的同时，平时训练有素的业务员早已心领神会，每有电话就密切合作。在接电话的几分钟内，货物已送到霍斯太太的门口，而她还在和威格林通话。听到有人在敲她的门，她忙说："对不起，门铃响了，威格林先生，我得马上去开门，再见。"

威格林放下电话，面露得意之色。他完全可以想象霍斯太太打开门时既高兴又惊奇的样子。

案例分析： 这种服务态度很快在顾客中传播开来，威格林先生的药房声名远扬，当然，在竞争中战胜了对手，让顾客选择它而放弃了其他药店。它从一间小小的药房发展到后来的制药厂，成为美国最大的制药公司。

3. 广告信息：用广告传递给消费者更多信息，也可改变消费者的消费习惯

此方法较为普遍与常用。具体来说，就是在媒介上多做广告，通过广告传递给消费者更多的信息，然后改变消费者的消费习惯。

（三）改变消费者的消费习惯的一些手段、方法

要改变消费者的消费习惯，除了给消费者提供以上能增加消费者信任感的信息，然后使消费者的消费习惯得以改变外，采用适当的手段、方法也非常重要。

1. 不要再步原来商家的后尘去模仿

如果完全按照原来商家的手段、方法去做，就很难改变消费者的消费习惯。消费习惯也是一种怀旧意识，有的消费者在潜意识里就喜欢原来的产品，并认为它是好东西。如果新产品丝毫没有新意，那么不但不能改变消费者的消费习惯，还会让消费者讨厌新产品。

对于同类型的公司，如果没有新手段、新方法，只是步原来商家的后尘，甚至经营整体风格都极为相似，想以此通过漫长的时间来赢得消费者的承认，达到赶上或超过先前产品或公司的目的，从而吸引消费者改变他们的消费习惯，放弃老产品、老公司，能成功吗？显然基本不可能。

案例与分析

淘集集破产启示录：只是步别人后尘难以改变消费者的消费习惯

2019年12月9日，淘集集通过官方微博宣告，公司本轮并购重组失败，接下来公司将寻求破产清算或破产重组。从创业到破产，淘集集只花了一年时间，令人唏嘘。

淘集集是一家电商，对标的企业从名字也不难看出来是淘宝，实质上还有拼多多。它和对标企业一样主打“低端商品”，一样开展拼团砍价、补贴客户的社交式消费。

2018年8月，淘集集的App上线后，很快获得了A轮4 200万美元的融资，走上了“花钱买客户”的快速扩张道路。公司创始人张正平曾任电商宝尊客旗下品牌尾货特卖平台“卖客疯”CEO，运营能力是毋庸置疑的。

淘集集的扩张速度不可谓不快，在破产前公司宣布已经有了一亿用户，这一数字足以支撑起公司品牌。但正如张正平所承认的，淘集集的获客成本很高，补贴新用户毫不手软，一元两元的商品多如牛毛。淘集集的官方宣传口号是“买得多，赚得多”，这也意味着亏损更多。

据《财经》杂志报道，淘集集那时的亏损已经到了12亿元之巨，而2019年最后一个季度的亏损额达到了6亿元，平均每个月亏损额高达2亿元。淘集集失败的直接原因是B轮融资2亿美元未能到位。但是按照这个烧钱速度，即便B轮的2亿美元融

资能够到位，恐怕也支撑不了多久。

淘集集B轮融资最后以失败告终。它的“猝死”只是必然结局的提前到来，失败的根本原因是它对他人成功模式的盲目模仿。

案例分析：由以上案例可知，淘集集的“猝死”只是必然结局的提前到来，失败的根本原因是：盲目重复他人的成功模式，迟早会发现走不通。

关键的是，竞争对手先行优势明显，消费者的消费习惯难以改变，这就导致后来者的获客成本高出很多，后续的客源竞争也更为惨烈。投资人一旦认清了形势，退缩的可能性很大——毕竟深耕“盐碱地”的风险是明摆着的。

尤其是步别人后尘盲目模仿，还要不计后果地补贴烧钱，这样的模式就更难走通。

没有真正的创新、没有核心技术，也没有改变消费者的消费习惯的手段、方法，只有模式复制和“有钱任性”，是难以超越先前的进入者的。

要改变消费者的消费习惯，关键是要使自己的产品与原来深得消费者喜欢的产品有所不同，有新意，有自己的特点，在创新上、质量上要达到对手的水平或超过对手。

要改变消费者的消费习惯，除了在经营上要讲究一定的方式、方法，自身在硬件上要具备一定的客观条件外，还必须在策划技巧上花很大的功夫。比如，除了抢点抢先、出其不意、标新立异外，还可以采取以下手段、方法改变消费者的消费习惯。

2. 无偿赠送

无论多么好的商品，关键还是要吸引消费者产生第一次使用或试用行为，然后消费者才有可能第二次、第三次甚至接着使用，成为长期顾客。

对于消费者来说，放弃过去使用的产品而重新选择另外的产品并不太容易，消费者只有使用第一次后，才能有机会了解新产品的质量。

而采取何种策略让消费者第一次使用就变得十分关键。

由于形成了消费习惯，所以消费者往往难以迈出关键的一步去购买新产品来使用。特别是，如果以前的产品令他们很满意，那么他们更不愿意多花精力去重新选择。此外，因对新产品缺乏了解，担心重新选择的产品不好，他们也可能不愿意去选择另外的产品使用，即使是试用一次，他们也懒得行动。

关于吸引消费者迈出关键一步，让他们第一次使用或试用自己产品的办法，许多商家通常是在各种媒体上做广告来吸引消费者，让消费者了解自己的产品。

但对有的产品来说，广告的宣传效果远不如让消费者实际使用一次的效果好、感受深。

无偿赠送就是让消费者能实际使用一次或几次该产品的一种较好的办法。当他们第一次试用或使用了这种对他们来说是新产品的东西后，他们也许会忽然发觉，原来这种产品比自己以前使用的还要好，或质量与原来的产品差不多，价格却更便宜。于是在第一次使用感觉满意后，消费者改变了消费习惯。

案例与分析

娃哈哈通过赠送产生了很大影响

1991 年底，娃哈哈集团在《杭州日报》《钱江晚报》上刊出广告，声明凭广告可免费领取娃哈哈果奶一瓶，时间是 1992 年 1 月 1 日至 1 月 3 日三天。广告一刊出，就引起了社会的强烈反响，甚至出现了市民争购刊有广告的报纸的场面，有的人竟花钱把零售报刊亭的报纸全买了。

第一天，14 万瓶果奶在 22 个发放点被争抢一空。而到了第三日，30 万瓶果奶发完后，持广告领取果奶的市民仍有增无减。娃哈哈通过报纸、电视台向市民致歉，请市民不要着急，并将领取果奶的时间延长到 2 月 10 日。

整个活动持续了 40 天，娃哈哈终于做到了“有报必有奶”的承诺，结果共发放 50 万瓶果奶，超过了原计划的 20 万瓶。其整个活动赠送产品花去 35 万元，但此次活动产生的影响，是花几倍的广告费也难以达到的。娃哈哈在此次活动后销量猛增，日产 80 万瓶还不能满足需求。到 4 月底，共销售了 2 300 万瓶，销售额达 1 017 万元，获得利润 330 万元。

案例分析： 通过赠送达到诱导攻心的目的，关键是要让消费者在愉快的氛围中接受该产品，做出第一次“吃螃蟹”的行动，从此购买该商家的产品。

对价格稍微贵一点的商品，是否可以借鉴上述方法，制订比较周密的方案？选择比较放心并且有固定住所的消费者，把产品赠给愿购买者或不愿购买者试用，让不满意或没有购买意愿的消费者把商品退回，商家再把退回的商品打折处理，或运回厂里重新处理、包装，这种做法当然有些麻烦，但也不失为一种策略。

赠送这种策略也可以叫“放长线钓大鱼”。

有的日常用品无论商家怎么做广告宣传，都很难让消费者对其质量充分信任或感受到其价格更合算，因为消费者在很大程度上是靠消费习惯在支配他们的购买行为，他们对这些新产品往往缺乏热情，因为他们以前用的那些商品，让他们的生活一样方便与顺心，而且他们已经习以为常了。他们不像关注大件商品那样富有热情，因为大件商品的购买或变换往往会改变他们生活中的很大一部分。

【电子资料 11-6】

宝洁的润发精华素上市，采取赠送的方式获得广告效果

比如，购买一台新彩电与购买一包新洗衣粉或一支新牙膏，心情肯定会不一样，而且对生活的影响也肯定不一样。

所以，对那些不会或不容易影响消费者生活规律的商品，消费者往往是靠消费习惯在购买、使用以前认为满意的商品。他们对这类新产品往往缺乏关注的热情、精力。

只有想办法让消费者有一天忽然能接受对他们来说是新产品的东西，并同时感受到新产品比他们原来使用的旧产品质量好，或价格更低廉，让他们觉得使用新产品会更方便、更顺心后，才有可能促使他们改变消费习惯并

重新进行选择。

案例与分析

麦斯威尔牌咖啡用赠送打开市场

美国的麦斯威尔（Maxwell）牌咖啡在打入日本市场时，是采用先赠送的方法获得成功的。

在1965—1966年间，美国的麦斯威尔牌咖啡做过三次赠送活动，采取的方法是把咖啡夹在面包包装内。第一次是与日本第一屋制面包公司合作，把咖啡样品夹在500克装的面包包装内，送出了200万份样品，赠送范围是日本全国。结果，获得了意外的成功。第二次重点选择了日本的七个地区，共发出样品600万份，比第一次多了两倍，事后，业务明显上升。第三次除了第二次的七个重点地区外，另外加了三个重点地区，共送出咖啡样品1 000万份。

麦斯威尔咖啡经过三次大规模的样品赠送后，产品长驱直入日本市场，在该市场赢得了咖啡销量第一的地位。

案例分析： 有的商家不明白消费者的这种消费习惯，而只是大量做广告，以吸引消费者采取购买行为，认为赠送样品是白送或亏本的事，不能产生收益，只有做广告才能引起消费者的购买行为，达到推销的目的。这种想法可以说是非常片面甚至非常肤浅的。

实际上，对于有的商品，向消费者赠送样品，让他们产生关键的第一次使用或试用行为，比投资做大量广告更具说服力，也更有效果。如香皂、肥皂、洗衣粉、啤酒、洗发水、牙膏、干电池等商品，完全可以采取此策略。

有的消费者享受到商家提供的无偿赠品时，会喜出望外，也有些会看穿商家的意图，不过，因为赠品是免费的，大部分消费者都会去尝试使用。

当然，赠送样品也不要盲目行事，必须经过精心和周密的调查研究，然后有计划地行事。“放长线，钓大鱼”，如果把“长线”放在游泳池，或全放在一块小田里，那么结果当然是徒劳无功、血本难归。“放长线”要放在有“大鱼”的地方，才有“钓大鱼”的可能。所以赠送要善于选择，精心安排，有的放矢地进行，才能达到让“鱼”上钩的目的。

运用赠送这一方法取得成功的例子有很多。

赠送样品的方法一般有以下几种：

①登门访问赠送。根据调查、分析的结果，如果知道消费者集中居住于某地，或确定了某些重点单位、重点大厦、学校、宾馆等，可以组织人员去这些地方登门赠送样品。

②与本公司的样品或其他公司的同类商品一起搭送，即将欲赠送的样品搭在本公司的其他样品中，或夹在其他公司的同类商品中送出。

③放在商场或零售店里赠送，即把赠品交给商场销售人员或委托零售商代为赠送。采用这种方法时必须注意的是，商场销售人员或零售商是否会尽职代办？如果尽职则可能获得预期效果。如果不尽职，抛弃或乱赠给一个人或几个人或完全留为己用，赠品送到率很低，则难以达到预期效果。因此，使用此法必须有一套完整的管理办法。

④先送样品赠购券，即通过邮寄、放在商场或让零售商给消费者送赠购券的方式，让消费者凭赠购券领用自己的赠品。

⑤直接邮寄赠送，即根据事前的调查、分析、准备，通过一定渠道找到消费者的地址或名字，然后按地址或名字直接邮寄赠品。

采用无偿赠送必须注意以下事项：

①商品的品质要好。赠送的样品一般要选质量确实比较好，或有自己的特点，或价格比同类商品优惠的。如果质量比不上同类商品或本身是很次的商品，价格也让消费者感受不到实惠的话，赠送样品将会费力不讨好，“赔了夫人又折兵”，不仅会引起消费者的反感，白花了赠送费不说，还有损该商品的形象。

②赠品规定标准用量。赠品极少以原品做样品，往往是另造小型或少量的包装当赠品。赠品的分量够一次或几次试用即算合适。

③与赠品配套的诱导购买方法。当样品送到消费者手里，经试用后，消费者感到很满意，经营者必须采用一些与之配套的诱导方法让消费者采取购买行为，这样才能达到打开市场的目的。

④选定赠送样品的时机。时机可以选择在对消费者影响比较大的时候，如重大节日。另外，如果本商品已为当地消费者所熟悉，本商品的市场占有率比较高，则再送样品已无多大必要。如果要深入扩大市场、巩固市场，使用此方法也未必适合，而应考虑其他策略。

⑤赠品的包装讲究。赠送的样品的包装形式，最好能与自己要推销的商品在外观上一致，只是在型号上有大小之别，也就是赠送的样品只是原品的缩小版而已，这样可以方便消费者“依葫芦画瓢”，同时让消费者在心里感到赠品与卖品是一样的，起到一种让消费者放心的作用。不然，如果消费者“依葫芦画瓢”，却难以找到“瓢”，即消费者在市场上买不到该商品，那么赠送样品同样是“竹篮打水一场空”。

⑥赠品策划注意不要以赠品为中心。应在引导消费者建立购买产品的热情与信心上下功夫，不然赠品充其量只会成为消费者心目中的噱头。

⑦赠送的时候，要做到诚实信用。不要欺骗消费者，要小手段，有时对外大做广告搞赠送，结果消费者根本无法得到赠品，会让消费者觉得受到了欺骗，还可能被媒体曝光，这种赠送活动也就毫无意义了。

【电子资料 11－7】

消协呼吁禁止返券式促销

3. 给消费者更优惠的价格

某些时候，给消费者特别优惠甚至不可思议的价格，让消费者心里感到震动，也有可能打破消费者的消费习惯，让消费者受此影响后考虑购买该商品。这种做法就是从心理上、生活习惯上，扰乱、打破消费者固有的心理定式、生活习惯，让消费者重新选择其他产品变得有可能。消费者的这种改变可能是一个缓慢的过程，也可能很快。

给消费者更优惠的价格，也要说到做到，给消费者真正的价格优惠，而不能采取欺骗的方式。如果不是真心实意打折，而是欺骗消费者，又何必多此一举呢？

4. 选择关键时机、地点，开展新颖的活动

出其不意的手法，可以加深消费者对商品的印象，从而达到扰乱消费者的固定心理、打破消费者的生活习惯，从而改变消费者的消费习惯的目的。新开业的商店往往会舞狮或表演节目，开展精彩的活动等，也是想达到这个目的。

除了以上一些方式方法外，改变消费者的消费习惯还存在其他一些技巧及方法，读者在生活中可以多加留意。

第四节　策划的标新立异技巧

爱好新事物是绝大多数人的天性。如策划中经常用到的广告手段，很多时候并不会吸引人们主动观看，所以策划时应该利用其他新颖手段来吸引受众。

策划中的标新立异技巧是指在策划中使用“新”“异”的手段，使策划产生一种强大的冲击力。只有“新”“异”才容易引起人们的关注，加之人们普遍都有猎奇心理，所以在策划中用“新”“异”就能取得很好的效果。

策划的标新立异包括：策划的创意要新颖，不要总是照搬或完全模仿别人已运作过的策划，让人一看到这些老掉牙的信息就厌烦；策划的手法要新颖，要通过自己独特的新手法来达到运行策划的目的。如果总是用同样的手法去策划，那么传递的信息一般很难吸引受众，策划就难以达到预期的效果。

（一）策划的新颖性是通过新颖的手段让受众感到耳目一新

当策划具有新颖性时，消费者在有意无意中就会接受来自策划的信息，从而受到策划的影响。

案例

奥巴马在越南餐厅坐过的位子，被店家用玻璃柜封存

2019 年 12 月 11 日下午，美国前总统奥巴马和夫人米歇尔来到越南胡志明市一家餐厅吃饭，6 点左右，奥巴马夫妇离开餐厅。

奥巴马夫妇坐在一楼用餐，他俩点了炖猪肉、春卷和酸汤等传统越南料理。享用一个小时后，他们要刷卡买单。

不过，餐厅经理郑重地拒绝了奥巴马，他说，“今天的食材都是自家农场的，真没花多少钱，我们把你们当作来家里做客的客人。”奥巴马很高兴地接受了餐厅经理的建议。

临走前，奥巴马夫妇还和饭店的高级厨师合影，表示谢意。

餐厅经理透露，前一天，他被告知周三会接待一些政治人物。

因接待过奥巴马，这家餐厅成了当地著名的旅游景点。店家还特意把奥巴马坐过的位子用玻璃柜封存了起来（见图 11－2）。

图 11－2　奥巴马坐过的位子被店家用玻璃柜封存

【电子资料 11－8】

新颖策划：成都老板欲掏200万元让《大河之舞》改名

奥巴马在越南进餐厅吃饭，已经不是第一次了。2016 年 5 月，时任美国总统的他，曾造访越南河内的一家普通餐厅。当时他和 CNN 主持人、名厨安东尼·波登点了米粉和啤酒，花了 6 美元。

（二）策划的新颖性正是利用人们爱好新事物的心理

爱好新事物是很多人都有的心理特点，策划中的标新立异，从心理学角度来说，更容易让受众加深印象，久久不忘。

以下几则案例在策划的新颖性方面处理得很好。

案例与分析

新颖的汽车广告

这是 2008 年 11 月 20 日刊登在《华西都市报》第一版的汽车广告：对角破开报纸的弧形跑道从报纸封面的最底端延伸上去，路的尽头，一路驰骋的汽车戛然停下，跃然于整张报纸的右上部分，简洁大方的画面无法让人想到这是一幅广告。“谁能创见无拘于时代的人生格局？”这一意境深邃的格言跟画面一起，给人全新的视觉冲击力（见图 11－3）。

在黄金版用这种别开生面的版式刊登汽车广告，确实富有新颖性！很多读者也给该报打电话：“今天《华西都市报》头版上刊登的汽车广告太有创意了，作为读者我们非常喜欢这样的广告表现形式。”“《华西都市报》大胆的创新精神值得我们同行学习，这种广告表现形式在业界都是第一次。”

【电子资料 11－9】

稀奇！轿车在墙上跑

四川大学文学与新闻学院某教授在看了该报后认为，这种大胆创新、敢于突破的精神和行动非常值得肯定，在业界也很少见。在头版位置上广告和新闻内容两者的表现形式很协调，很美观，可以给人带来耳目一新的视觉享受，令人印象深刻。

图 11－3 报纸上新颖的汽车广告

案例分析：《华西都市报》破天荒登出的一则颇具创意的汽车广告在读者中和业界引起了强烈反响，很多同行和读者称赞这种广告表现形式开创了西南地区乃至全国媒体业界的先河。

（三）标新立异往往能产生出其不意的效果

标新立异能让消费者在毫无思想准备的情况下感受策划所带来的内心震撼，从而让消费者能愉快接受，并最终对所策划的商品产生购买行为。

案例与分析

【电子资料 11－10】

新颖："里根娃娃"在里根去世期间上市

男人做的长筒女丝袜广告

20 世纪 70 年代，美国全国广播公司《今天晚上》节目中推出了这样一则广告。

广告开头的镜头是对准一双形象优美、穿着长筒丝袜的腿，一个柔美的女性声音告诉观众："下面这个广告将向美国妇女证明美特牌丝袜将使任何形状的腿变得美丽非常。"

随着画音，镜头慢慢顺着腿往上移动，观众好奇地看到这个模特穿的绿灰色短裤、棒球队员汗衫，最后发现穿这双丝袜的竟是个男性——著名棒球运动员乔·纳米斯！他笑眯眯地对着大吃一惊的观众说："我当然不穿长筒女丝袜了，但如果美特女丝袜能使我的腿变得如此美妙，我想它一定能使你的腿也变得更加漂亮。"

纳米斯的这个广告，使美特丝袜产品一夜之间家喻户晓，而他本人也成为当时最著名的男性模特。

案例分析：用乔·纳米斯来做女性长筒丝袜的广告，正是这则广告标新立异的地方，使这种策划产生了轰动效应。

（四）策划中的标新立异需要策划人的智慧和知识

不言而喻，策划中要做到标新立异有相当大的难度，需要策划人具有渊博的知识、高超的智慧。

案例与分析

标新立异的小说广告

法国有一本惊险小说《卡米卡茨》准备在电视上做广告。为了使观众对该书有深刻印象，广告商大胆地制作了一部电视广告片。

这本书是通过著名节目主持人米歇尔·德尼佐在屏幕上向观众介绍书的内容来展开情节的。当他正向电视机前的观众讲述该书内容如何精彩、情节如何惊险时，突然有人冲进录像室，向德尼佐连开数枪。随着"叭叭"几声枪响，主持人胸部中弹，血流如注，歪倒在沙发上。整个过程来得十分突然，仿佛真的遭到了暴徒袭击，因为主持人也真的被吓倒了。当时电视机前的观众大惊失色，如临险境。一会儿，德尼佐苏醒过来，微笑着向观众致歉。至此，人们才醒悟过来，拍摄这种惊险的广告情节，是为了渲染惊险小说的奇特之处。结果其宣传效果非常不错。

案例分析：小说广告也能做到如此标新立异，策划者确实是独具匠心，费了一番功夫，也体现了策划者高超的智慧！

（五）通过变化信息达到标新立异的效果

策划的变化技巧是指在运行策划时，某种信息长期刊、播容易引起受众的审美疲劳和反感，所以在一定时期内，要让某种信息有所变化。

与变化技巧相对应的是策划的连续性技巧。

策划的连续性技巧是指在运行策划时，在一定时期内要连续地用各种手段传递信息来影响受众。

根据心理学原理，许多事物在人的印象中都有一个巩固加深的过程。利用连续性，就可以巩固受众的印象。但一种信息若长时间重复，很容易超过受众的承受极限，使受众产生审美疲劳甚至反感，而合理利用变化就可以避免这个问题。

策划的变化正是利用了策划的“新”来不断吸引受众，因为人们对变化的新鲜事物往往有一种天生的敏感性。

但若一种信息变化太快，又可能使受众对信息的印象不深。所以，一定要针对自己产品的特点及季节性等各方面因素，深入研究，细心斟酌，合理利用策划的连续性、变化性。

合理利用策划的新颖性、连续性、变化性，不但可以减少策划中费用的投入，而且符合人们的接受心理，能使信息更容易被受众接受。

很难想象，有的公司的广告一年甚至几年都没有变化，电视观众、报纸读者对这些广告能产生多大兴趣，不会反感吗？究其原因，难道是公司想减少广告制作的成本？如果要播出新广告，就得重新策划、制作，这无疑会增加一定的成本。如果是因为这一点，就有些让人不可思议了，难道出得起如此昂贵的广告费，还吝惜、在乎制作广告的这点小钱吗？这是否有些可笑？而且就电视广告制作来说，只需对已经播出的广告稍做调整变化，就能给人新的感觉。如果在当初制作广告时就稍做调整并保留下来备用，就不会增加成本。当然还有一种可能是，自认为先前播出的广告就是制作得最成功、最满意的，而不愿再用自己认为不满意的其他广告来代替。

其实对于广告制作来说，在制作过程中以及在播出前很难用明晰、准确的标准来衡量广告的好或差。广告的好或差只能通过最后的实际效果来检验，事前对广告的评价只能是估计，最好事前不要轻易得出哪个广告是最成功的、最满意的这种结论。也不能因为自己认为这个广告是最满意的，就永远不再变更，以至于违背广告原理。从人们对广告的接受心理来看，消费者很难对某个广告产生迷恋而不愿意让它变化。

广告最好不要超过受众的承受极限，以免引起审美疲劳。通过广告的变化性，就可以避免广告受众产生审美疲劳，从而让广告受众更好地接受。

不注意广告的变化性，究其原因，可能是一些广告人、公司负责人缺乏对广告一些基本原理的掌握，或者忽视了这些广告运作中产生的问题。因而，常听到电视观众对一些电视台只顾收钱而不顾观众对一些广告感到审美疲劳甚至厌烦的抱怨，以及报纸读者对一些报社只管盈利而不管读者对一些广告的承受极限的抱怨。很多人对这种形式陈旧、一成不变、狂轰滥炸的广告很反感，甚至深恶痛绝，因此这种广告的效果就可想而知了。

对于广告特别是电视广告的变化，可以考虑在制作广告时稍加变换，从而制作出几个有着不同画面或广告词的广告版本，这样既能达到变化的效果，又不会增加电视广告的制作成本，一周或一个月变换一次，这样或许更能引起消费者的关注与兴趣。

（六）标新立异与荒诞怪异、哗众取宠的界限是前者受众能够接受，后者受众不能接受

当然，策划中的标新立异也必须把握分寸，它并非不顾一切地求新求异，而是在一定的分寸之内求新求异，千万不能引起受众的反感，或是只顾怪异荒诞，以致产生全面的负面影响。例如，我国香港地区有一部过分荒诞的电影，把诸葛亮拍成武林高手，结果观众反应太强烈，只播放了三天就被迫停映了。

案例与分析

马桶餐厅在成都昙花一现

“坐在马桶上吃‘马桶冰’，下午刚去的特色餐厅。”2007 年 3 月，网上相继出现了一些有关成都的马桶餐厅的帖子。在成都一个名为“美食天地”的论坛里，一名网友说：“惊奇！今天和朋友去玉林西路的小酒馆，发现在旁边居然有一家叫草莓工房的马桶餐厅。最奇特的是坐的都是只在杂志上看到过的水晶盖马桶。吃的东西全放在加玻璃罩的‘蹲厕缸’上，味道也不错！这应该算是成都的第一家吧！”另一名网友发帖说：“近日，红瓦寺出现了一家人气颇高的‘马桶餐厅’！红色的店招，可爱的装饰，一看就是年轻人的天堂。”

这些在策划上追求标新立异的餐厅是否经得住市场的考验呢？2007 年 7 月，在玉林西路，有人把一条街找了个底朝天，仍然找不到“马桶餐厅”这个熟悉的名字。在一家小店门口，一名卖女装的服务员对要找“马桶餐厅”的消费者说，那家餐厅一个月前已经倒闭，现在改为服装店了。她说：“以前那家餐厅生意似乎还不错，所有‘马桶’上都坐满了年轻人。他们三三两两地聚在一起，聊天、吃东西、看杂志，但没过多久就关门了。”

红瓦寺的那家情况如何？几个月后这家店也经营不下去，被别人租下换了招牌。邻近该店的杂货铺店主潘先生说：“一看到餐厅的布置就觉得恶心，简直难以接受这种用餐环境。在厕所里吃饭，你愿意去吗？如果这属于饮食文化，也是恶俗的文化！不倒才怪！”

案例分析：策划中的标新立异，就是因为在“新”与“异”上下了功夫，而且是在人们能欣赏的范围之内，所以使人们叹服。反之，那些过分荒诞怪异、危言耸听或欺骗愚弄的策划，只会遭到人们的反感和唾骂，以致效益、形象等都没有了。

（七）策划中的标新立异一定要掌握好分寸

策划中的标新立异应掌握好分寸，不能带来负面影响。

策划中的标新立异不是违背人们的文化习惯、民族风俗甚至法律，当然也不是哗众取宠。

第五节　策划的抢点和抢先技巧

策划中的抢点是指，去挖掘、发现、运用、抢占那些能带来策划效应的热点或焦点事物，因为这些事物能引起受众的关注，从而产生更大的策划收益。

策划中的抢先是指，运行策划时，对那些能带来策划效应的能引起受众关注的热点或焦点事物，应抓住机会、抓准时机。

策划中抢准了点或抢到了先机，就会产生“四两拨千斤”的奇特效果，不花广告费或花较少的费用而出奇制胜。

策划中的抢点或抢先，是策划人、商家应该想方设法去运作的，特别是要去发现、挖掘“热点”“焦点”。如果有现成的让大家关注的“热点”“焦点”，就更不能放弃、错过。在抓到点的基础上再辅以面，同时展开立体的宣传，这样的方式更容易获得成功。

比如，学校做招生策划就要抓住每年那几个临近升学高峰期的月份；旅游风景区要在节假日前就做好宣传，以便在放假的前几天消费者选旅游景点时能选择它们。这些道理看起来非常简单，但在实际操作中很多管理者却不会运用。

我国现在有几大黄金周，笔者曾对黄金周的前几天在各大媒体上做的广告进行调查，发现平时在媒体上大做广告的一些景区，在黄金周的前几天居然没有做广告，这让笔者百思不得其解。这些风景区显然没有在黄金周时期做好广告抢点，以致错过了大好时机。

就广告效果来说，策划中，利用抢点和抢先就比利用直接的、固定的广告取得的效果要好得多。比如借助重大、突发事件做策划，然后配套做一些广告，这样就更容易引起人们的关注，比那种平时在固定广告时段、版面重复的广告效果要好得多，而且相比之下，只需要花更少的广告费。

因为在重大、突发事件中，广告也能随着重大、突发事件一起受到更多的关注，而且新闻比平时更容易聚焦，相应地就能得到更好的效果。

策划中的抢点、抢先抓得好，就可以花较少的钱而得到较大的回报。

（一）策划中的抢点

案例与分析

国宝大熊猫运送到美国事件

2000年12月5日下午2时，中美双方在四川卧龙为即将赴美旅居的一对大熊猫举行了交接仪式。中国野生动物保护协会副会长王复兴将这对大熊猫的身份证——有大熊猫近身照的身世档案——交到了美国华盛顿国家动物园园长露茜·斯皮尔曼女士手中。

经中美两国政府批准，由中国野生动物保护协会向位于华盛顿的美国国家动物园提供一对出生在四川卧龙的大熊猫——“添添”和“美香”。“添添”为雄性，2000年3岁多，体重约80千克，2000年2岁多的“美香”是雌性，重约50千克，它们将作为科技使者被租借到美国国家动物园。中国野生动物保护协会与美国有关方面在大熊猫和其他珍稀动物保护上的合作已有10多年历史，这次“添添”“美香”的赴美是为了履行中美双方为期10年的合作研究协议，同时也实现了美国国家动物园和美国公众的强烈愿望。

在合作期内，美方将每年向中国野生动物保护协会提供100万美元的研究经费。前来迎接“添添”“美香”的露茜·斯皮尔曼女士称，美国人民正殷切盼望着中国这对友好使者的到来！

这次运送是通过专机进行。2000年12月5日下午4时30分，一架身躯庞大的麦道型“熊猫一号”货机缓缓降落在成都双流国际机场，机身两侧有醒目的大熊猫食竹憨态图案，机头两侧以“添添”和“美香”为模特，画有中美两国国旗的圆状徽记，此次专机运送这对大熊猫夫妇的费用高达50万美元。

露茜·斯皮尔曼女士郑重承诺，他们将尽最大的努力来爱护这两只大熊猫。为免受颠簸之苦，这对大熊猫夫妻将享受国宾待遇，乘专机辟专线直飞华盛顿。

在交接仪式上，露茜·斯皮尔曼女士说：现在，几乎所有的美国人都知道了“添添”和“美香”的名字，也看过了它们的图片。她向大家承诺，他们将尽最大的努力来爱护这两只大熊猫。“添添”和“美香”的新家很漂亮，仅户外场所就有一英亩，还设有沙滩和树林。

为确保大熊猫此行的安全与舒适，尽量缩短时间，承担这次运输任务的联邦快递公司早在三个月前就与中美双方官员和有关专家进行了仔细磋商，将国宝赴美的行程安排精确到了分。

这次行程的具体安排为：12月6日清晨6时，两只大熊猫乘中国大熊猫保护研究中心的两辆专用货车从卧龙准时动身，9时30分到达双流国际机场；经短暂停留，11时它们将登上“熊猫一号”专机，从双流机场起飞，向东飞行，穿越太平洋，跨过国际日期变更线；预计在美国当地时间凌晨3时，抵达阿拉斯加安克雷奇。在安克雷奇加油补给，办理过关手续后，“熊猫一号”将换上新的机组人员，计划在12月6日

(美国时间)星期三早晨7时降落在华盛顿杜勒斯(Dulles)国际机场。随即,"添添""美香"将乘专车离开机场,直奔国家动物园,结束此次国际旅行。

国宝一路上的"住",由特制的两只集装箱来承担。这两只箱子每只重450千克,呈银白色,顶部分别印有"添添""美香",箱内还特地为大熊猫设有"厕所",大小便都可从这个抽屉形的"厕所"中取出。

在"行"方面,"熊猫一号"到达美国首都华盛顿杜勒斯国际机场后,弗吉尼亚州警察和华盛顿区警察将专程护送国宝离开机场直奔美国国家动物园。

在整个行程中,将有3名机组人员、3名搬运工人、3名美方专家、2名中方专家、美国"探索频道"的3位记者,共计14人陪同"添添""美香"乘专机赴美。

这次国宝赴美,引起了中美双方的极大关注,美方的"探索频道"全程直播大熊猫的美国之旅,中国中央电视台在12月6日直播国宝从卧龙到上飞机的全过程,美国《华盛顿邮报》等媒体都派记者重点报道这一重要事件。日本共同社、英国路透社等几十家国外媒体的记者也都一直追踪报道此事。这是一场发生在中国的罕见的熊猫新闻大战,很显然这是一个难得的策划点,国外企业就抓紧这个点大树形象,巧用"国宝"唱戏。

在这场中美两国的新闻大战中,众多中国读者和观众都开始熟悉起探索频道、联邦快递等国外媒体和国外企业。然而,在这一万众瞩目的事件中,却不见一家国内企业露面。

"添添""美香"赴美这一重要事件,引来了国外著名企业和媒体的大力赞助。在美方提供的用来运装大熊猫的特制集装箱上,印有"探索频道""富士公司""联邦快递"三个标志。"联邦快递"免费提供一架专机运送熊猫,仅运费一项就耗资50万美元;"富士公司"则提供750万美元赞助;"探索频道"用500万美元买断"添添""美香"在美的十年独家报道权……这些著名企业和媒体为何如此舍得花钱?其根本原因是这一事件"点"上有巨大的关注效应。

据中国大熊猫保护研究中心的一位相关人士称:这次国内外媒体来报道的人数之多,实在是出人意料。该中心本不想惊动这么多的记者,想让大熊猫安静地赴美,但谁知国外提供赞助的企业,在半个月前就将这一消息通过媒体捅了出去,结果来了如此多的记者,简直无法招架。通过这一事件,我们可以看出国外企业在树立企业形象方面可谓煞费苦心。

国外企业抓紧这个点大树形象,而国宝故乡的企业却无动于衷或仿佛没有回过神来,守着国宝"发呆",以致错失如此好的"熊猫牌"。

对比联邦快递在运送国宝的笼子上都大做文章的做法,国内的企业可以说是反应迟钝。"添添""美香"在卧龙赴美前的兽舍是一个相当好的宣传媒介。近半个月来,先后有来自国内外的近30家媒体聚焦于这一地方,仅中央电视台就派出3个摄制组在此拍摄。然而,就是这么一个关注度如此高的地方,居然没有一家国内企业想到利用它来做宣传。可以说,国内企业这次实在是错过了一个十分难得的宣传机遇。从大熊猫的生养地卧龙到机场也有很长的距离,而运送大熊猫到机场的货车车身也是一个很好的宣传媒介。更为难得的是,如果哪家企业事先能与这对国宝联系起来,其离开四川、在美旅居、十年后返回国内，都将是关注度极高的事件，这对扩大企业知名度大有益处。

案例分析：这则案例可以说是国外企业在策划抢点上为中国企业上的生动的一课。就此事件也有人发出感慨：大熊猫这一品牌是大自然赐给中国的一个无价之宝，但长期以来中国特别是四川的企业都没有用好这张牌，实在令人惋惜！现在一些国内的企业比较喜欢花很大的价钱请歌星、影星来扩大自己的知名度，却极少有企业想到利用大熊猫来做文章。

其实，现在动物保护、生态保护已经成为全世界关注的问题，企业在这些方面做一些公益事业，对树立企业的形象大有帮助。策划中如果不抓紧抢点或抢占先机，有时还会危及企业的生存，因为有的产品季节性很强，甚至一年的销售就靠关键的几天或十几天。对于季节性较强的商品，策划的重点肯定应放在商品销售的旺季里。比如啤酒的策划，重点肯定应该放在夏天，而有人偏不这么做，把重点放在寒冷的冬天或天气凉爽的春天和秋天。试想，这样的策划能取得成效吗？所投入的资金能带来实际收益吗？

在现实中，许多企业的重大变动也应与自己产品销售的关键时节配合，以便在时间上赢得机会。可以说策划只要抢准了点、抓住了先机，就会事半功倍，不然只会事倍功半。比如一份报纸，为了吸引读者，要实行改版，样报最好能在 11 月或 12 月完成。如果在第二年 1 月才拿出改版的新报纸，读者可能早已订了一年或半年的其他报纸，这样就没法用改版来吸引读者增加自己的订阅量。另外，在报纸改版前只做宣传也远不如拿出实际改版的报纸更有说服力。那种空口的改版宣传，对读者来说很难产生很大的影响和吸引力，这样报纸要通过改版赢得读者的喜爱并让他们掏钱订阅，时间又要推迟一年或半年，读者拿到改版后的报纸即使喜欢并接受也只有等第二年才能订阅。所以这样的策划因为没有抢准点，就等于白白浪费了一年时间。比如啤酒这种季节性很强的商品，正确的做法是将生产设备的扩建、改造、装修在淡季里完成，总不能在销售旺季投入大量人力、财力来进行生产设备的扩建、改造、装修；啤酒的宣传、营销等策划工作在春天就应准备就绪，等到夏天旺季时就集中火力展开猛攻，而不能把策划投入的重点放在冬天或春秋销售相对较淡的季节，策划的准备工作也不能等到夏天销售旺季才着急抓。再比如，对于高度白酒来说，夏天是淡季，冬天则是旺季，特别是春节期间是高度白酒销售的高潮。据笔者调查，在此期间许多商场的名酒都会断货，所以白酒生产商一定要抓住这个点做好销售保障工作，等这段时间过去之后，才可以放松下来，不然过了这个时间点，就会错过销售的大好时机，被其他商家占了优势。

也许有人认为上述这些道理太浅显，然而生活中就是有人拖沓成性或固执己见，违背这些非常浅显的道理。

对一些在节日才销售或才会有较大销售量的商品，在策划上一定要抓紧节日这段时间实行“狂轰滥炸”。比如月饼，一般只在中秋节前十几天乃至几天时间销售；玫瑰花平时价格低，买的人不多，但到情人节这一天，一般销量和价格都会大涨，这种商品的销售时间点甚至只有一天。因此，策划时如何抓准这些点就非常关键。

由日全食也引发了很多相关的消费，但这种消费热只是“昙花一现”，就看经营者的抢点技巧了。二维码案例中的经营者因为抢准点让很多人眼红不已，原来“商人逐日”也能逐出名堂。这个网店店主非常幸运，2008年跟着奥运会赚了一把，2009年日全食又为她捎来了钱。她对策划抢点的独到之处，能给策划人很多启发。农民在种庄稼时，如果错过了播种季节，种子就可能不发芽或发芽率很低；如果错过了收获季节，成熟的粮食就会掉到地上烂掉，如果正好遇上暴雨和大风，没有把粮食抢收回来，那一年的辛劳就会付诸东流。所以，在播种和抢收的时间点，往往全家老小、男女老幼不分昼夜地劳作，等这段时间过后，才会放松下来。

【电子资料11-11】

抢点日全食，小店狂赚50万元

商业其实也完全如此。在关键的时间里，各个部门、所有人员都要紧密协调，把点抓紧、抢准，等这个点忙过之后再放松也不迟，甚至还可以去旅游、度假。

策划中的抢点对电视广告尤其适用，因为在平时，观众都清楚什么时候是广告时间段，往往利用广告的时间去做其他事，或调到其他没放广告的电视频道，所以电视的新闻节目、文艺节目收视率与广告收视率完全是两回事。而在有重大、突发事件发生时，电视广告不像平常的广告时间段那么有规律，电视观众也不能像平时那样准确把握广告段的时间，观众为了能看到重大、突发事件的进展，为了不错过精彩的场面，只好连广告一起看了，也就是说，此时是“非看不可”了。试想这时广告的效果会超过平时多少倍呢？

此外，此时观众的精力比较集中，也不像平时看广告节目时那么心不在焉，这时做广告当然就达到了出奇制胜的效果。

案例与分析

柯受良驾车飞越黄河，彩虹电视广告抢点出尽风头

在柯受良驾车飞越黄河的事件中，西安彩虹电视的广告就因抢准了这个点而大出风头。

1997年6月1日，历史聚焦在中国的黄河壶口，柯受良要驾驶汽车飞越50米宽的黄河壶口瀑布，黄河两岸聚集了数万名观众。中央电视台和凤凰卫视联手向全中国各地及海外50余个国家和地区直播这次活动。参加这次“飞越黄河”报道的记者达600多名。

因为那天天气变化无常，飞越时间也无法准确确定，在飞越之前，电视画面一直是滚动的广告，大多数画面都是西安彩虹电视的广告。

人们也摸不准柯受良究竟在什么时间飞越黄河，而飞越黄河又在瞬间内就能完成，所以人们只能守在电视机前认真看广告了。那些平时坐不住的、动不动爱变换电视频道的人，这时也只能耐心等待；即使电视有画中画功能，恐怕也不敢用；即使想离开片刻去做点其他事，恐怕也不敢离开电视机前，因为惊心动魄的飞越就在一瞬，大家

生怕错过最精彩的瞬间。因此，大家只得静下心来看这些平时令他们厌烦的广告。

直到13时15分，电视画面才切换到现场，柯受良驾着一辆乳白色的跑车出现在黄河东岸一侧长263米的提速跑道上，13时19分柯受良再次驾车驶上提速跑道，如利箭般凌空飞起，一瞬间在对岸着陆（见图11-4）。

图11-4 电视截图：飞越黄河瞬间

案例分析：此次活动的电视广告赞助商是西安彩虹电视，可想而知，这个广告对人们的影响之大及留给人们的印象之深，产生的广告效果比平时在固定时间段播放的直接广告要好多少倍。当然，广告抢准了点后，还必须趁热打铁，配套进行巩固性宣传。从人们的接受习惯分析，人们对许多事物的接受还要有一个不断巩固加深印象的过程。即便偶然遇见一种印象较深的事物，如果不巩固也可能会很快忘记。西安彩虹电视在此次活动中因抢准了点而大出风头，但该公司是否在此基础上进行了配套的巩固性宣传又是另外一回事。

如果平时没有做广告或广告做得极少的商家趁此机会，再花少量的钱进行全方位的广告宣传，通过采用广告的连续性、变化性等手法继续加深、巩固人们的印象，那么当消费者再次看到此广告时，印象就会深得多。

其实策划中抢点后，再进行配套的巩固性宣传与广告中的抢点同样重要，可以说它与抢点是一个完整的不可分割的整体，不能忽略或中止。这就好比你因为偶然的机会认识了一个人，你已经有他（她）的印象，但如果你从此不与之联系，可能就会很快淡忘他（她），而如果从此与他（她）保持一定的接触、联系，可能对他（她）的印象就会加深、巩固下来，即使这种接触、联系很少，它也会对你的心理产生很大的作用。

在策划的抢点中，最难的可能就是去发现这个“点”。对于突发事件来说，这个点更不容易抓住。当然，对于一些万众瞩目的重大事件，就有充足的时间进行策划准备。

案例与分析

传媒公司争相利用枪击案在谷歌、雅虎做广告

2007年6月16日（当地时间7点15分，北京时间19点15分），美国弗吉尼亚理工大学发生恶性校园枪击案，枪击造成33人死亡，枪手本人开枪自尽。枪击案凶犯为23岁韩国学生。

案件发生后，全世界为之震惊。

随后，如果在谷歌、雅虎搜索“弗吉尼亚理工大学枪击案”，在搜索结果中就会出现《纽约时报》《华盛顿邮报》购买的关键词广告。

因为现在越来越多的用户在出现突发新闻事件时会直接去搜索引擎上搜索，而不是某个新闻网站，所以现在的新闻机构纷纷抢这些重大事件的点，利用关键词来抓住读者。

购买关键词广告已经成为一项为人们所接受的行为，当有重要体育比赛或热门电视剧时，媒体公司都会这么做。但是顶级新闻机构此次大规模做广告表明了现在网络对传统媒体的影响力，《纽约时报》《华盛顿邮报》已经不能确信读者会来看自己的新闻了。

CNN“弗吉尼亚理工大学枪击案特别报道”的广告链接下写着“来自弗吉尼亚理工大学学生的悲剧进展和报道”，《纽约时报》“弗吉尼亚理工大学枪击案”广告链接下写着“《纽约时报》报道最新新闻和动态”。

《纽约时报》和《华盛顿邮报》都表示，它们经常购买关键词广告以便抓住读者。

案例分析：美国弗吉尼亚理工大学发生恶性校园枪击案本来是一个让人伤心的负面案件，案件发生后，全世界为之震惊，但一些公司却能对此进行抢点而且不违背商业道德、准则，实在厉害。

既然策划中的抢点有如此奇效，为什么不为很多人所用呢？这可能有以下几点原因：

① 策划中的点比较少，这些点难以被发现，即使有策划人员发现了也很难抓住，有时重大事件、突发事件发生时，因时间仓促，方案的制作、准备难以跟上。而公司又不可能守株待兔似的去等策划中的点发生。

② 策划中的抢点是策划运作中的高级技巧，有一定的难度，一般人难以发现、操作。平常的广告操作方式相对容易得多，也较容易把握，只需要把广告制作好后，拿给电视台、报社等媒体，给足了广告费就能播出或刊出。而策划中的抢点则是一种动态的形式，它需要策划人用敏锐的眼光去发现、挖掘那些动态的能产生奇特效果的重大事件发生的时点，而平常的广告操作方式相对来说是静止的。

③ 有人误算了经济账，认为策划抢点花费的费用与平时同样多的时间相比要贵几十倍甚至几百倍，因而认为费用太昂贵，不划算，其实这完全是一种误算。比如在重

大事件、突发事件这个重大的点上，看到公司信息的人比平时要多得多，而且人们此时的精力、心理与平时看广告时不一样，产出的效果也肯定不一样。

有人误把电视台某个栏目的收视率与在该栏目播出广告的收视率完全等同起来，殊不知，这完全是两回事。人们对广告一般都不是主动地接受，在那些有规律的、固定的广告时间，人们会趁机去做其他事，或调到其他没有广告的电视频道，而且平时人们看广告时也精力不集中，心不在焉。可以说这是绝大多数人的习惯。如果把这些因素综合起来测算，把策划抢点产生的效果与平时做广告获得的效果相比，在策划抢点中投入的广告费就远远低于平时。

④ 一些公司在策划中抢到点后，没有继续进行配套的巩固性宣传，所以效果不是很好。这可能会影响其他公司，使它们在运作策划时也不愿去抓策划中的一些点。

在策划中抢到点产生轰动效应后，再继续配以巩固性的后续宣传，事关整个活动的成败。特别对于那些不出名的公司及产品、以前广告宣传很少的公司及产品以及新成立的公司及产品，更应注重后续宣传。当然，在进行后续的巩固性宣传时，如果资金不充裕，也可以只花少量投入，如在报纸上、杂志上做一些小版块宣传，或者到其他媒体上做一些补充性后续宣传，就能达到让人们巩固印象的目的。

人们往往还存在这样一种心理：对于不出名的公司及产品，初次产生轰动效果后，人们心里还是会难以接受和相信，对该公司及产品似乎有一种“爆发”的疑问，或一种“危言耸听”的惊诧心理，甚至怀疑该公司的实力或该公司有什么欺骗性目的。如果再继续配以辅导性的后续宣传，人们就会把那种偶然的怀疑、不相信变成一种必然的接受与信任。

这表现在心理学上的过程应该是：某事件打破了心理平衡→对打破心理平衡的事件持怀疑、难以相信的态度→通过一些事件心理又重新得以稳定、平衡→接受并信任原事件。

这种心理还可用人们经常遇到的例子来说明：当你初次听到你周围某人很有钱时，你的心里会有一种惊诧，它打破了你的心理平衡，你会难以相信，会怀疑他是用不正当手段得来的，或这个人是想骗人达到什么目的。而当你再次通过了解得知他很有钱或另外的人告诉你他很有钱时，你的心理就重新得以稳定和平衡，然后你才接受并开始相信那个人真的很有钱。

【电子资料 11 - 12】

李娜法网女单决赛夺冠，策划高手们围绕其运作众多抢先策划

所以，在运行策划时，必须深入了解、剖析消费者的这些心理变化的微妙过程。

当然，策划中要抢的点，必须是针对自己产品的主要消费群并考虑到主要消费层的心理状态，而不要抢错了，甚至盲目跟风。前面讨论过，有时策划活动的效果不等于策划收益。例如，有时表面上是抢到了某个轰动事件，但自己产品的消费群却不关心此事，那实际上就难以获得令人满意的策划收益。有的产品是由成年人决定购买的，比如家里的电视、冰箱、洗衣机等，而该事件却是在青少年中产生轰动的策划点，如歌星、影星到某地演出引起青少年的追崇，若以此作为点，则是盲目跟风，一般难以获得令人满意的策划收益。

策划中的抢点需要好好把握，全方位地深入分析，然后实施。另外，策划中的抢点在与媒体的配合实施中，也存在一些技巧，处理得好的话更能达到吸引受众的目的，起到更好的效果。

（二）策划中的抢先

策划中除了要抢点抓住时机外，抢先抓住机会也非常重要。

案例与分析

张家界抢先将“乾坤柱”改名为《阿凡达》中的“哈利路亚山”

2010年1月，美国大片《阿凡达》在内地公映尚未下线，湖南张家界就引用片中风景为自家做宣传。1月25日，张家界举行仪式将著名景观“乾坤柱”正式更名为“哈利路亚山”，吸引了数百名海内外游客见证。张家界数名身着土家族服装的当地居民为“乾坤柱”更名标志牌举行了揭牌仪式。图11-5展示了《阿凡达》中的哈利路亚山。

图11-5 《阿凡达》中的哈利路亚山

“乾坤柱”为湖南张家界“三千奇峰”中的一座，位于世界自然遗产武陵源风景名胜区袁家界景区南端，海拔高度为1 074米，垂直高度为约150米。顶部植被郁郁葱葱，峰体造型奇特，垂直节理切割明显，仿若刀劈斧削般巍巍屹立于张家界，有顶天立地之势，又名“南天一柱”。

此前，《阿凡达》导演卡梅隆称片中“悬浮山”的原型来自中国黄山，遭到张家界网友强烈质疑，并用大量图片及文字证明，影片宣传画册上的“哈利路亚山”与张家界的“乾坤柱”简直一模一样（见图11-6）。

《阿凡达》中的“中国元素”到底源自张家界还是源自黄山，引起了一番争议。

随后，张家界政府通过湖南大学数字媒体研究所所长高春鸣获知，好莱坞GG艺术设计大师、湖南大学数字媒体研究所特聘客座教授艾瑞克·汉森与该所助教李特，曾一起深入张家界进行为期4天的外景取景拍摄。2009年12月下旬，李特看到《阿凡达》的宣传海报时，才恍然大悟，《阿凡达》影片当中有20分钟的画面就是源自张家界。

图11-6 张家界著名景观“乾坤柱”

2010年1月中旬，以张家界中国国际旅行社为主的张家界多家本地旅行社在全国抢先推出了“张家界·阿凡达之旅”系列产品，结合影片中的15处场景，设计了“阿凡达-潘多拉神奇之旅”“阿凡达-哈利路亚山玄幻之旅”“阿凡达-悬浮山神秘之旅”等多条精品旅游线路，让游客走近“悬浮山”，身临其境去验证《阿凡达》中的中国元素。其中，刚刚更名为“哈利路亚山”的“乾坤柱”景点成为各界关注的焦点。

【电子资料11-13】

李宁公司抢先推出网络流行的“囧”字鞋

张家界袁家界景区管委会主任表示，景区已将影片中的场景与当地实景做了对比，并在相似的取景地做了牌子，“游客一到这里就可以感受到电影中的悬浮山与实地风景的相似程度”。张家界中国国际旅行社某负责人也称：通过慢放发现，影片中多次出现黄石寨前山的“乾坤柱”，金鞭溪的“劈山救母”出现不少于5次，出现最多的是宝峰湖瀑布和袁家界迷魂台里面的“擎天柱”。他还解释说，张家界和黄山的最大区别在于黄山是花岗岩地貌，山体非常光滑，几乎没有植被，而张家界是石英砂岩地貌，植被覆盖非常茂盛。

2010年1月24日，有调查机构在张家界武陵源核心景区随机调查了22名游客，受《阿凡达》中“中国元素”的吸引到张家界来实地体验的有19名之多，其中有13名来过张家界两次以上。有游客称，国际巨片大量援引中国元素，这表明中国绝美的自然风光已经在国际市场中响当当。当前最紧要的是抓住这难得的机遇，更好地开拓海外市场，让中国更多更好的旅游资源走向国际。至于其中国元素是源自张家界还是源自黄山，没有必要做太多口舌之争，一切让事实来验证。

另据当地旅游部门工作人员介绍，2011 年 1 月 1 日至 23 日，张家界黄龙洞景区共接待海内外游客 1.5 万人次，和 2010 年同期相比增长了三成。来自武陵源区旅游局的统计数据则显示，近 10 天，到当地旅游的人数相比 2010 年同期增加了近两倍。

而黄山旅游委员会宣传推广中心负责人对媒体称，黄山确实曾接待过《阿凡达》摄制组的一位摄影师，这位摄影师拍摄了黄山的很多照片，这些照片成为片中“哈利路亚山”的原型。黄山风景区方面坚称对“炒作没必要回应”。

【电子资料 11－14】

唯有蒙牛广告搭上“神舟五号”，广告效果可想而知

资料来源：张家界乾坤柱更名哈利路亚山．京华时报，2010－01－26.

案例分析：电影《阿凡达》带来的商机无限，而张家界抢先抓住了这一难得的商机。

《阿凡达》里的悬浮山酷似张家界的山峰，张家界抢在竞争对手黄山前面进行了广泛的宣传，并组织人员在网上发帖，也立即受到了媒体及专家的关注。于是，张家界赶紧组织改名揭牌仪式并组织了很多与《阿凡达》电影有关的旅游活动，其目的无非是希望张家界被更多人知道。

张家界的这场抢先策划说明其策划者技巧高超。

案例与分析

武汉商人成功抢注世界顶级品牌 LV

来自法国的 LV 是世界知名顶级品牌。LV 是 Louis Vuitton 的简称。虽然进入中国市场已有些年头，但 LV 却陷入了一场专利权抢注风波，武汉汉正街的一位老板让这个时尚巨头头疼不已。几年来，LV 在这件事上耗费了不少精力。

2002 年，一个名叫王军的中国商人成功注册了英文“LOUY-IVEITEN”和中文“路易威登”商标，并于 2003 年 10 月 8 日被授予 LV 手提袋外观专利权（见图 11－7）。

【电子资料 11－15】

美国厂商抢先推出味道类似中国古酒的贾湖城啤酒，引起国人关注

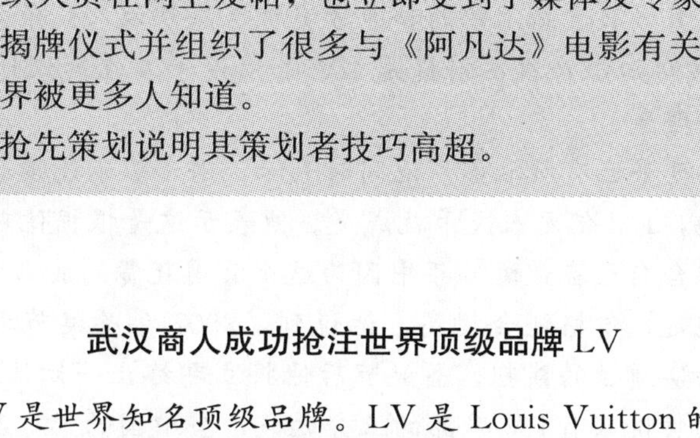

图 11－7 中国“路易威登”商标的批准文件

武汉汉正街服装老板王军研究《商标法》时发现：中国在商标管理上实行一标一类，总共45类，每类都需要专门注册，而法国路易威登马利蒂公司1985年在中国注册LV时，仅申请服装、皮具、珠宝和贵重金属类的商标权，没有注册相关外观图形专利，同时只注册了中英文商标，且中文商标因超过3年未使用而失效。另外，LV在中国的产品专利注册上也是空白。

王军敏锐地意识到，这里面隐藏着巨大的机会。2002年，他成功注册了英文“LOUYIVEITEN”和中文“路易威登”商标。年底，他又设计出LV手提袋外包装并申请外观专利。2003年10月8日，国家知识产权局公告授予王军专利权。

2004年2月24日，法国LV公司向国家知识产权局请求宣布撤销该专利。LV公司称，王军的专利图案要素大部分为LV的世界驰名标志，而LV在中国早已进行商标注册，该外观专利与其已取得的在先商标权冲突。

对此，国家知识产权局成立了关于此专利的复审委员会合议组，对这一外观专利进行复审，历经3年时间，于2006年底作出最后决定，认为LV公司法律依据不足，王军的外观设计专利权与LV公司的注册商标权不冲突，维持王军的专利权有效。

2007年4月，法国LV公司将国家知识产权局专利复审委员会告上北京市一中院，请求法院撤销相关决定，王军作为第三人参加诉讼。

王军2007年11月6日发给LV的和谈方案称，愿意以人民币1元的价格向LV转让其手中拥有的一系列知识产权，前提是LV必须授予其在武汉地区的独家经营代理权，但LV对此不予理会。

王军对LV的态度早已有所准备，他同时表示，若LV不能授予他代理权，想买回专利权亦非没有可能，1.2亿元人民币就成交。他表示这是根据他对LV在全球范围内的销售业绩计算和综合自己在最近5年中因为这个官司耗费的成本所开出的价码。

他强调，如果拖延，价格还会提高。他说到，2007年圣诞节之前，如果LV还没有就代理权与他进行实质性的谈判，圣诞节后他将立即终止一切谈判，进入生产程序。中国“路易威登”的售价只有LV产品的三分之一，当中国的老板及其员工都在使用路易威登时，LV在中国的国际顶级品牌地位将不保。

2007年11月22日，王军向武汉市海关申请全国范围内的专利备案，扣押LV有侵权嫌疑的产品。为取回货物，LV必须支付上百万元的“反担保”保证金，作为一旦侵权行为被判定后对王军的赔偿支付。

可以确定，王军注册中国“路易威登”的商标和产品外观专利的行为是一种抢注行为。

王军注册的商标与LV商标有很大差别，还不足以对LV公司构成太大的威胁。对LV真正致命的威胁来自王军手中握有的外观专利权。王军申请的产品外观与LV在中国销售的产品图案组合并无太大差异。LV的产品要想在中国市场上继续销售，就要改变传统的外观。外观专利权是一个整体概念，LV的产品如果使用单个图案元素放大作为产品外观，那是合理合法的，但一旦其产品上出现传统的图案元素组合，就会侵犯中国“路易威登”的外观专利权。LV的产品要想在中国市场上继续销售，改变产品外观图案是其唯一出路。

有关专家说："LV在中国仅仅申请了该品牌的服装、皮具、珠宝和贵重金属类的商标权，而产品的外观专利是具有地域性的，王军抢先注册了该商标，这是符合知识产权法的规定的，受到法律保护。换个角度来看，LV抢注事件与恶意的商标抢注不同，说明民众运用知识产权的意识在不断加强，这并非一件坏事。"

律师认为：王军的相关注册是由国家知识产权局批准的，是一种合法的行政行为，在该行政行为没有被撤销前，王军的相关注册都是合法的。只要申请人严格按照程序，提交的申请材料并无虚假，形式要件满足国家审批要求，经过正常的审核批准，就是合法的，其专利申请就应该受到法律保护。即便是法院判决国家知识产权局专利复审委员会败诉，只要过错不在申请人本人，申请人的损失还可以向审批的行政主管单位申请行政赔偿，并且这种赔偿与实际上的损失要大体相当。

在和LV数次对簿公堂后，王军和LV有了一个暂时性的结果。2008年3月21日，王军收到了北京市一中院一审判决书：王军不得再使用涉案的"LV"外观设计专利产品。

法院判决王军不得使用专利但未限制转让。

对于判决，王军与其代理律师一致表示会选择继续上诉，并希望法院可以驳回一审判决。

王军还希望与LV达成和解。如果和解无果，他准备将LV知识产权以500万元的底价向国内企业打包拍卖，或者以1.2亿元的价格卖给国外有兴趣的公司。

相关资料

包括注册商标在内的知识产权均具有地域性，一般不予跨国保护，但是驰名商标例外。若某个商标已被认定为在中国注册的驰名商标，那么根据《商标法》的规定，国内企业不但不允许在国内注册与之相同的商标并禁止使用，而且不允许在国内注册与之相近、类似的商标并禁止使用；同时，该相同、相近、类似的商标不但不能使用于同一类或者相类似的商品，也不能使用于不相同或者不相类似的商品。

我国2020年修正的《专利法》规定，外观设计专利的有效期为15年，期限届满均不得续延。而我国《商标法》规定，注册商标的有效期为10年，期满可以续展注册，每次续展注册的有效期均为10年。

我国商标境外遭抢注事件

◆ 1995年，青岛亨达集团花费30万元人民币将自己打造但被别人持有的"亨达"注册商标赎回。

◆ 2005年，青岛海信集团更是历时6年，最终以50万欧元将被西门子公司在德国注册的"HiSense"商标赎回。

◆ 中华老字号"王致和""狗不理""北京同仁堂"等商标也曾在国外遭抢注。

◆ 健力宝虽然在韩国夺回了商标权，但也付出了巨大代价，不但增加了企业的经营成本，同时也推迟了其产品占领市场的时间，影响了产品市场份额。

◆ 据不完全统计，中国曾有超过80个商标在印度尼西亚被抢注，有近100个商标在日本被抢注，有近200个商标在澳大利亚被抢注。每年我国商标特别是一些知名商标在境外遭抢注案件超过100起，涉及化妆品、饮料、家电、服装、文化等多个领域。

案例分析： 如果说前述案例体现了在策划抢先中外国企业给我们上的生动一课，那么这则案例则显示中国人在策划抢先上同样给外国企业上了一堂课。

（三）不要滥用抢点与抢先

抢点与抢先固然重要，运用得好就可以抢占先机，赢得机遇，但也不能滥用。以下就是此方面的案例。

案例与分析

新冠肺炎疫情期间乱蹭热点，贵州白酒交易所引起公众强烈指责

2020 年 3 月 23 日，针对贵州白酒交易所“1 499 元茅台酒直供贵州援鄂医务人员”的不当策划行为，贵州省市场监管局对该公司进行了约谈，并发布通报，就其相关不当策划行为，要求其按照国家相关法律法规规定，守法经营、规范经营；加强自律、遵守行业规范，不得关联抗击疫情、社会公益活动等进行商业化炒作，并责成该所迅速整改。

3 月 21 日，贵州白酒交易所曾在官方公众号上发布《致敬！贵州白酒交易所 1 499 元茅台酒直供贵州援鄂防疫最美“逆行者”》一文，并打出了“1 499 元茅台酒直供贵州援鄂医务人员，每人限购 6 瓶”的海报（见图 11－8），凡是符合条件的人员皆可在指定渠道购买 53 度 500ml 飞天茅台酒。

图 11－8　贵州白酒交易所的海报

此消息一出即遭到广大网友热议，网友声讨之声铺天盖地，直言贵州白酒交易所蹭热点。

有网友称：“既然有诚意，为何不赠送？还卖 1 499 元，对于抗疫人员，买几瓶并不便宜的茅台酒是否值得？”

贵州白酒交易所居然把乱蹭热点的招数用在了抗疫英雄身上！

贵州白酒交易所利用全国人民对武汉疫区的关心来热炒，这是无底线的行为，这种行为受到社会各界的批评。

2020 年 3 月 27 日，贵州茅台酒销售有限公司发出公告，决定取消贵州白酒交易所的茅台酒经销商资格。

公告称，贵州白酒交易所近期的茅台酒营销行为，对茅台品牌形象造成了严重不良影响。“我公司根据《贵州茅台酒（特约）经销合同》的约定，决定取消其控股子公司贵州佰酒汇电子商务有限责任公司的茅台酒经销权并解除经销合同。”

【电子资料 11-16】

多地抢建
神话人物故里

案例分析：此次贵州白酒交易所的抢点和抢先策划，犯了十分低级的错误，实在不应该。

参考文献

蔡华锋. 香港迪士尼加价两成内外有别，被批歧视广东游客. 南方日报，2009-02-05.

陈辉映. “新闻策划”应注意的问题. 新闻爱好者，1999 (S2).

陈玉珍. 浅议广告和新闻的关系. 今日南国（理论创新版），2009 (4).

党海燕. 探寻植入式广告健康发展之路. 中国广播电视学刊，2010 (10).

樊登. 怎样拿捏植入式广告?. 中外管理，2009 (9).

范明辉. 新产品市场推广的阶段传播策略. 东南传播，2008 (2).

冯健，刘斌，刘振锋. 基于策略型消费者购买习惯的产品动态定价决策研究. 数学的实践与认识，2019，49 (13).

冯宁. 笑声中的陷阱——浅析“春晚”语言类节目植入式广告介入的得与失. 新闻爱好者，2009 (18).

盖源源. 姚明探望刘翔围着可乐转，央视新闻引发质疑. 成都商报，2009-01-04.

高云燕. 宝洁公司的市场细分策略. 科技情报开发与经济，2007 (5).

谷子. 学者呼吁停播《乡村爱情故事》. 大连晚报，2010-02-23.

韩立伟. 浅谈市场细分策略. 赤峰学院学报，2005 (3).

寒原. “新闻广告化”不好. 新闻战线，1983 (11).

何晓英，张学武. 价格信息与企业市场决策. 价格理论与实践，2003 (10).

胡正强，马骎. 饮鸩止渴：广告新闻化的媒介行为分析. 河北师范大学学报（哲学社会科学版），2010 (1).

焦莉莉. 浅析央视春晚植入式广告——以 2009 年春晚为例. 消费导刊，2009

(20).

李春天，涂洪波，路强. 网络环境下消费习惯对消费者购买决策影响研究. 现代商贸工业，2010 (18).

李桂华. 产业市场营销的市场细分方法与模型研究. 天津财经学院学报，2001 (4).

李昊. 浅议电视剧植入式广告的发展. 当代电视，2009 (4).

李晶. 新冠疫情下消费习惯变迁与餐饮业营销策略. 合作经济与科技，2020 (14).

李学军，王念东. 关于市场细分的四点思考. 特区经济，2007 (3).

刘保全. 关于“新闻策划”的综述. 新闻界，1999 (4).

刘海明，王欢妮. 植入式广告的伦理问题——以 2010 年央视春晚为例. 新闻战线，2010 (5).

刘红玉. “新闻广告”与媒体社会责任. 青年记者，2005 (12).

刘凯. 基于价格促销功能的企业运作策略分析. 黑龙江对外经贸，2009 (3).

卢佳平，张红. 基于价格信息传递的住宅市场空间效率. 清华大学学报 (自然科学版)，2008 (12).

卢曦. 利润降三成票价涨两成，香港迪士尼乐园遭质疑. 每日经济新闻，2009-02-05.

罗纪宁. 市场细分研究综述：回顾与展望. 山东大学学报 (哲学社会科学版)，2003 (6).

马金平. 新闻策划：创造性的现代新闻观——关于“新闻策划”研究综述. 中国广播电视学刊，1999 (6).

秦绍德. 关于“新闻策划”的几点浅见. 新闻知识，1997 (12).

任恬恬. 透析 2008 年春晚植入式广告. 华商，2007 (22).

苏金仙. 简述新闻策划的相关问题. 新闻窗，2009 (2).

王长宗. 广告新闻 YU 新闻广告解决“有偿新闻”问题初探. 新闻出版交流，1994 (2).

王春泉. 一个全新的新闻传播时代已经来临. 新闻与写作，2005 (11).

王梦菁，邵靖. 植入广告水漫《乡村爱情故事》，本山被指就差钱. 法制晚报，2010-02-27.

王培才. 市场细分理论的新发展. 中国流通经济，2004 (4).

王艳. 关于新闻传播实践教学的思考. 青年记者，2006 (10).

王亦高，黄彪文. 正确的判断如何得到确认——以“广告新闻”讨论为例. 国际新闻界，2007 (3).

肖坤梅，苏华. 2009 年春晚的“植入式广告”. 国际市场，2009 (3).

徐凤琴，乔忠. 企业市场细分方法及目标市场的确定. 科技与管理，2004 (3).

闫雯雯. “植入广告”天后金妍儿，你的耳环惹祸了. 华西都市报，2010-03-06.

阎晋阳. 实战新闻策划. 青年记者，2004 (6).

张晓红. 略论新闻策划的层次构成. 现代传播——北京广播学院学报，2000 (2).

张艳丽，王星晨. 小微企业消费者信任与忠诚策略研究. 现代营销（经营版），2020 (3).

章洁. “新闻策划”之我见. 浙江传媒学院学报，1999 (1).

朱捍华，季瑞国. 试论中国当代消费文化的现状和发展态势. 西南民族大学学报（人文社科版），2007 (1).

Akerlof, G. “The Market for Lemons: Quality Uncertainty and the Market Mechanism.” *Quarterly Journal of Economics*, 84 (1970).

Beales, H. M., Mazis, B., Salop, S. C. and Staelin, R. “Consumer Search and Public Policy.” *Journal of Consumer Research*, 8 (1981).

Burdett, K. and Judd, K. “Equilibrium Price Dispersion.” *Econometrics*, 51 (1983).

Cooper, R. and Ross, T. “Prices, Product Qualities and Asymmetric Information.” *Review of Economic Studies*, 51 (1984).

Cuny, D. J. “Measuring Price and Quality Competition.” *Journal of Marketing*, 49 (1985).

Dardis, R. and Gieser, N. “Price and Quality of Durable Goods: Are They More Closely Related in the Seventies Than in the Sixties?” *Journal of Consumer Policy*, 4 (1980).

Friedman, M. P. “Quality and Price Considerations in Rational Consumer Decision Making.” *Journal of Consumer Affairs*, 1 (1967).

Geistfeld, L. V. “The Price-Quality Relationship Revisited.” *Journal of Consumer Affairs*, 16 (1982).

Michael McEnaney. “The Ever-Evolving World of Consumer Shopping Habits.” *Dealerscope*, 5 (2020).

Monis, R. T. and Bronson, C. S. “The Chaos of Competition Indicated by Consumer Reports.” *Journal of Marketing*, 33 (1969).

Nelson, P. “Information and Consumer Behavior.” *Journal of Political Economy*, 78 (1970).

Pollakowski, H. O., Ray, T. S. “Housing Price Diffusion Patterns at Different Aggregation Levels: An Examination of Housing Market Efficiency.” *Journal of Housing Research*, 8 (1997).

Research and Markets. com. “COVID-19 Case Study: Changing Consumer Habits Opens Up New Subscription Opportunities.” *Medical Letter on the CDC & FDA*, 2020.

Retail Systems Research. “New Retail Systems Research Survey Report Details Consumer Online Shopping Habits During Coronavirus.” *Medical Letter on the CDC & FDA*, 2020.

Salop，S. and Stiglitz，J. “Bargains and Ripoffs：A Model of Monopolistically Competitive Price Dispersion.” *Review of Economic Studies*，44（1977）.

Schlinger，M. J. “Scarcity and Hoarding.” *Advances in Consumer Research*，2（1975）.

Sheth，J. “Impact of Covid-19 on Consumer Behavior：Will the Old Habits Return or Die?.” *Journal of Business Research*，117（2020）.

Shugan，S. M. “The Cost of Thinking.” *Journal of Consumer Research*，7（1980）.

Simon，H. A. “A Behavioral Model of Rational Choice.” *Quarterly Journal of Economics*，69（1955）.

Snyder，C. R. and Fromkin，H. L. *Uniqueness：The Human Pursuit of Difference*. New York：Plenum，1980.

Steenkamp，J. B. E. M. *Product Quality*. Assen/Maastricht（The Netherlands）：Van Gorcum，1989.

Tellis，G. J. and Wernerfelt，B. “Competitive Price and Quality Under Asymmetric Information.” *Marketing Science*，6（1987）.

Tirtiroglu，D. “Efficiency in Housing Markets：Temporal and Spatial Dimensions.” *Journal of Housing Economics*，2（1992）.

Veblen，T. *The Theory of The Leisure Class*. New York：Kelly，1965（Original work published in 1899）.

Verhallen，T. M. M. and Robben，H. S. J. “Scarcity and Preference：An Experiment on Unavailability and Product Evaluation.” *Journal of Economic Psychology*，15（1994）.

Wolinsky，A. “Prices as Signals of Product Quality.” *Review of Economic Studies*，50（1983）.

第十二章

MASTERMINDING

策划学的误区

策划中存在很多误区，很多人往往会步入这些误区。

第一节 炒作绝对不是策划

目前很多人热衷于炒作，但炒作绝对不是策划。策划与炒作有何区别呢？

前面已经讨论了策划研究的是什么，建立起了一套非常系统、科学的策划理论，里面并未包含炒作的理论，只是根据目前社会上的一些炒作案例来总结一下炒作。

就目前来说，炒作在很大程度上是一个贬义词。炒作通常就是瞎编一个荒谬的新闻引起人们的注意，或大肆传播一些低级趣味的东西，以迎合某些人的口味。目前以明星的一些绯闻为炒作素材的案例尤其多。

炒作有时确实会引起很大的关注，也就是炒作人自己通常所称的“吸引眼球”，但这种关注带来的更多是负面的影响。有些人热衷于炒作，其主要借口及依据就在于：能引起公众的关注，即“吸引眼球”。他们还用这个理由反驳人们对炒作的质疑，殊不知对此有最简单的驳斥理论：传播得快以及能引起公众关注的不一定是好的。举一个常见的例子，流行性感冒传播得快，最能引起公众关注，但流行性感冒是好的吗？2020年爆发的全球新冠肺炎疫情的传播速度以及公众关注度更是惊人，但它是好的吗？

前面讨论过知名度并不一定等于策划收益，影响消费者购买行为的是美誉度，炒作虽然能带来知名度，但这种知名度与消费者是否产生购买行为无关，甚至会对消费者产生负面影响。

好奇心本是人的天性，然而很多人热衷于低级趣味的东西。炒作虽然容易引起大家关注，但并不意味着大家能够接受。有时一些人进行的炒作，纯粹是自欺欺人或者自娱自乐，公众其实已经反感到了极点。有些炒作之所以能够进行下去并引起大家的关注，某些媒体难辞其咎，它们往往在其中起到了推波助澜的作用，或者有的媒体本身就是“炒作大王”。而媒体堂而皇之的理由是：自己是市场报（电视台），要适合读者（观众）的胃口，满足他们的需要。

媒体的这种理由有时纯粹是一种借口，其实读者（观众）对有的炒作已经反感到极点，媒体却还在为这些炒作充当“推手”，或者自己炒作自娱自乐。可能媒体也有左右为难的时候，担心如果不介入一些炒作或自身进行一些炒作，就会落后于竞争对手。因为媒体的这种担忧，所以整个业界陷入了炒作的恶性循环。但是媒体在大肆炒作的时候，怎么就不考虑介入炒作也会失去读者（观众）呢？它们难道不清楚，容易引起大家关注的，并不意味着容易让大家接受吗？

如今是网络时代、信息时代、媒体时代，宣传本身无可厚非，但不应宣传不当、过度炒作，把一种普通的药说成包治百病的灵丹妙药，把蚂蚁说成骆驼，要么把话说得太满太绝对，要么小题大做，甚至无中生有。广告宣传是正常的商业手段，我们鄙视的是经济利益驱使下的虚假炒作，因为它对社会造成了负面影响。

过度炒作实际上是一种短视行为。现在不少年轻人抱着“成名要趁早”的想法，希望走捷径一夜成名，于是自我炒作盛行。

不切实际的炒作，也许能让人一时走红，但肯定也会让他的走红“昙花一现”。

特别是一些网红，光靠公司推、捧、炒作是不行的。真正的新人要有自己的生命力，有自己的独特技能。“台上一分钟，台下十年功”，想成为网红者应从中得到启示，在浮躁的环境中沉稳一些。

网络时代的语言对炒作之风的形成也有影响。当今“痞子语言”“暴力语言”大量存在，对语法修辞全然不顾，贬人夸张，吹捧也无限夸张。

有人认为，对待炒作之风，以顺其自然为好，不必人为制止。如果人为干涉，反弹可能更大。随着社会的发展，炒作之风会慢慢平息下来。正经的书评、影评、艺术评论会出现，一些扎实、有质量的东西会慢慢脱颖而出。

有人打了个形象的比方：我们培育的应该是一片森林，想炒作的让他去就好了，但我们文化的主流应该是参天大树，是真正的艺术。

此后，娱乐界的一些低级炒作有所收敛，但最近几年又有所抬头，甚至有过之而无不及。

特别是如今，网络红人、网络热门事件和话题层出不穷，炒作者把一些低级趣味的、庸俗的甚至违背社会道德的话题作为炒作的题材，让某人或某事一夜蹿红，也可能瞬间成为众矢之的。人们在感叹网络威力的同时，可能并不知道，这些网络现象往往并非自然形成，而是出自背后隐藏的推手。他们已经自成体系，分工明确，有策划、有公关，甚至还有打手，形成了一股不小的势力。

特别是前几年网络媒体才兴起的时候，中央电视台的《焦点访谈》曾经为此专门制作了一期节目，通过记者的暗访曝光了网络炒作的一些黑幕。

暗访时，某网络推广公司业务人员告诉央视记者：那两年，网络红人中基本上没有特别正常的人。被炒作者的真实相貌、真实背景完全不重要，只要愿意暴露隐私，一切都不成问题。他们靠负面事情把知名度炒起来，网民骂得越厉害，说明关注度越高、越火。

一家网络推广公司的业务人员说，“我们调查网络很长时间了，网络上什么能走红？色情、暴力、低俗的东西。”这名业务人员表示，没有争议，就没有关注度，要想成名，就必须炒负面新闻。在负面新闻炒到一定程度后，就开始他们炒作的第二阶段——“拨乱反正”，把之前的负面形象扳正过来，也就是通过另外一个人“很真实地”描述出他的背景，当然，有一部分是真的，有一部分是杜撰的。一般来说，表示同情的网民特别多，于是原来的负面形象就基本上没有了。

这名业务人员介绍了炒作的流程：先找一帮人在网上发表一些狂放不羁的言语，甚至发表一些不堪入目的照片、文章等低俗的内容来吸引人们的广泛关注。之后，再找一帮人站出来为其澄清。最后再通过网络投票、重大事件来巩固人气。一场炒作就这样完成了。他说，这需要很详细的流程化规划，还需要媒体跟进。

有专家认为，一些青少年比较容易有“我想成名”的心理，如果看到别人做一些反常、低俗的事情能迅速走红，他们就会去模仿。

央视记者在采访中还发现，为了炒作，一些个人和公司在用网络推手的同时，还提供网络打手，就是在炒作一个公司知名度的同时，通过互联网来贬低竞争对手的形象。针对不同的企业，网络推广公司给出的方案不尽相同，但都秉承一个原则：栽赃陷害。

App 媒体、网络推广公司“成功引导互联网上的舆论导向”的手段是什么呢？

某 App 媒体、网络推广公司业务人员说：公司兼职的、听他们操纵的人员特别多，可能有几万人，全国各地都有。业余时间，他们发一条帖子挣两三毛钱，一天发很多条，挣十几块钱或二十几块钱。他们通过各种手法几乎控制着国内所有的主流论坛和大量的网络水军，可以操纵舆论。某 App 媒体、网络推广公司业务人员说，他们可以帮客户把一些有新闻性的负面事件无限扩大，可以在一个晚上就让客户的竞争对手的负面消息在 App 媒体、网络上铺天盖地。

除了炒作和打压，不少 App 媒体、网络推广公司还推出了“危机公关”业务，就是专门帮助企业或者个人删除网络上的负面信息。某 App 媒体、网络公关公司业务人员说：“一些小自媒体、小网站，我们通过技术直接把它干掉，删搜索引擎快照。”根据公关的难易程度，删帖的费用不一样，价格低的 2 000 元一条，而价格高的达到了 5 000 元一条。

第二节　坚守策划底线，注意策划时不让受众反感，不造成负面影响

（一）运作策划应该真实，不要用虚假的策划来欺骗消费者

虚假策划会让消费者反感，从而产生负面影响，甚至造成难以挽回的损失。

案例与分析

策划“神奇水”包治百病，两年居然卖了 6 亿元

2019 年 12 月 15 日，中央电视台曝光了一起虚假的策划。该公司宣传：有一种神奇水（见图 12-1），连续喝七天，不仅可以强身健体，而且可以治疗各种疑难杂症，甚至连被硫酸烧坏了脸，用这种水也能够完全恢复。

靠着这样的宣传，在不到两年的时间里，全国有 6 万多人参与，总共花费了 6 亿元来购买这瓶水。

对外宣传时生产方把这种神奇的水叫作 SSG 生命能量水，它是被地壳运动封存起来的远古海洋水，得到了多家中美权威机构的认可，不仅可以逆转衰老、延长寿命，

而且包治百病，被当地人称为“神水”。

村里放牛娃的红斑狼疮被治好了，公司的创始人被硫酸烧坏了脸，使用能量水后也恢复如初。整个疗程只需要七天。如果再配合公司研发的漂浮舱一起使用，效果更是神奇。

公司给出的回馈也非常丰厚，只要购买了产品，就立即能得到相应的金元返利，买得越多，返得越多。这些金元在公司自己的网上商城可以自由兑换成人民币。如果介绍其他人购买，还会有一定比例的金元回馈。

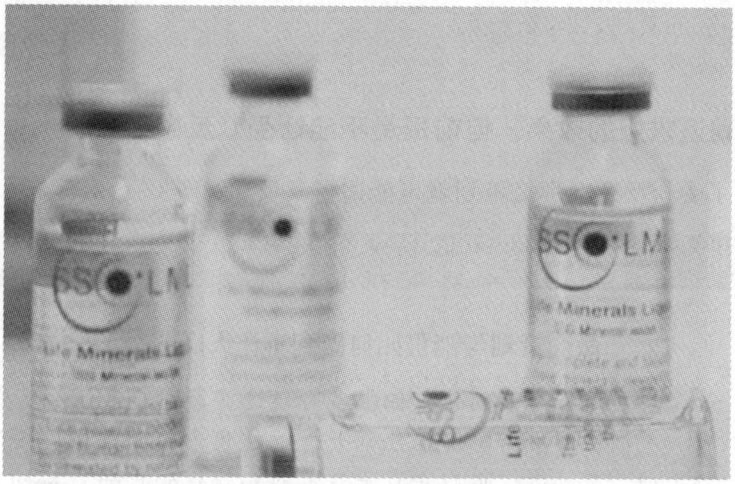

图 12-1 号称“包治百病”的神奇水

记者实地探访发现：地下水＋盐＝神奇水。

根据产品包装显示的信息，神奇水的开采地位于湖北省荆州市松滋市。为了一探究竟，记者找到了出产这种神奇水的地方。

进入厂区，记者看到，所谓的罐装水摆放在墙边，地上还有些结晶物体。

记者：“地上怎么这么湿？”

工作人员：“它不是湿，这个水它含盐量特别高，全部都是盐。盐水嘛，它含盐量特别大，可以把人漂起来。”

原来，广告中的患者能够在漂浮舱浮起来，不是因为水有多神奇，只是因为水的密度比较大。

广告中还宣传，这种水的神奇效果得到了中国地质科学院的认证，而且专门在当地设立了科研点。那么，这种水对人体究竟有没有好处呢？

中国地质科学院荆州深井富钾卤水科学观测站的工作人员介绍说，他们主要负责开采里面的锂钾元素，这种水里面确实钾含量非常高，钾矿对植物生长很有帮助。

【电子资料 12-1】

石象湖虚假策划“盛世花宴”吸引游客

经过记者一周时间的调查，这家公司宣传的各种所谓神奇水的谎言就被轻易拆穿。神奇能量水，其实就是钾含量高的地下水源；人之所以能漂起来，是因为水的密度很大。而治好了放牛娃的红斑狼疮以及村里很多人的重病，更是子虚乌有。

很快，公司实际控制人和部分高管就被警方采取了刑事强制措施。

资料来源：朱慧容，王海东．两年卖了6亿元！"神奇水"包治百病还能赚钱?．中央电视台，2019-12-15.

案例分析：警方的调查结果显示，这款能量水根本没有经过任何食品、药品相关部门的许可，属于典型的三无产品。合肥公安部门提供给记者的部分案情资料显示，这家公司其实就是利用所谓能量水为载体，通过网络拉人头，进行传销。对这种虚假甚至违法的策划，应该严惩。

（二）策划追求好的效果，但前提是不能让受众反感

如果引起了受众反感，那么策划就可能适得其反。

现象与分析

【电子资料12-2】

布什竞选广告遭指责

微商策划与销售如何做到不让人反感?

现在流行微商销售，但很多时候这些策划非常让人反感。

人们在做微商时，往往都太看重销售方式的改变，而没有关注客户的心理，要知道，吸引客户才是策划和营销的目的，一切自以为是的好的策划方式并不见得是好策划，站在客户的角度去思考的策划方式才是好策划。

微商如何做到不让人反感策划呢?

第一，不要群发消息，不要经常刷屏。群发消息是非常令人生厌的，这会让人觉得微商对客户不尊敬。经常刷屏的话也会让客户反感。

第二，如果你也是客户，那么你可以和另一个客户据理力争，但你是一个微商，那就得站在一个卖家的角度去思考问题，那么这时最重要的就是无论客户怎么说你、刁难你，你都不要带着情绪去对待，因为这只会引发更大的情绪，沉默是最好的处理方法。

第三，不要质疑客户，没有最后判定前都要把他/她当作有需求的客户去跟进。对客户所有的问题都要回答，并告知客户你对问题的处理方案。不要忽略客户的任何一个需求，你不知道它对客户有多重要。

微商处处要做策划，要了解客户需求，经常与客户沟通、互动，真正进入客户的内心世界，使策划创意真正能与客户达到心灵上的共鸣。很多时候，知道客户的感受，比了解客户亲口说出的购买理由更为重要。策划者应该将自己当成购买产品的客户，先取得客户的信任，让客户自觉对该产品产生需求，使他们在愉快的情绪下主动咨询产品的详情，进而决定购买产品。

有的商家为了引起受众的注意，在价格上故意实施一些虚假的优惠、打折等手段，以达到吸引受众注意的目的，其结果更多是使得受众反感。

现象与分析

商场实施的假打折手段

某市繁华路段有一家商场，天天都在进行打折活动，而进去一看，里面的商品基本上是不知名的服装、化妆品等，还有一些在本市其他商场没有因而无法比较价格的商品。商家说这些商品在打折，消费者又怎能知道它们到底打折了没有呢?

商家以为使出这些伎俩就能蒙骗消费者，但久而久之，该商场的伎俩被越来越多的消费者识破，就很少有人会再来光顾。这家商场的生意就可想而知了。

而处在同一繁华路段的其他商场踏踏实实地为消费者服务，生意当然肯定比这家商场好。

其实笔者前面也谈到了不要一味地打价格战，以免让受众以为“低价低质量”，从而造成负面影响。

(三) 在策划时用虚假天气来误导受众也可能会给消费者造成负面影响

有些策划人打天气的主意，故意用虚假天气来误导受众，其结果也可能会造成负面影响。

现象与分析

利用天气进行的策划诱导

例如，某地很少出现下雪天气，但有公司大肆宣传要下雪了，使当地人形成错觉，以为是气象部门的做出预报，甚至有的公司还大胆而含糊地往这方面误导，说某天一定会下雪，然后推出与雪有关的或以雪命名的某种新产品。而事实上，当地人翘首以盼的雪并没有下。

某地在八月十五中秋节这天难以欣赏到圆月，然而有些商家此前以当地气象部门的口吻做出预测，误导人们说中秋一定能欣赏到圆月，然后以此推出与圆月有关的新产品。

某地夏季一直凉爽，有商家就误导人们说以后某段时间会酷热，然后推出一种空调。结果酷热的天气并未出现，很多消费者感觉上当受骗了。诸如此类的策划屡见不鲜。

这种策划主要是利用大众对天气的普遍关注、期盼心理，然后推出产品，以加深人们对这种产品的认识，从而希望引起轰动效应。

其实这种方式未必是妙计高招，也不值得提倡。

我们来详细分析一下，这种策划产生的正面影响与最后的实际收益会怎样呢？其实未必都能如愿。如果天气如商家事前宣传的那么准确，这当然就是一次成功的策划，然而这种宣传往往带有一种打赌的性质。正因为这些地方往往难以出现这种天气，人们才会有所关注，商家也是想利用人们的这种关注心理产生轰动效应，进而把对天气的关注转移到对产品的关注上来。

这样做，商家不仅难以达到目的，而且会产生负面影响。

当然，这类活动由于利用了人们对天气的普遍关注，产生的影响肯定是很大的，然而这种影响肯定是以负面影响居多。

当人们普遍关注、期盼的天气并非宣传的那样时，就会有一种上当受骗的感觉，进而去追究或迁怒于这种误导信息的发起人，当然也就会迁怒于商家的宣传、误导、欺骗、愚弄，从而厌恶或拒绝该商家的产品。

当然，对于同一个创意，如果能在技巧上稍微改变一下，如改变一下方式，以及在技巧上做一些处理，也许就不会有这么大的负面影响了。比如，挑明用某产品与消费者打赌，赢了怎么样，输了怎么样，同样能引起人们的兴趣。

当然，如何对有关天气的策划做一些技巧上的处理，需针对公司具体情况具体分析，其中关键的就是要考虑尽量不造成负面影响。

(四) 超过标新立异的界限就成了哗众取宠，其结果也会使受众反感并造成负面影响

标新立异与哗众取宠只有一步之遥，策划时一定要掌握好分寸，不要跨越二者的界限：标新立异带来的是正面影响，而哗众取宠往往更多地是让受众反感，其结果也更多地是造成负面影响。

案例与分析

哗众取宠的广告语“爸爸，长大以后我想嫁给你！”让网友炸开了锅

2020 年 8 月 5 日，有网友在微博晒出深圳地铁一号线女性车厢的地板和墙壁上贴着的“童言无忌”的标语（见图 12—2）：

“爸爸，长大以后我想嫁给你！”

“妈妈，长大以后我想娶你！”

图 12－2　深圳地铁一号线车厢地板上的文字

这些内容引发了网友质疑。有网友认为其是在用哗众取宠的文字吸引眼球。

车厢上印有“新东方老师好”字样，有媒体就此事向新东方深圳学校官微进行核

实，对方表示该广告的确是他们投放的，现已关注到此事，后续一定会给大众一个满意的处理。

广告公司客服解释道："想表达简单纯粹的亲情。"

该客服还表示："该文案的出发点主要是：从小孩子单纯简单的角度童言无忌地表达对爸爸妈妈的爱，是想表达简单纯粹的亲情。"

地铁负责广告管理的工作人员表示已投放一个月，会很快撤下。

针对该事件，8月5日中午，负责深圳地铁广告管理工作的深圳市地铁商业管理有限公司一名工作人员表示，前述广告文案由新东方深圳学校于7月初提供，并投放在深圳地铁车厢内，已持续约一个月，公司将在今天（8月5日）地铁停止运营后于6日凌晨将前述广告撤下。

深圳报业地铁传媒有限公司一名工作人员称：前述广告由他们公司负责审核，文案系"童言无忌"系列，审核时考虑不周，收到相关投诉后"已第一时间和地铁集团积极沟通，下一步会在广告审查方面加大力度，杜绝类似事件再次发生"。

【电子资料 12-3】

为哗众取宠，理发店竟然取名"最高发院"

参考文献

安之. 气候，是商机还是炒作题材. 上海百货，2011（1）.

陈墨. 追问网络公关与营销炒作. 企业家信息，2010（5）.

方人也. 低俗的噱头，无耻的炒作——"香艳炒作"正流行. 法制与社会，2011（11）.

盖述功. 恶意炒作？听上去很扯的一件事. 网友世界，2011（11）.

高金章，马向晖. 走出广告误区. 管理工程师，1999（2）.

高金章. 走出广告误区，赢得理想效益. 工厂管理，1999（3）.

郭守亭. 企业的广告误区. 学习论坛，2000（6）.

胡顺越. 浅析新闻炒作的危害及对策. 新闻世界，2011（6）.

贾若. 中小企业走出商标误区. 新浪潮，2003（7）.

浪波. "炒作"杂谈. 民主与科学，2010（5）.

李文瑛. 广告误区与广告创新. 芜湖职业技术学院学报，2004（1）.

李欣荣. 常用炒作手法. 销售与市场，2011（12）.

李岩玲. 迟到五年的诽谤，炒作还是维权？法律与生活，2011（12）.

刘洪. 广告误区面面观. 经营管理者，1997（4）.

刘平. 浅论新闻炒作. 中国商界，2009（11）.

刘卫衡. 走出广告误区，展现广告魅力. 株洲工学院学报，1995（2）.

刘永达. 警惕炒作公司. 销售与市场，2011（12）.

罗力任，傅建球. 媒体泛滥背景下企业广告误区及其规避. 现代商业，2007（33）.

马铭清．走出品牌误区．中国国情国力，2006（5）．

马颖．评论炒作更不可取．新闻世界，2009（10）．

乔均，刘湘萍．“哈医药”是否走入广告误区．中国广告，2001（4）．

苏仕君．香艳炒作的再度胜利——“处女唇茶”让谁沉醉？法制与社会，2011（11）．

孙国辉，和曜纲．品牌误区剖析．科技与企业，2004（5）．

唐文龙．新奢侈主义的品牌误区．中国质量万里行，2007（6）．

王亚立，白全礼．对我国企业广告误区的分析．郑州航空工业管理学院学报，2000（2）．

伍建乔．中国企业：何时不再步入品牌误区？广东科技，2009（17）．

肖国忠．抵制恶俗炒作须除“审丑”趣味．教育文化论坛，2011（3）．

肖阳．炒作：不能不做，不能太过．销售与市场，2009（21）．

杨勇．警惕借灾炒作．农产品市场周刊，2011（22）．

于荣生，王荐平．特殊商品和服务广告误区谈．广告大观，2000（1）．

张毅芳，宋子慧．品牌的误区．特区经济，2008（12）．

张智渊．食品企业易于陷入的几个品牌误区．中外食品，2007（11）．

赵小茉．媒体的商业化和社会责任——浅议炒作和虚假新闻．新闻知识，2011（6）．

赵智敏．广告误区面面观．新经济，2001（4）．

郑梁会．企业家：请矫正您的广告误区．经营管理者，1993（1）．

周音孜．网络新闻炒作背后的传媒反思．今传媒，2011（6）．

朱亮，邵怡丹．危机之下，别走入品牌误区．江苏农村经济：品牌农资，2009（3）．

朱思文．谨防广告误区．企业改革与管理，1999（9）．

第十三章

MASTERMINDING

策划实战模拟

第一节　策划的实施程序

一项较为完整的策划程序由制定构想、市场调查、制订详细方案、效果预测、实施方案、跟踪效果、活动总结等多个环节组成。

①制定构想：为何要实施策划？初衷是什么？想达到什么目的？这些都应体现在构想里面。

②市场调查：调查是进行策划的基础，需调查与本次策划有关的很多内容。

③制订详细方案：通过构想和市场调查后，再制订详细方案，这一步是整个程序中很关键的部分。详细方案通过策划书的形式反映出来，它的详细内容见后面策划书的格式。

④效果预测：对要实施的策划事先进行一些效果预测，比如项目影响如何？销售情况怎样？广告设计是否合理？受众的反应如何？

⑤实施方案：这一步也关系到整个策划方案的成败，即整个方案的效果。必须按照最初制订的方案去实施，并注意随情况的变化修改方案。

⑥跟踪效果：并不是实施了方案，整个策划就结束了，最后还要跟踪这次策划的效果究竟如何，收集一些数据。

⑦活动总结：对整个策划进行总结，如总结成败经验、问题等。

专题研究

整合策划的实施程序及决策者需具备的相关知识和能力

在实际应用中，当前企业都是把广告置于营销、策划之中，把广告作为营销、策划的手段来应用。

一个企业实施广告时的过程大致是这样的：

第一步：公司决策层（包括董事长、总经理、相关副总、相关中层人员）讨论销售计划，考虑实施怎样的策划、营销战略，其中要用到哪些策划手段，广告怎样配合、实施。这个环节就决定了广告费的预算。

第二步：交给主管销售的副总去具体执行。

第三步：主管销售的副总让主管销售的中层负责人去做预案。

第四步：主管销售的中层负责人写出详细的策划、营销方案，其中包括广告实施部分，并挑选要在它上面做广告的媒体。很显然，这个中层负责人除了要懂广告理论外，还要懂策划和营销理论。

第五步：详细的策划、营销方案由主管销售的副总审批通过后，再交给总经理、董事长审批签字返回，再由主管销售的中层负责人交给部门职员去执行，职员可能只懂广告而不具备综合策划能力。

第六步：一般情况下，广告的设计制作交给专业的广告设计制作公司，公司相关人员会联系专业的广告设计制作公司来商谈制作设计广告。

上述过程就决定了广告专业毕业的学生要进入相应的决策层所要具备的知识。

如果广告专业毕业的学生要进入中层或以上管理决策层就必须掌握有关策划、营销知识。当然，有人会说，有的企业现在在位的领导并不是相关专业毕业的学生呀。这种情况当然存在，但是管理人员可以在毕业后补充学习这方面的知识，而且这对于他来说是必需的。

我们这里所做的也是一种理论上的分析，排除了现实中复杂的人际关系。

如果不具备这些知识，那就只能做执行广告的部门的职员，或者负责联系专业广告公司，难以进入决策层。

如果广告专业毕业的学生到专业的广告设计制作公司去工作，那么又可以细分为两类。

第一类：专门负责联系业务，为客户公司设计营销、策划方案尤其是广告方案，然后得到客户公司的认可。这一类人必须具备策划、营销方面的知识，不然写的方案很难得到客户公司的认可，也就难以成功拉到广告业务。

第二类：只进行广告构图、设计和制作，或只进行电视、电影广告的技术制作，前者一般是艺术系（或学院）广告专业的学生所学习的课程，后者一般是新闻传播学院广告专业的学生所学习的课程。

所以，要成为一个优秀的能够进入公司决策层的人才，或要成为一个专业广告公司的优秀人才，必须深入掌握有关策划、营销方面的知识。

第二节 策划书的内容要求和一般格式

写策划书时对内容没有特别的要求，只是要简练，不要加上一些与策划无关的内容或图片。在现实中，有人在写策划书时，为了使策划书版面或装帧看起来漂亮，故意加上很多冗长的文字，以及一些修饰图框，使整本策划书看起来非常漂亮，但这样做淡化了策划书的主题，负责人也没有时间来看装帧漂亮但内容松散的策划书。策划书即使制作再精美，装帧再漂亮，但若失去了可读性，也就没有什么作用，这样策划方案就难以得到认可和实施。

写策划书的原则是：尽量用精练的文字吸引人，让阅读者用较少的时间就能了解所策划的内容和实施方案。

策划书其实没有固定的格式，只要能清楚、完整地反映一次策划活动就行。它的格式是灵活多样的。但对初入这个行业的人来说，往往会觉得无从下手，总希望能有一个基本格式可以参照一下。以下格式就是为初学者提供的一个参考格式。

①题目。

尽管策划书没有固定的格式，但所有策划书都必须有题目。题目应该简单明了，可以写成“关于××的策划方案”“××的策划实施方案”。

②策划的背景。

③本次策划的目的（宗旨）。

④策划的目标。

⑤策划的要点（立足点和围绕的中心）。

⑥实施细案。

⑦经费概算。

⑧总结。

除了题目以外，其他部分并不是每一个策划书都必须具备的，可以根据实际情况设置。这些部分也可以用其他文字来表达，只要能清楚表达策划活动的意思就行。

第三节　一个实战策划案例的策划书

“重振中国重大传统工艺：广安满屋飘香竹篓窖泥法甘蔗酒”系列策划方案之一

1. 策划的背景

“广安满屋飘香酒业有限公司”主要从事竹篓窖泥法甘蔗酒的生产。利用竹篓窖泥法酿制甘蔗酒这门工艺历史悠久。

（1）**堪称国粹工艺**。此甘蔗酒酿造工艺是中国古老、独特的工艺，也是世界上独一无二的工艺，技术含量很高。

（2）**不仅具有重要的经济价值，而且具有重要的文化和历史价值**。甘蔗酒酿造历史源远流长，是中华灿烂文明史上不可或缺的重要组成部分，比国外朗姆酒要早1000多年，但目前国内对这方面的历史挖掘和整理工作却做得很少，几乎一片空白。

竹篓窖泥法甘蔗酒在酿造过程中使用了一种重要工具古代石车（见图13-1），这曾是人类历史上科技含量较高的石制工具，可以说达到了登峰造极的地步！它运用了现代齿轮轴承原理，现代铁制轴承工具出现后才被取代！中国曾经广泛使用石车来制糖、酿酒！这是中国所独有的！

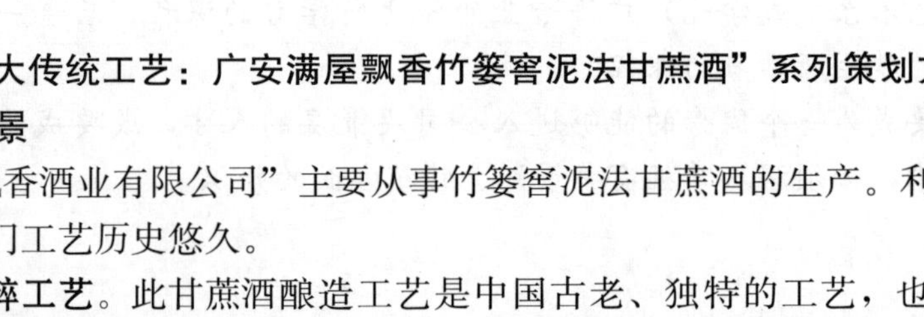

图13-1　古代石车

此工艺体现了中国古代人民高超的智慧和精湛的手工艺，用这种石制工具加工甘蔗，提高了破碎甘蔗的效率，同时能把甘蔗里面的汁更充分地挤压出来。石头底座有 3 吨重，最大的石磙也有近 2 吨重。古代没有吊车等工具，要把如此重的成套工具从外地运输到加工作坊现场，也非常艰难，需要相当高的智慧。

2. 策划的目的

◆ 媒体、企业合作，互动互赢

让《华西都市报》策划出第二个类似碧峰峡的经典案例。此项目本身具有独特性，容易产生新闻效果。

通过《华西都市报》带动其他媒体的新闻宣传，新闻、广告、销售配合，达到整合策划效果。

在付费方面，只选择《华西都市报》一家进行定位、集中、精准传播，并强势整合《华西都市报》新媒体平台资源进行立体传播：《华西都市报》及其 App、掌上四川 App、《华西城市读本》（川东北新闻）另加百度搜索。

◆ 为何选择《华西都市报》?

《华西都市报》作为中国第一张都市报，在中国有相当大的影响，并有非常强的整合策划能力尤其是强大的新闻策划能力，曾经策划过很多有影响的案例，以碧峰峡最为经典。

3. 策划方案的目标

企业文化、品牌传播，产品销售。

巧妙嫁接 2015 成都全国春节糖酒交易会期间举行的“2015 两岸白酒研讨会”“中国酒业总评榜”，快速提升满屋飘香甘蔗酒的知名度、影响力，并有效实现销售、招商、引资的目的。

【电子资料 13－1】

《华西都市报》简介

4. 策划方案的要点

● 深挖甘蔗酒在中国悠久的历史，强调古老、独特的工艺。

● 重点强调竹篓窖泥法酿制甘蔗酒工艺的特点。

● 强调用竹篓窖泥法酿制的甘蔗酒区别于国外的朗姆酒、中国 20 世纪 60—70 年代的糖泡子酒、目前各地酿造的简易的甘蔗酒。

● 强调用竹篓窖泥法酿制的甘蔗酒相比粮食白酒具有独特优势：因为工艺独特，最关键的是不用辅料，所以甲醇、氰化物等有害物质含量远远低于粮食白酒。又因为同样用到了中国生产粮食白酒的独特工艺固态窖泥法，所以酒的口感和香味可以与之媲美。

● 发酵周期长。

● 符合“十二五”产业政策。甘蔗酒也属于支持和鼓励发展产业，属于粮食白酒的替代品。

【电子资料 13－2】

《华西都市报》曾经策划的碧峰峡

5. 策划方案的实施

宣传周期：

2015 年 2 月至 3 月

新闻标题及概要：

(1) 甘蔗也能酿白酒?! 四川白酒重大发现（发现篇）。

——用整版篇幅报道，小角度切入，点出甘蔗酿酒工艺这一重大发现，引起消费者和行业高度关注。

(2) 甘蔗酿白酒唤起一段尘封的记忆（探访篇）。

——本报独家揭秘古老的甘蔗酒酿制工艺。追根溯源，用半版篇幅报道，挖掘甘蔗酒酿制工艺的悠久历史。

(3) 甘蔗酒酿制工艺为何在历史长河中突然消失?（揭秘篇）。

——用整版篇幅追根溯源，独家揭秘这一独特酿酒工艺消失的真正原因。

(4) 甘蔗白酒不同于国外的朗姆酒。

——用半版篇幅说明用本工艺酿造的甘蔗酒无论口感还是风味都远超国外用液态法酿制的朗姆酒，从工艺、历史、口感等角度将其与朗姆酒进行比较。

(5) 抢救性挖掘古代甘蔗酒酿酒遗址（延伸篇）。

用半版篇幅发动政府，与当地相关部门联动宣传，增加官方权威影响及公信力；引起文物部门重视，让当地文物部门现场考证。

(6) 甘蔗白酒引起市场关注。

神秘投资机构欲投巨资打造甘蔗酒生产基地；

甘蔗白酒受消费者推崇；

(半版篇幅) 以前期报道引起的市场反响为主，引导媒体深入报道，推动项目向纵深发展。

(7) 让甘蔗酒酿制工艺发扬光大，广安打造甘蔗生态酿酒工业园。

让甘蔗酿酒酿制工艺发扬光大，广安欲打造甘蔗酒乡村生态游项目。

(半版篇幅) 报道引起各方强烈反响，政府高度重视，并给予政策上的强力支持。

6. 宣传明细

①《华西都市报》: 1P＋0.5P＋0.5P＋0.5P＋0.5P＋0.5P（累计 3.5 个整版套彩）。

②《华西城市读本》(川东北新闻): 1P＋1P＋0.5P＋0.5P（累计 3 个整版套彩）。

③ 掌上四川 App 开屏首页顶部幻灯植入 8 天。

④ 言味追踪报道 10 次。

⑤ 安排公司负责人在中国白酒高峰论坛 2015 两岸白酒研讨会交流发言。

⑥ 参加第二届中国主流媒体酒业总评榜奖项角逐。

⑦ 3 月 23 日至 29 日《华西都市报》二十周年品牌周植入（当周周一至周五每天整版植入宣传，微信微博每天植入宣传，游戏互动）。

7. 费用预算: ××万元

8. 活动总结

(1) 本次策划活动成功之处: 引起众多媒体报道。

2015 年 3 月 18 日《华西都市报》率先刊文《甘蔗也能酿白酒?! 四川白酒重大发现》，对此工艺进行了报道，由于工艺古老、独特，且酿酒原料是甘蔗，并有着深厚的历史、传统文化底蕴，引起了轰动（见图 13－2）。

各大门户网站、专业媒体、论坛微博等多家媒体纷纷进行了转载，其中包括《人民日报》、新华社、央视等国内大媒体，中国侨网在首页也进行了转载，引起了海内外同胞的高度关注，有媒体多次联系说想到现场采访。

图 13-2　多家报纸进行新闻报道

【电子资料 13-3】

竹篓窖泥法甘蔗白酒广安复产　使用几百年巨石磙子

人民网使用的标题是《竹篓窖泥法甘蔗白酒广安复产　使用几百年巨石磙子》，(http://culture.people.com.cn/n/2015/0318/c22219-26711282.html)。

中国侨网使用的标题是《四川发现百年奇特酿酒工艺，甘蔗也能酿白酒》(http://www.chinaqw.com/zhwh/2015/03-18/41939.shtml)。

央广网使用的标题是《四川岳池：竹篓窖泥法酿制甘蔗酒》(http://sc.cnr.cn/sc/2014dfdt/20150313/t20150313_517995791.shtml)。

《华西都市报》的标题是《甘蔗也能酿白酒？四川白酒行业重大发现》(http://history.thecover.cn/shtml/hxdsb/20150318/276960.shtml)。

(2) 本次策划活动存在的问题：产品渠道不畅通、销售产品单一。

由于公司产品初次上市，加之抢在成都春季糖酒会期间，所以策划活动的宣传效果极好，但产品还没有到达销售终端，很多消费者无法买到产品。

此外，由于上市匆忙，外包装也存在设计粗糙的问题。

【电子资料 13-4】

甘蔗酿白酒为何在历史长河中突然消失?

第十四章

MASTERMINDING

除策划学理论外的其他市场理论

第一节 广 告

(一) 广告的来源及定义

在与市场有关的理论中，广告应该是起源最早的，到今天它已经发展成为一门非常成熟的独立学科。

现在“广告”的英语单词是“advertising”，这个单词也是几经演变而成。

这个英语单词来源于拉丁文“adverture”，它的意思是“注意”“引导”，到了1300—1475年期间，它演变为“advertise”，其含义是“一个人注意到某件事”，以后“advertise”又演变为“引起（或通知）某人注意到某事”“让众人知道某事”。

而“advertising”一词最早来源于《圣经》。15世纪40年代，德国的约翰内斯·古登伯格（Johannes Gutenberg）发明了西方活字印刷术，不到50年，全欧洲都用上了印刷机，代替了缓慢的手抄，这样便可以迅速地大批量印刷出版物了。于是，英国开始印刷《圣经》，1655年，英国出版商引用《圣经》中的“advertising”一词作为广告招牌，1660年，“advertising”被作为商业推广的一般用语使用。

到17世纪末期，随着英国商业活动大规模地开展，“广告”一词便广泛地流行使用。到近现代后，静态的广告“advertise”演进为动态的广告活动“advertising”，至此才出现现代意义上的广告。

世界上现存最早的广告是公元前1000年在古代埃及首都散发的一种“广告传单”实物。公元前1000年，在古埃及首都就散发了最早的“广告传单”，内容为悬赏一个金币寻找一个名叫西姆的奴隶。该“广告传单”是写在“莎草纸”上的，文字是用手抄的，现保存在大英博物馆内。这张广告也许可以算是现在世界上最古老的一张广告了。

自德国人约翰内斯·古登伯格于1445年发明金属活字后，金属活字印刷术被广泛应用，广告业亦随之发展。1472年，第一条英文广告出现：一张贴在伦敦一个教堂门上的传单。广告是向周围的居民宣传出售一种福音书。

1472年英国第一个出版人威廉·卡克斯顿（William Caxton）印刷了许多宣传宗教内容的广告，张贴在伦敦街头，这是西方最早印刷的广告，但比中国北宋刘家针铺印刷的广告晚了三四百年。

1622年英国尼古拉斯·布朗（Nicolas Brown）和托马斯·珂切尔（Thomas Kircher）创办了第一份英文报纸《每周新闻》（*Weekly News*），该报纸在伦敦出版。1650年，在有关“国会的几则诉讼程序”一栏里，登出了某家12匹马被盗的寻马悬赏启示。之后，1710 年艾迪生（Addison）和斯蒂尔（Steele）又在《观察家》杂志上刊登了有关推销茶叶、咖啡、巧克力、书刊、房产、成药、拍卖物品以及转让物品的广告。

美国独立前，于 1704 年 4 月 24 日创办了第一份报纸《波士顿新闻通讯》（*Boston News Letter*），上面刊登了一则向广告商推荐该报纸的广告。被认为是美国广告业之父的本杰明·富兰克林（Benjamin Franklin）1729 年创办的《宾夕法尼亚日报》，把广告栏放在创刊号第一版社论的前头，首次刊登的是一则推销肥皂的广告。在整个殖民地时代美国的报纸中，《宾夕法尼亚日报》的发行量和广告量都居首位。在这家报纸上经常可以看到有推销船舶、羽毛制品、书籍、茶等商品的广告。富兰克林既是一个广告作家，又是广告经理和推销员，他所撰写的最著名的广告作品要算为宾夕法尼亚壁炉厂所做的推销广告了。这种壁炉后来被定名为“富兰克林炉”。

这个广告是这样写的：带有小通风孔的壁炉能使冷空气从每个孔源钻进室内，所以坐在通风孔前是非常不舒服并且危险的——尤其是妇女，因为在家里静坐的时间比较长，经常因为上述原因致使头部受风寒、鼻子流清涕、口眼歪斜，终至延及下颌、牙床，这便是北国许多人满口好牙过早损坏的一个原因。①

到 1830 年，美国已有 1 200 种报纸，其中 65 种是日报。许多报纸第一版大部分或整版都是广告。1830—1850 年间是便士报时代，因为每份售价仅一便士，价格低廉，销路较广，广告的效力也相应较大。在报纸广告盛行的同时，杂志广告也不断增加，并出现了广告代理商和广告公司。

现在广告在世界上已经非常普及，它成为市场中销售产品的重要工具或必不可少的手段，广告理论不但非常成熟、深入，而且以迅猛的速度在发展。

美国全国电台电视广播公司协会会长哈罗德·费洛斯雷在 20 世纪 50 年代后期就预言，假如广告突然停止，那将使美国 2 700 家电台和 400 家电视台关闭，许多报纸和杂志社倒闭。还有许多企业将缩小规模，价格将上涨，失业人数将大幅增加，许多人会争取进入制造业和运输业工作。证券交易所将倒闭。② 它摧毁美国的速度比起1 000 颗原子弹或氢弹更快。

人们把广告比作信息传播的使者、促销的催化剂、企业的“介绍信”、产品的“敲门砖”，甚至有人认为，在今后的社会里，没有广告就没有产品，没有广告就没有效益，没有广告的企业将寸步难行。这就是说，广告是企业销售必不可少的手段，能否有效地使用广告将直接关系到企业的成败。广告最简单的定义就是广而告之。

广告的目的是：增加信息量，扩大影响，让更多的人知道，以便更好地推销、经营、交换。

广告发展到今天，虽然它的手段和技巧已有了很大提升，但是广告始终没有脱离它的最初目的：交换或推销。今天的广告无论采用何种技术、形式或载体，最终目的

① Fleming, Thomas. *How It Was in Advertising*: *1776—1976*. Chicago: Crain Books, 1976: 6; O'Barr, William, M., “A Brief History of Advertising in America.” *Advertising and Society Review*, 7 (2005): 1-26.

② 朱晶. 试论电视广告中男性视野下的女性角色. 湖南科技学院学报，2007 (11): 27-29.

都是通过广告这种手段达到推销或交换的目的。

当今世界，商业广告已十分发达，很多企业、公司、商业部门都乐于使用大量资金做广告。

关于广告的定义还有很多。

1932年，美国《广告时代周刊》公开征求到了一个广告定义：由广告主支付费用，通过印刷、书写、口述或图画等，公开表现有关个人、商品、劳务或运动等信息，以达到影响并促成销售、使用、投票或赞同的目的。①

1963年，美国营销协会在经过多次修改后，最终形成了迄今为止仍有较大影响力的广告定义："广告是由明确的广告主，在付费的基础上，对其观念、商品或服务所做的非人员的陈述和推广。"②

哈佛《企业管理百科全书》认为："广告是一项销售信息，指向一群视听大众，为了付费广告主的利益去寻求经由说服来销售商品、服务或观念。"③

在中国大百科全书出版社编译出版的《简明不列颠百科全书》中，广告条目为："广告是传递信息的一种方式，其目的在于推销商品、劳务，影响舆论，博得政治支持，推进一种事业，或引起刊登广告者所希望的其他反应。广告信息通过各种宣传工具，其中包括报纸、杂志、电视、无线电广播、张贴广告及直接邮递等，传递给它所想要吸引的观众或听众。广告不同于其他传递信息形式，它必须由登广告者付给传播信息的媒体以一定报酬。"④

美国广告协会对广告的定义是：广告是付费的大众传播，其最终目的是传递信息，改变人们对于所广告的商品的态度，诱发其行动，从而使广告主获得利益。⑤

中国的《辞海》和《现代汉语词典》对广告采用同样的定义：向公众介绍商品、服务内容或文娱体育节目的一种宣传方式，一般通过报刊、电台、电视台、招贴、电影、幻灯、橱窗布置、商品陈列的形式进行。⑥随着时代的发展，广告也越来越规范，许多国家都把广告纳入了法律管理的范畴，这样广告的定义就被赋予了法律意义。中国《广告法》对广告的定义是：商品经营者或者服务提供者承担费用，通过一定媒介和形式直接或者间接地介绍自己所推销的商品或者所提供的服务的商业广告。⑦

上述各种定义，由于时代不同、提出的角度不同，因此内容也不一致。

（二）广告的本质、作用、管制

1. 广告的本质

① 广告无论如何发展，都离不开它的实用性、简单性原理：方法有效，容易达到

① 余明阳，广告学．合肥：安徽人民出版社，2000.

② Herbert，Jack Rotfeld．"The Stealth Influence of Covert Marketing and Much Ado about What May Be Nothing." *Journal of Public Policy and Marketing*，27（2008）：63－68.

③ 苗杰．现代广告学．北京：中国人民大学出版社，2004：38.

④ 简明不列颠百科全书．北京：中国大百科全书出版社，1995.

⑤ 王世德．探讨广告的定义与性质．兰州商学院学报，1992（4）：35－40.

⑥ 夏征农，等．辞海．上海：上海辞书出版社，1989：951.

⑦ 广告法．北京：中国法律出版社，2000：2.

目的。② 广告必须紧扣最初目的：交换或推销。

以上两条为广告的本质。

2. 广告的作用

广告的作用是什么？西方广告界有句格言："推销产品不做广告，犹如黑夜之中暗送秋波。"①

在现代社会中，广告事业的发展水平也是衡量一个国家或地区经济发展水平的重要标志之一。广告的作用在信息时代表现得最充分，广告应该是信息时代的宠儿，在信息不发达的时代，即使有广告，它的作用也不明显，广告的真正作用也不是很大。

广告在信息时代的真正作用反映在如下几个方面：

第一，加快了商品交换、流通的速度。

通过广告，企业或公司能在较短时间内迅速把产品与劳务的特性、功能、用途及供应厂家等信息传递给消费者，为供需双方之间的联系搭建桥梁，引起消费者的注意与兴趣，促进购买。如果出现某些产品在某地积压滞销而在彼地却稀缺的情况，也可通过广告沟通联系。现在不仅生产单位和销售单位通过刊登广告来寻找顾客，而且一些急需某种设备或原材料的单位也通过刊登广告来寻找货源。因此，通过广告信息能迅速为供需双方搭建桥梁，加速商品流通和销售。

举例来说，如果一个新产品从诞生到推广不依靠广告，那么它需要的时间周期就长得多。就拿房地产来说，修好了一幢房子，如果不做广告，那么怎么才能让购房者知道这个信息呢？如果没有广告，那么购房者知道这个信息时已不知是何年何月了，新房子已经变成旧房子了。

第二，加快了产品、技术更新换代的速度。

新产品、新技术出现后，若靠行政手段推广，既麻烦又缓慢，局限性很大，而通过广告直接与广大消费者见面，就能迅速在市场上站稳脚跟，获得成功。

很显然，广告加快了商品交换、流通的速度。因为有了广告，旧的、不能适应时代的产品就会很快被淘汰，取而代之的是有生命力的新产品。这些新产品在广告的作用下，很快被消费者接受，所以说广告加快了产品、技术更新换代的速度。

第三，广告信息能激发和诱导消费。

消费者对某一产品的需求往往是潜在的，这种潜在的需要与现实的购买行动，有时是不一致的。广告造成的视觉、听觉印象往往会勾起消费者的现实购买欲望。有些物美价廉、适销对路的新产品，由于不为消费者所知晓，所以很难打开市场，而一旦进行了广告宣传，向消费者传递了商品信息，就会吸引消费者纷纷购买。另外，广告的反复渲染、反复刺激，也会扩大产品的知名度，甚至会让消费者产生一定的信任感，进而导致购买量的增加。

广告还能较好地介绍产品知识、指导消费。通过广告信息可以全面介绍产品的性能、质量、用途、维修安装等，打消消费者的疑虑，免除消费者对维修、保养、安装

① 郭洁．广告投放影响企业经济效益的理论分析．河西学院学报，2006（5）：84－86．

等问题的后顾之忧，从而勾起他们的购买欲望。

第四，对经济的发展起到了强大的推动作用。

欧美国家与日本的广告费支出已占国民生产总值的2%～2.5%，有的大型企业的广告费支出已达销售额的5%～10%，如日本广告费支出最多的七家公司，广告费支出占公司销售总额的9.1%～29.4%。中国的广告费支出比例低得多，如1992年广告费支出总额为50亿元，只占国民生产总值的0.13%，人均4元多。随着中国经济的发展，中国目前的国民收入和社会零售总额以每年15%左右的速度上升的同时，广告营业额则以10%～30%的速度增长。①

数据显示，2019年中国广告市场总体规模达到8 647.28亿元，占国民生产总值的0.88%，同比增长8.54%，增速较2018年有所放缓，维持在近五年来的第二高位。从人均广告消费额来看，2019年全国人均广告消费额为619.57元，较2010年增幅达341.26%，市场活跃度显著提升。② 这不仅说明中国市场经济正迅猛发展，同时也表明广告业在中国经济发展中所起的作用越来越重要。

此外，因为广告加快了商品交换、流通的速度，促进了产品、技术的更新换代，这样自然也加快了商家的资金流通，使商家的资金可以用来发展更新的项目，因而广告对经济的发展起到了推动作用。

3. 广告管制

虽然少数广告有虚假、夸大的成分，但不得不承认，大多数广告是真实的，所以广告能起到以上积极作用。

在今天的经济发展中，广告与经济的关系越来越密切，广告运用得好确实能产生很大的作用。随着商品生产的高度发展，交换规模庞大，市场扩展到世界范围，市场竞争异常激烈，加上科学技术的繁荣，广告可以利用各种先进媒体与技术传递经济信息、促进销售，已成为发达国家工商企业的重要推销手段。但现实中也不断出现弄虚作假、欺骗消费者的广告，因此，各国制定了有关法令，建立了有关组织对广告加以监督。1938年创立的国际广告协会是一个国际性组织，有来自70多个国家和地区的几千名个人会员和大批企业会员，并制定了相应的准则。

有些国家的政府对广告的管制更具有权威性，不仅控制广告的内容和方式，往往还严令禁止某类广告的发布。如瑞典禁止在电视上发布针对儿童的广告；希腊禁止在晚上10点以前播放玩具广告；在整个欧洲，不得发布烟草广告，并严格控制酒类广告，尤其是在法国。

许多国家禁止在做广告时使用“最……”这类具有夸大意义的词语，而德国只允许广告中使用经科学证实了的“最……”。麦肯公司曾为此不得不改写旧可口可乐的广告口号“最令人振奋”，因为这条广告口号暗示了产品的领导地位，而这是无法证实的。

---

① 李丽．图书馆与广告效应研究．现代商贸工业．2010（24）：347-348.

② 国家市场监管总局．2019年广告市场规模稳步增长 食品业广告投放持续位居第一．http://free.chinabaogao.com/chuanmei/202003/03304V11R020.html，2020-03-30.

许多欧洲国家禁止广告宣传优惠、奖励以及免费赠送等，企业主可以在“法定减价期”发布减价广告，而且在发布减价广告之前，广告主往往还需要征得政府管理部门的同意。

在整个欧洲，电视广告必须和其他节目区分开，使观众一目了然，因此在节目中一般是禁止安排有偿的产品介绍的。在新加坡，当信息艺术部（Ministry of Information and Arts）批评昆塔士航空公司（Qantas Airline）广播广告的“价值观具有危害性”时，国营广播公司撤回了这一广告。信息艺术部认为广告所使用的“最后的大主顾”一语无疑是鼓动消费者不计后果地花钱。

第二节　营　销

（一）营销的定义

“营销”是“市场营销”的简称，“市场营销”一词译自英文“marketing”。“marketing”有多种译法，作为一种市场活动时，它被译为“市场营销”，而作为学科名称时，可被译为“市场营销学”，多数时候大家习惯叫“市场营销”或“营销”。

对于市场营销的定义可以说是多种多样的。1985 年美国市场营销协会将市场营销定义为：市场营销是为创造达到个人和机构目标的交换，而规划和实施理念、产品和服务构思、定价、促销和配销的过程。①

市场营销学最早出现于美国，后来传到西欧、日本等。随着中国对外开放，开始实行市场经济，市场营销便进入了中国。自改革开放后市场营销学被引入中国以来，这一新兴学科得到了迅速发展。

（二）美国营销学的诞生过程

一般认为，20 世纪初期，美国一些大学如密歇根大学、加州大学、伊利诺伊大学等开始开设“工业分销”课程，标志着近代美国市场营销学的诞生。当时的美国生产力水平不高，产品不丰富，人们收入水平较低，商品市场处于供不应求的状况，买方市场大于卖方市场，消费者在商品购买中处于被动地位，生产什么就只能买什么，所以质量、信誉、服务往往难以得到保证。因此企业的经营方针是：提高产量，降低生产成本，这样就可以为企业带来丰厚的利润和维持企业的生存发展。这个阶段的经营思想主要是以产品的生产为中心。

此后，随着美国社会经济的发展，商品供求关系越来越复杂，分销商的作用越来

① Lusch, Robert F. “Marketing's Evolving Identity: Defining Our Future.” *Journal of Public Policy and Marketing*, 26 (2007): 261-268.

越重要，市场营销学在美国获得了长足的发展，早期的市场营销学派也应运而生。

1905 年，克鲁西（W. E. Kreusi）开设了产品市场营销（marketing of products）课程；1912 年，阿克·肖（Arch W. Shaw）提出了以市场为导向的经营观念；1916 年，韦尔德（Weld）出版了学术著作《农产品市场营销》（*Marketing of Agricultural Products*）①；1920 年，保罗·彻林顿（Paul T. Cherington）撰写了《市场营销学基础》（*The Elements of Marketing*）一书。② 但是市场营销观念（即以市场为导向开展企业经营活动的经营思想）真正被广大企业接受并运用，还是 20 世纪 30 年代前后的事情。

这个时期有关市场营销的文章和论著急剧增加，逐渐形成了比较完整的理论框架体系。其中最有代表性的是克拉克（F. Clark）撰写的《市场营销学原理》（*Principles of Marketing*）③ 以及梅纳德（H. H. Maynard）、贝克曼（F. W. Beckman）和韦德勒（W. C. Weldler）三人合著的《市场营销学原理》（*Principles of Marketing*）。④ 所以学术界比较一致的看法是：市场营销学理论成形于 20 世纪二三十年代。

1931 年美国市场营销协会（American Marketing Association，AMA）的成立标志着对市场营销的研究已成为一种企业界和学术界共同重视的社会化活动。

（三）营销学在美国的发展

到了 20 世纪 30 年代和 40 年代，由于生产的发展和竞争的加剧、商品的丰富，消费者在商品交换中的选择更多了，社会生产供给的商品开始超过需求，这样就迫使企业开始重视销售问题。在这种情况下，企业市场营销观念的核心是推销企业所生产的产品，并且坚持"我推销什么产品就能售出什么产品"。企业采取诱劝用户购买、强迫推销、滥用广告等手段，以销售保生产、保利润，实现企业的市场目标。这种推销带有很大的强制性，本质上仍是以产品的生产为导向。这种时候往往容易引起消费者的不满，遭到消费者的抵制，因而推销会存在很大的失败可能。

从 20 世纪 40 年代开始，强制推销越来越失败，众多企业开始更加重视推销并寻求更有效的新方法。企业开始从产品导向的生产者观念转向市场导向的用户观念，逐渐形成了新的市场营销观念。第二次世界大战后，西方社会生产发生了深刻变化，社会产品更加丰富，出现了偏向于买方市场的情况，消费者在市场商品交换中逐渐处于主动地位。

在这种情况下，企业必须生产其所能出售的商品，以消费者的需求作为市场经营的原则。企业只有以消费者的需要为中心，组织产品的设计、生产和销售，采取适应消费者行为的营销组合措施，才能实现商品交换和企业经营目标。

---

① Weld，Louis Dwight Harvell. *The Marketing of Farm Products*. New York：The Macmillan Company，1916.

② Cherington，Paul T. *The Elements of Marketing*. New York：The Macmillan Company，1920.

③ Clark，Fred E. *Principles of Marketing*. New York：The Macmillian Company，1922.

④ Debra，Jones Ringold and Barton Weitz. "The American Marketing Association Definition of Marketing：Moving from Lagging to Leading Indicator." *Journal of Public Policy and Marketing*，26（2007）：251－260.

1957年美国通用电气公司的约翰·麦克基里克（John B. McKitterick）提出了市场营销观念，即以企业的目标顾客及需要为导向，以市场为中心组织产品的设计、生产和销售，实现商品交换和企业经营目标。市场观念开始贯穿于企业经营的全过程。

但是，从20世纪初期直至40年代，市场营销的经济学研究始终占据主导地位，早期的相关研究主要着眼于在理论上探讨营销学与经济学的关系。在实践上，虽然市场营销的地位越来越重要，但美国企业界并没有就市场营销对企业的作用达成共识，第二次世界大战后出现的“短缺经济”更是加剧了企业界对市场营销作用的争议。

在学术研究方面，20世纪40年代以前发表的有关市场营销领域的研究成果主要是描述性的，40年代后市场营销学理论才获得了一些研究人员的关注。与此相似，早期的三大营销学派，即商品学派、机构学派与职能学派，都倾向于描述性的研究方法，而不注重规范研究。在30年代早期直至整个40年代，《市场营销杂志》（*Journal of Marketing*）上发表了大量有关市场营销教学研究方面的论文，或许也能从一个侧面表明当时的市场营销学还远未成熟。

营销从传统的经济学研究转为管理学研究，标志着营销管理时代的开始。20世纪50年代，营销环境和市场研究成为热点，“市场细分”的概念浮出水面。20世纪60年代，威廉·莱泽（William Lazer）提出了比市场细分更理想的方法，即消费者的价值观念与人生态度比其所处的社会、阶层的关系能更准确地解释消费者的消费方式。自此，市场研究强化了消费者态度与使用的研究，根据态度与习惯判断生活方式。

事实上，市场营销学的地位不仅在企业界有一个发展、起伏的过程，而且在学术界也来回波动，因为对市场营销学的学科地位的争议热火朝天。

1945年，保罗·康沃斯（Paul D. Converse）在《市场营销杂志》上发表了《市场营销科学的发展》一文，开了营销学发展史上长达50余年的“科学与艺术”之争的先河。[①] 在《市场营销科学的发展》一文中，通过广泛的调查，康沃斯提出了市场营销学是否具有科学性的问题。

此后，虽然又有一批学者如布朗（Brown，1948）、安德森（Anderson）、考克斯（Cox，1948）和怀勒（Whale，1949）等参与了讨论，但直至20世纪50年代这一争论才真正白热化。1951年巴尔特斯（Bartels）发表了《市场营销能成为科学吗?》一文[②]，在对市场营销学的研究目标、科学的含义、当时的市场营销学的研究状况进行了深入、透彻的分析后，他认为，虽然有证据表明当时的营销研究运用了科学方法，但是由于市场营销学明显缺少理论、原理与法则，因此还不具备成为一门科学的资格。然而，通过持续、系统的努力，营销学迟早会成为一门科学。

20世纪50年代，哈佛大学的尼尔·鲍顿（Neil Borden）教授提出了旨在指导企业营销实践的12因素，即“产品计划、定价、厂牌、供销路线、人员销售、广告、促销、包装、陈列、扶持、实体分配和市场调研”，开始采用市场营销组合这个概念。这

---

① Converse，Paul D. “The Development of the Science of Marketing：An Exploratory Survey.” *Journal of Marketing*，10（1945）：14－23.

② Bartels，Robert. “Can Marketing Be a Science?” *Journal of Marketing*，15（1951）：319－328.

一组合因素使人们在从事市场营销运作时可以较为清晰地从这些方面入手，并对市场营销的研究范围进行了较好的界定。

到了 20 世纪 60 年代初，主张营销学能成为科学的学者还是取得了决定性的胜利，质疑营销学能否获得科学地位的学者已不多见。

20 世纪 60 年代，普利沃特（Perreault）和杰罗米·麦卡锡（Jerome McCarthy）对鲍顿提出的营销实践 12 因素进行了高度的概括和综合，他们在总结其他理论的基础上合著的《基础市场营销》第一次将企业的营销要素归结为四个基本策略的组合，即著名的 4P 理论——产品（product）、价格（price）、地点（place）和促销（promotion）。这一理论取代了此前的各种营销组合理论，成为现代市场营销学的基础理论。①

这一组合策略使人们从较为繁杂的营销变数中找到了最为重要的因素，从而能更好地适应日益复杂的营销环境。该理论认为，企业必须以顾客为中心，以满足顾客需求和欲望为出发点，通过开展整体营销活动，从满足顾客需求的过程中获利。这种满足顾客需求的活动贯穿于市场调研、产品开发、渠道选择、定价、促销和提供全方位服务的过程中，通过不断收集顾客反馈的信息，改进企业经营策略。

麦卡锡后来执教于密歇根大学，成为营销领域的一代宗师。

20 世纪 60 年代，当时的市场正处于卖方市场向买方市场转变的过程中，市场竞争远没有现在激烈。这时候产生的 4P 理论主要是从供给方出发来研究市场的需求及变化，以及如何在竞争中取胜。4P 理论重视产品导向而非消费者导向，以满足市场需求为目标。4P 理论是营销学的基本理论，它最早将复杂的市场营销活动简单化、抽象化和体系化，构建了营销学的基本框架，促进了市场营销理论的发展与普及。

4P 理论认为，企业只要能生产出“质量上乘”的产品，即可根据成本和竞争设定一个能赚取很多利润的价格，然后只需对代理商、经销商予以支持与控制，并经常搞点广告和促销，便能使企业得以顺利发展。

4P 理论自提出之日起，就广泛应用于市场应用并对市场发展产生影响，被营销经理们奉为营销理论中的经典。在今天，几乎每份营销计划书都是以 4P 的理论框架为基础拟订的，几乎每本营销学教材都以其作为基本教学内容。然而随着环境的变化，这一理论逐渐显示出其弊端：一是营销活动着重企业内部，对营销过程中的外部不可控变量考虑得较少，难以适应市场变化。二是随着产品、价格和促销等手段被企业相互模仿，在实际运用中很难起到出奇制胜的作用。

到了 20 世纪 70 年代，市场营销又发生了一些改变。其原因是消费者需求的多样性与企业大量生产的单一性之间的矛盾，以及企业既要满足消费者需要又要实现企业利润目标的矛盾，因而企业希望从社会出发协调消费者与企业的利益。在满足消费者需求的过程中，出现了社会资源浪费和生产污染环境的状况，这就需要改变片面追求满足消费者需求这一目标的状况。

还有更重要的原因，即企业为了追求高额利润损害消费者利益的事件层出不穷，保护消费者利益的运动开始兴起，这也促使企业的市场营销观念与社会公众利益协调

---

① Perreault，William D. and Jerome McCarthy. *Basic Marketing*. Philadelphia（Illinois）：R. D. Irwin，1960.

起来。在这种情况下，企业的市场营销活动应使企业发展、公众需要与社会长期发展协调一致，以使社会生活和经济发展处于最佳平衡状态。

（四）营销学理论趋于成熟

菲利普·科特勒（Philip Kotler）于 1980 年出版了《营销管理——分析、计划、执行和控制》（第 9 版）一书，从企业管理和决策的角度，系统地提出了营销环境、市场机会、营销战略计划、消费者行为分析、市场细分和目标市场以及营销策略组合等市场营销的完整理论体系，成为当代市场营销学的经典著作，使市场营销学理论趋于成熟。①

1986 年任职于波士顿咨询集团的营销专家菲利普·科特勒提出了大市场营销理论，将麦卡锡的 4P 组合理论扩展为 6P 组合理论，加上了政治力量（political power）和公共关系（public relations）。这使得企业可以冲破国际贸易壁垒及其所在国公众舆论的障碍，顺利进入被东道国保护的市场，“大市场营销”的概念也由此形成了。

后来，他又将之发展为 10P 组合理论，即加上市场研究（probing）、市场细分（partitioning）、目标优先（prioritizing）和市场定位（positioning）。科特勒构思的大市场营销理论将市场营销组合从战术营销转向战略营销。有学者又增加了一个“P”，即“人”（people），主张经营管理者了解和掌握员工需求动向和规律，解决员工的实际困难，适当满足员工的物质和精神需求，以此调动员工的积极性。

科特勒认为，4P 是市场营销的战术，其目的是在已有的市场上提高本企业产品的市场占有率；而 10P 组合的目的是要打进和占领新的市场，所以在 4P 基础上再增加 6P 是市场营销的战略；从 4P 营销战术组合到 10P 营销战略组合的发展，是市场营销组合在理论上的重大突破。因此，他将产品、定价、渠道、促销称为“战术 4P”，将研究、细分、优先、定位称为“战略 4P”。该理论认为，企业在“战术 4P”和“战略 4P”的支撑下，运用“权力”和“公共关系”这 2P，可以排除通往目标市场的各种障碍。

市场营销学发展至今已是一门非常成熟的学科，且还在以迅猛的速度发展，因此科特勒被誉为营销之父。

随着工业的飞速发展，世界进入“需求中心论”时代，以厂商为中心的封闭式营销理论越来越难以适应现实状况。1990 年，美国北卡罗来纳大学的罗伯特·劳特朋（Robert F. Lauterborn）教授提出了与传统营销的 4P 理论相对应的 4C 理论，即消费者的需求与欲望（consumer needs and wants）、成本（cost）、便利性（convenience）和沟通（communication）。

该理论认为，首先，应把产品搁到一边，尽快研究消费者的需求与欲望，不要再卖自己能制造的产品，而要卖消费者想要买的产品；再了解消费者满足其需要与欲求所愿意付出的成本，而不是先给产品定价。其次，应思考如何让消费者方便地购得商

---

① 菲利普·科特勒. 营销管理——分析、计划、执行和控制（第 9 版）. 上海：上海人民出版社，1999：20-50.

品，而不是先考虑销售渠道选择和策略；最后，应通过互动、沟通等方式，把顾客和企业双方的利益无形地整合在一起。4C理论的提出引起了营销界及工商界的极大反响。总的来看，4C营销理论注重以消费者需求为导向。①

4C理论强调企业首先应该把追求顾客满意度放在第一位，其次是努力降低顾客的购买成本，然后要充分考虑顾客购买过程中的便利性，而不是从企业的角度来决定销售渠道策略，最后还应以消费者为中心实施有效的营销沟通。与产品导向的4P理论相比，4C理论有了很大的进步和发展，它重视顾客导向，以追求顾客满意为目标，这实际上是当今消费者越来越处于优势地位的市场对企业的必然要求。

这一营销理念也深刻地反映在企业营销活动中。在4C理念的指导下，越来越多的企业更加关注市场和消费者，与顾客建立一种更为密切和动态的关系。1999年5月，大名鼎鼎的微软公司在其首席执行官史蒂夫·鲍尔默（Steve Ballmer）的主持下，也开始了一次全面的战略调整，使微软公司不再只跟着公司技术专家的指挥棒转，而是更加关注市场和客户的需求。

从对4P与4C的比较可以看出，4P理论的思维基础是以企业为中心，因而适合供不应求或竞争不够激烈的市场环境。而4C理论的思维基础是以消费者为中心，是当今消费者在市场营销中越来越处于优势地位、消费者的生活节奏越来越快、市场竞争空前激烈、传播媒体高度分化、信息膨胀过剩的营销环境下的必然要求。

但从企业的实际应用和市场发展趋势看，4C理论依然存在不足。

首先，4C理论以消费者为导向，着重寻找消费者需求，满足消费者需求，但市场经济存在竞争导向，企业不仅要看到需求，而且需要更多地注意竞争对手，冷静分析自身在竞争中的优势和劣势并采取相应的策略，才能在激烈的市场竞争中立于不败之地。

其次，在4C理论的引导下，企业往往会被动地适应消费者的需求，从而失去自己的方向，为被动地满足消费者的需求付出过高的成本，因此，如何将消费者的需求与企业长期获得利润结合起来是4C理论有待解决的问题。

市场的发展及其对4P理论和4C理论的回应，需要企业从更高层次建立与顾客之间的更有效的长期关系，于是出现了4R理论。4R理论不仅仅停留在满足市场需求和追求顾客满意度上，而是以建立顾客忠诚度为最高目标，对4P理论和4C理论进行了进一步的发展与补充。

20世纪90年代后期，美国西北大学教授唐·E. 舒尔茨（Don E. Schultz）与人合著了《整合营销传播》（*Integrated Marketing Communications*），该书具有里程碑式的意义。其中提出了4R，即关联（relevance）、反应（response）、关系（relationship）、回报（return）。

关联是指企业以种种方式在供需之间形成价值链，与顾客建立长期的、较为固定的互需、互助、互求的关联关系。

---

① Schultz, Don E., Stanley I. Tannenbaum, and Robert F. Lauterborn. *Integrated Marketing Communications: Putting It Together & Making It Work*. New York: McGraw-Hill, 1993: 5-65.

反应是指市场反应速度，指企业对瞬息多变的顾客需求迅速做出反应、快速满足顾客需求的营销策略与能力。

关系是指关系营销，它是以系统论为基本思想，将企业置身于社会经济大环境中来考虑企业的营销活动，认为企业营销是一个与消费者、竞争者、供应者、分销商、政府机构和社会组织发生互动的过程，通过建立、维护和巩固企业与顾客及其他利益群体的关系的活动，以诚实的交换及履行承诺的方式，使企业的营销目标在与各方的协调关系中得到实现。

回报是指企业通过贯彻上述营销思想，以满足顾客需求为前提，在顾客满意、社会满意和员工满意的基础上实现企业满意。企业满意在很大程度上取决于企业的回报。一方面，追求回报是营销发展的动力；另一方面，回报是维持市场关系的必要条件。市场营销的真正价值就在于其为企业带来短期或长期的收入和利润的能力。

4R 理论认为，应通过与顾客建立关联、提高市场反应速度、加大关系营销力度、充分体现回报来进行营销策划。在竞争性市场中，顾客具有动态性，即他们会转移到其他企业。所以营销策略是通过有效的方式在业务、需求等方面与顾客建立关联，开展各项活动，把顾客与企业联系在一起，这样就大大减少了顾客流失的可能性。特别是企业对企业的营销，更需要靠关联、关系来维系。

4R 营销理论的最大特点是以竞争为导向，在新的层次上概括了营销的新框架。该理论根据市场不断成熟和竞争日趋激烈的形势，着眼于企业与顾客互动与双赢，不仅积极地适应顾客的需求，而且主动地创造需求，通过关联、关系、反应等形式与客户形成独特的关系，把企业与客户联系在一起，形成竞争优势。

随着环境的变化，营销理念也随之发生了几次变化，典型的有三种，即：以满足市场需求为目标的 4P 理论、以追求顾客满意度为目标的 4C 理论、以建立顾客忠诚度为目标的 4R 理论。

21 世纪的市场是消费者主导的市场，也是互动的市场，它是互联网时代的市场，也是电子商务时代的市场——便捷、快速、消费者居于主导地位。因此，舒尔茨又把 4R 理论修订为 5R 理论，增加了感受（receptivity）。

市场营销经过数十年的发展和丰富，形成了一套以经典 4P 理论为基础的形式多样、不断丰富的综合体系。不管是 4P 理论、4C 理论还是 4R 理论，都是来自实践，反过来又指导着企业的营销实践。信息化和全球化的影响、企业竞争规则的转变、消费理念和消费习惯的变化，都成为新思想涌现的加速器，未来必然还会出现更多创新的营销理念和实践方案，来共同完善和发展营销体系，为市场上的不同企业提供丰富的营销思路。

过去的百年，是营销领域从孕育、成长到大发展的百年，是营销管理思想不断创新与丰富的百年。在营销领域差不多每隔十年就会产生创新的思想、创新的做法，营销思想的创新是营销领域前进的动力和知识源泉。

作为一门新兴学科，在快速发展的过程中，市场营销学的科学性以及学科地位也不断受到质疑。现代市场营销学的起源地是美国，营销学在美国已经经历了漫长的历程。但是，营销学在美国的发展并非一帆风顺，而是充满了坎坷与曲折。营销学为美国社会尤其是企业界所接受就经历了一个波浪式起伏的漫长过程，甚至学术界内部对其科学性也争论不休。

美国市场营销学的发展历程对中国策划学的发展具有相当大的启发意义，特别是研究美国学术界、社会各界对营销学学科地位的认知及营销学理论的发展过程，对解决中国策划学的认知、发展问题应该具有很大的启发意义。

第三节 CI 或 CIS

（一）CI 的英语意思及 CI 的定义

CI 理论诞生于 20 世纪 40—50 年代，在美国的辉煌时期是 20 世纪 60—70 年代。经过整合与发展，20 世纪 70—80 年代初在日本达到了极致，在此期间创造了众多品牌飞跃和企业起死回生的神话。亚洲“四小龙”（韩国、中国台湾、中国香港、新加坡）的众多企业在 20 世纪 70—80 年代初也曾用到 CI 理论。

CIS 是英文 corporate identity system 的缩写，CI 则是 corporate identity 的缩写，也有把 corporate identity 写成 corporate image 的。

CI 是 CIS 的简称。

CI 只是市场销售中的一个学派，没有形成一门完整的独立学科，但这个学派在市场销售中产生过很大的影响。也许因为它只是一个学派且没有系统的理论，所以现在它的影响日渐衰微，已经从销售理论中逐步淡出，越来越少的人提及这个理论。

“corporate”可译成“企业”“团体”“组织”，“identity”则有多重意义，如“标志”“个性”“同一性”“身份”“认同”等。国外一些专家认为“identity”的用法源于美国社会心理学家提出的“社会身份”的概念。“system”译作系统。

CI（corporate identity）直译为“企业形象识别”“企业形象”“企业识别”，还有人把它译为“同一视觉识别”“企业形象设计”“企业的统一化”等。

CIS（corporate identity system）的中文直译为“企业（组织）形象识别系统”，也有人把它译为“企业形象战略”。

CI 又由三个子系统构成，对应 CI 战略实现要考虑的如下三大要点：

① MI（mind identity），可译为“组织理念识别”，是指组织经营管理的观念或指导思想，包括组织的经营策略、经营信条、价值观、组织文化、组织、组织风格、座右铭、精神口号等。

② BI（behavior identity），可译为“行为识别”，是指将组织内部的组织机构与员工的行为都作为一种传播符号，通过这些活动的符号传达组织理念，塑造组织形象，是组织理念理论识别的动态表现。

③ VI（visual identity），可译为“视觉形象识别”。是在 MI、BI 的基础上通过具

体化、视觉化的设计，向外界传达的全部视觉形象的总和，是CI的静态识别符号，是组织形象的主观表现。

有人认为：

在CI中，MI是核心，BI是对MI的内涵的直接体现，MI是CI中的想法，BI是做法，VI则把组织的形象概念转化为具体可见的信息符号。三者有机结合，相互联系、相互作用，缺一不可，共同构成了完整的CI系统，塑造特定的企业形象。

也有人认为：MI是企业经营理念、目标设立、让企业经营目标明确的部分。VI是企业的社会视觉形象的表现，在社会的各种场所企业与消费者之间交流的视觉、知觉、感觉的系统部分。BI则是企业的经营活动与决定企业如何积极参与社会竞争的方针决策内容。

还有人认为：MI是企业理念，是指企业在长期生产经营过程中所形成的企业共同认可和遵守的价值准则和文化观念，以及由企业价值准则和文化观念决定的企业经营方向、经营思想和经营战略目标。

BI是企业行为识别，是企业理念的行为表现，包括在理念指导下的企业员工对内和对外的各种行为，以及企业的各种生产经营行为。

VI是企业视觉识别，是企业理念的视觉化，通过企业形象广告、标志、商标、品牌、产品包装、企业内部环境布局等方式向大众表现、传达企业理念。

CI的核心目的是通过企业行为识别和企业视觉识别传达企业理念，树立企业形象。

MI、BI和VI构成了CI的内容。

有人认为，CI作为corporate identity的缩写和作为corporate image的缩写时意义不一样。CI应该是corporate identity的缩写，意思是“企业识别”，而由corporate image缩写而成的CI只表示企业形象。在译成汉语时，企业识别和企业形象是含义不同的概念。

一般来说，企业形象表示社会公众和企业员工对企业的印象，是企业的行为和特征在人们心目中的反映，如产品形象、企业管理人员形象、职工形象、环境形象以及企业的社会形象等。而且企业识别（corporate identity）在汉语中很难找到对应的词作为替代和解释。

识别（identity）在英文中的释义为：①同一性、一致性；②识别、身份证明；③个性、特性。从字面上看，这是三种含义，但在企业CI实践活动中，它们却是不可分离的，是一致的。因为要达到企业识别的目的，就必须做到企业形象的一致性，方可使外界得到一个统一的印象。此外，还需充分显示自己的独特性，才能使人们能够从众多的企业中加以识别。

也就是说，要想使企业的身份能为社会公众所识别，必须做到企业内在形象和外在形象的统一。如果把企业识别作为一个复合概念来理解，那么它是由深层次的企业理念，基础层次的制度、组织、结构，表面层次的企业行为和视觉形象组成。

企业形象至多可算作企业识别的一个方面，即企业识别的外在表象。由此，对CI系统设计做如下界定：CI系统设计是对企业经营理念、价值观念、文化精神的塑造过程，借此改造和形成企业内部的制度和结构，并通过企业的视觉设计，将企业形象有目的地、有计划地传播给企业内外的广告公众，从而达到社会公众对企业予以理解、支持与认同的目的。

对于CI的准确定义尚未有统一的意见。日本的CI设计专家中西元男曾给CI下过如下定义："有意图地、有计划地、战略地表现出企业所希望的形象，通过公司内外来产生最佳的经营环境，这种观念和手法就是CI。"①

日本野村综合研究所主任上野明认为：CI是将企业的个性或特色广泛地传达给外界，使外界产生固定的形象，从而获得消费者的认同的过程。②

美国著名的CI设计公司朗涛设计公司与日本合办的朗涛-日本"博报堂"公司董事长深见幸男指出，CI的内涵就是：根据个人所具有的不同社会群体的成员资格而做出的自我确定；由社会群体决定的个人身份又反映了个人的人格特征、身体特点和人际风格。③

（二）中国人对CI给出了自己的理解

以下代表了不同的观点：

（1）CI是指企业有意识、有计划地将自己企业的各种特征向社会公众主动地展示与传播，使公众在市场环境中对某个特定的企业有一个标准化、差别化的印象和认识，以便更好地识别它并对它留下良好的印象。

（2）CI是"企业的统一化"的英文缩写，其特定的含义是指企业形象的设计与塑造。CIS则是指与之相应的设计系统。它的含义是：运用整体传达系统，将企业经营理念与精神文化传达给企业周围的关系者、社会团体，并令其对企业产生一致的认同感与价值观。即，它是结合现代化设计观念与企业管理理论的整体运作，以刻画企业的个性，突出企业的精神，对内达到统一意志、凝聚力量的功能，对外起到企业识别、社会认同的效应，进而促进企业经营目标实现的设计系统。

（3）CI是指公司、法人团体的识别系统。CI属于形象传播范畴，包括理念识别、行为识别、视觉识别，是现代企业发展的重要战略。CI从本质上讲是一种企业识别系统，当今社会企业众多，同类产品大量涌现，一个企业如果没有识别性将很难生存。有效地实施CI的策划设计与企业识别系统，是现代企业在当代竞争日益激烈的市场上生存与发展的必由之路。CI的真正意义在于通过有效的传播使产品得到公众的认可，在消费者心目中树立一个良好的形象，从而促进企业的市场销售，推动企业的发展。

（三）CI发展经历的阶段

从20世纪50年代初到现在CI的发展大致经历了几个阶段：

（1）从商标品牌到产品视觉统一设计。

（2）企业风格的视觉传达设计。

（3）从视觉形象识别到整体形象识别。

---

①② 刘裕权．公共关系学．成都：四川大学出版社，1997：169.

③ 同前，171.

从发展阶段可以看出，CI 从最初的单纯的视觉传达设计演变为一种企业形象的传播策略。CI 最初只是商品标志视觉功能的扩展，后来商标品牌被作为商品的标记和象征，在商品市场的竞争中发挥了主要作用，因而 CI 后来发展为企业形象的传播策略。这个演变过程可用一个生动的例子加以说明。

1851 年，美国宝龄公司老板发现负责货运的人总是在装蜡烛的箱子上画叉叉，经过询问才知道是为了让那些目不识丁的码头工人能分辨蜡烛和香皂。后来，有位聪明的工人把难看的叉叉改成了星星，再后来这些图案成为固定的符号经常出现。久而久之，商标也就成了代表一个公司形象的符号。

CI 的发展过程主要经历了三种模式。一种是以视觉识别为中心的美国模式；一种是以理念识别为中心的日本模式；还有一种是注重行为统一的德国、韩国模式。

（四）CI 发展历史

CI 的早期实践可以追溯到 1907 年，当时建筑设计师沃尔特·格罗佩斯（Walter Gropius）为德国通用电气的一个无线电器公司（AEG）设计标志，并将公司标志印在信封、信纸等办公用品上，这被看作视觉识别设计的萌芽。AEG 在其系列电器产品上，首次采用沃尔特·格罗佩斯所设计的标志，这一标志成为 CI 中统一视觉形象的雏形。紧接着，1932—1940 年间，英国实施伦敦地下铁路工程，该工程由英国工业设计协会（British Association of Industrial Design）会长弗兰克·皮克（Frank Pick）负责，该工程被称为“设计政策”的经典之作。

美国是 CI 理论的发源地，早在 20 世纪 30 年代初期，美国著名的设计家雷蒙德·洛塔（Raymond Lotta）和保罗·兰德（Paul Rand）等人就提出了 CIS 这一用语，即 corporate identity system。[①] 第二次世界大战后，美国经济一直处于领先地位，企业重视工业设计和产品的视觉设计。现代意义上的企业识别系统整体概念也产生于美国，1950 年，美国《设计问题》（*Design Issues*）杂志首次使用“corporate identity”这一术语。20 世纪 50 年代中期，美国首先推行了 CI 设计。第二次世界大战后，国际经济复苏，企业经营者认识到建立统一的识别系统以及塑造独特经营理念的重要性。

1952 年托马斯·威尔逊（Thomas Wilson）接任 IBM 公司（International Business Machines Corp.）总裁，主张推销尖端计算机的展厅的室内装饰要华贵精美，而且广告宣传材料也要采用先进的统一设计。

1956 年著名设计师诺伊斯（Noyce）认为 IBM 公司全称难以记忆，不易读懂，是公司形象传播的一大障碍，于是他重新设计的 IBM 标志开始在所有应用项目上使用，这八条纹的标准字在其后几十年中成为“蓝色巨人”的形象代表，“前卫、科技、智慧”的代名词，也是 CI 正式诞生的重要标志。结果新标志一举成名，体现了公司较强的开拓精神和现代意识，给公司带来了极大的声誉和超高的经济回报。

1976 年，保罗·兰德又为 IBM 公司设计了八条纹与十三条纹两种变体标志，并选

---

① Battarbee，Katja. *Coexperience*：*Understanding User Experiences in Social Interaction*. Helsinki：Publication Series of the University of Art and Design，2004：211 - 217.

定标准色为蓝色。后来，IBM公司利用一切可以利用的项目，传达IBM公司的优点和特色，并在与公司有关的一切物体包括办公用品、员工服装、公司车辆和广告等上广泛使用统一化、标准化设计，通过技术创新、产品设计和生产，以及优秀的售后服务，传递“IBM就是服务”的理念。最终，IBM公司成为公众信任的计算机界的“蓝色巨人”。

这个兼具标准图、标准字、标准色的IBM标志，后来被许多评论家给予了极高的评价——IBM从只具有单一识别功能发展到具有代表性、说明性、象征性等多种功能，鲜明地体现了IBM的经营哲学、品质和时代感。当人们给予IBM公司的CI设计如此之高的评价的时候，异口同声地赞誉它的标志设计，似乎是它为已经走过半个多世纪的IBM公司再创了辉煌。

20世纪60年代初，美国一些大中型企业纷纷将能够完整树立和代表形象的具体要素作为一种企业经营战略。

20世纪60年代初期的美国汽车公司克莱斯勒的企业革新运动的发起人是当时的克莱斯勒的会长林恩·汤森（Lynn A. Townsend）。

那时汤森会长正在进行每年一度的美国各地访问。访问中给汤森会长留下最深刻印象的不是自己的公司，而是一个名叫哈华特·庄逊滋的酒店的形象，而且让他吃惊的是它的数量之多，特别是它那完全统一的橙红色的屋顶。于是，新的方案在他的脑海中诞生，汤森会长决意要让克莱斯勒也像哈华特·庄逊滋一样采用统一的形象，并使这种统一的形象遍布美国。

汤森会长委托设计公司LandM为克莱斯勒设计新企业形象。LandM利用企业的经营理念、精神与视觉传达形象的统一性原理，为克莱斯勒成功地设计了五角星形状的社标，使克莱斯勒在社会上取得了空前的形象效益。当然，企业的理念、精神通过优美的企业形象传达出来，使克莱斯勒实现了与社会及消费者的最直接的交流，自然经济效果与社会效益取得了良好平衡。

CI企业战略作为树立企业社会形象的手段以及理论也随着克莱斯勒企业新形象的成功变革而被企业界一致推崇。

20世纪60年代的代表作还有由无线电业扩展到情报、娱乐等8个领域的RCA；70年代的代表作是由强烈震撼的红色、独特的瓶形、律动的条纹构成的可口可乐标志。自美国推行CI设计后，欧洲各大企业也纷纷导入CI。20世纪60年代以后，欧洲国家的企业CI导入蔚然成风。总之，20世纪60年代到80年代，是欧美CI的全盛时期。20世纪70年代，CI理论被引入日本。

（五）CI在日本的发展

20世纪70年代日本企业沿袭了美国的方法来实施CI策划，重点放在视觉识别系统的设计和传播上，大量企业重视名称标志或产品商标的设计。1972年日本著名CI设计师平泽志为伊藤荣连锁百货店进行企业识别策划，提出“以和为贵”的经营理念，并以和平鸽的形象代替原有企业标志，得到了消费者的认同。该公司的销售额也从导入企业识别系统之初的480亿日元猛增到7 000亿日元，跃居日本百货行业第一位。

20世纪80年代后，日本企业界将美国创造的以视觉识别系统为核心的CI与日本企业文化结合，融合了企业理念开发、企业经营活动和企业视觉要素，形成了颇具日本特色的CI策划设计和运作体系，并借助企业识别系统使企业体制和员工观念产生了质的变化，有力地推动了日本经济的高速发展。

20世纪80年代，CI的发展在日本企业达到了高潮。

发展到后来，日本对CI的理解和定义与20世纪60年代登场的美国式的CI有了明显的不同。应该说日本式的理解比美国更完善且更富有时代性。在人们理解、运用CI的过程中，CI由过去的美国式形态开始转向日本式形态。

但是，日本又是一个深受中国文化影响的国家，因此，在企业管理思想上，历来注重企业自身的完善。日本企业导入CI战略后，在借鉴美国CI模式的同时，结合日本的文化传统，特别强调企业形象的一致性和整体性，反对只模仿美国人注重表面视觉设计和信息传达的偏向，把CI设计视为“问题解决学”，逐渐形成了有自身特色的CI理论和实践。通过导入CI设计，来认识自我、改造自我、超越自我，促进企业自身的完善，形成了独特的重理念、重行为、重文化的日本CIS模式。

日本模式的CI设计理论认为：CI设计不仅仅是视觉符号上的表现，而是整体性、系统性的设计规划，特别注重企业文化与经营理念的传达；具有人性管理精神，整个CI设计以人为本，强调人本主义；注重调查研究、开发经营、发展战略等未来走向的长期规划；以企业自身为重点，整合全体员工的工作意识，确定企业的经营理念。

曾振伟等人在《谈论日本CI的定义、历史与现状》(*Discussion on the Definition, History and Present Situation of CI in Japan*)一文中，谈到文化在CI设计中的重要作用时说：“大众社会里的普及性文化，通常是指传统、道德、政治、经济、社会、教育以及习惯等诸多内容；普及性文化同时也包含着日常生活与思考态度、艺术与娱乐等的相融性。企业文化则是一个在普及性文化的大背景下，具有人格组织的企业意识的全部，因为它是构成职员的价值观、知识、行动规范、行动模式等内容的新企业文化内涵。”

美国的理查德·帕斯卡尔(Richard Pascale)和安东尼·阿索斯(Anthony Athos)在《日本的管理艺术》(*The Art of Japanese Management*)一书中也公开承认，日本企业之所以能够有极高的效率并取得巨大进步，就是因为日本的企业在长期发展中培育了一种良好的文化品质。①

日本早期实行CI设计的公司，并没有准确把握CI的完整概念，开始时也全盘接受美国式的CIS模式，只在沟通企业理念、标准字、商标方面下功夫，以标准字、商标标准化作为CI战略核心。后来有些企业注意到，单单在商标的视觉效果上动脑筋似乎无法达到预期的目标，与此同时，一些CI战略设计公司在这方面也与企业界达成了共识。

于是，设计师与企业家联手，重点转向企业理念和企业文化，开始创造日本模式

---

① Pascale, Richard Tanner and Anthony G. Athos. *The Art of Japanese Management*. London: Penguin Books Ltd., 1986: 2-20.

的CI设计。日本的PAOS公司——日本第一家CIS策划公司，与日本MAZDA公司合作，在吸收美国企业形象和欧洲企业风格设计思想的基础上，开发出“设计综合经营战略”，简称DCMS（design coordination and management strategy），亦称“设计管理”。

日本企业对CI保持高度的关注和热情，日本最负盛名的三菱综合研究所在1990年对385家大企业进行了一场关于对CI的理解的调查。所得出的结果是，已经导入CI的企业占43%，有可能在近期内导入CI的企业占35%。由此结果不难看出，全体调查对象中对CI有依赖性（好坏不究）的占全部企业的78%。① 由此可见，日本企业对CI的推崇。

这个结果与20世纪70年代末在美国进行的CI关联理解度的调查所得出的结果基本相同。日本和美国的CI观相差10年的间隔。② 准确地说，10年前（20世纪70年代）在美国所发生的事，20世纪80年代在日本重复着。

第四节 咨 询

（一）咨询概论

咨询业在西方被称为“智力服务业”，它起源于英国，在20世纪50年代以后有了很大发展，至今已是流程规范、组织完善的行业。

现代咨询业是人们对第三产业中以智力型服务为内容的新兴行业的总称。它以科技为依托，以信息为基础，综合运用科学知识、技术、经验、信息，按市场机制向用户提供各种有充分科学依据的可行性报告、规划、方案等创造性智力服务，为解决政府部门、企事业单位、各类社会组织面临的复杂问题提供帮助。

咨询既不是一个学派，也不是一门独立学科，咨询应该是一种服务、行业或机构。

咨询作为一种行业是指与其他行业并称的一种业态，如中介业、培训业等。

咨询作为一种服务是指个人或机构利用自己的知识、智慧、情报、网络为需求者提供有价值的服务。

咨询作为一种机构是指为需求者提供咨询服务的社团，如麦肯锡咨询公司、兰德公司。

咨询作为一种市场手段可以包含在营销手段里。

美国70%的企业要请教咨询公司，日本50%的企业要在咨询顾问的帮助下改善管理。市场的扩展带来了收入的激增，20世纪60年代美国管理咨询业的年收入为10亿

① 薛文峰．浅析CI的策划设计与企业识别．内蒙古科技与经济，2007（134）：50-52.

② 沈伟．中国企业CI的历史、现状和前景．兰州大学学报，2004（1）：128-131.

美元，70年代增长到20亿美元，80年代达到50亿美元，21世纪初已达到200多亿美元。[①] 在西欧各国，管理咨询业的年收入也呈现出稳定快速增长的趋势。由于专业分化越来越细，新兴行业不断涌现，咨询公司也在不断拓宽服务范围，为不同的企业量身定做咨询方案。

（二）咨询的特点

咨询业作为一种专门的行业，具有独立化、专业化、标准化和法规化的特点。

独立化是指咨询业的机构和利益独立于所服务的企业之外，咨询机构与一般工商企业相分离，这是咨询业专业化的前提；

专业化是指咨询机构作为顾问应当拥有一批专家级的专业咨询人员，如会计师、审计师或咨询策划师，提供的咨询服务是非常专业化的；

标准化是指咨询行业通过行业竞争已经形成咨询行业通行的服务理念、服务项目、效果标准和收费标准；

法规化是指国家通过颁布立法或者政府通过发布行业管理法规，对咨询业从业人员资格、咨询机构设立标准、收费标准甚至提供的解决方案的法律后果都做出了规定。

咨询业与体力型服务业的区别在于：

第一，劳动复杂程度高，要求从业人员的知识储备量大。

第二，服务覆盖面广，辐射力强，可以为各种产业的每一个局部及总体服务，能产生巨大的经济效益和社会效益。

第三，咨询费用的投入产出比很大。

咨询业的产品是信息与智力，这类产品有助于产品购买方（一般为企业）达到其目的（如提高经营绩效或实现特定目标）。由于信息与智力产品是非物化的，所以必须系统化提供，而产品购买方从接受产品到实现收益（一般为增加了有序性）有一个主体实践过程，其产品效益往往缺乏客观价值体系的评判。

从产品购买方的实践意义来看，企业咨询一般可分为产业咨询、管理咨询、战略战术咨询与项目咨询。

用最直白的语言表述，产业咨询就是告诉企业其生存发展环境，管理咨询就是告诉企业其自身的体制结构及绩效评估，战略战术咨询就是告诉企业如何结合内外部环境发展，项目咨询则是为具体目的（非整体战略目标）的实施提供信息解决服务。

智慧化产品自人类社会化以来就广泛存在，但智慧化产品的现代化及产业化存在、企业化运作却是一件难事，因而咨询面临以下四点困难：

第一，智慧化产品主要依赖于个体的创造，然而个体创造是难以标准化的，没有相对的标准化就意味着没有质量的保证，这对于企业来说是难以接受的。

第二，智慧化产品的创造取决于人，换言之，人已成为公司最重要的资产，而人具有流动性，这会让企业充满经营风险。

第三，如果咨询产品并非严谨科学化的产物，将无法让客户相信产品的提供者比

---

① 甘世雄，吴育华，等．咨询业在市场经济中的作用．情报探索，2003（21）：113－116.

他们更有智慧。

第四，咨询产品的有效性是以实践后的或然性来体现的，因而以什么证明咨询的价值依旧是难以证伪的命题。

咨询产品的提供并不存在标准化的分析模式，也不存在客观判断优劣的理论体系。可以用于评价产品优劣的只有经验化的模糊判断与或然性的结果检验。其中在战略战术咨询环节，个人或群体智慧的价值将远远超过经验总结的资讯价值。

咨询业的产品高附加值往往体现在智慧上，但仍然需要大量数据信息、经验分析工具的支持，这也是咨询业作为产业得以生存的基础之一。

由此分析可以得出，咨询业作为产业存在的根本价值就在于客观、专业与高智慧的可社会分工化提供。与此形成对照的是，一些咨询公司却在反复强调咨询的科学体系与标准化模式。

在提供产品的过程中，咨询人才最大的贡献不是程序化的科学推导与模式操作，而是在大量经验总结与工具逼近的基础上，通过智慧创造提供服务产品，这才是咨询业的本质流程。

（三）国外咨询业的起源与发展

咨询业起源于英国，以1818年英国建筑学家约翰·斯梅顿（John Smeaton）成立的“英国土木工程师协会”（Society of Civil Engineers）为代表，至今已有200多年历史。

现在发达国家的咨询业实现了高速发展，已形成各自的特色，且这些咨询强国往往有各自的强势领域，在咨询业独树一帜，比如英国在工程方面、德国在国际组织方面、美国在企业管理方面、日本在产业情报方面，都有明显的优势。

目前，世界上形成了美国兰德公司（U. S. Rand Corporation）和斯坦福国际咨询研究所（Stanford Research Institute International Advisory）、英国伦敦国际战略研究所（International Institute for Strategic Studies）、日本野村综合研究所（Nomura Research Institute）和三菱综合研究所（Mitsubishi Research Institute）等著名咨询机构。

为了促进市场经济条件下咨询业的快速发展，西方各国十分注重成立咨询行业协会组织，美国管理咨询公司协会（即管理咨询工程师协会）成立于1929年，是成立最早的管理咨询协会。

此外，创建于1959年的管理咨询师协会和职业管理咨询协会，以及成立于1968年的管理咨询学会和创建于1970年的内部管理咨询者协会，也都是美国声誉良好的管理咨询行业组织。

除美国之外，英国的经营管理咨询协会、管理咨询协会，法国的咨询和研究团体联合会，加拿大的管理咨询协会，德国的企业咨询联邦联合会，日本的经营士会、中小企业诊断协会等管理咨询行业协会，也在本国的管理咨询业发展中起着十分积极的作用。

从总体上看，西方各国咨询协会代表着该国咨询服务业的整体。咨询顾问和咨询公司建立这种资源性质的专业协会，目的是让协会代表它们的共同利益，并组织咨询顾问和咨询公司开展各种交流活动，在确立资格标准、规定职业行为准则、通过培训提高咨询人员素质以及扩大咨询业的影响方面发挥重要作用，使整个行业的竞争规范、合理、有序。在西方各国，拥有全国性咨询行业协会的会员资格，无论对于从事这方面工作的个人还是单位而言，都是其扩大业务、提高社会地位的重要资本。

美国咨询业不同于外国的特点就是有一批实力雄厚的大型公司，如以军事研究及咨询为主的兰德公司；以政府、企业、团体为服务对象的斯坦福国际咨询研究所；以经济、外交政策和政府活动为主的布鲁金斯研究所（Brookings Institution）；以保护自由主义体制、发展经济和国内问题为中心的美国企业公共政策研究所（American Enterprise Institute for Public Policy Research）。

这些咨询组织和公司机构庞大、研究人才集中、经费充足，有能力担负起一些全局性、战略性、综合性的研究课题；具有很强的国际竞争力，而且有助于国家政策的民主化、科学化，减少长官意志的作用。

除各个国家的特色外，咨询业发达的国家也具有一些共同特点：政府对咨询业予以重视和扶持，无论是日本的立法规定，还是美国政府对咨询公司的倚重，或者英国对咨询业的保护政策等，都体现了国家对这个行业的鼓励和看重。各国还采取减免税、低息贷款等政策鼓励企业利用咨询服务。

发达国家咨询业虽各具优势，但主要服务内容不外乎工程、科技、企管三大类。从发展轨迹来看，走向有三：

一是商业化、产业化。咨询市场活跃，刺激咨询企业积极依赖强劲的市场需求，把握经营方向，提供咨询产品。如美国邓白氏公司提供市场行情、价格变动、工商行业名录等经济信息与咨询服务，每年营业额达数十亿美元。即便非营利性咨询机构也力争与客户订立咨询合同，获取经济效益。例如，美国巴特尔纪念研究所（Battelle Memorial Institute）的年咨询收入超过 7 亿美元。①

二是综合化、专业化。为适应各类咨询需求，反映当代科学发展既综合又分化的趋势，咨询机构也承接内容复杂、难度很大的课题，如人口与粮食、健康与环境、资源开发与保护等课题。同时，它们也会对有关个人理财、个人法律事务等的咨询做出解答。因而，有些咨询单位的服务个性鲜明。例如，美国 Thomson CompuMark 公司专为客户选用商标及鉴别商标真伪提供咨询服务。这一类咨询公司凭借其专业特色在市场上占有一席之地。

三是高层次化、现代化。针对不少具有全局性、战略性的咨询课题，智库或大型咨询公司必须依据科学的理论与方法，恪守咨询工作的基本程序，运用现代化的技术手段，如计算机、数据库、网络通信等高技术，为客户提供服务。这些咨询机构作为一种高层次的服务行业，往往集中了一批掌握自然科学、人文及社会科学、高技术的优秀人才，协同攻关，提供知识、智力、技术三者密集的咨询产品，以期获得较为满意的效果。

---

① 刘峰．中外咨询业之比较研究．湖南第一师范学报，2004（4）：38－41．

（四）世界著名咨询公司简介

麦肯锡咨询公司和兰德公司是世界著名的咨询公司，它们的发展和成功代表了咨询业的发展道路和典范。两者的经营范围和业务特色不尽相同，分别代表了企业咨询和政府决策咨询两大领域。

1. 麦肯锡咨询公司

麦肯锡咨询公司（以下简称麦肯锡）创立于1923年，现在已经成为世界上最成功的战略咨询公司。从某种程度上来讲，麦肯锡的创业史就是管理咨询业的创业史。它的创始人麦肯锡（McKinsey）是芝加哥大学的会计学教授，企业科学管理的倡导者，他强调分析、预算、计划，他认为一定要以科学的方法来帮助美国的企业，提高它们的管理水平。

泰勒（Taylor）的科学管理强调的是怎样管工人，怎样管流程，麦肯锡讲的则是怎样管老板，使他们成为能够科学思考、理性思考的职业经理人。

公司的客户是总裁、高级主管、部长、大公司的管理委员会、非营利性机构及政府高层领导。主要业务范围是为各类客户特别是为企业设计、制定配套的一体化解决方案，包括战略开发、经营运作、组织结构等。

业务重点集中于客户可以量化的业绩改进，比如提高销售收入、利润，缩短供货时间，改善产品质量等。属于战略、总体组织和相关政策的工作内容各占1/3。目前它在世界各地拥有多家办事机构，雇用了几千名专业人员，这些专业人员分别来自多个国家，均拥有世界著名学府的学位。在招聘咨询人员时，麦肯锡着眼于杰出的品格和解决问题的能力、卓越的智慧、有效地同各层次人士交往的能力。麦肯锡是世界第一大管理咨询公司，也是世界上最有声望的战略咨询公司。据统计，排名世界前100位的公司中有27%是麦肯锡咨询公司的客户。排名世界前50的银行中有29家是麦肯锡的客户。

美国排名前25的商业银行中有16家是麦肯锡的客户；西欧排名前25的银行中有20家是麦肯锡的客户；日本排名前5的银行中有2家是麦肯锡的客户。麦肯锡在电子和通信、消费品、能源、健康、零售、汽车等行业的客户也都是在行业中名列前茅的公司。自1994年进驻中国以来到2003年，麦肯锡已在中国做了300多个咨询项目，其中包括为许多中国企业如广东今日集团、中国平安保险公司等所做的项目。①

如果产品没有标准，那就让现实中的最好成为标准。这是麦肯锡产品服务的潜台词。

为此，麦肯锡总是招聘出身名校的优秀员工，由最优秀的专家及时总结全球咨询经验，用尽可能有效的方法加强内部培训与经验交流等。这里有必要强调的是麦肯锡的咨询方法与市场俱进。麦肯锡知道非科学体系的推演随环境的改变会降低成效与成功的可能性，所以公司不吝金钱聘请处于研究前沿的专家学者来不断提升与更新咨询方法。这种思路也同样见于波士顿咨询公司、摩特立咨询公司与科尔尼咨询公司。业

① 甘世雄，吴育华，等．咨询业在市场经济中的作用．情报探索，2003（21）：113－116．

内所共知的是，麦肯锡与波士顿咨询公司的竞争史也是咨询方法提升的竞争史。

智慧存在于人脑，但品牌下的产品销售渠道并不存在于人脑，个人的智慧在不断提升的群体智慧前也备显渺小，这是麦肯锡能持续吸引人才的原因之一。高薪、学习机会、合伙人制度、优越的社会地位感以及适度的神秘感等构成了麦肯锡吸引与留住人才的复合武器。

麦肯锡的学术理念宣传与对管理思想的研究吸引着顾客，也创造着麦肯锡的神话。

2. 兰德公司

与麦肯锡侧重企业不同，兰德公司（以下简称兰德）主要受雇于美国政府。兰德成立于1948年，对国家的对内及对外政策、军事、经济、社会问题和公共策略等各方面进行深入细致的研究分析，并向政府提出客观、公正的决策建议。

长期以来，兰德坚持自己只是一个非营利的民办研究机构，独立地开展工作，与美国政府只是一种客户合同关系，因而保持了一贯的客观立场和独立性。兰德现有雇员近千人，其中研究人员500多人；在研究人员中，48%是博士，30%是研究员，其余全部是大学毕业生。按学科来分的话，社会科学类专家占28%，经济学家占14%，数学家占16%，工程技术专家占10%，物理学家占9%，计算机专家占3%，其余为法律、商业、艺术、政策分析等方面的专家学者。

兰德除自身拥有的高素质人才之外，还从社会上聘用了约600名在全美国有名望的教授和各类高级专家，作为自己的特约顾问和研究员。他们的主要任务是参加兰德的高层管理和对重大课题进行研究分析和成果论证，以创造一种透明的管理方式并确保研究质量及研究成果的权威性。兰德每年的经费预算约为1 062万美元。经费中有86%来自政府委托的项目，7%来自基金会支持，7%来自私人企业委托研究。①

兰德的长处是进行战略研究。它开展过不少预测性、长远性研究，提出的不少想法和预测是当事人根本就没有想到、后来经过很长时间才被证实的。兰德正是凭借这些预测的准确性、科学性、权威性，在全世界咨询业中建立了自己的信誉。

【电子资料14-1】

2019年全球十大咨询公司排行榜

第五节　公　关

（一）公关概论

公关是公共关系的简称，作为一种职业和学科，它最早产生于美国。它是从英文“Public Relations”直接翻译而来。英文“Public”有两层含义：一是作为形容词，译

① 甘世雄，吴育华，等．咨询业在市场经济中的作用．情报探索，2003（21）：113－116.

为“公开的”或“公共的”，即“属于社会的”而不是个人的；二是作为名词，译为“公众”，即社会大众。因此，“Public Relations”也可译为“公众关系”。但是，由于约定俗成等原因，人们习惯称之为“公共关系”，简称“公关”。

艾维·李（Ivy L. Lee，1877—1934年）是公共关系职业的创始人之一。艾维·李出生在美国佐治亚州一个牧师家庭，毕业于普林斯顿大学，早年从事新闻工作，他曾在《纽约时报》和《世界报》当过记者。

1903年，艾维·李辞去记者工作，和乔治·派克（George Packer）合资成立了一家名为“派克和李公司”的宣传顾问事务所，为社会公众提供收费的公共关系服务。这是世界上较早的公共关系性质的专门公司之一，正规的公共关系职业即由此发端。艾维·李的公司成立后，马上生意兴隆，顾客盈门。美国电话电报公司、洛克菲勒财团、铁路公司、公平人寿公司等许多大企业，乃至当时改革派的纽约市市长塞思·洛克威尔（Seth Rockwell）等，都成为该公司的常客。

针对巴纳姆宣传活动（Barnum Campaign）的局限，艾维·李提出了“说真话”的工作信条。他通过报界对外发表了著名的《原则宣言》，全面阐述了他的事务所的宗旨：“我们的宗旨是代表企业单位及公众组织，就对公众有影响且为公众所喜闻乐见的课题，向报界和公众提供迅速而准确的消息。”这就是“门户开放原则”。

艾维·李提出的“公众必须被告知”、对公众“讲真话”的公共关系意识，对后来公共关系领域普遍重视“公众利益”和“诚实”的原则，起了很大的先导和促进作用。艾维·李在他31年的公共关系生涯中，不仅培养了大批公共关系人才，而且把公共关系发展为一种具有一定规模的职业。因此，后人把他称为公共关系的始祖。

公共关系学从1923年爱德华·伯奈斯（Edward L. Bernays）出版第一本专著《透视舆论》（*Crystallizing Public Opinions*）开始，逐渐形成了自身独特的科学体系。① 公共关系学有自己的定义、范围、性质与特点，以及与其他学科的划分界限。

自公共关系学在美国诞生起，迄今不到一个世纪的历史，市场经济却赋予了它神奇的魔力，使得它在全世界迅速发展起来。在西方国家，公共关系是社会上的一个热门职业，不仅公司、企业、商社有公关部，甚至连政府机关、军队、警察、社会团体、宗教组织也有自己的公关部。

公共关系是一个有计划的过程，立足于双方都满意的双向沟通，通过可靠的文字和适当的表现来影响公众的看法。

关于公共关系的定义，也五花八门。

事实上，关于公共关系有很多不同的定义。美国历史学家罗伯特·海尔布伦纳（Robert Heilbroner）曾经将公共关系业描述为“一个拥有10万兄弟姐妹的群体，是把这些人联系在一起的职业，而他们共同的难处是其中没有任何两个人能对该职业做出一致的解释”②。1923年，爱德华·伯奈斯对当时处于成长阶段的公共关系业做了具体描述：“向公众提供信息，在公众的指引下调整组织的态度和行动，努力使组织的态度

① Bernays, Edward L. *Crystallizing Public Opinion*. New York: Boni and Liveright, 1923.

② 弗雷泽·P. 西泰尔. 公共关系实务：第10版. 北京：清华大学出版社，2008：21-28.

和行动与组织内部的人或所服务的公众的利益吻合。”① 时至今日，虽然公共关系仍未能形成一个可被广泛接受的定义，但人们对该领域的理解已经变得越来越清晰。美国公关研究和教育基金会在1975年发起了历史上规模最大的一次寻求公关通用定义的运动，共有65位公关领域的领导人士参与了这项研究，他们对472个不同的定义进行了具体分析，然后提出了下面这个定义：

公共关系是一项独特的管理职能，它帮助组织建立、保持与公众间的相互沟通、理解、接受和合作关系；参与对问题或议题的处理；帮助管理层了解公众意见，并及时做出响应；界定和强调管理层对公众利益所负有的责任；协助管理层紧跟形势的变化并充分利用这些变化；扮演早期的预警系统来协助对未来趋势做出预测；运用研究及正确且合乎伦理道德的沟通技巧作为主要工具。②

1988年美国公共关系协会正式采用了下面这一公共关系的定义：公共关系帮助组织与它所面对的公众互相适应。③

美国公共关系协会指出，上述定义反映了公共关系实务的所有关键职能——研究、计划、沟通对话和评估。

1982年出版的《不列颠百科全书》将公关定义为：旨在传递有关个人、公司、政府或其他组织的信息，并改善公众对其态度的种种政策或行动。④

在2006年出版的《大英百科全书（简明版）》中，公共关系被定义为传播的一个方面，包括为寻求公众关注的个人或团体宣传其可取的形象。⑤

1978年8月，在于墨西哥城召开的世界公共关系协会大会上，代表们对公共关系的含义达成如下共识：公共关系是一门艺术和社会科学。

公共关系作为一个领域经历了极其迅速的成长。如今，公共关系很明显已经成为一个成熟的产业。

美国劳动统计局的资料显示，仅在美国，公共关系就是一个拥有数十亿美元资产的领域，专业人员数量达15.8万人。⑥从全世界来看，公共关系实践也在大幅提升。国际公共关系协会拥有实力强劲的会员，公共关系实践从拉丁美洲发展到非洲，从欧洲发展到俄罗斯再发展到中国。

2005年，美国公共关系协会理事会和哈里斯互动（Harris Interactive）的一项研究对全球1 000强企业的总监关于公共关系的意见进行了评估，他们中有84%的人认为公共关系帮助“提高了公众对也许并不知晓的重要事件的意识”，81%的人认为公共关系帮助他们“获取了处理事件的一个媒介，否则这些事件可能就会失去它们应得的关注”⑦。

大约250所美国大学和学院以及更多海外的大学都提供公共关系系列课程或学位课程，更多的大学则提供公共关系课程。美国四年制的学院及大学招收的公共关系本科生保守估计已超过20 000人次。在绝大多数新闻学院专业中，公共关系系列课程排

①⑤⑥⑦ 弗雷译·P. 西泰尔．公共关系实务：第10版．北京：清华大学出版社，2008：21－28.

②③④ Harlow, Rex F. “Building a Public Relations Definition.” *Public Relations Review*, 2 (1976): 34－42.

第一位或第二位。①

美国政府拥有数千名沟通专家（虽然他们中没有人被冠以公共关系专家这样的称呼），他们负责将政府机构和人员的行动告知公众。仅国防部就有 7 000 名专业的沟通人士，他们分布在陆军、海军和空军部队。

世界上最大的公共关系公司都附属于媒介产业集团，其中 Omnicom、Interpublic 集团和 WPP 集团都拒绝透露公共关系方面的收入。Ad Age 的分析报告统计出，2010 年度美国咨询服务机构收入达到了 304 亿美元，其中 28%来自数字化业务。

该领域主要的行业协会都拥有数量庞大的成员，美国公共关系协会在 116 个分会有将近 20 000 名会员。②

（二）发展历史

美国第一家公关公司宣传局（Publicity Bureau）于 1900 年在波士顿成立，专门从事大众媒体代理。华盛顿哥伦比亚特区的第一家公关代理机构是 1902 年由《纽约太阳报》（*New York Sun*）和《辛辛那提探寻者报》（*Cincinnati Inquirer*）的前通信员威廉·沃尔夫·史密斯（William Wolff Smith）创建的。不久之后，艾维·李与另一位合伙人开设了自己的咨询公司。艾维·李是举足轻重的顾问，在这方面最能与他媲美的是爱德华·伯奈斯，伯奈斯 1913 年开始担任时事评论员。

伯奈斯是西格蒙德·弗洛伊德（Sigmund Freud）的外甥，也是具有里程碑意义的《透视舆论》一书的作者。伯奈斯是 20 世纪公关领域的巨人，除了对公关的发展做出了与其他公关专家一样的贡献外，伯奈斯还是一位真正的公关学者。他于 1923 年教授了第一堂公关课程。

艾维·李在 1903 年开办了第一家宣传顾问事务所，成为向客户提供服务并收取费用的第一个职业公共关系人，标志着现代公共关系职业化由此发端。

之后，艾维·李向新闻界发表了著名的具有里程碑意义的《原则宣言》，阐明了企业管理的“门户开放原则”，他的信条是“公众必须被告知”。艾维·李认为：

（1）一个公司、一个组织要获得好的声誉，就必须把真相告诉公众；

（2）如果真相的披露对公司、组织不利，那么就应该调整公司或组织的行为；

（3）企业与其员工和社会的关系之所以紧张，主要是由于企业管理人员采取保守秘密的做法，妨碍了意见和消息的充分沟通。

艾维·李的贡献和局限性在于：

（1）贡献：首创了“公共关系”这一职业，通过“公众必须被告知”这一命题将“公共利益与诚实”带进了公共关系领域，使公共关系这门学科从对一些简单问题的探讨上升为探求带有某些规律性的原则和方法。

（2）局限性：艾维·李的咨询指导主要还是凭借经验和直觉进行的，缺乏对公共舆论的严密的、大量的科学调查，只有艺术性而无科学性。

---

① 弗雷泽·P. 西泰尔. 公共关系实务：第 10 版. 北京：清华大学出版社，2008：21-28.

② 熊越强. 公共关系实务. 北京：清华大学出版社，2006：35-38.

爱德华·伯奈斯时期是现代公共关系的成熟期。

伯奈斯1923年首次在纽约大学讲授公共关系课程，并出版了被称为公共关系理论发展史上“第一个里程碑”的专著《透视舆论》，书中阐述了“公共关系咨询”的概念。

伯奈斯的信条是“投公众所好”，他的主要贡献是：把公共关系理论从新闻传播领域中分离出来，并对公共关系的原理与方法进行较系统的研究，使之系统化、完整化并最终成为一门独立的新兴学科。

1947年，波士顿大学成立了第一所公共关系学院，旨在培养该领域的学士及硕士。

1952年，美国的斯科特·卡特利普（Scott M. Cutlip）和艾伦·森特（Allen H. Center）出版了公共关系专著《有效的公共关系》[①]，认为“双向对称”的公共关系模式标志着现代公共关系的成熟，这本书在美国被誉为“公共关系的《圣经》”，它使得公共关系正式进入学科化阶段。[②]

1998年，美国当代著名的公关学者詹姆斯·格鲁尼格（James E. Grunig）主持的“卓越公共关系和传播管理”的课题研究涉及卓越传播的三个层次，并提出了“普遍原则，特殊运用”的公共关系全球化理论，其内容包括：

① 传播核心层，即传播部门的知识基础。

② 知识核心层，指高级传播人员和高层管理人员对传播的功能和作用的共识。

③ 文化核心层，即组织文化，一个组织的文化提供了培育或抑制卓越传播的更大背景。

（三）对公关的观点

大多数公关著作是这样看待公共关系学的学科性质的：公共关系学是一门具有应用性、综合性、交叉性和边缘性的独立学科；或者是一门行为科学和软科学。再具体一点的看法是：公共关系学既是一门科学又是一种艺术；或者，公共关系学是管理学的一部分，公共关系学是传播学的一个应用领域，公共关系学是社会学或组织行为学的分支学科；或者，公共关系学是一种特殊的传播管理-信息管理的边缘学科；等等。

有人认为，公共关系学应该叫作公共关系管理学。公共关系即公共关系管理，就是指具体的社会组织以形象管理为中心，通过传播沟通、协调关系、分析趋势和规范行为等方式进行的管理艺术活动。持这种观点的学者其实是把公共关系学视为管理学的一个分支学科。

有人认为，公共关系学的核心概念是组织形象，即公共关系学应定位于组织形象。组织形象问题是公共关系理论以及公共关系实践的核心问题，组织形象概念是整个公共关系理论概念群中的核心概念，同时又是最基本的概念。一方面，形象概念最简单、最抽象；另一方面，认知、塑造、维护组织形象又是公共关系实践活动中最普遍、最基本的内容，只要接触公共关系理论问题，就必然首先研讨组织形象问题；只要接触

---

① Cutlip，Scott M. and Allen H. Center. *Effective Public Relations*. New York：Prentice Hall，1952.

② Cutlip，Scott M.，Allen H. Center，and Glen M. Broom. *Effective Public Relations*. 8th ed. London：Prentice Hall，1999：5－80.

公共关系实践，就必然首先涉及组织形象问题。

在公共关系学中，在这一点上没有哪一个概念可以与组织形象相比，组织形象作为公共关系学研究的立足点恰恰在这一点上获得了充分的佐证。组织形象概念的覆盖面是全方位的，组织形象是一个自明的概念，它不需要其他任何公共关系概念加以解释。相反，公共关系的一切理论、范畴、问题或矛盾都是由组织形象引起的，只有通过组织形象概念才能得到正确的解释或说明，而且具有基础性、历史演绎性、体系缜密性、实务操作性、学科相关性等特点。

公共关系的产生，正是缘于市场经济背景下，社会组织为了自身的生存和发展而开始关注自身形象，从而将形象塑造作为组织的自觉、自主的行为。

总而言之，组织形象乃公共关系的“纲”。只有形象（组织形象）能够真正回答公共关系是什么，公共关系能干什么，公共关系的个性是什么，公共关系与其他学科、专业的本质区别是什么等问题。

有人认为：公共关系是社会组织为了生存发展，通过传播沟通、塑造形象、平衡利益、协调关系、优化社会心理环境，从而影响公众的科学和艺术。

有人认为：公共关系是一门说真话、做善事、塑美形的科学和艺术，研究对组织-公众-环境系统的关系生态的管理。同时，公共关系也是一门传播术，包含了大众传播、组织传播、人际传播和关系传播等过程。公共关系还是一门沟通的艺术，不仅强调组织与公众的沟通，而且强调组织与环境系统的和谐沟通。

因此，从形式上来说，公共关系传播的特征是生态传播，体现为组织与公众之间、组织与环境之间的双向沟通；从内容上来说，公共关系的传播特征是理想传播，体现为真的传播（信息传播）、善的传播（责任传播）和美的传播（形象传播）的统一。

有人认为：任何一门学科都具有自身的核心概念以及形成其理论架构的核心。从公共关系的产生与发展、基本概念、职能、程序、实务内容等多个视角全方位考察，组织形象是公共关系的核心概念，形象理论是公共关系理论的核心。公共关系是组织形象竞争的产物。所谓组织形象，是社会公众对组织的总体认知和评价，是组织的政策和行为在社会公众心目中的反映。虽然从社会组织产生的那一天起，社会关系网络就已经存在，但公共关系是现代社会组织形象竞争的产物。

形象概念是公共关系的核心概念。从公共关系的基本原理考察，构成公共关系的“三大概念”——组织、公众和传播——都以“组织形象”为“核心”。形象是“组织”活的灵魂。作为公共关系主体的“组织”，是人们按照一定的规范，为了一定的目标而建立的社会组合。

有人认为：从历史与现实两个层面考察，公共关系既是一种活动，又是一种思维方式或观念，还是一种理论或学科。公共关系是社会组织自觉、积极、努力开展的一系列社会活动。这些活动是组织为了在公众心目中塑造自身的良好形象，通过成立内部公关机构、向公关公司咨询、聘请顾问等方式，努力按照公共关系的内在规律开展的。

公共关系是社会组织特别是组织领导、公关工作人员的一种观念；是公共关系主体在市场经济条件下对自身与公众之间应有的关系的一种理解；是对自身形象的重要性，对客体存在、发展、需求的合理性的一种意识；是对现代社会组织在市场经济条件下的运行法则的一种感悟。公共关系是一种理论或一门学科。

一方面，人类的任何实践活动都离不开理论的指导。公共关系作为社会组织为塑造自身良好形象以争取公众的合作、支持而努力开展的一系列社会活动，也要讲求技巧、艺术以及在此基础上的理论升华，以更好地指导公关实践活动。

另一方面，公共关系作为一种社会观念或意识，经历了从个体意识到群体意识、从社会心理到社会意识的发展历程，并且正在经历从粗浅的社会意识到比较精细的社会意识的发展阶段。这样一个过程，也是公共关系作为一门学科产生、发展的过程。

因此，公共关系由实践层面、观念层面上升到理论层面或学科层面，是其历史发展的必然逻辑。

（四）公共关系的职能

以下是美国的弗雷泽·P. 西泰尔（Fraser P. Seitel）所写的《公共关系实务》中提到的公共关系的职能：公共关系与营销和广告的职能有着根本的不同。营销和广告能够促进一种产品或者服务的销售，而公共关系则能提升整个机构。公共关系从业人员和工作内容很多，包括：

① 写作。这是公共关系从业人员最基本的工作内容。写作的载体很多，从新闻报道到演讲，从宣传手册到广告。

② 媒体关系。处理与媒体的关系是公共关系从业人员的另一个基本的工作内容。

③ 策划。策划特别活动、媒体活动以及类似事件。

④ 咨询。处理管理问题以及与关键公众人群的沟通。

⑤ 宣传。这是与营销相关的职能，经常被错误理解为公共关系的“唯一”职能，它能为客户或雇主起到积极的宣传作用。

⑥ 营销传播。这是与营销相关的另一个职能，例如制作宣传手册、销售文件、会议展示以及促销活动。

⑦ 社区关系。向社区传递组织积极的信息和形象。

⑧ 顾客关系。通过书面和口头的方式与顾客沟通。

⑨ 雇员关系。与非常重要的内部人群、管理者以及公司雇员进行沟通。

⑩ 政府事务。处理与立法者、监管者、各级政府官员，以及所有涉及政府事务的人士的关系。

⑪ 投资者关系。对上市公司来说，就是要与股东以及向他们提供建议的人进行沟通。处理与那些对特定组织有独特意见的人群的关系，例如妇女、老年人。

⑫ 公共事务和事件管理。处理公共政策对组织的影响以及找到并处理对公司产生影响的事件。

⑬ 网站发展和网络接口。制作一种通常意义上的作为组织与公众的主要结合点的网站。同样重要的工作是监管网站并在适当的时候对组织面临的挑战做出回应。

上面只是公共关系从业者工作内容的部分列表。总而言之，公共关系从业人员是经理、指挥家、制作人、导演、作家、协调者以及管理层的一个全方位的沟通顾问。

因此，当公共关系总监直接向首席执行官报告时，程序才会进入最佳的运作状态。

第六节 市场理论在中国的发展简介

（一）策划学以及其他市场理论在中国的发展之路

在20世纪80年代中国实行改革开放以前，采取的是计划经济体制，那时大众所需物质资料完全由国家统一制订计划生产，企业是国家的，消费者购买产品时几乎没有什么自主选择的空间。在那个时期，企业之间几乎没有竞争，产品不愁销售，资源人为配置，整个社会经济链条被管得很死，所以那时以帮助企业促进销售为目的的理论或手段根本没有用武之地。随着改革开放的深入，中国实行市场经济，企业的产品完全依靠市场手段来解决，所以企业界开始重视各种市场理论。

从20世纪80年代开始，很多有关市场销售的理论及派别开始在中国出现，主要有以下这些：广告派→CIS派→点子派→咨询派→公关派→营销派→策划派。上述派别的发展不一定是按照这样的时间顺序，但这些派别在社会上的流行基本上是按这种顺序，目前社会上最热衷的可能只剩下营销派和策划派，提及点子派、CIS派、咨询派的人已经很少。

有趣的是，企业对相关部门的称谓刚好反映了这些派别在社会上的受欢迎程度。在计划经济时代，这些负责市场销售有关事务的部门被统一称为宣传部，后来改为广告部，之后又改为CIS战略部，再后来叫公关部，现在很多企业称之为营销部或策划部。

（二）发展回顾

1. 广告在中国的发展

广告在中国古已有之，最原始的广告形式，是通过实物陈列和叫卖来引起人们的注意。传说炎帝神农氏开始“列廛于国，日中为市，致天下之民，聚天下之货，交易而退，各得其所”，韩非子（公元前280年至公元前233年）曾在文章中写有“宋人有沽酒者……悬帜甚高著”，此“帜”即为酒旗，是用来招揽顾客的一种广告形式。

印刷术的发明开创了广告的新纪元。雕版印刷始于隋唐，到了宋代，又有了雕刻铜版。中国的毕昇最先发明了活字印刷术，印刷术从中国传到西方后，使西方广告进入了新的阶段。印刷广告始于北宋，就是把自己的商品名称、制作者姓名、商号、商品质地及销售办法制版印刷，以印刷品做宣传的广告形式。现珍藏于上海博物馆的济南“刘家功夫针铺”的雕刻铜版，上面不仅有店铺名称，还有“兔子”的商标及广告语。

中国较早的字典《康熙字典》中并没有广告一词，在以介绍文字源流为主、收词截至1840年的《辞源》中也没有广告一词。

据可查资料，“广告”一词最早出现于清光绪三十二年。当时的《政治官报章程》中有这样一段话：“如官办银行、钱局、工艺陈列各所、铁路矿务各公司及农工商部注册各实业均准送报代登广告，酬照东西各国官报许办理。”

这里“广告”的词义已经完全是现在广告的意思，上文中的用法具有相当的专业程度，显得非常成熟。据考证，此文是现存的最早出现“广告”一词的资料。

1979年3月18日18时15分，上海电视台播出中国第一例外商广告，从而启动了中国媒体的广告市场。随后，中国的企业也开始做一些简单的、直接播放产品信息的广告。随着中国经济的迅猛发展，中国的广告业及广告理论的研究已经取得了飞速的发展。

现代广告在中国只有几十年的历史，自改革开放以来，随着经济的发展，广告业与中国经济建设中的其他新生行业一样，在经济的推动下迅猛发展，并在经济活动中扮演着越来越重要的角色，受到了人们更加广泛的关注，显示出勃勃生机，有着巨大的发展潜力和广阔的前景。

中国的广告理论和广告活动真正的发展时期，是从党的十一届三中全会以后开始的。

随着中国的改革开放以及经济的迅猛发展，广告在中国的应用也越来越广泛。广告媒体不断增多，广告市场不断扩大。同时国家也逐步加强了对广告的监管。1982年2月，国务院正式发布了《广告管理暂行条例》，同年，国家工商行政管理局发布了《广告管理暂行条例实施细则》。1987年10月，国务院在总结经验的基础上正式颁布了《广告管理条例》。1988年1月，国家工商行政管理局发布了《广告管理条例施行细则》。1995年2月1日，《广告法》正式实施。

2018年10月26日，第十三届全国人民代表大会常务委员会第六次会议再次修正了《广告法》。

2. 营销在中国的发展

随着改革开放的深入以及中国经济的巨变，许多与经济发展有关的理论涌入了中国，营销学作为西方经济市场的理论也传入了中国。

1978—1982年改革开放初期，我国主要是通过对国外市场营销学著作、杂志和国外学者讲课的内容进行翻译介绍，选派学者、专家到国外访问、考察、学习，邀请外国专家和学者来国内讲学等方式，系统介绍和引进国外市场营销理论。但是，当时该学科的研究还局限于部分大专院校和研究机构，从事该学科引进和研究工作的人数还很有限，对于西方市场营销理论的许多基本观点的认识也比较肤浅，大多数企业对于该学科还比较陌生。然而，这一时期的努力为中国市场营销学的进一步发展奠定了基础。

1984年，在上海市市长汪道涵先生的推荐下，由上海财经大学著名教授梅汝和先生翻译了美国西北大学营销学教授菲利普·科特勒的《营销管理——分析、计划、执行和控制》，这本书的出版为中国打开了国际营销学的沟通之门。此后，国内陆续引进出版了一些营销学理论专著和优秀教材，但国人对国外的这种先进理论接受得并不是很快，当时科特勒的这本书首次只印刷了 2 000 册，而且很长时间才销售完。直到 20 世纪 90 年代后期，科特勒的著作才逐渐热起来，并被很多大学作为教材。

1984 年 1 月，全国高等综合大学、财经院校市场学教学研究会成立。在以后的几年里，全国各地各种类型的市场营销学研究团体如雨后春笋般出现。各团体在做好学术研究和学术交流的同时，还做了大量的传播工作。例如，广东市场营销学会定期出版会刊《营销管理》，全国高等综合大学、财经院校市场学教学研究会在每届年会后都向会员印发各种类型的简报。各团体分别举办了各种类型的培训班、讲习班。有些还通过当地电视台、广播电台举办了市场营销学的电视讲座和广播讲座。通过这些活动，既推广、传播了市场营销学知识，又扩大了学术团体的影响。在此期间，市场营销学在学校教学中也开始受到重视，有关市场营销学的著作、教材、论文在数量上和质量上都有了很大的提高。

1988—1994 年期间，无论是市场营销教学研究队伍，还是市场营销教学、研究和应用的内容，都有了极大的扩展。全国各地的市场营销学学术团体，改变了过去只有学术界、教育界人士参加的状况，开始吸收企业界人士参加。其研究重点也由过去的单纯教学研究，改为结合企业的市场营销实践进行研究。

全国高等综合大学、财经院校市场学教学研究会也于 1987 年 8 月更名为“中国高等院校市场学研究会”。学者们已不满足于仅仅对市场营销一般原理的教学研究，转而日益深入研究其各分支学科，并取得了一定的研究成果。

1995 年 6 月，由中国人民大学、加拿大麦吉尔大学和康克迪亚大学联合举办的第五届市场营销与社会发展国际会议在北京召开。中国高等院校市场学研究会等学术组织作为协办单位，为会议的召开做出了重要的贡献。来自 46 个国家和地区的 135 名外国学者和 142 名国内学者出席了会议。25 名国内学者的论文被收入《第五届市场营销与社会发展国际会议论文集》（英文版），6 名中国学者的论文荣获国际优秀论文奖。①

从此，中国市场营销学者开始全方位登上国际舞台，与国际学术界、企业界的合作进一步加强。

目前营销学已经被广泛应用于中国的经济社会中。

3. CI 在中国的发展

20 世纪 80 年代中期，随着改革开放的大潮，CI 传入中国。CI 一词在中国 20 世纪 80 年代被社会认同并成为流行语。

20 世纪 80 年代，中国南方一些企业开始尝试 CI。CI 在中国的发展速度相当快，随着春兰集团、太阳神集团等企业率先部分导入 CI 并取得巨大成功，许多企业都闻风而动。中国的 CI 由南向北、从沿海向内地扩展，逐步形成了一股热潮。

中国企业导入 CI 的历史，可以分作三个时期：第一个时期是 1988—1993 年底，以广东及沿海企业导入 CI 为主流的时期；第二个时期是 1994—2000 年底，CI 在全国推广普及，以国有大中型企业导入 CI 为主流的时期；第三个时期是进入 21 世纪后，其他理论的涌入代替了 CI 理论，CI 开始衰落的时期。

---

① 朱希彦．市场营销理论在中国的发展与展望．中国流通经济，1998（3）：29－32.

（1）第一个时期。CI自20世纪80年代初被引进中国，在中国改革开放的大潮的推动下，随着中国经济的突飞猛进而不断发展。中国的CI是从设计界和教育界发端的，是由艺术院校先期引入，作为艺术设计专业的新教材、新学科，开科取士，施教于艺术设计专业的学子。

20世纪80年代后期，在院校学者的倡导下，CIS开始进入中国企业，一度被企业家奉为企业制胜的法宝。专属CI设计的艺术家和设计师名噪一时，中国开始出现CI设计这一新兴行业。

中央工艺美术学院、广州美术学院、鲁迅美术学院等高等院校开设了CI相关课程，逐渐从传统的图案教学转向现代设计教学。一批年轻的设计师走向社会，开始了CI实践，策划实施了“太阳神”等一批成功的案例，立即引起了企业界、新闻界、设计界的关注，翻开了CI在中国的第一页。

1990年，第11届亚洲运动会在北京隆重召开，这是中国大型运动会第一次大规模全面导入CI，产生了巨大影响。

1992年，中国工业设计协会在深圳举办“平面设计在中国”大型展览，展出中国的CI作品，打开了中国与海外设计界的学术交流窗口。同年，我国第一本设计年鉴《广东设计年鉴》出版。

面对丰富、广阔的中国市场，大量国际知名广告公司纷纷进驻中国，国内的广告CI策划公司也如雨后春笋般地涌现。更多的中国企业认识到CI策划与企业的发展息息相关，因而不断学习国外优秀企业的CI策划和经营理念。在国内外企业交流与合作日益频繁之际，中国企业的发展离不开对欧美、日本等国CI设计的借鉴与研究。

20世纪80年代中期，中国企业面临的一个重要问题是：大量引进国外生产线，但没有同期引进设计软件，产品设计水平落后，附加值低，跟在别人后面爬行。

CI理论的引入就能解决其中一些问题，所以这一理论很快得到企业的青睐。最初是广东企业独领风骚，这是由广东地处改革开放前沿、最早接受CI决定的。

1988年，以太阳神集团为先导，广东涌现出一批率先导入CI的优秀企业群体，如健力宝、科龙、美的、浪奇、神州、三九、海王、康佳、巨人、深圳石化、中华自行车等。这一时期的特征是：以产品入市为目标，经过CI包装的新品牌、新企业表现出锐不可当的市场开拓力。

这一时期的CI成果，集中地表现为一大批“粤货名牌”在改革开放的大潮中诞生，如太阳神口服液、健力宝饮料、金利来服饰、容声冰箱、美的风扇、威力洗衣机、爱德电饭锅、万家乐热水器、康佳彩电、格力空调、三九胃泰、巨人电脑等，由此出现了全国“饮珠江水，用广东货”的现象。可以说，CI成为“粤货名牌”征战市场的一大行销利器。广东企业引进开发CI的成功，向中国经济界、企业界显示出一个重要信号：名牌后面有CI。CI在市场竞争中扮演着重要角色。

（2）第二个时期。在新闻界、设计界、有关社会组织的推动下，CI开始在全国推广，中国由此进入以国有企业为主流的CI的第二个时期。

CI开始由表象化走向深入与成熟。已具备雄厚经济实力和优越市场地位的大型国有企业，如嘉陵、国航、茅台、昆明卷烟、新飞等，它们导入CI的主要目标不再是产品上市，而是寄希望于通过企业整体形象的改善、知名度的提升，特别是希望借助 CI 的导入，重塑企业经营理念，在经营管理上同国际接轨。

以此为背景，中国 CI 开始渗透到国有企业经营管理活动之中，在增强企业实力、重塑企业形象方面发挥着潜移默化的作用。这一时期的 CI 成果看上去不如第一个时期的乡镇企业、集体企业、合资企业的名牌战略那么显著，但其蕴含的意义却更为深刻，对企业的发展起到了巨大的推动作用。

（3）第三个时期。进入 21 世纪后，由于更多的新理论，比如营销理论进入中国，CI 很快进入衰落时期。这与 CI 在其发源地美国、繁荣地日本的周期相似，从兴起到衰落都是十几年的时间。

十几年间，潮起潮落，CI 设计有过往日的辉煌，也逃不开今天的衰落。CI 设计在中国的这种境遇，大体和它在发源地美国的命运相仿。在美国，CI 在 20 世纪 50 年代诞生以后有过几十年的辉煌，到了 20 世纪 90 年代以后，也开始衰落，这是 CI 发展的一个世界性的趋势。

进入 21 世纪后，许多企业导入 CI 对改善经营的效果几乎微乎其微，因此开始对 CI 产生了质疑。而最早运用 CI 理论的太阳神集团也日落西山，CI 在新的市场环境中已完成了它的历史使命，老态已露，大势已去，新的市场理论的产生成为必然。

4. 咨询在中国的发展

中国的咨询业开创于 20 世纪 70 年代末，初期咨询机构还不是独立的组织，咨询活动的经济性、经营性特点不明显，咨询市场发展缓慢。

随着改革开放的深入，国家逐渐认识到咨询业对于国家经济建设及生产力的发展起着十分重要的作用。随后，中国政府在有关加快发展第三产业的决定中明确指出，与科技进步相关的新兴产业主要指咨询业、信息业和各类技术服务业，是发展第三产业的重点之一。

从此，咨询业以前所未有的速度迅速发展壮大起来。现在中国各类型的咨询机构基本齐全，包括综合咨询、工程咨询、科技咨询、管理咨询、决策咨询等，服务内容几乎覆盖了咨询业的所有领域，其中科技咨询发展更为迅速。到目前为止，中国的科技咨询机构已超 4 万家，从业人员达到 70 余万人。

纵观中国咨询市场的发展，先后经历过简单信息调查阶段、单纯“点子”策划阶段、专业化阶段和产业系统化阶段四个阶段。

早在 20 世纪 80 年代，国内出现的市场调查公司就已经开始承担为企业进行市场调查的任务，为企业搜集必要的市场数据；20 世纪 80 年代末出现的“点子”公司也反映了企业对经营谋略的需求。然而，随着企业竞争的加剧，企业所面临的问题已经不是几个“点子”可以解决的。企业经营管理中的深层问题、系统问题，不能企图依靠几个“点子”就解决。企业经营管理中的问题历来是相互关联的，为此需要对企业历史、宏观环境、企业自身条件、企业理念、企业文化以及企业领导人和员工的风格有深刻的了解，才能提出具体解决方案。

20 世纪 90 年代中期以前，中国咨询业还是处在“点子”阶段，有人把此时的中国咨询业概括为“点、片、差、劣、炒、吹、乱”，此时中国的咨询业只能说是处在极不完善的初级阶段。1992 年邓小平南方谈话以后，大量具有国际声誉的咨询公司也纷纷进入中国这个市场，如麦肯锡、波士顿、贝恩、埃森哲等都是在 1993—1994 年进入中国市场的，这些公司给中国的咨询业带来了国际领先的理念和规范化的操作方式。

麦肯锡从 1993 年进入中国，到 2001 年 5 月，为 60 多家中国公司做了 200 多个咨询项目。麦肯锡 1998 年为实达设计营销方案收费 300 万元人民币。1998 年为乐百氏做了五个项目：架构重组（包括一年、三年、五年的规划）、融资合资的选择、品牌管理与品牌经理制的确立、市场与销售两专业的明晰以及企业未来五年的发展战略，收费为 1 200 万元人民币。其中，实达的项目做了八周，乐百氏的项目做了四个月。为此，自 1990 年以来，企业咨询转入专业化的方案解决阶段。①

自 20 世纪 90 年代末以来，伴随中国加入世界贸易组织，以及境外咨询公司的大举进入，中国咨询业进入了规模化和产业系统化发展阶段。

国际上的咨询业同行，在迅速开放的中国市场，发现了它们的巨大商机。一大批国际上知名的咨询业机构纷纷采取合资、设立办事处，直至公开设立分支机构的方式，进入中国咨询业市场。目前很多知名跨国咨询机构已经开始在中国进行战略部署。普华永道在中国的北京、上海、广州、深圳、大连、香港均设有代表处。

市场经济使中国的企业真正参与到市场竞争中来，为中国经济走向世界打下了坚实的基础。中国虽然说是在 2001 年 11 月 12 日加入的 WTO，但是咨询业实际上早已经加入了 WTO。

入世之前中国管理咨询业的发展水平仍然较低。统计资料显示，2000 年，中国国内生产总值为 819 万亿元人民币，而咨询业的营业额却只有不足 100 亿元，且主要是移民咨询、留学服务和广告设计方面的收入，真正开展企业管理咨询、发展战略咨询的营业额不超过 10 亿元。而在 20 世纪 90 年代中期，美国咨询业的营业额已突破 300 亿美元。②

在中国正式加入 WTO 之际，国际著名管理和技术咨询公司埃森哲公司的合伙人兼中国区总裁李纲表示，无论是中国企业还是外国公司，都需要在新形势下做出自己的战略调整，针对自身特点，寻求一个既能应对眼前问题，又有利于长远发展的“WTO 解决方案”。国外咨询机构的加入，空前加快了国内咨询市场的规模化和产业化进程。③

到 2002 年初全国共有各类咨询公司 3 万余家，但真正长期从事咨询服务的仅 1 500 余家。④ 近年来随着众多大专院校、科研单位参与咨询业，对咨询业的发展起到了一定的推动作用，使咨询业在激烈的市场竞争中迅速成长，涌现出了一批受客户信赖、成效显著的名牌咨询公司。

2005 年，根据中国科技咨询协会的统计（2004 年的数据），在中国专职咨询人员中，大学以上学历的从业人员已占全部专职咨询人员的 60.68%，兼职咨询人员中大学

---

① 李靖．咨询业在中国．北京：企业管理出版社，2001：125-129.

② 王令娴．中国咨询业应对国际竞争的生存空间变革．图书馆建设，2003（2）：5-7.

③ 小伊．国际咨询业巨头：入世后管理咨询业机会来了．中国青年报，2001-11-11.

④ 周力军．咨询业 明天会更好．企业研究，2002（4）：9-11.

以上学历的从业人员占全部兼职咨询人员的69.92%，高学历人员已成为中国咨询行业的主要力量。从咨询人员的从业经验来看，在专职人员中，具有3年以上咨询经验的人员与咨询经验不足3年的人员的比例为4.4：1，多数专职咨询人员具有一定的咨询经验，这有助于咨询机构服务能力的提高。①

在市场经济中，企业面临着变幻莫测的市场，需要根据许多不确定的信息做出正确的决策。现代决策已不同于以往的决策——只依赖某个企业领导人的才能、信息技术或其他任何专业知识。现代决策已成为专家决策、比较决策，而企业自身不可能拥有那么多的专家，于是就需要借助咨询公司。咨询行业是改革开放以来从西方引入的。

随着国内企业对咨询需求的迅猛增长，中国的咨询业将有更大的市场。

最近几年，一些咨询公司发展成几百人的大公司，运作大型的咨询项目，同时也有很多个体咨询专家和小型咨询公司在向它们各自的客户提供一些小型的咨询服务。咨询专家们正帮助企业解决越来越多的问题。

中国的咨询业经历了由起步到发展再到强盛的过程，近几年咨询业务迅速增长，广大大中型企业普遍认可并接受咨询业。

5. 公关在中国的发展

中国公共关系市场悄然形成于20世纪80年代初期，随着改革开放的深入，公共关系学被引进中国，现代公共关系理念随外国投资、人才技术、管理的引进，其影响由南到北，由深圳、珠海、汕头、厦门四大经济特区逐步扩大到中国东部沿海城市，一些合资企业尤其是中外合资酒店率先导入了公共关系职能，在企业内部设立公共关系部门，由此掀起了中国公共关系事业发展的第一个高潮。咨询业按从南向北、从沿海到内地的顺序，蓬勃发展起来。

1981年，公共关系作为经营管理的艺术手段在深圳的一些中外合资企业中出现。1984年9月，中国第一个国有企业公关部——广州白云山制药厂公共关系部——正式成立。

总的来说，在20世纪80年代中期以前，公共关系在中国主要是在实践领域发展，这一时期的理论研究还只是国外公关理论和实践经验的简单介绍或照搬照抄。1986—1989年期间，中国出现了第一个"公关潮"。其标志是：公共关系由实践层面逐渐走向理论与实践相结合的层面；公共关系的理论研究十分活跃，理论成果十分丰富，专著、教材、论文形式的理论成果如雨后春笋般涌现；许多国有大中型企业领导成为地方"公共关系协会"或"公共关系俱乐部"成员，很多企业内部也设立了公共关系部，健力宝等公司的公关活动在全国范围内产生了轰动效应。

20世纪90年代中期，中国迎来了第二个"公关潮"。

公共关系领域的实践活动从自发走向自为，从盲目走向自觉，从照搬走向自主创造，出现了以广东太阳神集团公司、杭州娃哈哈集团公司等为代表的一大批公关工作成就显著的社会组织。

在理论层面，中国公开出版了一大批公共关系专著、教材、译著、工具书；开展

① 中国咨询业发展概况．中国信息导报，2005（3）：10-14.

了一系列公共关系理论研讨活动，对有中国特色的公共关系理论体系的建构和学科建设有了自觉的认识，并达成了基本的共识。到20世纪90年代末，中国公共关系理论研究有了较为深入的进展，产生了很多新的学术观点，总结、提炼出了许多实际操作方法。

以下是中国公关发展的一些标志性事件。

1984年10月，美国伟达公关顾问公司在北京设立办事处；1985年，中山大学成立国内第一个公共关系研究会；1985年，第一家合资专业公司中法公关公司在北京成立；1986年，第一家国内专业公司中国环球公关公司成立；1986年11月，中国第一家公共关系组织上海市公共关系协会成立。

1991年4月，中国国际公共关系协会在北京宣告成立。

1993年4月，中国国际公共关系协会在第一届理事会第三次会议上提出了“开拓、建立和发展中国公关市场”的战略构想。自1993年起，国际著名公关公司纷纷抢滩中国市场，爱德曼（Edelman）（收购中法公关公司）、福莱（Fleishman-Hillard）、宣伟（Shandwick）、奥美（Ogilvy）等公关公司相继进入中国市场，这些公司绝大部分在全球公关业的排行榜上名列前10。

1996年创办的中国国际公共关系大会是全国最权威、规模最大的行业交流活动，每两年举办一次。该大会从战略高度探讨中国公共关系市场和业务的发展，形成了一批学术成果和行业成果，而大会期间举办的“最佳公共关系案例大赛颁奖典礼”则吸引了业界人士的广泛关注。

1998年12月，中国公共关系业工作会议首次在北京召开，该会议由各公关公司主要负责人参加，发布上一年度行业调查报告，分析当前市场状况，预测未来行业发展，并就中国公关业发展中的问题进行讨论。此后，该工作会议每年2月或3月举办。

中国国际公共关系协会自成立以来，一直将推动中国公关业职业化、专业化、规范化作为协会的工作使命。其具体措施之一包括公关员职业资格。1999年，由中国国际公共关系协会牵头组织起草的《公关员国家职业标准》通过国家鉴定，第一次将公关从业人员统称为“公关员”。5月，《中华人民共和国职业分类大典》正式将“公关员”作为一门新职业列入大典，标志着国家正式承认“公共关系”这一职业。

2000年3月16日，国家劳动和社会保障部部长张左己签署中华人民共和国劳动和社会保障部第6号令，将“公关员”列入90个持证上岗的职业之一，并于当年7月1日起开始实施。

2002年12月6日，中国国际公共关系协会第三次会员代表大会审议通过《会员行为准则》，该准则涉及公共关系职业基本原则、公关从业人员的行为规范以及对有关违反行为的惩戒。这一准则原则性地规定了公关从业人员的行为规范，成为中国首部较为完善并付诸实施的职业行为准则。该准则自2003年1月1日起正式实施。

2003年5月，经国家民政部批准，学术工作委员会、公关公司工作委员会、组织工作委员会三个专门委员会成立。三个委员会分别承担了理论研究、行业发展、地方建设三个方面的工作，对于推动全国公共关系事业的发展具有十分重要的作用。

2003年12月，经中国国际公共关系协会公关公司工作委员会提议，将12月20日正式确定为中国公关从业人员的节日，并举办相应的庆祝活动。

2004 年 6 月，由中国国际公共关系协会公关公司工作委员会起草的《中国公关顾问业服务规范（指导意见）》正式颁布实施。它的颁布预示着中国的公关顾问业有了行业服务标准，对于规范公关服务市场和从业人员行为以及促进行业的持续、健康发展具有重大的历史意义。

中国公关行业发展十分迅速，以下是一些数据。据全国专业公关公司调查估计，2000—2006 年中国公关行业企业数量由 100 家增加到 2 000 多家，营业额从 15 亿元增加到 60 亿元，从业人数从 5 000 人增加到 25 000 人，中国公关行业的发展速度、规模和业务均有很大的发展。中国公关行业所提供的服务产品包括媒体传播、媒介关系、活动管理、营销传播、企业传播、政府关系、危机管理以及媒体监测和评估等。①

由中国国际公共关系协会创办的中国公关网（www. chinapr. com. cn）和全国性公共关系专业期刊《国际公关》，对中国公共关系的职业化、专业化、规范化发展发挥着至关重要的作用。

中国公共关系业经过几十年的实践和发展，在中国已经发展成一个独立专业或职业，目前中国市场上的公关公司可以分为三大类：一是专业性强的国际公关公司，这类公司握有科学的公关工具，具有多年国际市场的公关经验，是公关行业的缔造力量。二是深谙本土之道的国内大公关公司，这类公司占据本土的地利优势，最了解“中国关系”的经营之道，凭借家门口的成本优势，能与国际公关公司抗衡。三是大量打一枪换一个地方的游击队型小公关公司。

关于公共关系的学科定位，学界已有一些探讨，并形成了一些学科“派别”。

在西方，有的将其归为管理学，有的将其归为新闻传播学，有的将其归为商学。在中国的社会科学学科分类目录中，公共关系学被归为社会学。但在高等教育中，公共关系专业的归属则异常复杂。公共关系作为一种社会活动和社会关系，就是在这种学科发展潮流中产生的一门具有极强的综合性和应用性的边缘学科。传播学、管理学、社会学、伦理学等都为它提供了大量的理论资源。因此，在中国很难说公共关系究竟是属于传播学、管理学，抑或是社会学或其他学科。

从国内学者的观点来看，公共关系主要有传播沟通派、协调关系派、管理艺术派等。这种“群雄纷争”的局面既推动了公共关系的广泛研究，同时又在一定程度上阻碍了公共关系作为一门独立学科的发展。

2020 年 5 月 28 日，中国国际公共关系协会（CIPRA）在北京发布了《中国公共关系业 2019 年度调查报告》。调查报告由年度排行榜、行业调查分析、TOP 公司研究、最具成长性公司研究及行业发展分析五个部分组成。2019 年整个市场的年营业规模约为 668 亿元人民币，年增长率为 6.5%，略高于 GDP 增长幅度。行业依旧保持平稳增长，但受全球经济下行压力的影响，增幅与上一年度的 11.9%相比有较大的回落。

中国公关行业到目前虽然取得了一些成绩，但也存在以下问题：

第一，业务模式雷同，集中于低端业务。中国公关公司本身资源较少，定位相对

① 陈钦兰．我国公关业发展空间分析．商业时代，2007（21）：89－92.

较低端，主要注重本地媒体关系、政府和行业关系以及服务执行层面，在战略咨询、经验、专业化等方面与国际公司相比有很大的差距。中国公关行业内部恶性竞争，大量低技术含量的常规公关不断复制，难以让员工和企业提升专业能力，健康成长。

第二，中国公关业的高层次专业人才缺乏。目前，低层次、知识结构单一的公关人员过剩，高层次、复合型的公关人才严重不足，对专业人才的抢夺日益白热化。现在，在中国经营的各大外资公关公司均以本地人才为主，这些公司通过高工资、高待遇，挖掘了一大批本地公关人才。

参考文献

蔡之国．论中西广告创意的差异性．南通大学学报（社会科学版），2007（6）．

曹晓春．营销理论的十大发展．北京商学院学报，1995（4）．

常永胜．20世纪市场营销理论的变革与进展．营销研究，2007（7）．

陈云卿．组织形象模型．管理科学文摘，1999（6）．

褚云茂．论公共关系的涵义与学科定位．社会科学，2002（7）．

菲利普·科特勒．营销管理：第12版．上海：上海人民出版社，2006.

弗雷泽·P. 西泰尔．公共关系实务：第10版．北京：清华大学出版社，2008.

甘世雄，吴育华，史英杰．国外管理咨询业的发展特点和强势领域分析．科学管理研究，2003（12）．

高呈祥．中国现代咨询业的性质、特点与作用．探索与争鸣，1987（4）．

郭国庆．市场营销学通论．北京：中国人民大学出版社，2007.

何磊．市场营销理论的发展演变．中国物流与采购，2002（15）．

侯春江，周游．市场营销组合理论述评．哈尔滨商业大学学报（社会科学版），2004（6）．

黄贞谕．略论现代咨询业的性质特点、经营方式和发展趋势．社会科学，1986（10）．

纪宝成．市场营销学教程．北京：中国人民大学出版社，2004.

峻峰，王彩玲．西方国家营销思想及其在中国的发展．内蒙古工业大学学报（社会科学版），1998（1）．

雷吉夫·巴特拉，约翰·梅耶斯，大卫·阿克．广告管理．北京：清华大学出版社，1999.

雷六七．谈市场营销理论的新发展．技术经济与管理研究，2002（4）．

李道平．公共关系学学科体系新设计．国际公关，2005（1）．

李乃和．21世纪营销理论的最新演变．上海管理科学，2001（6）．

梁庄．美国早期的图像广告与月份牌．杭州师范学院学报（社会科学版），2007（5）．

廖为建，熊美娟．公共关系的公共性解读．中山大学学报（社会科学版），2005

(3).

刘峰．中外咨询业之比较研究．湖南第一师范学报，2004（9）．

刘伟雄．CI 大势已去，BPD 初露端倪．广告大观（综合版），2002（6）．

秦启文，周永康．对公共关系学科定位的反思．中国高教研究，2005（5）．

萨缪尔森．经济学：第 17 版．北京：人民邮电出版社，2004.

沈峻坡．论中国现代咨询业的基本特征．上海社会科学院学术季刊，1986（4）．

宋伟．4Cs 营销思想指导中国度假饭店运营．管理科学文摘，2005（5）．

孙剑平，杜文举，吉雷．美国咨询业管理及其启示．科技与经济，2001（3）．

孙文清．广告承诺的精确性与模糊性．新闻爱好者，2007（12）．

汤晓鸿．现代国际市场营销理论的沿革．兰州学刊，1997（6）．

田玉晶．市场营销理念、理论和方式的新变化．广州市经济管理干部学院学报，2004（3）．

王定兴，贾方军．试析公共关系的传播特征．黄石理工学院学报，2007（9）．

王嘉备．咨询业，花你的钱，买我的主意．中国大学生就业，2006（4）．

威廉・D. 皮诺特，E. J. 麦卡锡．营销精要．北京：北京大学出版社，2002.

威廉・阿伦斯．当代广告学．北京：人民邮电出版社，2006.

威廉・维尔斯，约翰・伯内特，桑德拉・莫里亚提．广告学原理与实务．昆明：云南大学出版社，2001.

魏光兴．营销组合理论的最新进展综述及简评．现代管理科学，2004（9）．

席文举．报纸策划艺术．北京：中国社会科学出版社，2000.

夏赞君．试论公共关系理论的核心．湖湘论坛，2005（3）．

向阳．走向全面发展的中国公共关系业．国际公关，2005（1）．

小卡尔・迈克丹尼尔．市场调研精要：第 3 版．北京：电子工业出版社，2002.

徐超富．美国咨询业的发展特点及启示．未来与发展，2000（2）．

薛文峰．浅析 CI 的策划设计与企业识别．内蒙古科技与经济，2007（4）．

亚当・斯密．国民财富的性质和原因的研究．北京：商务印书馆，1972.

闫宏宇．广告本质与中国传统文化的背离．广告大观（理论版），2006（6）．

严艳萍．CI 在企业发展中的现状与思考．学习与实践，2007（6）．

杨好长．张春喜，谈树立“企业形象”．经济师，1996（8）．

杨俊．诚信：现代公共关系的灵魂．公关世界，2005（4）．

杨则正．咨询服务范围的发展．管理科学文摘，1996（3）．

杨子竞．发达国家咨询业的特色与走向．中国信息导报，1999（2）．

姚曦，蒋亦斌．世界广告史的历史分期与分期依据．广告大观（理论版），2006（2）．

叶茂康．公共关系：组织形象概念辨析．国际关系学院学报，2005（6）．

郁涛．价值为本，传播为途——关于 CI 理论的创新．艺术教育，2007（5）．

曾军，罗豪畅．企业文化与 CI 战略的和谐统一．湘潭师范学院学报（社会科学版），2007（5）．

曾伟球．市场营销理论的发展、创新及其实践应用．经济与社会发展，2004（8）．

张勤．西方发达国家如何审查媒体广告．中国报业，2007（2）．

张增亮，姜大伟．企业形象初识．北方经贸，1997（2）．

周建民．市场营销理论的百年发展与创新．华南金融研究，2002（1）．

朱建中．企业形象的新阐释．东北大学学报（社会科学版），2005（2）．

朱丽安·西沃卡．美国广告200年经典范例．北京：光明日报出版社，2001.

Adler, Ralph W. "Strategic Investment Decision Appraisal Techniques: The Old and the New." *Business Horizons*, 43 (2000).

Adner, Ron and Daniel A. Levinthal. "What Is Not a Real Option: Considering Boundaries for the Application of Real Options to Business Strategy." *Academy of Management Review*, 29 (2004).

Agnew, Hugh, L. S. Jenkins and J. S. Drury. *Outlines of Marketing*. New York: McGraw-Hill Book Company, 1936.

Ainslie, Andrew and Peter E. Rossi. "Similarities in Choice Behavior Across Product Categories." *Marketing Science*, 17 (1998).

Alexander, R. S., Surface, F. M., Elder, L. E. and Alderson, W. *Marketing*. Boston: Ginn and Company, 1940.

Ante, Spencer E. and Sager, I. "IBM's New Boss." *Business Week*, February 11, 2002.

Appel, J. H. *Golden Book of the Wanamaker Stores: Jubilee Year, 1861—1911*. New York: J. Wanamaker, 1911.

Argote, Linda. "Input Uncertainty and Organizational Coordination in Hospital Emergency Units." *Administrative Science Quarterly*, September 27, 1982.

Arnett, Dennis B., Steve D. German, and Shelby D. Hunt. "The Identity Salience Model of Relationship Marketing Success: The Case of Nonprofit Marketing." *Journal of Marketing*, April 67, 2003.

Atkinson, W. W. *Psychology of Salesmanship*. New York: Progress Co., 1910.

Bandura, Albert and Daniel Cervone. "Differential Engagement of Self-Reactive Influences in Cognitive Motivation." *Organizational Behavior and Human Decision Processes*, August 38, 1986.

Barker, L. N. and Anshen, H. A. *Modern Marketing*. New York: McGraw-Hill Book Company, 1939.

Barney, Jay. "Firm Resources and Sustained Competitive Advantage." *Journal of Management*, March 17, 1991.

Baron, James N. and David M. Kreps. "Consistent Human Resource Practices." *California Management Review*, Spring 41, 1999.

Bartels, Robert, and Roger Jenkins. "Macromarketing." *Journal of Marketing*,

October 41，1977.

Bartels，Robert. "Marketing Principles." *Journal of Marketing*，October 8，1944.

Bartels，Robert. *The History of Marketing Thought*. 2nd ed. Columbus：OH Grid，1976.

Bateson，John E. G. "Retailing and Services Marketing：Friends or Foes?" *Journal of Retailing*，Winter 61，1985.

Berger，Paul D.，Bruce Weinberg，and Richard C. Hanna. "Customer Lifetime Value Determination and Strategic Implications for a Cruise-Ship Company." *Database Marketing and Customer Strategy*，11 (2003).

Berto Villas-Boas，Sofia. "Vertical Contracts Between Manufacturers and Retailers：Inferences with Limited Data." *Review of Economic Studies*，74 (2007).

Biel，A. L. "How Brand Image Drives Brand Equity." *Journal of Advertising Research November/December*，1992.

Bolton，Lisa E. "Stickier Priors：The Effects of Nonanalytic Versus Analytic Thinking in New Product Forecasting." *Journal of Marketing Research*，February 40，2003.

Breyer，Ralph F. *The Marketing Institution*. New York：McGraw-Hill Book Company，1934.

Bridgewater，Henry. *Advertising*. New York：I. Pitman and Sons，1910.

Bronnenberg，Bart J. and Vijay Mahajan. "Unobserved Retailer Behavior in Multimarket Data：Joint Spatial Dependence in Market Shares and Promotion Variables." *Marketing Science*，20 (2001).

Brown，Edmund. *Marketing*. New York：Harper and Brothers，1925.

Brunnermeier，Markus K. and Parker，Jonathan A. "Optimal Expectation." *The American Economic Review*，May 95，2005.

Calkins，E. E. and R. Holden. *Modern Advertising*. New York：D. Appleton Century Co.，Inc.，1905.

Carlile，Paul R. "A Pragmatic View of Knowledge and Boundaries：Boundary Objects in New Product Development." *Organization Science*，August 13，2002.

Carlson，K. A. and J. E. Russo. "Biased Interpretation of Evidence by Mock Jurors." *Journal of Experimental Psychology Applied*，2 (2001).

Chandy，Rajesh K. "Research as Innovation：Rewards，Perils，and Guideposts for Research and Reviews in Marketing." *Journal of the Academy of Marketing Science*，Summer 31，2003.

Cherington，Paul T. *The Elements of Marketing*. New York：Macmillan Company，1921.

Clark，Fred E. *Principles of Marketing*. New York：Macmillan，1922.

Converse，Paul D. *Marketing Methods and Policies*. Englewood Cliffs，New Jersey：Prentice-Hall，1921.

Converse，Paul D. "The Development of the Science of Marketing—An Exploratory Study." *Journal of Marketing*，July 10，1945.

Coolsen，F. G. "Pioneers in the Development of Advertising." *Journal of Marketing*，July 12，1947.

Cosmas，S. C. "Life Styles and Consumption Patterns." *Journal of Consumer Research*，8（1982）.

Cova，Bernard and Veronique Cova. "The Tribalization of Society and Its Impact on the Conduct of Marketing." *European Journal of Marketing*，36（2002）.

Cox，Reavis，and Wroe Alderson. *Theory in Marketing*. Homewood：IL Irwin，1950.

Cullwick，David. "Positioning Demarketing Strategy." *Journal of Marketing*，April 39，1975.

Day，George S. "The Capabilities of Market-Driven Organizations." *Journal of Marketing*，October 58，1994.

Deweese，T. A. *The Principles of Practical Publicity*. New York：G. W. Jacobs and Co.，1908.

Divinney，Timothy and Boris Kabanoff. "Doing What They Say or Saying What They Do? Australian Organizations' Signals of Performance and Attitudes." *Australian Journal of Management*，24（1999）.

Downing，C. "Expectancy and Visual-Spatial Attention：Effects on Perceptual Quality." *Journal of Experimental Psychology：Human Perception and Performance*，14（1988）.

Duncan，C. S. *Commercial Research*. New York：Macmillan Company，1919.

Duncan，C. S. *Marketing*. New York：D. Appleton and Company，1921.

Elsworth，R. H. and G. O. Gatlin. *Marketing Functions*. Washington，D. C.：Government Printing Office，United States Department of Agriculture，Bureau of Market and Crop Estimates，Division of Cooperative Relations，1919.

Engle，James F.，David T. Kollat，and Roger D. Blackwell. *Consumer Behavior*. New York：Holt，Rinehart and Winston，1968.

Estabrook，P. L. *Science of Salesmanship*. Boston：University Textbook Company，1904.

Ewing，M. T.，Pinto，T. M. and Soutar，G. N. "Agency Client Chemistry：Demographic and Psychographic Influences." *International Journal of Advertising*，20（2001）.

Feathertone，M. *Consumer Culture and Postmodernism*. London：Sage，1991.

Fournier，S.，Antes，D. and Beaumier，G. "Nine Consumption Lifestyles." *Advances in Consumer Research*，19（1992）.

Frank, R. E., Massy, W. F. and Wind, Y. *Market Segmentation*. Englewood Cliffs, NJ: Prentice-Hall, 1972.

Fudenberg, Drew and Jean Tirole. "Customer Poaching and Brand Switching." *RAND Journal of Economics*, 31 (2000).

Gilboa Itzhak, Samet Dov and Schmeidler David. "Utilitarian Aggregation of Beliefs and Tastes." *Journal of Political Economy*, April 12, 2004.

Gonul, Fusun and Meng Ze Shi. "Optimal Mailing of Catalogs: A New Methodology Using Estimable Structural Dynamic Programming Models." *Management Science*, 44 (1998).

Grant, R. M. "The Resource-Based Theory of Competitive Advantage: Implications for Strategy Formulation." *California Management Review*, Spring 1991.

Grant, R. M. "Toward a Knowledge-Based Theory of the Firm." *Strategic Management Journal*, 17 (1996).

Gupta, Sunil, Donald R. Lehmann, and Jennifer Ames Stuart. "Valuing Customers." *Journal of Marketing Research*, February 41, 2004.

Guth, David, and Charles Marsh. *Public Relations: A Values-Driven Approach*. 2nd ed. Boston: Allyn and Bacon, 2002.

Hagerty, James E. *Mercantile Credit*. New York: Henry Halt and Co., 1913.

Haunschild, Pamela and Bilian Sullivan. "Learning from Complexity: Effects of Prior Accidents and Incidents on Airlines' Learning." *Administrative Science Quarterly*, 47 (2002).

Heath, C. "Escalation and De-Escalation of Commitment in Response to Sunk Costs: The Role of Budgeting in Mental Accounting." *Organizational Behavior and Human Decision Processes*, 62 (1995).

Hibbard, B. H. *Marketing Agricultural Products*. New York: Ronald Press Co., 1922.

Hirschler, D. The Art of Retail Selling. New York: New York Institute of Mercantile Credit, 1901.

Hollander, Stanley, Terence R. Nevett, and Ronald A. Fullerton. "The History of Marketing Thought: Editor's Introduction." *Journal of the Academy of Marketing Science*, 18 (1990).

Hornik, J. "A Temporal and Lifestyle Typology to Model Consumers' Smoking Behavior." *Advances in Consumer Research*, 16 (1989).

Hotchkiss, George Burton. *Milestones in Marketing*. New York: Macmillan, 1938.

Howard, John, and Jagdish N. Sheth. *The Theory of Buyer Behavior*. New York: John Wiley and Sons, 1969.

Hower, R. M. *The History of an Advertising Agency*. Boston: Harvard University Press, 1939.

Hunt, Shelby. "The Morphology of Theory and the General Theory of Marketing." *Journal of Marketing*, April 35, 1971.

Ivey, Paul W. *Principles of Marketing*. New York: Ronald Press Co., 1921.

Jones, A., Sensenig, J. and Ashmore, R. "Systems of Values and Their Multidimensional Representations." *Multivariate Behavioural Research*, 13 (1978).

Jones, Brian, and David D. Monieson. "Early Development of the Philosophy of Marketing Thought." *Journal of Marketing*, January 54, 1990.

Kahle, L. R. and Chiagouris, L. (eds). *Values, Lifestyles, and Psychographics*. Mahwah, NJ: Lawrence Erlbaum, 1997.

Kahle, L. R. (ed.). *Social Values and Social Change: Adaptation to Life in America*. New York: Praeger, 1983.

Kahle, L. R., Liu, R. and Watkins, H. "Psychographic Variation across United States Geographic Regions." *Advances in Consumer Research*, 19 (1992).

Kuhn, Thomas S. *The Structure of Scientific Revolutions*. Chicago: University of Chicago, 1962.

Lattimore, Dan (ed.). *Public Relations, the Profession and the Practice*. New York: McGraw-Hill Book Co., 2003.

Lockley, L. C. "Notes on the History of Marketing Research." *Journal of Marketing*, April 14, 1950.

Macklin, Theodore. *Efficient Marketing for Agriculture*. New York: Macmillan Company, 1924.

Maynard, Harold H., and Theodore N. Beckman. *Principles of Marketing*. 3rd ed. New York: Ronald, 1939.

Maynard, Harold H. "Marketing Courses Prior to 1910." *Journal of Marketing*, April 5, 1941.

Ni, Chen, and Hugh Culbertson. *International Public Relations, A Comparative Analysis*. Hillsdale, NJ: Lawrence Erlbaum Associates, 1996.

Nystrom, Paul H. *Retail Selling and Store Management*. New York: D. Appleton Century Co., Inc., 1913.

Peter, J. P. and Olson, J. C. *Understanding Consumer Behavior*. Burr Ridge, IL: Irwin, 1994.

Plummer, J. T. "The Concept of Life Style Segmentation." *Journal of Marketing*, 38 (1974).

Powell, G. H. *Powell's Practical Advertiser*. New York: G. H. Powell Co., 1905.

Prendergast, William A. *Credit and Its Uses*. New York: D. Appleton Century Co., Inc., 1906.

Punj, G. and Stewart, D. W. "Cluster Analysis in Marketing Research: Review and Suggestions for Application." *Journal of Marketing Research*, 20 (1983).

Pyle, John F. *Marketing Principles*. New York: McGraw-Hill Book Company, 1936.

Rampton, Sheldon, and John Stauber. *Trust Us, We're Experts: How Industry Manipulates Science and Gambles with Your Future*. New York: Tarcher/Putnam, 2002.

Rewoldt, Stewart. *Frontiers in Marketing Thought*. Bloomington: Bureau of Business Research, Indiana University, 1954.

Reynolds, T. J. and Gutman, J. "Laddering Theory, Method, Analysis, and Interpretation." *Journal of Advertising Research*, 28 (1988).

Ries, AI, and Laura Ries. *The Fall of Advertising and the Rise of PR*. New York: HarperBusiness, 2004.

Rokeach, M. *The Nature of Human Values*. New York: Free Press, 1973.

Russell, T. H. *Salesmanship: Theory and Practice*. Boston: International Law and Business Institute, 1910.

Savitt, Ronald. "Historical Research in Marketing." *Journal of Marketing*, 44 (1980).

Schramm, Wilbur. *The Story of Communication: Cave Painting to Microchip*. New York: Harper and Row, 1988.

Schwartz, S. and Bilsky, W. "Towards a Universal Psychological Structure of Human Values." *Journal of Personality and Social Psychology*, 53 (1990).

Scott, Walter Dill. *The Theory of Advertising*. New York: Small, Maynard and Co., 1903.

Shaw, Arch Wo. "Some Problems in Market Distribution." *Quarterly Journal of Economics*, August 16, 1912.

Shaw, Eric H. "The First Dialogue on Macromarketing." *Journal of Macromarketing*, 15 (1995).

Slater, Robert. *No Such Thing as Over-Exposure: Inside the Life and Celebrity of Donald Trump*. Upper Saddle River, NJ: Financial Times/Prentice-Hall, 2005.

Smith, W. "Product Differentiation and Market Segmentation as Alternative Marketing Strategies." *Journal of Marketing*, 21 (1956).

Solomon, M. R. *Consumer Behavior: Buying, Having and Being*. Boston, MA: Allyn and Bacon, 1994.

Struch, N., S. H. Schwartz and W. A. van der Kloot. "Meanings of Basic Values for Women and Men: A Cross-Cultural Analysis." *Personality and Social Psychology Bulletin*, 28 (2002).

Shaw, Eric H. and Tamilia, Robert. "Robert Bartels and the History of Marketing Thought." *Journal of Macromarketing*, 2 (2001).

Tedlow, Richard S. *Keeping the Corporate Image: Public Relations and Business*. Greenwich, CT: JAI Press, 1979.

Till, Brian D. and Michael Busler. "The Match-Up Hypothesis: Physical Attractiveness, Expertise, and the Role of Fit on Brand Attitude, Purchase Intent, and Brand Beliefs." *Journal of Advertising*, 29 (2000).

Vaile, R. E. and Slagsvold, S. N. *Market Organization*. New York: Ronald Press Co., 1929.

Vanderblue, H. B. "The Functional Approach to the Study of Marketing." *Journal of Political Economy*, June 23, 1921.

Vargo, Stephen L. and Robert F. Lusch. "Evolving to a New Dominant Logic for Marketing." *Journal of Marketing*, January 68, 2004.

Weld, L. D. H. *Practical Salesmanship*. Chicago: Universal Business Institute, 1910.

Weld, L. D. H. *The Marketing of Farm Products*. New York: Macmillan Company, 1916.

Wells, W. D. and D. Tigert. "Activities, Interests and Opinions." *Journal of Advertising Research*, 11 (1971).

Wells, W. D. "Psychographics: A Critical Review." *Journal of Marketing Research*, 12 (1975).

Wilcox, Dennis, L. D. *Public Relations: Strategies and Tactics*. 7th ed. Boston: Allyn and Bacon, 2005.

Wolburg, J. M. and Pokrywczynski, J. "A Psychographic Analysis of Generation Y College Students." *Journal of Advertising Research*, 41 (2001).

Yaverbaum, Eric. *Public Relations Kit for Dummies*. Foster City: IDG Books Worldwide, 2001.

Zimmerman, T. J. *Credits and Collections*. New York: Systems Company, 1907.

后　记

为人类经济发展提供指导的新理论，在全世界共同经历的苦难煎熬中诞生

● 《策划学》（第七版）终于完成了！

策划学（策划经济学）作为21世纪经济学门类中一种原创的、重大的理论已经没有任何异议，已经被大量应用于中国以及世界的经济实践，并且这一趋势还将持续下去。

众所周知，中国从20世纪70年代末才开始实行市场经济，才四十余年时间，能够诞生一种新理论并以此形成一门新学科确实非常难得！中国近几十年的经济发展取得了辉煌的成就，GDP总量已经排名世界第二。策划学理论的产生也符合“经济的重心在哪里，经济理论的发展也应该在哪里”的常理，因此，如果中国经济领域没有原创性的重大理论产生才非常奇怪。

美国经济学家兼诺贝尔经济学奖获得者米尔顿·弗里德曼（Milton Friedman）曾经说过：“谁能正确解释中国改革和发展，谁就能获得诺贝尔经济学奖。”

本书中的理论探讨的是当今商业市场的热点问题，这些理论是普适性的，并非只对中国适用，而是对世界各国都适用。即使在经济发达国家，作为经济学门类的新理论，策划学指导实践的价值也是一样的。鉴于此，本书引用了大量国外的最新案例，适合世界各国作为教材而不仅限于中国。

● 学术创作所耗精力远超文学创作

学术创作除了和文学创作一样要具有原创性外，还必须保证严谨性，经得起同行的审阅，特别是作为教材传授给学生们的知识更要经得起检验。

因此，在学术创作过程中必须查阅大量同行研究的文献资料，了解前人已经做过的工作，在他们的研究基础上再进行新的创作。

查找和阅读大量的文献资料也需要耗费很多时间和精力。

相比之下，文学创作只需要埋头做自己的工作，所以学术创作所耗精力远超文学创作。

● 苦难凝聚的一本书！

要不是一场突发的新冠肺炎疫情让人们不得不封闭在家，只能静下心来思考和创作，说真的本书能否完成还是个未知数，可能至少还要延后几年。

从准备素材到进入较好的写作状态然后到进入最佳写作状态，是需要一个过程的。虽然我此前也做了一些准备工作，但真正下定决心并静下心来撰写却是疫情暴发后的封闭期间。封闭期间生活中减少了很多外界因素的干扰，使得我可以全身心进行本书的创作。

新冠肺炎疫情肆虐全球，夺走了无数宝贵的生命，造成了极大的经济损失，从此角度看，此书是苦难的凝聚！

● 不只耗尽了洪荒之力，到后期已经是在借用宇宙之力了！

一般人无法体会到完成这样一部约 80 万字（包括二维码内容）的原创性学术著作所历经的艰辛。

在近 10 个月的时间里，我全力撰写本书，几乎没有间断 1 天。每天都是重复同样的枯燥生活，可以想象其中的煎熬是常人无法承受的，所需要的毅力也是常人所不具备的！

整个过程需要持续不断进行高强度的脑力劳动，强迫自己遵守一种极其有规律的生活方式，不喜不忧，不怒不火，只有这样才能保证脑子处于一种轻松的思考状态，才能保证原创性的思维从脑海中涌出。如果中途受到情绪的影响，就必须重新调整才能进入状态。

到后期，由于长期在电脑前坐着，加之为了赶稿而缺乏运动和锻炼，全身都出现了不适，颈椎、腰椎都出了问题，有时甚至钻心地疼，只能咬牙坚持。

此书跨越的时间其实应该有 8 年之久，因为我从 2012 年出版《策划学》（第六版）后便开始着手撰写《策划学》（第七版），开始重新思考和收集资料，一有新的发现便随时记录在手机上或袋里准备好的小纸条上。理论更新其实还不是难事，比这更难的是相关案例需要日积月累，所以我坚持每天都阅读大量的相关资料，发现与策划学有关的案例就保存下来，这已经是我长期的生活习惯。

● 真心感谢编辑们的付出

中国人民大学出版社作为中国经济类最权威的出版社之一，编辑本身任务极重，但他们仍旧一丝不苟地对本书进行了审读、编辑加工和校对，使本书能顺利出版，确实令我万分感激。

● 回答很多人关心的两个问题：为何不招几个博士或助手来协助完成？为何不去权威期刊上发表论文？

很多人问我：既然工作量如此大，为何不招几个博士或助手来协助完成？

这些工作都是原创性的，其他人无法协助完成。

既然是如此重要的原创性理论，为何不去权威期刊上发表论文？

对于这种原创性、开拓性理论，如此厚的一本著作，随便挑选其中几页都能成为一篇论文，中国经济（商业）类篇幅为 2～3 页的论文很多，照此容量，本书能够组装成几百篇论文，所以出版了著作再去发表论文意义不大。

如果从探讨的内容来说，要去世界权威期刊上发表论文应该也没问题，但因作者的英语水平无法达到权威期刊的要求，所以只有等作者英语达到此水平或者找到高水平的专业的英语合作者再说。

● **淡名利、轻金钱、离高堂**

淡名利、轻金钱、离高堂，非一般人能达到此境界！心之不达，谈何享受探索自然奥秘之乐哉？

乐与不乐？世人不知，自知！

探索经济与自然，需要智慧、顿悟与勇气，然后引人向上、向前。

2020 年 5 月 29 日第一稿，2020 年 7 月 25 日修改，吴粲，于成都

图书在版编目（CIP）数据

策划学/吴粲，吴蔚云著. --7版. --北京：中国人民大学出版社，2021.6
ISBN 978-7-300-29179-6

Ⅰ.①策… Ⅱ.①吴… ②吴… Ⅲ.①决策学 Ⅳ.①C934

中国版本图书馆CIP数据核字（2021）第055254号

策划学（第七版）

吴 粲
吴蔚云 著

Cehuaxue

出版发行	中国人民大学出版社		
社　　址	北京中关村大街31号	**邮政编码**	100080
电　　话	010－62511242（总编室）		010－62511770（质管部）
	010－82501766（邮购部）		010－62514148（门市部）
	010－62515195（发行公司）		010－62515275（盗版举报）
网　　址	http://www.crup.com.cn		
经　　销	新华书店		
印　　刷	北京宏伟双华印刷有限公司	**版　　次**	2004年1月第1版
规　　格	185 mm×260 mm　16开本		2021年6月第7版
印　　张	29.25 插页1	**印　　次**	2021年6月第1次印刷
字　　数	626 000	**定　　价**	98.00元